# 马克思主义
# 经典作家民族问题文选

## 增补卷

王希恩

主编

社会科学文献出版社
SOCIAL SCIENCES ACADEMIC PRESS(CHINA)

**王希恩**

中国社会科学院大学特聘教授，博士生导师，中国社会科学院民族学与人类学研究所研究员，资深学科带头人，中国民族理论学会副会长，国务院政府特殊津贴专家，国家社科基金学科评审组专家。长期从事民族理论和民族问题研究，代表性专著有《民族过程与国家》《全球化中的民族过程》《20世纪中国的民族问题》《马克思主义理论和实践中的民族主义》等。

宁批评的辩解，有被视为"大俄罗斯民族主义"的讲话，有对苏维埃多民族国家是一个"人工建筑物"观点的反驳，等等。

与前五卷《文选》一样，本卷所收除了经典作家撰写的党内文件、会议决议、政策纲领等正式文献之外，更多是他们在不同场合写的短评、演讲、提案、信件、提纲、签发的文件、电文甚至便条等，虽很短粹，却具有很强的场景性和丰富内涵，是经典作家民族理论研究的珍贵资料。

此外，由于本卷是对前五卷《文选》的"增补"，因此不论是对经典作家民族理论的全面研究还是了解他们某一问题的完整论述，都需结合前五卷《文选》的内容，甚至要扩展到经典著作的原版。

本卷一般情况下用原注释，包括尾注和脚注，但为查阅方便，我们将原来的尾注从每卷书后调整到每篇文后，个别原注释明显有误、过多重复和不够清晰的，做了删、改处理。

本卷由我主持筹划、选编和统稿，张三南（天津师范大学教授）、杨须爱（中央民族大学教授）和张淑娟（大连理工大学教授）参与选编。

王希恩

2022 年 5 月 15 日

# 目　录

## 马克思恩格斯篇

## 列宁篇

## 斯大林篇

# 马克思恩格斯篇

# 马克思

# 黑格尔法哲学批判[1]（节选）

## （大约写于 1843 年 3 月中—9 月底）

**黑格尔关于王权或国家主权观念的阐述摘要。**

在第 367 页第 279 节附释中说：

> 只有人民**对外**完全是独立的并组成自己的国家，才谈得上人民主权，大不列颠的人民就是一个例子。但是，英格兰或苏格兰、爱尔兰的人民或威尼斯、热那亚、锡兰等地的人民，自从他们不再有**自己的君王**或自己的最高政府以后，就不再是享有主权的人民了。

可见，在这里**人民的主权**是**民族性**，君王的主权是**民族性**，或者说，君主权的原则是**民族性**；民族性本身并且只有民族性，才构成人民的主权。人民，如果其**主权仅仅**存在于民族性中，就拥有**君主**。各国人民通过各自的**君主**能最好地巩固和表现各自的民族性。一个绝对的个人和另一绝对的个人之间的鸿沟，也同样存在于这些民族性之间。

**希腊人**（和罗马人）过去是有**民族性**的，因为他们曾经是**享有主权的人民**。日耳曼人是**享有主权**的，因为他们是有民族性的。

……

［ⅩⅧ. 69］如果把国家制度，把普遍的规定，理解为理性意志的根

本规定，那么自然很清楚：每一个民族（国家）都会把这些规定作为自己的前提，而且这些规定又必然构成它的政治信条。其实，这是知识问题，而不是意志问题。民族的意志，正如个人的意志一样，不能超越理性的规律。在非理性的民族那里根本谈不上有什么理性的国家组织。何况这里，在法哲学中，我们的对象是类意志。

……

中世纪各等级的全部存在是政治的存在，它们的存在是国家的存在。它们的立法活动、它们**投票赞成帝国的赋税**，只是它们那**普遍的**政治意义和政治效能的**特殊**表现。它们的等级就是它们的国家。它们对帝国的关系只是这些不同国家与**民族**之间的协议关系，因为政治国家不同于市民社会，它不过是**民族的表征**。民族是名誉攸关的问题，主要是这些不同的同业公会等等的政治意义，而且赋税等等也只是为了民族而征收的。各立法的等级对帝国的关系就是这样。**单个公国内部**等级的情况大致也是这样。

……

至于谈到罗马人的政治制度和私有财产之间的联系，那它是这样表现的：

（1）和在一般古代民族那里一样，人（作为奴隶）是私有财产的对象。这并没有什么特别的。

（2）战败国被当作私有财产看待，对它们可行使使用和支配的权利。

（3）在罗马人的历史上发生过穷人和富人、贵族和平民等等之间的斗争。

此外，罗马人也和一般古代古典民族一样，他们的整个私有财产对于大众来说都是公共财产：或者在太平时期用于共和国的消费，或者用于奢侈性设施和公共福利（浴池等等）。

选自《马克思恩格斯全集》第 3 卷，人民出版社，2002，第 49—50、73—74、91、137 页。

**注释：**

[1]《黑格尔法哲学批判》是马克思的一部未完成的手稿，其中对黑格尔《法哲学原理》的主要段落《国内法》第261—313节进行了批判分析。它标志着马克思在向唯物主义和共产主义转变时期中的一个重要阶段。

# 恩格斯

# 伦敦来信·四（节选）

## （写于 1843 年 6 月 10 日—16 日之间）

目前，人们只听到有关奥康奈尔和爱尔兰 Repeal（取消英爱合并）的事[1]。奥康奈尔这个老奸巨猾的律师在辉格党执政时期，沉着地坐在下院，协助"自由派的"各项措施获得通过，简直就是为了使这些措施在上院被否决。奥康奈尔突然离开了伦敦，不参加议会辩论，而现在又重新提出他那个关于取消合并的老问题。已经没有人去想这件事情了，而老丹①却来到了都柏林，并把他那些陈旧失效的废物又搬出来。陈年的啤酒酵母产生引人注意的气泡，不足为怪。这个老滑头从一个城市到另一个城市，每次都有一支连任何国王都未曾有过的卫队护卫着，他周围经常有 20 万人！如果是一个有理智的人享有奥康奈尔这样的盛名，或者是奥康奈尔略明事理，少一些自私心和虚荣心，那还有什么事做不成呢！20 万人，是些什么样的人呢！——这些人没有什么东西可失去的，三分之二的人都是衣衫褴褛，是真正的无产者和下层阶级的人，而且是爱尔兰人，粗犷、放荡不羁、狂热的盖尔人②。没有见过爱尔兰人的人是不了解他们的。给我 20 万爱尔兰人，我就能把整个不列颠君主政体推翻。爱尔兰人是无忧无虑、

---

① 丹·奥康奈尔。——编者注
② 盖尔人是古凯尔特人的后裔。——编者注

富有生气、以土豆为食的自然之子。他在荒原长大，住的是破屋，吃的是粗茶淡饭，他就是从那里被推入我们这个文明世界的。饥荒把他赶到英格兰。英格兰工厂城市里那种呆板乏味、各奔私利、冷酷无情的喧嚣唤醒了他的激情。这个年轻时在荒原上嬉戏和沿路讨饭的野性未泯的小伙子哪懂得什么节俭呢？挣来的钱都被他花得一干二净；然后他就挨饿直到下次发薪日或直到重新找着工作。他对挨饿已经习以为常。以后他又回到家乡，在路上找到那些四出乞讨、时而又团聚在母亲随身带着的那把茶壶周围的家人。但是，爱尔兰人在英格兰看到了好多事情，参加过群众大会，去过工人联合会，知道取消合并是怎么回事和罗伯特·皮尔爵士对这件事的态度；他肯定常常同警察打架，能告诉你许多关于"peelers"（警察）的残忍和卑鄙的行为。关于丹尼尔·奥康奈尔，他也听到不少。现在他又重新找到了他的旧屋连同那一小块种土豆的土地。土豆成熟了，他把土豆挖出来，这一冬就赖以为生了。但是，大租佃者[2]来要租了。我的天，哪儿有钱呢？大租佃者是向地主承租的，于是就抄他的家当。爱尔兰人一抗拒，就被关进监牢。最后他被放出来，不久人们就发现抄他家当的大租佃者或其帮手被杀死了。

这是爱尔兰无产者生活中常有的事。半开化的教育和后来完全文明的环境使爱尔兰人自相矛盾，总是神经质，始终有一腔怒火，使他什么事都能够干得出来。此外，他背负着五个世纪的压迫以及这种压迫所产生的一切后果的重担。像任何半开化的人一样，他一有机会就盲目地和疯狂地发起冲击，他的眼睛里燃烧着一种无穷无尽的复仇欲望、一种破坏性的怒火，至于反对什么，完全无所谓，只要能冲击和破坏就行，难道这值得奇怪吗？但是，这还不是全部。盖尔人对撒克逊人的强烈的民族仇恨，由神甫培养起来的、旧天主教派对新教主教的高傲态度的疯狂敌视，——有了这些要素什么都可以做到。而奥康奈尔把握着这一切要素。听从他指挥的人是那么多啊！前天在科克有 15 万人，昨天在尼纳有 20 万人，今天在基尔肯尼有 40 万人；情况就是这样。两周的胜利游行，任何一个罗马皇帝未曾举行过的胜利游行。如果奥康奈尔真的希望人民幸福，如果他真的关心消灭贫穷，如果在所有这些叫嚷后面，在为取消合并而进行的宣传鼓动的后面，没有隐藏着他那种卑鄙渺小的中庸目的，那么我确实想知道，罗伯特·皮尔爵士怎么敢拒绝奥康奈尔这位现在拥有这支力量的首领的任何要求。但是，奥康奈尔靠自己的全部权力和自己千百万富有战斗力的、不顾死活的爱尔兰人又得到了什么呢？他甚至连取消合并这样一种可怜的措施也没有实现，当然，这只是因为他没有严肃认真地去做，因为他只是想利用已沦为赤贫的和被压迫的爱尔兰人民使托利党[3]内阁陷入窘境，使自己的中庸派朋友们重掌政权。这一点罗伯特·皮尔爵士也知道得很清楚，因此用 25000 名士兵便足以控制整个爱尔兰。如果奥康奈尔真的献身于人民，如果他具有足够的勇气，**而且如果他本人不惧怕人民**，就是说，如果他不是一个两面派的辉格党[4]人，而是一个实在的彻底的民主主义者，那么，在爱尔兰早就不会剩下一个英格兰士兵，在纯粹的天主教教区里也不会留下一个寄生虫似的新教牧师，而在自己的城堡里也不会再有一个古诺曼的男爵了。难题就在这里。只要人民得到哪怕是一刹那的自由，丹尼尔·奥康奈尔和他的金钱贵族立刻就会陷入他想使托利党陷进去的那种困境。因此，丹尼尔才如此紧密地接近天主教的神职人员[5]；因此，他警告自己的爱尔兰人提防危险的社会主义；[6]因此，他拒绝宪章派[7]所给予的援助[8]，尽管他装模作样地到处讲什么民主，就像当年的路易-菲力浦讲什么共和制度那样；因此，他除了从政治上培养爱尔兰人民外，永远不会带来什么，而这种培养归根结底对别人都不像对奥康奈尔本人那样危险。

选自《马克思恩格斯全集》第 3 卷，人民出版社，2002，第 438—441 页。

**注释：**

[1] 英爱合并是英国政府镇压 1798 年爱尔兰起义后强迫爱尔兰接受的。合并自 1801 年 1 月 1 日生效，它剥夺了爱尔兰的最后一点自治权，并解散了爱尔兰议会。丹·奥康奈尔是 1801 年 1 月以来兴起的取消英爱合并运动的组织者。

1823 年奥康奈尔创立了旨在要求取消合并的爱尔兰天主教徒协会。次年，它发展为群众运动。1835 年 2 月奥康奈尔与英国辉格党领袖订立了利奇菲尔德府邸协定：他在议会中支持辉格党，限制爱尔兰的群众运动，辉格党以此为条件，答应给爱尔兰资产阶级一些特殊优惠。后来，在人民群众的压力下，他不得不于 1840 年创立取消合并派协会。罗·皮尔的托利党政府接替辉格党之后不久，奥康奈尔于 1841 年 9 月又开始动员群众为取消英爱合并进行斗争。1843 年初，他在告爱尔兰人民书中提出为取消合并进行宣传鼓动的纲领。1843 年 5 月，他在向英国政府的请愿书中阐述了这种要求，6 月初，他发表新的告爱尔兰人民书，要求建立独立的爱尔兰议会和拥有独立的审判权，等等；他详细阐述了那些反映爱尔兰资产阶级和租佃者利益的要求，旨在反对土地占有者的利益。

[2] 大租佃者指直接向土地占有者承租土地，然后把土地分成小块转租出去的中介人。在爱尔兰，土地占有者与实际耕种人之间的中介人有时竟可达十几个层次。

[3] 托利党是英国的政党，于 17 世纪 70 年代末 80 年代初形成。1679 年，就詹姆斯公爵（后来的詹姆斯二世）是否有权继承王位的问题，议会展开了激烈的争论。拥护詹姆斯继承王位的议员，被敌对的辉格党人讥称为托利。托利（Tory）为爱尔兰语，原意为天主教歹徒。托利党一贯是反动的对内政策的捍卫者，坚决维护国家制度中保守和腐败的体制，反对国内的民主改革，曾与辉格党轮流执政。随着英国资本主义的发展，托利党逐渐失去它先前的政治影响和在议会的垄断权。1832 年议会改革使资产阶级代表人物进入议会。1846 年废除谷物法，削弱了英国旧土地贵族的经济基础并造成了托利党的分裂。19 世纪 50 年代末 60 年代初，在老托利党的基础上成立了英国保守党。

[4] 辉格党是英国的政党，于 17 世纪 70 年代末 80 年代初形成。1679 年，就詹姆斯公爵（后来的詹姆斯二世）是否有权继承王位的问题，议会展开了激烈的争论。反对詹姆斯王位继承权的一批议员，被敌对的托利党人讥称为辉格。辉格（Whig）为苏格兰语，原意为盗马贼。辉格党代表工商业资产阶级以及新兴的资本主义农场主的利益，曾与托利党轮流执政；19 世纪中叶，辉格党内土地贵族的代表和保守党的皮尔派以及自由贸易派一起组成自由党，从此自由党人在英国两党制中取代了辉格党人的位置。

[5] 爱尔兰的多数天主教神职人员赞成取消合并运动。例如，阿尔达的主教于1843 年 5 月中旬声明：爱尔兰所有的天主教主教都支持取消合并。尽管都柏林的大主教在 1843 年 5 月 22 日的主教通告中宣布反对参加这个运动。但是，多数身居要职的天主教神职人员都直接参加奥康奈尔在全国组织的集会，以示支持。几乎所有的集会，都有天主教神职人员，有时有主教，与奥康奈尔一起出席。

[6] 丹·奥康奈尔于 1843 年 1 月 25 日和 30 日发表演说，并公布了一封反对英国社会主义者及其组织的公开信。他认为，社会主义者以及宪章派是蔑视法律、主张使用暴力并实行恐怖统治的，是当前社会的危险，必须与之斗争。他要求所有爱尔兰人同社会主义者保持距离，并提防他们的组织。

约·芬奇（理性协会的主席）以社会主义者的组织的名义抗议奥康奈尔的攻击。他同时阐明社会主义者同宪章派所遵循的宗旨和斗争方式各不相同。

[7] 宪章派是宪章运动的参加者。宪章运动是 19 世纪 30—50 年代中期英国工人的政治运动，其口号是争取实行包括要求普选权和一系列为工人保证此项权利的许多条件的人民宪章。英国工人阶级为实现人民宪章掀起了广泛的群众性政治运动，宪章运动出现过三次高潮。由于资产阶级收买工人上层和工人阶级政治上的不成熟，到 50 年代中期运动终于失败。宪章派的领导机构是"宪章派全国协会"，机关报是《北极星报》，左翼代表人物是哈尼、琼斯等。恩格斯称宪章派是"近代第一个工人政党"（见《〈社会主义从空想到科学的发展〉1892 年英文版导言》）。列宁把宪章运动称作"世界上第一次广泛的、真正群众性的、政治上已经成型的无产阶级革命运动"（见《列宁全集》中文第 2 版第 36 卷第 292 页）。

1842 年 5 月 2 日，宪章派向议会递交了一份关于实行人民宪章的申请书。

1842 年 8 月初在英国几个工业地区发生了群众性罢工。在斗争过程中，宪章派曾担任斗争的政治领导，并且宣称争取由议会通过人民宪章是这次罢工的主要目的。8 月底，迫于军警双方的武力镇压，罢工斗争中止。

[8] 宪章派运动领袖之一菲·奥康瑙尔于 1843 年 5 月 24 日向取消合并运动的支持者和宪章派作了关于取消合并问题的报告。他为爱尔兰的民族独立权利辩护，强调他早在 1837 年在《北极星报》第 1 期已经阐明：解决同英国的合并问题是爱尔兰获得繁荣的重要条件。他支持丹·奥康奈尔于 1843 年 5 月致英国政

府请愿书中提出的要求，特别是支持恢复独立的爱尔兰议会的要求。为了表示准备支持奥康奈尔进行的斗争，他要求加入取消英爱合并协会，并交纳第一次会费。但是1843年5月31日都柏林的取消合并协会总部指示：拒绝奥康瑙尔和其他宪章主义者的申请，退还入会费；必须拒绝同宪章派的任何联系，因为他们支持使用暴力，因为宪章派某些领导人为托利党效力。

# 恩格斯

# 国民经济学批判大纲（节选）

（大约写于 1843 年 9 月底或 10 月初—1844 年 1 月中）

　　斯密颂扬商业是人道的，这是对的。世界上本来就没有绝对不道德的东西；商业也有对道德和人性表示尊重的一面。但这是怎样的尊重啊！当中世纪的强权，即公开的拦路行劫转到商业时，这种行劫就变得具有人道精神了；当商业上以禁止货币输出为特征的第一个阶段转到重商主义体系时，商业也变得具有人道精神了。现在连这种体系本身也变得具有人道精神了。当然，商人为了自己的利益必须与廉价卖给他货物的人们和高价买他的货物的人们保持良好的关系。因此，一个民族要是引起它的供应者和顾客的敌对情绪，就太不明智了。它表现得越友好，对它就越有利。这就是商业的人道，而为了达到不道德的目的而滥用道德这种伪善方式就是贸易自由体系引以自豪的东西。伪君子叫道：难道我们没有打倒垄断的野蛮吗？难道我们没有把文明带往世界上遥远的地方吗？难道我们没有使各民族建立起兄弟般的关系并减少了战争次数吗？不错，这一切你们都做了，然而你们是**怎样**做的啊！你们消灭了小的垄断，以便使**一个**巨大的根本的垄断，即私有制，更自由地、更不受限制地起作用；你们把文明带到世界的各个角落，以便赢得新的地域来扩张你们卑鄙的贪欲；你们使各民族建立起兄弟般的关系——但这是盗贼的兄弟情谊；你们减少了战争次数，以便在和平时期赚更多的钱，以便使各个人之间的敌视、可耻的竞争战争达

12

到极端尖锐的地步！你们什么时候做事情是从纯粹的人道出发，是从普遍利益和个人利益之间的对立毫无意义这种意识出发的呢？你们什么时候讲过道德，什么时候不图谋私利，不在心底隐藏一些不道德的、利己的动机呢？

自由主义的经济学竭力用瓦解各民族的办法使敌对情绪普遍化，使人类变成一群**正因为**每一个人具有与其他人相同的利益而互相吞噬的凶猛野兽——竞争者不是凶猛野兽又是什么呢？自由主义的经济学做完这个准备工作之后，只要再走一步——使家庭解体——就达到目的了。为了实现这一点，它自己美妙的发明即工厂制度助了它一臂之力。共同利益的最后痕迹，即家庭的财产共有被工厂制度破坏了，至少在这里，在英国已处在瓦解的过程中。孩子一到能劳动的时候，就是说，到了九岁，就靠自己的工钱过活，把父母的家只看作一个寄宿处，付给父母一定的膳宿费。这已经是很平常的事了。还能有别的什么呢？从构成贸易自由体系的基础的利益分离，还能产生什么别的结果呢？一种原则一旦被运用，它就会自行贯穿在它的一切结果中，不管经济学家们是否乐意。

然而，经济学家自己也不知道他在为什么服务。他不知道，他的全部利己的论辩只不过构成人类普遍进步的链条中的一环。他不知道，他瓦解一切私人利益只不过替我们这个世纪面临的大转变，即人类与自然的和解以及人类本身的和解开辟道路。

选自《马克思恩格斯全集》第3卷，人民出版社，2002，第448—449页。

恩格斯

# 大陆上社会改革的进展（节选）

## （写于 1843 年 10 月 15 日—11 月 10 日之间）

由此可见，哲学共产主义在德国可以说已经永远确立了，虽然各邦政府想尽办法要扼杀它。各邦政府消灭了自己境内的报刊，但不见效，进步派利用了瑞士和法国的新闻出版自由，他们的出版物就像在本国印刷的一样，在德国得到了非常广泛的传播。所有的迫害和查禁都没有产生任何效果，今后也会如此。德国人是一个哲学民族；共产主义既是建立在健全的哲学原则的基础上，尤其因为它已是从德国人**自己的**哲学中得出的必然结论，德国人决不愿意也不可能摒弃共产主义。我们现在应该完成的任务是这样的：我们这个党派必须证明，德意志民族在哲学上所做的一切努力，从康德到黑格尔所做的一切努力，要么毫无裨益——其实比毫无裨益更坏，要么一切努力的结果应该是共产主义；德国人要么抛弃他们曾把其名字奉为本民族的光荣的那些伟大的哲学家，要么就得接受共产主义。这一点**必将**得到证明；德国人**必将**遇到这种两难推理，至于人民将要采纳问题的哪一方面，大可不必怀疑。在德国，在有教养的社会阶级中建立共产主义党派的可能性大于其他任何一个国家。德国人是一个从不重利益的民族；在德国，当原则和利益发生冲突的时候，原则几乎总是使利益的要求沉默下来。对抽象原则的偏好，对现实和私利的偏废，使德国人在政治上毫无建树；正是上述这些品质保证了哲学共产主义在这个国家的胜利。英国人会觉得很奇怪，一个以消灭私有制为目的的党派，却主要由拥有财产的人组成，而德国的情形恰恰就是这样。我们可以吸收那些受过良好教育的人，即大学生和商人来充实我们的队伍；到现在为止，无论在大学生或在商人中间，我们都没有遇到什么太大的困难。

选自《马克思恩格斯全集》第 3 卷，人民出版社，2002，第 492—493 页。

# 恩格斯

# 路易·勃朗在第戎宴会上的演说

## （写于 1847 年 12 月）

"北极星报"在报道第戎宴会的时候批评了路易·勃朗先生的演说，我们完全同意这一批评[1]。各国民主主义者的团结并不排斥相互间的批评。没有这种批评就不可能达到团结。没有批评就不能互相了解，因而也就谈不到团结。我们转载"北极星报"的意见，是为了表示我们也反对那些偏见和幻想，这些东西和现代民主主义的愿望是截然相反并完全敌对的，因此，如果希望各国的民主主义者的团结不致成为一句空话，就应当摒弃那些偏见和幻想。

勃朗先生在第戎宴会上说道：

我们必须在民主的范围内团结一致。希望大家不要在这一点上迷失方向。我们思想，我们工作，这不仅是为了法国，而且是为了全世界，因为法国的将来就是全人类的将来。其实，我们所处的地位是非常优越的，我们一方面仍然是属于本民族的，一方面却又必然是世界主义者，而且我们身上世界主义的成分要比民族的成分强。任何人如果自称为**民主主义者**，而同时又想做一个**英国人**，那就是**否定**他本国的历史，因为英国在历史上的作用一向就是为了利己主义而反对《fraternité》〔"友爱"〕。同样，法国人如果不想同时做一个世界主义者，那也就是否定他本国的历史，因为法国除了让有利于全世界的思想获得胜利之外，永远不会让别的思想占上风。可敬的先生们！在十字军远征，欧洲进军夺取圣墓的时候，是法国卫护了这一进军。以后，当天主教神甫打算强迫我们套上教皇最高权力的枷锁的时候，是教皇权限制派的主教们捍卫了信仰自由。是谁在旧君主制的末日里支持了年轻的共和政体的美国？是法国，就是这个法国！如果我所说的话对君主政体的法国来说都是正确的，那末对共和政体的法国来说又怎么能不对呢？法兰西共和国虽然已在本国的疆土上和刑场上流尽了鲜血，但为了巴达维亚弟兄们，却仍然不惜流血牺牲，历史上哪里能找到哪怕有一点类似这种惊人的、充满自我牺牲的无私精神的例子啊！无论在失败的时候或是在胜利的时候，法国天才的光芒总是照耀着一切甚至连敌人也包括在内！让欧洲开拔十六个集团军来进攻我们吧，我们将以自由来回答欧洲！

关于这一点，"北极星报"说道：

我们完全不想抹煞法国革命所进行的英勇斗争的意义，也不想减少全世界对共和国伟大活动家应有的谢意。但是我们仍然认为，上述引文以世界主义的观点来比较法国和英国的地位，那是完全错误的。我们根本否认强加在革命前的法国身上的世界主义的①性质。路易十一和黎塞留的时代就是明证！路易·勃朗先生对法国所说的实际上是什么呢？"法国除了让有利于全世界的思想获得胜利之外，永远不会让别的思想占上风。"但是，我们认为，在这方面不同于法国或可能不同于法国的国家，勃朗先生在世界上是连一个也举不出来的。就以勃朗先生用来直接和法国对比的英国为例吧。英国发明了蒸汽机，英国修筑了铁路，而这两件东西，我们认为，

---

① 这里所用的"世界主义"、"世界主义的"等不是指路易·勃朗演说中遭到本文批判的那种资产阶级的世界主义，这里是"全人类的"、"摆脱民族偏见的"等意思。——编者注

却抵得上一大堆思想。就是这样！英国发明这些东西是为了自己还是为了全世界呢？法国人自吹他们到处传播文明，尤其是在阿尔及尔。那末，在美洲、亚洲、非洲和澳洲传播文明的不是英国，又是谁呢[2]？法国曾经为解放一个共和国而参加了一定的斗争，可是为这个共和国奠定基础的又是谁呢？是英国，就是这个英国！如果说，法国支援过美利坚共和国摆脱英国暴政的解放斗争，那末早在二百年前，英国就已从西班牙的奴役下解放过荷兰共和国。如果说，法国在上世纪末给全世界做出了光荣的榜样，那末我们也不能避而不谈这一事实：英国还比它早一百五十年就已做出了这个榜样，而那时法国还根本没有准备向英国学习呢。至于18世纪法国哲学家伏尔泰、卢梭、狄德罗和达兰贝尔等阐明的那些**思想**，不是首先产生在英国又是产生在哪儿呢！我们决不能因为密尔顿（第一个为弑君辩护的人）、艾尔杰楠·悉尼、博林布罗克和舍夫茨别利的法国继承者比他们的先辈更为出色便忘了他们的先辈！

勃朗先生肯定地说，"英国人如果自称为民主主义者，那就是否定他本国的历史"。

那又有什么呢！我们认为真正的民主主义的最显著的特征，就是**应当**否定本国的历史，**应当**拒绝对充满贫困、暴政、阶级压迫和迷信的过去负任何责任。法国人还是不要在其他各国的民主主义者中间标新立异吧！不要为他们过去的国王和贵族的所作所为承担责任吧！因此，勃朗先生认为英国民主主义者的一个缺点，我们倒认为是英国民主主义者的一大优点，那就是他们**应当**抛弃过去而只展望将来。

勃朗先生说，"法国人必然是世界主义者"。是的，只要在法国的影响，法国的道德、风尚、思想和政治制度占统治地位的世界里，就的确如此！只要在每个民族都习染了法国民族性的世界里，就的确如此！然而，其他民族的民主主义者应当反对的正是这一点。他们决心抛弃本民族的粗卤的一面，同时希望法国人也能这样做。他们非常不满意法国人的武断：既然是法国人，就自然**是**世界主义者。这样的武断等于要求所有别的人都**成为**法国人。

我们拿德国来做比较吧。德国是印刷机等许多发明的诞生地。德国产生的卓越思想和世界主义思想比法国和英国的加在一起还要多得多，这是大家公认的。而在实际上，德国却总是受到侮辱，总是陷于失望。德国比任何别的国家都更能说明，法国的世界主义究竟是什么。法国可以埋怨英国政策的背信弃义，可是德国也同样领略过法国从路易十一到路易-菲力浦的背信弃义的政策。如果我们采用了勃朗先生的标准，那末德国人就是真正的世界主义者。然而，德国的民主主义者根本就没有这样的奢望。

选自《马克思恩格斯全集》第4卷，人民出版社，1958，第423—426页。

**注释：**

[1] 1847年12月18日"北极星报"发表过恩格斯的一篇通讯"法国的改革运动。第戎的宴会"，后来"德意志—布鲁塞尔报"又以"路易·勃朗在第戎宴会上的演说"为题发表了这篇通讯的摘要。

[2] 路易·勃期以为似乎法国是独一无二的文明传播者，在这篇文章中恩格斯就集中注意力揭露这个民族主义的论点，没有打算在同勃朗的论战中揭露资本主义国家在经济落后的国家里传播的资产阶级"文明"的本质。在论述印度、爱尔兰、中国、伊朗等的书信和文章中，马克思和恩格斯指出，这些国家之被拖入资本主义关系之中，是由于英国和其他资本主义国家对这些国家进行殖民奴役，使它们成为宗主国的农业原料附属地，是由于殖民者无耻地掠夺它们的天然财富并残酷地剥削这些国家的人民群众。马克思和恩格斯于1853年在"不列颠在印度统治的未来结果"一文中写道："当我们把自己的目光从资产阶级文明的故乡转向殖民地的时候，资产阶级文明的极端的伪善和它所固有的野蛮性就赤裸裸地呈现在我们面前了，因为在故乡它还装出一付道貌岸然的模样，而在殖民地它就一点也不加掩饰了。"

# 恩格斯
## 奥地利末日的开端（节选）

（写于 1848 年 1 月 25 日左右）

已故的皇帝弗兰茨曾说过："我和梅特涅还支持得住。"如果梅特涅不想让他的主子落得吹牛大王之名，那末他就应该趁早死掉。

由继承和窃得的小块土地拼成的七零八落的奥地利君主国，这个由十种语言和民族构成的混乱局面，这堆由绝然矛盾的习惯和法律乱七八糟凑成的东西，终于开始土崩瓦解了。

可敬的德国市民多少年来一直都在竭力恭维管理这架支离破碎的国家机器的人，恭维那个懦怯的骗子手和背信弃义的凶手梅特涅。达来朗、路易-菲力浦和梅特涅（这是三个极其平庸的人物，因而非常适合于当前的平庸时代）在德国市民的眼里是三十年来象傀儡戏中提线人似的左右着全世界历史的三位神明。根据自己的日常经验，这些可敬的市民把历史仅仅看成酒店里的密谋和妇人的馋言诽谤，只不过规模稍大一些而已。

诚然，革命的激流和拿破仑的三次侵袭对任何国家都没有象对奥地利那样不留丝毫痕迹。诚然，在家长的大棒保护下的封建主义、宗法制度和奴颜婢膝的庸俗气味在任何国家里都不象在奥地利那样完整无损。可是，难道这一切都是梅特涅干的吗？

奥地利王室之所以强大、稳固而富有生命力，原因是什么呢？

早在中世纪的后半期，意大利、法国、英国、比利时以及德国的北部和西部都已纷纷摆脱了封建的野蛮状态，那里的工业已经发展起来了，商业扩大了，城市兴起了，市民取得了政治势力，在这样的时候，德国的一部分却落后于西欧的发展水平。资产阶级文明沿着海岸、顺着江河传播开来。内地，特别是贫瘠而交通阻塞的山区就成了野蛮和封建的避难所。这种野蛮特别集中于远离海洋的南部德意志和南部斯拉夫区域。这些远离海洋的地方因阿尔卑斯山脉而跟意大利的文明隔绝，因波希米亚山脉和莫拉维亚山脉而跟北德意志的文明隔绝，同时碰巧又都位于欧洲唯一反动的河流的流域之内。多瑙河非但没有为它们开辟通向文明的道路，反而将它们和更加粗野的地区连接了起来。

既然西欧由于资产阶级文明而形成了一些大君主国，那末多瑙河上游的那些国家也该联结成一个君主政体的大国才是。仅仅为了防守就需要这样做。在这里，在欧洲中部，操各种语言的各族野蛮人都集结在哈布斯堡王室的王笏之下了。这一片野蛮地区的核心就是匈牙利。

多瑙河、阿尔卑斯山脉、波希米亚的悬崖峭壁，这就是奥地利的野蛮和奥地利君主国赖以存在的基础。

如果说哈布斯堡王朝一度支持过市民反对贵族，支持过城市反对王公，那只不过是由于一个大君主国一般只有在这种条件下才能存在。如果说这个王朝后来又一次支持小资产者，那也是由于在欧洲的其余部分这些小资产者本身对于大资产阶级已经开始起着反动的作用。哈布斯堡家族在前后两种情况下援助小资产者都抱了一定的反动意图。不过现在这种手段已无济于事了。

可见，奥地利王室一开始就是欧洲的野蛮、保守和反动的代表。因山区交通阻塞而更加巩固的宗法关系产生愚昧，野蛮又造成冥顽鄙野，而奥地利王室的权力正是以此为基础的。风俗习惯、性格、制度绝然不同的一打民族由于对文明有着共同的反感而团结起来了。

可见，只要奥地利王朝的臣民不改变他们的野蛮状态，奥地利王朝就是不可战胜的。因此，威胁着它的只有一种危险，那就是资产阶级文明的渗入。

然而不可避免的正是**这种**危险。资产阶级文明可能暂时被阻止；它也可能在一个时期内适应并屈从于奥地利的野蛮。但是资产阶级文明迟早总会征服封建的野蛮状态，而唯一串联那些智性殊异的地区的纽带也就会绷断。

奥地利政策之所以消极动摇、胆小如鼠、卑鄙龌龊、阴险奸诈，原因就在于此。奥地利已不能象以前那样明目张胆地野蛮了，因为它每年都得向文明让步，而且一年年地愈来愈不能信任它的臣民了。每一个坚决的步骤在国内或邻邦都会引起某种变化；而每一种变化又都会成为奥地利借以勉强抵御现代文明浪涛的堤坝上的裂痕；一旦发生任何变化，第一个牺牲者将是跟野蛮形影不离的奥地利王朝本身。

……

这就是奥地利个别地区——波希米亚和伦巴第使用机器的后果。它们又或多或少地反过来影响了整个君主国；它们到处摧毁了旧的野蛮状态的基础，因而也就摧毁了奥地利王朝的基础。

1831 年，当受过严格训练的奥地利士兵在罗曼内用榴霰弹回答《Viva l'Italia！》〔"意大利万岁！"〕的呼声的时候，英国却建筑起了第一条铁路。正如机器一样，铁路也立即成为欧洲各国所必需的了。因此无论奥地利愿意与否，它也**必须**接受。为了使本来就蒸蒸日上的资产阶级的势力不再扩大，政府就亲自动手来建筑铁路。然而这却是才出狼窝，又入虎穴。政府为了防止资产者成立强大的股份公司，只好向他们借款来建筑铁路，因而也就成了路特希尔德、阿恩施坦、埃斯克勒斯、辛纳等的债务人。

奥地利王室更不可能避免建筑铁路所引起的后果了。

过去，崇山峻岭使奥地利君主国同外界隔绝，使波希米亚同莫拉维亚以及奥地利隔绝，使奥地利同施梯里亚隔绝，使施梯里亚同伊利里亚隔绝，使伊利里亚同伦巴第隔绝；现在，这种屏障在铁路面前粉碎了。过去各地借以保有自己的民族特性和闭关自守的生活的花岗石岩壁现在再也不能起屏障的作用了。大工业即机器生产的产品飞快地而且几乎不花运费便侵入到君主国的穷乡僻壤，摧毁了古老的手工劳动，铲除了封建的野蛮。各地相互间的贸易，和其他文明国家的贸易，具有了前所未有的重大意义。流向落后地区的多瑙河已不再是帝国的主要干线；阿尔卑斯山脉和波希米亚森林仿佛已不再存在；一条新的干线从的里雅斯特伸展到汉堡、奥斯坦德和哈佛尔，远远地伸出帝国的境界，跨过山脉，一直绵延到遥远的北海和大西洋岸边。参与全国的共同事务和干预外界的事态，已经成为必需的了。地方性的野蛮习俗日益消失。在某一些地方利益是分歧的，而在另一些地方则融合为一。有的地方民族彼此分离，有的地方则结合在一起，在一堆杂乱的彼此各不相同的地区，又产生了具有共同愿望和共同利益的某些相当大的集团。

"我和梅特涅还支持得住。"的确，法国革命、拿破仑和七月风暴都支持过来了。但是却支持不住**蒸气**。蒸气开辟了穿过阿尔卑斯山脉和波希米亚森林的道路，蒸气使多瑙河失去了作用，蒸气彻底摧毁了奥地利的野蛮，因而也就摧毁了哈布斯堡王朝的根基。

欧美的公众现在可以高兴地看到梅特涅和整个哈布斯堡王朝怎样为蒸汽机轮撕碎，奥地利君主国又怎样为自己的机车辗裂。这是非常有趣的场面。在意大利一些封侯起来反抗了，而奥地利却不敢吭声；自由主义象瘟疫一般传遍了伦巴第，而奥地利却犹豫不决，在自己的臣民面前胆战心惊。在瑞士，奥地利过去的叛逆者（瑞士旧州的居民）却受到奥地利的保护；他们受到了攻击，但奥地利却被奥克辛本的豪言壮语吓得呆若木鸡。奥克辛本说："只要**一个**奥地利士兵踏上瑞士的国土，我就开两万人到伦巴第，宣布成立意大利共和国。"于是奥地利竟徒劳无益地向它所轻视的慕尼黑宫廷、斯图亚特宫廷和卡尔斯卢厄宫廷求救来了！在波希米亚各等级拒绝交付 5 万盾的税款；奥地利想追收这笔税款，但是无法从阿尔卑斯山脉抽出军队，只好向各等级作平生从未有过的让步，放弃了 5 万盾！在匈牙利，议会正在拟定革命的法案，而这一法案预计会得到多数的拥护；奥地利在米兰、摩地纳和巴马都需要匈牙利的轻骑兵，奥地利自己向议会提出了革命的法案，虽然它很清楚这意味着自身的死亡！这个不可动摇的奥地利，这座野蛮习俗的永久靠山不知道该往哪儿去才好。它浑身上下都发出了极可怕的斑疹：搔了前面后面痒，搔了后面又前面痒。

于是随着这一阵奇痒奥地利王室就要呜呼哀哉了①。

---

① 原文是一句俏皮话：《Und mit diesem possierlichen kratzen kratzt das Haus Östreich ab》—— 编者注（德文中"痒"《der Kratz》和"死亡"《abkratzen》在字形上是很相似的。——译者注）

......

我们非常高兴看到资产者对奥地利帝国的胜利。我们只希望真正卑鄙龌龊、道地犹太人的资产者能把这个可尊敬的帝国买下来。这个可憎的、以棍棒服人的、"家长制的"、恶劣透顶的政府应该被真正恶劣透顶的、满身疥疮的、发出恶臭的敌手所征服。不过，梅特涅先生可以相信，以后我们也会无情地对付他的敌手的，就象这个敌手不久将无情地对付梅特涅本人那样。

对于我们德国人来说，奥地利的没落还有一个特殊的意义。奥地利的罪过是它使我们落得一个压迫其他民族、充当各国反动雇佣兵的臭名。德国人在奥地利的旗帜下奴役着波兰、波希米亚和意大利。从塞拉库斯到特里延特，从热那亚到威尼斯，德国人都被当做专制制度的卑鄙的雇佣兵而遭到仇视，这一点我们应感谢奥地利君主国。谁只要亲眼看到过意大利人对 tedeschi〔德国人〕的那种不共戴天的仇恨，那种完全正当的切齿痛恨的复仇心理，他就必然会对奥地利恨之入骨，为这座野蛮习俗的靠山、德国的这种耻辱局面的崩溃而拍掌欢呼。

我们完全有理由希望，德国人一定会为了洗雪奥地利加在自己头上的耻辱而向奥地利报仇。我们完全有理由希望，将来摧毁奥地利的统治并为斯拉夫人和意大利人扫清走向自由的道路的，必然是德国人。一切都已准备就绪，牺牲品已经倒下，只等刀子刺入它的咽喉。愿德国人这一次不放过时机，愿他们有足够勇气说出连拿破仑都没有敢说出的话：

《La dynastie de Habsbourg a cessé de régner!》〔"哈布斯堡王朝再不能统治了！"〕

选自《马克思恩格斯全集》第 4 卷，人民出版社，1958，第 516—518、520—523 页。

## 恩格斯
# 菲格斯·奥康瑙尔和爱尔兰人民

### （写于 1848 年 1 月初）

1848 年"北极星报"第 1 号登载了英国宪章派著名的领袖和他们的议会代表**菲格斯·奥康瑙尔**的一篇告爱尔兰人民书。这一文件是值得每个民主主义者通读一遍并好好地领会的，不过由于篇幅所限，我们不可能把它刊载出来。

可是，我们没有权利避而不谈。对爱尔兰人民的这个强有力的号召很快就会显示出非常实际、鲜明和可以感觉到的后果。菲格斯·奥康瑙尔本身是爱尔兰人、新教徒，十余年来一直是英国伟大的工人运动的领袖和支柱，今后同样应该被认为是爱尔兰合并取消派和改革派的真正首脑。人们可以这样称呼他首先就是由于他在下院反对新近通过的卑鄙的"爱尔兰特别法"。此后，他还为爱尔兰的利益而继续进行鼓动，这证明菲格斯·奥康瑙尔正是爱尔兰所需要的人。

**对他来**说，千百万爱尔兰人的幸福是真正切身的事情，**对他来**说，Repeal（取消合并，换句话说，要求爱尔兰议会独立）决不是一句空话，也不是为自己和朋友们取得有利地位并谋取私利的幌子。

他在告人民书中向爱尔兰人民证明，丹尼尔·奥康奈尔这个政治骗子十三年来怎样欺骗爱尔兰人并用"取消合并"这样的字眼蒙蔽他们。

他把约翰·奥康奈尔的行为揭露无遗。约翰·奥康奈尔是他父亲的政治继承人，并且象他父亲一样，使千百万轻信的爱尔兰人为他的投机事业和他的个人利益而牺牲；约翰·奥康奈尔在都柏林的"调停大厅"[1]的全部演说、全部口是心非的保证和花言巧语都不能洗雪他从前，特别是目前在下院讨论"爱尔兰特别法"时造成的耻辱。

爱尔兰人民终究应该觉醒，而且必然会觉醒，到那时他们就一定会把这伙自命为合并取消派的人，这伙抚摸着装得满满的钱袋而私下窃笑的人统统一脚踢开；到那时狂热的天主教徒和政治扒手约翰·奥康奈尔就必然会遭到最沉重的打击。

要是告人民书的内容仅限于此，那末我们倒不必予以特别重视。

可是它的意义远远不止于此，因为在这里菲格斯·奥康瑙尔不仅是作为一个爱尔兰人，而且还——甚至主要是——作为一个英国民主主义者、作为一个宪章主义者发表意见的。

他用最朴质的人也能理解的明白的语言向爱尔兰人民证明必须竭尽全力同英国工人阶级，同宪章派紧密团结起来为实现"人民宪章"的六点（每年改选议会、实行普选权、进行无记名投票、取消任何财产资格限制、人民代表支薪和按居民人数划分选举区）而斗争。只有这六点获得之后，实现"取消合并"才能给爱尔兰带来实际利益。

接着，奥康瑙尔指出：正是英国工人早就征集了350万人签名[2]上书请愿，要求以公正的态度对待爱尔兰，而现在仍然是英国宪章派在无数请愿书上提出抗议，反对"爱尔兰特别法"，最后，英国和爱尔兰的被压迫阶级或者将来一起斗争，一起获得胜利，或者今后就一起遭受同样的压迫和贫困、同样依赖于资本家特权统治阶级。

毫无疑义，今后爱尔兰人民群众将会愈来愈紧密地同英国宪章派团结一致并按照共同计划行动。这样，英国民主主义者的胜利以及爱尔兰的解放就一定会提早很多年。奥康瑙尔告爱尔兰人民书的意义就在于此。

选自《马克思恩格斯全集》第4卷，人民出版社，1958，第441—443页。

**注释：**

[1] "调停大厅"（《Concilialion-hall》）是都柏林的公共集会场所。

[2] 指 1842 年 5 月宪章派向议会递交的全民请愿书；请愿书中除要求通过人民宪
  章外，还有许多其他的要求，其中包括要求取消 1801 年的英爱合并。请愿书
  未被议会接受。

# 恩格斯

# 致"改良报"[1]

## （写于1848年2月22日左右）

鲁卡的"改良报"回答了奥格斯堡的"总汇报"上的一篇卑劣的论文，这篇论文是"总汇报"经常按照维也纳宫廷总务府的指示所发表的论文中的一篇。

下流的雷赫报纸[2]不仅把奥地利518000兵士对他们昏君斐迪南的忠诚捧上了天，而且还断定这些兵士（波希米亚人、波兰人、斯洛伐克人、克罗地亚人、海杜克①、瓦拉几亚人、匈牙利人、意大利人等）想望着德国的统一，**只要皇上有意于此**，他们就愿为统一而捐躯！

好象糟糕的并不是当奥地利还存在的时候，德国就必须冒险让海杜克、克罗地亚人、瓦拉几亚人来保卫自己的统一；好象当奥地利存在的时候，德国的统一除了同克罗地亚人、瓦拉几亚人、马札儿人和意大利人统一而外，还可能有什么别的办法！

"改良报"非常中肯地回答那个"极下贱的"②，斥责它那种说什么奥

---

① 匈牙利的一种马札儿人雇佣步兵。1605年德兰士瓦尼亚公爵斯蒂芬·博奇科伊由于他们在反抗奥地利哈布斯堡王朝（1276—1918）的斗争中有功，赐给他们贵族特权，并授以大片领土。——译者注

② 俏皮话，《Allgemeine Zeitung》是"总汇报"，而《All-Gemeine》则是"极下贱的"。——编者注

地利在伦巴第保卫着德意志民族利益的谬论，最后，"改良报"把 1848 年的意大利运动和 1813 年及 1815 年的德国解放战争相提并论，对德国人发出号召。

显然，"改良报"想借此对德国人恭维一番，否则，它决不会作出违心之事，竟把现代进步的意大利运动和这些反动的战争相提并论。正是由于这些反动的战争，意大利才受到奥地利的奴役，德国又回复了过去的极度混乱、分裂和暴政的统治，而整个欧洲则订下了 1815 年可耻的条约。

"改良报"可以相信我们，德国不仅已从这些战争的结果，而且从这些"光荣"时代的英雄们的凄惨的下场里清楚地认识到解放战争的性质。只有卖淫式的官方报纸才会竭力称颂这如醉如狂的时代。众人对此则嗤之以鼻，甚至铁十字勋章也将为之赧然。

正是这些报纸，正是这些 1813 年的以吞掉法国人为快的人，现在又象他们过去对法国人那样，对意大利人狂吠，颂扬奥地利、基督教德意志的奥地利，并鼓吹发动一次十字军远征来惩治拉丁民族的狡猾和轻率；因为意大利人本来就和法兰西人一样都属于拉丁民族！

如果意大利人想举例说明，他们从解放时代的那些拙劣的吹牛家身上能指望些什么，这些红头发的幻想家对意大利民族又有什么看法，我们可以引用奥·阿·路·福伦的一首著名的歌曲[3]给他们：

> 来，我们来赞美边疆，
> 那里有曼陀令和吉他的低奏，
> 金色的橙子透过茂密的叶丛中闪闪发光；
> 我爱那德意志李子红得发紫，
> 也爱那勃斯多尔夫①苹果的红光

以及诸如此类的永远明达的人的诗意的狂妄的果实。然后就是关于匪徒、

———————————————

① 德国莱比锡附近一村落名。——译者注

匕首、火山、拉丁民族的狡黠、意大利妇女的不贞、臭虫、蝎子、毒药、毒蛇、凶手等等极可笑的观念。道貌岸然的李子爱好者在意大利每走一步都会产生不少这样的错觉。最后，好幻想的庸人感谢着他的上帝，因为他处在爱情与友谊的国家里，处在用板凳腿打架的国家里，处在碧眼而忠实的牧师的女儿的国家里，处在正直和纯朴的国家里，总而言之在德意志式的忠实的国家里。1813 年英雄们的脑子里填满了这种对意大利的迷信的幻想，不用说，他们是从未见过意大利的。

"改良报"和从事意大利运动的所有活动家可以深信，德国的舆论坚决支持意大利人。德意志人民也和意大利人民一样，迫切希望奥地利垮台。德国人民对意大利人的每一个成就都感到欢欣鼓舞，同时，我们希望在适当时机，德意志人民将为永远结束整个奥地利的统治而投入战斗。

选自《马克思恩格斯全集》第 4 卷，人民出版社，1958，第 542—544 页。

**注释：**

[1] "改良报"（《La Riforma》）是意大利资产阶级民主派的报纸，1847 年 11 月至 1850 年初发行于鲁卡。

[2] 指"总汇报"（《Allgemeine Zeitung》），该报出版于雷赫河岸的奥格斯堡。

[3] 阿·福伦是乐谱的作者，歌词是诗人弗里德里先的作品。

# 马克思等
# 致法兰西共和国公民们和临时政府委员们

## （1848 年 2 月 28 日）

公民们！

民主协会怀着崇高的敬意祝贺你们，祝贺法兰西民族最近完成的功绩，并感谢你们对人类所作的伟大贡献。本会以团结各国人民建立兄弟友谊为目的，我们的协会不久以前已在布鲁塞尔成立，它由欧洲各民族的代表组成。我们正同比利时人一起在他们的领土上利用那些早就允许自由地公开发表任何政治宗教见解的制度，进行工作。

我们也曾向瑞士人致敬，祝贺他们最近的行动，他们这种行动就是各民族解放事业的开端。落在你们肩上的使命就是以全力来继续这一事业，英勇的巴黎人民每当执行自己使命的时候总是这样表现的。我们坚信，不需很久，我们就会以对瑞士人所致的敬意向法国人致敬。法国已离我们向它祝贺的时候不远了。至于说希望各民族今后急起直追你们，那就自不待言了。

我们认为完全可以相信，同法兰西紧紧毗邻的民族将最先追随法兰西走上它刚刚走过的道路。

法国所完成的革命首先巩固了法国和各民族的联系，而并没有威胁任何一个民族的独立，这更进一步证实了上面的估计。我们向 1848 年 2 月的法国致敬，因为它是各民族的模范，而不是各民族的统治者。从今以后，法国不再需要别的敬重了。

我们看到，命运操在你们自己手中的这样一个伟大民族，真正是在普遍的信任中树立起自己的威信；公民们，我们也看到，这个伟大的民族，甚至和一向被其视为争雄对手的其他民族重新建立起曾为少数人的腐朽政策所破坏的联盟。英国和德国重新向你们伟大的国家伸出了手。西班牙、意大利、瑞士和比利时也将振奋起来，或者在你们联盟的庇护下享受安静和自由。象拉撒路一样，波兰定会从死中复活，响应你们以三种文字向她发出的号召。

最后，甚至俄国也必然会发出西方和南方人民还很不熟悉的呼声来响应你们。法国人，荣誉和光荣归于你们！你们奠定了各民族联盟的基础，这种联盟是你们不朽的贝朗热早就预言式地歌颂过的。

公民们，我们怀着不可动摇的兄弟友谊，向你们表示深切的谢意。

以团结各国人民建立兄弟友谊为目的的布鲁塞尔民主协会委员会。

签名：主席**律·若特兰**律师；副主席**卡·马克思**；名誉主席**梅利奈**将军；根特民主协会主席**斯皮特霍恩**律师；布鲁塞尔大学教授**迈因茨**；**列列韦尔**；财务员**巴兰**；副书记**巴泰**；工人**佩列林**；批发商**拉比奥**。

1848 年 2 月 28 日于布鲁塞尔

选自《马克思恩格斯全集》第 4 卷，人<br>民出版社，1958，第 584—585 页。

# 马克思恩格斯

## 给埃蒂耶纳·卡贝的信

### ——反对巴黎德意志民主协会的声明[1]

### （写于 1848 年 3 月底）

卡贝先生！

我们请求您把随函寄上的声明发表在最近一号"人民报"上。声明所谈的问题是：共产党对于已经在一部分德国人中间煽起了旧的反动民族成见去反对法国人民的那种事情和做法不负任何责任。德国工人联合会，即欧洲各国各种工人协会的联合会（英国宪章派的领袖哈尼和琼斯两位先生也是这个联合会的成员）是完全由共产主义者组成的，并公开宣布自己是共产主义的组织；所谓巴黎德意志民主协会实质上是反共产主义的，因为它声明自己不承认无产阶级和资产阶级之间的对抗和斗争。因此，这里所谈的是为了共产党的利益而发表意见，发表声明，正是为了这一点，我们劳驾阁下帮忙。（这封便函不必公开发表）致以

敬礼和兄弟般的情谊

**弗里德里希·恩格斯**

**卡尔·马克思**

下面署名的委员会认为自己有责任向**德国工人联合会**在欧洲各国的各个支部声明：它同向法国公民要服装、金钱和武器的那些行动、声明和宣言毫无关系。在巴黎，**德国工人俱乐部**是和联合会保持联系的唯一组织，

它同自称为巴黎**德意志民主协会**的并由海尔维格先生和冯·伯恩施太德先生领导的那个协会毫无共同之处。

**德国工人联合会中央委员会**

签名：**卡·马克思，卡·沙佩尔，亨·鲍威尔，**

　　　　**弗·恩格斯，约·莫尔，威·沃尔弗**

选自《马克思恩格斯全集》第 5 卷，人民出版社，1958，第 6—7 页。

**注释：**

[1] 马克思和恩格斯给埃蒂耶纳·卡贝的信和反对德意志民主协会的声明是根据芒特辽（法国塞纳河省）历史博物馆送给苏共中央马克思列宁主义研究院的原稿的照相副本发表的。根据声明和信都出自恩格斯的手笔这一点来判断，这两个文件是在 1848 年 3 月底，即在恩格斯到达巴黎以后写的。在这个时候，马克思、恩格斯和共产主义者同盟中央委员其他委员正进行反对德意志民主协会的斗争，因为该协会的领导人海尔维格和伯恩施太德企图利用在法国组织的军团把共和政体输入德国。"德意志-布鲁塞尔报"的前任编辑伯恩施太德由于这种计谋于 3 月 16 日被开除出共产主义者同盟。

　　根据共产主义者同盟的领导人的倡议，1848 年 3 月初在巴黎建立了德国工人俱乐部，它的章程是由马克思起草的。马克思和恩格斯利用俱乐部来竭力团结巴黎的德国流亡工人，阐明无产阶级在资产阶级民主革命中的策略，并且同海尔维格和伯恩施太德的冒险计划相反，组织德国工人个别地回国去参加那里的革命斗争。

# 马克思恩格斯
## 法兰克福激进民主党和法兰克福
## 左派的纲领（节选）

（写于 1848 年 6 月 6 日）

……

令人不解的是，这个所谓的激进民主党如何能把君主立宪国、小公国和小共和国的**联邦**，即以共和政府为首的、由如此不同的成分所组成的联盟国家（左派所主张的中央机关正是如此）宣布为德国的最终国家组织。

毫无疑义，国民议会所选出的德国中央政府最初必然会跟事实上还存在的各邦政府同时**并存**。但中央政府一经产生，就会同各邦政府展开斗争，在这一斗争中，不是中央政府同德国的统一同归于尽，就是各邦政府同它们的立宪君主或小共和国一起消失。

我们并不提出空想的要求，要 a priori〔预先〕宣布**统一的、不可分割的德意志共和国**，但是我们要求所谓的激进民主党不要把斗争和革命运动的出发点同它们的最终目的混淆起来。德国的统一以及德国的宪法只能通过这样一种运动来实现，这种运动的决定因素将是国内的冲突或对东方的战争。国家制度的最终确立不能依靠**颁布命令**的办法，而要在我们即将进行的运动中实现。因此，问题不在于实现这个或那个意见，这种或那种政治思想；问题在于理解发展的进程。国民议会只应该采取一些在最近期间切实可行的步骤。

不管民主党宣言的拟订者如何要我们确信"每个人都乐于摆脱自己的糊涂思想",但是他把**北美联邦国家**作为德国宪法的蓝本这种奇怪的思想却是再糊涂不过的了!

北美合众国所占的面积等于整个文明的欧洲,更不必说它的各个州都具有同样的政治结构。只有**欧洲**联邦才会同合众国相似。但是,为了使德国和其他国家结成联邦,它自己首先就应该成为统一的国家。在德国,中央集权制和联邦制的斗争就是近代文明和封建主义的斗争。正当一些大的君主国家在西方形成的时候,德国陷入到资产阶级化的封建主义里去了,而正当世界市场为西欧开放的时候,德国又被排挤出世界市场了。这些国家富裕起来了,德国却贫穷下去。这些国家出现了许多大城市,德国却变成了农民国家。即使俄罗斯不来敲德国的大门,经济关系本身也会迫使德国采取严格的中央集权制。即使从纯资产阶级的观点看来,德国牢不可破的统一也是摆脱它目前的贫困和创造国家财富的首要条件。在这种分裂为39个小邦的领土上,究竟怎样解决现代的社会任务呢?

但是,民主党纲领的拟订者没有必要涉及据说是次要的物质经济关系。他的论证超不出联邦这个概念的范围。**联邦**就是**自由者**和**平等者**的**联合。因此**,德国应当成为**联邦国家**。难道德国人联合为**一个统一**的大国就会违背自由者和平等者的联合这个概念吗?

选自《马克思恩格斯全集》第 5 卷,人民出版社,1958,第 47—48 页。

# 恩格斯
# 布拉格起义

## （写于 1848 年 6 月 17 日）

科伦 6 月 17 日。波兹南式的血腥大屠杀即将在**波希米亚**①重演。奥地利的军阀把波希米亚与德国和平共处的可能性淹没在捷克人的血泊中了。

文迪施格雷茨公爵下令在维舍格勒和格拉德申[1]对准布拉格架设大炮。正在集中军队，准备进攻斯拉夫人代表大会[2]和捷克人。

人民群众知道了这些作战准备，他们跑到公爵府去要武器。他们遭到了拒绝。骚动加剧了，愈来愈多的武装群众和非武装群众聚集起来。从司令官官邸对面的旅馆传来了枪声，文迪施格雷茨公爵夫人应声而倒，伤势严重。于是立刻发出了攻击命令，龙骑兵冲向前去，击退了人民群众。但是到处都构筑起街垒来阻击军队。大炮推出来了，霰弹向街垒倾泻。血流成河。从 12 日晚上到 13 日早上，战斗通宵未停，13 日仍在继续进行。最后，士兵们控制了广阔的街道，迫使人民群众退到不能使用大炮的比较狭窄的街坊。

这就是我们得到的最后消息。此外，据说斯拉夫人代表大会的许多代表在森严的警卫下被押解出城。根据这些消息，可以判军队获得了胜利，至少是获得了局部的胜利。

---

① 即捷克。——编者注

不管起义的结果怎样，德国人对捷克人进行歼灭性的战争现在仍然是唯一可能的结局。

德国人在他们的革命中必然会因自己过去的一切罪行而受到惩罚。他们已经因这些罪行而在意大利受到了惩罚。在波兹南他们又招致了整个波兰的咒骂。而现在该轮到波希米亚了。

法国人甚至在他们以敌人身分出现的地方都能博得尊敬和同情，而德国人无论在什么地方都得不到尊敬，无论在什么地方都得不到同情。甚至在他们以慷慨的自由传播者的身分出现的地方，人们也总是辛辣地嘲笑他们，鄙弃他们。

理应如此。一个民族在它的整个历史过程中甘愿把自己变成压迫其他一切民族的工具，这样的民族必须首先证明它真正成了革命的民族。但是它不应该用两三次不彻底的革命来证明这一点，因为这种革命除了用另一种形式来保持先前的犹豫不决、软弱无力和互不往来以外，并没有什么别的结果，因为在进行这种革命的时候拉德茨基仍然在米兰，科隆布和施泰因埃克尔仍然在波兹南，文迪施格雷茨仍然在布拉格，许泽尔仍然在美因兹，好象什么事也没有发生过一样。

革命的德国本来应该抛弃自己过去的一切，特别是对于邻国的人民。它本来应该在自己获得自由的同时，也让一向受它压迫的人民获得自由。

然而革命的德国是怎样做的呢？它完全同意德国军阀过去对意大利和波兰的压迫，以及现在对波希米亚的压迫。考尼茨和梅特涅的话完全被证实了。

然而德国人却要求捷克人信任他们！

然而德国人却责备捷克人，说他们不愿意同一个一方面在解放自己、另一面却在压迫和侮辱其他民族的民族联合起来！

德国人责备他们，说他们拒绝派代表参加我们那个可怜的、怯懦的、害怕自己权限的法兰克福“国民议会”！

德国人责备他们，说他们背弃了软弱无力的可怜的奥地利政府，这个政府的存在似乎仅仅是为了确定奥地利的解体，它不仅不能预防奥地利的解体，而且造成了奥地利的解体，这个政府非常软弱，它甚至不能使布拉格摆脱文迪施格雷茨的大炮和士兵的袭击！

但是最令人惋惜的是勇敢的捷克人自己。不管他们将获得胜利还是将被击溃，反正他们是要灭亡的。德国人4个世纪的压迫（这种压迫现在仍以巷战的形式在布拉格继续进行）迫使捷克人投入了俄国人的怀抱。在最近（可能过几个星期）就要爆发的西欧和东欧之间的伟大斗争中，不幸的命运将把捷克人推到俄国人方面去，推到反对革命的专制制度方面去。一旦革命取得胜利，捷克人将首先被革命摧毁。

使捷克人招致这种灭亡的结局，仍然应该归罪于德国人，因为德国人把他们出卖给俄国人了。

选自《马克思恩格斯全集》第5卷，人民出版社，1958，第94—96页。

**注释：**

[1] 维舍格勒位于布拉格南部弗尔塔瓦河右岸，那里有一个同名的古堡。

　　格拉德申（捷克人称格拉德查尼）位于布拉格城西北部，是全城最高的地方，那里有一座古代宫殿。

[2] 斯拉夫人代表大会于1848年6月2日在布拉格举行。在代表大会上，受哈布斯堡王朝压迫的斯拉夫人民的民族运动中的两种倾向展开了斗争。温和的自由主义右派（属于该派的有代表大会的领导者帕拉茨基、沙发里克）企图以维护和巩固哈布斯堡王朝的办法来解决民族问题。民主主义左派（萨宾纳、弗利契、里别尔特等）坚决反对这一点，他们竭力主张同德国和匈牙利的革命民主运动一致行动。代表大会中属于激进派和积极参加布拉格起义的那一部分代表受到了残酷的迫害。布拉格其余的代表即温和的自由主义派代表于6月16日宣布代表大会无限期休会。

## 恩格斯
# 法兰克福德国国民议会的第一件事迹

## （写于 1848 年 6 月 22 日）

**科伦**。德国国民议会终于稍微动起来了。它终于通过了具有直接的实际意义的决议；它干预奥意战争。

而它是怎样来进行干预的呢？它宣布了意大利独立吗？它已派遣信使把命令送到维也纳，要拉德茨基和韦尔登立即撤退到伊宋佐后面去吗？它向米兰临时政府[1]致过贺词吗？

没有的事！它声明说，它将把**对的里雅斯特的任何攻击**看成是宣战的**理由**。

这就是说，德国国民议会，在联邦议会的欣然同意下，允许奥地利人在意大利横行霸道，掠夺屠杀，允许他们把大量燃烧弹扔向每一个城市，扔向每一个村庄（参看本报**意大利**栏），然后安全地退到德意志联邦的中立地区！它允许奥地利人随时从德国的土地上派克罗地亚人和潘都尔兵[2]去蹂躏伦巴第，但是却要禁止意大利人追击躲避在隐蔽所中的被击溃的奥地利人！它允许奥地利人从的里雅斯特封锁威尼斯，封锁皮阿味、布林塔、塔腊门托各个河口，可是却严禁意大利人对的里雅斯特进行任何敌对行动！

德国国民议会通过这样的决议，说明它的胆怯行为已经是无以复加了。它没有足够的勇气公开批准对意大利作战，它更没有勇气禁止奥地利政府进行这种战争。在这种困难的情形下，它通过了（并且发出了赞成的叫喊声，以便用震耳的喧嚣声来抑制内心的不安）关于的里雅斯特的决议；从形式上看，这个决议既不赞成也不谴责反对意大利革命的战争，但实质上却是赞成这个战争的。

这个决议是对**意大利的间接宣战**，而这种宣战对德国这样一个有 4000 万人的民族说来是特别可耻的。

法兰克福议会的决议在整个意大利引起了愤怒的风暴。哪怕意大利人只有一点自豪感和毅力，他们也会用炮轰的里雅斯特和进军布伦纳来回敬。

法兰克福议会在盘算，而法国人民却在部署。威尼斯向法国请援；在这个决议之后，法国人也许很快就越过阿尔卑斯山，而我们在不久的将来就会在莱茵河畔看到他们。

有一个议员谴责法兰克福议会毫无作为。恰恰相反，它已经做了很多事情，使我们在北方进行一个战争，在南方进行另一个战争，而西方和东方的战争也已成为不可避免的了。我们面临着一幅令人愉快的景象：既进行反对沙皇的斗争，又进行反对法兰西共和国的斗争，既进行反对反动派的斗争，又进行反对革命的斗争。国民议会还关心让俄国、法国、丹麦和意大利的士兵在法兰克福的圣保罗教堂中举行一次会面。可是有人还说议会毫无作为！

选自《马克思恩格斯全集》第 5 卷，人民出版社，1958，第 114—115 页。

注释：

[1] 米兰临时政府是在伦巴第人民反对奥地利统治意大利的起义获得胜利后于 1848 年 3 月 22 日成立的；奥地利军队被驱逐出米兰，以哈·卡萨齐为首的自由资产阶级的代表参加了政府。

[2] 潘都尔兵——奥地利军队中的一种部队编制，是一种特殊形式的非正规步兵。

# 恩格斯
# 国民院（节选）

（写于 1848 年 12 月 6 日）

**伯尔尼** 12 月 6 日。在这个欧洲暴风雨时期，谁还去注意瑞士呢？大概除了那个觉得在莱茵河左岸，从康斯坦察到巴塞尔的每一个丛林后面都埋伏有志愿兵的帝国政府以外，谁也不会去注意。但是，瑞士是我们的重要邻邦。今天，立宪制的比利时是正式的模范国家[1]，可是在我们所经历的这个暴风雨时代，谁又能保证，明天瑞士不会变成这种正式的模范国家呢？现在我已经知道，有不少一本正经的共和主义者总在幻想从莱茵河彼岸把具有大大小小的联邦委员会、国民院、联邦院等等的瑞士的政治制度通盘搬来，就是说要把德国变成一个幅员广大的瑞士，这样他们就可以当上大会议的议员，或者巴登、黑森、拿骚的州议会的议员，温文尔雅地过和平而安静的生活了。

所以，我们德国人无论如何要关心瑞士。瑞士人现在所想、所说、所做的一切，最近就有可能拿来作为我们效法的典范。因此，我们不妨预先稍微熟悉一下，瑞士联邦的二十二个州在自己联邦共和国内究竟倡导了些什么样的风俗习惯，培育了些什么样的人物。

自然，我们首先应该熟悉一下瑞士社会的精华，即那些被瑞士人民选为代表的人物；我指的是正在伯尔尼市政厅开会的国民院。

无论谁，只要他走上国民院的讲台，都会对瑞士人民派到伯尔尼来讨论全民性共同事务的形形色色的人物感到惊讶。没有在瑞士大部分地区呆过的人，未必会了解，为什么在这个幅员只有几百平方英里，人口不过二百五十万的小国能有这样一个五花八门的议会。但是，这没有什么可奇怪的。瑞士是这样一个国家，在这里，人们说着四种不同的语言：德语、法语、意大利语（或者更确切些说，是伦巴第语）和罗曼语，在这里，同时存在着文明发展的各个不同阶段——从最先进的机器工业直到地地道道的畜牧生活。瑞士国民院集所有为些民族和各个文明发展阶段的精华于一身，所以完全不像是一个国家的议院。

在这个半宗法制的议院中，根本谈不上有固定座位和独立政党。激进派曾经作过一次小小的尝试，想占据最左面的座位，但是，看来他们没有成功。谁想坐在哪里，就坐在哪里，并且往往在一次会议期间更换三四次座位。但是，大部分议员都有自己喜欢的经常座位，因此，议会终究还是相当明显地分成了彼此不同的两部分。坐在前面三条半圆形议席上的人们，个个脸部轮廓突出，大多蓄有髭须，头发梳得整整齐齐，身穿巴黎时装，这是瑞士法语区和瑞士意大利语区的代表，或者，如当地人所称呼的那样，是"罗曼人"，坐在这些议席上的人几乎全都说法语。坐在罗曼人后面的是一些五光十色得出奇的人物。的确，那里看不见穿瑞士民族服装的农民，相反地，这些人物都穿着带有某种文明象征的服装；有时，甚至还可以看到多少有些时髦的燕尾服，穿这种服装的人的外貌多半文质彬彬。再后面是半打彼此极为相像的、穿便服的瑞士军官，他们都有一副与其说是威武，不如说是庄重的仪表。他们的打扮和穿着都显得有些过时，而且，一般地说，他们都同"特洛埃勒斯与克蕾雪达"中的哀杰克斯[2]有些相像。最后是基本群众，他们的面孔和服装难以描绘，都是些多少上了岁数的旧派先生；他们彼此极不相像，各有特点，大多数都可以上漫画。这些人代表着各种小资产者、campagnard endimanché〔穿节日服装的农民〕和各州的寡头政治。他们个个都仪容可恭，人人都严肃得可怕，一律戴着笨重的银边眼镜。这是瑞士德语区的代表，他们来自较小的州和大州边远地区，是议院的基本群众。

坐在议院主席席位上的是琉森的著名博士罗伯特·施泰格尔。几年前，在济格瓦特-弥勒政府时期，他曾被判处死刑。现在他是瑞士联邦议会的议长。施泰格尔个子不高，矮小而结实，独特的脸形在银发黑须的烘衬下给人以一种快感，虽然他老戴着银边眼镜。他很沉着地，也许有些过于矜持地履行着自己的职责。

有什么样的人，就有什么样的辩论。只有"罗曼人"（而且也不是所有的罗曼人）说话十分文雅，具有演说家的风度。在瑞士德语区的居民中，伯尔尼人最喜欢模仿罗曼人的气派，他们也最接近罗曼人。在他们身上还能感到一些激昂热情的气质。瑞士雅典人的后裔苏黎世人说话庄重有力，半似教授，半似行会制度时期的师傅，但总带"知识分子腔"。军官们发言郑重而缓慢，不太熟练，而且内容贫乏，可是，声音坚决果断，就像是他们的全副武装的营队正在他们后面待命而立。最后，这个议院的基本群众推出的发言人都多少善于思考，小心谨慎，能仔细地权衡所有论据的利弊，而归根到底总是维护本州的利益；他们差不多个个发言都很不连贯，常常用他们自己的语法规则造句。当辩论涉及经费问题时，倡议多半是由他们，特别是由那些旧州的代表提出的。在这方面，乌利州在两院中已经获得了完全应得的声誉。

……

选自《马克思恩格斯全集》第 6 卷，人民出版社，1961，第 98—100 页。

**注释：**

[1] 见"'模范国家'比利时"和"模范的立宪国家"两篇文章（《马克思恩格斯全集》中文版第 5 卷第 367—370 和 518—520 页）。

[2] 哀杰克斯是莎士比亚的"特洛埃勒斯与克蕾雪达"中的人物，一个粗鲁矜夸的军人形象。

# 恩格斯

## 波兹南

### （写于 1849 年 4 月 30 日）

科伦 4 月 28 日。如果我们间或谈谈关于我们的霍亨索伦王朝的"显赫和强大"以及关于这一高贵宝座的主要支柱——遍布全国各省的勃兰登堡骑士臭虫集团同时惊人繁荣的问题，我们的读者会感激我们的。

我们今天来继续进行这一富有教益的考察，谈谈我们狭义的祖国①的波兰部分。早在去年夏天，由于那用榴霰弹和硝酸银对波兰进行的臭名昭彰的"绥靖"和"改组"，我们就已经揭穿了德意志犹太人散布的关于在城市中"德国居民占优势"、在乡村地区"德国人占有大量土地"及普鲁士国王对提高公共福利有功等等谎言。"新莱茵报"的读者该记得，我们根据官方的数字材料及格涅兹诺和波兹南大主教给资产阶级"过渡"大臣康普豪森的通知查明，在这个地区划入普鲁士分界线的各部分，德国人不是占一半，而是勉强占居民的六分之一[1]。同时，随着反革命进程使重新瓜分和缩小波兹南的波兰部分成为可能，普鲁士政府的骗人统计学家便愈来愈扩大这个虚报的德国居民的数目。当时我们查明，德国的民族蠢才和法兰克福议会泥坑里的投机分子在做这项统计时还把波兰的犹太人也列为德国人，虽然这个最令人讨厌的种族除了他们的熏心利欲之外，无论按他

---

① 即普鲁士，以区别于德意志。——编者注

们的鄙俗俚语，或是按他们的出身，都不可能同法兰克福具有血缘关系。我们查明，纵使有少数德国小土地占有者居住在波兹南的个别行政区，那也只是由于普鲁士背信弃义地利用波兰贫困的结果，因为根据 1833 年的敕令，只有普鲁士顽固的容克地主才能收买一切**拍卖的**庄园，为此政府还特为容克地主发放了贷款。最后，如我们所查明的，霍亨索伦王朝慈父般的恩德和功绩在于他们在三月革命后由于怯懦而许下了进行"民族改组"的甜蜜诺言，可是后来，随着反革命势力的壮大，王朝却以五次愈来愈广泛的瓜分把套在这个国家脖子上的绞索拉得愈来愈紧，后来更以"绥靖"、缴械作为进行"改组"的条件，最后当这些条件都已实现，又派出"我的英勇军队"去进攻手无寸铁的易于轻信的边境地区，以便和犹太人结成联盟去抢劫教堂，焚烧村庄，在公共场所用探条打死波兰人或用硝酸银打上烙印，而在报复了对"三月诺言"的信仰以后，在这遍布死尸的土地上颂扬上帝和基督教德意志陛下。

在波兹南进行普鲁士"改组"的恩德就是如此。现在我们来谈谈普鲁士占有大量土地，地产和庄园的来源。它们的历史在不小程度上是对霍亨索伦王朝的"显赫和强大"及它所宠爱的流浪骑士阶层的英勇行为的一个很好的补充说明。

1793 年三个戴皇冠的小偷，像三个绿林大盗瓜分赤手空拳的行人的财物那样，瓜分了他们的赃物——波兰。按照 1815 年霍亨索伦王朝根据**世袭**君主权利统治了莱茵省的方式，即按照贩卖人口和人的灵魂的方式，霍亨索伦王朝当时也成了波兹南和南普鲁士的**世袭**君主。将来当这种贩卖人和人的灵魂的权利一被消灭，波兰人就会像莱茵省居民一样用红笔把**世袭**大公霍亨索伦统治他们的权利一笔勾销。

普鲁士霍亨索伦王朝对抢劫来的波兰的慈父般的关怀，首先表现在没收波兰王室和教会的领地上。一般说来，我们丝毫也不反对这种没收，而且我们还希望很快也会轮到没收**其他**王室的领地。我们只想问一问，这些被没收了的领地用来为谁的利益服务？是为了慈父般的勃兰登堡政府在 1848 年"绥靖"和"改组"期间如此仁慈地关怀过的国家的"公共福利"

吗？是为了用血汗创造了这些领地的人民吗？让我们看一看吧。

当时的大臣霍伊姆统治了西里西亚省二十年，他独自为政，完全不受任何监督，并利用这一权力进行最可恶的容克地主式的敲诈和勒索，而为了奖励他给上帝、国王和祖国所建树的功勋，南普鲁士也委托给他管辖。霍伊姆向他的主子和国君提议，为了王朝"显赫和强大"的利益，为了造成忠诚于王朝的显赫而强大的容克地主，要把尽可能多的教会土地、官地和没收来的庄园分赐给所谓"**有功的人们**"。结果也就是这样做了。流浪骑士，王妃的宠臣，大臣们的亲信，他们想要笼络住的同谋们，大多数都获得了抢劫来的边区的大片富饶领地作为赏赐，这样，在波兰人中间就到处都是"德国的利益"和"主要是德国土地"了。

为了谨慎，以免激起国王的贪心，霍伊姆对国王只以四分之一到六分之一的价钱估价这些庄园，而且往往还低于它们的实际价值；霍伊姆害怕——而这也确实不是没有根据的，——如果国王知道这些庄园的真实价值，那他首先考虑的便不是别的，而是他自己"慈父般的"腰包了。在"绥靖"以后，从1794年至1798年霍伊姆统治的四年中，在波兹南行政区有二十二批，在卡利希行政区（原彼得库夫行政区）有十九批，在华沙行政区有一批，大大小小总共是五十二批庄园这样被分赐掉，它们所包括的领地不少于**二百四十一**个。对国王说这些领地的价值是三百五十万塔勒，而实际上它们的价值超过**两千万塔勒**。

**当波兰人在即将来临的革命中要夺回根据奴隶买卖权从他们那里偷去的这两千万塔勒，这波兰的亿万财富的时候，他们会想起这点的！**

仅仅在卡利希行政区，被分送掉的庄园便占**全部王室和教会领地面积的三分之一以上**，而这些庄园的收入甚至按1799年低得可怜的奉送的价格估计，每年也有二十四万七千塔勒之多。

波兹南行政区分布有广大森林的奥文斯克领地被送给了服饰杂货商特雷斯科夫。同时与其毗邻的连一棵小树苗都没有的古老领地施里姆却宣布为国家的地产，不得不由国家出钱到特雷斯科夫领地上去购买树木。

最后，在其他各行政区，馈赠文书明确规定免收这些领地的普通赋税，而且是"**永远**"免收，因此无论哪一个普鲁士国王都无权对它们课以新税。

现在我们来看一看，这些偷来的庄园是用什么方式赠送并且是赠送给什么样的"**有功的人们**"的。可是，由于这些顽固的容克地主的功劳浩大，为了叙述连贯起见，我们不得不另写一篇专文来谈这个问题①。

选自《马克思恩格斯全集》第6卷，人民出版社，1961，第536—539页。

**注释：**

[1] 见《法兰克福关于波兰问题的辩论》这一组文章（《马克思恩格斯全集》中文版第5卷第371—414页）。

---

① "新莱茵报"上没有本文的续篇。——编者注

## 马克思恩格斯
# 国际述评（一）（节选）

（写于 1850 年 1 月 31 日至 2 月）

现在我们来谈一谈**美国**。美国最大的事件是加利福尼亚金矿的发现，其意义超过了二月革命。时间仅仅过了 18 个月，现在就已经可以预料到，这一发现所带来的成果甚至将会比美洲大陆的发现所带来的要大得多。在 330 年当中，所有欧洲与太平洋的贸易一直是以惊人的长期耐性绕道好望角或合恩角来进行的。所有打通巴拿马地峡的建议都由于进行贸易的国家的无谓的争吵而失败了。从发现加利福尼亚金矿到现在，仅过了 18 个月，而美国佬就已经着手建设铁路，修建大公路，开凿以墨西哥湾为起点的运河；从纽约到查理斯，从巴拿马到旧金山已经有轮船定期航行；太平洋的贸易已经集中在巴拿马，绕道合恩角的航线已经过时了。在纬度 30 度上的漫长海岸是世界上最美丽最富饶的地区之一，以前它几乎是荒无人迹的地方，而现在它在我们眼前正变成一个富足的文明区域，聚集着一切种族和民族的代表：从美国佬到中国人，从黑人到印第安人和马来亚人，从克里奥洛①和美司代佐②到欧洲人。加利福尼亚的黄金源源流入美洲和亚洲的太平洋沿岸地区，甚至把最倔强的野蛮民族也拖进了世界贸易——文明世

---

① 南美之欧洲血统的土著后裔。——译者注
② 西班牙人、葡萄牙人与印第安人的混血儿。——译者注

界。世界贸易第二次获得了新的方向。世界贸易中心在古代是泰尔，迦太基和亚历山大，在中世纪是热那亚和威尼斯，在现代，到目前为止是伦敦和利物浦，而现在的世界贸易中心将是纽约和旧金山，尼加拉瓜的圣胡安①和利奥，查理斯和巴拿马。世界交通枢纽在中世纪是意大利，在现代是英国，而目前将是北美半岛南半部。古老欧洲的工业和贸易如果不愿意象 16 世纪以来意大利的工业和贸易那样衰落不振的话，如果不愿意让英国和法国变成今天的威尼斯、热那亚和荷兰的话，就必须作巨大的努力。再过几年，在我们面前将会出现一条固定航线，从英国通往查理斯，从查理斯和旧金山通往悉尼、广州和新加坡。由于加利福尼亚金矿的开采和美国佬的不断努力，太平洋两岸很快就会象现在从波士顿到新奥尔良的海岸地区那样人口密集、贸易方便、工业发达。这样，太平洋就会象大西洋在现代，地中海在古代和中世纪一样，起着伟大的世界交通航线的作用；大西洋的作用将会降低，而象现在的地中海一样成为内海。欧洲的文明国家要不陷入象意大利、西班牙和葡萄牙目前那样在工商业上和政治上的依附地位，唯一的条件就是进行社会革命；这个革命现在还不算迟，还能够根据现代生产力所促成的生产本身的需要来改变生产和交换的方式，这样，就可以创造出新的生产力，保证欧洲工业的优势，从而使地理上的不利条件得以弥补。

最后，再谈一谈有名的德国传教士居茨拉夫从中国回来后宣传的一件值得注意的新奇事情。在这个国家，缓慢地但不断地增加的过剩人口，早已使它的社会条件成为这个民族的大多数人的沉重枷锁。后来英国人来了，用武力达到了五口通商的目的。成千上万的英美船只开到了中国；这个国家很快就为不列颠和美国廉价工业品所充斥。以手工劳动为基础的中国工业经不住机器的竞争。牢固的中华帝国遭受了社会危机。税金不能入库，国家濒于破产，大批居民赤贫如洗，这些居民开始愤懑激怒，进行反抗，殴打和杀死清朝的官吏和和尚。这个国家据说已经接近灭亡，甚至面

---

① 指圣胡安德尔苏尔港。——编者注

临暴力革命的威胁,但是,更糟糕的是,在造反的平民当中有人指出了一部分人贫穷和另一部分人富有的现象,要求重新分配财产,过去和现在一直要求完全消灭私有制。当居茨拉夫先生离开 20 年之后又回到文明人和欧洲人中间来的时候,他听到人们在谈论社会主义,于是问道:这是什么意思?别人向他解释以后,他便惊叫起来:

　　这么说来,我岂不到哪儿也躲不开这个害人的学说了吗?这正是中国许多庶民近来所宣传的那一套啊!

　　虽然中国的社会主义跟欧洲的社会主义象中国哲学跟黑格尔哲学一样具有共同之点,但是,有一点仍然是令人欣慰的,即世界上最古老最巩固的帝国 8 年来在英国资产者的大批印花布的影响之下已经处于社会变革的前夕,而这次变革必将给这个国家的文明带来极其重要的结果。如果我们欧洲的反动分子不久的将来会逃奔亚洲,最后到达万里长城,到达最反动最保守的堡垒的大门,那末他们说不定就会看见这样的字样:

RÉPUBLIQUE CHINOISE

LIBERTÉ, EGALITÉ, FRATERNITÉ

中华共和国

自由,平等,博爱

选自《马克思恩格斯全集》第 7 卷,人民出版社,1959,第 262—265 页。

# 马克思恩格斯等
## 给《泰晤士报》编辑的信[1]

### （写于 1850 年 5 月 24—27 日）

先生：

在上周五贵报登载的警方消息中，我们注意到关于福瑟吉尔先生、司徒卢威先生等人代表德国流亡者在伦敦市长官邸与首席市政委员吉布斯先生会晤的一条报道。我们谨作如下声明：本委员会的任何成员以及任何受本委员会救济的德国流亡者，均与此事无关。

我们请求您将此声明在贵报下一号上刊出，因为从我们的民族利益出发，我们必须提出抗议，不能让居住在伦敦的众多流亡者为他们中某些人擅自采取的步骤负责。

顺致敬意

社会民主主义德国政治流亡者救济委员会

卡·马克思

卡·普芬德

弗·恩格斯

亨·鲍威尔

奥·维利希

5 月 27 日于草市大磨坊街 20 号

选自《马克思恩格斯全集》第 10 卷，
人民出版社，1998，第 414—415 页。

**注释：**

[1] 古·司徒卢威和托·福瑟吉尔自称是伦敦德国政治流亡者的代表，向临时代理伦敦市市长职务的吉布斯请求保证在伦敦不能维持生活的 100 个德国流亡者得到工作。吉布斯以许多英国工人也处于相同的境遇为理由，拒绝了这个请求。1850 年 5 月 24 日的《泰晤士报》发表了关于这件事情的短评。于是马克思和恩格斯决定写这篇公开声明。《给〈泰晤士报〉编辑的信》由恩格斯于 1850 年 5 月 24 日起草，委员会其他委员签名后注明的日期为 5 月 27 日，于 1850 年 5 月 28 日《泰晤士报》第 20500 号正式发表。

恩格斯

# 德国来信[1]
# 石勒苏益格—荷尔斯泰因的战争

（写于 1850 年 7 月 21 日）

1850 年 7 月 21 日于科隆

在德国，目前最引人关注的自然是石勒苏益格—荷尔斯泰因事件[2]。因为这个事件在你们国家如同在法国一样，人们知道得很少，请允许我对此作一个简略的述评。

事情已经十分清楚：德国周围的独立小国都是或多或少以自由主义形式出现的反动势力的主要集中地。例如模范的立宪国家比利时，就是第一个抵挡二月冲击[3]，第一个宣布戒严令和宣判爱国者死刑的国家[4]。又如瑞士，很不体面地渡过了这场革命风暴，它在革命处于高潮时躲在中立的万里长城后面，当反动派在整个欧洲重新得势时，又充当神圣同盟[5]的卑躬屈膝的打手对付已交出武器的流亡者。显然，小国狭隘的民族利己主义必然导致它们主要依靠早就建立的**亦即**反动的政府的支持，况且它们不可能不知道任何一场欧洲革命都会使它们的民族独立成为问题，这种独立只有旧政治制度的拥护者才有兴趣去支持。

丹麦是这些小国中的一个，同样具有这种民族独立的优越感和进行扩张的极大欲望。① 丹麦是个全靠用海峡税[6]掠夺世界贸易为生的国家，对它的独立和强大感兴趣的只有俄国和某些英国政治家。由于上世纪签订的一系列条约[7]，丹麦简直成了俄国的奴隶；俄国通过丹麦控制着波罗的海的达达尼尔海峡。英国的老派政治家也关心丹麦的领土扩张，因为按照他们的老政策把中欧支解成许多互相敌对的小国，能使英国对它们实行"分而治之"的原则。

与此相反，各国革命派的政策总是要使迄今为止一直分裂成许多小国的大民族牢固地联合在一起，保证民族的独立和强大，但并不是保证诸如丹麦人、克罗地亚人、捷克人、斯洛伐克人等等、等等败落的小民族（每一个民族起初有100万到300万人），或者诸如瑞士人和比利时人那些混合的自称为民族能独立和强大，而是保证现在被欧洲统治制度压迫的人数众多的富有生命力的民族能独立和强大。欧洲的共和国联盟只能由法国、英国、德国、意大利、匈牙利和波兰那些力量均等的大民族组成，而绝不能由像丹麦人、荷兰人、比利时人、瑞士人等这些弱得可怜的所谓民族组成。

此外，革命派是否允许北方最重要的海上阵地——波罗的海的入口——永远为自私的丹麦人控制？他们是否允许丹麦人依靠向每一艘通过松德海峡和贝尔特海峡的商船征收重税来支付国债的利息呢？当然不会。

丹麦凭借把人民看作一大笔的动产的宝贵继承权，吞并了德国的两个邦——石勒苏益格和荷尔斯泰因。这两个公国各有自己的宪法，内容彼此相同，还有它们的君主们所赐给的早已规定的权利，"两国应该永远统一而不可分割"。此外，丹麦的王位继承法和这两个公国的不一样[8]。1814年在声名狼藉的维也纳会议[9]上，民族被支解和拍卖，荷尔斯泰因被并入了德意志联邦，而石勒苏益格则没有。从这一天开始丹麦民族党就力图把石勒苏益格并入丹麦，但没有成功。1848年终于来到了。3月哥本哈根爆

---

① 很少人知道，1848—1849年瑞士曾多次议论把萨瓦并入瑞士，而且瑞士人希望这件事能够由于意大利的革命失败而得以实现。

发了民众运动，民族自由党上台执政。他们立即颁布了宪法，并把石勒苏益格并入丹麦。其结果是在两个公国爆发了起义，在德国和丹麦之间发生了战争。

当德国兵在波森、意大利和匈牙利镇压革命时，在石勒苏益格的这场战争却是德国进行过的唯一的革命战争。问题在于石勒苏益格人是否将被迫把自己同弱小的半开化的丹麦的命运联系在一起，而永远成为俄国的奴隶，还是他们将有可能同当时正在为争取自身的自由、统一，从而为恢复实力去斗争的 4000 万人的民族重新合并。德国的君主，特别是装扮成国王的普鲁士酒鬼①对这场战争的革命意义了解得太清楚了。大家都知道普鲁士公使维登布鲁赫少校有一个照会[10]，他在其中向丹麦国王②建议进行**佯装的战争，使战争只是限于让丹麦和德国双方都作为志愿军参战的革命积极分子互相残杀**。因此，战争在德国方面来说是接连不断的一串叛卖行为。甚至在腓特烈西亚会战中，石勒苏益格—荷尔斯泰因的一万人的共和军团遭到了出其不意的突然袭击，被三倍于它的丹麦军队歼灭，而当时有四万普鲁士军队和其他军队离他们只有几英里，却听任他们处于困境。最后在柏林搞出了个叛卖和约，允许俄国在石勒苏益格驻扎军队，允许普鲁士去荷尔斯泰因镇压叛乱，这个叛乱是普鲁士自己至少曾用官方的形式援助和挑唆过的。

如果过去对哪一方是捍卫革命利益，哪一方是维护反动利益有疑问的话，那么，现在这个疑问就不存在了。俄国派遣自己的舰队去同丹麦表示友谊，并且共同封锁石勒苏益格—荷尔斯泰因的海岸。所有"世上的强者"都起来反对这个不到 85 万人的小小的日耳曼部落；这个不大的然而勇敢的民族所得到的援助，只是各国革命者的同情。他们无疑会失败；他们也许能抵抗一段时间，甚至推翻普鲁士所强加的资产阶级叛卖政府，他们也许能打败丹麦人和俄国人，但是他们最终还是会被击败，除非肯定要

---

① 弗里德里希-威廉四世。——编者注
② 弗雷德里克七世。——编者注

进入荷尔斯泰因的普鲁士军队拒绝行动。如果这些完全不是不可能的事情真的发生了，你们会看到德国将是另一种情况。那时那里可能爆发全面的起义，而且是1848年完全不能与之比拟的那种起义，因为神圣同盟的行动已经给了德国人民很好的教训；如果在1848年甚至连联邦共和国也是不可能的话，那么现在唯一可以接受的就是**统一的、不可分割的、民主的德意志共和国，**——而且不到六个月就要成为**社会的共和国。**

选自《马克思恩格斯全集》第 10 卷，

人民出版社，1998，第 456—459 页。

**注释：**

[1] 弗·恩格斯的《德国来信》和《法国来信》这两组文章都是为乔·朱·哈尼 1849—1850 年出版的宪章派杂志《不列颠和外国政治、历史和文学民主评论》撰写的。早在 1849 年 3 月，哈尼就邀请恩格斯作该杂志的长期撰稿人。但只是在 1849 年 11 月，当恩格斯来到伦敦后，他才能开始为之撰稿。

恩格斯根据参加德国 1848—1849 年革命的亲身经历写了《德国来信》。他使用的是德国和英国报刊上的材料，以及当时某些流亡伦敦的共产主义者同盟盟员提供的信息。按照当时杂志的实际需要，这组文章注明的写作地点是科隆。《德国来信》共四篇，分别写于 1849 年 12 月 18 日以及 1850 年 1 月 20 日、2 月 18 日和 7 月 21 日，于 1850 年 1、2、3 和 8 月发表在《民主评论》上。

在伦敦，马克思和恩格斯与宪章运动中的革命派建立了紧密联系，并利用《民主评论》向广大劳动人民宣传科学共产主义、介绍大陆上发生的重大事件的性质。《德国来信》和《法国来信》在宪章派报刊上得到了广泛的反应。《北极星报》在评介新的几期《民主评论》时，总要指出这些书信的特别重要意义。《北极星报》（1850 年 1 月 5 日第 637 号）在评论中写道，《法国来信》和《德国来信》"将有助于推进国际间友爱的光辉事业。"《北极星报》（1850 年 2 月 2 日第 641 号）在谈到《民主评论》最新的一期时写道："《法国和德国的来信》无疑是《民主评论》这一期中最重要的材料。揭露欧洲暴君们的图谋和列举事实证明法德两国革命精神在发展，这就赋予这些信件以极其重要的意义。"在提到《来信》中揭露反革命政权及其工具——波拿巴总统的图谋时，宪章派报纸在 3 月这一期这样写道："这一期所刊登的《来信》证明，伟大的事件已为期不远。"（1850 年 3 月 2 日《北极星报》）后来，在 1850 年 4 月 6 日和 5 月 4 日的《北极星报》上又刊登了关于《来信》的评论。其他报纸，如《人民报》也评论了最近一期《民主评论》上登载的新的、极为重要的法国和德国来信（1850 年《人民报》第 2 期第 304 页）。

[2] 指 1848 年 3 月—1850 年 6 月的石勒苏益格—荷尔斯泰因战争。在法国二月革命和德国三月革命的影响下，石勒苏益格和荷尔斯泰因的德意志居民奋起反抗丹麦的统治，并建立了以奥古斯滕堡公爵、威·贝泽勒尔和弗·雷文特洛为首的临时政府。这个政府曾向德意志联邦议会和普鲁士求援。石勒苏益格—荷尔斯泰因反对丹麦的战争，是德国人民争取德国统一的革命斗争的一部分。德国各邦政府，其中包括普鲁士政府，在人民群众的压力下不得不参战。但是，普鲁士政府实际上在作战中采取消极态度，并于 1848 年 8 月在马尔默同丹麦政府签订了为期七个月的停战协定。法兰克福国民议会在 1848 年 9 月批准了这一协定，引起了人民群众的抗议怒潮并导致法兰克福的人民起义。1849 年春天，石勒苏益格—荷尔斯泰因战事再起，结果，1850 年 7 月 2 日普鲁士和丹麦在柏林签订了和约，1849 年 7 月 6 日腓特烈西亚发生会战，石勒苏益格—荷尔斯泰因军队被歼。恢复战前状况，石勒苏益格—荷尔斯泰因仍然留在丹麦王国中。

[3] 二月革命是指 1848 年 2 月爆发的法国资产阶级民主革命。代表金融资产阶级利益的七月王朝推行极端反动的政策，反对任何政治改革和经济改革，阻碍资本主义发展，加剧对无产阶级和农民的剥削，引起全国人民的不满；农业歉收和经济危机进一步加深了国内矛盾。原定于 1848 年 2 月 22 日在巴黎举行的反政府的宴会和示威游行遭到禁止是二月革命的直接原因。1848 年 2 月 22 日至 24 日巴黎爆发了革命，推翻了七月王朝，建立了资产阶级共和派的临时政府，宣布成立法兰西第二共和国。无产阶级和小资产阶级积极参加了这次革命，但革命果实却落到资产阶级手里。

[4] 指 1848 年 8 月 9—30 日在安特卫普进行的所谓里斯康土审判案。在此之前，

恩格斯曾就此事在《新莱茵报》上写了一篇专题文章《在安特卫普的死刑判决》。

[5] 神圣同盟是欧洲各专制君主镇压欧洲各国进步运动和维护封建君主制度的反革命同盟。该同盟是战胜拿破仑第一以后，由俄国沙皇亚历山大一世和奥地利首相梅特涅倡议，于1815年9月26日在巴黎建立的，同时还缔结了神圣同盟条约。几乎所有的欧洲君主国家都参加了同盟。这些国家的君主负有相互提供经济、军事和其他方面援助的义务，以维持维也纳会议上重新划定的边界和镇压各国革命。

　　神圣同盟为了镇压欧洲各国资产阶级革命和民族解放运动，分别召开过几次会议：1818年亚琛会议，1820—1821年特罗保会议，1821年5月莱巴赫会议和1822年的维罗纳会议。根据会议的决议，曾于1820—1821年间镇压意大利的革命运动，1823年武装干涉西班牙革命，并企图干涉拉丁美洲的独立运动。由于欧洲诸国间的矛盾以及民族革命运动的发展，1830年法国七月革命后神圣同盟实际上已经瓦解。

[6] 海峡税是丹麦从1425年起对所有通过东部和北部海域的外国船只征收的关税。这种关税在17世纪导致瑞典、荷兰与丹麦之间的冲突。1857年取消了这种海峡税，但丹麦得到了利害相关的欧洲国家筹集的3120万丹麦塔勒的补偿金。

[7] 俄国和丹麦在1767年秘密签订的并由1773年的条约确认的友好同盟互助条约。根据这个条约，保罗·彼得罗维奇大公（后来的俄国皇帝）把他从彼得三世那里继承来的对哥托尔普公国的权利转让给丹麦，以换取德国北部的奥登堡和德曼霍斯特这两个伯爵领地。由于哥托尔普公国的合并，整个石勒苏益格—荷尔斯泰因都为丹麦所占有。丹麦在北方战争（1700—1720年）中也站在俄国一边，1778年就使用松德海峡问题提出的国际法五项原则，为1780年的"武装中立"奠定了基础。

　　叶卡捷琳娜二世1780年3月11日发表了武装中立宣言，其中宣布：中立国船只，有权在海上以武力抵御交战国的进攻，中立国有权和交战国自由贸易，中立国船上的敌方货载不受侵犯，只有被封锁的港口的入口实际为海军所封闭的情况下才承认封锁。当时英国正在与北美殖民地进行战争，这一宣言显然是针对英国的。1780—1783年先后赞同宣言的有丹麦、瑞典、荷兰、普鲁士、奥地利、葡萄牙和双西西里王国。在1788—1790年的俄国—瑞典战争中，丹麦也根据"武装中立"条约成为俄国的同盟国。

[8] 从1460年起，丹麦、石勒苏益格和荷尔斯泰因成为君合国。1815年后荷尔斯泰因同时又是德意志联邦的成员国。丹麦国王在这两个公国当选的条件是他必须宣誓，让这两个公国永远留在一个统一体内。在这两个公国内，王位只能由男系继承，而在丹麦，从1665年起也允许女系继承王位。

[9] 维也纳会议是欧洲各国从1814年9月至1815年6月断断续续召开的会议。参加会议的是英、普、俄、奥等反拿破仑战争联盟国家的君主和代表，法国因波旁王朝复辟也派代表出席会议。会议缔结的旨在恢复各国王朝统治和满足战胜国领土要求的条约和协议，统称为维也纳条约。根据维也纳会议的决定，奥地利获得意大利的伦巴第和威尼斯等地，普鲁士获得莱茵河两岸及北部萨克森的土地；瑞典从丹麦获得挪威；俄国获得芬兰，并把华沙大公国改为波兰王国，由沙皇统治；克拉科夫成为俄、普、奥共同保护的共和国。奥地利的尼德兰（比利时）合并于荷兰称为尼德兰王国。德意志组成松散的德意志联邦；瑞士重新恢复中立；英国得到荷兰的好望角与锡兰殖民地以及法属殖民地马耳他岛。会议的最后决议规定，恢复法国1792年的疆界，恢复波旁王朝在法国的统治，并将法国置于列强的严格监督之下；法国不得再侵占欧洲领土。1815年9月关于成立神圣同盟的决议是对维也纳决议的补充。

[10] 执行普鲁士国王秘密使命的陆军少校维登布鲁赫于1848年4月8日向丹麦政府递交一份照会，其中表示普鲁士在石勒苏益格—荷尔斯泰因作战的目的不是为了夺取丹麦的公国，而只是为了反对"德国的激进分子和共和分子"。普鲁士政府竭力回避正式承认这个损害它的名誉的文件。维登布鲁赫的照会刊登在1848年6月18日《总汇报》第170号的附刊。关于这个照会见马克思的《新年贺词》一文。

# 马克思

## 马克思致阿道夫·克路斯（节选）

（写于 1852 年 7 月 30 日）

华盛顿


现在谈谈重要的事情：马志尼为了把这里资产阶级流亡者的所有正式存在的各部分联合起来，已经好几天发疯似地四处奔走。他也访问了约翰……。结果是：马志尼、科苏特、赖德律-洛兰和金克尔组成一个欧洲执行委员会。这个机构的每个成员，都有权引进两名本民族的人。但是关于这个吸收新成员的问题要由四名发起人中的主要负责人来决定，而这就是**马志尼**。于是从德国人中遴选出阿·卢格和阿·戈克。别的民族中是谁，我还不知道。据说，金克尔这方面提出了两个条件：（1）为他的公债[1]要求 2 万美元。我认为这是一种**杜撰**。（2）金克尔—维利希财政委员会继续独立存在，等等。这仅仅是对维利希的一种表面上的尊重，因为事实上已经商定，把所有公债的钱都移交给阿·戈克。最后，金克尔及其一伙将卑躬屈膝地承认美国革命联盟[2]。这就是近来的转变。签订这项重要条约的事情是有所进展，还是尚处于预备谈判阶段，我不得而知。**无论如何，应该在美国传播这一事件**，并且特别要着重指出下面的情况。**1852 年5 月**，在最后选出金克尔—维利希委员会的上一次伦敦保证人会议[3]上，金克尔非常庄严地**发誓**说，如果把阿·卢格选入委员会，他就退出，因为他决不同公然声称他是"普鲁士亲王①的代理人"的人待在一个委员会里。其次，如果财政部长阿·戈克把金克尔在美国张罗到的美元都花完了，魏特林及其一伙将说些什么呢？而有人正好打算这样做，为的是支持"卡·海因岑"的《雅努斯》，以及推销卢格、海因岑等人的不朽文章。

至于马志尼，这个诡计多端的狂热者，日益堕落到意大利的"古斯塔夫·司徒卢威"之流的地步了。他已经叫嚷了四年："行动，行动！"最后，奥地利警察局在意大利逮捕了 600 名马志尼分子，他们的通信都是用密写墨水写在手帕上的。这些人不愿坐牢，又有广泛的亲属关系，所以马志尼先生收到来自意大利的一封信说，现在人们打算认真地采取"行动"，举行起义。这个唱高调的实干家事后突然产生了"反思的理智"，于是他央求他们，看在上帝的面上，保持安静，因为全国到处都是外国兵，光是他们什么也干不成，他重复着 1849 年以来就一成不变的那类老生常谈。行动，行动！意大利自己能够胜任！——前几天，鲁普斯见到马志尼委员会中的一个意大利人，就向他指出所有这一切的荒唐滑稽。"这个罗马人反驳说"，什么，一次战斗中竟要死六百多人！但是，意大利人担心他们最终都会被逮捕、枪毙，或者关进监狱，马志尼演说的一些受害者把自己的亲属送到伦敦去，所以这个实干家怕某个受迷惑而激动的同胞出于误解而刺杀他，于是借口必须躲避奥地利人而每天晚上变换自己的住处。但他胆怯地躲避的不是奥地利人，而是"受迷惑的"意大利人。难道这个反教皇者不该上绞架吗？如此奴役、愚弄一个民族，弄得它精疲力尽！特别是像意大利这样的民族，其必然的结果是：可怕的软弱无力，完完全全的意志消沉。

选自《马克思恩格斯全集》第 49 卷，
人民出版社，2016，第 173—175 页。

① 威廉一世。——编者注

**注释：**

[1] 指德美革命公债，这是哥·金克尔和德国流亡者俱乐部的其他领导人于
1851—1852 年企图在美国的德国流亡者和旅美德国人中间举借的公债，其目
的是为了再次在德国唤起革命。这个活动的主意是朱·马志尼想出来的，领
导人是哥·金克尔、爱·梅因、奥·赖辛巴赫、卡·叔尔茨和奥·维利希。
金克尔等人原本打算将马志尼 1849 年组织的意大利革命公债改造成欧洲革命
公债，并参与其中。但是各方未能达成一致意见。于是他们于 1851 年中在伦
敦成立了"为即将到来的德国共和革命"筹措资金的组织委员会。1851 年 9
月—1852 年 3 月，金克尔在美国动员那里的德国流亡者认购此公债。这个活
动遭到各方的非议，金克尔等人受到亨·伯恩施太因、威·魏特林、约·菲
克勒尔和阿·戈克的攻击。金克尔回到英国后，于 1852 年 4 月 16 日在伦敦召
开德美革命公债组织委员会的会议，决定恢复地方支部的活动。为此分别发
出了由金克尔和维利希起草的通告式命令。1852 年 9 月，赖辛巴赫提出了第
一个财务报告，它宣告了德美革命公债活动的失败。1853 年初，维利希再次
去美国筹集资金，但一无所获。最后，这笔既不能用于广告，也不能用于旅
行费支出的款项被存入了英国银行。马克思和恩格斯嘲笑金克尔这一企图的
冒险性，认为这是在革命运动处于低潮时人为地唤起革命的有害而无成果的
一种尝试。

[2] 美国革命联盟是在美国的德国流亡者的一个组织，由到美国募集资金的阿·
戈克和约·菲克勒尔于 1852 年 1 月在美国费城建立。它反对哥·金克尔在美
国的筹款活动。1852 年 9 月，在惠灵代表大会上该联盟改名为"新旧大陆人
民联盟"。

[3] 指哥·金克尔等人于 1852 年 4 月 29、30 日和 5 月 5 日在伦敦召开的所谓"德
美革命公债"的欧洲保证人代表大会。关于这次大会的情况，马克思是从
彼·伊曼特那里得知的。伊曼特是"德美革命公债"的欧洲保证人之一，参
加了这次代表大会的所有会议。

马克思

# 强迫移民。——科苏特和马志尼。
## ——流亡者问题。——英国选举中的贿赂行为。
### ——科布顿先生[1]（节选）

（写于 1853 年 3 月 4 日）

从 2 月份公布的关于 1851 年和 1852 年贸易和航运的报告中我们看到，通过海关宣布的出口总值，1851 年为 68531601 英镑，而 1852 年为 71429548 英镑；在 1852 年的出口总值中，棉织品、毛织品、麻织品和丝织品占 47209000 英镑。1852 年进口的数额比 1851 年小。由于供国内消费的进口的比重没有减少，甚至还有所增加，所以，由此可以得出结论：英国有若干数量的金银代替通常数量的殖民地产品而成为再输出品。

殖民地移民局公布了 1847 年 1 月 1 日至 1852 年 6 月 30 日期间英格兰、苏格兰和爱尔兰向世界各地移民的报告：

|  | 自英格兰 | 自苏格兰 | 自爱尔兰 | 总数 |
|---|---|---|---|---|
| 1847 年………… | 34685 | 8616 | 214969 | 258270 |
| 1848 年………… | 58865 | 11505 | 177719 | 248089 |
| 1849 年………… | 73613 | 17127 | 208758 | 299498 |
| 1850 年………… | 57843 | 15154 | 207852 | 280849 |
| 1851 年………… | 69557 | 18646 | 247763 | 335966 |
| 1852 年（到 6 月止）.. | 40767 | 11562 | 143375 | 195704 |
| 总计………… | 335330 | 82610 | 1200436 | 1618376 |

报告指出："据估计，从利物浦迁出的移民十分之九是爱尔兰人，而从苏格兰迁出的移民四分之三是苏格兰高地的赛尔特人或经格拉斯哥出境的爱尔兰的赛尔特人。"

由此可见，在全部移民中，将近五分之四是爱尔兰和苏格兰高地以及苏格兰附近岛屿上的赛尔特人。伦敦"经济学家"杂志就这个问题发表评论说：

"移民是以租佃小块土地和种植马铃薯为基础的社会制度崩溃的结果。"该杂志接着又说："爱尔兰和苏格兰高地的过剩人口的迁出，是实行任何一种改良的必不可少的前提……无论是1846—1847年的饥荒或是随之而来的移民，都没有使爱尔兰的收入受到影响。相反，它的**纯收入**在1851年达到4281999英镑，即比1843年增加184000英镑。"

首先是把本国居民弄到赤贫的境地，而当从这些一贫如洗的人的身上再也榨不出任何利润的时候，当他们成为妨碍收入增长的一种负担的时候，就把他们赶走，然后来结算自己的纯收入！这就是李嘉图在他的名著"政治经济学原理"[2]中所阐明的学说。李嘉图说，我们假定，一个资本家每年获得2000英镑的利润。对他来说，雇用100个工人还是雇用1000个工人不是一样吗？李嘉图问道："就一个国家的实际收入来说不也是这样吗？"如果一个国家的实际纯收入——地租和利润——始终维持在原来的水平上，那末不管这些收入是来自1000万居民还是来自1200万居民，归根到底是一样的。西斯蒙第在他的"政治经济学新原理"[3]一书中针对这种说法指出，根据这种观点，即使英国全部人口都消失了，岛上只剩下一个国王（当时统治英国的是国王①，而不是女王），只要有一种自动机器能

---

① 即乔治三世。——编者注

使他获得和今天 1200 万居民所创造的同样多的**纯收入**，那末这对英国来说也会是完全一样的了。的确，在这种情况下，"国民财富"（这个词在这里只是一个文法上的概念）是一点也不会减少的。

我在先前写的一篇文章中曾经举过在苏格兰高地"圈地"的例子。下面这段引自"高尔威信使报"的话告诉我们，到现在，这个过程在爱尔兰还是造成强迫移民现象的根源：

> 在爱尔兰西部，居民几乎已经从地面上消失。康诺特的大地主们悄悄地商议好赶走所有的小土地租佃者，对他们进行经常的歼灭战……在这个省里，每天都发生骇人听闻的残暴行为，对此，公众是丝毫也不了解的。

但是，不仅一贫如洗的绿色艾林①和苏格兰高地的居民由于农业的改良和"过时的社会制度的崩溃"而被赶走，也不仅英格兰、威尔士和苏格兰平原的强壮的农业工人被赶走（他们的迁移费是由移民局代办发给的），而且另一个阶级——英格兰最稳定的阶级，现在也被卷入这个"改良"过程。在英格兰的小农场主中间，特别是在那些租赁粘性重的土地的小农场主中间也发生了惊人的移民运动。这些小农场主眼看收成很坏，又缺乏必需的资本来大力改良土质以便偿付欠租，他们就只好远涉重洋去寻找新的家园和新的土地，此外别无出路。我这里所谈的不是由淘金狂引起的移民，而是由于大地主占有制和土地的集中，由于使用机器耕种土地和大规模采用现代农业耕作法而引起的强迫移民。

在古代国家，在希腊和罗马，采取周期性地建立殖民地形式的强迫移民是社会制度的一个固定的环节。这两个国家的整个制度都是建立在人口的一定限度上的，超过这个限度，古代文明就有毁灭的危险。为什么会这样呢？因为这些国家完全不知道在物质生产方面运用科学。为了保存自己的文明，

① 即爱尔兰的古称。——编者注

它们就只能有为数不多的公民，否则，它们就得遭受那种把自由民变为奴隶的沉重体力劳动的折磨。由于生产力不够发展，公民权要由一种不可违反的一定的数量对比关系来决定。那时，唯一的出路就是强迫移民。

也就是这种过剩人口对生产力的压力，迫使野蛮人从亚洲高原侵入古代世界各国。在这里，仍旧是同一个原因在起作用，虽然它的表现形式不同。为了继续作野蛮人，它们就只能有为数不多的人口。这是一些从事游牧、狩猎和战争的部落，它们的生产方式使部落的每一个成员都需要有大片的土地，到现在，北美的印第安部落的情况也还是这样。这些部落的人口的增长，使它们彼此削减生产所必需的地盘。因此，过剩人口就不得不进行那种为古代和现代欧洲各民族的形成奠定基础的、充满危险的大迁徙。

现代的强迫移民，情况则完全不同。现在，人口的过剩完全不是由于生产力的不足而造成的；相反，正是生产力的增长要求减少人口，借助于饥饿或移民来消除过剩的人口。现在，不是人口压迫生产力，而是生产力压迫人口。

选自《马克思恩格斯全集》第 8 卷，人
民出版社，1961，第 616—619 页。

**注释：**

[1] 在"人民报"上，本文中题名为"强迫移民"的部分是单独作为一篇发表的；其余四部分则用"美国报刊和欧洲的运动"这个总标题发表。

[2] 大·李嘉图"政治经济学和租税的原理"（D. Ricardo. 《On the Principles of Political Economy, and Taxation》）。第一版于 1817 年在伦敦出版。

[3] 让·沙·列·西蒙·德·西斯蒙第"政治经济学新原理或论财富同人口的关系"1819 年巴黎版第 1—2 卷（J. C. L. Simonde de Sismondi. 《Nouveaux principes d'économie politique, ou De la richesse dans ses rapports avec la population》. Tomes I—II, Paris, 1819）。

马克思

# 荷兰情况。——丹麦。
# ——不列颠国债的兑换。
# ——印度、土耳其和俄国（节选）[1]

（写于 1853 年 5 月 24 日）

　　荷兰由于不久以前国会解散而举行的大选，现在已经结束了。选举结果，极端新教派和保皇派的内阁以 12 票取得了多数。

　　丹麦现在反政府的小册子到处都是，其中最重要的是格伦特维先生写的《向丹麦人民说明议会解散的原因》，以及一本匿名作者的小册子，标题为《关于丹麦王位继承问题的争论，或欧洲列强应当做些什么》。这两本小册子的目的都是要证明，如果按照内阁的要求，执行伦敦议定书[2]的规定，废除自古以来的王位继承法，国家就会灭亡，先变成荷尔斯泰因公国的一个省份，然后沦为俄国的藩属。

　　由此可见，丹麦人民大概终于认识到，他们盲目反对石勒苏益格-荷尔斯泰因公国 1848 年提出的独立要求，给他们自己带来了怎样的后果。丹麦人民曾经坚持要保持丹麦和荷尔斯泰因的永久联合，为此还对德国革命宣战；他们赢得了这场战争，保住了荷尔斯泰因。但是现在，丹麦人民对这个战果却不得不付出祖国沦亡的代价了。在 1848—1849 年间，《新莱茵报》曾不断警告丹麦民主派注意他们对德国革命抱敌对态度会招致什么样的最终结果[3]。《新莱茵报》曾毫不含糊地预言，丹麦在国外帮助别人解除革命的武装，就是把自己永远同这样一个王朝拴在一起，这个王朝当它的王位继承制度经丹麦人自己同意而获得批准和法律效力的时候，就会把丹麦人的民族独立交给俄国沙皇"随意处置"。丹麦民主派拒不听从这一劝告，他们这种目光短浅的愚蠢行为现在正招来波希米亚的斯拉夫人所遭到过的恶果，后者为了"保持自己对德国人的民族独立"，曾经匆忙地投入对维也纳革命派的讨伐，反对了唯一有可能使他们摆脱他们所仇视的德国专制统治的人。这对这两个受反革命唆使而投入自杀性战争来反对革命事业的民族来说，难道不是一个严重的教训吗？

选自《马克思恩格斯全集》第 12 卷，

人民出版社，1998，第 100—101 页。

**注释：**

[1] 《荷兰情况。——丹麦。——不列颠国债的兑换。——印度、土耳其和俄国》是马克思结束曼彻斯特之行（4 月 30 日—5 月 19 日）以后，为《纽约每日论坛报》写的一篇通讯。当时英国议会正在辩论更换东印度公司特许状以及与之相关的印度的治理改革问题，马克思从本文起撰写了一系列有关英国在印度实行殖民统治的文章。

这篇通讯的写作日期是 5 月 24 日，随 5 月 28 日的加拿大号轮船同马克思 5 月 27 日的通讯一起从利物浦出发，6 月 6 日到达哈利法克斯，约于 6 月 8 日到达纽约。文章发表在 1853 年 6 月 9 日的《纽约每日论坛报》第 3790 号，署名卡尔·马克思。

[2] 伦敦议定书是 1852 年 5 月 8 日由俄国、奥地利、英国、法国、普鲁士、丹麦和瑞典的代表在伦敦签订的关于保证丹麦王国完整的协议。该议定书的基础是 1850 年 7 月 4 日伦敦会议的上述参加国（普鲁士除外）所通过的确定丹麦王国（包括石勒苏益格和荷尔斯泰因两公国）的领地不可分割的原则，1852 年的议定书还指出俄皇是丹麦王位的合法继承人之一（作为以彼得三世的名义在俄国称帝的荷尔斯泰因-哥托尔普公爵查理-彼得-乌尔里希的后裔）；其他的继承人都放弃自己的权利，把权利让给被宣布作国王弗雷德里克七世继

承人的克·格吕克斯堡公爵。这就为俄国沙皇后来在格吕克斯堡王朝中断的情况下觊觎丹麦王位提供了可能。

[3] 指《新莱茵报》在1848—1849年革命期间发表的一系列有关丹麦问题的文章，譬如恩格斯1848年9月7日写的《和丹麦的休战》一文。

# 马克思

# 中国革命和欧洲革命[1]

## （写于 1853 年 5 月 31 日前后）

有一位思想极其深刻但又怪诞的研究人类发展原理的思辨哲学家①，常常把他所说的两极相联规律赞誉为自然界的基本奥秘之一。在他看来，"两极相联"这个朴素的谚语是一个伟大而不可移易的适用于生活一切方面的真理，是哲学家所离不开的定理，就像天文学家离不开开普勒的定律或牛顿的伟大发现一样。

"两极相联"是否就是这样一个普遍的原则姑且不论，中国革命②对文明世界很可能发生的影响却是这个原则的一个明显例证。欧洲人民下一次的起义，他们下一阶段争取共和自由、争取廉洁政府的斗争，在更大的程度上恐怕要决定于天朝帝国（欧洲的直接对立面）目前所发生的事件，而不是决定于现存其他任何政治原因，甚至不是决定于俄国的威胁及其带来的可能发生全欧战争的后果。这看来像是一种非常奇怪、非常荒诞的说法，然而，这决不是什么怪论，凡是仔细考察了当前情况的人，都会相信这一点。

中国的连绵不断的起义已经延续了约十年之久，现在汇合成了一场惊

---

① 乔·威·弗·黑格尔。——编者注
② 太平天国革命。——编者注

心动魄的革命；不管引起这些起义的社会原因是什么，也不管这些原因是通过宗教的、王朝的还是民族的形式表现出来，推动了这次大爆发的毫无疑问是英国的大炮，英国用大炮强迫中国输入名叫鸦片的麻醉剂。满族王朝的声威一遇到英国的枪炮就扫地以尽，天朝帝国万世长存的迷信破了产，野蛮的、闭关自守的、与文明世界隔绝的状态被打破，开始同外界发生联系，这种联系从那时起就在加利福尼亚和澳大利亚黄金[2]的吸引之下迅速地发展起来。同时，这个帝国的银币——它的血液——也开始流向英属东印度。

在1830年以前，中国人在对外贸易上经常是出超，白银不断地从印度、英国和美国向中国输出。可是从1833年，特别是1840年以来，由中国向印度输出的白银，几乎使天朝帝国的银源有枯竭的危险。因此皇帝①下诏严禁鸦片贸易，结果引起了比他的诏书更有力的反抗。除了这些直接的经济后果之外，和私贩鸦片有关的行贿受贿完全腐蚀了中国南方各省的国家官吏。正如皇帝通常被尊为全中国的君父一样，皇帝的官吏也都被认为对他们各自的管区维持着这种父权关系。可是，那些靠纵容私贩鸦片发了大财的官吏的贪污行为，却逐渐破坏着这一家长制权威——这个广大的国家机器的各部分间的唯一的精神联系。存在这种情况的地方，主要正是首先起义的南方各省。所以几乎不言而喻，随着鸦片日益成为中国人的统治者，皇帝及其周围墨守成规的大官们也就日益丧失自己的统治权。历史好像是首先要麻醉这个国家的人民，然后才能把他们从世代相传的愚昧状态中唤醒似的。

中国过去几乎不输入英国棉织品，英国毛织品的输入也微不足道，但从1833年对华贸易垄断权由东印度公司[3]手中转到私人商业手中之后，这两种商品的输入便迅速地增加了。从1840年其他国家特别是我国②也开始参加和中国的通商之后，这两项输入增加得更多了。这种外国工业品的

---

① 道光帝。——编者注
② 指美国。——编者注

输入，对本国工业也发生了类似过去对小亚细亚、波斯和印度所发生的那种影响。中国的纺织业者在外国的这种竞争之下受到很大的损害，结果社会生活也受到了相应程度的破坏。

中国在 1840 年战争失败后被迫付给英国的赔款、大量的非生产性的鸦片消费、鸦片贸易所引起的金银外流、外国竞争对本国工业的破坏、国家行政机关的腐化，这一切就造成了两个后果：旧税更重更难负担，旧税之外又加新税。因此，1853 年 1 月 5 日皇帝①在北京颁发的一道上谕中，就责成武昌、汉阳南方各省督抚减缓捐税，特别是在任何情况下均不准额外加征；否则，这道上谕中说，"小民其何以堪？"又说：

……庶几吾民于颠沛困苦之时，不致再受追呼迫切之累。[4]

这种措辞，这种让步，记得在 1848 年我们从奥地利这个日耳曼人的中国也同样听到过。

所有这些同时影响着中国的财政、社会风尚、工业和政治结构的破坏性因素，到 1840 年在英国大炮的轰击之下得到了充分的发展；英国的大炮破坏了皇帝的权威，迫使天朝帝国与地上的世界接触。与外界完全隔绝曾是保存旧中国的首要条件，而当这种隔绝状态通过英国而为暴力所打破的时候，接踵而来的必然是解体的过程，正如小心保存在密闭棺材里的木乃伊一接触新鲜空气便必然要解体一样。可是现在，当英国引起了中国革命的时候，便发生一个问题，即这场革命将来会对英国并且通过英国对欧洲发生什么影响？这个问题是不难解答的。

我们时常提请读者注意英国的工业自 1850 年以来空前发展的情况。在最惊人的繁荣当中，就已不难看出日益迫近的工业危机的明显征兆。尽管有加利福尼亚和澳大利亚的发现，尽管人口大量地、史无前例地外流，但是，如果不发生什么意外事情的话，到一定的时候，市场的扩大仍然会赶

---

① 咸丰帝。——编者注

不上英国工业的增长，而这种不相适应的情况也将像过去一样，必不可免地要引起新的危机。这时，如果有一个大市场突然缩小，那么危机的来临必然加速，而目前中国的起义对英国正是会起这种影响。英国需要开辟新市场或扩大旧市场，这是英国降低茶叶税的主要原因之一，因为英国预期，随着茶叶进口量的增加，向中国输出的工业品也一定增加。在 1833 年取消东印度公司的贸易垄断权以前，联合王国对中国的年输出总值只有 60 万英镑，而 1836 年达到了 1326388 英镑，1845 年增加到 2394827 英镑，到 1852 年便达到了 300 万英镑左右。从中国输入的茶叶数量在 1793 年还不超过 16067331 磅，然而在 1845 年便达到了 50714657 磅，1846 年是 57584561 磅，现在已超过 6000 万磅。

上一季茶叶的采购量从上海的出口统计表上可以看出，至少比前一年增加 200 万磅。新增加的这一部分应归因于两种情况：一方面，1851 年底市场极不景气，剩下的大量存货被投入 1852 年的出口；另一方面，在中国，人们一听到英国修改茶叶进口的法律的消息，便把所有可供应的茶叶按提高很多的价格全部投入这个现成的市场。可是讲到下一季的茶叶采购，情况就完全不同了。这一点可以从伦敦一家大茶叶公司的下面一段通信中看出：

上海的恐慌据报道达到了极点。黄金**因人们抢购贮藏**而价格上涨 25% 以上。白银现已不见，以致英国轮船向中国交纳关税所需用的白银都**根本弄不到**。因此，阿礼国先生同意向中国当局担保，一俟接到东印度公司的期票或其他有信誉的有价证券，便交纳这些关税。从商业的最近未来这一角度看，**金银的缺乏**是一个最不利的条件，因为它恰恰是发生在最需要金银的时候。茶和丝的收购商有了金银才能够到内地去采购，因为采购**要预付大量金银，以使生产者能够进行生产**……每年在这个时候都已开始签订新茶收购合同，可是现在人们不讲别的问题，只讲如何保护生命财产，一切交易都陷于停顿……如不备好资金在四五月间把茶叶购妥，那么，包括红茶绿茶的精品在内的早茶，必然要像到圣诞节还未收割的小麦一样损失掉。①

停泊在中国领海上的英、美、法各国的舰队，肯定不能提供收购茶叶所需的资金，而它们的干涉却能够很容易地造成混乱，使产茶的内地和出口茶叶的海港之间的一切交易中断。由此看来，收购目前这一季茶叶势必要提高价格——在伦敦投机活动已经开始了，——而要收购下一季茶叶，肯定会缺少大量资金。问题还不止于此。中国人虽然也同革命震荡时期的一切人一样，愿意将他们手上全部的大批存货卖给外国人，可是，正像东方人在担心发生大变动时所做的那样，他们也会把他们的茶和丝贮存起来，非付给现金现银是不大肯卖的。因此，英国就不免要面临这样的问题：它的主要消费品之一涨价，金银外流，它的棉毛织品的一个重要市场大大缩小。甚至《经济学家》杂志，这个善于把一切使商业界人心不安的事物化忧为喜的乐观的魔术师，也不得不说出这样的话：

> 我们千万不可沾沾自喜，以为给我们向中国出口的货物找到了同以前一样大的市场……更可能的是：我们对中国的出口贸易要倒霉，对曼彻斯特和格拉斯哥的产品的需求量要减少。②

不要忘记，茶叶这样一种必需品涨价和中国这样一个重要市场缩小的时候，将正好是西欧发生歉收因而肉类、谷物及其他一切农产品涨价的时候。这样，工厂主们的市场就要缩小，因为生活必需品每涨一次价，国内和国外对工业品的需求量都要相应地减少。现在大不列颠到处都在抱怨大部分庄稼情况不好。关于这个问题《经济学家》说：

> 在英国南部，不但会有许多田地错过各种作物的农时而未播种，

---

① 1853 年 5 月 21 日《经济学家》第 508 期。——编者注
② 1853 年 5 月 21 日《经济学家》第 508 期。——编者注

而且已经播种的田地有许多看来也会是满地杂草，或者是不利于谷物生长。在准备种植小麦的阴湿贫瘠的土地上，显然预示着灾荒。现在，种饲用甜菜的时节可以说已经过去了，而种上的很少；为种植芜菁备田的季节也快要过去，然而种植这一重要作物的必要的准备工作却一点也没有完成……雪和雨严重地阻碍了燕麦的播种。早播种下去的燕麦很少，而晚播种的燕麦是很难有好收成的……许多地区种畜损失相当大。①

谷物以外的农产品的价格比去年上涨 20%、30%、甚至 50%。欧洲大陆的谷物价格比英国涨得更高。在比利时和荷兰，黑麦价格足足涨了100%，小麦和其他谷物也跟着涨价。

在这样的情况下，既然英国的贸易已经经历了通常商业周期的大部分，所以可以有把握地说，中国革命将把火星抛到现今工业体系这个火药装得足而又足的地雷上，把酝酿已久的普遍危机引爆，这个普遍危机一扩展到国外，紧接而来的将是欧洲大陆的政治革命。这将是一个奇观：当西方列强用英法美等国的军舰把"秩序"送到上海、南京和运河口的时候，中国却把动乱送往西方世界。这些贩卖"秩序"，企图扶持摇摇欲坠的满族王朝的列强恐怕是忘记了：仇视外国人，把他们排除在帝国之外，这在过去仅仅是出于中国地理上、人种上的原因，只是在满族鞑靼人②征服了全国以后才形成为一种政治原则。毫无疑问，17 世纪末竞相与中国通商的欧洲各国彼此间的剧烈纷争，有力地助长了满族人实行排外的政策。可是，更主要的原因是，这个新的王朝害怕外国人会支持一大部分中国人在中国被鞑靼人征服以后大约最初半个世纪里所怀抱的不满情绪。出于此种考虑，它那时禁止外国人同中国人有任何来往，要来往只有通过离北京和

---

① 1853 年 5 月 14 日《经济学家》第 507 期。——编者注
② 西方通常将中国北方诸民族泛称为"鞑靼"。所谓"满族鞑靼人"也就是满族。——编者注

产茶区很远的一个城市广州。外国人要做生意，只限同领有政府特许执照从事外贸的行商<sup>[5]</sup>进行交易。这是为了阻止它的其余臣民同它所仇视的外国人发生任何联系。无论如何，在现在这个时候，西方各国政府进行干涉只能使革命更加暴烈，并拖长商业的停滞。

同时，从印度这方面来看还必须指出，印度的英国当局的收入，足足有1/7要靠向中国人出售鸦片，而印度对英国工业品的需求在很大程度上又是取决于印度的鸦片生产。不错，中国人不大可能戒吸鸦片，就像德国人不可能戒吸烟草一样。可是大家都知道，新皇帝①颇有意在中国本国种植罂粟和炼制鸦片，显然，这将使印度的鸦片生产、印度的收入以及印度斯坦的商业资源同时受到致命的打击。虽然利益攸关的各方或许不会马上感觉到这种打击，但它到一定的时候会实实在在地起作用，并且使我们前面预言过的普遍的金融危机尖锐化和长期化。

欧洲从18世纪初以来没有一次严重的革命事先没发生过商业危机和金融危机。1848年的革命是这样，1789年的革命也是这样。不错，我们每天都看到，不仅称霸世界的列强和它们的臣民之间、国家和社会之间、阶级和阶级之间发生冲突的迹象日趋严重，而且现时的列强相互之间的冲突正在一步步尖锐，乃至剑拔弩张，非由国君们来打最后的交道不可了。在欧洲各国首都，每天都传来全面大战在即的消息，第二天的消息又说和平可以维持一星期左右。但是我们可以相信，无论欧洲列强间的冲突怎样尖锐，无论外交方面的形势如何严峻，无论哪个国家的某个狂热集团企图采取什么行动，只要有一丝一毫的繁荣气息，国君们的狂怒和人民的愤恨同样都会缓和下来。战争也好，革命也好，如果不是来自工商业普遍危机，都不大可能造成全欧洲的纷争，而那种危机到来的信号，总是来自英国这个欧洲工业在世界市场上的代表。

现在，英国工厂空前扩充，而官方政党都已完全衰朽瓦解；法国的全部国家机器已经变成一个巨大的从事诈骗活动和证券交易的商行；奥地利

---

① 咸丰帝。——编者注

则处于破产前夕；到处都积怨累累，行将引起人民的报复；反动的列强本身利益互相冲突；俄国再一次向全世界显示出它的侵略野心——在这样的时候，上述危机所必将造成的政治后果是无庸赘述的。

选自《马克思恩格斯全集》第 12 卷，
人民出版社，1998，第 113—120 页。

**注释：**

[1] 马克思为《纽约每日论坛报》写的这篇通讯除了论述俄土矛盾以外，主要是有关中国问题的评论。评论结合着中国爆发的太平天国革命，以辩证唯物主义和历史唯物主义的观点分析了中国社会的特点，揭露和谴责了英美法俄等帝国主义国家对中国的侵略和掠夺。

这篇通讯在笔记本中注明的日期是 5 月 31 日。文章随太平洋号轮船 6 月 1 日从利物浦出发，6 月 12 日到达纽约。报纸编辑部把它分为两部分，关于中国的部分作为社论发表在 1853 年 6 月 14 日的《纽约每日论坛报》第 3794 号，没有署名；其余部分作为通讯同期发表，标题是《土耳其问题。——〈泰晤士报〉。——俄国的扩张》，署名卡尔·马克思。

[2] 1848 年在加利福尼亚和 1851 年在澳大利亚发现了丰富的金矿，这一发现对欧美各国的经济发展产生了重大影响。

[3] 东印度公司是存在于 1600 年至 1858 年的英国贸易公司，它是英国在印度、中国和亚洲其他国家经营垄断贸易，推行殖民掠夺政策的工具。从 18 世纪中叶起，公司拥有军队和舰队，成为巨大的军事力量。在公司的名义下，英国殖民主义者完成了对印度的占领。这个公司长期控制着同印度进行贸易的垄断权和这个国家的最主要的行政权。它的贸易和行政特权由英国议会定期续发的公司特许状规定。公司管理中的独断专行，经营不善，加之 19 世纪初日益强大的英国工业资产阶级迫使印度对外"开放"的趋势，都使东印度公司的权力和影响日渐削弱。1853 年下院辩论印度法案时中心问题就是英国今后在印度的统治形式问题，因为 1854 年 4 月 30 日是东印度公司特许状的截止日期。1857—1859 年印度的民族解放起义迫使英国人改变了他们殖民统治的形

式。公司被撤销，印度被宣布成为英王的领地。

[4] 1853 年 1 月 5 日，咸丰帝在太平军已攻克岳州，行将夺取武昌、汉阳的形势下，谕令"该督抚悉心体察被贼地方，分别蠲缓，奏请恩施。其余应征钱粮之处，亦著严查各州县，总期照旧开征，毋得稍有浮勒。"本段引文和正文中马克思的引文均见《大清文宗显皇帝实录》卷七十七第十八页。

　　这里咸丰帝提到的"该督抚"，当指湖南、湖北两省的总督和巡抚。马克思文中的"武昌、汉阳南方各省督抚"一语显然是不确切的。

[5] 鸦片战争以前，中国的对外贸易是由官方特许的垄断组织"公行"在广州进行的。公行的商人叫作"行商"。行商制度在南京条约第五款中被取消。

马克思

# 土耳其问题。——《泰晤士报》。
## ——俄国的扩张[1]

（写于 1853 年 5 月 31 日）

在比斯开湾，发现科里海军上将的舰队正开往马耳他，去那里加强邓达斯海军将领的分舰队。关于这件事，《先驱晨报》公正地指出：

> 如果在几个星期以前能够让邓达斯海军将领到萨拉米斯附近和法国舰队会合，那么，现在情况就会大不相同了。①

如果俄国企图以实际的军事行动来支援缅施科夫的可笑的示威行动（哪怕仅仅是为了顾全自己的面子），那么，它开头的两个行动很可能就是再一次占领多瑙河两公国和侵入亚美尼亚的卡尔斯省与巴统港。这些地方，俄国早在签订阿德里安堡条约[2]的时候，就曾千方百计地企图弄到自己手里。巴统港是舰船在黑海东部的唯一可以安全停泊的港口，所以，如果俄国占领了它，土耳其就会丧失自己在本都的最后一个海军基地，黑海就要变成纯粹俄国的内海。如果俄国占领卡尔斯——亚美尼亚的最富庶、农业最发达的地方，同时再占领巴统，那么，它就能够切断英国和波斯之

---

① 1853 年 5 月 26 日《先驱晨报》第 22168 号。——编者注

间通过特拉佩宗特的贸易，并且还能为自己建立一个既能对付小亚细亚又能对付英国的作战基地。然而，如果英国和法国能持强硬态度，尼古拉就很难在这一地区实现自己的计划，他就要碰到当年叶卡捷琳娜女皇在同阿迦·穆罕默德斗争时碰到的命运，当时，阿迦·穆罕默德曾经命令他的奴隶们用鞭子把俄国大使沃伊诺维奇和他的随从赶到船上，离开阿斯泰拉巴德。

最近的一些消息在印刷所广场①引起的慌乱，比其他任何地方都要大。《泰晤士报》在可怕的打击之后，为了恢复常态，首先就来拚命抨击电报，说它是一个"最奇怪的"工具。《泰晤士报》大叫："从这些不真实的电讯中，是无法得出正确结论的"；它用这种办法把自己作了不正确结论的责任都推给电讯，然后就竭力用大臣们在议会里所用的辞句来摆脱和它自己先前的那些"正确"前提的干系。《泰晤士报》声称：

> 不管奥斯曼帝国的最终命运怎样，更确切地说，不管统治了这个帝国已有四个世纪的伊斯兰教政权的最终命运怎样，英国和整个欧洲的**所有**政党有一点是意见一致的，这就是：当地的基督教居民逐步向文明、向独立治理进展，是符合全世界的利益的；无论如何也不能让这些民族沦于俄国的桎梏之下，使俄国的巨大版图更加扩大。在这个问题上，我们满怀信心地希望，不仅土耳其，而且全欧洲都来抵抗俄国的这种野心；我们希望，只要俄国的这种兼并和扩张的意图真正表现出来，马上就引起普遍的反感和不可遏止的反抗，土耳其的希腊族和斯拉夫族的臣民也是准备积极参加这种反抗的。②

那么，可怜的《泰晤士报》当初怎么就相信了俄国对土耳其抱着"善良愿望"和它对一切扩张都抱"反感"呢？俄国对土耳其竟然抱着善良的愿望！彼得一世自己早就打算在土耳其的废墟上登上统治的宝座。叶卡捷

---

① 《泰晤士报》的所在地。——编者注
② 1853 年 5 月 28 日《泰晤士报》第 21440 号。——编者注

琳娜也曾一再劝说奥地利并要求法国一同来参与拟议中的肢解土耳其，在君士坦丁堡建立一个以她孙子为首的希腊帝国，而且胸有成竹地让她的孙子受了相应的教育，甚至为此还给他取了相应的名字。现在，比较稳健的尼古拉只是要求承认他是土耳其的**唯一的保护人**。但是所有的人都不会忘记，俄国做过波兰的**保护人**、克里木的**保护人**、库尔兰的**保护人**、格鲁吉亚和明格列利亚的**保护人**、切尔克西亚和高加索各部族的**保护人**。现在它又要当土耳其的保护人了！至于俄国对扩张所抱的反感，让我从俄国自彼得大帝以来大量夺取领土的现象中举出以下几个事实罢。

俄国边界向外扩展的情况是：

往柏林、德累斯顿和维也纳方向扩展…约 700 英里

往君士坦丁堡方向………………约 500 英里

往斯德哥尔摩方向………………约 630 英里

往德黑兰方向………………约 1000 英里①

俄国从瑞典手里夺取的领土比这个王国剩下的领土还大；它在波兰夺取的领土相当于整个奥地利帝国；在欧洲土耳其夺取的领土超过了普鲁士的国土面积（不包括莱茵河流域的属地）；在亚洲土耳其夺取的领土有全部德国本土那样大；在波斯夺取的领土面积等于一个英国；在鞑靼区夺取的领土面积等于欧洲土耳其、希腊、意大利和西班牙的总和。俄国最近 60 年来所夺取的领土，从面积和重要性来看，等于俄罗斯帝国在此以前的整个欧洲部分。

选自《马克思恩格斯全集》第 12 卷，

人民出版社，1998，第 121—124 页。

---

① 见约·麦克尼尔匿名出版的小册子《俄国在东方的进展和现状》1836 年伦敦版第 32—36 页。——编者注

**注释：**

[1] 马克思为《纽约每日论坛报》写的这篇通讯除了论述俄土矛盾以外，主要是有关中国问题的评论。评论结合着中国爆发的太平天国革命，以辩证唯物主义和历史唯物主义的观点分析了中国社会的特点，揭露和谴责了英美法俄等帝国主义国家对中国的侵略和掠夺。

　　这篇通讯在笔记本中注明的日期是 5 月 31 日。文章随太平洋号轮船 6 月 1 日从利物浦出发，6 月 12 日到达纽约。报纸编辑部把它分为两部分，关于中国的部分作为社论发表在 1853 年 6 月 14 日的《纽约每日论坛报》第 3794 号，没有署名；其余部分作为通讯同期发表，标题是《土耳其问题。〈泰晤士报〉。俄国的扩张》，署名卡尔·马克思。

[2] 阿德里安堡条约是 1828—1829 年俄土战争中俄国获胜后两国于 1829 年 9 月 14 日缔结的和约。根据条约，多瑙河口及附近诸岛屿，以及库班河口以南黑海东岸很大一部分土地划归俄国所有。土耳其必须承认摩尔多瓦和瓦拉几亚的自治，赋予它们独立选举国君的权利。这种自治由俄国来保障，这等于确立了沙皇对这两个公国的保护权。土耳其政府还被迫承认希腊为独立国（同土耳其的联系仅限于向苏丹纳年贡），遵守以前就塞尔维亚的自治问题所缔结的一切条约，并用特别敕令赋予这种自治以法律效力。

# 马克思

## 马克思致恩格斯（节选）

### （1854 年 6 月 3 日）

*曼彻斯特*

......

已读完《三年期间意大利问题文献》。编者在书末所附的《简评》中，与他自己所收集的文件相反，试图证明"青年意大利"[1]，也就是朱泽培·马志尼是 1848 年运动的灵魂。不过，特别有趣的是结尾部分，他在那里宣称：运动应当摆脱狭隘的民族性，在 1848—1849 年期间由于分离而遭到失败的各民族应当结成兄弟；或者是俄罗斯，或者是欧洲联邦。在这之后直言不讳地说了这样一段话：

> 意大利被奴役与否取决于欧洲的条件——意大利只有在自由欧洲的怀抱里才可能成为自由的。当时发表了一个宣言，宣告成立一个**强大的被压迫者联盟**来反对少数压迫者联盟。①

马志尼是用下述方式来实现这个"强大的被压迫者联盟"的：

---

① 《从庇护九世即位到放弃威尼斯的三年期间意大利问题文献》1850 年卡波拉戈版第 1 卷第 560 页。——编者注

马志尼完成了自己的艰巨使命，当时他同赖德律-洛兰、达拉什和**卢格**订立了一个新的条约，这个条约使意大利不仅同波兰和法国，而且同一直自愿充当奴役制度的仆人，在一定程度上也充当奴役制度的神父的德国，都联结在一起。这样，来自对立面的、互相极端敌对的民族的朝圣者，都走向了共同的自由神殿！①

我收到了美国来的一些报纸，但仍然没有信件。同马志尼订立了"新的条约"的"卢格"，在杜朗的小报②上声称，由于对俄战争，德国有"自由"发展的前景，即使只能达到"像英国那样的自由"，也应该为此努力；持悲观的观点，那是"可耻的、懈怠的、俄国式的"。你看，在一年之内就会用尽个人财产的前景，竟使这位高尚的人甘愿倒向任何"进步"，而且必要时还可以成为一个立宪主义者。

你的　卡·马·

选自《马克思恩格斯全集》第 49 卷，<br>人民出版社，2016，第 569—570 页。

**注释：**

[1] "青年意大利"是 1831 年由朱·马志尼建立的一个秘密组织，主张建立意大利共和国，在实现意大利统一的斗争中起过重要作用。从 1831 年起秘密出版杂志《青年意大利》。1834 年，马志尼倡议成立"青年欧洲"，"青年意大利"成为它的一个分支，于 1848 年解散。

---

① 《从庇护九世即位到放弃威尼斯的三年期间意大利问题文献》1850 年卡波拉戈版第 1 卷第 560 页。——编者注

② 《纽约星期日报》。——编者注

# 马克思
# 革命的西班牙（节选）

（1854 年 8 月 25 日—11 月 14 日）

我们已经简单地向读者介绍了西班牙早期的革命史，以便帮助读者更好地了解和评价那些使得这个国家目前为全世界瞩目的事件。更令人感到兴趣的而且对于了解当今时代也许具有同样意义的，是随着波拿巴家族被驱逐而兴起的并使西班牙王位重归于迄今仍在位的王室的伟大的民族运动。但是，为了正确地评论这一运动和运动中的英勇事迹以及被认为几乎气数已尽的人民所表现的令人难忘的生命力，我们应当回溯到拿破仑进攻这个国家的最初时期。产生整个事件的真正原因，可能首先是 1807 年 7 月 7 日签订的蒂尔西特条约[1]，据说那个条约是在库拉金公爵和达来朗又签订了密约以后才臻于完成的。条约发表于 1812 年 8 月 25 日马德里《日报》上，其中包括下列条款：

"**第一条** 俄国应当占有土耳其的欧洲部分，并且在它认为适宜的范围内扩张它在亚洲的领土。

"**第二条** 西班牙的波旁王朝和葡萄牙的布拉干柴王室退位，两国王位将让给波拿巴家族的亲王。"

如果这个条约是真实的（对它的真实性没有什么人反驳，甚至在不久前发表的约瑟夫·波拿巴国王回忆录中也可以明显地看出），那它就是 1808 年法国入侵西班牙的真正原因，与此同时，可以认为，西班牙当时的骚乱似乎就是通过秘密的线索同土耳其的命运联结在一起的[2]。紧接着马德里大屠杀和巴约讷交易以后，阿斯图里亚斯、加利西亚、安达卢西亚和巴伦西亚同时爆发了起义，而法国军队占领了马德里，在这时候，波拿巴假借口实占领了北部的四个要塞——潘普洛纳、圣塞瓦斯蒂安、菲格拉斯、巴塞罗那；一部分西班牙军队早已调往菲英岛参加进攻瑞典的战役；最后，各方面的当局——军事的、宗教的、司法的和行政的——和贵族都劝谕人民顺从外国占领者。但是有个情况抵消了这一切困难处境。当时多亏拿破仑，国家摆脱了国王、王室和王国政府。这样一来，本来会束缚西班牙人民表现自己天生的毅力的枷锁被打碎了。在自己国王的统治下和在平常的情况下，西班牙人民是怎样无法抵抗法国人，已经由 1794 年和 1795 年的不光彩的战争[3]证明了。

拿破仑把西班牙最显要的人物召到巴约讷，以便亲自把新的国王和宪法交给他们。除了极少数例外，全都来到了。1808 年 6 月 7 日，国王约瑟夫在巴约讷接见了西班牙大贵族代表团，斐迪南七世的亲密朋友印范塔多公爵代表大贵族对约瑟夫说了这样的话：

陛下：西班牙大贵族一向以效忠于自己的国王闻名，现在陛下也会同样得到他们的忠心和爱戴。①

卡斯蒂利亚的王政会议向可怜的约瑟夫郑重地宣告："他是天授君权的那一家族的主要后裔。"率领军队代表团的帕尔凯公爵的颂词是同样卑躬屈节的。第二天，同样是这些人发表了文告，谕令全体人民忠顺于波拿巴王朝。1808 年 7 月 7 日，91 个出身显贵的西班牙人在新宪法上签了字，

---

① 威·沃尔顿《1808—1836 年底的西班牙革命》1837 年伦敦版第 1 卷第 115—116 页。——编者注

其中有公爵、伯爵、侯爵和各教团的首领。在讨论这个宪法时，引起他们反对的仅仅是废除他们的古老特权和免税权一项。以前在斐迪南七世的内阁中任职和担任宫廷官吏的全体人员都参加了约瑟夫的第一届内阁和担任第一批宫廷官吏。上层阶级的一些代表把拿破仑看成上天赐来复兴西班牙的人物，另外一些人则把他看成反对革命的唯一支柱；谁也不相信这是进行民族抵抗的好机会。

因此，从西班牙独立战争一开始，上层贵族和旧官员就失去了对资产阶级和人民的任何影响，因为从斗争一开始，他们就背弃了资产阶级和人民。一方面是 Afrancesados（亲法派），另一方面是民族。在巴利亚多利德、卡塔赫纳、格拉纳达、哈恩、桑卢卡尔、拉卡罗利纳、罗德里戈城、加的斯和巴伦西亚的最著名的旧官员（总督、将军和其他被认为是法国代理人和民族运动的障碍的著名人物）都成为激愤的人民的牺牲品了。各地原来的政权都被改换了。在 1808 年 3 月 19 日起义几个月以前，马德里就发生过骚动，要把 El Choricero（香肠贩子——戈多伊的绰号）和他的可恨的走狗赶下台。这个目的现在在全国范围内达到了，这样，国内革命就按照人民群众所希望的那样并在与反对外国侵略的斗争没有任何联系的情况下完成了。看起来，整个运动与其说是**拥护**革命的，不如说是**反对**革命的。这个运动是民族运动，因为它宣布西班牙脱离法国而独立；同时这个运动又是王朝的，因为它拥护"受爱戴的"斐迪南七世而反对约瑟夫·波拿巴；这个运动是反动的，因为它拥护旧的制度、习惯和法律而反对拿破仑的合理的革新；这个运动是迷信的和充满宗教狂热的，因为它拥护"圣教"而反对所谓法国无神论，或者说，反对取消罗马教会的特权。被自己的法国教友的命运吓坏了的僧侣，为了自保便激起人民的这种情绪。骚塞说：

爱国主义火焰因加上迷信的圣油而燃烧得更旺了。①

①　罗·骚塞《比利牛斯半岛战争史》1823 年伦敦版第 1 卷第 301 页。——编者注

所有反法的独立战争都具有复兴性质和反动性质相结合的特点，但是任何地方也没有像在西班牙表现得那么明显。在人民的想象中，国王是被大盗虐待和幽禁的传奇式的王子。民族过去的最令人神往、最得人心的时代，是同十字架对新月①的战争的神奇的传说联系在一起的；并且很多下层人民都习惯于穿托钵僧的服装，寄食于神圣不可侵犯的教会产业。一个西班牙作家唐·何塞·克莱门特·卡尔尼塞罗在 1814 和 1816 年发表了以下著作：《拿破仑——欧洲真正的唐·吉诃德》、《光荣的西班牙革命的主要事件》、《恢复异端裁判所是合理的》[4]。看一看这些书的名字就可以了解我们在各省洪达的宣言中所看到的西班牙革命的这一特点，所有这些宣言都歌颂国王、圣教和祖国，有的甚至对人民这样说：

他们对彼岸世界的希望面临破灭，受到迫在眉睫的威胁。②

但是，如果说浸透了宗教和政治偏见的农民、内陆小城市的居民和无数穿僧袍和不穿僧袍的托钵僧，构成了民族派的大多数，那么在这一派中还有一个把人民反对法国侵略的斗争看成西班牙政治和社会复兴的信号的活跃的、有势力的少数。这个少数是由港口、商埠和某些省会的居民组成的，这些地方在查理五世统治时期，现代社会的物质条件就有了一定程度的发展。由于贵族和资产阶级中的优秀分子、作家、医生、律师甚至僧侣（比利牛斯山脉也没有阻挡住 18 世纪哲学对他们的影响）的支持，这个少数派变得强大了。1795 年发表的根据卡斯蒂利亚王政会议的命令而草拟的关于改进农业和关于土地法的著名的霍韦利亚诺斯备忘录可以看作是这一派人的真正宣言。③ 最后，少数派中还有资产阶级青年，例如大学生，他们热烈地接受了法国革命的理想和原则，有一个时期甚至希望依靠法国的

① 奥斯曼帝国和伊斯兰教的象征和旗帜。——编者注
② 罗·骚塞《比利牛斯半岛战争史》1823 年伦敦版第 1 卷第 305 页。——编者注
③ 参看加·霍韦利亚诺斯《马德里经济协会致卡斯蒂利亚最高王政会议的关于土地法的备忘录》，见《霍韦利亚诺斯全集》1840 年巴塞罗那版第 7 卷。——编者注

支持来复兴祖国。

在只涉及共同保卫祖国的问题的时候，民族派的两大组成部分还能十分和谐。在他们还没有在议会、在即将制定新宪法的斗争舞台上相遇的时候，他们之间的对立也没有表现出来。革命的少数派为了鼓动人民的爱国主义精神，毫不犹豫地求助于旧的民间信仰所具有的民族偏见。如果说这种策略对于民族反抗的当前目的是适当的，那么到了旧社会的保守派开始利用这种偏见和人民热情来维护他们自己的利益而反对革命者的真正的、最终的计划的时候，这种策略终究不可避免地要成为少数派的致命伤。

选自《马克思恩格斯全集》第 13 卷，

人民出版社，1998，第 513—517 页。

**注释：**

[1] 即蒂尔西特和约，是拿破仑法国同参加第四次反法同盟的战败国俄国和普鲁士在 1807 年 7 月 7 日和 9 日签订的。

[2] 参看《约瑟夫国王有关政治和军事问题的回忆录和通信集》第 246—247 页。这里所涉及的材料引自该书的出版者迪卡斯所作的注释。引文部分，即《条约》的第一条及第二条引自该书第 247 页。

[3] 指西班牙参加第一次反共和制法国的同盟战争（1793—1795 年）。1793 年西班牙军队在几次获胜后遭到了彻底的失败，西班牙因而被迫于 1795 年 7 月在巴塞尔同法国签订了单独和约。

[4] 卡尔尼塞罗《拿破仑——欧洲真正的唐·吉诃德，对拿破仑和他的哥哥约瑟夫的各种敕令的批判的、爱国的、讽刺的评论，共分两部分，五十章，一个热爱祖国的西班牙人的著作》1813 年马德里版第 1—6 卷；《评光荣的西班牙革命的主要事件的历史》1814—1815 年马德里版第 1—4 卷；《合理地恢复宗教裁判所和驳廖伦特的〈西班牙宗教裁判所大事记〉一书》1816 年马德里版第 1、2 卷。

恩格斯

# 德国与斯拉夫民族[1]

（写于 1855 年初—4 月 15 日之间）

　　1. 历史导论。斯拉夫人与德意志人之间持续了千年的斗争正迫近决战关头。斯拉夫人攫取最高统治权的要求日益以不容抗拒之势向我们步步进逼。1812 年，斯拉夫人以俄国为代表第一次作为世界强权登台亮相。——紧接着竟然在 1814 年和 1815 年就产生了超乎一切合理限度的影响（主要原因在于普鲁士人可以信赖）。神圣同盟[2]，会议（夏多勃里昂被收买[3]）。七月和波兰人[4]　[……]①　对神圣同盟起了钳制作用。1848 年的形势促使匈牙利人求助于俄国。俄国的入侵是它第二次大规模地干预欧洲政治[5]——这是赤裸裸的泛斯拉夫主义行动。然后是维也纳会议[6]，俄国充当了德国的直接仲裁者。——最后是第三次事件，即当前的战争[7]，这场战争正在开始转变为欧洲西部地区反对斯拉夫人的战争。

　　与此同时出现了泛斯拉夫主义运动。起初是学术的——多布罗夫斯基，沙法里克。[8]后来是诗歌的：科拉尔，素朴的、具有民族的和哀歌体的风格。最后是双重政治的：一是直接的俄国的：古罗夫斯基；二是自由主义的、带有幻想色彩的：捷克人、克罗地亚人、巴枯宁等等。——此外还有在民间开展的带有希腊文化特征的南方斯拉夫人的运动。

---

　　①　手稿中这里大约有 4 个字母无法辨认。——编者注

这一整段历史的主要特征：仇恨德国，通过征服德国建立一个斯拉夫人的世界帝国。

德国是不可征服的。法国人曾企图征服德国[9]；打了17年的仗，只换得3年的屈服。而此后德国就昂然奋起，以致四分之一个德国就能够把边境上几近被歼的俄国军队接收过来，并且取而代之，在消灭法国的世界君主政体过程中起了决定性作用。

───────

激进党[10]既不是德意志狂，也不是民主派中要吞噬德意志的人。这个党的观点实质上是历史的观点，特别是唯物主义的历史观。从理论上讲，这个党并不在乎运动的中心是在法国、德国还是在英国，也不在乎历史的发展是把这个民族还是把那个民族打倒或者消灭。但是这个党的理论并没有表明：德国已经衰朽陈腐，或正在走向这样的命运。在实践上，这个党知道：每一个大的民族都需要一定的领土范围来发展自己的力量；任何以牺牲一个民族为代价来抬高另一个民族的做法都会损害普遍的发展。我们不得不做这样的选择：要么在德国发展，要么根本不发展。对于阿尔萨斯来说，罗马统治下的希腊人是学习的榜样。德国**非常需要**这样的领土；五百年来，一方面德国的领土被别国侵夺，另一方面德国**实际上**也占领了别国的领土，前一方面与后一方面至少一样多。因此，如果把国外的属地同德国拴在一起，而这些属地又使德国抛开自身的利益，卷入别国的纷争，那么这种补偿就太不合算了。然而在民族活力离析涣散的情况下，这毕竟是提供活动舞台的唯一方式。

因此问题在于：什么样的领土是德国为了自身发展所必需的。

（参看格林关于其他日耳曼人的论述①。）

───────

可见这里涉及的是边界问题。法国总的说来已经很好地融合成了一个整体，它只需要获取少量的别国领土。因此，法国也差不多达到了自身领

───────

① 雅·格林《德意志语言史》1853年莱比锡第2版第26章《其他东方部落》。——编者注

土的极限——占据莱茵河左岸对它来说不是力量的增强，反而是一种削弱，即便有战略方面的原因也仍然如此；那会使 600 万—700 万日耳曼居民成为法国的组成部分。意大利的情况同样清楚：它失去了殖民地，现在它完全满足于拥有自己的领土。与此相反，德国在自己的全部边界上都必须进行修补。在西部、北部和南部，情况终归还算简单——然而在东部，却存在着由斯拉夫人引起的语言混杂！正是在这里出现了困难，也正是在这里显现出对德国的危险。毫不夸张地说，斯拉夫帝国的西部边界从波美拉尼亚延伸到菲希特尔山脉，并从那里延伸到的里雅斯特。五分之二个德国并入泛斯拉夫地区：勃兰登堡人和萨克森人重新说劳西茨语-索布语，西里西亚人重新说波兰语，假如他们还不愿意立即说俄语的话。①

————————

这个问题与民族统一问题，与国外属地问题以及德国人同斯拉夫人之间的争执问题，属于同一个问题。

————————

此外，还有一点使德国面临着另一个利害攸关之处，特别是在同斯拉夫人对抗的时候：德国在 1848 年十分自觉地积极投入了现代运动。每一个民族国家都是通过一场革命建立起来的：美国、法国、1794 年的波兰[11]；1848 年建立的民族国家有德国、意大利、匈牙利，尽管它们当时只是表达了基本的要求。1848 年以后，我们又可以站出来维护德国和德国人了；面对外国，我们不仅在理论上、而且在政治上坚持德国人的立场，哪怕联邦议会[12]成立十次，这种立场也是根除不了的。1849 年的阿尔萨斯人。**莱茵河左岸通过 1848 年革命回归德国**。我们的党在面对外国的时候总是自豪的。没有卢格式的怯懦和自卑——我们在向**德国人自己**讲述真相的时候是多么理直气壮。[13]

————————

① 在恩格斯的手稿中，本段文字接在"并宣称这就是'批判'"（见本卷第 311 页）这段文字之后，但恩格斯在本段文字的开头以及上一段文字的结尾标有符号"＊），表明这两段是前后相接的。可能是由于手稿中这页余下的空间不够，恩格斯才把本段文字写到下一页。——编者注

德国人同斯拉夫人之间的根本区别就在这里。在德国，为争取内部统一和占据民族运动地盘而进行的斗争同阶级斗争相重合，以致最坚决的党派同时也是最具有民族意识的党派；而在斯拉夫人那里则相反。迄今为止，泛斯拉夫主义的一切真实的表述都是反动的。斯拉夫人代表大会[14]开得混乱不堪——那是一次没有结果的尝试。从奥地利的运动变得稍许明朗时起，捷克人就是反动的，斯洛伐克人也是如此，南方斯拉夫人也是如此［……］① 就连波兰人中坚持泛斯拉夫主义的那一部分人也是如此。德意志人和马扎尔人在奥地利**战败**了。斯拉夫人被骗了。而沙皇统治的代理人古罗夫斯基之流对此竟一言不发。

与此形成对照的是新近出现的俄国泛斯拉夫主义，这种泛斯拉夫主义直截了当地把斯拉夫人视为代表未来的民族，视为肩负使命去实现西欧各种理论的人。事实上，道地的斯拉夫民族即俄国人和塞尔维亚已经这样认为：不是俄国人要向西方人学习，倒是西方人要向俄国人学习。这种说法听起来倒还十分天真，然而此外还流行着这样一种观念：西方已经衰老、破落、陈腐了，而斯拉夫民族则朝气蓬勃、充满活力。由此得出的结论是：斯拉夫民族必将征服欧洲，并将从它的首都君士坦丁堡出发，[15]建立俄国公社和劳动组合的千年王国[16]。

可笑的是，那个极端的反动分子哈克斯特豪森正是这段历史的最初发现者。[17]赫尔岑就是从他那里了解了这段历史，了解了自己的俄罗斯祖国，而布·鲍威尔则照抄这两个人的东西，他的做法是以这些东西为依据发表关于政治神学的空洞议论和自作聪明的无稽之谈，并宣称这就是"批判"。[18]

———————

I. 在边界问题产生之前出现的是独立问题。德国的反动分子把俄国当做他们的精神庇护所来膜拜，在历史运动面前瑟瑟发抖；心怀不满的、不得志的批判者[18]决心不惜一切代价同群众划清界限；野心勃勃、爱慕虚荣

———————

① 手稿中这里大约有 3 个字母无法辨认。——编者注

的俄国人和泛斯拉夫主义者妒忌德国人，因为这些德国人尽管四分五裂、发生内耗，却对历史特别是对斯拉夫人产生不可消除的影响，——上面这几种人提出了独立问题，对这个问题必须予以回应。而首先要对付的是**俄国人**，只要我们压倒他们，就能够轻而易举地让其余的斯拉夫人不再轻举妄动。

　　1. 源头，参看老施勒策尔①，哈克斯特豪森，这只带有贵族式的官僚习气的母鸡孵出了一群鸭子，现在看着它们"离开了此岸，还没有抵达彼岸"，而另一方面，他却相信肃穆宁静的俄国："我坐在岸边，等待好风吹来"[19]——确实，他深信不疑的是：俄国想要掌控的只是自身的心灵，此外别无他求。其次是赫尔岑，1849年他在哈克斯特豪森之后出场，从哈克斯特豪森那里认识了俄国肩负的社会主义的未来使命，并炮制了有关衰老欧洲和年轻斯拉夫民族的泛斯拉夫主义滥调。赫尔岑著作的标题和内容：**来自彼岸**②；然后是有关欧洲的未来的整个问题，以及有关俄国的未来——希腊人的未来的问题等等，其提法与哈克斯特豪森如出一辙。此外在他有关俄国公社和劳动组合的描述中毫无新意可言，纯粹是哈克斯特豪森言论的翻版，这是一种无耻的做法：你们不相信赫尔岑，却不能不相信哈克斯特豪森！！！③赫尔岑添加的只是民主的、社会的滥调以及这样一种说法：俄国究竟是不是必须经历全部资产阶级制度？[20]——最后是布·鲍威尔：批判[18]的手法就在于：既然一个反动分子和一个所谓革命者两人关于俄国的说法完全一致，那么这种说法就是正确的，于是我就照抄这两个人的说法；为了对这种说法表示认可，我再加上自己对法国恼恨不满的言论，加上关于帝国主义的陈词滥调，以及针对未指名道姓的光明之友[21]和

---

　①　奥·路·施勒策尔《奈斯托尔。用古斯拉夫语写的俄国编年史，比较、翻译和解释》1802年格丁根版第1—2卷。——编者注

　②　可能指亚·赫尔岑署名"一个俄国人"在1849年11月19、26日和12月10日巴黎《人民之声报》第50、57和71号发表的文章《俄国》，该文译成德文后收入赫尔岑的著作《来自彼岸》1850年汉堡版。——编者注

　③　在恩格斯的手稿中，"这是一种无耻的做法……哈克斯特豪森！！！"是一段插入文字，写在这一行的上方，但没有标出它应该插入的位置。——编者注

包括教皇在内的其他德国神学家的种种诽谤；同时我也赞成赖德律-洛兰先生关于英国走向衰落的说法。——

2. 赫尔岑先生。

a. 为了向赫尔岑先生表示尊重，避免产生错误的看法，这里插入一段关于俄国教育的话："使用的语言最多，宗教色彩最少，具有普遍性的品格"（林顿，第 33 页）①；再插入一段关于俄国文学的话："上流社会文学，它表现了某种高雅的教养和贵族形象，这是上流社会人士交谈的特点。在德国文学中有时可以看到的粗野、庸俗的元素从未渗透到俄罗斯著作中去。"（《思想》第 56 页）②——

首先。教育。参看普希金，他具有重要地位，因为从某种角度来看奥涅金是一个标准的俄国人（另一位是绝妙的小伙子连斯基）。炫耀是他们最看重的事情。[22]

炫耀表现在：能说会道。俄国人不是相互交谈，而是挥洒自如地运用自己背熟的套语——甚至那种没有任何抑扬顿挫的平板语调也证明了这种毫无头脑的特征。当然，这样做也仍然免不了出现语法错误，同时也并不妨碍自我吹嘘。其次是自诩博学多才而实际上一窍不通。彼得堡高级中学的学生竟连初等科学中的起码的知识也不懂。人们惯常的做法始终是："东鳞西爪也好，浮光掠影也罢，总算学了一点皮毛！"③ 整个俄国贵族都是如此。哗众取宠是他们最看重的事情。这里简直就像是住满了商品推销员的布拉德福德市。谁企图哗众取宠，谁就把自己毁了。——在一切事情上，这种浅薄无聊的表现都会有如此下场。现在，这种现象的影响已经波及无神论和共产主义，在欧洲，有人借此来自吹自擂，而在俄国，这一切则被看做是一种可以玩弄的把戏、一种理论上的消遣。单个的人是怎样的，整个民族也就是那样。他们注重的只是如何在欧洲面前哗众取宠，而

① 亚·赫尔岑《俄国和旧世界》，载于威·林顿在伦敦出版的杂志《英格兰共和国》1855 年第 3 期。——编者注
② 亚·赫尔岑《论俄国革命思想的发展》1853 年伦敦版。——编者注
③ 普希金《叶甫盖尼·奥涅金》第 1 章第 5 节。——编者注

骨子里则隐含着对自身精神野蛮的愧疚——参看居斯丁①。

赫尔岑先生就是这样一个典型：在光彩夺目的外表后面隐藏的是纯粹的无知、谬误和厚颜无耻的自夸，以及对哈克斯特豪森的剽窃。

b. 赫尔岑先生的革命的泛斯拉夫主义的著作。

α. 欧洲衰老—俄国年轻。上文已经证明，"衰老的"欧洲是如何从哈克斯特豪森的忧惧中产生的。现在可以深入地谈一谈这个问题了。说俄国年轻，这是很可笑的，因为在那里，自遥远的年代以来一切都凝固不变。年轻的是俄国南部地区和西伯利亚，而这是由西方的工业以及对谷物的需求造成的。赫尔岑先生应当去看看兰开夏，而不要把自己封闭在普里姆罗斯山的雾霾等等之中。[23]彼得堡和利物浦年龄相仿；彼得堡甚至更老一些，而且是依靠强力建成的，而利物浦则是自己成长起来的。在曼彻斯特等地，处处都散发着石灰的气味，与俄国大不相同，在俄国人们还用木材建造房屋。1789 年以来的法国比 1700 年以来的俄国年轻得多；甚至 1848 年以来的德国也比俄国年轻。这种有关各民族逐渐变老的空谈还是产生于古老的东方时代，那个时代一直延续到日耳曼人出现时为止，那时候，总是有一个民族拥有世界统治权。从日耳曼人时代起，情况就不同了：各个国**家比肩并立**，特别是从 1500 年起，世界变大了，再也不可能用上述方式来统治了。假如斯拉夫人愿意同我们并行发展，那是非常值得欢迎的，但首先要打消他们那些狂妄的野心；面对这样的斯拉夫人，整个西方团结一致，特别是当斯拉夫人像迄今为止这样以反动姿态出现的时候。在最好的情况下，他们也只能管好他们自己的事情，所以他们在我们这里无事可做。——工业已经终结了各民族逐渐变老的过程。那些古老的民族因自身的生产条件完全枯竭而走向衰落；现代的生产条件则在自身中包孕着它们自己的发展，这种发展必须通过斗争才能实现，没有斗争就一事无成，对于俄国人来说也同样如此，这样，他们就必须一次又一次地"离开此岸"。——正是我们所遭遇的那些突变，那些随着领土扩大而变得日益剧

① 阿·居斯丁《1839 年的俄国》（四卷集）1843 年巴黎版。——编者注

烈和频繁的突变，证明了欧洲生命力的坚韧顽强和朝气蓬勃。危机越严重、越普遍，新生点就越是频频出现。确实，所有的人都是通过共同的物质基础以及与之相适应的共同意识而联系在一起的。在俄国呈现的是僵死不变的稳定，这种稳定有时被毫无觉悟、无果而终的农民起义所打破，那些农民起义到处都一模一样，但从来没有实现过联合。

β. 俄国公社。这里我们来回答哈克斯特豪森，他比赫尔岑知道得多一些。哈克斯特豪森说得对：沙皇制度是对公社民主制的补充。① 可以对照没有土地私有制、在公社和国家之间没有中间环节的整个东方。在这方面，日耳曼人和旁遮普人，日耳曼人的区行政建制，都是合乎自然逻辑的进步。只有哈克斯特豪森才会把这样的东西说成是共产主义，也只有赫尔岑这个愚昧无知的人才会相信哈克斯特豪森。——劳动组合是公社在工业道路上的延续。其利润分割的情况至今仍然一点儿也不清楚。

γ. 赫尔岑对沙皇制度、对"德国的"沙皇制度的态度。紧接 β。

δ. 赫尔岑先生的泛斯拉夫主义帝国。君士坦丁堡作为首都。他要在这里建成发起进攻的阵地，特别是对付德国人的阵地。他的历史哲学。

3. 俄国的实力。1828—1829 年的土耳其战争[24]。1831 年的波兰战争。1853—1855 年的战争。用来对付德国的军力。牢不可破的地位因人口稠密而削弱。而这恰恰是德国抗击俄国的力量。

Ⅱ. 其余的斯拉夫人或边界问题。——一些正在走向衰落的民族

1. 南方斯拉夫人—土耳其人—伊斯特里亚人—卡朗坦人②。

2. 捷克人和斯洛伐克人。

3. 波兰人。

Ⅲ. 结束语：国外的属地，伦巴第；匈牙利，加利西亚。德国在多瑙河的利益，德国的厄运。匈牙利人**不得不**维护我们的利益，即使他们获得

---

① 奥·冯·哈克斯特豪森《俄国的国内状况、国民生活、特别是农村设施概论》1852 年柏林版第 3 册第 138—139、145—152 页。——编者注
② 斯洛文尼亚人的旧称。——编者注

了自由，他们也非常需要我们。瓦拉几亚的多瑙河邦联。——尽管有泛斯拉夫主义，斯拉夫人之间还是存在争吵。希腊和罗马的教会——波兰人、小俄罗斯人、白俄罗斯人之间的问题不可能和平解决。

选自《马克思恩格斯全集》第 14 卷，

人民出版社，2013，第 307—316 页。

**注释：**

[1] 在《德国与斯拉夫民族》、《德国和泛斯拉夫主义》以及《欧洲的斗争》这组文章中，恩格斯对泛斯拉夫主义问题进行了深入的分析。

恩格斯在 1849 年 2 月曾经为《新莱茵报》写过一篇题为《民主的泛斯拉夫主义》的文章，此后他逐渐产生了对这一问题进行详细阐述的想法。马克思在 1853 年 9 月 7 日致恩格斯的信中首次建议恩格斯就这一问题撰写文章。恩格斯就此问题所作的一些摘录和笔记保存了下来。这些摘录和笔记大约写于 1854 年底，一般只有 1—3 页的篇幅，其中包括关于日耳曼人和斯拉夫人历史的书目，在《斯拉夫语和语文学》这个标题下包含关于俄国著作家生平的笔记以及书目资料，此外还有在普鲁士、奥地利和匈牙利居住的斯拉夫民族的统计数据以及对菲·斯特拉尔《俄国史》（1832 年汉堡版）一书所作的简短摘录。恩格斯在 1854 年 12 月初写信给马克思，表达了撰写一个论述日耳曼民族和斯拉夫民族的小册子的想法，马克思在 1854 年 12 月 8 日的回信中对此表示赞同。恩格斯在 1854 年 12 月 22 日至 1855 年 1 月初逗留伦敦期间与马克思详谈，使写作有关泛斯拉夫主义的小册子或系列文章的计划进一步具体化。不过由于种种原因，恩格斯这个计划最终未能实现。

《德国与斯拉夫民族》是恩格斯为写作这个小册子而草拟的一个提纲。提纲的具体写作时间难以确定，可能是写于 1855 年 1 月，但也不排除是写于 1855 年 4 月初。提纲的俄译文首次发表于《弗里德里希·恩格斯和他的时代》1990 年莫斯科版，德文原文首次发表于《马克思恩格斯全集》历史考证版第 1 部分第 14 卷（2001 年）。

《德国和泛斯拉夫主义》是恩格斯以上述提纲为基础为《新奥得报》写

的文章。马克思可能对该文进行过编辑。他在 1855 年 4 月 17 日给《新奥得报》编辑莫·迈斯纳的信中写道:"附上两篇文章,作为同泛斯拉夫主义论战的开端。我认为,德国早就应当严肃地研究关于威胁着它的危险的问题了……我深感必须不失时机地在德国敲响警钟。"这两篇文章分别以《德国和泛斯拉夫主义。一》和《德国和泛斯拉夫主义。二》为题发表在 1855 年 4 月 21 日和 24 日《新奥得报》第 185 号和第 189 号。虽然恩格斯在第二篇文章的结尾说过以后会详谈这个问题,但相关报刊上再也没有刊登过他就此问题写的文章。

而恩格斯就此问题为《纽约每日论坛报》所写的英文文章则以《欧洲的斗争》和《奥地利的弱点》为题,发表在 1855 年 5 月 5 日和 7 日《纽约每日论坛报》第 4382 号和第 4383 号。马克思和他的夫人燕妮在 1855 年 4 月 18 日离开伦敦前往曼彻斯特恩格斯的家。如果恩格斯的英文稿是在马克思动身之前完成的,那么写作时间就不会晚于 4 月 16 日,即英文稿可能与德文稿同时完成。如果英文稿是在马克思于曼彻斯特逗留期间完成的,则写作时间应该是在 4 月 20 日之前。如果是后一种情况,那么文章就是从曼彻斯特寄出,可能是随大西洋号轮船于 4 月 23 日离开英国,5 月 4 日到达美国。

《欧洲的斗争》与《德国和泛斯拉夫主义》第一篇相比前半部分有所不同,开头两段是《德国和泛斯拉夫主义》中所没有的,里面补充了维也纳和谈失败的消息和对奥地利立场的评论。这两段有可能是恩格斯自己加上的,因为在恩格斯写这篇文章时,维也纳和谈失败已经是预料之中的事情。不过,也不能排除这个消息是《论坛报》编辑部根据英国报纸上的消息加上的。

《奥地利的弱点》对应的是《德国和泛斯拉夫主义》的第二篇。两篇文章相比较可以看出,《论坛报》编辑部从自己的亲俄立场出发,对这篇文章作了很大修改,以致使这篇文章的政治立场与马克思恩格斯在此问题上的立场完全相反,因此本卷没有收入。

[2] 神圣同盟是欧洲专制君主国家为镇压进步运动、维护封建君主制度而建立的反动联盟。该同盟是战胜拿破仑第一以后,由俄国沙皇亚历山大一世和奥地利首相梅特涅倡议,于 1815 年 9 月 26 日在巴黎建立的,同时还缔结了神圣同盟条约。几乎所有欧洲君主国家都参加了该同盟。这些国家的君主负有相互提供经济、军事和其他方面援助的义务,以维持维也纳会议上重新划定的边

界和镇压各国革命。神圣同盟为了镇压欧洲各国资产阶级革命和民族解放运动，先后召开过几次会议。由于欧洲诸国间的矛盾以及民族革命运动的发展，1830 年法国七月革命后神圣同盟实际上已经瓦解。

［3］弗·勒·夏多勃里昂在俄军 1815 年驻扎巴黎期间同沙皇及其随从关系密切。在法国与反法同盟进行的谈判中，夏多勃里昂是法国的代表。

［4］文中所说的"七月"指法国的七月革命，即 1830 年 7 月爆发的法国资产阶级革命。1814 年拿破仑第一帝国垮台后，代表大土地贵族利益的波旁王朝复辟，竭力恢复封建专制统治，压制资本主义的发展，限制言论自由和新闻出版自由，加剧了资产阶级同贵族地主的矛盾，激起了人民的反抗。1830 年 7 月27—29 日巴黎爆发革命，推翻了波旁王朝。金融资产阶级攫取了革命果实，建立了以奥尔良公爵路易-菲力浦为首的代表金融贵族和大资产阶级利益的"七月王朝"。

文中所说的"波兰人"指 1830—1831 年波兰人起义。

［5］1848 年 3 月匈牙利爆发革命。1849 年春天，匈牙利的革命军队解放了匈牙利大部分领土。同年 4 月 14 日，布达佩斯议会宣布匈牙利脱离奥地利独立。奥地利于是请求俄国军队给予军事援助。1849 年 8 月 13 日匈牙利军队在维拉戈什向俄国的武装干涉军队投降。

［6］指 1850 年 11 月在摩拉维亚的奥尔米茨（奥洛穆茨）举行的会议。1850 年 11月 29 日普鲁士和奥地利在会议结束时签订了奥尔米茨协定。迫于俄国的压力，普鲁士放弃了对奥地利在黑森选帝侯国和石勒苏益格—荷尔斯泰因的政策的抵抗，并准备重返在美因河畔法兰克福恢复的联邦议会。随着奥尔米茨协定的签订，普鲁士暂时放弃了在它的领导下统一德国的政策。

［7］东方战争即克里木战争，是 1853—1856 年俄国对英国、法国、土耳其和撒丁的联盟进行的战争。这场战争是由于这些国家在近东的经济和政治利益发生冲突而引起的，故称东方战争。克里木战争中俄国的惨败重挫了沙皇俄国独占黑海海峡和巴尔干半岛的野心，同时加剧了俄国国内封建制度的危机。这场战争以签订巴黎和约而告结束。

［8］捷克和斯洛文尼亚等地的斯拉夫语言研究一开始就与同一时期德国的语言研究有着密切的联系。约·多布罗夫斯基、耶·科皮塔尔和武·卡拉季奇同雅·格林不仅学术上联系密切，而且私人关系也很密切。多布罗夫斯基认识

克·布伦塔诺。卡拉季奇是格丁根科学院和普鲁士科学院的院士，他认识歌德，而歌德曾推动对他的著作的翻译。帕·约·沙法里克曾于1815—1817年在耶拿学习。

[9] 指拿破仑战争时期法国和德国的战争。

[10] 恩格斯这里指的是共产主义者同盟以及《共产党宣言》的拥护者。

[11] 1793年波兰被第二次瓜分后，波兰国内反抗占领者的斗争日益加剧。1794年3月，在塔·考斯丘什科领导下爆发了反对分割波兰、反对出卖波兰的封建主的起义，组成了一个波兰临时政府向俄国和普鲁士宣战。波兰爱国者的起义曾取得最初的胜利，最终还是遭到失败，1795年10月波兰被第三次瓜分。

[12] 联邦议会是根据1815年维也纳会议决议成立的德意志联邦唯一的中央机关，由德意志各邦的代表组成，会址设在美因河畔法兰克福，由奥地利代表担任主席。联邦议会并不履行政府的职能，事实上成了德意志各邦政府推行反动政策、镇压革命运动的工具。1848年三月革命以后，联邦议会宣布停止工作。革命失败后，反动势力企图利用1850年恢复的联邦议会达到反对人民主权的原则和反对德意志民主联合的目的。1851—1859年，普鲁士驻联邦议会的全权代表是俾斯麦，最初他力求和奥地利结盟，后来采取了坚决反奥的立场。1859年初卡·乌泽多姆被任命为普鲁士的全权代表。1866年普奥战争后，德意志联邦被北德意志联邦所取代，联邦议会也不复存在。

[13] 恩格斯在这里谈到的是1848—1849年在科隆出版的《新莱茵报》的立场。

[14] 斯拉夫人代表大会于1848年6月2日在布拉格举行。代表大会上，受哈布斯堡王朝压迫的斯拉夫民族的民族运动中的两个派别展开了斗争。温和的自由主义右派（属于该派的有代表大会的领导者弗·帕拉茨基和帕·约·沙法里克）为了维护和巩固哈布斯堡王朝，试图使之变为各民族享有平等权利的联盟，从而解决民族问题。民主主义左派（卡·萨宾纳、约·弗里奇、卡·利贝尔特等）对此坚决反对，他们竭力主张同德国和匈牙利的革命民主力量一致行动。代表大会的部分代表积极参加了1848年6月12—17日布拉格起义，受到残酷的迫害；其余的代表，即温和的自由派代表于6月16日宣布代表大会无限期休会。

[15] 19世纪，在包括十二月党人和米·巴枯宁在内的俄国知识分子中，建立以君

士坦丁堡为首都的斯拉夫人大帝国的观念以各种形式广为流行。亚·赫尔岑19世纪50年代初在一系列小册子中也曾宣传这种观念。恩格斯在这里可能主要是指赫尔岑的文章《俄国和旧世界》，这篇文章首先发表在威·林顿在伦敦出版的杂志《英格兰共和国》1854年第3期，随后又出版了单行本（1854年泽西版）。

[16] 千年王国是基督教用语，指世界末日到来之前，基督将再次降临，在人间为王统治一千年。届时魔鬼将暂时被捆锁，福音将传遍世界。此语常被用来象征理想中的公正平等、富裕繁荣的太平盛世。

[17] 恩格斯指的是奥·冯·哈克斯特豪森的著作《俄国的国内状况、国民生活、特别是农村设施概论》1847年汉诺威版第1—2册，1852年柏林版第3册。亚·赫尔岑在他的著作中曾数次援引这部著作，对它表示认可，也作过批评。马克思的藏书中有这部著作的第3册。

[18] 布·鲍威尔在他于夏洛腾堡出版的《俄国和日耳曼民族》（1853年）、《德国问题和东方问题》（1853年）、《德国和俄罗斯民族》（1854年）、《俄国当前的立场》（1854年）以及《俄国和英国》（1854年）等著作中，对亲俄的泛斯拉夫主义表示赞同。鲍威尔在《俄国和日耳曼民族》中采用了奥·冯·哈克斯特豪森的许多观点，在该小册子第26页还直接提到哈克斯特豪森的《俄国的国内状况、国民生活、特别是农村设施概论》一书。恩格斯的藏书中有鲍威尔的《俄国和日耳曼民族》以及《俄国和英国》这两部著作。

　　鲍威尔标榜自己的著作是对当时各种哲学和社会思想的"批判"，马克思恩格斯有时用"批判"一词来指称鲍威尔及其论著。有关情况参看马克思恩格斯《神圣家族，或对批判的批判所做的批判。驳布鲁诺·鲍威尔及其伙伴》。

[19] 奥·冯·哈克斯特豪森的著作《俄国的国内状况、国民生活、特别是农村设施概论》（1852年柏林版）第3册的扉页上，用俄语和德译文刊印了两则俄罗斯谚语作为题词：

　　"欧洲：离开了此岸，还没有抵达彼岸！

　　俄国：我坐在岸边，等待好风吹来！"

[20] 亚·赫尔岑在《俄国和旧世界》中认为，俄国公社的土地是由公社成员自由和共同使用的。其主要论据就是奥·冯·哈克斯特豪森的论点。此外，在赫

尔岑的《俄国》一文中有这样的话："我不明白为什么俄国必须经历欧洲发展的全部阶段，我也不明白为什么未来的文明应当一成不变地服从过去的文明的存在条件。"

[21] 光明之友是 1841 年在德国产生的一个宗教派别，它反对在官方新教教会中占统治地位的神秘主义和虔诚主义，是 19 世纪 40 年代德国资产阶级对德国反动制度不满的一种表现形式。1846 年，光明之友运动引起了官方新教的分化，分化出来的部分组成了"自由公理会"。光明之友作为德国天主教运动的支持者，构成 1848 年三月革命前夕反对派的一部分。

[22] 参看亚·普希金的诗体小说《叶甫盖尼·奥涅金》第 1 章。"炫耀"在恩格斯的手稿中写作"Blistat"，是俄文"блистать"的拉丁文转写形式。在这一章中，普希金常常用这个词表示"吹牛、空谈、爱慕虚荣"的举动。

[23] 亚·赫尔岑在他的著作《监狱与流放》中写道，他 1852 年底居住在经常被雾霾笼罩的伦敦城区的普里姆罗斯山。恩格斯使用的是该著作的俄文第 1 版。

[24] 指 1828—1829 年俄土战争。这场战争是尼古拉一世借口支持信奉基督教的希腊人反对土耳其压迫的民族运动而挑起的。1828 年 4—10 月是战争的第一阶段，1829 年 5—8 月是战争的第二阶段。土耳其军队起初对集中在多瑙河地区（锡利斯特里亚、舒姆拉、瓦尔纳等要塞附近）的俄国军队进行了有力的抗击。1828 年 10 月 11 日，瓦尔纳被俄军攻占。1829 年 5 月 30 日，土军在库列夫恰（保加利亚）会战中被击溃。1829 年夏，俄国军队向君士坦丁堡进军，并于 6 月 11 日击败了土耳其军队。1829 年 9 月 14 日，土耳其接受了俄国提出的全部条件，签订了阿德里安堡条约。

# 恩格斯

## 欧洲的斗争

（写于 1855 年 4 月 20 日以前）

在大西洋号轮船带来的消息中，最引人注意的情况是：维也纳会议中断[1]和奥地利虽然不是彻底地，至少也是在一定程度上与同盟国分道扬镳。这两件事对于我们说来都并非出乎意料。在这场战争目前所处的形势下，俄国拒绝接受任何在实质上不承认它战前所提出的要求的解决方案，是理所当然的事。奥地利又恢复了它的摇摆不定的观望政策[2]，也是某些非常重要的情况使然。下面我们就来解释一下这些情况。

一段时间以来，法国政府发现了一个连英国内阁也不能否认的事实，即约翰·罗素勋爵在维也纳犯了大错误，错误就在于任凭会议首先形成对奥地利有直接利益的条款。这些条款涉及多瑙河流域的自由和两公国的问题。从这时起，奥地利显得满意了。它期待着在迟早瓜分土耳其时分一杯羹——在它看来，塞尔维亚、波斯尼亚和阿尔巴尼亚这几个省份只能归属于它而不能允许别国染指。它感兴趣的是使土耳其基督教徒问题继续悬而不决。而且由于它想要与俄国在黑海的海军力量相周旋实属无望，所以它也不太愿意在那个地区使俄国难堪。从这个观点看，奥地利就完全有理由满足于它已经取得的收获，而把它的貌似公正的仲裁砝码移向不利于英法的一端。但是这种外交上的成功同它目前的摇摆政策没有多大关系。原因在于一个远为强大的因素。

大约六个月以前，我们间接地提到尼古拉的私人密电。他在密电中让奥地利和普鲁士这两个国家都知道：假使它们同西方结成联盟来反对他，他就将宣布匈牙利独立和重建波兰，以回击这样的联盟条约。从那时起，每当我们想到在波兰和沃伦地区可能发生一场战争的时候，我们就总是想到，如果俄国在征服了加利西亚、占有了喀尔巴阡山脉居高临下的地势、使匈牙利暴露在它的胜利之师面前时宣布匈牙利独立和重建波兰，那会给它带来多么大的军事优势。正是由于这个原因，我们总是指出，奥地利除非有能力立即对俄国采取攻势，并通过连战连胜、向俄国推进来抵消俄国此举所带来的影响，否则它是无法同俄国作战的。因此，只要驻在加利西亚和两公国的奥地利军队有足够的力量向华沙和基辅进军，俄国采取这样一个步骤的直接危险并不大。

然而我们现在获悉，继尼古拉的电报之后，不久前他的继承者①又发出了一封电报，电文包含着十分不同的而且严重得多的威胁。其中说道，从奥地利无可挽回地同西方结成联盟，或者对俄国采取任何一种公开敌对行动的那一刻起，**亚历山大二世就要亲自领导泛斯拉夫主义运动**，并把他目前的全体俄罗斯人的皇帝的称号换成全体**斯拉夫人的皇帝**的称号。

果然如此！如果亚历山大迈出这样一步，那么，土耳其基督教徒问题的斗争、土耳其政府的独立、塞瓦斯托波尔、两公国以及其他诸如此类的地区性的小事现在就可以视为已告结束。亚历山大的这一声明是战争开始以来第一个直言不讳的表白；这是朝着把欧洲大陆作为这场战争的战场，公开而坦率地赋予这场战争以欧洲战争的性质这个目标迈出的第一步，迄今这种性质一直为各种各样的借口和伪装、议定书和条约、法特尔的言论和普芬多夫的语录②所掩盖。土耳其——它的独立与生存问题——退居次要地位。问题将不再是应当由谁来统治君士坦丁堡，而是应当由谁来号令

---

① 亚历山大二世。——编者注
② 指埃·法特尔《国际法，或运用于民族和国君的行为的自然法原则》1758年莱顿版和赛·普芬多夫《自然法和民族法》1672年伦敦版。——编者注

整个欧洲。斯拉夫民族由于内部纷争而长期分裂，他们被德意志人赶回东方，部分地被土耳其人、德意志人和匈牙利人所征服，1815年之后由于泛斯拉夫主义的逐步高涨，他们的各支系很快又重新联合，现在斯拉夫民族破天荒第一次宣称自己是统一的，而且这样做也就等于向至今还统治着欧洲大陆的罗曼—凯尔特民族和德意志民族宣布决一死战。泛斯拉夫主义不仅仅是一种争取民族独立的运动；这个运动在欧洲所起的作用将会把一千年来历史所创造的一切化为乌有；这个运动只有把土耳其、匈牙利和德意志的一个很大部分从地图上抹掉才能实现。而且，它一旦取得了这样的成果，就必须征服欧洲才能保持得住。泛斯拉夫主义现在已经从信仰变成了政治纲领，或者更确切地说，变成了巨大的政治威胁，因为有80万持枪待命的军队支持着它。

而这80万军队还不是它所掌握的全部兵力。只要俄国皇帝在率领大军挺进喀尔巴阡山时一声呼唤，奥地利境内的900万—1000万斯拉夫人就会像1848年时那样骚动起来；只要奥地利人一被打败，这些斯拉夫人就会彻底造反；同时匈牙利和意大利受到的革命触动也不会少。上述这种危险很可能使得弗兰茨-约瑟夫踌躇不前。因为除非他能够在边界上一举击败庞大的斯拉夫军队并把战事推进到敌国境内，否则他可能还是在登台决斗之前罢休为妙。

选自《马克思恩格斯全集》第14卷，
人民出版社，2013，第325—328页。

**注释：**

[1] 指维也纳会议暂时休会一事。从1855年3月15日开始，英、法、奥、俄围绕四项条款在维也纳举行新一轮会谈。在1855年4月26日的会议上，俄国代表提出新建议，但同盟国代表对此不满意，因为他们认为这一建议无助于削弱俄国在黑海的优势。之后宣布无限期休会。由于奥地利之前曾宣布，如果此次会议无果而终，它将对俄国动武，于是各国敦促它向俄国开战。为了避免

这种局势，俄国代表又提出了新的建议，各国代表在 6 月 4 日又召开会议，奥地利在会上表达了自己的立场：限制黑海海军力量的问题应该纯粹是俄国和土耳其之间的事务。会议没有达成一致意见，同日这一轮会议宣告结束。

[2] 奥地利在克里木战争中如果公开同西方强国结盟，那么它将面临在自己的领土上同俄国作战的危险；而且它在巴尔干的政治和经济地位也会受到损害。另外，维也纳政府还惧怕向俄国的公开宣战会引起境内斯拉夫民族的叛乱。

另一方面，如果奥地利同俄国结盟，奥地利本土和它对北意大利的占领将受到来自法国的威胁。而且俄国一旦得胜，它将成为奥地利在巴尔干的一个更加强大的竞争对手。再加上奥地利政府在财政方面已陷入窘境，因而奥地利为了自身的利益在克里木战争中从形式上采取了中立的态度，而实质上却是反对俄国的。

恩格斯

# 欧洲军队（节选）

（写于 1855 年 6 月底至 9 或 10 月）

## 三　奥地利军队

奥地利利用 1848—1849 年严峻考验①后刚一出现的喘息机会，就按现代编制改编了自己的军队。几乎每一个部门都彻底改组，所以现在军队的战斗力比过去强多了。

首先谈步兵。基干步兵包括 62 个团，此外还有 1 个步枪团和 25 个步枪营，14 个边屯步兵团和 1 个边屯步兵营。边屯步兵和步枪手一起构成轻步兵。

1 个基干步兵团包括 5 个野战营和 1 个后方营，共计 32 个连，其中每个野战连 220 人，每个后方连 130 人。这样，每个野战营约有 1300 人，每个团将近 6000 人，即多达英国 1 个师的人数。因而全部基干步兵按战时编制约为 37 万人。

边屯步兵每团有 2 个野战营和 1 个后方营，共计 16 个连，3850 人；全部边屯步兵的人数为 55000 人。

猎兵，或者步枪手共有 32 个营，每营约 1000 人；总数为 32000 人。

--------

① 指 1848—1849 年革命。——编者注

109

军队中有重骑兵：8 个团的胸甲骑兵和 8 个团的龙骑兵；轻骑兵：12 个团的骠骑兵和 12 个团的枪骑兵（其中 7 个团原为轻龙骑兵，或称**轻骑**[①]，但后来改为枪骑兵）。

重骑兵团由 6 个中队组成，另有 1 个后方中队；轻骑兵团由 8 个中队和 1 个后方中队组成。每个重骑兵团为 1200 人，每个轻骑兵团为 1600 人。全部骑兵按战时编制的人数约为 67000 人。

炮兵包括 12 个野炮团，每团按战时编制有 4 个六磅步炮连和 3 个十二磅步炮连，6 个骑炮连，1 个榴弹炮连，共有 1344 门火炮；还有 1 个岸防炮团和 1 个火箭团：20 个连，配有 160 个火箭发射管。共计 1500 门火炮和火箭发射管及 53000 人。

这样算来，按战时编制，作战人员的实际总数为 522000 人。

这里还应加上 16000 名左右的坑道工兵、地雷工兵及架桥工兵，2 万名宪兵和运输勤务人员等等，所以总数就增加到 59 万人左右。

如把预备兵员征集起来，军队可以增加 10 万—12 万人；如最大限度地利用边屯区[1]的兵源，则还有 10 万—12 万人可供征召。但由于这些兵力不能在某个一定的时刻调集在一起，只能慢慢地一批一批地调集，因此他们主要用于填补军队的空缺。所以奥地利未必能够一次性征集起 65 万人以上的武装力量。

军队分为截然不同的两个部分——正规部队和边屯部队。正规部队的服役期限为 8 年，随后士兵还有 2 年的预备役。但是也像法国一样，奥地利士兵可以长期归休，因此他们实际在军队中服役的时间也就是 5 年。

边屯部队是按照完全不同的原则编成的。他们是南方斯拉夫人（克罗地亚人或塞尔维亚人）、瓦拉几亚人移民的后裔，还有一部分是德意志移民的后裔。他们靠给皇家服兵役获得土地。过去是用他们来保护从达尔马提亚到特兰西瓦尼亚的边境以防土耳其人入侵。现在这个任务已经仅仅是一种形式

————————

① 原文为"chevauxl－légers"，指奥地利从 15 世纪末开始主要是在法国招募的一支军队。——编者注

了，但是奥地利政府看来并不想放弃这个极好的兵源。正是由于有了边屯部队这个组织，1848 年拉德茨基的军队在意大利才得到了解救，1849 年文迪施格雷茨指挥的第一次入侵匈牙利才成为可能。弗兰茨-约瑟夫能保住帝位，除应归功于俄国外，也应归功于那些南方斯拉夫边屯团。在边屯团所占据的很长的一大片地区里，每一个租种皇家土地的人（那就几乎是每一个居民），凡年龄在 20—50 岁的，都有随时应征服役的义务。这些边屯团的主力当然是青年，年纪大一些的，主要是轮流在边防哨所值勤，直到发生战争时应征入伍。这就说明，为什么为数约 150 万—200 万的居民在需要时竟能提供一支 15 万—17 万人的队伍，占居民总数的 10%—12%。

奥地利军队与英国军队有许多相似之处。两者都是好几个民族混合在一起，虽然每个团里通常都是同一个民族。苏格兰高地的盖尔人、威尔士人、爱尔兰人、英格兰人之间的差别，并不比德意志人、意大利人、克罗地亚人、马扎尔人之间的差别大多少。不论在奥地利军队中还是在英国军队中，都可以看到各个民族的军官，甚至还有许多外国人。不论奥地利还是英国，军官的理论知识都是极差的。两国军队的战术队形都保留了很大一部分古老的横列队形，只是在很有限的程度上采用纵队和散兵线。两国军服的颜色都是异乎寻常的：英国的是红色，奥地利的是白色。但在组织管理的效率、军官的实战经验和能力以及作战的机动灵活等方面，奥地利军队远远超过英国军队。

士兵的服装，撇开步兵滑稽可笑的白色上衣不谈，就其式样来说已经合乎现代的标准了。普鲁士式的短上衣、天蓝色裤子、灰色大衣、法国式轻便军帽，合起来是一套很好的便于执行军事任务的服装；只有匈牙利团和克罗地亚团总是穿瘦窄的裤子，这虽是他们民族服装的一部分但却很不方便。士兵的个人装备很不合规范，交叉皮带仍被采用。边屯部队和炮兵穿褐色上衣，骑兵穿白色的、褐色的或蓝色的。滑膛枪相当笨重，而猎兵和各连部分士兵所装备的步枪又相当陈旧过时，远不及米涅式步枪。一般的滑膛枪是用旧式燧发枪改制成的极不完善的击发式滑膛枪，这种枪常常打不响。

步兵较善于以密集队形作战而不太善于灵活敏捷地执行轻步兵任务，

这一点也同英国步兵相似。不过，边屯部队和猎兵则另当别论。前者，至少是其中大部分，极善于打散兵战，特别是塞尔维亚人，他们专爱打伏击战。猎兵主要是蒂罗尔人，他们都是一流的射手。步兵中的德意志人和匈牙利人一般都有坚定顽强的特点，在拿破仑战争[3]时期，他们不止一次地表明在这方面完全比得上英国步兵。他们也不止一次地以横队迎击骑兵，甚至不用编成方队；凡是他们编成方队的时候，敌人的骑兵很少能够突破他们的方队。阿斯珀恩会战[2]就是一个例证。

骑兵是卓越的。重骑兵，即"德意志"骑兵，由德意志人和波希米亚人组成，马匹好，武器好，战斗力一向很强。轻骑兵打败仗可能是由于把德意志轻骑和波兰枪骑兵混在一起的缘故，但轻骑兵中的匈牙利骠骑兵永远是所有轻骑兵的典范。

炮兵——它的士兵主要是从德意志省份征集的———一向保持着高水平，这主要还不是由于及早实行了明智的改革，而是由于官兵的实际战斗力强。军士受过特别严格的培训，素质高于其他任何国家军队的军士。至于军官，他们在理论知识方面的提高过分地听其自愿，但奥地利还是出了一些最优秀的军事著作家。在奥地利，学习乃是惯例，至少对下级军官说来是如此，而在英国，一个军官研究本行的专业却被看做是丢了他所在那个团的脸。奥军的专门业务部门、司令部和工程部队也是出色的，他们根据自己的测绘资料制成的漂亮地图，特别是伦巴第的地图，就是证明。英国全国地形测量局测绘的地图虽然好，相比之下也黯然失色。

军队多民族大混合的状况是一个严重的问题。在英国军队中，至少人人都会说英语，可是在奥地利的非德意志团队中，甚至连军士也都几乎不会说德语。这当然造成很大的混乱，产生许多困难，甚至军官与士兵之间也需要翻译。由于驻地经常变更，军官不得不把在奥地利使用的每种语言都多少学一点，这虽然减少了一部分困难，但这种不方便并没有消除。

靠经常用榛树条鞭打士兵臀部而维持的严格纪律以及长久的服役期限，使军队里不同民族之间不致发生严重冲突，至少在和平时期是如此。但是1848年却暴露出这支军队内部是多么不稳固。在维也纳，德意志部队拒绝镇压革命。在意大利和匈牙利，民族部队连一仗也没有打就投到了起义者方面。这正是奥地利军队弱点之所在。谁也不敢说它能在多大程度上或在多长时间内保持稳固，谁也不敢说有多少个团会在哪个特殊的时刻离开它，转而打自己过去的战友。在奥地利这一个国家的军队中就有六个民族，两三种宗教信仰。那么，这支军队中存在的各种倾向性，在目前这样一个各民族渴望自由使用其武力的时刻，就必定要彼此发生冲突。在一场同俄国的战争中，信仰希腊正教的塞尔维亚人，在泛斯拉夫主义宣传影响下，会去打与自己同种族、同宗教的俄国兄弟吗？在一场革命战争中，意大利人和匈牙利人会背弃自己的祖国，而为一个不同语言和不同民族的皇帝去打仗吗？不能这样指望。因此，不论奥地利军队的实力有多么强，还需要有很特殊的时机才能充分发挥出它的威力。

选自《马克思恩格斯全集》第 14 卷，
人民出版社，2013，第 554—559 页。

**注释：**

[1] 边屯区指 16—19 世纪奥地利帝国南部地区（匈牙利、斯洛文尼亚、克罗地亚、巴纳特以及特兰西瓦尼亚的大部分地区）。它是为了抵抗土耳其的入侵于 16 世纪 20 年代设立的，边屯区居民主要是克罗地亚人、斯拉夫人和特兰西瓦尼亚萨克森人，他们从国家分得一块土地（1850 年转归个人所有），为此他们必须服兵役、纳税和承担某些公共义务。1848—1849 年欧洲革命期间，边屯区的部队曾被用来镇压意大利北部和匈牙利的革命。边屯区在 1851—1881 年逐渐走向瓦解。

[2] 指阿斯珀恩会战。1809 年 5 月 21—22 日，拿破仑第一的军队与奥地利卡尔大公的军队在维也纳附近位于多瑙河北岸的阿斯珀恩进行了一次大规模会战，结果奥地利军队获胜。在这次会战中，奥地利步兵的方队发挥了很大的作用，挡住了法国骑兵的猛烈进攻，使法军在占领维也纳以后试图越过多瑙河的计划破产，这也是拿破仑第一在野战中经历的第一次战事失利。但拿破仑及时把军队撤离多瑙河北岸，避免了全军覆灭的命运。

[3] 雅各宾战争即二十三年战争，又称拿破仑战争，指 1792—1815 年欧洲国家同盟（英、普、奥、俄等）反对资产阶级革命时期的法兰西共和国和拿破仑法国的历次战争。

1792 年 2 月，欧洲各封建专制国家联军对革命的法国发动战争。第一次反法同盟战争开始。资产阶级贵族的英国支持联军，1792 年 8 月 10 日法国宣布成立共和国以及 1793 年 1 月处死国王路易十六以后，英国于 1793 年初加入反法同盟的联军，公开参战。1793 年春，反法同盟从四面向法国本土进攻，并支持法国王党叛乱。在 1794 年 6 月的弗勒吕斯会战中反法联军被击败。1797 年 10 月签订坎波福米奥和约，同盟瓦解。

1798 年 12 月，英、俄、奥等国组成第二次反法同盟，1800 年 6 月，拿破仑在意大利马伦戈会战中击败奥军主力，迫使奥地利签订吕内维尔和约，后又迫使英国签订亚眠和约，同盟解散。

1805 年夏，英、俄、奥、瑞典等国组成第三次反法同盟，12 月 2 日，拿破仑在奥斯特利茨会战中大败俄、奥联军，签订普雷斯堡和约。

1806 年 10 月 14 日，拿破仑在耶拿会战和奥尔施泰特会战中击败普军主力，1807 年 2 月 8 日在埃劳、6 月 14 日在弗里德兰会战中打败俄军，迫使俄、普签订蒂尔西特和约，第四次反法同盟联军失败。

1809 年春，英、奥等国组成第五次反法同盟，同年 7 月拿破仑在瓦格拉姆会战中战胜奥军，迫使奥地利签订维也纳和约。至此，拿破仑统治了整个西欧和中欧。

1813 年 10 月，在莱比锡会战中，拿破仑被击败，1814 年 3 月，第六次反法同盟俄、普、奥、瑞典的联军进入巴黎。4 月 6 日拿破仑退位，流放厄尔巴岛，波旁王朝复辟。

1815 年 3 月，拿破仑回到巴黎复位，英、俄、普、奥等国组成第七次反法同盟，6 月 18 日在滑铁卢会战中拿破仑被击败。6 月 22 日拿破仑第二次退位，波旁王朝第二次复辟。长达 23 年的反雅各宾战争最后结束。

# 马克思

## 马克思致恩格斯

### （1856 年 2 月 29 日）

*曼彻斯特*

亲爱的恩格斯：

上个星期，杜塞尔多夫工人派来的全权代表古斯达夫·勒维一直在我这里。他昨天才走，占去了我的全部空闲时间，虽然我很想给你写信，但无法动笔。下面我把他谈的那些比较重要的消息告诉你。

你要的三本书，诺盖特和威廉斯那里一本也没有。我订购了《伊戈尔胜利之歌》①，至于其他两本，我想先给你讲一讲。

**多勃罗夫斯基著的《斯拉夫学》**（汉卡出版）和它的书名所引起的期望并不相符。如果不按材料的编排，而按内容来说，这本书可分为两部分，即：

（1）关于斯拉夫语言学的一些短文。根据最新的研究，它们充其量只能有古董趣味（例如温德人的新约片断、教会斯拉夫文的变格法，关于旧约的教会斯拉夫文的翻译等等）。

（2）一种不偏不倚地把斯拉夫各民族的特性和盘托出的没有**任何**论战锋芒的尝试。全是对各种著作的摘录，主要是**德文**著作。下面是构成这本

---

① 指《伊戈尔远征记》。——编者注

书的骨架的一些著作：

**斯拉夫各民族**（摘自**海德**的《观念》等等）[1]。

**克罗亚特人的风俗**（摘自恩格尔的《达尔马戚亚、克罗戚亚①、斯拉窝尼亚的**历史**》1798 年哈雷版）。

**伊利里亚人、摩尔拉克人等的风俗习惯**（摘自同书）。

**伊利里亚人的特性**（摘自陶贝的《斯拉窝尼亚王国记述》1777 年莱比锡版）。

**伊利里亚人的服装**（摘自**哈克特**的《泽姆林②旅途见闻》）。

**普罗科皮阿斯对于斯拉夫人和安迪人的记述**（摘自**施特里特尔**的《根据拜占庭史料编写的斯拉夫人历史》，载于**施略策尔**的《北方通史》）。

**巴·哈克特教授先生的《对西南部和东部斯拉夫人的记述和描写》一书的摘要。**

**俄罗斯人的风土人情**（摘自杜普雷·德·圣莫尔的《对俄罗斯人的风俗习惯的考察》1829 年巴黎版，三卷）。

**斯拉夫民族的特性和文化**（摘自**沙法里克**的《斯拉夫各种方言史》1826 年欧芬③版）。

差不多这是全部了。有一篇捷克文附录《**波希米亚的卡托**》，摘自已故的沃伊格特在《手抄文献》[2]中叙述过的旧手稿。

多勃罗夫斯基的写作具有一种粗犷、质朴和天真的风格，他对"已故的"或尚健在的德国同行表现了最大的好感。《斯拉夫学》中唯一使我感到兴趣的是他坦率地承认德国人是研究斯拉夫史料和语言学的鼻祖的那些地方。

在语言学方面，他顺便引证了**施略策尔**的《斯拉夫语比较语法和辞典的方案》[3]。然后是**施略策尔**的《用拉丁字完全正确地和准确地表达俄语

---

① 克罗地亚。——编者注
② 塞尔维亚称作：泽蒙。——编者注
③ 匈牙利称作：布达。——编者注

的方案》。"宫廷顾问施略策尔先生"简直成了教长，而其他一切人都承认是他的弟子。"**施略策尔的《奈斯托尔》**，对每一个想要了解整个斯拉夫史、特别是俄国编年史的批判性叙述的方法的人来说，是一部必读的著作"。

关于**沃伊格特**的《普鲁士历史》："他是**第一个**向**捷克人**介绍古代文物的人"。

此外，引证的有：

**约翰·莱昂哈德·弗里施**的《**斯拉夫文学纲要**》（1727—1736 年），"他研究了许多斯拉夫方言的历史"。

杜宾根的教授**克利·弗里德·施努雷尔**的《**十六世纪维尔腾堡的斯拉夫文书籍印刷出版业。文献报告**》（1799 年）——"一部很有价值的书，书中有关于温德人和克罗亚特人的书籍出版史的极好的极珍贵的资料"。

另外，还引证了：**施略策尔**的《**北方通史**》。**约翰·克利斯托夫·德·约丹**的《**关于斯拉夫人起源**的著作》1745 年维也纳版两卷。**格拉西乌斯·多布涅尔神父**的《**关于哈耶克的〈捷克编年史〉**》1761 年和 1763 年布拉格版。（施略策尔说这部著作是第一部不杜撰的书）。**施特里特尔**的《**多瑙河各民族记述……拜占庭的著作**》1774 年彼得堡版。**格尔肯**的《**斯拉夫人上古史试论**》1771 年莱比锡版。**加特雷尔**的《**对照通史绪论**》1771 年哥丁根版。**格布哈尔迪**的《**世界史**》1789 年版。

所有这些著作除了上面引的一些评语外，只列出书名。《斯拉夫学》一书就介绍这些。

至于第三本书，它的书名是：**摩·威·赫弗特尔博士**：《**公元五世纪末以来德意志人和斯拉夫人的世界斗争**》1847 年版（定价七先令）。作者在序言中自己承认，他实际上只是对斯拉夫历史中有关普鲁士"祖国"的地方，才根据原始材料有所了解。全书四百八十一页中有四分之三以上的篇幅是论述五世纪末至 1147 年这个时期的。其余部分只偶然地极概略地叙述了十三世纪或者十四世纪以后的史实。

关于这两本书的情况，已向你讲完了，现在就等你是否订购的命令。

此外，还出版了一本赫弗特尔的《**斯拉夫民族**》。1852 年莱比锡版（四十五页或四十五页左右）。是布罗克豪斯出版的小丛书《有益的讲话》[4] 的第十册。对斯拉夫历史作了通俗的叙述。我从这本小书里得知，1849 年尼古拉下令"严禁所有臣民参加泛斯拉夫主义运动"。

我在博物馆找到五册对开本关于俄国的**手稿**（只涉及十八世纪）并作了摘录。这些手稿是以收藏丰富著名的大助祭司柯克斯的一部分遗产。其中有英国驻彼得堡大使们给这里内阁的许多信件原稿（迄今没有发表过），某些信件会大出其丑。有一份是使馆一位随员 1768 年写的关于"俄罗斯民族的性格"的手稿。我将把这个手稿的某些摘录寄给你。还有一篇皮特的堂兄弟、大使馆的神父①写的关于俄国"劳动组合"的有趣报告。

最近的法文著作，除了少数的例外，几乎都染上了泛斯拉夫主义的色彩，虽然也带有反俄的色彩。德普勒，特别是西普廉·罗伯尔就是这样[5]，后者于 1848 年在巴黎出版了一份杂志：《波兰。东欧民族……现代年鉴》。出于这位作者手笔的还有《土耳其的斯拉夫人》1844 年版本，附有……前言，八开本，1852 年巴黎。其次是《斯拉夫世界，它的过去、现在和将来》1852 年巴黎版。一位巴黎著作家（笔名**艾德门**②，但据说是波兰人）则例外，因为他发表了一本非常恶毒的小册子，攻击俄国人对社会主义的奢望，论述他们的公社等等。这本小册子，我迄今未能弄到。我将看一看《两大陆评论》，似乎那里刊载过它的摘要。

今天我开始写信时，本想告诉你很多闲话。但因为专心谈其它事情，已经没有时间了，留待明天再说，今天只告诉你，海泽（据伊曼特来信说）由于喝酒看来很快就要完蛋了；"烟鬼和流亡者"奥斯渥特一个法文字不识，却被任命为伦敦大学预科的法文教授；卢格的朋友散布谣言说他患了"水肿病"，其实他也许不过有点脑水肿；一些可敬的德国好汉（孚赫、梅因、弗兰克、陶森瑙等）明天将在凯尔布的小酒馆集会，要就祖国

---

① 耳·克·皮特。——编者注
② 艾德蒙·肖耶茨基。——编者注

需要什么达成"衷心的一致";"梅因""希望":他能争取布赫尔来"参加"这次会议;最后一件事是,蒲鲁东当了法兰西王国-帝国的铁路经理。祝好。

你的　卡·马·

选自《马克思恩格斯全集》第 29 卷,人民出版社,1972,第 18—23 页。

**注释:**

[1] 约·哥·海德《人类历史哲学观念》1792 年卡尔斯卢厄版第 4 部（J. G. Herder.《Ideen zur Philosophie der Geschichte der Menschheit》. Theil 4. Carlsruhe, 1792）。

[2]《波希米亚和莫拉维亚的手抄文献》1774—1775 年布拉格版第 1 卷,1776—1783 年版第 2 卷（《Acta. litteraria Bohemiac et Moraviae》. Praha, I.1774—1775; II.1776—1783）是一部文学和历史文集,捷克历史学家和启蒙运动者阿道克特·沃伊格特刊印。

[3] 马克思指多勃罗夫斯基的《斯拉夫学》（《Slavin》）一书第 261 页上的引证,即施略策尔对语言学研究者所作的关于研究斯拉夫文和编纂斯拉夫语辞典的方法的指导。施略策尔在他的《北方通史》（《Allgemeine Nordische Geschichte》）第 330 页里阐述了这一指导。

[4]《对提高普通教育有益的讲话》1851—1856 年莱比锡布罗克豪斯出版公司版第 1—27 册（《Unterhaltende Belehrungen zur Förderung allgemeiner Bildung》. 1-27 Bändchen. Leipzig, Brockhaus, 1851—1856）。

[5] 伊·德普勒《奥地利和土耳其各民族;伊利里亚人、马扎尔人、罗马尼亚人和波兰人的现代史》1850 年巴黎版第 1—2 卷（H. Desprez.《Les peuples de l'Autriche et de la Turquie; histoire contemporaine des Illyriens, des Magyars, des Roumains et des Polonais》. Tomes 1—2. Paris, 1850）。

西·罗伯尔《土耳其的斯拉夫人:塞尔维亚人、门的内哥罗人、波斯尼亚人、阿尔巴尼亚人和保加利亚人;他们的资源、意向和政治进展。（1844

年版本，附有新写的关于 1849—1851 年各该民族起义时期和起义后的情况的前言）》1852 年巴黎版第 1—2 卷（C. Robert.《Les slaves de Turquie: serbes. monténegrins, bosniaques, albanais et bulgares; leurs ressources, leurs tendances et leurs progrès politiques. Édition de 1844 précédée d'une introduction nouvelle sur la situation de ces peuples pendant et depuis leurs insurrections de 1849 à 1851》. Tomes Ⅰ — Ⅱ. Paris, 1852）。

# 马克思
## 马克思致恩格斯（节选）

（1856 年 3 月 5 日）

曼彻斯特

亲爱的弗雷德里克：

下星期我将把赫弗特尔的东西[1]更仔细地看一遍。如果那里有材料，我就订购。**艾希霍夫的《斯拉夫人的语言文学史》（1839 年巴黎版）**是一本糟糕透顶的书。除了我不能评论的文法部分外（但是我注意到，立陶宛人和拉脱维亚人被说成是斯拉夫人，这难道不是胡扯吗?），其余多半是从沙法里克[2]那里剽窃来的。这个家伙还引用了原文和法译文的斯拉夫人的民族诗歌。我在其中也发现伊戈尔的远征①。这部史诗的要点是号召俄罗斯王公们在一大帮真正的蒙古军的进犯面前团结起来。诗中精彩的一段是："瞧啊，哥特族美丽的少女在黑海岸边唱着自己的歌。"[3]可见，凯特人，或哥特人已经庆祝突厥族的波洛夫人战胜俄罗斯人了。全诗具有英雄主义和基督教的性质，虽然多神教的因素还表现得非常明显。可是，捷克人英雄诗集（德译本由**汉卡**和**斯沃博达**出版）里的捷克英雄史诗**扎博伊**（萨莫?）对待德意志人是完全论战性的，充满了狂热。看来是为反对一位曾被捷克人击败的德意志统帅达哥贝尔特写的。但是，这是号召象报复德

---

① 《伊戈尔远征记》。——编者注

意志人那样报复基督教；对于德意志人，其中以极其质朴的诗体斥责他们想要强迫威武的捷克人只能有一个妻子。我从民间诗（除了《阿德尔贝特的祈祷》（对圣母的）之外，波兰人根本没有民间诗）里还找到：

**格策**：《弗拉基米尔公爵和他的侍从》1819 年版；《俄罗斯人民的歌声》1828 年版。

**卡佩尔**（齐格弗里特）：《斯拉夫旋律》1844 年莱比锡版。还有他的《塞尔维亚人的歌曲》1852 年版（比雅科布写的[①]更完全）。最后，还有**武克·斯蒂凡诺维奇**：《塞尔维亚婚礼曲》。欧·韦泽利的德译本 1826 年佩斯版。

我所注意的和我下周还要为你翻阅的著作，除了西普廉和德普勒[②]的著作之外，有《1850 年夏南方斯拉夫之行》共两卷 1851 年莱比锡版[4]（有英译本）。《论塞尔维亚公国》1851 年维也纳版。《南匈牙利的塞尔维亚人的运动》1851 年柏林版。《斯拉夫主义和假马扎尔主义。一切人之友，假马扎尔主义者之敌著》1842 年莱比锡版。《匈牙利的斯拉夫人的抗议和控诉》1843 年莱比锡版。

······

顺便谈谈宗教改革：奥地利到底从一开始就下工夫使斯拉夫人变成一种危险。在斯拉夫人当中，除了俄罗斯人之外，一切民族都同情宗教改革。宗教改革使圣经译成斯拉夫民族的各种方言。由于宗教改革，至少各民族有了觉醒，另一方面，同新教的德意志北方建立了紧密的联盟。如果奥地利不镇压这个运动，那末通过新教就会既奠定德意志精神优势的基础也建立抵御正教俄罗斯的屏障。奥地利把德意志人拖进了臭泥坑，并且在德意志也象在东方一样，替俄国作了事情。

······

---

① 指塔耳维（泰莉莎·阿尔伯廷娜·路易莎·雅科布-罗宾逊）的《塞尔维亚人的民歌》一书。——编者注

② 西普廉·罗伯尔《土耳其的斯拉夫人》和伊波利特·德普勒《奥地利和土耳其各民族》。——编者注

祝好。

你的　卡·马·

选自《马克思恩格斯全集》第 29 卷，
人民出版社，1972，第 23—31 页。

## 注释：

[1] 马克思指摩·威·赫弗特尔《公元五世纪末以来德意志人和斯拉夫人的世界
斗争的发生、发展和后果》1847 年汉堡和哥达版（M. W. Heffter.《Der
Weltkampf der Deutschen und Slaven seit dem Ende des fünften Jahrhunderts nach
christlichen Zeitrechnung, nach seinem Ursprunge, Verlaufe und nach seinen
Folgen dargestellt》Hamburg und Gotha，1847）。

[2] 巴·约·沙法里克《斯拉夫各种方言的语言文学史》1826 年欧芬版
（P. J. Schaffarik.《Geschichte der slawischen Sprache und Literatur nach allen
Mundarten》. Ofen，1826）。

[3] 马克思引证的是史诗《伊戈尔远征记》里的话，这篇史诗的法译文载于：
弗·古·艾希霍夫《斯拉夫人（俄罗斯人、塞尔维亚人、捷克人、波兰人、
拉脱维亚人）的语言文学史，——从他们的印度世系、古迹和现状的观点来
考察》1839 年巴黎版第 309 页（F. G. Eichhoff.《Histoire de la langue et de la
littérature des Slaves，Russes，Serbes，Bohèmes，Polonais et Lettons，considérées
dans leur origine indienne，leurs anciens monuments，et leur état presént》. Paris，
1839，p. 309）。

[4] 指齐·卡佩尔《南方斯拉夫之行》（S. Kapper.《Südslavische Wanderungen》），
该书第 1 版 1851 年在莱比锡出版。

## 恩格斯

# 恩格斯致马克思

## （1856 年 3 月 7 日）

## 伦　敦

亲爱的马克思：

　　收到你的关于斯拉夫的语言和文学的详细来信，十分感谢。我早就知道，艾希霍夫是一个冒牌语文学家，其假冒程度甚至超过了克拉普罗特（克拉普罗特毕竟还知道一点东西）[1]。接到书后，我要看一看《伊戈尔》①中哥特人的历史；但是有一点是肯定的，一部分哥特人在克里木一直定居到十世纪，甚至可能到十一世纪；至少在拜占庭史料中他们就作为哥特人出现。你是否能给我打听一下汉卡和斯沃博达的捷克文诗集的书名和价钱？虽然它一定是非常缺乏批判的，因为他们俩是道地的蠢驴。——波兰民歌曾在四十年代在什么地方出版过。——我发现在格林译的武克的《塞尔维亚语法》中曾提到出版格策的《弗拉基米尔……》一书的情况，并有一个附注："可惜没有俄文原本"。[2]卡佩尔是布拉格的犹太人，是1848—1849 年在捷克立宪报上发表《南方斯拉夫之行》的小说家；他的译本是否中用，我不能说，但是我是怀疑的。雅科布把塞尔维亚婚礼曲全部

---

　　① 《伊戈尔远征记》。——编者注

124

译出了①。你提到的关于匈牙利的和土耳其的塞尔维亚人的政治著作，如果博物馆里有，大概是值得一读的。

曼彻斯特没有《新普鲁士报》，但是我在《科伦日报》和《奥格斯堡报》②上看到了普费尔的故事，感到很高兴。不过，《新普鲁士》的忏悔性的社论对我来说自然是一件新闻；对尽管有封建主义的虚饰，但贵族和资产阶级实际上现在是一个东西这一点能突然领悟到，是很好的。

你在斯拉夫人和新教问题上谈到的对奥地利的看法是完全正确的。幸而斯洛伐克保持了十分强大的新教，因此——在很大的程度上——斯洛伐克人才没有反对匈牙利。在波希米亚，一切重大的民族运动，除了无产阶级运动，都还大量掺杂着胡斯派的传统，因而削弱了民族特点。对于十五世纪如此光荣地斗争过的斯洛文尼亚农民来说未免可惜。

我将看一看卡尔斯事件；斯万的著作[3]叫什么名字？

载勒尔的事情正如除李卜克内西和蔬菜商以外的一切人所希望的那样发展。只要看一眼这个烂泥坑就够了，等等。

**拉萨尔**。这个家伙由于很有才华而倒霉，但是这些行为也太不象话了。他始终是一个需要提防的人；这个斯拉夫边境上的道地的犹太人，他总打算以党作幌子利用一切人以达到自己的私人目的。其次，力图挤入上流社会，得到显赫的地位，哪怕用各种化妆品来修饰龌龊的布勒斯劳的犹太人的外表，——这始终是令人生厌的。不过所有这一切都只能使人们必须对他进行严密的监视。但是，如果他干出直接引起脱离党的这类事情来，那末我决不责怪杜塞尔多夫工人这样恨他。今晚我将去鲁普斯那里，把这个情况告诉他。我们中间没有一个人曾经相信过拉萨尔，自然，我们也防止他干出象亨·毕尔格尔斯干过的那种蠢事。我以为，一切都应当象你向杜塞尔多夫人指出的那样处理。如果他将来走到公开反党的地步，那

---

① 指塔耳维（泰莉莎·阿尔伯廷娜·路易莎·雅科布-罗宾逊）的《塞尔维亚人的民歌》一书。——编者注

② 指《总汇报》。——编者注

他逃不出我们的手心。不过,看来还没有到这种地步,而出丑总归是极不妥当的。

哈茨费尔特和三十万塔勒的事对我来说完全是新闻;我本来以为,她只得到一个月或一年的生活费。他使哈茨费尔特没有穿上囚衣,这是不能原谅的。其他问题,以后再谈。

你的 弗·恩·

选自《马克思恩格斯全集》第 29 卷,
人民出版社,1972,第 31—33 页。

**注释:**

[1] 格斯指德国语文学家和东方学家尤·克拉普罗特的一系列著作,其中最著名的是:《1807 年和 1808 年高加索和格鲁吉亚之行》1812—1814 年哈雷版(《Reise in den Kaukasus und nach Georgien unternommen in den Jahren 1807 und 1808》. Halle, 1812—1814);《亚洲文学、历史和语言学文库》1810 年圣彼得堡版(《Archiv für die asiatische Litteratur, Geschichte und Sprachkunde》. St. - Petersbourg, 1810);《西伯利亚的若干古代文物》1823 年巴黎版(《Sur quelques antiquités de la Siberie》. Paris, 1823);《多语言的亚洲》1823 年巴黎版(《Asia polyglotta》. Paris, 1823);《亚洲的历史绘图》1823 年巴黎版(《Tableaux historiques del' Asie》. Paris, 1823)。

[2]《武克·斯蒂凡诺维奇著塞尔维亚简明语法,德文译者雅科布·格林并序》1824 年莱比锡和柏林版第 19 页(《Wuk's Stephanowitsch kleine Serbische Grammatik verdeutscht und mit einer Vorrede von Jacob Grimm》. Leipzig und Berlin, 1824, S. XIX)。

# 马克思

# 对波斯的战争<sup>[1]</sup>（节选）

（写于 1857 年 1 月 27 日前后）

英国不久前发动了对波斯的战争<sup>[2]</sup>，根据最近的报道，这场战争进行得异常激烈，其结果是波斯的沙赫被迫投降。要了解这场战争的政治原因和目的，必须简略地回溯一下波斯历史上的某些事件。由自称是古代波斯皇帝后裔的伊思迈尔于 1502 年创建的、保持大国的强盛和威望达二百多年之久的波斯王朝，于 1720 年左右，在波斯东部各省的阿富汗居民起义时遭到了严重的打击。阿富汗人侵入波斯西部，两个阿富汗王公<sup>①</sup>还曾数年高踞波斯王位。可是不久，他们便被著名的纳迪尔赶走了。后者起初是一位波斯王位觊觎者<sup>②</sup>手下的将军。后来，他自己据有王位，不仅制服了起义的阿富汗人，而且以他令人瞩目的对印度的入侵大大促进了日益衰落的莫卧儿帝国<sup>[3]</sup>的瓦解，从而为英国在印度势力的上升开辟了道路。

在 1747 年纳迪尔沙赫死后波斯处于一片混乱时，产生了一个艾哈迈德·杜兰尼统治下的独立的阿富汗王国，它包括了赫拉特、喀布尔、坎大哈、白沙瓦等公国和后来为锡克教徒<sup>[4]</sup>所占有的整个地区。

这个勉强黏合起来的王国在它的创建人死后就瓦解了，它又重新分裂

---

① 马茂德和阿什拉夫。——编者注
② 塔赫马斯普二世。——编者注

为原先的各个部分，即各有其独立的首领的阿富汗部落，它们各自为政，内讧不止，只有在共同对付波斯的威胁时才破例地联合起来。阿富汗人和波斯人之间的这种由于民族差异加上历史夙怨造成并且经常为边境纠纷和相互觊觎所加剧的政治上的对立，在一定程度上又由于宗教上的对立而变本加厉，因为阿富汗人是逊尼派伊斯兰教徒，即正统派伊斯兰教的教徒，而波斯则是异端的什叶派的堡垒。[5]

尽管存在这种尖锐和普遍的对立，波斯人和阿富汗人之间毕竟有一点是共同的，即他们都以俄国为敌。俄国最初入侵波斯是在彼得大帝时代，但是那次入侵并没有得到多少好处。取得更多成功的是亚历山大一世；他通过古利斯坦条约[6]夺得了波斯的 12 个省，这些省大部分位于高加索山脉南面。尼古拉通过那场以图尔克曼恰伊条约[7]告终的 1826—1827 年的战争，又从波斯夺得若干地区，而且禁止波斯船只在波斯自己的靠近里海岸边的领水内航行。对昔日的领土被占记忆犹新，对今天的备受压制忍气吞声，对将来可能再遭侵略提心吊胆，这一切使波斯同俄国誓不两立。至于阿富汗人，虽然他们同俄国从未发生过实际的冲突，可是他们一向认为俄国是他们宗教的夙敌，是一头要把亚洲一口吞下去的巨兽。波斯人和阿富汗人这两个民族都把俄国视为天然的敌人，因而也都把英国视为天然的盟友。因此，英国要保持自己的优势，只需扮成波斯和阿富汗之间善意的调停人，同时表明坚决反对俄国人的入侵。虚伪的友好，加上真正的对抗——别的什么也不需要了。

选自《马克思恩格斯全集》第 16 卷，
人民出版社，2007，第 24—25 页。

**注释：**

[1] 马克思在《对波斯的战争》这一标题下面写了四篇草稿，标明一、二的前两篇是有关英国和波斯战争的，第三、四篇，虽然分别加上《实际材料》和《帕麦斯顿在国会上的声明》的小标题，但谈的仍属同一问题。

草稿的写作时间应是 1857 年 1 月 2 日以后，因为草稿中提到的《泰晤士报》上有关中国的文章是 1857 年 1 月 2 日发表的。这些草稿中增删的字句很多，对此本卷没有加注说明。

后来，大约在 1 月 27 日前后，马克思在这些草稿的基础上写了两篇关于英国和波斯冲突的文章（誊写的手稿都保存下来了）《纽约每日论坛报》把它们合为一篇，作为社论发表在该报 1857 年 2 月 14 日第 4937 号。本卷在发表时，根据马克思的草稿加上了《对波斯的战争》这一标题。

[2] 指 1856—1857 年英国对波斯进行的战争。19 世纪中叶，英国企图征服波斯和阿富汗，以便在中东和亚洲实行进一步的侵略扩张。1856 年 10 月，波斯占领了波阿两国有争议的领土赫拉特。英国以此为借口于 11 月对波斯宣战，先后占领了哈尔克岛、布什尔港、穆罕默腊市和阿瓦士市。由于俄国在外交上对波斯的支持、印度人民起义的爆发以及向中国调兵进行第二次鸦片战争等，英国不得不在 1857 年 3 月 4 日同波斯签订和约，英军撤出波斯，波斯撤出赫拉特，放弃对赫拉特的一切要求。

[3] 莫卧儿是 16 世纪初从中亚细亚东部侵入印度的突厥侵略者，1526 年他们在印度北部建立大莫卧儿帝国。"莫卧儿"（Mogul）一词为"蒙古"（Mongol）的转音，因该帝国的创始人（巴卑尔，1483—1530 年）自称是蒙古人，相传是成吉思汗时代蒙古人的直系后裔，这就是"莫卧儿"一词的由来。大莫卧儿帝国在 17 世纪中叶征服了印度的大部分和阿富汗的部分地区。但是，由于农民起义和印度各民族对伊斯兰教侵略者的反抗加剧，以及他们经常的内讧和封建割据趋势的日益加强，到 18 世纪的上半叶大莫卧儿帝国便逐渐分裂成许多小邦，这些邦逐渐被英国殖民主义者侵占。

1803 年英国人占领德里以后，大莫卧儿王朝的后裔靠东印度公司的赡养费过活，成了该公司的傀儡。1858 年英国殖民者宣布印度是不列颠帝国的领地之后，莫卧儿帝国遂亡。

已故的德里莫卧儿的继承人指亚格伯二世的儿子大莫卧儿巴哈杜尔沙赫二世。

[4] 锡克教是 16 世纪在旁遮普（印度西北部）地区出现的一个宗教派别。由印度教分裂而成，创始人为那纳克（1469—1538 年）。锡克为印地语 Sikh（意为门徒）的音译。锡克教主张一神论，认为世界上的所有现象都是神的表现；

在神的面前人人平等，种姓分立和歧视妇女等都是违背神意的；只有使个人灵魂和神结合才能获得最后解脱。锡克教里奉行祖师崇拜。祖师共十代。第一代祖师即创始人那纳克。锡克教人人平等的教义成了 17 世纪末农民反对印度封建主和阿富汗掠夺者的思想体系。后来，锡克教徒分化出的封建上层于 18 世纪末在旁遮普建立了锡克国，锡克国被英国征服后，锡克教徒曾多次举行反英起义。

［5］逊尼派和什叶派是产生于 7 世纪的伊斯兰教的两个主要教派，是在伊斯兰教创始人穆罕默德去世后争夺继承权的斗争中形成的。

什叶派认为只有穆罕默德的女婿阿里及其后代才是穆罕默德的合法继承者即伊玛目。哈里发不应该由人民选举产生。而逊尼派则主张在"全体同意"的基础上选举哈里发。后来在仪式和规章方面什叶派与逊尼派也存在一些细微的差别。

［6］古利斯坦条约于 1813 年 10 月 24 日签订。该条约结束了 1804—1813 年的俄国和波斯的战争。条约正式规定把下列各地区划入俄罗斯帝国：达吉斯坦、格鲁吉亚连同舒拉格尔省、依梅雷蒂亚、古里亚、明格列利亚和阿布哈兹。此外还有卡拉巴赫、干扎、舍金、希尔万、杰尔宾特、库宾、巴库等诸汗国以及塔雷什汗国的北部。俄国享有在里海拥有舰队的特殊权利；条约还规定双方商人可以进行自由贸易。这个条约直至 1828 年俄国与波斯之间签订图尔克曼恰伊条约之前一直有效。

［7］图尔克曼恰伊条约是俄国和波斯两国于 1828 年 2 月 22 日在图尔克曼恰伊村签订的。该条约结束了 1826—1828 年的俄波战争。条约规定了俄国和波斯新的国境线，即基本以阿拉斯河为共同边界，跨阿拉斯河的埃里温省和纳希切万省划归俄国。条约给予俄国商船在里海自由航行和俄国独自享有在里海拥有舰队的特殊权利。与此同时，波斯必须作出不在里海驻留舰队的保证。

# 马克思

# 俄国的对华贸易（节选）

（写于 1857 年 3 月 18 日前后）

在对华贸易和交往方面，帕麦斯顿勋爵和路易-拿破仑采用武力来进行扩展，而俄国所处的地位却显然令人大为羡慕。真的，非常可能，从目前同中国人发生的冲突中，俄国不要花费一个钱，不用出动一兵一卒，到头来能比任何一个参战国都得到更多的好处。

俄国同中华帝国的关系是极为奇特的。当英国人和我们[1]自己——至于法国人，他们参加目前的军事行动只能算是客串，因为他们实际上没有同中国进行贸易——连跟两广总督直接进行联系的权利都得不到的时候，俄国人却享有在北京派驻使节的特权。固然，据说这种特权是俄国甘愿被天朝计入中华帝国的纳贡藩属之列才换得的。但这毕竟使俄国外交在中国，也像在欧洲一样，能够产生一种决不仅限于纯粹外交事务的影响。

因为俄国人被排除在同中国的海上贸易之外，所以他们过去和现在同有关这个问题的纠纷，都没有任何利害关系或牵连；他们也没有尝到中国人对外国人的那种反感——中国人自古以来就对从海上来到他们国家的一切外国人抱有反感，而且并非毫无根据地把他们同那些看来总是出没于中国沿海的海盗式冒险家相提并论。

……

然而，可以看出，俄国的努力决不只限于发展这种内陆贸易。它占领

131

黑龙江沿岸的地方——当今中国统治民族的故乡——已经有几年的时间了。[2]它在这方面的努力，在上次战争[3]期间曾受阻中断，但是，无疑它将来会恢复并大力推进这种努力。俄国占领了千岛群岛和与其毗邻的堪察加沿岸。它在这一带海面上已经拥有一支舰队，无疑它将来会利用可能出现的任何机会来谋求参与同中国的海上贸易。不过对它说来，这与扩大已经为它所垄断的陆路贸易相比，其重要性就差多了。

选自《马克思恩格斯全集》第 16 卷，

人民出版社，2007，第 80—82 页。

**注释：**

[1] 在马克思和恩格斯以《纽约每日论坛报》驻伦敦通讯员的署名为该报撰写的文章中，"我国"指美国，"我们"指美国人。

[2] 俄国海军上将根·讷维斯科伊 1849—1855 年率军远征黑龙江。其目的是考察黑龙江邻近地区以及库页岛和乌苏里地区。东西伯利亚总督尼·穆拉维约夫-阿穆尔斯基积极参与了这次行动。俄国对黑龙江地区缺乏了解是 1689 年的尼布楚条约没有明确勘定中俄边界的一个主要原因。

   这次远征绘制出了该地区的精确地图，还收集了一些地理和人口方面的颇有价值的资料，为 1858 年瑷珲条约确立中俄边界奠定了基础。根据这一条约，俄国占领了从额尔古纳河直到其河口的黑龙江左岸地区。

[3] 指 1853—1856 年克里木战争。这场战争是俄国与英国、法国、土耳其、撒丁四国联盟之间为争夺近东而进行的，因主要战场在黑海的克里木半岛而得名。1853 年 3 月，俄国要求土耳其政府承认俄对奥斯曼帝国境内的东正教臣民拥有特别保护权，遭拒绝，与土断交，并于 7 月出兵占领土耳其在多瑙河流域的属地摩尔多瓦和瓦拉几亚两公国。10 月，土耳其在英法支持下对俄宣战。1854 年 1 月，英法联军的舰队开进黑海。3 月，英法对俄宣战。1855 年 1 月，撒丁王国也参加了战争。1854 年 9 月，英法土联军在克里木半岛登陆，10 月起展开了对俄国黑海舰队主要基地塞瓦斯托波尔的长达 11 个多月的围困，终于将其攻克，决定了俄国的败局。1856 年 3 月，战争双方签订了巴黎和约结束了这场战争。

# 马克思

# 印度问题（节选）

## （写于 1857 年 7 月 28 日）

迪斯累里先生昨晚在"死寂的下院"[1]发表的三个小时的演说，如果不是去听，而是去读，也许会得多于失。

……

迪斯累里先生认为，这就是问题的全部实质所在。他肯定说，直到最近十年间，不列颠帝国在印度都是采用"分而治之"的老原则，但是在执行这一原则时，尊重印度各个民族，不干涉其宗教，保护其土地所有权。西帕依[2]军队曾作为一个安全阀，吸收了国内的一些动乱分子。但是近几年来，治理印度采用了一个新原则——破坏民族的原则。这个原则是通过强行消灭土著王公的权力，破坏继承关系和干涉人民的宗教来实现的。

选自《马克思恩格斯全集》第 16 卷，

人民出版社，2007，第 205—207 页。

**注释：**

[1] "死寂的下院"可能指夏季会议期间的英国下院。下院议员在这段时间经常不履行其议员职责，而去作各种消遣和料理私事，因此演说者时常不得不在几乎空荡荡的会场发表演说。

［2］西帕依（Sepoys，意即士兵，当时欧洲籍士兵称 gora）是 18 世纪中叶以后英国殖民者从印度本地人中间招募的雇佣兵，受英国军官的统领。在英印军队中的西帕依被英国人用于征服印度以及阿富汗、缅甸和其他邻国的战争。西帕依和印度人民群众一样，对殖民制度抱有不满的情绪，甚至在 1857 年印度民族起义中成为反英斗争的一支重要力量。

# 马克思

## 经济学手稿·导言（节选）

### （写于 1857 年 8 月底）

（2）或多或少促进生产的条件，如像亚当·斯密所说的前进的和停滞的社会状态[1]。要把这些在亚·斯密那里作为提示而具有价值的东西提到科学意义上来，就得研究在各个民族的发展过程中各个时期的**生产率程度**——这种研究超出本题的范围，而这种研究同本题有关的方面，应在叙述竞争、积累等等时来谈。照一般的提法，答案总是这样一个一般的说法：一个工业民族，当它一般地达到它的历史高峰的时候，也就达到它的生产高峰。实际上，一个民族的工业高峰是在这个民族的主要任务还不是维护利润，而是谋取利润的时候达到的。就这一点来说，美国人胜过英国人。或者是这样的说法：例如，某些种族素质，气候，自然环境如离海的远近，土地肥沃程度等等，比另外一些更有利于生产。这又是同义反复，即财富的主客观因素越是在更高的程度上具备，财富就越容易创造。

……

**关于第一点。**一切生产都是个人在一定社会形式中并借这种社会形式而进行的对自然的占有。在这个意义上，说财产（占有）是生产的一个条件，那是同义反复。但是，可笑的是从这里一步就跳到财产的一定形式，如私有财产。（而且还以对立的形式即**无财产**作为前提条件。）历史却表明，共同财产（如印度人、斯拉夫人、古克尔特人等等那里的共同财产）

是原始形式，这种形式还以公社财产形式长期起着显著的作用。至于财富在这种还是那种财产形式下能更好地发展的问题，还根本不是这里所要谈的。可是，如果说在任何财产形式都不存在的地方，就谈不到任何生产，因此也就谈不到任何社会，那么，这是同义反复。什么也不占有的占有，是自相矛盾。

……

## （b）［生产和分配］

……

[M—12] 然而，这些问题即使照上面那样平庸的提法，同样也可以给予简短的回答。所有的征服有三种可能。征服民族把自己的生产方式强加于被征服的民族（例如，英国人本世纪在爱尔兰所做的，部分地在印度所做的）；或者是征服民族让旧生产方式维持下去，自己满足于征收贡赋（如土耳其人和罗马人）；或者是发生一种相互作用，产生一种新的、综合的东西（日耳曼人的征服中一部分就是这样）。在所有的情况下，生产方式，不论是征服民族的，被征服民族的，还是两者混合形成的，总是决定新出现的分配。因此，虽然这种分配对于新的生产时期表现为前提，但它本身又是生产的产物，不仅是一般历史生产的产物，而且是一定历史生产的产物。

例如，蒙古人根据他们生产即放牧的特点把俄罗斯弄成一片荒凉，因为大片无人居住的地带是放牧的主要条件。在日耳曼蛮族，用农奴耕作是传统的生产，过的是乡村的孤独生活，他们能够非常容易地让罗马各行省服从这些条件，因为那里发生的地产的积聚已经完全推翻了旧的农业关系。

有一种传统的看法，认为在某些时期人们只靠掠夺生活。但是要能够掠夺，就要有可以掠夺的东西，因此就要有生产。而掠夺的方式本身又决定于生产的方式。例如，掠夺一个从事证券投机的民族就不能同掠夺一个游牧民族一样。

在奴隶的场合，生产工具直接被掠夺。但在这种情况下，掠夺奴隶的国家的生产必须安排得容许使用奴隶劳动，或者必须建立一种适于使用奴隶的生产方式（如在南美等[2]）。

法律可以使一种生产资料，例如土地，永远属于一定家庭。这些法律，只有当大地产同社会生产处于和谐中的时候，如像在英国那样，才有经济意义。在法国，尽管有大地产，但经营的是小规模农业，因而大地产就被革命打碎了。但是，土地分成小块的状态是否例如通过法律永远固定下来了呢？尽管有这种法律，财产却又积聚起来了。法律在巩固分配关系方面的影响和它们由此对生产发生的作用，要专门加以规定。

......

以游牧民族为例（纯粹的渔猎民族还没有达到真正发展的起点）。他们偶尔从事某种形式的耕作。这样就规定了土地所有制。它是共同的，这种形式按照这些民族保持传统的程度而或多或少地保留下来，斯拉夫人中的公社所有制就是个例子。在从事定居耕作（这种定居已是一大进步），而且这种耕作像在古代社会和封建社会中那样处于支配地位的民族那里，连工业、工业的组织以及与工业相应的所有制形式都多少带着土地所有制的性质；或者像在古代罗马人中那样工业完全附属于耕作；或者像在中世纪那样工业在城市中和在城市的各种关系上模仿着乡村的组织。在中世纪，甚至资本——不是指纯粹的资本货币——作为传统的手工工具等等，也具有这种土地所有制的性质。

在资产阶级社会中情况则相反。农业越来越变成仅仅是一个工业部门，完全由资本支配。地租也是如此。在土地所有制处于支配地位的一切社会形式中，自然联系还占优势。在资本处于支配地位的社会形式中，社会、历史所创造的因素占优势。不懂资本便不能懂地租。不懂地租却完全可以懂资本。资本是资产阶级社会的支配一切的经济权力。它必须成为起点又成为终点，必须放在土地所有制之前来说明。分别考察了两者之后，必须考察它们的相互关系。

[M—20] 因此，把经济范畴按它们在历史上起决定作用的先后次序来排列是不行的，错误的。它们的次序倒是由它们在现代资产阶级社会中的

相互关系决定的，这种关系同表现出来的它们的自然次序或者符合历史发展的次序恰好相反。问题不在于各种经济关系在不同社会形式的相继更替的序列中在历史上占有什么地位。更不在于它们在"观念上"（蒲鲁东[3]）（在关于历史运动的一个模糊的表象中）的顺序。而在于它们在现代资产阶级社会内部的结构。

　　古代世界中商业民族——腓尼基人、迦太基人——表现的单纯性（抽象规定性），正是由农业民族占优势这种情况本身决定的。作为商业资本和货币资本的资本，在资本还没有成为社会的支配因素的地方，正是在这种抽象中表现出来。伦巴第人和犹太人对于经营农业的中世纪社会，也是处于这种地位。

选自《马克思恩格斯全集》第 30 卷，

人民出版社，1995，第 27—49 页。

**注释：**

　　[1] 前进的和停滞的社会状态，见亚·斯密《国民财富的性质和原因的研究》1776 年伦敦版第 1 篇第 8 章和第 11 章结束语。

　　[2] 这里除了南美洲之外，可能还包括美国南部各州。

　　[3] 蒲鲁东的观念顺序的历史，见他的《经济矛盾的体系，或贫困的哲学》（两卷集）1846 年巴黎版，特别是第 1 卷第 145—146 页，马克思曾摘录并批判蒲鲁东的这种观点。见《哲学的贫困》第 2 章第 1 节《方法》中的《第一个说明》，还可参看《剩余价值理论》第 1 册第 2 章第 6 节。

# 马克思

# 经济学手稿·政治经济学批判（节选）

## （1857—1858 年）

## [资本主义生产以前的各种形式][1]

雇佣劳动的前提和资本的历史条件之一，是自由劳动以及这种自由劳动同货币相交换，以便再生产货币并增殖其价值，也就是说，以便这种自由劳动不是作为用于享受的使用价值，而是作为用于获取货币的使用价值，被货币所消耗；而另一个前提就是自由劳动同实现自由劳动的客观条件相分离，即同劳动资料和劳动材料相分离。可见，首要的是，劳动者同他的天然的实验场即土地相脱离，从而自由的小土地所有制解体，以及以东方公社为基础的公共土地所有制①解体。

在这两种形式中，劳动者把自己劳动的客观条件当作自己的财产；这是劳动同劳动的物质前提的天然统一。因此，劳动者不依赖劳动就具有对象的存在。个人把自己当作所有者，当作自身现实性的条件［IV—51］的主人。个人看待其他人也是这样，并且，根据这个**前提**是从共同体出发，还是从组成公社的各个家庭出发，个人或是把其他个人当作财产共有者即

---

① "所有制"原文是"Eigentum"，在本节中，按上下文分别译为"财产"、"所有"、"所有权"、"所有制"；与土地相联时，则分别译为"土地所有权"、"土地所有制"、"土地财产"、"地产"。——编者注

公共财产的体现者，或是把其他个人当作同自己并存的独立的所有者即独立的私有者，而在这些独立的私有者之外，原来囊括一切和包罗所有人的公共财产本身，则作为特殊的**公有地**①与这些为数众多的土地私有者并存。

在这两种形式中，各个个人都不是把自己当作劳动者，而是把自己当作所有者和同时也进行劳动的共同体成员。这种劳动的目的不是为了**创造价值**，——虽然他们也可能从事剩余劳动，以便为自己换取**他人的**产品，即剩余产品，——相反，他们劳动的目的是为了维持各个所有者及其家庭以及整个共同体的生存。个人变为上述一无所有的**工人**，这本身是**历史**的产物。

在这种土地所有制的第一种形式中，第一个前提首先是自然形成的共同体。家庭和扩大成为部落[2]的家庭，或通过家庭之间互相通婚［而组成的部落］，或部落的联合。因为我们可以设想，**游牧**，总而言之**迁徙**，是生存方式的最初的形式，部落不是定居在一定的地方，而是哪里有牧草就往哪里放牧（人类不是生来就定居的；除非在特别富饶的自然环境里，人才有可能像猿猴那样栖息在某一棵树上，否则总是像野兽那样到处游荡），所以，**部落共同体**，即天然的共同体，并不是**共同占有**（暂时的）和**利用土地的结果**，而是**其前提**。

一旦人类终于定居下来，这种原始共同体就将随种种外界的，即气候的、地理的、物理的等等条件，以及他们的特殊的自然性质——他们的部落性质——等等，而或多或少地发生变化。自然形成的部落共同体，或者也可以说群体——血缘、语言、习惯等等的共同性，是人类**占有**他们生活的**客观条件**，占有那种再生产自身和使自身对象化的活动（牧人、猎人、农人等的活动）的**客观条件**的第一个前提。

土地是一个大实验场，是一个武库，既提供劳动资料，又提供劳动材料，还提供共同体居住的地方，即共同体的**基础**。人类素朴天真地把土地当作**共同体的财产**，而且是在活劳动中生产并再生产自身的共同体的**财**

---

① "公有地"原文是"ager publicus"，指古罗马的国有土地。——编者注

产。每一个单个的人，只有作为这个共同体的一个肢体，作为这个共同体的成员，才能把自己看成**所有者**或**占有者**。

通过劳动过程而实现的实际**占有**是在这样一些**前提下**进行的，这些**前提**本身并不是劳动的**产物**，而是表现为劳动的自然的或**神授的**前提。这种以同一基本关系为基础的形式，本身可以以十分不同的方式实现。例如，跟这种形式完全不矛盾的是，在大多数**亚细亚**的基本形式中，凌驾于所有这一切小的共同体之上的**总合的统一体**表现为**更高的所有者**或**唯一所有者**，因而实际的公社只不过表现为**世袭的**占有者。因为这种**统一体**是实际的所有者，并且是公共财产的实际前提，所以统一体本身能够表现为一种凌驾于这许多实际的单个共同体之上的**特殊东西**，而在这些单个的共同体中，各个个别的人事实上失去了财产，或者说，财产——即单个的人把劳动和再生产的**自然**条件看作属于他的条件，看作他的主体的以无机自然形式存在的客观躯体这样一种关系——对这个别的人来说是间接的财产，因为这种财产，是由作为这许多共同体之父的专制君主所体现的总的统一体，以这些特殊的公社为中介而赐于他的。因此，剩余产品——其实，这在立法上被规定为通过劳动而实际占有的成果——不言而喻地属于这个最高的统一体。

因此，在东方专制制度下以及那里从法律上看似乎并不存在财产的情况下，这种部落的或公社的财产事实上是作为基础而存在的，这种财产大部分是在小公社范围内通过手工业和农业相结合而创造出来的，因此，这种公社完全能够自给自足，而且在自身中包含着再生产和扩大生产的一切条件。公社的一部分剩余劳动属于最终作为一个个人而存在的更高的共同体，而这种剩余劳动既表现在贡赋等等的形式上，也表现在为了颂扬统一体——部分地是为了颂扬现实的专制君主，部分地为了颂扬想象的部落体即神——而共同完成的工程上。

这类公社财产，只要它在这里确实是在劳动中实现的，就或是可能这样表现出来：各个小公社彼此独立地勉强度日，而在公社内部，单个的人则同自己的家庭一起，独立地在分配给他的份地上从事劳动（必须有一定量的劳动，一方面用于**公共储备**，可以说是为了**保险**，另一方面，用于**支付共同体本身的费用**，即用于战争、祭祀等等；正是在这种情况下，例如在斯拉夫公社、罗马尼亚公社等地方，才第一次出现最原始意义上的领主的财产支配权。在这里奠定了向徭役制过渡的基础等等）；或是可能这样表现出来：统一体能够使劳动过程本身具有共同性，这种共同性能够成为整套制度，例如在墨西哥，特别是在秘鲁，在古代克尔特人那里，在印度的某些部落中就是这样。

其次，部落体内部的共同性还可能这样表现出来：统一体或是由部落中一个家庭的首领来代表，或是表现为各个家长彼此间的联系。与此相应，这种共同体的形式就或是较为专制的，或是较为民主的。在这种情况下，那些通过劳动而实际占有的共同的条件，如在亚细亚各民族中起过非常重要作用的**灌溉渠道**，还有交通工具等等，就表现为更高的统一体，即凌驾于各小公社之上的专制政府的事业。在这里，与这些乡村并存，真正的城市只是在特别适宜于对外贸易的地方才形成起来，或者只是在国家首脑及其地方总督把自己的收入（剩余产品）同劳动相交换，把收入作为劳动基金来花费的地方才形成起来。

［Ⅳ-52］［所有制的］第二种形式——它也像第一种形式一样，曾经在地域上、历史上等等发生一些重大的变化——是原始部落更为动荡的历史生活、各种遭遇以及变化的产物，它也要以**共同体**作为第一个前提，但不像在第一种情况下那样：共同体是实体，而个人则只不过是实体的偶然因素，或者是实体的纯粹自然形成的组成部分。这第二种形式不是以土地作为自己的基础，而是以城市作为农民（土地所有者）的已经建立的居住地。耕地表现为城市的领土；而不是［像在第一种形式中那样］村庄表现为土地的单纯附属物。

土地本身，无论它的耕作、它的实际占有会有多大障碍，也并不妨碍把它当作活的个体的无机自然，当作他的工作场所，当作主体的劳动资料、劳动对象和生活资料。一个共同体所遭遇的困难，只能是由其他共同体引起的，后者或是先已占领了土地，或是到这个共同体已占领的土地上来骚扰。因此，战争就或是为了占领生存的客观条件，或是为了保护并永久保持这种占领所要求的巨大的共同任务，巨大的共同工作。因此，这种由家庭组成的公社首先是按军事方式组织起来的，是军事组织和军队组织，而这是公社以所有者的资格而存在的条件之一。住处集中于城市，是这种军事组织的基础。

部落体本身导致区分为高级的和低级的氏族，这种区别又由于〔胜利者〕与被征服部落相混合等等而更加发展起来。

……

在古代世界，城市连同属于它的土地是一个经济整体；而在日耳曼世界，单个的住地就是一个经济整体，这种住地本身仅仅是属于它的土地上的一个点，并不是许多所有者的集中，而只是作为独立单位的家庭。在亚细亚的（至少是占优势的）形式中，不存在个人所有，只有个人占有；公社是真正的实际所有者；所以，财产只是作为**公共的**土地**财产**而存在。

在古代民族那里（罗马人是最典型的例子，表现的形式最纯粹，最突出），存在着国有土地财产和私人土地财产相对立的形式，结果是后者以前者为中介，或者说，国有土地财产本身存在于这种双重的形式中。因此，土地私有者同时也就是城市的市民。从经济上说，国家公民身分就表现在农民是一个城市的居民这样一个简单的形式上。

……

语言本身是一定共同体的产物，同样从另一方面说，语言本身就是这个共同体的存在，而且是它的不言而喻的存在。

〔像人们在秘鲁所看到的那种共同生产和公有制，显然是一种**派生**形式，它们是由一些征服者部落所引入的和传输进来的，这些部落在其故乡所熟悉的是一种古老的更简单的——如在印度和斯拉夫人那里所存在的——公有制和共同生产。同样，例如在威尔士的克尔特人那里我们所遇到的那种形式，看来是传输到他们那里去的，也是**派生的**，是由征服者引入处于较低发展阶段的被征服部落的。这些制度是由一个**最高中心**加以完善并系统地造成的，这证明它们的形成较晚。正如引入英格兰的封建主

义，按其形式来说，比在法兰西自然形成的封建主义较为完备一样。〕

〔在游牧的畜牧部落——所有畜牧民族最初都是游牧的——那里，土地和其他自然条件一样，是以原始的无穷无尽的形式出现的，例如亚洲的草原和亚洲高原的情形就是这样。土地被用作牧场等等，在土地上放牧畜群，畜牧民族则靠畜群生存。他们把土地当作自己的财产，虽然他们从来没有把这种财产固定下来。在美洲蒙昧的印第安部落中，狩猎地区便是这一类财产；部落把某一地区认作自己的狩猎地盘，并用强力保护它免受其他部落侵犯，或者是设法把其他部落从他们所占有的地盘上赶走。在游牧的畜牧部落中，公社事实上总是聚集在一起的；这是旅行团体，是结队旅行者，是游牧群，而上下级从属关系的形式便由这种生活方式的条件中发展出来。在这里，**被占有和再生产**的，事实上只是畜群，而不是土地，在每一处停留地上土地都是被暂时**共同**使用的。〕

某一个共同体，在它把生产的自然条件——土地（如果我们立即来考察定居的民族）——当作**自己的**东西来对待时，会碰到的唯一障碍，就是业已把这些条件当作自己的无机体而加以占据的**另一共同体**。因此**战争**就是每一个这种自然形成的共同体的最原始的工作之一，既用以保卫财产，又用以获得财产。

选自《马克思恩格斯全集》第 30 卷，

人民出版社，1995，第 465—483 页。

**注释：**

[1] 这一标题，采自马克思在《我自己的笔记本的提要》中为手稿第Ⅳ笔记本第
50—53 页及其后续部分所加的提示。在这个《提要》中，马克思还为手稿第
Ⅴ笔记本第 1—15 页加了另一标题：《资本关系形成以前或原始积累以前的过程》。

[2] 德语 Stamm 这一术语在 19 世纪中叶的历史科学中含义比现在要广，它表示渊源于同一祖先的人们的共同体，包括近代所谓的"氏族"（Gens）和"部落"

（Stamm）两个概念。另外，马克思关于原始社会和早期部落制中家庭关系的观点，即认为人们最初先是形成为"家庭"，然后从家庭发展和扩大而成为"氏族"，也是沿用当时历史科学中的观点。美国的著名民族学家路·亨·摩尔根在《古代社会》（1877 年）中第一次把"氏族"和"部落"区分开来，并下了准确的定义，第一次阐明了氏族是原始公社制度的主要基层单位，从而为原始社会的全部历史奠定了科学的基础。瑞士历史学家约·雅·巴霍芬的《母权论》（1861 年）也在古代社会和民族学的研究方面作出了新贡献。马克思和恩格斯后来吸收了这些新研究成果，从马克思对摩尔根著作的摘录中可以看出他关于氏族和家庭之间关系的新观点，即氏族是以血缘为基础的人类社会的原始形式，氏族纽带的解体，才发展起各种形式的家庭。恩格斯在《家庭，私有制和国家的起源》（1884 年）中全面阐述了这些新见解。恩格斯还为《资本论》第 1 卷第 12 章加了关于氏族和家庭的关系的第（50a）注。

# 恩格斯
# 萨瓦与尼斯[1]（节选）

（写于 1860 年 1 月 29 日—2 月 3 日之间）

　　尽管尚贝里省长明确地宣称，撒丁国王从来无意把萨瓦让给法国，而英国外交大臣却于本月 2 日在下院断然声明，去年夏天瓦列夫斯基伯爵以法国皇帝的名义拒绝了这个方案。然而，约翰·罗素勋爵的声明谈的是几个月以前的情况，那时被否定了的事，可能现在已经接近于实现了。当然，要使人相信在萨瓦居民中最近发展起来的拥护并入法国的运动纯粹由当地人发起，是困难的，甚至是不可能的。这个运动大概是由法国代理人煽动起来的，而维克多-艾曼努埃尔国王的政府则批准了这个运动，或者至少对它采取了容忍的态度。

　　萨瓦像瑞士西部各州一样，是法兰西民族占有完全的和决定性的优势的一个省份。人民都操南法兰西方言（普罗旺斯方言或利穆赞方言），书面的和正式的语言到处都是法语。可是这丝毫也不能证明萨瓦人愿意并入法国，特别是并入波拿巴的法国。据一位于 1859 年 1 月为了军事目的曾经在这个地区旅行的德国军官的见闻录记述，除了尚贝里和下萨瓦的其他几个城市以外，亲法派无论在哪里都毫无影响，而上萨瓦、莫列讷和塔朗泰斯认为最好是保持现状，沙布莱、福西尼和热内瓦这 3 个北部地区则认为最好是加入瑞士联邦，组成它的一个新的州。但是，既然萨瓦居民完全是法兰西人，它无疑会日益倾向于法兰西民族的基本中心，并且最后会并入这个中心，这不过是一个时间问题罢了。

尼斯的情况却不同，伯爵领地尼斯的人民也操普罗旺斯方言，但是这里的书面语、教育、民族精神都是意大利的。北意大利方言和南法兰西方言非常接近，几乎无法说明某种方言止于何地，某种方言起于何地。甚至皮埃蒙特和伦巴第的方言按其词尾变化来说也完全是普罗旺斯语，而具有拉丁语词根的词的构成法实质上与意大利语相同。以这种方言为依据要求尼斯并入法国是不可能的。因此，现在只是根据设想中的尼斯对法国的同情要求它并入法国，然而是否存在这种同情，那还大成问题。即使有这种同情，即使有特殊的方言，尼斯也完全是意大利的一个省份。最令人信服的证明，就是尼斯养育了杰出的意大利军人朱泽培·加里波第。而那种认为加里波第会成为法国人的看法简直是笑话。

单纯从财政观点来看，把这两个省割让出去并不会使皮埃蒙特受到很大损失。萨瓦是一个穷省，虽然能为撒丁军队提供优秀的士兵，但是它自己的行政费用从来都入不敷出。尼斯的财政状况也好不了多少，而且只是那么一小块地方。损失显然是不大的。尼斯虽然是意大利的一个省份，但为了北意大利和中意大利的统一可以把它牺牲，而失去像萨瓦这样一个外族人居住的省份甚至可以认为划得来，因为这样能促使意大利的统一。但是，如果从军事观点看这个问题，那情况就截然不同了。

现在法国和撒丁从日内瓦到尼斯这一段疆界几乎是一条直线。南面的海和北面中立的瑞士把通向意大利的一切道路都切断了。在这个意义上说，如果意大利和法国之间发生战争，交战双方的处境看来是一样的。……

选自《马克思恩格斯全集》第 19 卷，人民出版社，2006，第 64—66 页。

注释：

[1] 拿破仑第三声明法国要求占有萨瓦和尼斯。为了揭露这种要求，马克思 1860

年 1 月 28 日写信给恩格斯，请他"写一写（不用很长）萨瓦（和尼斯）对于法国的军事意义。可参照今天《泰晤士报》上诺曼比在上院的发言"。恩格斯于 1860 年 1 月 29 日—2 月 3 日之间写了本文。文章作为邮件随阿拉伯号轮船于 1860 年 2 月 4 日从利物浦寄出，于 18 日抵达纽约，首次发表在 1860 年 2 月 21 日《纽约每日论坛报》第 5874 号上。

马克思的请求也促使恩格斯写作《萨瓦、尼斯与莱茵》一文。

## 恩格斯

# 萨瓦、尼斯与莱茵（节选）①

### （写于 1860 年 2 月 4—20 日）

## 三

……

尼斯即使现在割让给法国，它也将永远属于意大利。萨瓦可能归并法国，将来当欧洲的各大民族在更大的规模上统一起来的时候，它也许会自愿这样做。但是，在德国和意大利在政治和军事方面也实现了民族的统一从而显著地提高了自己在欧洲的权力地位以后，是萨瓦自愿成为法国的领土呢，还是像路易-拿破仑这样一个靠征服别人过日子的统治者，为了永远统治萨瓦，并为了给自然疆界论创立先例而从还处于分裂状态的意大利取得萨瓦——这是完全不同的两回事。

## 四

对于我们德国人来说，在围绕萨瓦和尼斯问题进行的这场交易中，关

---

① 此文在《马克思主义经典作家民族问题文选·马克思恩格斯卷》（上册）已有节选，此节选为原文未选内容。

系重大的是下面三点。

第一，路易-拿破仑事实上是这样宣布了意大利的独立：意大利至少被分裂为 3 个或者甚至 4 个国家；威尼斯属于奥地利；法国由于占领萨瓦和尼斯而控制着皮埃蒙特。教皇领地在罗马涅分出去以后将把那不勒斯同北意大利王国完全分割开来，从而使北意大利王国无法向南方作任何扩张，因为领地的其余部分必须"保证"归教皇占有。同时，对北意大利王国来说，威尼斯仍然是一块摆在嘴边的诱饵，意大利的民族运动也就会以奥地利为直接的和主要的敌人；而为了使这个新的王国能够按照路易-拿破仑的愿望出来反对奥地利，法军占领了可以控制阿尔卑斯山西部的一切阵地，并把前哨推进到距都灵 9 德里的地方。这便是波拿巴主义在意大利布下的阵势，一旦发生争夺莱茵河疆界的战争，这种阵势可以代替它整整一个军团。而奥地利从这里得到的，如果说真能得到点什么的话，充其量也不过是一个派遣自己盟军的好借口。在这里只有一个补救办法，那就是完全改变德国对意大利的政策。德国并不需要到明乔河和波河为止的威尼斯领土，这一点我们认为已经在别的地方①说明了。对于教皇统治和那不勒斯统治的存在，我们也不感兴趣，相反，我们所关心的是重新建立一个能奉行自己政策的、统一而强大的意大利。因此，在一定条件下，我们可以比波拿巴主义对意大利作更多的贡献。也许不久会发生一些情况，那时回顾这一点将具有重要的意义。

第二，法国公开宣扬自然疆界论。法国报纸重新高唱这种论调，不仅是得到政府的同意而且是根据政府的直接命令，这是毫无疑义的。这个理论目前只应用于阿尔卑斯山脉；这件事本身在一定程度上还是无害的。萨瓦和尼斯只是两个不大的省份，一个只有 575000 人，另一个只有 236000 人，总共不过使法国人口增加 811000 人；它们在政治上和军事上的意义也不是一眼就能看出来的。但是，由于对这两个省份的领土要求，恰恰使自然疆界论的观点被重新抬了出来，并使法国人重忆起这种观点，而欧洲人

---

① 恩格斯《波河与莱茵河》1859 年柏林版。——编者注

不得不再习惯于听这个口号，就好像习惯于听 10 年来不同时期所宣布而后又被抛弃的其他波拿巴主义的口号一样，——这些就特别同我们德国人有关了。在《国民报》的共和主义者们十分卖力地继续使用的第一帝国的语言中，所谓法国自然疆界主要是指莱茵河。就是今天，一谈到自然疆界，任何一个法国人都不会想到萨瓦或者尼斯，而只会想到莱茵河。哪一个依仗自己国家的侵略野心和侵略传统的政府，敢于重新鼓吹自然疆界论，却让法国满足于尼斯和萨瓦呢？

法国重提自然疆界论，是对德国的直接威胁，是一件明白无误的事实，这件事证明一年前在德国表露出来的民族感情是正确的。固然，现在不是路易-拿破仑，而是他操纵的报纸在大叫大嚷说：当然，过去和现在都仅仅是指莱茵河而言。

第三，这是最主要的，就是**俄国对于这整个阴谋的态度**。去年爆发了战争，哥尔查科夫本人承认俄国对路易-拿破仑负有"书面义务"，于是，关于这些义务的内容的传闻就扩散开了。这些传闻来自不同的渠道，并在主要问题上都互相印证了。俄国答应动员 4 个军配置在普鲁士和奥地利边境上，使路易-拿破仑更容易施展他的计谋。对战争过程本身，据传已经预先考虑了下面三种情况。

或者是奥地利同意以明乔河为边界而缔结和约。在这种情况下，它将丧失伦巴第，同时，由于与普鲁士和英国隔离，就很容易被拉入俄法同盟，而这个同盟下一步的目的（瓜分土耳其，把莱茵河左岸地区让给法国）将用其他方法来实现。

或者是奥地利为占有威尼斯而继续战斗。那时，它将被彻底逐出意大利，匈牙利将爆发起义，并在适当时机被转交给俄国康斯坦丁大公；伦巴第和威尼斯将归属于皮埃蒙特，而萨瓦和尼斯将归属于法国。

最后，或者是奥地利继续战斗而德意志联邦支持它。这时俄国将积极地加入战斗；法国将得到莱茵河左岸，俄国则将得到在土耳其行动的自由。

……

在这个世纪内，俄国曾两次与法国结成同盟，并且每一次结盟都是以瓜分德国为目的或者基础。

……

有一点是很清楚的，那就是夺取君士坦丁堡这个固定的想法，现在只有和法国结盟才能够实现。另一方面，在法国又从来没有一个政府像路易-拿破仑政府那样需要夺取莱茵边界。形势比1829年更为有利。牌握在俄国的手里，路易-拿破仑只能为它火中取栗。

首先必须消灭奥地利。奥地利从1792年到1809年在战场上顽强地反抗过法国，而从1814年以来它又在同样顽强地（这是它仅有的然而是无可争辩的功绩）从外交上反对俄国侵略魏克瑟尔河和多瑙河的计划。在1848—1849年间，当德国、意大利和匈牙利的革命把奥地利推到彻底崩溃的边缘时，俄国拯救了奥地利——它的崩溃不应该是革命的结果，因为革命会使帝国的已解放的地区免受俄国政策的摆布。然而，已具有独立性的各个民族的运动，从1848年起就使奥地利无力继续反抗俄国，从而也使奥地利的存在失去了最后的内在的历史根据。

这个反奥的民族运动现在应当成为分裂奥地利的杠杆，运动首先是在意大利，然后（如果需要的话）是在匈牙利。俄国的做法和拿破仑第一不一样；在西方，特别是在那些人口稠密、文明程度超越它本国人民之上的地方，它前进得很慢。俄国征服波兰的最初阶段在彼得大帝时代就开始了，可直到现在还只是部分地完成。缓慢的、然而可靠的胜利和迅速的、具有决定意义且成果巨大的攻击一样，都是符合它的期望的；但是，它总是同时考虑到这两种可能性。它在1859年战争中利用匈牙利起义的做法，即把这次起义留作第二步使用的做法，清楚地暴露了俄国的手法。

……

在此期间，我们已经有俄国农奴这样一个同盟者。现在，俄国农村居民中的统治阶级和被统治阶级之间爆发的斗争，正在动摇俄国对外政策的整个体系。这个体系只有当俄国内部在政治上还没有发展以前，才可能存在。但是这个时代已经过去了。由政府与贵族以各种方式推动的工业和农业的发展，已经达到了不能再承受现存的社会关系的程度。这种社会关系的废除一方面是必要的，而另一方面，不经过暴力变革又是不可能的。随着从彼得大帝到尼古拉一世的俄国的毁灭，这个俄国的对外政策也将遭到毁灭。

看来，德国注定不仅要用笔墨而且要用刀剑来向俄国说明这一事实了。如果发展到**这一步**，那时德国就将恢复自己的名誉，洗净几世纪来蒙受的政治耻辱。

选自《马克思恩格斯全集》第 19 卷，人民出版社，2006，第 472—484 页。

## 马克思
# 西西里和西西里人

### （写于 1860 年 4 月底—5 月初）

在人类历史上，没有任何其他国家和任何其他人民像西西里和西西里人那样，受到过如此痛苦的奴役、征服和外来压迫，进行过如此不倦的争取自身解放的斗争。几乎从波利菲米斯在埃特纳火山附近游逛和赛丽斯向西库利人[1]传授耕作方法时起，一直到现在，西西里就是连续不断的入侵、混战和顽强抵抗的场所。西西里人是几乎所有北方种族和南方种族混合的产物：首先是土著的西卡尼人同腓尼基人、迦太基人、希腊人混合，以及同通过买卖或由于战争从世界各地运往该岛的奴隶混合，以后又同阿拉伯人、诺曼人、意大利人混合。虽然有这种种变化和变异，西西里人仍然为争取自由一直进行着战斗。

三千多年以前，西西里的土著居民曾经尽一切力量抵抗过武器较为完善和军事学术较为发达的迦太基和希腊的征服者。他们被迫纳贡，但无论是迦太基征服者，或者是希腊征服者，都没有能使他们完全屈服。西西里在长时期内成为希腊人和迦太基人角逐的场所；它的居民被弄得流离失所，一部分沦为奴隶；它的城市住满了迦太基人和希腊人，成了向该岛的整个腹地推行压迫和奴役的主要中心。但古代的这些西西里人从未放过一次机会为自由而斗争，至少是一有可能就向迦太基统治者和叙拉古人复仇。最后，罗马人把迦太基人和叙拉古人都征服了，把所有能卖的人都卖为奴隶。有一次竟有 3 万个巴诺摩（现在的巴勒摩）居民这样被卖了出去。罗马人利用人数无算的奴隶队伍在西西里耕种土地，以便用西西里的小麦养活不朽之都①的贫穷无产者。为此他们不仅把岛上的居民变为奴隶，而且还从所有其他属地上把奴隶向岛上运。凡是稍许了解罗马历史或西塞罗演说艺术的人，都会知道罗马的总督、大法官和地方官的极端残暴。大概，罗马人的残忍在任何其他地方都没有这样放纵过。自由的城市贫民和贫苦农民交不出向他们勒索的苛重贡品，他们本人或他们的儿女就被税吏无情地卖为奴隶。

虽然如此，无论在叙拉古的迪奥尼修斯时代，还是在罗马人统治时代，西西里都不时爆发惊人的奴隶起义，在起义中往往是当地人和被运到该岛的奴隶共同斗争。在罗马帝国衰落时代，许多征服者侵入了西西里。后来，又有一个时期西西里被摩尔人所侵占；但西西里人——首先是住在该岛腹地的土著居民——始终进行着有一定成效的反抗，一步步捍卫或争得各种细小的自由。当中世纪的暗夜中刚刚露出曙光的时候，西西里人就不仅已经争得了一系列的市镇自由，而且也建立了那时任何地方都还没有出现的萌芽形式的立宪政体。西西里人早于任何其他欧洲民族采用表决方式来调整政府和君主的收入。可见，西西里的土地自古以来就不适于压迫者和征服者生存，而西西里晚祷[2]在历史上将永垂不朽。当阿腊贡王朝使西西里人附属于西班牙时，他们在一定程度上保住了自己的政治自由免遭侵犯；在哈布斯堡王朝时代和波旁王朝时代，他们也都取得了这样的成就。当法国革命和拿破仑把统治那不勒斯的暴虐王朝逐出那不勒斯时，西西里人在英国的种种诺言和保证的诱惑下接纳了逃亡者，并且和拿破仑作斗争，用鲜血来保护他们，拿金钱来支持他们。每一个人都知道，后来波旁王朝用什么样的背叛行为报答了他们，英国企图而且至今还企图用什么样的花招和丧尽良心的自我更正来掩饰它背信弃义地把西西里人民和他们的自由交给波旁王朝去宰割的行为。

---

① 即罗马城，罗马帝国的首都。——译者注

目前，人民中的一切阶级都被政治的、行政的和财政的压迫压得喘不过气来；因此，这些委屈就突出到首要地位上来了。但是几乎所有的土地至今仍属为数不多的大地主或贵族所有。中世纪的土地制度至今还在西西里保存着，只不过耕者不是农奴罢了；他们是在十一世纪左右变成自由佃农时摆脱农奴依附的，但租佃条件大都极为苛刻，以至绝大多数耕者仅仅为税吏和贵族干活，产品除缴纳捐税和地租外几乎剩不下什么。他们自己则生活在赤贫中，至少是非常贫困。虽然他们种植驰名的西西里小麦，培育出色的水果，但是一年到头都仅以豆类充饥。

现在西西里又在流血，而英国则安闲地观望着卑劣的波旁及其同样卑劣的宗教扈从和世俗扈从——耶稣会教徒和近卫军的新的放纵行为[3]。忙碌的演说家们在不列颠的议会中用空洞的废话震动着空气，侈谈萨瓦和对瑞士的威胁，而对西西里各城市中的屠杀则一字不提。在整个欧洲听不到一点愤慨的呼声。没有一个君主，没有一个议会宣布嗜血成性的那不勒斯白痴不受法律保护。只有路易-拿破仑为了某种目的，或许会去制止这个人肉商所进行的屠杀，当然，这不是出于对自由的热爱，而是为了抬高他的王朝的地位，或是为了加强法国的影响。英国将大骂失信，大发雷霆抗议拿破仑背信弃义和追求虚荣，但是，那不勒斯人和西西里人不管是得到缪拉特或是得到别的哪一个新君主，他们终究是要赢得好处的。无论怎样变都会好起来。

选自《马克思恩格斯全集》第 15 卷，
人民出版社，1963，第 49—52 页。

注释：

[1] 西库利人是西西里的古老部落之一，最初居于该岛东部。

[2] 西西里晚祷是 1282 年 3 月 30 日举行复活节晚祷时在巴勒摩发生的反对法国侵略者的人民起义。起义的直接原因是法国兵士胡作非为。起义席卷了整个西西里，结果法国人被赶走，从 1266 年起统治西西里的昂茹王朝被推翻。

[3] 那不勒斯国王弗兰契斯科二世及其走卒看到人民痛恨波旁王朝压迫的情绪日益增长，于 1860 年春在西西里各地挑起了流血冲突。为了回答这种行为，1860 年 4 月西西里爆发了人民起义，起义是在统一意大利的口号下进行的。在巴勒摩和墨西拿，起义被残酷镇压。但是大部分起义者没有放下武器，他们很快就加入了加里波第的军队。

## 恩格斯

## 德国的运动

### （写于 1861 年 1 月底）

看来，随 1861 年而来的震荡还是不够的。我们看到美国发生脱离派叛乱[1]，中国发生起义①，俄国向东亚和中亚细亚推进；我们碰到东方问题及其自然产物——法国占领叙利亚和苏伊士运河；我们眼看着奥地利在崩溃，匈牙利处于公开起义的前夕，加埃塔被围，并且听到了加里波第要在 3 月 1 日解放威尼斯的诺言；最后然而决不是最不重要的事情是，有人正企图使麦克马洪元帅在爱尔兰复登其祖先的王位[2]。不过，所有这一切还是不够的。目前我们看到，除此之外，即将发生第四次什列斯维希—霍尔施坦运动。

1851 年丹麦国王②在什列斯维希问题上曾自愿地对普鲁士和奥地利承担某些义务[3]。他答应，公国将不被合并于丹麦；它的议会将与丹麦的议会分立；两个民族，德意志民族和丹麦民族将在什列斯维希享受同等权利。此外，对霍尔施坦议会的权利作了专门的保证。在这样一些条件之下，占领霍尔施坦的联军撤了回去。

丹麦政府千方百计地规避履行自己的诺言。在什列斯维希南半部，一切纯粹是德意志的；在北半部，所有城市都是德意志的，但农村居民讲的

---

① 指太平天国革命。——编者注
② 弗雷德里克七世。——编者注

则是已经面目全非的丹麦方言；自远古以来德语几乎到处是标准语。在居民的赞同之下发生了德意志化的过程，这一过程延续了几个世纪；因此，除了极北的边界地区的居民之外，甚至那一部分讲丹麦方言的农民（这种丹麦方言与标准丹麦语如此不同，以致南部的德意志居民都很容易听懂），也都认为德意志南部的标准语比丹麦的标准语更容易懂。1851 年以后，政府把这一块边区划分为丹麦区、德意志区和混合区。在德意志区，德语被宣布为政府机关、法庭、教会和学校的唯一的官方语言，在丹麦区则是丹麦语。在混合区承认两种语言具有同等的权利。表面上看来这很公正，但实际上，在设立丹麦区时，丹麦标准语是强加给居民的，绝大多数居民甚至听不懂，他们唯一的希望是行政、诉讼、教育、洗礼和嫁娶都用德语。但是，政府为了根除区内德意志化的所有痕迹，进行了一场真正的十字军征讨，甚至禁止家庭中采用任何共他语言进行私人教学，只能采用丹麦语；同时，它又采取间接的办法，力求在混合区内使丹麦语占优先地位。这些措施所引起的反抗非常强烈，因而曾经试图借助一系列烦琐苛刻的政令加以镇压。例如，在埃克恩弗尔德这个不大的城市中，凡向议会非法递交呈文即作犯罪论，立即处以 4000 塔勒以上的罚金；所有被罚款者作为罪犯被剥夺选举权。但是，居民和议会过去和现在一直进行着反抗。

在霍尔施坦，由于丹麦政府不作政治性质的或民族性质的让步，所以就无法使议会核准任何捐税。政府是不愿意让步的，但是另一方面，它又不愿意使自己失去公国的收入。因此，为了制造一些多少合法的根据向公国的居民征税，政府就召集了一个王国会议——这个会议没有任何代议制的性质，但却被派作代表丹麦本土、什列斯维希—霍尔施坦和劳恩堡的用场。这个会议，尽管霍尔施坦人拒绝参加，还是来核准通行于整个王国的税收，而且，政府还根据这个会议的决定，规定了霍尔施坦的税率。这样一来，本应成为独立自主的公国的霍尔施坦，就丧失了任何政治独立，从属于丹麦人所把持的会议了。

根据这些事实，德国报刊在近五、六年间不断呼吁德国各邦政府对丹麦采取强制性措施。事实本身确实是令人信服的。但是德国报刊——在

1849 年后的反动时期内被准许存在的报刊——只是利用什列斯维希—霍尔施坦问题作为沽名钓誉的工具。的确，如果那些在自己家中力求在施行烦琐的苛政方面超过丹麦的德国各邦政府允许的话，一场反对丹麦人的义愤是很容易激发起来的。当克里木战争爆发时，对丹麦作战曾经成为流行的口号。当路易-拿破仑进入奥地利在意大利的领地时，对丹麦作战的要求又重新提出。现在，看来终于要完全达到这个目的了。普鲁士"新纪元"[4]的代表者，以前听到自由派报刊的呼吁时是那么羞涩不答，这时也同后者完全一致了。新即位的普鲁士国王向全世界宣布，他一定要解决这个老争端；老朽的法兰克福议会也开动起自己的全部笨重机器，要来拯救德意志民族。而自由派报刊怎样了呢？欢庆胜利吗？完全不是！在此决定性时刻到来的时候，自由派的报刊却一反前言，大叫：当心！它发现，德国没有舰队可以用来反抗一个海上强国的舰队；特别是在普鲁士，它作出种种胆怯的表示。几个月之前被说成是刻不容缓的爱国职责的东西，现在突然被描绘为奥地利的阴谋，普鲁士不要参加进去。

德国各邦政府对什列斯维希—霍尔施坦问题所表现的出乎意料的热情，是极不真诚的，这一点当然用不着怀疑。正如丹麦的"日报"[5]所说的：

> 我们都知道，德国各邦政府的老办法之一就是：每当它们感到需要一些名声时，就搬出什列斯维希—霍尔施坦问题，并激发反丹麦的狂热以掩盖本身的种种罪恶。

毫无疑问，萨克森正是这样，普鲁士现在在一定程度上也是这样。不过在普鲁士，这个问题的突然提出显然还意味着与奥地利联盟。普鲁士政府看到，奥地利从内部瓦解着，而与意大利的战争则从外部威胁着它。当然，眼看着奥地利被消灭，是不符合普鲁士政府的利益的。同时意大利战争，路易-拿破仑不会长久地袖手旁观，这一次战争的结果不见得不会触动德意志联邦的领土，因此，普鲁士是一定要干涉的。这样，就一定会既同法国在莱茵河上作战，又同丹麦在埃德尔河上作战；既然普鲁士政府受不了让奥地利被击败，那末又何必要等到奥地利再吃一次败仗的时候呢？为什么不去干涉什列斯维希—霍尔施坦冲突，从而使不会为保卫威尼斯而战的整个北德意志都来关心战争呢？如果普鲁士政府的思想的程序是这样，那就相当合乎逻辑了，不过，在1859年，即还在奥地利被马振塔和索尔费里诺之败以及内部震荡削弱之前，这样想也是同样合乎逻辑的。究竟为什么那时的普鲁士不按照这样的想法去行动呢？

这次大战是否将在今年春天发生，还说不一定。但是，这次战争如果发生（虽然哪一方都不值得同情），结果一定要发生革命，不管哪一方失败都一样。如果路易-拿破仑被战胜，他的王位必然垮掉；如果普鲁士国王和奥地利皇帝败北，他们就不得不在德国革命面前退却。

选自《马克思恩格斯全集》第 15 卷，
人民出版社，1963，第 253—256 页。

**注释：**

[1] 指 1860 年底南部各蓄奴州掀起叛乱并脱离北美联邦，从而开始了 1861—1865 的美国内战。

[2] 文中所指的大概是下述事实：1860 年 7 月在反英运动正炽的法国，出版了一本小册子，名为"麦克马洪，爱尔兰国王"。小册子号召爱尔兰人推翻英国的统治，推举爱尔兰侨民的后裔法国元帅麦克马洪登爱尔兰王位。

[3] 1851 年丹麦国王对普鲁士、奥地利和俄国所承担的在什列斯维希、霍尔施坦和劳恩堡等公国的国家制度方面的义务，规定在 1852 年 1 月 28 日的宣言中。

[4] 指普鲁士亲王威廉（从 1861 年起即位为国王）在 1858 年 10 月开始摄政时宣布的"自由主义的"方针；资产阶级报刊高呼这个方针是"新纪元"。可是，实际上威廉的政策完全是为了加强普鲁士君主政体和容克地主的阵地的。资产阶级所期望的自由主义改革，一项也没有实行。"新纪元"实际上为 1862 年 9 月俾斯麦执政时起开始的容克地主的公开专政做好了准备。

[5] "日报"（《Dagbladet》）是一家丹麦资产阶级的报纸，从 1851 年起在哥本哈根出版。

# 恩格斯

# 恩格斯致马克思

## （1864 年 11 月 2 日）
## 伦　敦

亲爱的摩尔：

　　……

　　什列斯维希是一个有趣的地方：东海岸十分美丽而且富饶，西海岸也富饶，中部则是草原和荒野。所有港湾都十分美丽。居民无疑是地球上最高大最粗壮的人种之一，特别是西海岸的弗里西安人。只要到这个地方走一走，就会确信，英格兰人的基本核心是来自什列斯维希。你知道荷兰的弗里西安人，特别是身材高大、具有洁白的皮肤和绯红的面颊（在什列斯维希，这种肤色也占多数）的弗里西安妇女。这是北英格兰人的原型；尤其是，在英格兰这里见到的身材高大的妇女具有明显的弗里西安型式。我毫不怀疑，同盎格鲁人和萨克森人一起移居英格兰的"朱特人"（盎格鲁撒克逊语为 Eotena cyn）是弗里西安人，丹麦人移居日德兰同移居什列斯维希一样，只是从七世纪或八世纪才开始的。现在朱特人的方言本身就证明了这一点。

　　这些人是非常狂热的信徒，因此使我很感兴趣。关于奇怪的"北弗里斯兰的克·荣·克雷门特博士"，你想必读过一点什么。这个家伙是整个种族的典型。他们非常认真地对待同丹麦人的斗争，认为这一斗争是他们

162

的终身任务；而什列斯维希—霍尔施坦的理论对他们来说不是目的，而是手段。他们认为自己无论在体力方面或是在精神方面都是比丹麦人优越的种族，这一点也是符合实际情况的。俾斯麦自以为可以用自己的方式来对付这个种族的人，这实际上是一种美妙的幻想。[1]我们反对丹麦人的斗争坚持了十五年，并且固守住了自己的疆土。难道我们会让这些普鲁士的官僚来征服我们吗？——这些人这样说。

语言和民族的相互关系是非常特殊的。在弗伦兹堡，根据丹麦的资料，它的前一部分，特别是港湾部分，是丹麦的，可是所有在港湾玩耍的儿童（数量很多）却说**低地德意志方言**。相反，在弗伦兹堡以北，人民说的是丹麦的，即下丹麦的方言，我对于这种方言几乎一句也不懂。在宗迭维特①，农民在小饭馆里交替使用丹麦语、低地德意志方言和高地德意志方言；可是在那里以及在宗德堡，我常常用丹麦语同别人谈话，对方却总是用德语来回答。无论如何，北什列斯维希已经强烈地德意志化了，要使它重新成为纯丹麦的地方恐怕很困难，这比起使它成为德意志的地方来，无疑要更加困难一些。我希望它最好成为丹麦的地方，因为今后出于礼节方面的考虑，在这里总是要对斯堪的那维亚人作某些让步的。

最近一个时期，我稍微研究了一下弗里西安—英格兰—朱特—斯堪的那维亚的语言学和考古学，根据这一研究，我得出这样一个结论：丹麦人是地地道道的律师式的人：为了一方的利益，他们在科学问题上也会**有意识地公然撒谎**。沃尔索先生的著作《论英格兰的丹麦人……》就是一个例证。另一方面，下次你一来这里，我就给你看一本基本上很好的书，这是北弗里斯兰的狂人克雷门特写的关于什列斯维希和六至八世纪向英国移民的著作②。这个人虽然很古怪，却很有才学。但是我觉得，他酒喝得很厉害。

① 丹麦称作：宋涅韦德。——编者注
② 克·荣·克雷门特《什列斯维希——非丹麦籍民族、盎格鲁人和弗里西安人的发祥地，英国的故乡，它的历史沿革》。——编者注

使我感到惊讶的是，什列斯维希的普鲁士人的外形很好，特别是威斯特伐里亚人，他们同奥地利人站在一起，就好象是巨人，可是确实也粗笨得多。全军个个胡须满脸，衣冠不整，一般都很自由散漫，因此装束整齐的奥地利人在这里就几乎扮演了普鲁士人的角色。在普鲁士炮兵军官和工程兵部队的军官中间，我遇到过几个非常可爱的小伙子，他们告诉我各种各样有趣的事情；可是步兵和骑兵都非常孤僻傲慢，他们在居民中的名声也很坏。弗里德里希-卡尔亲王担任指挥，在这里根本没有起到什么鼓舞人心的作用，奖赏的分配毫无例外地遭到所有的人甚至受奖者本人的指责。军士对较老的士兵以及在一般交往中是有礼貌的；另一方面，我见到了在宗德堡训练新兵的一个勃兰登堡工兵军士，这是一个很惹人讨厌的老普鲁士人。可是值得注意的，在第三军和第七军中，在这方面都有着完全不同的情调。格奥尔格·荣克所说的边疆族受到别人最粗暴的对待，然而在威斯特伐里亚人（他们同出身于莱茵河右岸的人混杂得很厉害）中，军士大都是以平等态度对待士兵的。

你对商业危机的看法如何？我认为危机已经过去了，就是说它的最严重的阶段已经过去了。可惜，这样的事情现在总是不能正常地成熟。

Rüm Hart, klar Kimmang 是什么意思？

衷心问候你的夫人和女孩子们。

你的　弗·恩·

选自《马克思恩格斯全集》第 31 卷，<br>人民出版社，1972，第 6—9 页。

**注释：**

[1] 丹麦议会于 1863 年 11 月 13 日违背 1852 年的伦敦议定书，通过了宣布把什列斯维希并入丹麦的新宪法（伦敦议定书原来规定，丹麦和该公国只能通过君合国的形式联合起来）；普鲁士和奥地利以此作为借口来占领公国——起先是霍尔施坦，然后是什列斯维希——并且向丹麦提出关于废除新宪法的最后通

牒。在什列斯维希的军事行动于 1864 年 2 月 1 日开始，六万名普奥军队在普鲁士将军弗兰格尔的指挥下侵入了什列斯维希的领土。丹麦战争是在普鲁士领导下统一德国的一个重要阶段。根据 1864 年 10 月 30 日签订的维也纳和约，什列斯维希和霍尔施坦被宣布由奥地利和普鲁士共管。1866 年普奥战争后，这两个公国被并入普鲁士。

# 马克思
## 马克思致恩格斯（节选）

（1865 年 6 月 24 日）

曼彻斯特

亲爱的弗雷德：

……

关于**波兰**，我以极大的兴趣读了**埃利阿斯·雷尼奥**（就是写《多瑙河各公国史》的作者）的著作《欧洲问题，被错误地称为波兰问题》。从这本书中看出，**杜欣斯基**先生（基辅人，在巴黎当教授）用语言学的、历史的、人种学的观点以及其他观点，非常认真地维护拉品斯基关于大俄罗斯人**不是斯拉夫人**的论断；他断言，原来的俄国佬，即从前莫斯科大公国的居民，大部分是蒙古人或芬兰人等等，如同俄罗斯的再往东的部分和东南部分一样。从这本书中看出，事情的确使彼得堡当局非常不安（因为这会断然结束**泛斯拉夫主义**）。所有俄国学者都奉命写答复和反驳文章，但是这些文章实际上非常软弱无力。在这些辩论中，关于大俄罗斯方言的纯洁性及其同教会斯拉夫语的近似性的论据，似乎更有利于波兰的观点，而不是更有利于俄国佬的观点。在最近一次波兰起义[1]时，杜欣斯基由于自己的"发现"得到了国民政府的奖赏。从地质学和水文地理学的观点也同样证明，同德涅泊河以西地区相比，该河以东开始有很大的"亚洲的"差别，而**乌拉尔**绝不是分界线（默基森就已经这样主张①）。杜欣斯基所得出的结论是：**俄罗斯**这个名称被俄国佬劫取了。他们不是斯拉夫人，而且根本不属于印度日耳曼种，他们是入侵者，需要把他们再驱回德涅泊河那边去，等等。俄罗斯意义上的泛斯拉夫主义是当局的臆造，等等。

但愿杜欣斯基是对的，并且希望至少这种观点在斯拉夫人当中占支配地位。另一方面，他宣称向来被看做斯拉夫人的另外一些土耳其民族，如保加利亚人，也不是斯拉夫人。

祝好。

你的　卡·马·

选自《马克思恩格斯全集》第 31 卷，<br>人民出版社，1972，第 129—130 页。

**注释：**

[1] 指 1863 年 1 月在被沙皇俄国并吞的波兰土地上爆发的民族解放起义。旨在反对沙皇专制制度压迫的 1863—1864 年起义，是由波兰王国的封建农奴制危机以及社会矛盾和民族矛盾的加剧造成的。起义的主要动力是城市的劳动群众——工人、手工业者和知识分子代表；从 1863 年夏天起，参加起义队伍的很大一部分人是农民。领导起义的、由小资产阶级和小贵族分子组成的中央国民政府（委员会）在 1863 年 1 月宣布了争取波兰民族独立的斗争纲领以及一系列具有民主性质的土地要求。但是由于起义政府不彻底和不坚决，不敢触犯大土地所有者的特权，基本农民群众就没有参加起义，这是起义失败的教训之一。

---

① 罗·英·默基森、韦尔涅、凯泽尔林格《俄罗斯欧洲部分的地质和乌拉尔山脉》。——编者注

## 恩格斯
# 恩格斯致马克思 （节选）

## （1865 年 7 月 15 日）
### 伦　敦

亲爱的摩尔：

　　……

　　我也愈来愈不喜欢约翰逊的政策。他对黑人的憎恨愈来愈强烈，而对于南部的老贵族却表现得非常软弱。如果事情这样下去，六个月以后，所有从前那些脱离派骗子就都会坐到华盛顿国会中去。在那里有色人种没有选举权是不行的，而约翰逊却让战败了的奴隶主来解决这个问题。这太荒唐了。但是应当估计到，事情的发展将和男爵先生们所想象的不同。他们大多数已经完全破产，并且会乐于把土地卖给来自北部的移民和投机者。这些人不久会来得很多，并且会使许多情况发生变化。我想，破落的白人将逐渐死光。这些人是不会有什么别的出路的；两代以后的幸存者将和移民溶合成为一个全新的种族。黑人也许会成为小小的移民，如同在牙买加那样。因此，寡头政治归根到底是要垮台的，但是这个在现在本来可以一下子结束的过程，在这种情况下却要拖延下来。

......

你的　弗·恩·

选自《马克思恩格斯全集》第 31 卷，人民出版社，1972，第 130—132 页。

马克思

# 伦敦代表会议（1865 年）通过的<br>日内瓦代表大会议程[1]（节选）

（写于 1865 年 11 月 20 日）

## 三　国际政策

通过实现民族自决权和在民主与社会基础上恢复波兰，消除莫斯科在欧洲影响的必要性。

选自《马克思恩格斯全集》第 21 卷，<br>人民出版社，2003，第 215 页。

**注释：**

[1] 马克思认为拟定国际工人协会第一次代表大会（日内瓦代表大会）议程十分重要。他把讨论并通过大会议程看作是由他倡议于 1865 年 9 月 25—29 日召开的伦敦代表会议的最主要任务。可能在 1865 年 6 月 20 日马克思用法文拟写了日内瓦代表大会议程草稿，他将中央委员会建议的所有议题都列入议程，并参考巴黎和日内瓦代表的几点建议作了补充。参加伦敦代表会议的代表在 1865 年 9 月 26 和 27 日的会议上讨论了 6 月 20 日的议程草稿。伦敦代表会议

之后，马克思受托根据会议记录对议程草稿进行校订整理，他将会议通过的12 项议程按内容分为四个部分，大约于 1865 年 11 月 20 日写出这份议程。1866 年在筹备日内瓦代表大会期间，马克思再次对大会议程作了审校，并在此基础上为参加大会的代表写了《给临时中央委员会代表的关于若干问题的指示》。

# 马克思

## 马克思致恩格斯（节选）

### （1866 年 6 月 20 日）

### 曼彻斯特

亲爱的弗雷德：

......

昨天国际总委员会讨论了目前的战争问题。这是事先通知了的，我们的房间里挤满了人。意大利的先生们也派来了代表。果然不出所料，讨论归结到了"民族特性"问题和我们对该问题的态度。这个题目将在下星期二继续讨论。[1]

法国人出席会议的人数很多，他们毫不掩饰自己对意大利人的从心底感到的厌恶。

此外，"青年法兰西"的代表（**不是工人**）提出了一种观点，说一切民族特性和民族本身都是"陈腐的偏见"。这是蒲鲁东派的施蒂纳思想。一切都应当分解成小"团体"或"公社"，然后它们又组成"联合会"，但并不是国家。在人类的这种"个体化"以及相应的"相互性"向前发展的同时，其他一切国家的历史都应当停顿下来，全世界都应当等候法国人成熟起来实行社会革命。那时他们将要在我们的眼前做这种试验，而世界其余的部分将会被他们的榜样的力量所征服，也去做同样的事情。这一切正是傅立叶期待于他的模范的法伦斯泰尔[2]的。此外，所有用旧世界的

"迷信思想"来使"社会"问题复杂化的人都是"反动"的。

我在开始发言时说，我们的朋友拉法格和其他废除了民族特性的人，竟向我们讲**"法语"**，就是说，讲会场上十分之九的人不懂的语言，我的话使英国人大笑不止。接着我又暗示说，拉法格大概是完全不自觉地把否定民族特性理解为由模范的法国民族来吞并各个民族了。

此外，现在处境是困难的，因为一方面必须反对愚蠢的英国的意大利主义，另一方面也同样必须反对法国对它进行的错误论战，特别是必须防止可能把我们的协会引到片面性的道路上去的任何表现。

祝好。

你的 卡·马·

选自《马克思恩格斯全集》第 31 卷，<br>人民出版社，1972，第 230—231 页。

**注释：**

[1] 1866 年 6 月 19、26 日和 7 月 17 日的总委员会会议上，进行了关于 1866 年普奥战争问题的辩论。6 月 26 日的会议上提出了三个决议案，一个是博勒钦斯基和卡特提出的，一个是克里默和达顿提出的，另一个是福克斯提出的。在 1866 年 7 月 17 日总委员会会议上对这些决议案进行表决之前，马克思发言批评了它们，结果克里默和达顿的决议案以及福克斯的决议案被撤销；前者虽然原则上正确地谴责了侵略战争，但是没有提出无产阶级的主要任务——必须组织起来为自己的政治解放和社会解放而进行斗争；后者也有同样的缺点，此外，没有表达无产阶级对战争的态度。总委员会在稍加修改后一致通过了博勒钦斯基和卡特提出的决议案："国际工人协会中央委员会认为，大陆上发生的冲突是政府之间的冲突，因而建议工人保持中立，并且团结起来，以便从团结中汲取为工人的社会解放和政治解放所必需的力量。"（见《1864—1866 年第一国际总委员会。1865 年伦敦代表会议。会议记录》1961 年莫斯科版第 151 页）

[2] 模范的法伦斯泰尔是沙·傅立叶所计划的空想社会主义移民区。

# 马克思
## 马克思致恩格斯（节选）

### （1866 年 8 月 7 日）
### 曼彻斯特

亲爱的弗雷德：

......

有一本很好的书，一旦我做好必要的摘记就寄给你（但是以寄还我作为条件，因为这本书不是我自己的），这就是 1865 年**巴黎出版的比·特雷莫**的著作**《人类和其他生物的起源和变异》**。尽管我发现了一些缺点，但这本书比起达尔文来还是一个**非常重大的**进步。它的两个基本论点是：异种交配并不象人们通常所说的产生差别，而是产生种的典型的统一。反之，地质的构成（不光是它本身，而是作为主要的基础）**造成差别**。在达尔文那里，进步是纯粹偶然的，而在这里却是必然的，是以地球发展的各个时期为基础的。达尔文不能解释的退化，在这里解释得很简单；同样，纯过渡类型迅速消失而种的发展缓慢的问题，也解释得很简单，因此，那些对达尔文有妨碍的古生物学上的空白，在这里是必然的。同样，一经形成的种的稳定性（且不说个体偏离和其他的偏离）是必然的规律。使达尔文感到很困难的杂交，在这里反而是分类的依据，因为它证明，实际上只有在异种交配停止产生后代，或者异种交配成为不可能等等之后，种才会确定下来。

174

在运用到历史和政治方面，比达尔文更有意义和更有内容。对于某些问题，例如民族特性等等，在这里第一次提供了自然的基础。例如他纠正波兰人杜欣斯基，大体上证实杜欣斯基关于俄罗斯和西斯拉夫土地在地质上的差异的学说，同时指出他关于俄罗斯人不是斯拉夫人而很可能是鞑靼人等等的意见是错误的；认为由于在俄罗斯占优势的**土壤**类型，斯拉夫人在这里鞑靼化和蒙古化了；他证明（他在非洲住了很久），一般的黑人典型只不过是一种更高的典型的退化的结果。

> 不以伟大的自然规律为依据的人类计划，只会带来灾难；沙皇力图把波兰人民变成俄国人就证明了这一点……在同一块土地上会出现同一的天性、同一的特性。破坏的工作不可能永久继续下去，恢复工作才是永恒的……斯拉夫种族和立陶宛种族同俄国人之间的真正界线是一条重大的地质界线，它从尼门盆地和德涅泊盆地以北穿过……在这条重大的界线以南，这个地区所特有的素质和典型现在不同于而且将来会永远不同于俄罗斯所特有的那些素质和典型。[1]

祝好。

你的　卡·马·

选自《马克思恩格斯全集》第 31 卷，<br>人民出版社，1972，第 250—251 页。

**注释：**

[1] 比·特雷莫《人类和其他生物的起源和变异》1865 年巴黎版第 402、420、421 页（P. Trémaux. 《Origine et transformations de l'homme et des autres êtres》. Paris，1865，p.402，420，421）。

马克思

# 1867 年 1 月 22 日在伦敦纪念波兰起义
# 大会上的演说[1]

（写于 1867 年 1 月 7 日—22 日之间）

女士们！先生们！

三十多年前在法国爆发了一场革命[2]。这是刚刚同查理十世签订了一项改进欧洲行政管理和地理划分的密约的圣彼得堡先见所未及之事。接到这个破坏了全部计划的消息之后，沙皇尼古拉召集了近卫骑兵军官，对他们作了简短的杀气腾腾的演说，最后一句话是："先生们，上马！"① 这并不是空洞的威吓。帕斯凯维奇被派到柏林去准备入侵法国的计划。几个月工夫一切都已准备停当。计划是：普鲁士人在莱茵河集结，波兰军队开进普鲁士，俄国佬则跟在他们后面。然而那时，如拉斐德在法国众议院所说，"前卫军转身攻击起主力部队来了"②。华沙的起义[3]使欧洲免于再遭反雅各宾战争[4]之祸。

过了 18 年，革命火山再次爆发，这次爆发毋宁说是一次震撼整个大陆的地震。甚至连德意志也躁动不安了，虽然自从所谓的独立战争③以来俄

---

① 尼古拉一世在获悉法国 1848 年二月革命的消息后说的话。——编者注
② 这句话可能引自贝·萨朗的《拉斐德和 1830 年革命》1832 年巴黎版第 2 卷第 160—161 页。——编者注
③ 指 1813—1814 年德国反对拿破仑统治的民族解放战争。——编者注

国就一直把它当做幼儿一样看管着。但更令人惊奇的是：维也纳在所有的德意志城市中第一个尝试构筑街垒，而且还成功了。这一次，而且可能是历史上第一次，俄国失去了自制。沙皇尼古拉不再向近卫军发表演说，而是向他的人民颁布诏书，对他们说，法国的瘟疫甚至传染上了德国，它已逼近了帝国的边界，疯狂的革命把它的狂热的目光转向了神圣的罗斯①。没什么奇怪！——他这样叫嚷。要知道就是这个德国许多年来都是无神论的温床。亵渎神明的哲学的癌瘤已经使这个貌似坚实的民族病入膏肓。然后他在诏书的末尾对德意志人发出了如下的召唤：

> 上帝在我们这边！放明白些，异教徒，归顺吧，因为上帝在我们这边！②

在这以后，很快他就通过自己的忠实奴仆涅谢尔罗德交给德国人另外一道通告[5]，但是这一回却洋溢着对这个异教民族的一片温情。怎么会有这样的转变呢？事情是这样的：柏林人不仅闹起了革命，而且宣布要恢复波兰，而普属波兰则为人民的热情所迷惑，开始在波森修建兵营。因此沙皇才摆出了这副殷勤的姿态。又是波兰民族，这个欧洲的不死勇士，迫使蒙古人③退却了。只是当波兰人被德意志人、尤其是被法兰克福国民议会[6]出卖之后，俄国才缓过劲来，有了足够的力量到1848年革命的最后一个避难所——匈牙利——去打击它。就是在这里，抵抗俄国的最后一个勇士仍然是波兰人——贝姆将军。

现在还有一些十分天真的人，他们认为所有这一切都变了，波兰不再是——用一位法国作家的话说——"一个必要的民族"，它只是一种情感

---

① 罗斯为俄罗斯的古称。——编者注
② 这句话可能引自亨·冯·布兰特的《俄国近年来的政策和军队》1852年柏林版第24页。——编者注
③ 这里喻指沙皇。在马克思看来，俄国同当时在西方人心目中的蒙古一样，是东方一个野蛮而富侵略性的民族。——编者注

上的回忆了。但你们知道，无论是感情还是回忆，在交易所里都是没有行情的。当俄国最近那几道关于取消波兰王国的命令[7]在英国传开的时候，大财主们的机关报①就奉劝波兰人改当俄国佬。即使是只为了保证英国资本家刚刚借给沙皇②的 600 万英镑[8]的利息能够付得出，他们不是也应该这样做吗?③《泰晤士报》写道：在最坏的情况下，让俄国去占领君士坦丁堡好了，只要它允许英国占领埃及以保证通向自己的印度大市场的道路安全可靠就行！换句话说，只要俄国允许英国去同法国争夺埃及，英国就尽可以把君士坦丁堡让给俄国。《泰晤士报》说，俄国佬喜欢向英国借钱，同时也很好地偿还。他喜欢英国钱。实实在在喜欢。但对于英国人他究竟喜欢到什么程度，1851 年 12 月的《莫斯科消息报》对你们说得再清楚不过了：

> 不，应该轮到不讲信义的英国了，不久以后，我们再同这个民族
> 签订条约，只能在加尔各答。④

我问你们，究竟什么变了呢？来自俄国的危险减少了吗？没有。只是欧洲统治阶级的昏聩达到了极点。首先，如俄国官方历史学家卡拉姆津所承认，俄国的政策丝毫没有改变。它的方法、它的策略、它的手段可能改变，但是这一政策的灯塔——世界霸权——是不会改变的。在今天只有一个狡猾的同时又统治着众多野蛮人的政府才能想出这样一个计划来。正如近代最大的俄国外交家波措-迪-博尔哥在维也纳会议时期写给亚历山大一世的奏疏中关于这一点所说的那样，波兰是俄国谋取世界霸权的最重要的工具，但在波兰人因吃尽欧洲背信弃义之亏而变成俄国佬手中一条可怕的

———————

① 指《泰晤士报》。——编者注

② 亚历山大二世。——编者注

③ "当俄国……他们不是也应该这样做吗?"这段话在马克思的草稿中是全文第 1 段。——编者注

④ 从"《泰晤士报》写道……"至引文结束，这段话在马克思的草稿中是全文倒数第 2 段。——编者注

鞭子之前，波兰还是一个不可逾越的障碍。现在，撇开波兰人民的情绪不谈，请问有没有出现什么足以使俄国计划受挫、行动受阻的情况呢？

无须我来告诉你们，俄国在亚洲的侵略不断得逞。无须我来告诉你们，所谓的英法对俄战争把高加索的山地要塞、黑海的统治权，以及叶卡捷琳娜二世、保罗和亚历山大一世妄想从英国手里夺取的海上权利交给了俄国。铁路正在把俄国分布于广大地区的兵力联合并集中起来。俄国在会议波兰[9]——它在欧洲的牢固的营垒——所掌握的物质手段大大地增加了。华沙、莫德林、伊万城这些曾被拿破仑第一所选定的据点的工事控制着整个维斯图拉河，并且构成向北、向西和向南进攻的一个强大基地。泛斯拉夫主义的宣传与奥地利和土耳其的衰落同步。而泛斯拉夫主义的宣传意味着什么，你们从1848—1849年的经验中可以看出，那时在耶拉契奇、文迪施格雷茨和拉德茨基麾下作战的斯拉夫人，蹂躏了匈牙利，洗劫了维也纳，镇压了意大利。除了这一切以外，英国对爱尔兰所犯下的罪行也给俄国在大西洋彼岸增添了一个新的强有力的同盟者。

彼得一世有一次曾经感叹，要征服世界，俄国佬什么也不缺，只缺士气。而俄国只要把波兰人吞噬掉，它所需要的这种生气勃勃的精神就能够进入它的躯体。到那时你们有什么东西可以投到天平的另一端呢？

人们会根据不同的观点来回答这个问题。有些人说，俄国由于解放了农奴而进入了文明民族的大家庭。另一些人断言，不久前集中于普鲁士人之手的德意志实力能够抵挡亚洲人的一切进攻。而某些更激进的人却把他们的希望寄托在西欧的内部社会改造上。

先谈第一点，即俄国农奴的解放。只能说农奴的解放使最高政权摆脱了贵族能够对它的集权行动设置的障碍。农奴的解放为它的军队开辟了广大的兵源，打破了俄国农民的公共所有制，分离了农民，巩固了农民对沙皇神父老爹的信仰。农奴的解放没有**清除**掉他们的亚细亚野蛮性，因为文明是要经过好些世纪才能建立起来的。任何提高他们道德水平的尝试都被当做罪行加以惩罚。我只要提醒你们关于政府对戒酒协会的追查就够了，那些戒酒协会引为己任的就是让俄国佬戒掉那被费尔巴哈称做俄国佬宗教的物质实体的东西——烧酒。不论农奴的解放将来会起到什么作用，目前可以看得非常清楚的是它使沙皇手中的兵力增加了。

现在来谈普鲁士。这个从前的波兰附庸[10]只是在俄国的卵翼下并且靠瓜分波兰才变成头等强国的。如果它明天失去了掠夺来的波兰领土，它就会淹没于德意志之中，而不是把德意志吞下。它要在德意志保持它的特殊的强国地位，就一定要投靠俄国佬。不久前它领土的扩大并没有削弱它同俄国的关系，反而使这种关系变得牢不可破，并加剧了它同法国和奥地利的对抗。俄国同时还是霍亨索伦王朝及其封建臣仆的无限权力的支柱。它是他们用来对付人民不满的盾牌。因此，普鲁士不是对抗俄国的堡垒，而是俄国准备用来入侵法国和征服德意志的工具。

至于说社会革命，它不意味着阶级斗争又意味着什么呢？工人与资本家之间的斗争可能不会像过去英国和法国封建领主与资本家之间的斗争那样残酷而血腥。但愿如此。可是无论如何，这种社会危机，虽然能加强西方各国人民的力量，但还是会和任何内部冲突一样，招致外来的侵犯。它将又一次使俄国扮演它在反雅各宾战争期间和自从神圣同盟产生以来所扮演过的角色——天定的秩序救主。俄国将会把欧洲所有的特权阶级招募到它的队伍里。早在二月革命[11]时期，就已经不仅仅是蒙塔朗贝尔伯爵把耳朵贴在地上，倾听是否有哥萨克的马蹄声临近[12]；也不仅仅是普鲁士的乡绅在德意志的代表机构里对沙皇称"父"称"主"；而是全欧洲交易所的行情都随着俄国人的每一次胜利而上涨，随着俄国人的每一次失败而下跌。

这样，对欧洲来说就只能有一种选择：要么是以俄国佬为首的亚细亚野蛮势力像雪崩一样压到它的头上；要么它就必须恢复波兰，从而以2000万英雄为屏障把自己和亚洲隔开，以便赢得时间来完成本身的社会改造。

选自《马克思恩格斯全集》第21卷，
人民出版社，2003，第282—287页。

**注释：**

[1] 马克思1867年1月22日在伦敦剑桥大厅举行的纪念1863—1864年波兰起义4周年的大会上发表的这篇英文演说，最早于1867年1月7日开始起草，最迟于1月22日完成。这次会议是国际总委员会和波兰流亡者联合会伦敦支部共同组织的。马克思积极参加了大会的筹备工作。1867年3月12日波兰流亡者联合会伦敦支部对总委员会组织这次大会和马克思以及其他演讲人所作的报告表示感谢。

1867年1月31日和2月10日波兰文报纸《自由之声》第129、130号对大会作了详细报道。刊登马克思演说波兰译文的第130号《自由之声》报编辑部在按语中说："本报一字不易地刊登了这篇以观察精湛缜密、结论合乎逻辑而见称的演说。"此外，该报编辑部在这篇演说前面加了一段话："大会一开始，德国人马克思博士就提出了一项简短但意义极为重大的决议草案：'没有波兰的独立，欧洲的自由就不能确立'。

演说的英文草稿可能曾保存在马克思的女儿劳拉·拉法格处，她把手稿交给《社会主义报》，该报编辑部将它译成法文发表在1908年3月15日第18号。据《社会主义报》编辑部说，手稿带有草稿的性质，没有注明日期；其中有几个段落被马克思划掉了。对比演说的波兰译文和法译文可以看出，马克思在手稿上划掉的段落并非在发表演说时要删除的，只是次序有所变动。英文原稿和波兰译文除上述的位置挪动和正文的细微改动之外，几乎每个字都一样。

本卷收入的演说是根据英文原稿译出的。

[2] 1830年的风暴指法国的七月资产阶级革命和这次革命以后在欧洲各地发生的起义。法国在1814年拿破仑第一帝国垮台后，代表大土地贵族利益的波旁王朝复辟，它竭力恢复封建专制统治，压制资本主义发展，限制言论出版自由，加剧了资产阶级同贵族地主的矛盾，激起了人民的反抗。1830年7月27—29日巴黎爆发了革命，推翻了波旁王朝。金融资产阶级攫取了革命果实，建立了以奥尔良公爵路易-菲力浦为首的代表金融资产阶级利益的"七月王朝"。七月革命在比利时、波兰、意大利、瑞士和德国的萨克森、不伦瑞克、黑森、汉诺威和巴伐利亚等地引起了革命起义。

[3] 指 1830 年 11 月—1831 年 10 月发生在华沙的波兰民族解放起义。1830 年，法国发生七月革命的消息传到在俄国统治下的波兰首都华沙之后，居民、青年和军队充满革命激情。俄国沙皇却在此时下达了对波兰军队的动员令，要波兰军队和俄国军队一起开赴西欧去镇压革命运动。11 月 29 日夜，一批青年军官和学生发动起义，袭击了俄国派驻波兰王国的总司令康斯坦丁大公的官邸。大公怆惶出逃，起义军在爱国市民的配合下于次日解放了华沙。1831 年 1 月波兰议会宣布取消沙皇尼古拉一世的波兰王位，成立民族政府。2 月俄国派出大军镇压起义。同年 9 月 8 日，华沙重又陷于俄军之手，起义失败。

[4] 对法国的第一次征讨即反雅各宾战争，指 1792—1815 年欧洲国家同盟（英、普、奥、俄等）反对资产阶级革命时期的法兰西共和国和拿破仑法国的二十三年战争。

第一次征讨指 1792 年 2 月欧洲各封建专制国家联军对革命的法国发动的战争。资产阶级贵族的英国支持联军，1792 年 8 月 10 日法国宣布成立共和国以及 1793 年 1 月处死国王路易十六以后，英国于 1793 年初加入反法同盟的联军，公开参战。1793 年春，反法同盟从四面向法国本土进攻，并支持法国王党叛乱。在 1794 年 6 月的弗勒吕斯战役中反法联军被击败。1797 年 10 月签订坎波福米奥和约，同盟瓦解。

1798 年 12 月，英、俄、奥等国组成第二次反法同盟，1800 年 6 月，拿破仑在意大利马伦戈战役中击败奥军主力，迫使奥地利签订吕内维尔和约，后又迫使英国签订亚眠和约，同盟解散。

1805 年夏，英、俄、奥、瑞典等国第三次组成反法同盟，12 月 2 日，拿破仑在奥斯特利茨战役中大败俄、奥联军，签订普拉茨堡和约。

1806 年 10 月 14 日拿破仑在耶拿战役和奥尔施泰特战役中击败普军主力，1807 年 2 月 8 日在埃劳，6 月 14 日在弗里德兰战役中打败俄军，迫使俄、普签订蒂尔西特和约，第四次反法同盟联军失败。

1809 年春，英、奥等国组成第五次反法同盟，同年 7 月拿破仑在瓦格拉姆战役中战胜奥军，迫使奥地利签订维也纳和约。至此，拿破仑统治了整个西欧和中欧。

1813 年由英、俄、普、奥、瑞典等组成第六次反法同盟，同年 10 月在莱比锡战役中，拿破仑被击败，1814 年 3 月反法联军进入巴黎。4 月 6 日拿破仑退位，流放厄尔巴岛，波旁王朝复辟。

1815年3月拿破仑回到巴黎复位，英、俄、普、奥等国组成第七次反法同盟，6月18日在滑铁卢战役中拿破仑被击败。6月22日第二次退位，波旁王朝第二次复辟。长达23年的反雅各宾战争最后结束。

[5] 指1848年7月6日涅谢尔罗德给俄国驻德意志各邦的大使们的通告。马克思在《俄国的照会》一文中详细分析了这个通告。

[6] 法兰克福国民议会（又称法兰克福全德国民议会）于1848年7月24—26日讨论了多项涉及波兰问题的提案。在7月27日的辩论中通过记名投票，以331对101票否决了下面的提案："国民议会能否宣布瓜分波兰是可耻的错误行动，并承认德国人民有援助重建独立的波兰的神圣义务？"见《美因河畔法兰克福德国制宪国民议会辩论速记记录》1848年美因河畔法兰克福—莱比锡版第2卷第1242页。

恩格斯1848年在《新莱茵报》上发表的《法兰克福关于波兰问题的辩论》中，详细批判了法兰克福国民议会关于波兰问题的辩论。

[7] 1863—1864年波兰起义失败后，沙皇政府颁布了几项法律，旨在消除波兰王国的民族传统和仅剩的一点自治权利。教育、财政和司法部门以及邮政和通讯业务，从1867年1月1日起，均由圣彼得堡相应的各部监管。行政管理部门从5个增加到10个，并且和俄国的行政区域属于同一级别。

[8] 1866年11月4日英国和荷兰与俄国签署协议，以5%的利息向俄国提供600万英镑的贷款。

[9] 会议波兰即会议桌上的波兰，指沙皇俄国根据1814—1815年维也纳会议决定所并吞的波兰领土。

[10] 1466年，控制着普鲁士的宗教军事组织条顿骑士团被波兰击败。双方签订了托伦和约，规定西普鲁士归属波兰，东普鲁士仍为该骑士团领地，但臣服于波兰。

[11] 二月革命是指1848年2月爆发的法国资产阶级民主革命。代表金融资产阶级利益的"七月王朝"推行极端反动的政策，反对任何政治改革和经济改革，阻碍资本主义发展，加剧对无产阶级和农民的剥削，引起全国人民的不满；农业歉收和经济危机进一步加深了国内矛盾。1848年2月22—24日巴黎爆发了革命，推翻了"七月王朝"，建立了资产阶级共和派的临时政府，

宣布成立法兰西第二共和国。无产阶级和小资产阶级积极参加了这次革命，但革命果实却落到资产阶级手里。

[12] 这里套用了法国作家雨果的话。1851 年 7 月 17 日，雨果在法国国民议会演说时说道："这些人在我们这个光明自由的时代，总是带着吓人的、起码是可笑的绝望表情对着北方；每当我们讲到自由、人道、民主、进步这些字眼的时候，他们就惊恐地匍匐在地，把耳朵贴在地上，倾听俄国的大炮是否终于打了过来。"

马克思

# 资本论·资本的积累过程

（1867 年）

## 第二十三章　资本主义积累的一般规律

......

　　农业革命的第一个行动，就是以极大的规模，像奉天命一样，拆除耕地上的那些小屋。因此，许多工人不得不到村镇和城市里去寻找栖身之所。在那里，他们就像废物一样被抛进阁楼，洞窟，地下室和最糟糕的街区的屋角里。爱尔兰人素来以罕有的眷恋乡土之情、开朗的性格和纯正的家风而著称，这是连抱有民族偏见的英格兰人也承认的，可是现在，成千上万个这样的爱尔兰家庭突然被移植到罪恶的温室中来了。男人们现在必须到邻近的租地农场主那里找寻工作，并且只能按日被雇用，因而工资收入极不稳定；同时，

　　　　他们现在不得不在往返农场的路上长途跋涉，途中时常被雨淋透，还要吃到别的苦头，结果往往引起身体虚弱、疾病，从而引起贫困①。

---

①　《济贫法视察员关于爱尔兰农业工人工资的报告》1870 年都柏林版第 25 页。——原注

"城市不得不年年收纳农业地区中被认为是过剩的工人"①，可是令人奇怪的是，"城镇中工人过剩，而农村中则到处工人不足！"② 实际情形是，只有"在春秋农忙季节"才感到工人不足，"而在其余季节，很多人都闲着没事干"③；"秋收以后，从10月到翌年开春，他们几乎找不到什么工作"④；甚至在干活的季节，"他们也经常一连几天没事干，并且他们的工作还经常发生各种各样的中断"⑤。

农业革命——耕地转化为牧场，采用机器，最严格的节约劳动等等——所引起的这些后果，被那些不在国外挥霍地租而甘愿住在爱尔兰本人领地内的模范地主们弄得更加严重了。为了使供求规模完全不受损害，这班老爷们

> 现在几乎完全是从他们的小租地农民那里取得他们所需要的全部劳动，小租地农民这样就不得不为他们的地主做苦工，而工资通常比普通短工还要低。至于在播种或收割的紧急时刻，他们被迫搁下自己的田地而招致许多不便和损失，那就更不用说了。⑥

可见，就业的没有保障和不稳定，窝工现象的频繁发生和长期持续——所有这一切相对人口过剩的征候，都在济贫所视察员的报告中作为爱尔兰农业无产阶级的苦难列举出来了。我们记得，在英格兰农业无产阶级中我们已经看到过类似的现象。不过，不同的是，在工业国的英格兰，工业后备军是从农村得到补充，而在农业国的爱尔兰，农业后备军则是从城市，即被驱逐的农业工人的避难所得到补充。在英格兰，过剩的农业工人转化为工厂工人，而在爱尔兰，被驱逐到城市里去的农业

---

① 《济贫法视察员关于爱尔兰农业工人工资的报告》1870年都柏林版第27页。——原注
② 同上，第26页。——原注
③ 同上，第1页。——原注
④ 同上，第32页。——原注
⑤ 同上，第25页。——原注
⑥ 同上，第30页。——原注

工人，虽然对城市的工资形成压力，但仍然是农业工人，并不断地被送回农村去找活干。

……

爱尔兰的工业工人又是过着怎样幸福的生活呢？举一个例子就可以说明。

英格兰工厂视察员罗伯特·贝克说：

我最近视察爱尔兰北部的时候，看到一个熟练的爱尔兰工人靠自己少得可怜的收入尽力使自己的孩子受教育，这件事使我深为惊讶。我把他亲口所说的话逐字逐句地写在下面。只要我说出他是被雇用来为曼彻斯特市场制造商品的，人们就会知道他是一个熟练的工厂工人。约翰逊说：我是一个捶布工，从星期一到星期五，都是从早晨6点钟干到夜里11点；星期六干到下午6点，有3个钟头的吃饭和休息时间。我有5个孩子。我干这种活每周收入10先令6便士；我的妻子也做工，每周挣5先令。大女儿12岁，料理家务。她是我们的厨师和惟一的帮手。她照料弟妹上学。我的妻子和我同时起床上工。有一个小姑娘每天经过我家门口，她在早晨5点半钟把我叫醒。我们什么也不吃就去上工。白天，12岁的女儿照顾弟妹。我们在8点钟回家吃早饭。我们每周只喝一次茶；我们平时喝粥，有时是燕麦片粥，有时是玉米面粥，这要看我们能买到什么了。冬天，我们往玉米面里加一点糖和水。夏天，我们收点马铃薯，那是我们在一小块地上自己种的；马铃薯吃完了，还得喝粥。不管星期日也好，平日也好，一年到头就是这样过日子。晚上下工以后，我总是感到非常疲乏。我们偶尔也能见到一小块肉，但那是太难得了。我们有3个孩子上学，每人每周要花费1便士。我们的房租每周9便士，泥炭和燃料每两周至少要1先令6便士。①

---

① 《工厂视察员报告。1866年10月31日》第96页。——原注

这就是爱尔兰的工资，这就是爱尔兰的生活！

事实上，爱尔兰的贫困又成了英格兰当前的话题了。1866 年底和 1867 年初，有一个叫达弗林侯爵的爱尔兰大地主，曾经在《泰晤士报》上着手讨论解决这个问题。"这位伟大的至尊多么仁慈啊！"[1]

我们从 E 表可以看出，1864 年，3 个谋利者从总利润 4368610 镑中只捞去 262819 镑，而 1865 年，同是这 3 位大"禁欲家"就从总利润 4669979 镑中捞去 274528 镑；1864 年，26 个谋利者得到 646377 镑，1865 年，28 个谋利者得到 736448 镑；1864 年，121 个谋利者得到 1076912 镑，1865 年，150 个谋利者得到 1320906 镑；1864 年，1131 个谋利者得到 2150818 镑，几乎占全年总利润的一半，1865 年，1194 个谋利者得到 2418833 镑，超过全年总利润的一半。可是，英格兰、苏格兰和爱尔兰的一小撮大地主从每年国民地租总额中吞掉的数额是如此庞大，以致英国的治国明哲认为，关于地租的分配不宜于提出像利润分配这样的统计资料。达弗林侯爵就是这些大地主中的一个。说地租和利润会在某个时候"过多"，或者说地租和利润的过多同人民的过于贫困有某种联系，这当然是既"不体面"又"不健全的"概念。侯爵依据的是事实。事实是，爱尔兰人口减少了，而爱尔兰的地租却增长了；人口减少对土地所有者"有利"，从而对土地以及仅仅是土地附属品的人民也"有利"。于是，侯爵宣告，爱尔兰的人口仍然过剩，人口外流仍然太慢。要想享有十足的幸福，爱尔兰至少还应该排出 30 多万工人。桑格拉都学派的医生见病人没有起色，就让放血，再放血，直到病人的血放完了，病也就没了。我们不要以为这位还很富有诗意的侯爵是个桑格拉都学派的医生。他只是要求再放 30 多万人的血而不是大约 200 万。但是事实上要想在埃林建立起千年王国，非得放出大约 200 万人的血不可。证据是不难提出的。

……

1851 年到 1861 年间的集中所消灭的主要是前三类 1 英亩以下至 15 英亩的租地农场。这些农场必然首先消灭。结果就产生了 307058 户"过剩"的租地农民，作一个低的估计，每家平均 4 口人，总人数就是 1228232 人。

即使作一夸大的假定，假定农业革命完成后，其中的 1/4 将再度被吸收，结果仍须有 921174 人移居国外。16 至 100 英亩的 4、5、6 三类租地农场，用来经营资本主义的谷物生产也嫌太小，至于用来牧羊，就简直等于零，这是我们在英格兰早就知道的了。因此，在上述同样的假定下，又得有 788358 人移居国外，结果总人数就是 1709532 人。既然胃口越来越大，[2] 地主们的眼睛立刻会发现，具有 350 万人口的爱尔兰仍然贫困，而所以贫困，是因为人口过剩，因此，它必须更进一步大力减少人口，才能完成它作为英格兰的一个牧羊场和放牧场的真正使命。①

这个有利可图的方法，正像这个世界上一切美好的事物一样，也有它的缺陷。随着地租在爱尔兰不断积累，爱尔兰人在美洲也以同一步伐不断积累。被羊和牛挤走的爱尔兰人作为芬尼社社员[4]崛起于大洋彼岸了。年青的大共和国面对年老的海上女皇越来越带威胁性地昂起头来。

> 严酷的命运，兄弟互相残杀的罪孽，
> 　　使罗马人受尽了苦难。[5]

---

① 在本书第三册论述土地所有制的那一篇，我将更详细地谈到，单个的土地所有者以及英国的立法如何有计划地利用饥荒和由饥荒引起的情况来强力推行农业革命，并使爱尔兰的人口减少到符合地主希望的程度[3]。在那里我还要重新谈到小租地农民和农业工人的状况。这里只引证一段话。纳索·威·西尼耳在他的遗著《关于爱尔兰的日志、谈话和短评》（两卷集，1868 年伦敦版第 2 卷第 282 页）中提到："G 博士中肯地指出：我们有自己的济贫法，这是使地主取胜的强大工具；另一个工具就是往国外移民。没有一个爱尔兰朋友会希望战争〈地主和克尔特族小租地农民之间的战争〉拖延下去，更不希望这场战争以小租地农民获胜而告终……它〈这场战争〉越是迅速地结束，爱尔兰越是迅速地变成牧场国，同时人口相应地减少到一个牧场国所需要的程度，对一切阶级就越是有利。"1815 年的英国谷物法保证了爱尔兰向大不列颠自由输出谷物的独占权。这样一来，谷物法就人为地促进了谷物生产。1846 年，随着谷物法的废除，这种独占权突然被消灭了。撇开其他各种情况不说，单是这一事实就足以大大促使爱尔兰的耕地向牧场转化、租地农场的积聚和小农的被驱逐。1815—1846 年间，人们称赞爱尔兰的土地的肥沃，大肆宣扬爱尔兰的土地天然适合于种植小麦，可是后来，英国的农学家、经济学家和政治家们突然发现，这些土地除适于种植青饲料外别无用处！莱昂斯·德·拉维涅先生也急急忙忙在海峡彼岸重复这种论调。只有像拉维涅那样"认真"的人才会相信这种幼稚话。——原注

# 第二十四章　所谓原始积累

......

美洲金银产地的发现，土著居民的被剿灭、被奴役和被埋葬于矿井，对东印度开始进行的征服和掠夺，非洲变成商业性地猎获黑人的场所——这一切标志着资本主义生产时代的曙光。这些田园诗式的过程是原始积累的主要因素。接踵而来的是欧洲各国以地球为战场而进行的商业战争。这场战争以尼德兰脱离西班牙[6]开始，在英国的反雅各宾战争[7]中具有巨大的规模，并且在对中国的鸦片战争中继续进行下去，等等。

原始积累的不同因素，多少是按时间顺序特别分配在西班牙、葡萄牙、荷兰、法国和英国。在英国，这些因素在17世纪末系统地综合为殖民制度、国债制度、现代税收制度和保护关税制度。这些方法部分是以最残酷的暴力为基础，例如殖民制度就是这样。但所有这些方法都利用国家权力，也就是利用集中的、有组织的社会暴力，来大力促进从封建生产方式向资本主义生产方式的转化过程，缩短过渡时间。暴力是每一个孕育着新社会的旧社会的助产婆。暴力本身就是一种经济力。

关于基督教殖民制度，有一位把基督教当作专业来研究的人，威·豪伊特曾这样说过：

> 所谓的基督教人种在世界各地对他们所能奴役的一切民族所采取的野蛮和残酷的暴行，是世界历史上任何时期，任何野蛮愚昧和残暴无耻的人种都无法比拟的。①

---

① 威廉·豪伊特《殖民和基督教。欧洲人对待所有殖民地人民的通俗历史》1838年伦敦版第9页。关于对奴隶的待遇，沙尔·孔德在其《立法论》（1837年布鲁塞尔第3版）中收集了很多材料。要想知道资产者在其能够随心所欲地按照自己的形象来塑造世界的地方，把自己和工人变成了什么，就必须仔细研究这部著作。——原注

荷兰——它是 17 世纪标准的资本主义国家——经营殖民地的历史，"展示出一幅背信弃义、贿赂、残杀和卑鄙行为的绝妙图画"①。最有代表性的是，荷兰人为了使爪哇岛得到奴隶而在西里伯斯岛实行盗人制度。为此目的训练了一批盗人的贼。盗贼、译员、贩卖人就是这种交易的主要代理人，土著王子是主要的贩卖人。盗来的青年在长大成人可以装上奴隶船以前，被关在西里伯斯岛的秘密监狱中。一份官方报告说：

> 例如，望加锡这个城市到处都是秘密监狱，一座比一座恐怖，里面挤满了不幸的人，贪欲和暴政的牺牲者，他们戴着镣铐，被强行和家人分离。

荷兰人为了霸占马六甲，曾向葡萄牙的总督行贿。1641 年总督允许他们进城。他们为了对支付 21875 镑贿款进行"节欲"，立即到总督住宅把他杀了。他们走到哪里，那里就变得一片荒芜，人烟稀少。爪哇的巴纽旺宜省在 1750 年有 8 万多居民，而到 1811 只有 8000 人了。这就是温和的商业！

大家知道，英国东印度公司[8]除了在东印度拥有政治统治权外，还拥有茶叶贸易、同中国的贸易和对欧洲往来的货运的垄断权。而印度的沿海航运和各岛屿之间的航运以及印度内地的贸易，却为公司的高级职员所垄断。对盐、鸦片、槟榔和其他商品的垄断权成了财富的取之不尽的矿藏。这些职员自定价格，任意勒索不幸的印度人。总督参与这种私人买卖。他的宠信们是在使他们这些比炼金术士聪明的人们能从无中生出金来的条件下接受契约的。巨额财产像雨后春笋般地增长起来，原始积累在不预付一个先令的情况下进行。沃伦·哈斯丁的审判记录中有很多这样的实例。举一个例子来说。有一个名叫沙利文的人，当他因公出差到印度一个离鸦片

---

① 前爪哇岛副总督托马斯·斯坦福·拉斐尔斯《爪哇史》1817 年伦敦版［第 2 卷第 CXC、CXCI 页］。——原注

产地很远的地区时，接受了一项鸦片契约。沙利文以 4 万镑把他的契约卖给一个名叫本的人，本又在当天以 6 万镑把它转卖出去，而这张契约的最后购买者和履行者声称，他从中还赚了一大笔钱。根据一个呈报议会的表报，从 1757 年到 1766 年，东印度公司和它的职员让印度人赠送了 600 万镑！在 1769 年到 1770 年间，英国人用囤积全部大米，不出骇人听闻的高价就拒不出售的办法制造了一次饥荒。①

在像西印度那样专营出口贸易的种植殖民地，以及在像墨西哥和东印度那样任人宰割的资源丰富人口稠密的国家里，土著居民所受的待遇当然是最可怕的。但是，即使在真正的殖民地，原始积累的基督教性质也是无可否认的。那些谨严的新教大师，新英格兰的清教徒[9]，1703 年在他们的立法会议上决定，每剥一张印第安人的头盖皮和每俘获一个红种人都给赏金 40 镑；1722 年，每张头盖皮的赏金提高到 100 镑；1744 年马萨诸塞湾的一个部落被宣布为叛匪以后，规定了这样的赏格：每剥一个 12 岁以上男子的头盖皮得新币 100 镑，每俘获一个男子得 105 镑，每俘获一个妇女或儿童得 55 镑，每剥一个妇女或儿童的头盖皮得 50 镑！数十年后，殖民制度对这些虔诚的清教徒前辈移民[10]的叛逆的子孙进行了报复。在英国人的唆使和收买下，他们被人用短战斧砍死了。英国议会曾宣布，用警犬捕杀和剥头盖皮是"上帝和自然赋予它的手段"。

殖民制度大大地促进了贸易和航运的发展。"垄断公司"（路德语[11]）是资本积累的强有力的手段。殖民地为迅速产生的工场手工业保证了销售市场以及由市场垄断所引起的成倍积累。在欧洲以外直接靠掠夺、奴役和杀人越货而夺得的财宝，源源流入宗主国，在这里转化为资本。第一个充分发展了殖民制度的荷兰，在 1648 年就已达到了它的商业繁荣的顶点。它

几乎独占了东印度的贸易及欧洲西南部和东北部之间的商业往

---

① 1866 年仅奥里萨一个邦就饿死了 100 多万印度人。尽管如此，有人仍力图以高价把粮食卖给那些快要饿死的人，借此来充实印度的国库。——原注

来。它的渔业、海运业和工场手工业，都胜过任何别的国家。这个共和国的资本也许比整个欧洲其余地区的资本总和还要多[12]。

居利希忘记加上一句：荷兰的人民群众在 1648 年就已经比整个欧洲其余地区的人民群众更加劳动过度，更加贫穷，更加遭受残酷的压迫。

现在，工业上的霸权带来商业上的霸权。在真正的工场手工业时期，却是商业上的霸权造成了工业上的优势。所以殖民制度在当时起着决定性作用。和欧洲各个旧神并列于祭坛上的"一位外来的神"，有一天一下子把所有的旧神都打倒了。[13]殖民制度宣布，赚钱是人类最终的和惟一的目的。

选自《马克思恩格斯全集》第 44 卷，

人民出版社，2001，第 813—864 页。

**注释：**

[1] "这位伟大的至尊多么仁慈啊！"是套用了歌德《浮士德》（《天上序幕》）中靡菲斯斐勒司的话。

[2] "胃口越来越大"（L'appetit vient en mangeant），源于弗·拉伯雷的讽刺小说《巨人传》第 1 卷第 5 章。

[3] 这里所说的《资本论》第三册即《1863—1865 年经济学手稿》第三册，但不论《1863—1865 年经济学手稿》，还是恩格斯编的《资本论》第 3 卷都没有这方面的论述。

[4] 芬尼社社员是爱尔兰小资产阶级革命者。第一批芬尼社社员组织是 1857 年在爱尔兰和美国建立的，该组织在美国把爱尔兰侨民团结起来。芬尼社社员主张推翻英国殖民统治，建立民主共和国，把租佃农民变成他们所耕种的土地的所有者，等等；他们试图以密谋暴动方式来实现自己的政治纲领，一直没能成功。60 年代末芬尼社社员遭到大规模镇压。70 年代这一运动就失败了。

[5] "严酷的命运，兄弟互相残杀的罪孽，使罗马人受尽了苦难"（Acerba fata Romanos agunt scelusque fraternae necis），引自贺拉斯《抒情诗集》第 7 首。

[6] 尼德兰脱离西班牙是尼德兰资产阶级革命（1566—1609 年）的结果。尼德兰的革命是世界历史上第一次取得胜利的资产阶级革命。16 世纪中叶，尼德兰城乡资本主义有了相当发展，但受到宗主国西班牙专制主义及其支柱天主教会的严重阻碍，阶级矛盾和民族矛盾日益尖锐。1566 年爆发了矛头直指天主教会的圣像破坏运动。1567 年春运动遭镇压。1572 年北方各省举行大起义，并推举奥伦治的威廉为北方各省执政。南方革命形势也日益高涨，1576 年布鲁塞尔起义推翻了西班牙在尼德兰的统治机构。西南几省的贵族慑于革命不断深入，于 1579 年 1 月 6 日结成阿拉斯同盟，与西班牙当局妥协。同年 1 月 23 日，信奉新教的北方七省成立乌得勒支同盟，为建立联省共和国奠定了基础。1581 年由北方各省组成的三级会议宣布脱离西班牙而独立，正式成立资产阶级联省共和国。由于荷兰省的经济和政治地位最重要，亦称荷兰共和国。

　　1609 年，西班牙被迫与荷兰签订十二年停战协定，事实上承认了荷兰的独立。

[7] 反雅各宾战争指 1793—1815 年英国、普鲁士、奥地利和俄国等参加的欧洲国家同盟反对法兰西共和国和拿破仑法国的历次战争。在战争期间，英国政府建立了一种反对劳动者的恐怖政权。英国统治者镇压各种人民起义，并颁布了禁止任何工人结社的法令。资产阶级在这一时期要求把工作日从 10 小时延长到 12、14 和 18 小时。

[8] 东印度公司是存在于 1600—1858 年的英国贸易公司，它是英国在印度、中国及其他亚洲国家推行殖民主义掠夺政策的工具。从 18 世纪中叶起，公司拥有军队和舰队，成为巨大的军事力量。在公司的名义下，英国殖民主义者完成了对印度的占领。公司长期控制对印度的贸易的垄断权和这个国家最主要的行政权。1857—1859 年印度的民族解放起义迫使英国人改变了他们的殖民统治的形式：宣布公司解散，印度成为英王的领地。

[9] 清教徒是英国基督教（新教）中的一派——加尔文教派的信徒。英国宗教改革中所建立的英国国会，不再从属罗马教皇，而以英国国王为教会的首领，但保留了天主教的主教制、重要教义和仪式。因此教会成为封建王权的重要工具。16 世纪后半叶，随着激进的加尔文教在英国的传播，清教徒开始作为国教会内部的一个派别出现，他们在让·加尔文的前定论的指导下，反对天主教的教阶制和繁文缛节。要求以民主共和的原则建立教会组织，并允许经

营致富，贷钱取利，因此更适合资产阶级的要求。

[10] 清教徒前辈移民（pilgrim fathers）指 16 世纪末 17 世纪初因在英格兰遭到迫害、镇压而移民北美的英格兰清教徒。从此开始了英国向北美洲的大举移民，这些移民为当时新英格兰各州的资产阶级的发展奠定了基石。

[11] 马·路德《论商业与高利贷》，见《尊敬的马丁·路德博士先生著作集第六部》1589 年维滕贝格版第 296 页。

[12] 古·居利希《关于当代主要商业国家的商业、工业和农业的历史叙述》1830 年耶拿版第 1 卷第 371 页。

[13] 看来马克思是套用德·狄德罗《拉摩的侄子》的如下一段话："一位外来的神谦卑地把自己安置在祭坛上，在当地的偶像旁边；他的地位逐渐地巩固起来，有一天，他用胳膊肘推了他的同僚一下，于是砰的一声，那偶像就倒下来。"

# 马克思
## 国际工人协会总委员会
## 关于普法战争的第一篇宣言[1]

致国际工人协会欧洲和美国全体会员

（写于 1870 年 7 月 19—23 日）

在 1864 年 11 月的"**国际工人协会**成立宣言"中，我们已经说过："工人阶级的解放既然要求工人们兄弟般的合作，那末当存在着那种为追求罪恶目的而利用民族偏见并在掠夺战争中洒流人民鲜血和浪费人民财富的对外政策时，他们又怎么能完成这个伟大任务呢？"我们当时用这样的话描述了国际所要求的对外政策："……努力做到使私人关系间应该遵循的那种简单的道德和正义的准则，成为各民族之间的关系中的至高无上的准则。"[2]

路易·波拿巴利用法国的阶级斗争篡夺了政权，并且以不时进行的对外战争来延长了自己的统治，无怪他一开始就把国际看做危险的敌人。在全民投票的前夕，他在巴黎、里昂、卢昂、马赛、布勒斯特以及其他地方，即在法国全境向国际工人协会各领导委员会的委员举行进攻，借口说国际是一个秘密团体，正在阴谋杀害他；这种借口之荒唐无稽，不久就由他自己的法官们揭穿了[3]。国际的法国各个支部的真正罪过究竟何在呢？就在于它们曾经公开而断然地告诉法国人民：参加全民投票，就等于投票赞成对内专制和对外战争。的确，由于它们的努力，在法国所有的大城市，所有的工业中心，工人阶级都一致起来反对了全民投票。不幸的是，农村地区的极端愚昧无知占了上风。欧洲各国的交易所、政府、统治阶级和报刊都欢庆全民投票的成功，认为这是法国皇帝对法国工人阶级的辉煌胜利；实际上，全民投票并不是要杀害某一个人，而是要杀害几国人民的信号。

1870 年 7 月的军事阴谋不过是 1851 年 12 月的 coup d'état〔政变〕[4]的修正版。初看起来，事情是如此的荒谬，以致法国不愿意相信战争传闻的真实性。它宁肯相信那个认为部长们的好战言论不过是交易所把戏的议员①。当 7 月 15 日终于正式向立法团宣布了关于战争的消息时，全体反对派都拒绝批准初步用费，甚至梯也尔也申斥说战争是一种"很讨厌的"事情；巴黎所有一切独立的报纸都谴责了这个战争，并且，说也奇怪，外省的报纸也与它们几乎采取一致行动。

这时，国际的巴黎会员又开始活动起来。在 7 月 12 日的"觉醒报"[5]上，他们公布了"告全世界各民族工人书"，现在我们从中摘引如下几段：

> 在保持欧洲均势和维护民族荣誉的借口下，政治野心又威胁世界和平了。法国、德国、西班牙的工人们！把我们的呼声联合成为共同反对战争的怒吼吧！……争夺霸权的战争，或维护某一王朝利益的战争，在工人看来只能是犯罪的胡作非为。我们渴望和平、劳动和自由，我们坚决反对那些能赎免"血税"并利用社会灾难来进行新的投机的人的黩武号召！……德国弟兄们！我们相互仇视只会使专制制度在莱茵河两岸都获得完全胜利……全世界的工人们！不论我们的共同努力在目前会产生怎样的结果，我们这些不分国界的国际工人协会会员，总是代表法国工人向你们表示良好的祝愿和敬意，作为我们牢不可破的团结的保证。

---

① 茹尔·法夫尔。——编者注

在我们的巴黎支部发表这个宣言以后，接着法国各地也发出了许多类似的宣言。我们在这里只能引用一个由塞纳河岸讷伊支部发出的宣言，它公布在 7 月 22 日的"马赛曲报"[6]上，其中说：

> 这次战争是正义的吗？不！这次战争是民族的吗？不！这完全是王朝的战争。为了人道，为了民主，为了法国的真正利益，我们完全并坚决赞同国际对战争的抗议。

这些抗议表达出了法国工人的真实情感，这点不久就为一个有趣的事件所证明了。当时，在路易·波拿巴任总统时初次纠集起来的**十二月十日匪帮**被换上了工人服装，放到巴黎街道上去表演战争狂热①[7]，市郊的真正工人们立刻就出来举行了声势浩大的拥护和平的示威，使得警察局长比埃特里不得不立即下令今后完全禁止在街上举行任何示威游行，借口是说忠诚的巴黎人民已经充分表达了自己蕴藏已久的爱国情感，已经发泄了自己无穷尽的战争热情。

不管路易·波拿巴同普鲁士的战争的结局如何，第二帝国的丧钟已经在巴黎敲响了。第二帝国的结局也会像它的开端一样，不过是一场可怜的模仿剧。但是不应该忘记，正是欧洲各国政府和统治阶级让路易·波拿巴在十八年内表演了**复辟帝国**的残酷笑剧。

在德国方面，这次战争是防御性的战争。但是，究竟是谁把德国弄到必须处于防御的地位呢？是谁使路易·波拿巴有可能对德国进行战争呢？正是**普鲁士**！正是俾斯麦曾和这个路易·波拿巴暗中勾结，以期摧毁普鲁士内部的民主反对派，并使霍亨索伦王朝兼并德国。如果萨多瓦之役[8]不是打胜而是打败了，那末法国军队就会以普鲁士盟友资格蹂躏德国。普鲁士在得胜之后，难道有片刻想过要以一个自由的德国去和一个被奴役的法国相对抗吗？恰恰相反！它细心保存了自己旧制度固有的一切妙处，并且

---

① 1891 年德文版为"用印第安人的战舞煽起战争狂热"。——译者注

还加上了第二帝国的一切奸猾伎俩：它的实际的专制制度和虚伪的民主精神，它的政治欺骗把戏和财政欺诈手腕，它的漂亮的言词和最下流的诈骗行为。这样，以前只是在莱茵河的一岸盛行的波拿巴制度，现在在它的另一岸上也同样盛行起来了。在这种情形下，除了战争，还能期待什么呢？

如果德国工人阶级容许目前这场战争失去纯粹防御性质而变为反对法国人民的战争，那末无论胜利或失败，都同样要产生灾难深重的后果。德国在它的所谓解放战争之后所遭到的那一切不幸，又将更残酷地压到它头上来。

然而，国际的原则在德国工人阶级中间得到了很广泛的传播，并扎下了很深的根，使我们不必担心会发生这种悲惨的结局。法国工人的呼声已经在德国得到了反响。7月16日在不伦瑞克举行的声势浩大的工人大会宣布完全赞同巴黎宣言，坚决排斥任何对法国持民族仇恨态度的思想，并且通过一个决议，其中说道：

> 我们反对一切战争，特别是反对王朝战争……我们被迫参加这场作为不可免的坏事的防御战争，深感悲痛，但同时我们号召德国全体工人阶级设法防止这种深重社会灾难的重演，力求使各国人民都有权力来自己决定战争与和平问题，从而使各国人民成为自己命运的主人。

在开姆尼斯，代表5万萨克森工人的代表大会一致通过了如下的决议：

> 我们以德国民主派的名义，特别是以参加社会民主党的工人名义宣布，目前这场战争完全是王朝战争……我们很高兴地握住法国工人们伸给我们的兄弟的手……我们谨记着国际工人协会的"**全世界无产者，联合起来！**"的口号，永远也不会忘记**世界各国的工人都是我们的朋友**，而**世界各国的专制君主都是我们的敌人**。[9]

国际的柏林支部也回答巴黎宣言说：

> 我们全心全意地支持你们的抗议……我们庄严地宣誓：无论是军号的声音或大炮的轰鸣，无论是胜利或失败，都不能使我们离开我们全世界工人团结的共同事业。

唯愿如此！

在这场自杀性斗争的背景上，显现出俄国的阴森形象。不祥的征兆是，现今这场战争的信号，恰巧是在俄国政府已经完成了对它具有重大战略意义的铁道线建筑工程并且已向普鲁特河方面集中了军队的时刻发出的。虽然德国人完全可以指望在自己反对波拿巴侵犯的防御战争中得到同情，但是只要他们容许普鲁士政府请求哥萨克援助或只是接受这种援助，他们便立刻会失去这种同情。他们应该记得，德国在它进行了反对拿破仑第一的解放战争以后，曾经有数十年之久匍匐跪倒在沙皇脚下。

英国工人阶级向法国工人和德国工人伸出了友谊的手。他们深信，不管当前这场可恶的战争怎样结束，全世界工人的联合终究会根绝一切战争。官方的法国和官方的德国彼此进行同室操戈的斗争，而法国的工人和德国的工人却互通和平与友谊的音讯。单是这一件史无前例的伟大事实，就使人们可以展望更加光明的未来。这个事实表明，同那个经济贫困和政治昏聩的旧社会相对立，正在诞生一个新社会，而这个新社会的国际原则将是**和平**，因为每一个民族都将有同一个统治者——**劳动**！

这个新社会的先声就是国际工人协会。

选自《马克思恩格斯全集》第 17 卷，人民出版社，1963，第 1—8 页。

**注释：**

[1] "国际工人协会总委员会关于普法战争的第一篇宣言"（《The General Council

of the International Working-Men's Association on the War》）是马克思在 1870 年
7月 19-23 日写成的。1870 年 7 月 19 日，即普法战争爆发的当天，总委员会
委托马克思起草关于这次战争的宣言。宣言在 7 月 23 日为总委员会常委会通
过，接着在 1870 年 7 月 26 日的总委员会会议上被一致批准。宣言首先用英文
刊登在伦敦 1870 年 7 月 28 日"派尔-麦尔新闻"第 1702 号上，几天以后以
传单的形式印行了一千份。英国的许多地方报纸也全文或摘要转载了宣言。
宣言曾送交"泰晤士报"编辑部，但该报拒绝发表。

鉴于宣言的第一版很快就销售一空，所印的册数远远不能满足需要，总
委员会在 1870 年 8 月 2 日决定再增印一千份。1870 年 9 月，第一篇宣言又和
总委员会关于普法战争的第二篇宣言一起用英文再版；在这一版中，马克思
改正了第一篇宣言在第一版中的刊误。

8月9日，总委员会成立了一个委员会，负责把第一篇宣言翻译成德文和
法文并加以传布。参加这个委员会的有：马克思、荣克、赛拉叶和埃卡留斯。
宣言用德文首次发表在莱比莱比锡"人民国家报"1870 年 8 月 7 日第 63 号
上，译者是威·李卜克内西。马克思得到宣言的这个德文本之后，对译文作
了彻底的加工，对全文的几乎一半重新进行了翻译。宣言用这个新的德译本
发表在 1870 年 8 月的"先驱"杂志第 8 期上，同时以传单的形式单独出版。
1891 年纪念巴黎公社二十周年的时候，恩格斯在柏林"前进报"出版社出版
的"法兰西内战"德文版中发表了总委员会的第一、第二两篇宣言。为这一
版翻译第一、第二两篇宣言的是路易莎·考茨基夫人，她在翻译时得到恩格
斯的帮助。

宣言用法文发表于 1870 年 8 月"平等报"、1870 年 8 月 7 日"国际报"
第 82 号和 1870 年 8 月 7 日"米拉波报"第 55 号。宣言也用总委员会所设委
员会译成的法文以传单形式出版。第一篇宣言于 1870 年 8—9 月首次用俄文
发表在日内瓦出版的"人民事业"第 6—7 期上；在 1905 年，第一、二两篇
宣言收入了由列宁审订的按 1891 年德文版翻译的"法兰西内战"的版本中。
后来，这两篇关于普法战争的宣言又多次用俄文和"法兰西内战"本文一起
发表过。

"人民国家报"（《Der Volksstaat》）是德国社会民主工党（爱森纳赫派）
的中央机关报，从 1869 年 10 月 2 日至 1876 年 9 月 29 日在莱比锡出版（每周

两次，自 1873 年 7 月起改为每周三次）。该报代表德国工人运动中的革命派的观点。这家报纸因为发表大胆的革命言论而经常受到政府和警察的迫害。由于编辑被逮捕，该报编辑部成员不断变动，但报纸的总的领导仍然握在威·李卜克内西手里。主持"人民国家报"出版工作的奥·倍倍尔在该报中起了卓越的作用。马克思和恩格斯从该报创刊起就是它的撰稿人，经常帮助编辑部并且一贯地为它纠正路线。尽管"人民国家报"有某些缺点和错误，它仍不失为十九世纪七十年代优秀的工人报纸之一。

"先驱"（《Der Vorbote》）月刊是瑞士的国际德国人支部的正式机关刊物，1866 年至 1871 年在日内瓦以德文出版；主编是约·菲·贝克尔。杂志总的说来执行马克思和总委员会的路线，有系统地发表国际的文件，报道协会的各国支部的活动情况。

"平等报"（《L' Egalité》）是瑞士的一家周报，国际罗曼语区联合会的机关报；从 1868 年 12 月至 1872 年 12 月在日内瓦以法文出版。在 1869 年 11 月—1870 年 1 月，混入该报编辑部的巴枯宁分子佩龙、罗班等人企图利用它来攻击国际总委员会。但是在 1870 年 1 月罗曼语区联合会委员会设法更换了编辑部的成员，清除了其中的巴枯宁分子，以后该报又开始支持总委员会的路线。

"国际报"（《L' Internationale》）是比利时的一家周报，国际比利时支部的机关报；从 1869 年到 1873 年在德·巴普的直接参加下在布鲁塞尔出版。该报经常发表国际的文件。

"米拉波报"（《Le Mirabeau》）是 1868 年至 1874 年在佛尔维耶出版的比利时周报；国际比利时支部的机关报。

"人民事业"《Наробное бело》是一批俄国革命流亡者于 1868 年至 1870 年在日内瓦出版的报纸（1870 年 4 月以前为杂志）；创刊号是巴枯宁主编的，从 1868 年 10 月起，编辑部（其中有尼·吴亭等人）同巴枯宁决裂并反对他的观点；从 1870 年 4 月起，它是国际工人协会俄国支部的机关报，执行马克思和总委员会的路线，登载国际的文件。

[2] 见"马克思恩格斯全集"中文版第 16 卷第 13—14 页。

[3] 拿破仑第三政府企图巩固引起广大人民不满的摇摇欲坠的第二帝国政权，于 1870 年 5 月举行了公民投票（全民投票）。提付表决的问题都是以这样一种

方式提出来，即要对第二帝国的政策表示不赞同，就意味着反对一切民主改革。尽管政府采取了这种蛊惑性的伎俩，公民投票仍然表明了反政府力量的增长：投票反对政府的有 150 万人，拒绝参加投票的有 190 万人。政府在准备公民投票的同时，广泛采取了镇压工人运动的措施，对工人组织竭尽造谣诬蔑之能事，歪曲它们的目的，用"赤色恐怖"来吓唬中间阶层。

国际的巴黎联合会和巴黎职工会联合会在 1870 年 4 月 24 日发表宣言，揭露了波拿巴派玩弄的公民投票，并号召工人们拒绝参加投票。在公民投票的前夕，政府以警察捏造的谋刺拿破仑第三的罪名逮捕了巴黎联合会的会员；政府还利用这一罪名在法国各城市里对国际会员发动大规模的迫害运动。在 1870 年 6 月 22 日至 7 月 5 日举行的对巴黎联合会会员的审判中，完全揭露了这一罪名的虚伪性；但是波拿巴的法庭仅以属于国际工人协会为罪名对在法国的许多国际会员判处了徒刑。

在法国对国际的迫害引起了工人阶级的广泛抗议。

[4] 指路易·波拿巴于 1851 年 12 月 2 日举行的政变，第二帝国的波拿巴政体即由此肇始。

[5] "觉醒报"（《Le Réveil》）是法国左派共和党人的机关报，原为周刊，从 1869 年 5 月起改为日报，从 1868 年 7 月至 1871 年 1 月在巴黎出版，由沙·德勒克吕兹主编。从 1870 年 10 月起反对国防政府。

[6] "马赛曲报"（《La Marseillaise》），是一家法国日报，左派共和党人的机关报，1869 年 12 月至 1870 年 9 月在巴黎出版。该报经常刊载有关国际的活动和工人运动的材料。

[7] 指十二月十日会（为纪念该会庇护人路易·波拿巴在 1848 年 12 月 10 日当选法兰西共和国总统而得名）。这是波拿巴派的秘密团体，成立于 1849 年，主要由堕落分子、政治冒险家、军阀等组成。虽然 1850 年 11 月该会在表面上被解散了，实际上它的党羽还继续进行波拿巴主义的宣传，并且积极地参加了 1851 年 12 月 2 日的政变。马克思在"路易·波拿巴的雾月十八日"一书中对十二月十日会作了详尽的评述。

支持路易·拿破仑的掠夺计划的沙文主义的示威游行，是波拿巴分子于 1870 年 7 月 15 日在警察的配合下组织的。

[8] 萨多瓦之役于 1866 年 7 月 3 日发生于捷克，交战双方是：奥地利和萨克森的

军队为一方，普鲁士的军队为另一方。它是以普鲁士战胜奥地利告终的 1866
年普奥战争中的一次决定性战役。在历史上这次战役又称凯尼格列茨（现为
格拉杰茨-克拉洛维）之役。

[9] 1870 年 7 月 16 日在不伦瑞克和 7 月 17 日在开姆尼斯举行的工人大会，是德
国社会民主工党的领导人（爱森纳赫派）为表示抗议统治阶级的掠夺政策而
召开的。

1870 年 7 月 16 日不伦瑞克大会的决议，马克思引自 1870 年 7 月 20 日
"人民国家报"第 58 号。

# 马克思

# 机密通知（节选）

## （写于 1870 年 3 月 28 日左右）

……

5. 关于总委员会就爱尔兰大赦所作的决议问题。

如果说英国是大地主所有制和欧洲资本主义的堡垒，那末唯一能使官方英国受严重打击的地方就是**爱尔兰**。

第一，爱尔兰是英国大地主所有制的支柱。如果大地主所有制在爱尔兰崩溃了，它在英国也必定要崩溃。在爱尔兰发生这样的事可能要容易一百倍，因为**那里的经济斗争只是集中在土地所有制上**，因为在那里这一斗争同时又是**民族**斗争，因为爱尔兰的人民比英国人民更富有革命情绪和更加顽强不屈。爱尔兰的大地主所有制仅仅是靠**英国军队**来维持它的地位。一旦这两个国家的强制的合并停止，社会革命，尽管是古老形式的社会革命，就会在爱尔兰爆发。英国的大地主所有制不仅会失去它的巨大的财富来源，而且会失去作为**英国统治爱尔兰的代表者的那种道义力量的最重要来源**。另一方面，如果让英国大地主在爱尔兰保持强大的势力，英国无产阶级就无法使他们在英国本土受到损害。

第二，**英国资产阶级**不仅利用爱尔兰的贫困，以便通过对爱尔兰贫民采取的**强制移民**手段来使英国工人阶级的状况更加恶化，除此以外，它还把无产阶级分成两个敌对的营垒。克尔特工人的革命热情和盎格鲁撒克逊工人的严肃的但是迟缓的性格没有和谐地结合起来。相反，**在所有的英国大工业中心**，英国无产者和爱尔兰无产者之间存在着很深的对立。普通的英国工人憎恨爱尔兰工人，把他们看做降低工资和 *Standard of life*〔生活水平〕的竞争者。他们对爱尔兰工人抱有民族的和宗教的厌恶，几乎像美国南部各州的 *Poor whites*〔白种贫民〕看待黑奴那样看待他们。资产阶级在英国本土的无产者之间人为地煽起和培植这种对立。资产阶级知道，无产者的这种分裂状态是**保存它的势力的真正秘诀**。

在大西洋彼岸也产生了这样的对立。被牛群和羊群从故乡排挤出去的爱尔兰人在美国重逢，他们是那里的居民中人数众多而且不断增长的一部分。他们一致的思想、一致的情感就是憎恨英国。英国政府和美国政府，也就是说这两个政府所代表的那些阶级，正在培植这样的情感，其目的是使**民族间的斗争**永远继续下去，因为这种斗争是大西洋两岸工人间的任何严肃而真诚的联合的障碍，因而也是他们的共同解放的障碍。

爱尔兰是英国政府维持**庞大的常备军**的唯一借口，一旦需要，正像已经发生过的那样，就把这支在爱尔兰受过军阀主义教育的军队用来对付英国工人。最后，目前在英国正重复着在古罗马到处都能看到的事件。奴役其他民族的民族是在为自身锻造镣铐。

因此，国际协会在爱尔兰问题上的立场是十分明确的。它的主要任务是加速英国的社会革命。为了达到这个目的，必须在爱尔兰进行决定性的打击。

总委员会关于爱尔兰大赦的决议只是其他一些决议的引言；那些决议将说到：姑且不谈国际上的公道，**英国工人阶级解放的先决条件**是把现存的**强制的合并**，即对爱尔兰的奴役，变为**平等自由的联盟**——如果这是可能的话，或者**完全分离**——如果这是必要的话。

选自《马克思恩格斯全集》第 16 卷，

人民出版社，1964，第 473—475 页。

# 马克思

## 马克思致劳拉·拉法格和保尔·拉法格

### （1870 年 3 月 5 日）

### 巴　黎

亲爱的劳拉和保尔：

你们一定对我长期不写信很不满意，这是完全应该的，但是你们应当原谅我，首先是因为生病，其次是我需要用加倍的工作来补偿失去的时间。

保尔通知我们的可悲消息，我并不感到意外。在收到他来信的前一天晚上，我向家里人说，我很为小孩担心。我自己为这种损失忍受的痛苦够多了，因此我深深同情你们。但是，我根据亲身的体验也知道，在这种情况下，一切好听的老生常谈和宽慰话只能加重真正的痛苦，而不会减轻它。

我希望得到你们关于小施纳普斯①、我最宠爱的宝贝的好消息。这个可怜又可爱的小家伙可能冻得够厉害的，因为寒冷对"黑肤色血统的人"[1]是非常有害的。顺便提一下，有一个叫德·戈宾诺的先生，大约十年前发表过一部四卷本的著作：《论人种的不平等》，他写这本书首先是要证明，"白种人"仿佛是其余的人的上帝，而"白种人"中的"高贵"家

---

① 沙尔·埃蒂耶纳·拉法格。——编者注

庭则自然是这些上帝的选民中的精华之精华。我认为完全有可能，当时任"法国驻瑞士外交使团一等秘书"的戈宾诺先生不是某个古代法兰克军人的后裔，而是一个现代法国看门人的后裔。不管怎么样，他尽管仇视"黑种人"（对这样的人来说，认为自己有权鄙视别人始终是他们得到满足的源泉），却宣布"黑人"或"黑色血统"是艺术的物质来源，而"白色民族"的一切艺术作品都取决于这些民族同"黑色血统"的混合。

我亲爱的前任秘书①的最近一封来信使我非常高兴，保尔关于在穆瓦兰家里开会情况的描述也使人非常开心[2]。

这个"未经公认的大人物"看来终究找到了"沽名钓誉"的诀窍。以往每当他快要捞到名誉的时候，名誉就狡猾地从他的手中滑掉了。他发现，为了征服世界，只要用自己的四堵墙把这个世界围起来就行了，在这个围墙内他可以自封为总统，可以拥有一批用师长的语言②发誓的听众。

这里家中情况你们非常清楚，芬尼亚社社员占绝对统治地位。杜西是他们的"首脑"[3]之一。燕妮代表他们用燕·威廉斯的笔名给《马赛曲报》写文章。我不仅就这个题目在布鲁塞尔《国际报》上发表了文章③，而且在总委员会内争取到通过了一项反对他们的狱吏的决议[4]。在总委员会给我们在各个国家的委员会的通告信中，我阐述了爱尔兰问题的意义④。

你们当然了解，我不仅仅是从人道出发的。除此以外还有其他一些原因。为了加速欧洲的社会发展，必须加速官方英国的崩溃。为此就必须在爱尔兰对它进行打击。这是它的最薄弱的环节。爱尔兰丧失了，不列颠"帝国"也就完蛋了，这样至今一直处于昏睡缓滞状态中的英国阶级斗争，将会激烈起来。要知道，英国是全世界大地主所有制和资本主义的大本营。

听到布朗基的什么消息没有？他是否在巴黎？

---

① 劳拉·拉法格。——编者注
② 贺雷西《书信集》第1册第1封信。——编者注
③ 卡·马克思《英国政府和被囚禁的芬尼亚社社员》。——编者注
④ 卡·马克思《总委员会致瑞士罗曼语区联合会委员会》第五点。——编者注

你们没有听到我的翻译凯先生①的任何消息吗？我依然处于困境。

弗列罗夫斯基的书《俄国工人阶级的状况》是一部卓越的著作。我很高兴，现在能够查着字典相当快地阅读它。这本书里第一次充分地描述了俄国的经济状况。这是一部非常认真的著作。作者在十五年中周游全国，从西部边境到西伯利亚东部，从白海到里海，唯一目的是研究事实，揭露传统的谎言。当然，他对俄罗斯民族的"无限完善的能力"和俄国形式的**公社所有制**的天意性质还抱有一些幻想。但这不是主要的。在研究了他的著作之后可以深信，波澜壮阔的社会革命在俄国是不可避免的，并在日益临近，自然是具有同俄国当前发展水平相应的初级形式。这是好消息。俄国和英国是现代欧洲体系的两大支柱。其余一切国家，甚至包括美丽的法国和有教养的德国在内，都只具有次要意义。

恩格斯打算离开曼彻斯特，于今年 8 月初定居伦敦。这对我将是很大的幸福。

再见吧！我亲爱的孩子们。不要忘记代我吻吻可爱的小施纳普斯。

**老尼克**

选自《马克思恩格斯全集》第 32 卷，
人民出版社，1974，第 642—647 页。

**注释：**

[1] 暗指拉法格的族系，拉法格出生于古巴圣地亚哥城；他的祖母是混血儿，外祖母是印第安人。

[2] 指在法国小资产阶级社会主义者穆瓦兰家里开的一次会，这次会上曾讨论了社会改革的计划。拉法格在 1870 年 1 月给马克思的一封信中描述了这次会议的情况。

[3] 芬尼亚社社员。首脑（HeadCentre）是芬尼兄弟会内部对芬尼亚社社员秘密

---

① 凯果尔。——编者注

组织领导人的称呼。

[4] 1869 年夏天和秋天，在爱尔兰广泛地展开了争取赦免被囚禁的芬尼亚社社员的运动；在许多次群众大会上都通过了要求英国政府释放爱尔兰革命者的请愿书。英国政府首脑格莱斯顿拒绝了爱尔兰人的这些要求。1869 年 10 月 24 日，在伦敦举行了声援芬尼亚社社员的大规模的示威游行，在示威游行之后，总委员会通过了呼吁英国人民捍卫被囚禁的爱尔兰人的决议，并为此成立了由马克思、鲁克拉夫特、荣克和埃卡留斯组成的委员会。根据马克思的建议，问题提得更加广泛，总委员会于 1869 年 11 月广泛地讨论了关于不列颠政府对被囚禁的爱尔兰人的态度问题。在讨论过程中，马克思曾两次发言，并草拟了《总委员会关于不列颠政府对被囚禁的爱尔兰人的政策的决议草案》，这个决议草案于 1869 年 11 月 30 日由总委员会通过。

## 恩格斯

# 致奥古斯特·倍倍尔（节选）

## （1885 年 11 月 17 日）
### 柏　林

亲爱的倍倍尔：

　　……

　　欧洲战争的威胁严重起来了。这些以往的民族的可怜残余——塞尔维亚人、保加利亚人、希腊人，以及为俄国利益而受到自由派庸人赏识的其他一伙强盗，准备互相残杀并且眼看就要彼此咬断贪婪的咽喉。只要欧洲的战争与和平不取决于这些小民族中的哪一个，那该多好啊，这样，喜欢侈谈民族的庸人就会得到应有的下场。第一枪已经在德拉哥曼打响了[1]，但是谁也无法断言，在什么地方和什么时候打最后一枪。

　　我们的运动进展得如此之好，情况到处如此有利于运动，最后，我们如此需要再有几年平静的发展，以便有可能巩固起来，以致我们决不能希望发生大的政治灾难。它会使我们的运动退居次要地位好多年，然后我们大概又得象 1850 年以后那样耽误很久，一切又要从头开始。

　　另一方面，战争可能在巴黎引起革命，这以后会间接地给欧洲其他地方的运动以强大的推动；可是那时，法国人就会成为领袖（在这种情况下他们肯定会有极端沙文主义情绪），而以他们的理论成熟程度来说，他们担任这个角色最不适宜。1871 年以来，法国人以他们特有的不自觉的合乎逻辑的一贯性，在政治上有了很好的发展，恰恰对这样的法国人来说，能有几年激进派的平静的统治倒具有不可估量的意义。因为这些激进派精通流行于法国的用路·勃朗、蒲鲁东等人的思想拼凑起来的折衷社会主义，要是让他们有机会在实践中使自己的空谈遭到破产，那对我们有巨大的意义。

反之，一场大战如果爆发，就会有六百万士兵开上战场，并且耗费空前。这将是一场闻所未闻的流血和浩劫，归根到底是前所未有的大伤元气。这就是为什么这些先生们这样害怕战争。但是可以预言：如果这场战争爆发，它将是最后一次战争；它将是阶级国家在政治上、军事上、经济上（包括财政上）和道义上的彻底破产。它可能会引起这样的情况：军事机器起来造反，并拒绝继续为一些可怜的巴尔干民族而互相残杀。阶级国家的呼声是：我们死后，哪怕洪水滔天①。但是，洪水之后，出来的就是我们，而且只有我们。

总之，一切依然照旧：不管发生什么事情，它最终都会变成使我党执政、使全部老骗局垮台的手段。但是老实说，我倒希望这些能在不出现这场屠杀的情况下做到；屠杀并不是必要的。如果这一情况发生了，我希望我的年老多病的身体不致妨碍我在必要时重新跨上战马。

你的　老弗·恩·

选自《马克思恩格斯全集》第 36 卷，
人民出版社，1975，第 380—382 页。

**注释：**

[1] 指的是在所谓的"保加利亚危机"过程中发生的塞尔维亚—保加利亚战争的第一次战斗（1885 年 11 月 16 日）。由于保加利亚领土扩大，在奥匈帝国影响下的塞尔维亚为要求取得领土补偿而向保加利亚宣战。然而，只过了两个星期，保加利亚军队就击溃了塞尔维亚人。和约确认了两国之间原来的边界。

---

① 据说，路易十五说过"我死后哪怕洪水滔天"这样一句话。这里是套用。——编者注

恩格斯

# 1892年4月1日弗·恩格斯对法国"闪电报"记者的谈话（节选）[1]

（1892年4月1日）

……

## 关于亚尔萨斯—洛林问题

"还有一个问题：亚尔萨斯—洛林这个一切纠纷的根源会怎么样？您相信能同时使法国和德国都满意地和平解决这一问题吗？"

"我希望，经过十年左右，德国社会党将取得政权。它首先要办的事，就是让亚尔萨斯—洛林的居民有可能按照自己的意见来决定自己的政治前途。因而，这一问题将在没有任何法国士兵的参预下得到解决。相反，德国和法国之间的战争是妨碍社会党人取得政权的唯一手段。如果法国同俄国结成同盟进攻德国，德国将为保卫民族的生存而进行殊死的斗争，而对于民族的生存，德国社会党人远较资产者更为关心。因此社会党人将战到最后一人，并且将毫不犹豫地采取1793年法国采用过的革命手段。"

选自《马克思恩格斯全集》第22卷，
人民出版社，1965，第622—623页。

**注释:**

[1] 恩格斯于 1892 年 4 月 1 日对法国"闪电报"记者艾·马萨尔发表了谈话。4 月 3 日,恩格斯审阅记者的记录,差不多完全把它改写了。1892 年 4 月 4 日,恩格斯在给劳拉·拉法格的信里提到这次谈话,他说,如果该报任意改动经他审阅后的文字,他将反对记者的做法。谈话在 4 月 16 日转载于工人党机关报"社会主义者报",由此可见,恩格斯显然认为发表出来的文字是符合他答记者问的内容的。谈话发表在"闪电报"上的标题是:"无政府主义。同德国社会党人恩格斯的谈话";发表在"社会主义者报"上的标题是:"饥荒造成的和平"(最后两段被删掉)。

本版所载的谈话,删去了记者加在前边的按语和后边的评论。

"闪电报"《*L'Eclair*》是一家法国资产阶级日报,从 1888 年至 1939 年在巴黎出版。

列宁篇

# 致格·瓦·普列汉诺夫（节选）

## （1903 年 1 月 28 日）

我把这份《无产阶级报》也寄给您。请您让拉拉扬茨或其他人把报上有关民族问题和**联邦制**问题的**所有材料全都翻译出来**，并尽快寄给我。一定要刊登一篇关于这些材料的短评（寄来的那篇短评要作修改，所以需要看看原文）。

选自《列宁全集》第 44 卷，人民出版社，2017，第 311 页。

# 致组织委员会<sup>*</sup>

## （1903 年 3 月 31 日）

    我们建议立即设法由组织委员会和波兰社会民主党共同发表正式声明（要尽可能详细和确切），表示波兰社会民主党完全赞同俄国社会民主工党并愿意加入党。根据这种正式发表的声明，组织委员会就能邀请波兰社会民主党参加代表大会。这样一来大概就不会有人提出抗议了[1]。

    其次（附带提一下），我们衷心希望你们在各处、在所有人当中为在代表大会上同崩得进行斗争作好准备。不经过顽强的斗争，崩得不会交出自己的阵地。我们无论何时也不能接受崩得的主张。我们只有下定决心，坚持要把崩得驱逐出党，迫使崩得让步。

    请赶紧把名单拟好，这一点非常重要，需要尽快办，不必等待各委员会的回信。顺便问一下，你们是否给各委员会规定了要在短期内回信？你们是否在编已确定的代表的名单？（为了保险起见，请寄给我们一份。）

选自《列宁全集》第 44 卷，人民出版社，2017，第 335—336 页。

---

    * 这封信是写在娜·康·克鲁普斯卡娅信上的附笔。——俄文版编者注

**注释：**

[1] 波兰社会民主党关于赞同俄国社会民主工党的声明在《火星报》上没有发表。

波兰社会民主党出席俄国社会民主工党第二次代表大会的代表只有发言权。

# 致格·马·克尔日扎诺夫斯基*

## （1903 年 4 月 3 日）

（老头:）

这一次我能告诉的事情不多。我看，现在主要的是尽一切力量加速筹备代表大会，并保证多数代表是干练的（和"自己的"）。几乎全部希望都落在布鲁特身上。要让他尽可能亲自料理**一切**，特别是有关代表的事，力求使我们的人多一些。每一个委员会两票的规定对这一点非常有利。其次，崩得的问题极其重要。我们已经停止同崩得关于组织委员会的论战，但是原则性的论战当然没有结束。这是办不到的。要使所有的人都透彻地、完全"装进头脑"地了解到，要想同崩得和平，就必须准备同它作战。要在代表大会上进行斗争，甚至分裂也在所不惜。毫无疑问，只有如此崩得才会屈服。那种荒谬的联邦制我们绝对不能接受，而且永远也不会接受。顶多是按照 1898 年的老章程实行自治，由中央委员会派一个代表参加崩得的中央委员会，这是最大限度了。必须对大家进行工作，说明并指出攻击叶卡捷琳诺斯拉夫是荒谬的野蛮行为[1]，等等。请速来信告知，大家在这方面的情绪怎样？你们的宣传工作进行得怎样？是否有希望使大多数人坚持正确的观点？我们想给犹太工人出版一本小册子，说明紧密团结

---

* 这封信是写在娜·康·克鲁普斯卡娅信上的附笔。——俄文版编者注

的必要性，揭露联邦制和"民族"政策的荒谬性。

选自《列宁全集》第 44 卷，人民出版
社，2017，第 336—337 页。

**注释：**

[1] 崩得对俄国社会民主工党叶卡捷琳诺斯拉夫委员会的攻击，列宁在《犹太无
产阶级是否需要"独立的政党"》一文（见《列宁全集》第 7 卷）中作了详
细的叙述。

# 致叶·米·亚历山德罗娃（节选）

## （1903 年 5 月 24 日）

现在再谈一下崩得、波兰社会党[1]和"异教"。我认为，对待崩得在形式上应该态度端正而且有分寸（不应破口斥责），同时也应高度冷静和慎重，根据正当的理由时刻无情地把他们压住，并且毫不畏惧地坚持到底。假如他们要退出，那就听便，但是我们一定不要被他们抓住一点分裂的口实。在代表大会召开以前形式上的一套当然需要遵守，但摊牌是用不着的。您来信说，崩得分子知道我们在为《火星报》斡旋，只是不吭声，虽然我们无权以组织委员会的名义这样做。我认为，这也不应当由组织委员会来做，而应当由每个成员**自己**来做，但不用组织委员会的名义，而用**承认《火星报》的委员会**的名义。这样做的效果完全一样，甚至更加有力（没有任何"代办员"），而在形式上又无可指责。使各委员会起来反对崩得是目前**最重要的**任务之一，这在不损害形式的情形下也是完全可以做到的。

和波兰社会党谈"组织委员会**成员**的信念"同样也是不必要的。关于组织委员会必须这样说：我们筹备代表大会，由**组织委员会**来决定，而对手"信念"问题则不应保持缄默，不过不要用组织委员会的名义，而用《火星报》，**特别是**承认《火星报》的委员会的名义。其次还需要取得波兰社会党的文件（书信），即使是简单的，但必须是正式的文件；不要向他们说"我们是反民族主义者"（为什么要无谓地吓人呢？），而要婉言相劝，

222

使他们相信，我们的纲领（承认民族自决权）对他们也足够了，使他们发表明确的反声明，向组织委员会和代表大会**正式呼吁**。我们对付波兰社会党的主要王牌是我们原则上承认民族自决权，但是它不能超出无产阶级阶级斗争的统一所决定的合理界限。

选自《列宁全集》第 44 卷，人民出版社，2017，第 340—341 页。

**注释：**

[1] 波兰社会党是以波兰社会党人巴黎代表大会（1892 年 11 月）确定的纲领方针为基础于 1893 年建立的。这次代表大会提出了建立独立民主共和国、为争取人民的民主权利而斗争的口号，但是没有把这一斗争同俄国、德国和奥匈帝国的革命力量的斗争结合起来。1906 年该党分裂，左翼和右翼分别成立了波兰社会党"左派"和波兰社会党"革命派"（"右派"，亦称弗腊克派）这两个政党。

# 俄国社会民主工党纲领（节选）

## （1903 年 7—8 月）

1903 年 7—8 月俄国社会民主工党

第二次代表大会通过<sup>*</sup>

交换的发展在文明世界各民族之间建立了密切的联系，因此伟大的无产阶级解放运动一定会成为而且早已成为国际的运动。

俄国社会民主党认为自己是全世界无产阶级大军中的一支队伍，它所追求的最终目的是和其他各国社会民主党人力求达到的目的相同的。

……

因此，俄国社会民主工党的最近的政治任务是推翻沙皇专制制度，代之以民主共和国，共和国的宪法应保证：

1. 建立人民专制，即国家的最高权力全部集中在立法会议手里，立法会议由人民代表组成，它是单一的议院。

2. 无论选举立法会议还是选举各级地方自治机关，凡年满 20 岁的男女公民都有普遍、平等和直接的选举权；选举时采取无记名投票；每个选民都有权被选入各级代表机构；议会每届任期两年；人民代表领取薪金。

3. 实行广泛的地方自治；在生活习俗和居民成分特殊的地方实行区域

---

    * 俄国社会民主工党第二次代表大会通过的这个纲领，是格·瓦·普师汉诺夫和列宁所拟定而由《火星报》编辑部提交代表大会的。——编者注

自治。

4．人身和住宅不受侵犯。

5．信仰、言论、出版、集会、罢工和结社的自由不受限制。

6．有迁徙和从业的自由。

7．废除等级制，全体公民不分性别、宗教信仰、种族和民族一律平等。

8．居民有权受到用本民族语言进行的教育，国家和各级自治机关应拨款开办这类学校，以保证这种权利的实现；每个公民都有在各种会议上讲本民族语言的权利；在一切地方的社会团体和国家机关中，本民族语言和国语地位平等。

9．国内各民族都有自决权。

10．人人都有权按照通常程序向陪审法庭控告任何官吏。

11．法官由人民选举产生。

12．用普遍的人民武装代替常备军。

13．教会同国家分离，学校同教会分离。

14．对未满16岁的男女儿童一律实行免费的义务的普通教育和职业教育；由国家供给贫苦儿童膳食、服装、教材和教具。

选自《列宁全集》第7卷，人民出版社，2013，第424—428页。

# 传单草稿

## （1905 年 7 月）

告公民们！


告俄罗斯人民

并告俄国各族人民。

1. 全面战争——流血——1 月 9 日的枪杀——街垒　里加——高加索，波兰——敖德萨等等——农民起义。

2. 因为什么？

**立宪会议**。给人民以**自由**。

| 讨价还价 |
| --- |

3. 政府的答复。地方自治人士受骗。政府在挑战。军队和舰队在动摇。

4. 怎么办？革命军队和革命政府。

5. 一切有觉悟的工人，一切正直的民主派人士，一切准备进行斗争的农民，应当集结起来，组成**革命军队**的小组和队伍，搞到武器，选出自己的领导人，时刻准备为支援起义去做一切可能做的事情。

6. 应当把建立革命政府作为目的提出来。联合起义。集中人民的力量。**自由和为自由而斗争的组织**。

7. 革命政府的口号和目的。

五项主要的——中心的
——是人民管理形式的基础
- （1）立宪会议。［和局部选举］
- （2）武装人民。
- （3）自由。
- （4）农民委员会。
- （5）解放各被压迫民族。
- （6）八小时工作制。

8. 革命军队和革命政府。工人们，组织起来！努力去领导群众！把农民吸引过来！

选自《列宁全集》第 11 卷，人民出版社，2017，第 158—159 页。

# 抵制布里根杜马和起义（节选）

（1905 年 8 月 3 日〔16 日〕）

这是我们的第三个直接的最迫切的政治任务。我们已经说过，"积极抵制"就是以两倍的毅力、三倍的努力、更大规模地来鼓动、征集和组织革命力量。但是，如果没有一个明确的、正确的和直接的①口号，进行这种工作是不可想象的。这种口号只能是武装起义。政府召集伪造得很拙劣的"人民"代表会议，就给我们提供了极好的根据来鼓动人民争取召集真正的人民代表会议，来向最广大的群众说明，现在（在沙皇这样欺骗和嘲弄人民之后）只有临时革命政府才能召集这种真正的人民代表会议，而要建立临时革命政府，就必须取得武装起义的胜利并且真正推翻沙皇政权。比这更好的广泛宣传起义的时机是难以想象的，为了进行这种宣传，还必须有十分明确的临时革命政府的纲领。这种纲领应当是我们早先拟定的（《无产者报》第 7 号，《革命军队和革命政府》）六条：（1）召集全民立宪会议；（2）武装人民；（3）政治自由——立即废除一切与之相抵触的法律；（4）一切被压迫的和没有充分权利的民族享有充分的文化和政治自由，俄罗斯人民如果不为其他民族的自由而斗争，就不可能争得自己的自由；（5）八小时工作制；（6）建立农民委员会，以支持和实行一切民主改

---

① 手稿上在"直接的"之后有："能够团结它的、并表明当前任务的"。——俄文版编者注

革，包括直至没收地主土地的土地改革。

选自《列宁全集》第 11 卷，人民出版
社，2017，第 163—164 页。

# 社会主义和农民（节选）

（1905 年 9 月 26 日〔10 月 9 日〕）

　　俄国现在经历的革命是全民的革命。全体人民的利益同一小撮组成专制政府和维护这个政府的人的利益发生了不可调和的矛盾。在以商品经济为基础的现代社会中，虽然不同的阶级和居民集团的利益有极大的差别和矛盾，但是这一社会的存在本身，要求消灭专制制度、实现政治自由，要求在国家的机构和管理中，公开而直接地反映出占统治地位的那些阶级的利益。民主革命按其社会经济实质来说是资产阶级性的，它不可能不反映整个资产阶级社会的需要。

　　但是，这个在目前反对专制制度的斗争中似乎是统一的、完整的社会，本身由于资本和劳动之间的鸿沟已经永远地分裂了。反对专制制度的人民不是统一的人民。业主和雇佣工人，少数（"一万个上层分子"）富人和千千万万的无产者和劳动者，他们就像一位有远见的英国人早在 19 世纪前半期所说的那样，真正是"两个民族"[1]。无产阶级同资产阶级的斗争在整个欧洲已经提上日程。这一斗争也早就扩展到俄国来了。在现代俄国，构成革命内容的不是两种斗争力量，而是两种不同性质的社会战争：一种是在目前的专制农奴制度内部发生的，另一种是在未来的、正在我们面前诞生的资产阶级民主制度内部发生的。一种是全体人民争取自由（争取资产阶级社会的自由）、争取民主，即争取人民专制的斗争，另一种则是无产阶级为争取社会主义社会制度而同资产阶级进行的阶级斗争。

选自《列宁全集》第 11 卷，人民出版社，2017，第 284—285 页。

**注释：**

[1]《两个民族》是英国国务活动家和作家本·迪斯累里于 19 世纪写的小说《女巫》的副标题。

# 对政治派别划分的初步总结（节选）

（1905 年 10 月 18 日〔31 日〕）

　　我们在上一号刊登的关于俄国各社会民主主义的政党和组织的代表会议[1]的报告，使我们有可能就目前的政治派别划分问题作出几点即使是初步的总结。各社会民主主义的政党和组织（俄国社会民主工党——中央委员会、崩得[2]、拉脱维亚社会民主工党[3]、波兰社会民主党[4]和乌克兰革命党[5]）的代表会议一致通过了积极抵制国家杜马的策略。可以毫不夸张地说，一切革命的社会民主派，不分民族差别，现在都认为必须真正加强反对国家杜马的鼓动，必须进行鼓动反对所有主张参加国家杜马的政党，最后，必须准备进行武装起义。俄国社会民主工党中央委员会所通过的、我们《无产者报》从第 12 号就开始为之辩护、而且辩护了两个半月之久的那个策略的各项原则，现在已经成了几乎所有俄国社会民主派的策略原则，只有一个可悲的例外。

　　……

　　政治派别划分是俄国各民族的政党和阶级的界限日趋分明的先兆，它正是在抵制问题上开始出现的。参加杜马，还是不参加杜马？取消杜马，还是接受杜马？是在杜马中、以杜马为基地进行斗争，还是在杜马外、不经过杜马来反对杜马，——问题就是这样不可避免地摆在一小撮享有特权的选举人和"无权的"人民群众的面前。至于这个问题如何解决，当然有许多不同的观点，不同的方案和种种"特殊意见"，但是从一切报刊的论

232

调和一切政治组织、政治会议、集会等等的全部声明来看，现在可以在这个问题上作出舆论"调查"**总结**了。

选自《列宁全集》第 12 卷，人民出版社，2017，第 7—9 页。

**注释：**

[1] 指 1905 年 9 月 7—9 日（20—22 日）在里加举行的俄国社会民主主义组织代表会议。这次会议是俄国社会民主工党中央委员会为了制定对待国家杜马的策略而召集的。派代表出席会议的有俄国社会民主工党中央委员会、孟什维克组织委员会、崩得、拉脱维亚社会民主工党、波兰王国和立陶宛社会民主党以及乌克兰革命党。代表会议赞同布尔什维克积极抵制布里根杜马的路线，谴责孟什维克主张参加这一杜马的政策，认为参加这一杜马就是背叛自由事业。代表会议的决议指出，必须利用选举运动在人民群众中间进行最广泛的宣传鼓动，召开群众大会，在所有选举集会上揭露布里根杜马的真正性质。

代表会议的决议刊登在 1905 年 10 月 11 日（24 日）《无产者报》第 22 号上（参看《苏联共产党代表大会、代表会议和中央全会决议汇编》1964 年人民出版社版第 1 分册第 108—112 页）。列宁在《对政治派别划分的初步总结》和《失败者的歇斯底里》这两篇文章（见《列宁全集》2017 年版第 12 卷第 7—15 页和第 16—18 页）中对代表会议的意义作了评价，并对孟什维克在《火星报》上反对代表会议决议的言论进行了严厉的批驳。孟什维克拒绝在代表会议的决议上签字。

[2] 崩得是立陶宛、波兰和俄罗斯犹太工人总联盟的简称，1897 年 9 月在维尔诺成立。参加这个组织的主要是俄国西部各省的犹太手工业者。崩得在成立初期曾进行社会主义宣传，后来在争取废除反犹太特别法律的斗争过程中滑到了民族主义立场上。在 1898 年俄国社会民主工党第一次代表大会上，崩得作为只在专门涉及犹太无产阶级问题上独立的"自治组织"，加入了俄国社会民主工党。在 1903 年俄国社会民主工党第二次代表大会上，崩得分子要求承认崩得是犹太无产阶级的唯一代表。在代表大会否决了这个要求之后，崩得退出了党。根据 1906 年俄国社会民主工党第四次（统一）代表大会决议，崩得

重新加入了党。从 1901 年起,崩得是俄国工人运动中民族主义和分离主义的代表。它在党内一贯支持机会主义派别(经济派、孟什维克和取消派),反对布尔什维克。第一次世界大战期间,崩得分子采取社会沙文主义立场。1917年二月革命后,崩得支持资产阶级临时政府。1918—1920 年外国武装干涉和国内战争时期,崩得的领导人同反革命势力勾结在一起,而一般的崩得分子则开始转变,主张同苏维埃政权合作。1921 年 3 月崩得自行解散,部分成员加入俄国共产党(布)。

[3] 拉脱维亚社会民主工党于 1904 年 6 月在该党第一次代表大会上成立。在 1905年 6 月党的第二次代表大会上通过了党的纲领并作出了必须同俄国社会民主工党统一的决议。1905 年该党领导了工人的革命行动并组织群众准备武装起义。1906 年,在俄国社会民主工党第四次(统一)代表大会上,拉脱维亚社会民主工党作为一个地区性组织加入了俄国社会民主工党。代表大会后改名为拉脱维亚边疆区社会民主党。

[4] 指波兰王国和立陶宛社会民主党。

波兰王国和立陶宛社会民主党成立于 1893 年 7 月,最初称波兰王国社会民主党,其宗旨是实现社会主义,建立无产阶级政权,最低纲领是推翻沙皇制度,争取政治和经济解放。1900 年 8 月,该党和立陶宛工人运动中国际主义派合并,改称波兰王国和立陶宛社会民主党。在 1905—1907 年俄国革命中,波兰王国和立陶宛社会民主党提出与布尔什维克相近的斗争口号,对自由派资产阶级持不调和的态度。但该党也犯了一些错误。列宁曾批评该党的一些错误观点,同时也指出它对波兰革命运动的功绩。1906 年 4 月,在俄国社会民主工党第四次(统一)代表大会上,该党作为地区性组织加入俄国社会民主工党,保持组织上的独立。由于党的领导成员扬·梯什卡等人在策略问题上发生动摇,1911 年 12 月该党分裂成两派:一派拥护在国外的总执行委员会,称为总执委会派;另一派拥护边疆区执行委员会,称为分裂派(见《列宁全集》2017 年版第 22 卷《波兰社会民主党的分裂》一文)。分裂派主要包括华沙和洛兹的党组织,同布尔什维克密切合作,赞同 1912 年俄国社会民主工党布拉格代表会议的决议。第一次世界大战期间,波兰王国和立陶宛社会民主党持国际主义立场,反对支持外国帝国主义者的皮尔苏茨基分子和民族民主党人。1916 年该党两派合并。该党拥护俄国十月社会主义革命,

1918 年在波兰领导建立了一些工人代表苏维埃。1918 年 12 月，在该党与波兰社会党"左派"的统一代表大会上，成立了波兰共产党。

[5] 乌克兰革命党是小资产阶级民族主义组织，于 1900 年初成立。该党支持乌克兰自治这一乌克兰资产阶级的基本口号。1905 年 12 月，乌克兰革命党改名为乌克兰社会民主工党，通过了一个按联邦制原则和在承认乌克兰社会民主工党是乌克兰无产阶级在党内的唯一代表的条件下同俄国社会民主工党统一的决议。俄国社会民主工党第四次（统一）代表大会拒绝了该党的代表提出的立即讨论统一的条件的建议，将这一问题转交俄国社会民主工党中央委员会去解决。由于该党的性质是小资产阶级的、民族主义的，因此，在统一问题上未能达成协议。在崩得的影响下，该党的民族纲领提出了民族文化自治的要求。该党后来站到了资产阶级民族主义反革命阵营一边。

# 失败者的歇斯底里（节选）

## （1905 年 10 月 18 日〔31 日〕）

你们之所以不满，是不是因为，你们认为，会议对你们的策略的责备太尖锐了，竟把参加杜马叫做背叛自由事业？但是，可爱的《火星报》同志们，你们是同俄国社会民主工党中央委员会一道参加代表会议的，而这个中央委员会的机关报《无产者报》老早就在小册子和文章中指出你们已经变成君主主义自由派政党的走狗，这一点你们难道不知道吗？亲爱的《火星报》同志们，这一点你们是很清楚的，如果你们现在气得发昏，老实说，我们实在爱莫能助。要知道，在俄国各民族一切秘密的政党、组织、派别和机关报之中，只有你们还和《解放》杂志搞在一起，这是事实，是无法抹杀和无可争辩的事实。这个**事实**就是对你们的最尖锐的、历史上空前尖锐的谴责，而你们却以为尖锐的根源是"背叛自由事业"这个**字眼**！

你们是这样惊慌失措，在会议上遭到失败以后竟大叫大嚷，说崩得和其他民族的社会民主主义团体所维护的组织上的联邦制是有害的。亲爱的《火星报》同志们，你们这样做很不明智，这只是**更加突出地表明**你们失败的惨重罢了。亲爱的《火星报》同志们，你们好好想一想：事实上是谁两年来维护了而且现在还在维护组织上的涣散和模糊，维护协议和分权制的原则呢？正是你们新火星派。正是崩得、拉脱维亚和波兰社会民主工党中的联邦主义者曾经在报刊上响应你们所有的破坏组织的言论来反对所谓集中制的极端表现等等。上述各个党中的**一切**联邦主义者都曾经写过和发表过与少数派观点相同的文章，这也是事实，是无法抹杀和无可争辩的事实。亲爱的《火星报》同志们，你们看，你们重新提起联邦制是多么不合时宜：你们这样做，只是更加突出地表明，社会民主主义的崩得、拉脱维亚党和波兰党内昨天同情你们的人忍受不了你们的杜马策略的庸俗，不得不抛弃你们了！不，亲爱的《火星报》同志们，如果你们平心静气地稍微想一想，那你们自己也会看到大家都看到的事情：不是"多数派"接受了联邦制，而是崩得、拉脱维亚和波兰的社会民主党人①在革命事变的客观逻辑的影响下转向了"多数派"一贯坚持的观点。

选自《列宁全集》第 12 卷，人民出版社，2017，第 16—18 页。

---

① 手稿上是："……由于确信多数派的策略原则正确而转向了多数派"。——俄文版编者注

# 俄国社会民主工党彼得堡组织
## 关于抵制策略的决议[1]（节选）

### （1906 年 2 月底）

（7）[2]在这种政治情况下参加这类杜马，国内各社会民主政党和各民族组织的绝大多数都会认为是不可能的；

……

（14）俄国最受压迫的各民族的觉悟的无产阶级代表（波兰社会民主党、犹太社会民主党、拉脱维亚社会民主党和立陶宛社会民主党）坚决反对参加这种选举闹剧，并且全力反对选举的策划人；

选自《列宁全集》第 12 卷，人民出版社，2017，第 185—186 页。

**注释：**

［1］《俄国社会民主工党彼得堡组织关于抵制策略的决议》的草案是列宁在 1906 年 2 月 11 日（24 日）俄国社会民主工党彼得堡市代表会议上提出的。草案原稿没有保存下来。1906 年 2 月底—3 月初彼得堡组织第二次代表会议讨论了这个草案并由代表会议选出的有列宁参加的专门委员会最后修订。修订后的定本于 1906 年 3 月由俄国社会民主工党统一的彼得堡委员会印成单页。

［2］列宁在俄国社会民主工党彼得堡市代表会议（第二次）上讨论关于抵制策

略的决议案时提出的第 7 条修改方案如下："在这种政治情况下参加这类杜马，全俄国各民族的社会民主主义政党和组织中的绝大多数都认为是不可能的。"

# 俄国社会民主工党
# 统一代表大会文献<sup>[1]</sup>（节选）

## （1906 年 4 月 10—25 日〔4 月 23 日—5 月 8 日〕）

## 3　在第 3 次会议上的发言

**列宁**反对唐恩的意见<sup>[2]</sup>，并主张必须就目前形势的估计问题进行讨论，主张把民族问题列入议程。

## 4　关于议程草案第 8 条条文的建议

第 8 条："对于为波兰召开特别立宪会议的态度"要加上如下的字样："根据党纲中的民族问题"。

选自《列宁全集》第 12 卷，人民出版
社，2017，第 324—325 页。

**注释：**

[1] 这是有关俄国社会民主工党第四次（统一）代表大会的一组文献。

俄国社会民主工党第四次（统一）代表大会于 1906 年 4 月 10—25 日（4
月 23 日—5 月 8 日）在斯德哥尔摩举行。出席这次代表大会的有 112 名有表决权的代表和 22 名有发言权的代表。他们代表了俄国社会民主工党的 62 个组织。参加大会有发言权的还有波兰王国和立陶宛社会民主党、拉脱维亚社会民主工党和崩得的代表各 3 名，乌克兰社会民主工党、芬兰工人党的代表各 1 名。此外，还有保加利亚社会民主工党的代表 1 名。加上特邀代表和来宾，共有 157 人参加大会。

为了召开这次代表大会，1905 年底布尔什维克和孟什维克两派领导机构组成了统一的中央委员会。在两个月的时间里，各地党组织讨论两派分别制定的纲领，并按 300 名党员产生 1 名代表的比例进行代表大会代表的选举。由于布尔什维克占优势的工业中心的许多党组织遭到摧残而严重削弱，因此代表大会的组成并未反映党内真正的力量对比。在 112 张表决票中，布尔什维克拥有 46 票，孟什维克则拥有 62 票，而且拥有少数几票的调和派在基本问题上也是附和孟什维克的。

代表大会的议程是：修改土地纲领；目前形势和无产阶级的阶级任务；关于对国家杜马选举结果和对杜马本身的策略问题；武装起义；游击行动；临时革命政府和革命自治；对工人代表苏维埃的态度；工会；对农民运动的态度；对各种非社会民主主义的党派和组织的态度；根据党纲中的民族问题确定对召开特别的波兰立宪会议的要求的态度；党的组织；与各民族的社会民主党组织（波兰王国和立陶宛社会民主党、拉脱维亚社会民主工党、崩得）的统一；工作报告；选举。大会只讨论了修改土地纲领、对目前形势的估计和无产阶级的阶级任务、对国家杜马的态度、武装起义、游击行动、与各民族的社会民主党的统一、党的章程等问题。列宁就土地问题、当前形势问题和对国家杜马的态度问题作了报告，就武装起义问题以及其他问题发了言，参加了党章起草委员会。

大会是在激烈斗争中进行的。在修改土地纲领问题上提出了三种纲领：列宁的土地国有化纲领，一部分布尔什维克的分配土地纲领和孟什维克的土地地方公有化纲领。代表大会以多数票批准了孟什维克的土地地方公有化纲领，但在布尔什维克的压力下对这一纲领作了一些修改。大会还批准了孟什维克的关于国家杜马的决议案和武装起义的决议案，大会未经讨论通过了关于工会的决议和关于对农民运动的态度的决议。代表大会通过了同波兰王国和立陶宛社会民主党以及同拉脱维亚社会民主工党统一的决定。这两个党作为地区性组织加入俄国社会民主工党，在该地区各民族无产阶级中进行工作。大会还确定了同崩得统一的条件。在代表大会批准的新党章中，关于党员资格的第 1 条采用了列宁的条文，但在党的中央委员会和中央机关报的相互关系问题上仍保留了两个中央机关并存的局面。

代表大会选出了由 7 名孟什维克（弗·尼·罗扎诺夫、列·伊·戈尔德曼、柳·尼·拉德琴柯、列·米·欣丘克、维·尼·克罗赫马尔、Б. А. 巴赫梅季耶夫、帕·尼·科洛科尔尼科夫）和 3 名布尔什维克（瓦·阿·杰斯尼茨基、列·波·克拉辛、阿·伊·李可夫）组成的中央委员会和由 5 名孟什维克（尔·马尔托夫、亚·马尔丁诺夫、彼·巴·马斯洛夫、费·伊·唐恩、亚·尼·波特列索夫）组成的中央机关报编辑部。中央委员中的李可夫后来换成了亚·亚·波格丹诺夫。加入俄国社会民主工党的各民族社会民主党后来分别派代表参加了中央委员会。

列宁在《关于俄国社会民主工党统一代表大会的报告（给彼得堡工人的信）》这本小册子中对这次代表大会的工作作了分析。

[2] 俄国社会民主工党第四次（统一）代表大会第 3 次会议讨论了代表大会议程问题。孟什维克费·伊·唐恩反对把对目前形势的估计问题列入议程。

# 关于俄国社会民主工党
# 统一代表大会的报告（节选）

（1906 年 5 月上半月）

（给彼得堡工人的信）[1]

## 一　代表大会的成员

先谈一下代表大会成员的一般情况。大家知道，有表决权的代表是按每 300 个党员选举 1 名代表的规定选举出来的。有表决权的代表一共有 110 名左右，在代表大会开始时好像要少一些（没有到齐）；在代表大会快结束时大概有 113 名。有发言权的代表中有 5 名中央机关报的编辑（"少数派" 3 名，"多数派" 2 名，因为我已经得到了你们的有表决权的代表委托书）和 5 名（如果我没有记错的话）统一的中央委员会的委员。其次有发言权的还有各组织的没有表决权的代表和某些代表大会特邀代表（"土地委员会"[2]委员 2 名，还有普列汉诺夫和阿克雪里罗得，以及阿基莫夫同志和其他一些人）。有发言权的还有工人人数在 900 名以上的大的组织（彼得堡、莫斯科和南方区域组织）的几位代表。最后，有发言权的还有各民族社会民主党的代表：波兰社会民主党[3]3 人，拉脱维亚社会民主工党[4]和犹太组织（崩得）[5]各 3 人，乌克兰社会民主工党（这个名称好像是在乌克兰革命党[6]最近一次代表会议上通过的）1 人。有发言权的一共有 30 人，或者还要多一些。就是说，总共不是 120 人，而是 140 多人。

## 二 常务委员会的选举。代表大会的议程

......

关于代表大会议程问题的争论有两次是很有意义的，这两次争论很清楚地说明了代表大会的成分和性质。第一个争论是要不要把同各民族社会民主党合并的问题列为第一项议程。各民族党当然希望这样做。我们也赞成。孟什维克却否决了这一点，他们的理由是：应当先让俄国社会民主工党自决，然后再同别人合并，应当先让"我们"自己决定"我们"**怎样**，然后再同"他们"合并。对于这个理由（这个理由从心理学上看是完全可以理解的，从孟什维克的派别观点上看也是正确的），我们反驳说：否认各民族党有权同我们**一起**自决难道不奇怪吗？既然"他们"同"我们"合并，那么"我们"就要一起而且应该一起（包括他们在内）来决定"我们"**怎样**。还必须指出，关于波兰社会民主党的问题，早在代表大会开幕前，统一的中央委员会就已经达成了关于完全合并的协议。尽管如此，把这个问题列入第一项议程的提议还是被否决了。波兰代表团团员瓦尔沙夫斯基同志公开地反对这一点，甚至冲着孟什维克大声喊叫起来，使整个会场都发笑了，他对孟什维克说：你们想首先"吃掉"或者"咬死"布尔什维克，然后再同我们合并！这当然是开玩笑，而且我是最不喜欢在诸如"吃掉"这样一些"可怕的字眼"上挑剔的，但是这个玩笑对当时那种独特的政治形势却是一种突出的、非常中肯的评价。

......

## 五 对国家杜马的态度

在代表大会上占优势的派别关于国家杜马问题的报告人，是阿克雪里罗得同志，他的长篇发言也没有把两个决议（委员会提出了两个决议，因为孟什维克和布尔什维克没有达成协议）进行比较，作出评价，没有确切

说明少数派对这一问题的全部观点，而是"概括地叙述"议会制的意义。报告人高谈阔论，大讲其历史，描述了什么是议会制，它的意义，它在发展无产阶级组织、进行鼓动和唤醒无产阶级觉悟方面的作用等等。报告人一再含沙射影地说到"无政府主义密谋分子的"观点，他完全翱翔于抽象的领域之中，高飞在九霄云外，抛出一连串的陈词滥调和美妙的历史见解，这些东西对于一切时代、一切民族、一切历史时期全都适用，但由于这些东西本身的抽象性，唯独对于掌握我们面临的具体问题的具体特点没有用处。关于阿克雪里罗得这样极其抽象地、空洞地、泛泛地谈论问题的做法，我还记得下面这样一个十分突出的例子。他在发言中两次（我作了记录）提到社会民主党人同立宪民主党人搞交易或者说达成协议的问题。有一次他顺便谈到这个问题，他以不屑一顾的口吻，三言两语地表示反对达成任何协议。另一次他谈得比较详细，他说：一般地讲，达成协议是可以允许的，但是不能在某个委员会里偷偷摸摸地干，而必须是公开地、让全体工人群众都知道和都清楚的情况下达成协议，它们应当成为重大的政治步骤或行动。这种协议会提高作为政治力量的无产阶级的作用，更清楚更明显地向他们显示政治结构的情况，显示各个阶级的不同的地位，不同的利益。它们会把无产阶级卷入一定的政治关系，教会他们辨认出敌人和怀敌意者，等等。阿克雪里罗得同志的大"报告"就正是用这一类的议论拼凑成的，——这些议论无法重述，只能举出个别例子来加以说明。

……

各民族社会民主党的代表，包括波兰人，崩得，记得还有拉脱维亚人，都在这个问题上发了言，他们坚决主张抵制，同时强调要考虑地方的具体条件，反对根据抽象的考虑决定这样的问题。

……

第二个插曲从另一方面说明了这一点。事情是这样的。委员会提出的孟什维克关于国家杜马的最初决议草案的第五条（关于军队问题）有这样的话："……在俄国土地上将第一次看到由**沙皇亲自促成的、为法律所承认的、从民族内部产生的新政权**"等等。在批评孟什维克决议对国家杜马的不慎重和乐观的（说得温和一些）态度时，我也批评了加了着重标记的这些词句，我开玩笑地说：也许还要加上"上帝恩赐的"（政权？）。委员会的委员普列汉诺夫同志对于我开这个玩笑非常生气。他发言时喊道：怎么！说我有"机会主义的嫌疑"（这是我记下来的他的原话）吗？我是军人，我知道军人怎样对待政权，也知道沙皇承认的政权在军人眼中有什么意义等等。普列汉诺夫同志生气，正暴露了他的弱点，更明显地表明他做得"过火"了。我在自己的总结发言中回答说，问题根本不在于"嫌疑"，说这些抱怨的话是可笑的。谁也不会责备普列汉诺夫信仰沙皇。但是决议不是为普列汉诺夫写的，而是为人民写的。对人民说这些只有维特之流的先生们才能说出的模棱两可的道理是不适当的。这些道理会转过来反对我们，因为如果强调国家杜马是"政权"（？？这个词就足以表明我们的孟什维克太乐观了），而且是沙皇促成的政权，从这里就会得出这样的结论：这个合法的政权应该合法地进行活动，应该听从"促成"它的人的话。

......

# 七 代表大会的结束

......

同各民族社会民主党统一的问题占用了比较多的时间。同波兰人合并的问题一致通过了。同拉脱维亚人合并的问题，我记得也一致通过了，至少没有发生多大的争论。在同崩得合并的问题上发生了一场激战。我记得结果是以54票或者将近54票通过了合并。布尔什维克（几乎全部）、中派和派别情绪最少的孟什维克都投了**赞成**票。大家都同意俄国社会民主工党各地方领导委员会应当是统一的委员会，出席代表大会的代表要根据共同的原则选举。通过了一项承认必须为实现集中的组织原则而奋斗的决议（我们提出了措辞不同但是意思完全一致的另一个决议，其中强调了我们向崩得所作的让步的实际意义，肯定了必须为无产阶级力量的新的更紧密的团结进行坚定不移的斗争）。

在同崩得合并的问题上，有一些孟什维克勃然大怒，他们指责我们违背了第二次代表大会的原则。对照一下《党内消息报》第2号，就是对这种指责的最好的回答。**早在代表大会召开以前很久布尔什维克就在那里发**表了一个决议草案，其中建议向**所有的**民族社会民主党作一系列**进一步**的让步，直到"在党的地方的、省的和中央的机关中有按一定比例选出的代表"①。孟什维克也在《党内消息报》第2号上提出了自己的反决议作为对我们决议的答复，然而他们的决议**一个字也**没有提到不同意我们的进一步向崩得及其他民族社会民主党让步的方案。

……

## 八　代表大会的总结

……

代表大会的一个重大的实际成果就是确定了（部分已经实现了）同各民族社会民主党的合并。这次合并巩固了俄国社会民主工党。它将有助于消灭小组习气的最后痕迹。它将给党的工作带来新的生气。它将大大加强俄国所有各民族的无产阶级的力量。

选自《列宁全集》第13卷，人民出版社，2017，第2—59页。

注释：

[1]《关于俄国社会民主工党统一代表大会的报告（给彼得堡工人的信）》这本小册子起初交由彼得堡事业印刷所刊印。1906年6月3日（16日），这家印刷所遭到沙皇警察的搜查，已印出的小册子被抄走。从这时起，沙皇政府的书报检查部门和司法部门对这本小册子出版一事进行了整整6年的追查，最

---

① 参看《列宁全集》2017年版第12卷第210—211页。——编者注

终根据圣彼得堡高等法院 1912 年 6 月 25 日（7 月 8 日）的决定于 1913 年 1 月 30 日（2 月 12 日）将小册子销毁。但是，沙皇政府要查禁这本小册子的企图并未得逞：早在 1906 年 6 月，小册子就已顺利地转移到莫斯科出版了。

这本小册子的《附录》中收有布尔什维克和孟什维克向代表大会提出的决议草案、代表大会通过的决议和其他材料。《附录》部分有列宁写的简短序言（见《列宁全集》2017 年版第 13 卷第 64—65 页）。

[2] 指俄国社会民主工党统一的中央委员会在第四次代表大会召开前夕为处理党内在土地问题上的尖锐分歧而成立的一个专门委员会。参加这个委员会的有列宁、彼·巴·马斯洛夫、彼·彼·鲁勉采夫、谢·亚·苏沃洛夫、伊·阿·泰奥多罗维奇、格·瓦·普列汉诺夫、诺·尼·饶尔丹尼亚和亚·尤·芬-叶诺塔耶夫斯基。委员会把党内在土地问题上的观点归纳成四种基本类型的草案，即：列宁的草案、尼·亚·罗日柯夫的草案、马斯洛夫的草案和芬-叶诺塔耶夫斯基的草案（委员会所列的第 5 种类型是斗争社的草案），并把它们一并提交代表大会。委员会中多数人赞成列宁的草案，因此该草案作为俄国社会民主工党统一的中央委员会土地委员会的多数的草案提交代表大会。这个草案曾由列宁在《修改工人政党的土地纲领》一文（见《列宁全集》2017 年版第 12 卷）中加以论证，并同策略纲领一起在 1906 年 3 月布尔什维克会议上被批准。

[3] 指波兰王国和立陶宛社会民主党。

波兰王国和立陶宛社会民主党成立于 1893 年 7 月，最初称波兰王国社会民主党，其宗旨是实现社会主义，建立无产阶级政权，最低纲领是推翻沙皇制度，争取政治和经济解放。1900 年 8 月，该党和立陶宛工人运动中的国际主义派合并，改称波兰王国和立陶宛社会民主党。在 1905—1907 年俄国革命中，波兰王国和立陶宛社会民主党提出与布尔什维克相近的斗争口号，对自由派资产阶级持不调和的态度。但该党也犯了一些错误。列宁曾批评该党的一些错误观点，同时也指出它对波兰革命运动的功绩。

1906 年 4 月，在俄国社会民主工党第四次（统一）代表大会上，该党作为地区性组织加入俄国社会民主工党，保持组织上的独立。由于党的领导成员扬·梯什卡等人在策略问题上发生动摇，1911 年 12 月该党分裂成两派：一派拥护在国外的总执行委员会，称为总执委会派；另一派拥护边疆区执行委员会，称为分裂派（见《列宁全集》2017 年版第 22 卷《波兰社会民主党的分裂》一文）。分裂派主要包括华沙和洛兹的党组织，同布尔什维克密切合作，赞同 1912 年俄国社会民主工党布拉格代表会议的决议。第一次世界大战期间，波兰王国和立陶宛社会民主党持国际主义立场，反对支持外国帝国主义者的皮尔苏茨基分子和民族民主党人。1916 年该党两派合并。该党拥护俄国十月社会主义革命，1918 年在波兰领导建立了一些工人代表苏维埃。1918 年 12 月，在该党与波兰社会党"左派"的统一代表大会上，成立了波兰共产党。

[4] 拉脱维亚社会民主工党于 1904 年 6 月在该党第一次代表大会上成立。在 1905 年 6 月党的第二次代表大会上通过了党的纲领并作出了必须同俄国社会民主工党统一的决议。1905 年该党领导了工人的革命行动并组织群众准备武装起义。1906 年，在俄国社会民主工党第四次（统一）代表大会上，拉脱维亚社会民主工党作为一个地区性组织加入了俄国社会民主工党。代表大会后改名为拉脱维亚边疆区社会民主党。

[5] 崩得是立陶宛、波兰和俄罗斯犹太工人总联盟的简称，1897 年 9 月在维尔诺成立。参加这个组织的主要是俄国西部各省的犹太手工业者。崩得在成立初期曾进行社会主义宣传，后来在争取废除反犹太特别法律的斗争过程中滑到了民族主义立场上。在 1898 年俄国社会民主工党第一次代表大会上，崩得作为只在专门涉及犹太无产阶级问题上独立的"自治组织"，加入了俄国社会民主工党。在 1903 年俄国社会民主工党第二次代表大会上，崩得分子要求承认崩得是犹太无产阶级的唯一代表。在代表大会否决了这个要求之后，崩得退出了党。根据 1906 年俄国社会民主工党第四次（统一）代表大会决议，崩得重新加入了党。从 1901 年起，崩得是俄国工人运动中民族主义和分离主义的代表。它在党内一贯支持机会主义派别（经济派、孟什维克和取消派），反对布尔什维克。第一次世界大战期间，崩得分子采取社会沙文主义立场。1917 年二月革命后，崩得支持资产阶级临时政府。1918—1920 年外国武装干涉和国内战争时期，崩得的领导人同反革命势力勾结在一起，而一般的崩得分子则开始转变，主张同苏维埃政权合作。1921 年 3 月崩得自行解散，部分成员加入俄国共产党（布）。

[6] 乌克兰革命党是小资产阶级民族主义组织，于 1900 年初成立。该党支持乌克

兰自治这一乌克兰资产阶级的基本口号。1905 年 12 月，乌克兰革命党改名为乌克兰社会民主工党，通过了一个按联邦制原则和在承认乌克兰社会民主工党是乌克兰无产阶级在党内的唯一代表的条件下同俄国社会民主工党统一的决议。俄国社会民主工党第四次（统一）代表大会拒绝了该党的代表提出的立即讨论统一的条件的建议，将这一问题转交俄国社会民主工党中央委员会去解决。由于该党的性质是小资产阶级的、民族主义的，因此，在统一问题上未能达成协议。在崩得的影响下，该党的民族纲领提出了民族文化自治的要求。该党后来站到了资产阶级民族主义反革命阵营一边。

# 游击战争（节选）

(1906 年 9 月 30 日〔10 月 13 日〕)

第二，马克思主义要求我们一定要**历史地**来考察斗争形式的问题。脱离历史的具体环境来谈这个问题，就是不懂得辩证唯物主义的起码常识。在经济演进的各个不同时期，由于政治、民族文化、风俗习惯等等条件各不相同，也就有各种不同的斗争形式提到首位，成为主要的斗争形式，而各种次要的附带的斗争形式，也就随之发生变化。不详细考察某个运动在它的某一发展阶段的具体环境，要想对一定的斗争手段问题作肯定或否定的回答，就等于完全抛弃马克思主义的立脚点。

……

人们谈到这一点的时候，往往以民族条件的特点为借口，但是这种借口特别明显地暴露了目前流行的论据的不足。既然问题在于民族条件，那就是说，问题不在于无政府主义、布朗基主义、恐怖主义这些全俄范围和甚至专门是俄罗斯范围的过失，而在于某种别的缘故。先生们，请你们**具体地**分析一下这个某种别的缘故吧！那时你们就会知道，民族压迫或民族对抗是说明不了什么问题的，因为这在西部边区一带始终都是存在的，而游击斗争只是当前历史时期的产物。有许多地方，虽有民族压迫和民族对抗，但是没有游击斗争，而游击斗争有时是在没有任何民族压迫的情况下发展起来的。只要具体分析问题，就会知道问题不在于民族压迫，而在于起义的条件。游击斗争是群众运动事实上已经达到起义地步，以及国内战争中两"大战役"间的一段较长的间隔时期内不可避免的一种斗争形式。

选自《列宁全集》第 14 卷，人民出版社，2017，第 2—7 页。

# 评《社会民主党人报》第 1 号

## （1906 年 10 月初）

二者必居其一：或者作者指的只是俄国部分（加上高加索）的党，或者他还把波兰社会民主党人、拉脱维亚社会民主党人和崩得分子[1]都包括在内了。如果是第一种解释，那就是说，作者承认在第四次（统一）代表大会以后，"多数派"的力量大增，而"少数派"的力量锐减，因为出席那次代表大会的代表大约代表着 13000 个布尔什维克和个 18000 个孟什维克。但是，这种解释不足信，因为各民族的社会民主党在一个多月以前就已经全部同俄国社会民主工党合并了。这就是说，应当是第二种解释。那么，显然作者是把波兰社会民主党人和拉脱维亚社会民主党人划归布尔什维克，而把**崩得分子**划归**孟什维克**。根据各民族社会民主党最近的代表大会的资料，波兰社会民主党人和拉脱维亚社会民主党人约有 4 万人，崩得分子约有 33000 人。这样，两个派别就真的大致相等了。

选自《列宁全集》第 14 卷，人民出版社，2017，第 30—31 页。

**注释：**

[1] 崩得分子即崩得的成员。崩得是立陶宛、波兰和俄罗斯犹太工人总联盟的简称，1897 年 9 月在维尔诺成立。参加这个组织的主要是俄国西部各省的犹太

253

手工业者。崩得在成立初期曾进行社会主义宣传，后来在争取废除反犹太特别法律的斗争过程中滑到了民族主义立场上。在 1898 年俄国社会民主工党第一次代表大会上，崩得作为只在专门涉及犹太无产阶级问题上独立的"自治组织"，加入了俄国社会民主工党。在 1903 年俄国社会民主工党第二次代表大会上，崩得分子要求承认崩得是犹太无产阶级的唯一代表。在代表大会否决了这个要求之后，崩得退出了党。根据 1906 年俄国社会民主工党第四次（统一）代表大会决议，崩得重新加入了党。从 1901 年起，崩得是俄国工人运动中民族主义和分离主义的代表。它在党内一贯支持机会主义派别（经济派、孟什维克和取消派），反对布尔什维克。第一次世界大战期间，崩得分子采取社会沙文主义立场。1917 年二月革命后，崩得支持资产阶级临时政府。1918—1920 年外国武装干涉和国内战争时期，崩得的领导人同反革命势力勾结在一起，而一般的崩得分子则开始转变，主张同苏维埃政权合作。1921 年 3 月崩得自行解散，部分成员加入俄国共产党（布）。

# 社会民主党和选举协议[1]（节选）

## （1906 年 11 月）

社会民主党是唯一在选举中纪律严明的党（尽管它内部有纠纷），是唯一有非常肯定的和严格的阶级基础的党，是唯一把俄国各民族的所有社会民主党都统一起来了的党。

……

已经入党的和没有入党的社会民主主义者在选举十户代表和初选人时，将有很多取胜的机会。同劳动派结成联盟或提出共同名单，对于能否在农村这些选举阶段获胜，根本无关紧要。一方面，这里的选举单位太小，另一方面，真正入党的或多少接近党的劳动派将为数很少。社会民主党人有严格的党性，他们绝对服从党，这个党能够年复一年地在秘密状态下坚持下来，并且发展到拥有各个民族党员 10 万—15 万人，它是在第一届杜马中派出党团的最左政党之一。

选自《列宁全集》第 14 卷，人民出版

社，2017，第 77—83 页。

**注释：**

[1]《社会民主党和选举协议》这本小册子于 1906 年 10 月下半月写成，11 月由前

进出版社在彼得堡出版。1912 年 6 月，小册子在克拉斯诺亚尔斯克被警察发

现。同年沙皇政府的出版委员会和彼得堡高等法院决定予以没收和销毁。
1913 年 1 月 30 日（2 月 12 日），留存的小册子在彼得堡市政府印刷所里被
销毁。

# 把谁选入国家杜马？[1]（节选）

## （1906 年 11 月 23 日〔12 月 6 日〕）

    社会民主党。俄国社会民主工党。这是俄国各民族即俄罗斯人、拉脱维亚人、波兰人、犹太人、小俄罗斯人、亚美尼亚人、格鲁吉亚人、鞑靼人等等中的觉悟工人的政党。

选自《列宁全集》第 14 卷，人民出版社，2017，第 129 页。

**注释：**

[1]《把谁选入国家杜马？》这张传单是在第二届杜马选举前写的，最初由《无产者报》编辑部作为该报第 8 号的附刊在维堡印发，1906 年在彼得堡印了三次（一次是全文，两次有删节）。俄国社会民主工党伊万诺沃-沃兹涅先斯克委员会、科斯特罗马委员会、哈尔科夫委员会、鄂毕小组以及拉脱维亚边疆区社会民主党中央委员会都印发过这个传单的删节本。

# 彼得堡工人选民团的选举[1]（节选）

## （1907 年 1 月 30 日〔2 月 12 日〕）

在波兰有一个比立宪民主党更右的十足的资产阶级政党**民族党**（民族民主党）[2]，而且这个党在选举中引人注目。要说这种情况是警察的迫害和武力迫害造成的，那是讲不通的。波兰资产阶级老练地利用全体波兰人所受的民族压迫和全体天主教徒所受的宗教压迫来投机，在群众中寻找并且找到了某种支持。至于波兰农民，那就用不着说了。

但是不言而喻，如果根据这种差别得出结论，说俄国的落后具有独特的优越性，那就非常荒谬了。不是的，问题要更简单一些，问题在于历史的和经济的差别，而不在于民族的差别。在俄国的下层社会、农村和土地制度中，农奴制残余要多得多，因此在农民以及同农民有密切联系的工人阶级中间，原始的、直接的革命精神也更多些。无疑，在这种革命精神中，无产阶级的阶级自觉性较少，而一般民主主义的（这就是说，在内容上是资产阶级民主主义的）反抗性较多。其次，俄国资产阶级较不发达，自觉程度较差，在政治斗争方面不够老练。资产阶级忽视了在无产阶级中进行工作，并不是因为不可能从我们这里夺去任何一部分无产阶级，而是因为资产阶级根本没有这种依靠人民的需要（如像欧洲和波兰那样）；资产阶级在目前只要依靠特权、收买和暴力就够了。不过将来我们也会有一个时期，各种各样资产阶级出身的人要把民族主义、某种有基督教色彩的民主主义、反犹太主义和各种类似的卑鄙龌龊

258

的东西带到工人群众中来！

选自《列宁全集》第 14 卷，人民出版
社，2017，第 341—342 页。

**注释：**

[1]《彼得堡工人选民团的选举》一文最初载于 1907 年 1 月 25 日（2 月 7 日）
《无产者报》第 12 号，后又发表于 1907 年 1 月 30 日（2 月 12 日）《通俗言语
周报》第 3 号。两个文本不尽相同，而以后者较完整。《列宁全集》俄文第 3
版第 10 卷按《通俗言语周报》刊印了这篇文章，同时在脚注中注明了一个文
本的差异。

[2]民族民主党是波兰地主和资产阶级的民族主义政党，成立于 1897 年，领导人
是罗·德莫夫斯基、济·巴利茨基、弗·格拉布斯基等。该党提出"阶级和
谐"、"民族利益"的口号，力图使人民群众屈服于它的影响，并把人民群众
拖进其反动政策的轨道。在 1905—1907 年俄国第一次革命期间，该党争取波
兰王国自治，支持沙皇政府，反对革命。该党在波兰不择手段地打击革命无
产阶级，直到告密、实行同盟歇业和进行暗杀。俄国社会民主工党第五次代
表大会曾通过一个专门决议，强调必须揭露民族民主党人的反革命黑帮面目。
在第一次世界大战时期，该党无条件支持协约国，期望波兰王国同德、奥两
国占领的波兰领土合并，在俄罗斯帝国的范围内实现自治。1919 年该党参加
了波兰联合政府，主张波兰同西方列强结盟，反对苏维埃俄国。

# 第二届杜马和第二次革命浪潮（节选）

## （1907 年 2 月 7 日）

**1907 年 2 月 7 日于彼得堡**

　　根据《言语报》（它是倾向于立宪民主党的，当然把事情渲染得有利于立宪民主党）的资料[1]，已经选出的 205 名杜马代表分配如下：右派 37 名，民族自治派[2]24 名，立宪民主党 48 名，进步人士和无党派人士 16 名，非党左派 40 名，民粹派 20 名（其中劳动派 13 名，社会革命党 6 名，人民社会党 1 名），社会民主党 20 名。

　　毫无疑问，我们面前的这届杜马比上届杜马更左。如果下一步的选举还是这样的结果，那么我们在 500 名杜马代表中将得出如下的粗略数字：右派 90 名，民族主义者 50 名，立宪民主党 125 名，进步人士 35 名，非党左派 100 名，民粹派和社会民主党各 50 名。当然，这只是为了说明问题而作的大体计算，但是现在未必可以怀疑大体的统计数字是正确的。

　　右派占 1/5，温和的自由派（自由主义君主派资产者，包括民族主义者，立宪民主党人，以及如果不是全体也是部分进步人士）占 2/5，左派占 2/5（其中无党派人士占 1/5，民粹派和社会民主党人数相等，共占 1/5）。——这就是根据初步的统计资料描绘出来的第二届杜马的成分。

选自《列宁全集》第 14 卷，人民出版社，2017，第 383—384 页。

**注释：**

[1] 指 1907 年 2 月 7 日（20 日）《言语报》第 31 号刊登的短评《第二届国家杜马》。

[2] 民族自治派是指俄国第二届国家杜马中的波兰代表。

# 杜马选举和俄国社会民主党的策略[1]（节选）

## （1907 年 3 月 14 日〔27 日〕）

在杜马中站在俄国自由派方面的还有波兰"黑帮"，即"民族民主"党，该党采取这种立场不是出于政治信念，而是出于机会主义的考虑。在波兰，他们不择手段地反对革命无产阶级，直到告密、实行同盟歇业和进行暗杀。

……

如果同俄国的非俄罗斯部分即波兰和高加索对比一下，就可以再次证明资产阶级不是俄国资产阶级革命的真正动力。在波兰，根本不存在农民革命运动，没有任何城市资产阶级反对派，几乎没有自由派。大资产阶级和小资产阶级结成反动联盟反对革命的无产阶级。所以在那里民族民主党取得了胜利。高加索的农民革命运动非常强大，自由派的力量跟俄国相差无几，但是在高加索左派却是力量最大的政党，高加索左派杜马代表的百分比（53.6%）和农民选民团选出的杜马代表的百分比（49%）大致相同。所以只有工人和革命民主派农民才能完成资产阶级革命。在资本主义高度发达的先进的波兰不存在俄国这样的土地问题，根本不存在农民没收地主土地的革命斗争。因此在波兰，革命离开无产阶级便没有牢固的支撑点。那里的阶级矛盾近似于西欧类型。高加索的情况则与此相反。

选自《列宁全集》第 15 卷，人民出版
社，2017，第 78—85 页。

**注释：**

[1]《杜马选举和俄国社会民主党的策略》一文写于 1907 年 2 月 21 日（3 月 6
日）—3 月初期间，最初发表于 1907 年 3 月 27 日《新时代》杂志第 26 期，
署名阿·李尼奇。在俄国，此文最早从德文译成格鲁吉亚文发表于 1907 年 4
月 7 日和 8 日的布尔什维克报纸《时报》第 24 号和第 25 号。俄译文最初发
表于 1922 年《列宁全集》俄文第 1 版第 8 卷。

# 《约·菲·贝克尔、约·狄慈根、弗·恩格斯、卡·马克思等致弗·阿·左尔格等书信集》俄译本序言（节选）

## （1907 年 4 月 6 日〔19 日〕）

把马克思和恩格斯有关英美工人运动的言论同有关德国工人运动的言论比较一下，是大有教益的。如果注意到在德国和英美两国，资本主义处于不同的发展阶段以及资产阶级这个阶级在这些国家全部政治生活中的统治形式各不相同这一事实，那么这种比较的意义就更大了。从科学的角度看，我们在这里可以看到唯物主义辩证法的典范，看到善于针对不同的政治经济条件的具体特点把问题的不同重点和不同方面提到首位加以强调的本领。从工人政党实际的政策和策略的角度看，我们在这里可以看到《共产党宣言》的作者针对不同国家的民族工人运动所处的不同阶段给战斗的无产阶级确定任务的典范。

选自《列宁全集》第 15 卷，人民出版社，2017，第 197—198 页。

# 就彼得堡的分裂以及因此设立党的法庭问题向俄国社会民主工党第五次代表大会的报告[1]（节选）

## （1907 年 4 月）

再举一个明显的例子来说明我的意思。最近一号《无产者报》登载了一篇关于科夫诺市选举的地方通讯[2]。记者极不满意崩得同争取派结成反对立陶宛社会民主党人的联盟，并对崩得进行了严厉的批评。对于统一的党的党员来说，可以容许进行什么样的批评呢？大致应当是这样表示不满：崩得分子同犹太资产者结成联盟去反对另一个民族的社会党人，这种做法是不正确的；这种行为反映了小资产阶级民族主义思想的影响，如此等等。只要我们同崩得还在一个统一的党内，就绝对不容许在选举前夕在群众中散发反对崩得、把崩得分子鄙薄为无产阶级叛徒的小册子。但是，假如 1903 年的历史重演（历史一般是不会重演的，我只是举一个假想的例子），崩得又从党内分裂出去。在这种情况下，如果在崩得派工人群众中间散发小册子，指出他们的领袖是改头换面的资产者、被犹太资产阶级所收买并通过犹太资产阶级把自己的人塞到杜马中去等等，以激起他们对自己领袖的仇恨、憎恶和蔑视，那么，有谁会认真地提出这是不能容许的吗？谁要是提出这样的申诉，人们就只会当面嘲笑他说：不要制造分裂，不要使用分裂这种"有毒的武器"，否则以后就不要抱怨，凡动毒刀的，必死在毒刀下！

选自《列宁全集》第 15 卷，人民出版
社，2017，第 275 页。

**注释：**

[1]《就彼得堡的分裂以及因此设立党的法庭问题向俄国社会民主工党第五次代表
大会的报告》于 1907 年 4 月由维堡无产者报印刷厂印成小册子，并注明"只
供俄国社会民主工党代表大会代表阅读"。小册子的开头和末尾两部分是
1907 年 4 月写的。《列宁在党的法庭上的辩护词（亦即对中央委员会孟什维
克委员的起诉书）》是 2 月写的，并在 1907 年 3 月底党的法庭第一次开庭时
宣读过。

[2] 1907 年 2 月 11 日《无产者报》第 13 号上的科夫诺通讯报道了科夫诺市选举
运动的详细情况。在选举中，崩得分子与争取派占多数的犹太人选举委员会
达成了协议。由于这一得到俄国社会民主工党孟什维克中央委员会支持的协
议，6 名资产阶级复选人和 1 名黑帮分子当选。

争取派即争取俄国犹太人充分权利协会的成员。该协会是根据一批犹太
资产阶级知识分子的倡议于 1903 年 3 月在维尔纳成立的。协会的纲领提出了
联合所有俄国犹太人为争取充分权利而积极斗争的任务。协会加入了协会联
合会，参加了 1905 年 5 月举行的协会联合会的第一次代表大会。在国家杜马
选举问题上，协会采取了和协会联合会不同的立场，主张参加杜马选举运动，
在杜马中坚持要求解决犹太人的问题。1907 年 5 月协会停止活动。

# 斯图加特国际社会党代表大会[1]（节选）

## （1907 年 8 月和 10 月之间）

应该指出，普列汉诺夫这个不能成立的（蔡特金说得对）论据，就这样发表在俄国各家合法报纸上。普列汉诺夫在斯图加特代表大会的委员会上借口说，"俄国有 11 个革命政党"；"工会到底应当同其中哪一个政党一致行动呢？"（引自《前进报》第 196 号附刊 1）。普列汉诺夫这个借口，无论在事实上或在原则上都是不正确的。事实上，在俄国的每一个民族中，争取对社会主义无产阶级施加影响的都只有两个党：社会民主党和社会革命党，波兰社会民主党和波兰社会党，拉脱维亚社会民主党和拉脱维亚社会革命党（即所谓"拉脱维亚社会民主党人同盟"）[2]，亚美尼亚社会民主党和达什纳克楚纯[3]等等。出席斯图加特大会的俄国代表团也立即一分为二了。11 这个数目字完全是随便编造的，是在蒙蔽工人。在原则上普列汉诺夫也是不正确的，因为在俄国，无产阶级的社会主义和小资产阶级的社会主义之间的斗争在任何地方，包括工会内部，都是不可避免的。例如，英国人虽然也有两个互相对立的社会主义政党：社会民主联盟（S. D. F.）[4]和"独立工党"（I. L. P.）[5]，但是他们却没有想到要反对决议。

选自《列宁全集》第 16 卷，人民出版社，2017，第 70—71 页。

**注释：**

[1] 本文是列宁应种子出版社之约，为《1908 年大众历书》撰写的。

《1908 年大众历书》的编印是种子出版社利用合法形式刊印不合法材料的一次尝试。《历书》阐述了俄国的经济状况和政治形势、第二届国家杜马的活动、对外政策问题、工会活动、罢工运动以及农民状况，介绍了俄国工人运动的历史，提供了 19 世纪和 20 世纪初俄国革命斗争的大事记。为《历书》撰稿的除列宁外，还有米·斯·奥里明斯基、尼·亚·罗日柯夫、尼·尼·巴图林等人。《历书》印了 6 万册，只有几十册被警方没收，因而在工厂和军队中流传很广。

[2] 拉脱维亚社会民主党即拉脱维亚社会民主工党，于 1904 年 6 月在该党第一次代表大会上成立。在 1905 年 6 月党的第二次代表大会上通过了党的纲领并作出了必须同俄国社会民主工党统一的决议。1905 年该党领导了工人的革命行动并组织群众准备武装起义。1906 年，在俄国社会民主工党第四次（统一）代表大会上，拉脱维亚社会民主工党作为一个地区性组织加入了俄国社会民主工党。代表大会后改名为拉脱维亚边疆区社会民主党。

拉脱维亚社会革命党即拉脱维亚社会民主党人同盟，是 1900 年秋天在国外建立的。这个组织就其提出的要求来说接近于俄国社会革命党，并具有相当程度的民族主义倾向。1905 年在部分农民中暂时有些影响，但很快被拉脱维亚社会民主工党排挤，以后再未起什么明显的作用。

[3] 亚美尼亚社会民主党是指亚美尼亚社会民主工人组织（"特殊派"）。这个组织是亚美尼亚民族联邦主义分子在俄国社会民主工党第二次代表大会后不久建立的。它像崩得一样要求实行联邦制的建党原则，把无产阶级按民族分开，并宣布自己是亚美尼亚无产阶级的唯一代表。它借口"每个民族都有特殊的条件"来为自己的民族主义辩护。列宁在 1905 年 9 月 7 日写给俄国社会民主工党中央委员会的信中，坚决反对这个组织参加 1905 年 9 月召开的俄国社会民主主义组织代表会议，指出这个组织的成员是一帮在国外的著作家，同高加索没有什么联系，是崩得的亲信（参看《列宁全集》2017 年版第 45 卷第 49 号文献）。1907 年俄国社会民主工党第五次代表大会通过了关于该党与亚美尼亚社会民主工人组织实行统一的决议。

达什纳克楚纯即亚美尼亚革命联盟，是亚美尼亚资产阶级民族主义政党，于 1890 年在梯弗利斯成立。党员中，除资产阶级外，民族知识分子和小资产阶级占重要地位，此外，还有部分农民和工人。在 1905—1907 年革命时期，该党同社会革命党接近。1907 年，该党正式通过了具有民粹主义性质的"社会主义"纲领，并加入了第二国际。1917 年二月资产阶级民主革命后，他们同孟什维克、社会革命党人和阿塞拜疆资产阶级民族主义政党木沙瓦特党人结成了反革命联盟，组织了外高加索议会。1918—1920 年间，该党曾领导亚美尼亚的反革命资产阶级民族主义政府。1920 年 11 月，亚美尼亚劳动人民在布尔什维克党的领导和红军的支持下，推翻了达什纳克党人的政府，建立了苏维埃政权。1921 年 2 月，达什纳克楚纯发动叛乱，被粉碎。随着苏维埃政权的胜利，该党在外高加索的组织陆续被清除。

[4] 社会民主联盟（S. D. F.）是英国的社会主义组织，于 1884 年 8 月在民主联盟的基础上成立。参加联盟的除改良主义者（亨·迈·海德门等）和无政府主义者外，还有一批革命的社会民主党人即马克思主义的拥护者（哈·奎尔奇、汤·曼、爱·艾威林、爱琳娜·马克思等），他们构成了英国社会主义运动的左翼。恩格斯曾尖锐地批评社会民主联盟有教条主义和宗派主义倾向，脱离英国群众性的工人运动并且忽视这一运动的特点。1884 年秋联盟发生分裂，联盟的左翼在 1884 年 12 月成立了独立的组织——社会主义同盟。1907 年，社会民主联盟改称英国社会民主党。1911 年，该党与独立工党中的左派一起组成了英国社会党。1920 年，社会党的大部分党员参加了创立英国共产党的工作。

[5] 独立工党（I. L. P.）是英国改良主义政党，1893 年 1 月成立。领导人有基·哈第、拉·麦克唐纳、菲·斯诺登等。党员主要是一些新、旧工联的成员以及受费边派影响的知识分子和小资产阶级分子。独立工党从建党时起就采取资产阶级改良主义立场，把主要注意力放在议会斗争和同自由主义政党进行议会交易上。1900 年，该党作为集体党员加入英国工党。在第一次世界大战期间，独立工党领袖采取资产阶级和平主义立场。1932 年 7 月独立工党代表会议决定退出英国工党。1935 年该党左翼成员加入英国共产党，1947 年许多成员加入英国工党，独立工党不再是英国政治生活中一支引人注目的力量。

# 工会的中立[1]（节选）

## （1908 年 2 月 20 日〔3 月 4 日〕）

普列汉诺夫拿 11 个政党作借口，这也是不聪明的。第一，并不是只有俄国才有各种各样的社会主义政党。第二，在俄国只有两个比较认真地进行竞争的社会主义政党——社会民主党和社会革命党，因为把各民族的政党放在一起是十分荒谬的。第三，真正社会主义的政党的统一的问题，完全是另一个问题；普列汉诺夫把这个问题扯在一起，就把事情搅乱了。我们随时随地都应当坚决主张工会同工人阶级的社会主义政党接近，而在某个国家、某个民族中，哪一个政党是真正社会主义的、真正工人阶级的政党，这是另外一个问题，这个问题不应由国际代表大会的决议来决定，而应由各民族政党之间的斗争进程来决定。

选自《列宁全集》第 16 卷，人民出版社，2017，第 416—417 页。

注释：

[1]《工会的中立》一文除在《无产者报》上发表外，还收入了 1908 年彼得堡创造出版社出版的《论时代潮流》文集（略有删节），署名弗拉·伊林。

# 世界政治中的易燃物（节选）

（1908 年 7 月 23 日〔8 月 5 日〕）

最近，欧洲和亚洲各国革命运动的蓬勃发展，使我们十分清楚地看到无产阶级的国际斗争已经走上了一个新的、比从前高得无可比拟的阶段。

……

在印度，替"文明的"英国资本家当奴隶的当地人正巧也在最近使得他们的"老爷们"感到惶惶不安。被称为英国对印度的管理制度的暴力和掠夺是没有止境的。在世界上任何一个地方——俄国当然除外——群众都没有这样贫困，居民也没有这样经常地挨饿。自由不列颠的最具有自由主义思想和最激进的活动家，像约翰·莫利（Morley）这种俄罗斯和非俄罗斯的立宪民主党人眼中的权威、"进步的"（实际上是在资本面前卑躬屈节的）政论界的明星，都当了印度的统治者，变成了真正的成吉思汗，他们竟能批准"安抚"他们治下的居民的一切措施，直到**杀戮**政治抗议者！英国社会民主党人的小型周报《正义报》[1]（《Justice》）在印度竟被莫利这样一些自由派和"激进派"恶棍所**查禁**。当英国的国会议员、"独立工党"（Independent Labor Party）的领袖基尔-哈第胆敢来到印度，向当地人谈论民主的最起码的要求的时候，所有的英国资产阶级报刊都向这个"反叛者"狂吠起来。现在，最有影响的英国报纸都在咬牙切齿地谈论扰乱印度的"煽动者"，欢迎对印度的民主派政论家采取纯粹俄国式的、普列韦式的法庭判决和行政镇压手段。但是，印度的市井小民开始起来卫护**自己的**作家和政治领袖了。英国豺狼对印度民主主义者提拉克（Tilak）的卑鄙的判决（他被判处长期流放，最近几天向英国下院提出的质询表明，印籍陪审员认为提拉克无罪，是**英籍陪审员判定**他有罪的！），财主的奴才向民主主义者进行的这种报复，在孟买引起了游行示威和罢工。印度的无产阶级也已经成长起来，能进行自觉的群众性的政治斗争了，——既然情况是这样，那么，英国和俄国在印度的秩序已经好景不长了！欧洲人对亚洲国家的殖民掠夺在这些国家中锻炼出一个日本，使它获得了保证自己的独立的民族发展的伟大军事胜利。毫无疑问，英国人对印度的长期的掠夺，目前这些"先进的"欧洲人对波斯和印度的民主派的迫害，将在亚洲**锻炼出**几百万、几千万无产者，把他们锻炼得也能像日本人那样取得反对压迫者的斗争的胜利。欧洲的觉悟的工人已经有了亚洲的同志，而且其人数将不是与日俱增，而是与时俱增。

　　……

整个国际社会主义运动的这一进步，以及亚洲革命民主主义斗争的尖锐化，使俄国革命处于特殊的和特别困难的条件之下。俄国革命在欧洲和在亚洲都有伟大的国际同盟军，但是，**也正是由于这一点**，它不仅有国内的敌人，不仅有俄国的敌人，而且有**国际的**敌人。针对日益强大的无产阶级斗争的反动活动，在一切资本主义国家里都是不可避免的，这种反动活动把世界各国的资产阶级政府团结起来去反对一切人民运动，反对亚洲的、特别是欧洲的一切革命。我们党内的机会主义者正像大多数俄国自由派知识分子一样，至今还在幻想俄国的资产阶级革命"不要推开"资产阶级，不要吓倒他们，不要产生"过分的"反动，不要造成革命阶级夺取政权的局面。这真是白日做梦，真是庸人的空想！在世界各先进国家里，易燃物极其迅速地增多，烈火极其明显地延烧到昨天还在沉睡的大多数亚洲国家去，国际资产阶级反动活动的加强和各个国家的民族革命的尖锐化是绝对不可避免的。

选自《列宁全集》第 17 卷，人民出版社，2017，第 155—163 页。

**注释：**

［1］《正义报》（《Justice》）是英国一家周报，1884 年 1 月至 1925 年初在伦敦出版。最初是英国社会民主联盟的机关报，从 1911 年起成为英国社会党的机关报。第一次世界大战期间，该报采取社会爱国主义立场，由亨·迈·海德门编辑。1925 年 2 月改名为《社会民主党人报》继续出版，1933 年 12 月停刊。

# 俄国社会民主工党
# 中央委员会全体会议文献[1]（节选）

## （1908 年 8 月）

### 3  关于国外中央局机构的决定草案

#### （8 月 13 日〔26 日〕）

（1）承认社会民主党国外小组为俄国社会民主工党协助小组。

（2）中央委员会决定成立由 10 人组成的新的国外中央局。在中央委员会全体会议闭会期间，增补或更换只有经过中央委员会国外局的批准才可进行。

（3）国外中央局解决国外各协助小组的需要，并执行中央委员会国外局所提出的全党性的委托。

（4）由一名中央委员（由全会或国外局指定）参加国外中央局并拥有否决权。

（5）在尽可能短的时期内，在中央委员会国外局监督下，召开一次尽可能有所有国外协助小组参加的代表大会。

（6）代表大会的章程由中央委员会国外局批准。

（7）责成中央委员会国外局采取一切措施，以便在这次代表大会上把一切民族的社会民主党国外小组联合成统一的俄国社会民主工党地方协助小组。中央委员会国外局在这个问题上应当和各民族的社会民主党组织的所有中央委员会取得联系。

（8）这些小组应把自己收入的85%—90%上交中央委员会会计处。在非常必要的情况下（如用于侨民的费用），也可由中央委员会国外局批准不交。

选自《列宁全集》第17卷，人民出版社，2017，第179—180页。

**注释：**

[1] 这是有关俄国社会民主工党中央委员会1908年8月全体会议的一组文献。

　　俄国社会民主工党中央委员会全体会议（1908年8月11—13日（24—26日））在日内瓦召开。出席全会的共有12人，其中布尔什维克5人（列宁、约·费·杜勃洛文斯基、维·康·塔拉图塔等），孟什维克3人，拉脱维亚社会民主党1人，波兰社会民主党1人，崩得2人。会议议程是：关于召开全体会议的工作报告；全国代表会议；国外中央局和协助小组；组织中央委员会；财务；中央委员会向斯图加特代表大会的工作报告；当前的工作。

　　在这次全会召开以前，布尔什维克同孟什维克取消派进行了激烈的斗争。从1908年初起，布尔什维克就着手筹备例行的党的全国代表会议。1908年2月27日，中央委员会俄国委员会通过了《告各级党组织书》，通知定于1908年4月下半月召开全国代表会议。但由于孟什维克取消派的破坏，会议未能如期举行。取消派利用在俄国工作的中央委员几乎全体被捕的时机，企图废除作为党的领导机关的中央委员会，而代之以仅起咨询作用的"情报委员会"。

　　在全会上，布尔什维克给了孟什维克企图取消中央委员会和破坏召开党代表会议的行为以坚决回击。全会就议程上的主要问题通过了布尔什维克提出的决议案。根据列宁的建议，通过了立即着手召开代表会议的工作的决议。全会并拟订了即将召开的代表会议的议程。全会还通过了布尔什维克提出的关于组织中央委员会和关于组织国外中央局的决议草案。列宁代表布尔什维克被选入中央机关报编辑部。

关于召开全体会议的工作报告是同关于组织中央委员会的问题一起讨论的，这是因为在讨论中间获悉孟什维克和崩得之间曾进行通信，在"改组"中央委员会的幌子下，实际建议取消作为党的领导机关的中央委员会。孟什维克和崩得分子在全会上力图掩盖这一事实。列宁为此特意发表了《关于召开中央委员会全体会议的声明》，同时提出了《关于召开中央委员会全体会议的事件的决定草案》，草案被全会通过。

这次会议之后，以列宁为首的布尔什维克广泛开展了党的全国代表会议的准备工作。

# 巴尔干和波斯的事变

## （1908 年 10 月 16 日〔29 日〕）

所有欧洲大国（目前吃得最"饱"的奥地利除外）的自由派报刊，现在都在责备**本国**政府维护本民族利益不够。每个国家的自由派都把自己的国家和政府描写成最无能的，最不会"利用"时机的，受别人欺骗的，等等。我国的立宪民主党人所推行的也正是这样的政策，他们早就说过奥地利的胜利使他们感到"羡慕"（米留可夫先生的原话）。自由派资产者的这种政策，特别是我国立宪民主党人的政策，完全是最丑恶的伪善行为，是对进步和自由的真正利益的最卑鄙的叛卖。这是因为，第一，这种政策故意不谈反动政府的阴谋，从而模糊人民群众的民主意识；第二，它推动每个国家走上所谓积极外交政策的道路，即赞同列强进行殖民掠夺和干涉巴尔干半岛事务（这种干涉从来就是反动的）；第三，这个政策直接为反动派效劳，因为它使人民只去关心："我们"能得到多少，"我们"在分赃的时候能分得多少，"我们"能占多少便宜。目前，各国反动政府最需要的，正是引用"舆论"来支持自己的掠夺行为或取得"赔偿"等等的要求。它们会说，你们看，我国的报刊都在责备我过于大公无私，对本民族利益捍卫得不够，责备我太容易让步，并且用战争来威胁我，可见，我的要求是最"低的"和最"公平的"，是完全应当得到满足的！

……

愿我们的杜马党团以及党的其他一切组织都开始行动起来吧。现在向群众进行鼓动，其意义要比平常大一百倍。在我们党的整个鼓动工作中，有三件事情应该提到首要地位。第一，同一切反动派和自由派报刊（从黑帮到立宪民主党人的报刊都包括在内）相反，社会民主党要揭露各种会议、列强协定、与英国结成的反奥同盟或与奥地利结成的反德同盟或其他任何的外交把戏。我们的任务就是要指出列强的反动密谋这一**事实**，这个密谋已经进行，各国政府都极力想用比较公开的谈判这种滑稽剧来掩饰这个密谋。反对外交滑稽剧，向人民说明事情的真相，揭露反无产阶级的国际反动派！第二，我们必须阐明这个密谋所造成的实际的而不是嘴上的结果，即打击土耳其革命，俄国协同扼杀波斯革命，干涉他国事务，破坏民族自决权这个基本的民主原则。我们的纲领同世界各国社会民主党的纲领一样，是要捍卫这种权利的。奥地利人和俄国黑帮对"斯拉夫兄弟"的关怀是再反动不过的了。这种"关怀"掩盖着早已使俄国在巴尔干声名狼藉的那些最卑鄙无耻的阴谋。这种"关怀"一向就是要摧残某些巴尔干国家的**真正的**民主。列强对巴尔干国家的唯一真诚的"关怀"可能是并且只能是：让它们自己去处理自己的事情，不以外国干涉去破坏它们的生活，不去阻挠土耳其革命。但是，工人阶级当然不能指望资产阶级会采取这种政策！

选自《列宁全集》第 17 卷，人民出版社，2017，第 202—208 页。

# 社会党国际局会议（节选）

（1908 年 10 月 16 日〔29 日〕）

第 2 项议程是关于各国无产阶级和社会党人共同起来防止资产阶级政府的政策可能造成的国际冲突和殖民冲突的问题。瓦扬提出一个决议案，这个决议案只作了很小的修改就通过了。在辩论中，奥地利的代表指出，他们党的各个代表团都正式反对弗兰茨-约瑟夫的政策并且认为社会党人必须承认各民族有自决权。但是，奥地利的代表说，在反对弗兰茨-约瑟夫的政策的同时，他们也反对阿卜杜尔-哈米德或爱德华七世的政策。他们的任务就是要使政府对它的行为的后果负责。英国代表希望奥地利社会民主党人更明确地声明自己反对本国政府，但是奥地利代表并没有超出上面所讲的范围。保加利亚社会党人（"狭小派"[1]即革命的社会民主党人；保加利亚另外还有"宽广派"[2]即机会主义的社会民主党人）的代表阿夫拉莫夫，坚持要提到巴尔干各国本身的帝国主义资产阶级，但相应的修正案没有被通过。阿夫拉莫夫声明，在宣布保加利亚独立的问题上，保加利亚社会党人坚决反对资产阶级政党，认为从工人阶级的观点看来，宣布独立是一种有害的冒险行为。布鲁斯·格莱西尔提议在决议中还应当指出组织国际性示威的必要性，但是会议决定由国际局把这个愿望转告各国的党。范科尔（荷兰社会民主党人的代表）提议把抗议列强破坏柏林条约这一点加进去，但是在表决前他收回了这个提案，因为会上指出，专门去维护资产阶级国家的条约，这不是社会党人的事情。国际局通过的决议全文

279

如下：

首先确认，英国和德国的社会党人举行争取和平的游行示威，法国社会党人宣传反对远征摩洛哥，丹麦社会党人建议裁军，都是符合"国际"决议的行动，

其次，鉴于：

战争的危险仍然存在；资本帝国主义还继续在英国和德国进行阴谋活动；对摩洛哥的远征和冒险还在进行；沙皇政府首先想要获取新的借款，竭力制造混乱局面，以便巩固自己在反对俄国革命的斗争中的地位；在巴尔干半岛上，外国列强的干涉和私欲点燃起空前猛烈的民族和宗教的怒火；最近，保加利亚宣布独立，特别是波斯尼亚-黑塞哥维那并入奥地利，增加了战争的危险，并使这种危险更加逼近；最后，各国政府在到处制造阴谋，加紧武装，穷兵黩武，进行资本主义竞争，掠夺殖民地，这些都使和平受到威胁，——

社会党国际局再一次明确指出，社会党和有组织的无产阶级是唯一能够保卫国际和平的力量，它们认为自己有责任保卫国际和平。

国际局号召各国的社会党根据斯图加特国际代表大会的决议，提高警惕，加强活动，尽一切力量来执行上述方针，同时建议各国党的中央委员会和执行委员会、各国党的议会党团和参加国际局的代表，同社会党国际局书记处一起寻找某国的或国际的、同这种或那种具体情况相适应的、最有助于防止战争和保卫和平的手段和实际措施。

……

第 7 项议程是关于俄国的锡安社会党人[3]的问题。大家知道，在斯图加特代表大会以前，他们曾建议我们党的中央委员会接受他们参加"国际"俄国支部的社会民主党分支部。我们的中央委员会拒绝了，同时通过决议来说明我们根据什么理由反对把**锡安主义者**算做社会民主党人，尽管

他们自称为"锡安社会党人"。锡安社会党人的一位代表曾到过斯图加特，在那里我们分支部也拒绝接受他，而社会革命党人却不表态。因为根据章程，"国际"接受新成员时必须得到该国支部的同意（在本国的两个分支部意见不一致时，由国际局最后决定），所以锡安社会党人按规定是不能参加代表大会的。于是他们向国际局申诉，国际局当时竟作出了妥协性的决定：准许锡安社会党人派一名有发言权的代表参加代表大会。现在必须澄清已经造成的混乱：锡安社会党人究竟是不是"国际"的成员？维·阿德勒同在斯图加特一样，坚决反对锡安社会党人，拒绝锡安社会党人在电报中以不能出席为理由而希望延期讨论的请求。维·阿德勒说道：有时候不出席是最好的防御手段。我在发言中再一次提到我们的中央委员会的决定，并且指出，违反俄国两个分支部的意志而接受锡安社会党人，这是严重地破坏"国际"章程的行为。鲁巴诺维奇和"犹太社会主义工人党"[4]（它在斯图加特被社会革命党人接受加入自己的分支部）的代表日特洛夫斯基作了激烈的发言，反对不接受锡安社会党人，**但是**，鲁巴诺维奇除了说社会革命**党**在这个问题上**弃权**以外，**不能**提出该党另外的决定，而日特洛夫斯基看到锡安社会党人免不了要被取消资格，便公然**替自己辩护**，他用可笑的激烈口吻证明说，如果锡安社会党人是地域主义者，那他们"犹太社会主义工人党"也是地域主义者了。显然，从这里得出的结论并不是应当接受锡安社会党人，而只是：在"国际"中，除了社会革命党人以外，恐怕再也没有什么人会同意接受"犹太社会主义工人党"了。我在第二次发言中坚决抗议鲁巴诺维奇的手法：强迫**别人的**分支部接受锡安主义者，可是又不提出自己的分支部维护锡安主义者的决定。结果国际局一致通过（鲁巴诺维奇和瓦扬两人弃权）阿德勒的决议案。该决议说：

> 国际局确认，过去准许锡安主义者（只有发言权）参加的仅仅是斯图加特代表大会的会议，现在锡安主义者不属于国际局，随后转入下一项议程的讨论。

第 8 项，也是最后的一项议程，是批准国际局法国社会党人代表团的
特殊构成，这一项几乎没有争论。盖得被指派为法国的代表之一，法国在
国际局中应有的另一代表由瓦扬和饶勒斯两位代表共同担任。

国际局会议结束时，一致通过比利时代表德·布鲁凯尔提出的关于支
持土耳其革命的决议案：

> 社会党国际局高兴地庆贺阿卜杜尔-哈米德依仗列强在土耳其长
> 期维持的腐败制度的垮台，高兴地庆贺在土耳其帝国各族人民面前出
> 现了自己掌握自己命运的可能性，祝贺他们建立起政治自由的制度，
> 从而使新生的无产阶级能够同全世界无产阶级紧密团结起来进行自己
> 的阶级斗争。

选自《列宁全集》第 17 卷，人民出版
社，2017，第 218—222 页。

**注释：**

[1] 指紧密派。

紧密派即保加利亚社会民主工党（紧密社会党人），因主张建立紧密团结
的党而得名，1903 年保加利亚社会民主工党分裂后成立。紧密派的创始人和
领袖是季·布拉戈耶夫，后来的领导人为格·约·基尔科夫、格·米·季米
特洛夫、瓦·彼·柯拉罗夫等。第一次世界大战期间，紧密派反对帝国主义
战争。1919 年，紧密派加入共产国际并创建了保加利亚共产党。

[2] 宽广派即保加利亚社会民主工党（宽广社会党人），1903 年保加利亚社会民
主工党分裂后成立，领导人是扬·伊·萨克佐夫。宽广派力求把党变成包括
资产阶级在内的所有"生产阶层"的宽广组织。第一次世界大战期间，宽广
派持社会沙文主义立场。1918—1923 年宽广派领袖曾参加资产阶级政府和灿
科夫法西斯政府。

[3] 锡安社会党（锡安社会主义工人党）是俄国小资产阶级的犹太民族主义组织，
于 1904 年成立。在一般政治问题上，锡安社会党人要求在普遍、平等、直接

和无记名投票的选举基础上召开立宪会议，在第一届国家杜马选举时坚持抵制策略。但锡安社会党人认为，犹太无产阶级的主要任务是为取得自己的领土并建立自己的民族国家而斗争。锡安社会党人的民族主义活动模糊了犹太工人的阶级意识，给工人运动带来很大危害。1908 年 10 月，社会党国际局决定不再同锡安社会党往来。1917 年二月资产阶级民主革命后，锡安社会党同犹太社会主义工人党合并为犹太社会主义统一工人党。

[4] 犹太社会主义工人党是俄国的小资产阶级民族主义组织，成立于 1906 年。该党的纲领基础是要求犹太人民族自治，即建立有全权决定俄国犹太人政治制度问题的超地域的犹太议会（因此该党亦称议会派）。犹太社会主义工人党在思想上同社会革命党人接近，并同他们一起反对俄国社会民主工党。

# 俄国社会民主工党
# 第五次全国代表会议文献[1]（节选）

## （1908 年 12 月）

## 1 关于目前形势和党的任务的决议草案

（1908 年 12 月 23 日〔1909 年 1 月 5 日〕）

目前的政治形势有以下几个特点：

……

（三）群众在革命中一进行大规模的发动，以立宪民主党为首的自由派资产阶级就走上了反革命的道路，现在还在走这条路，他们更加接近十月党人，并且鼓吹沙皇民族主义（这说明资产阶级这个阶级的自我意识在提高），实际上是替专制制度和农奴主-地主效劳。

……

（七）世界市场普遍紧张的主要原因，一是西欧工业状况起了变化，发生了危机，这次危机在 1908 年已变为萧条，一是东方掀起了革命运动，标志着资本主义民族国家的建立。这种紧张状态加剧了竞争，使国际冲突日益频繁，因而使资产阶级和无产阶级之间的阶级矛盾尖锐起来，使总的国际局势日益革命化。

选自《列宁全集》第 17 卷，人民出版社，2017，第 298—300 页。

**注释：**

[1] 这是有关俄国社会民主工党第五次全国代表会议的一组文献。

俄国社会民主工党第五次全国代表会议于 1908 年 12 月 21—27 日（1909 年 1 月 3—9 日）在巴黎举行。出席代表会议的有 24 名代表，其中有表决权的代表 16 名：布尔什维克 5 名（中部工业地区代表 2 名，彼得堡组织代表 2 名，乌拉尔组织代表 1 名），孟什维克 3 名（均持高加索区域委员会的委托书），波兰社会民主党 5 名，崩得 3 名。布尔什维克另有 3 名代表因被捕未能出席。列宁作为俄国社会民主工党中央委员会的代表出席代表会议，有发言权。代表会议的议程包括：俄国社会民主工党中央委员会、波兰社会民主党中央委员会、崩得中央委员会以及一些大的党组织的工作报告；目前政治形势和党的任务；关于社会民主党杜马党团；因政治情况变化而发生的组织问题；地方上各民族组织的统一；国外事务。

在代表会议上，布尔什维克就所有问题同孟什维克取消派进行了不调和的斗争，也同布尔什维克队伍中的召回派进行了斗争，并取得了重大胜利。代表会议在关于各个工作报告的决议里，根据列宁的提议建议中央委员会维护党的统一，并号召同一切取消俄国社会民主工党而代之以不定型的合法联合体的企图进行坚决的斗争。由于代表会议须规定党在反动年代条件下的策略路线，讨论目前形势和党的任务就具有特别重要的意义。孟什维克企图撤销这一议程未能得逞。会议听取了列宁作的《关于目前形势和党的任务的报告》（报告稿没有保存下来，但其主要思想已由列宁写入《走上大路》一文，见《列宁全集》2017 年版第 17 卷第 329—339 页），并稍作修改通过了列宁提出的决议案。在讨论列宁的决议草案时，孟什维克建议要在决议里指出，专制制度不是在变成资产阶级君主制，而是在变成财阀君主制，这一修改意见被绝大多数票否决；召回派则声明他们不同意决议草案的第 5 条即利用杜马和杜马讲坛进行宣传鼓动那一条，但同意其他各条，因此投了赞成票。关于杜马党团问题的讨论集中在是否在决议中指出杜马党团的错误和中央委员会对党团决定有无否决权这两点上。孟什维克对这两点均持否定态度，并且援引西欧社会党的做法作为依据。召回派则声称俄国本来不具备社会民主党杜马党团活动的条件，杜马党团的错误是客观条件造成的，因此不应在决议中指出。列宁在发言中对召回派作了严厉批评，指出他们是改头换面的取消派，他们和取消派有着共同的机会主义基础。代表会议通过了布尔什维克的决议案，对党团活动进行了批评，同时也指出了纠正党团工作的具体措施。在组织问题上代表会议也通过了布尔什维克的决议案，其中指出党应当特别注意建立和巩固秘密的党组织，而同时利用各种各样的合法团体在群众中进行工作。在关于地方上各民族组织统一的问题上，代表会议否定了崩得所维护的联邦制原则。此外，代表会议也否决了孟什维克关于把中央委员会移到国内、取消中央委员会国外局以及把中央机关报移到国内等建议。

俄国社会民主工党第五次全国代表会议的意义在于它把党引上了大路，是在反革命胜利后俄国工人运动发展中的一个转折点。

# 在俄国社会民主工党
# 第五次全国代表会议上
# 关于组织问题的发言提纲<sup>[1]</sup>（节选）

（1908 年 12 月 24 日〔1909 年 1 月 6 日〕）

Ⅱ.（A）

1. 罢工运动和革命冲击；

2. 改良主义与革命；

3. 同民族主义作斗争的任务；

　——向代表大会提出；

4. 如何在合法团体中工作。

选自《列宁全集》第 17 卷，人民出版

社，2017，第 412 页。

注释：

[1] 根据保存下来的 1908 年 12 月 24 日（1909 年 1 月 6 日）列宁关于组织问题的
　　发言的简要记录，无法确定这个提纲中列举的所有问题是否都在发言中有所
　　反映。但是，根据提纲中提到的问题的范围，可以推测这个提纲是在讨论组
　　织问题时写的。

# 为什么而斗争？（节选）

## （1910 年 3 月 23 日〔4 月 5 日〕）

在杜马中占统治地位的十月党人不久前的演说，结合右派立宪民主党人在杜马中和杜马外的言论来看，无疑具有巨大的征兆性的意义。反革命资本家政党的头子古契柯夫先生抱怨说："我们在国内和在杜马中都孤立了。"路标派分子布尔加柯夫先生在《莫斯科周刊》上仿佛跟着附和说："……反动派也好，革命派也好，都否认'人身不受侵犯'；相反，他们都坚信人身'可受侵犯'，马尔柯夫第二和社会民主党人格格奇柯利如出一辙，尽管前者主张整治少数民族并宣扬施以大暴行，而后者为人身不受侵犯而呼吁进行'第二次俄国大革命'。"（1910 年 2 月 20 日第 8 期第 25 页）

……

1905 年的十二月运动之所以伟大，是因为这一运动第一次把"可怜的民族，奴隶的民族"（像尼·加·车尔尼雪夫斯基在 60 年代初所讲的）[1]变成**能够**在无产阶级领导下同万恶的专制制度斗争到底并吸引**群众**参加这一斗争的民族。这一运动之所以伟大，是因为无产阶级用斗争实践表明了民主主义群众夺取政权**是可能的**，在俄国建立共和国是可能的，指出了**"怎么办"**，指出了群众实际着手去具体完成这一任务的办法。无产阶级的十二月斗争给人民留下了一份遗产，这份遗产可以成为思想上、政治上照

288

耀后几代人的工作的灯塔。

选自《列宁全集》第 19 卷，人民出版
社，2017，第 212—216 页。

**注释：**

[1] 可怜的民族，奴隶的民族是俄国作家尼·加·车尔尼雪夫斯基的长篇小说
《序幕》中主人公沃尔根的话，见该书第 1 卷第 7 章。

# 党在国外的统一（节选）

## （1910 年 4 月 26 日〔5 月 9 日〕）

中央委员会国外局只有把这些**护党派**孟什维克同布尔什维克和无派别的**护党派分子**即反对取消主义的人团结在一起，才能取得成效，才能有助于俄国国内的工作。国外的布尔什维克正是号召全体同志这样做的（见巴黎第二小组的决议[1]）。为了团结全体真正的护党派分子，不可避免地要同破坏统一的呼声派，同退出《争论专页》编辑部和党校委员会并且也破坏党的统一的召回派-最后通牒派进行斗争。这一项工作暂时要由护党派分子个人主动承担，因为中央委员会国外局**暂时**还没有能力承担相应的职务。根据新章程的规定，中央委员会国外局的 5 个委员中有 3 个指定由"少数民族党员"担任，这样一来，中央委员会国外局的多数委员**不是**由党的中央委员会决定，因此，往往会发生出乎意料的事情。例如，在最近一次中央委员会国外局的常会上，形成了**反对**中央委员会路线的多数。由一个呼声派分子和两个所谓的"无派别的"少数民族党员形成的新的多数，拒绝批准在中央全会以后就立即制定的把各小组统一起来的"方法"（根据全会决议的精神来统一，即要求把所有的经费交给中央委员会，而**不是**交给派别性的机关报）。这个多数拒绝了（一个布尔什维克和一个波兰社会民主党人的）建议，即拒绝在信中向各小组提出以下口号：把所有的经费交给全党性的机关，而不交给派别性的报纸（**即**《社会民主党人呼声报》）。这个决定遭到了中央委员会国外局两个委员（一个布尔什维克和一个波兰社会民主党人）的坚决抗议，他们已把自己的抗议书转给了中央委员会。

选自《列宁全集》第 19 卷，人民出版社，2017，第 233—234 页。

**注释：**

[1] 俄国社会民主工党巴黎第二协助小组的决议于 1910 年 3 月 30 日（4 月 12 日）通过，并印成单页。决议谴责取消派企图破坏中央一月全会（1910 年）的各项决议，号召全体护党的社会民主党人，包括孟什维克护党派，切实实现全会的决议，为争取统一和反对分裂派和取消派而斗争。决议要求召回主义和最后通牒主义的拥护者履行全会的决定和取消反党的"前进"集团。

俄国社会民主工党巴黎第二协助小组（也称俄国社会民主工党巴黎支部）于 1908 年 11 月 5 日（18 日）成立。它是布尔什维克从与孟什维克合组的巴黎小组退出后组成的。后来孟什维克护党派和前进派分子也加入了这个小组。

# 致《斗争报》纪念号[1]（节选）

## （1910 年 7 月）

　　拉脱维亚社会民主党所以能取得成就，无疑原因首先在于：不论城市或农村，资本主义都有了较高的发展；阶级矛盾非常明确；这些矛盾由于民族压迫而更加尖锐；拉脱维亚居民集中，文化发展程度较高。从所有这些方面来看，俄国工人阶级赖以发展和进行活动的环境，就差多了。这种不发达的状况目前正在国内的俄国社会民主工党中造成更为严重的危机。小资产阶级知识分子在我们运动中起的作用很大，他们起好作用也起坏作用：他们在研究理论和策略问题的同时竟"研究"起种种偏离社会民主主义道路、结成特殊"派别"（如"召回主义"和"取消主义"）的问题来了。

选自《列宁全集》第 19 卷，人民出版

社，2017，第 304—305 页。

**注释：**

　　[1] 这篇文章是为《斗争报》第 100 号写的。

　　　　《斗争报》（《Zihņa》、《Cīņa》）是拉脱维亚社会民主党的秘密的中央机关报，1904 年 3 月创刊。1909 年 8 月以前在里加出版（经常中断），以后在国外出版。该报刊登过列宁 1910 年为该报出版 100 号而写的祝贺文章以及列宁起草的一些党的文件。该报撰稿人中有拉脱维亚共产党的组织者彼·伊·斯图契卡、拉脱维亚人民诗人扬·莱尼斯等。1917 年 4 月起,《斗争报》成为合法报纸,先后在彼得堡、里加和其他城市出版。1919 年 8 月起,因反革命在拉脱维亚暂时得势而再次在里加秘密出版。1940 年 6 月,苏维埃政权在拉脱维亚取得胜利后,该报成为拉脱维亚共产党中央委员会和拉脱维亚苏维埃社会主义共和国最高苏维埃的机关报。

# 致尤·约·马尔赫列夫斯基（节选）

## （1910 年 10 月 7 日）

顺便说一下。罗莎·卢森堡和考茨基争论德国颠覆战略的时机是否**已经到来**，考茨基**明确地直截了当地**说，他认为这个时机必然会到来，而且很快就会到来，但现在还未到来。而马尔托夫"引申"（verballhornend）考茨基的话，他否认颠覆战略适用于 1905 年的俄国！！马尔托夫认为 1905 年 12 月的起义是"**人为地**"引起的（《新时代》杂志第 913 页）。有这种想法的人，只能被人为地算做社会民主党人。**实质上**他们是民族主义自由派。

选自《列宁全集》第 45 卷，人民出版社，2017，第 340—341 页。

# 欧洲工人运动中的分歧（节选）

## （1910 年 12 月 16 日〔29 日〕）

　　欧美现代工人运动中的基本的策略分歧，归结起来就是同背离实际上已经成为这个运动中的主导理论的马克思主义的两大流派作斗争。这两个流派就是修正主义（机会主义、改良主义）和无政府主义（无政府工团主义、无政府社会主义）。在半个多世纪的大规模工人运动的历史上，这两种背离工人运动中起主导作用的马克思主义理论和马克思主义策略的倾向，在一切文明国家里，是以各种不同的形式和各种不同的色彩表现出来的。

　　单从这个事实就可以看出，这两种倾向不是偶然出现的，也不是由某些个别人或集团的错误造成的，甚至也不是由民族特点或民族传统的影响等等造成的。应该有一些由一切资本主义国家的经济制度和发展性质所决定的、经常产生这两种倾向的根本原因。去年出版的荷兰马克思主义者安东·潘涅库克所著《工人运动中的策略分歧》（Anton Pannekoek. 《Die taktischen Differenzen in der Arbeiterbewegung》. Hamburg, Erdmann, Dubber, 1909）这本小册子，是用科学态度研究这些原因的一次很有意义的尝试。下面我们就要向读者介绍潘涅库克所作出的那些不能不认为是完全正确的结论。

选自《列宁全集》第 20 卷，人民出版社，2017，第 63—64 页。

# 致中央委员会（节选）

## （1911 年 1 月 22 日〔2 月 4 日〕以后）

如果有人觉得这些话言过其实，那么种种事实已经充分地、确凿地证明我们是对的。取消派—自由派从党**外**得到了加强，建立了同社会民主党完全敌对的派别（《我们的曙光》杂志、《复兴》杂志、《生活事业》杂志[1]），这个派别**正准备**破坏党在第四届杜马选举中的工作。呼声派从中央机关内部**破坏和阻挠**工作，从而**帮助**了波特列索夫之流先生们及其同伙来瓦解党。中央委员会国外局这个唯一的常设的实际机构之所以落到**取消派**手里，部分原因是崩得和拉脱维亚人的软弱无能，部分原因是这些民族组织中的取消派分子直接帮助了呼声派。中央委员会国外局不仅没有做过一点事情来联合国外的**护党派**，不仅没有做过一点事情来帮助反对呼声派和前进派的斗争，反而为无政府主义者的反党"基金"和自由派的各种勾当**打掩护**。

选自《列宁全集》第 20 卷，人民出版社，2017，第 106 页。

**注释：**

[1]《生活事业》杂志（《Дело Жизни》）是孟什维克取消派的合法机关刊物，1911 年 1—10 月在彼得堡出版，共出了 9 期。

# 我们的取消派（节选）

## （关于波特列索夫先生和弗·巴扎罗夫）

## （1911 年 1—2 月）

    弗·亚·巴扎罗夫，你就不怕**上帝**。丘科夫斯基之流和其他自由派，以及许多民主派—劳动派，一直在（特别是自 1906 年以来）"侮辱"马克思主义，但是，"领导权"在 1906 年没有成为"事实"吗？请从自由派著作家的贮藏室里探出头来，哪怕看一看第三届杜马的农民代表对工人代表的态度吧。只要把说明他们三年来的政治态度的一些无可争辩的事实对比一下，甚至只要把他们的过渡方案和立宪民主党人的方案对比一下，更不用说把他们在杜马中的政治声明同这段时期的广大居民阶层的生活条件拿来对比，——就可以确凿地证明，领导权现在也是事实。工人阶级的领导权，就是工人阶级（及其代表）对其他居民的政治影响，即把他们的民主主义（在有民主主义的时候）中的非民主主义的杂物清除出去，对任何资产阶级民主主义的局限性和近视性展开批判，同"立宪民主主义"（如果这样来称呼自由派的演说和政策的起腐蚀思想作用的内容的话）进行斗争，等等，等等。巴扎罗夫竟能写出如此令人难以置信的东西，而一些也自命为工人的朋友和马克思主义的拥护者的新闻工作者还宽厚地拍着他的肩膀叫好，没有比这更能表现我们这个时代的特征的了！

    *巴扎罗夫硬要取消派杂志的读者相信："要预言下一个高潮到来*

以前的情况,是根本不可能的。如果城乡民主派的精神面貌还是同五年以前相类似,那马克思主义的领导权又将成为事实……但是,设想民主派的面貌将会发生本质的变化,那也并不是根本不可能的。我们可以设想,比如,俄国的城乡小资产阶级将会对统治阶级的政治特权怀有相当激进的反对情绪,将会相当团结,相当积极,可是充满了强烈的民族主义精神。由于马克思主义者不会同民族主义或反犹太主义作出丝毫妥协,很明显,在上述情况下,就根本谈不到什么领导权了。"

这不仅是错误的,而且是极端荒谬的。如果某些阶层把反对特权同民族主义结合起来,那么难道说明这种结合会妨碍消除特权不正是领导者的事情吗?难道反对特权的斗争能够**不**同受民族主义之害的小资产者反对受民族主义之惠的小资产者的斗争结合起来吗?任何小资产阶级反对任何特权的任何斗争,**总是**带着小资产阶级的局限性和不彻底性的痕迹,而消除这些痕迹也正是"领导者"的事情。巴扎罗夫是按立宪民主党人的方式、路标派的方式推论的。更确切地说,巴扎罗夫投到了早就这样推论的波特列索夫之流及其同伙的营垒里去了。

选自《列宁全集》第 20 卷,人民出版社,2017,第 132—134 页。

# 保尔·辛格尔 (节选)

1911 年 1 月 18 日 (30 日) 逝世
(1911 年 2 月 8 日〔21 日〕)

    今年 2 月 5 日,德国社会民主党安葬了自己最老一辈领袖之一的保尔·辛格尔。柏林全体劳动居民有几十万人响应党的号召,参加了送葬游行,悼念这位把自己的全部力量、自己的整个一生献给了工人阶级解放事业的人。300 万人口的柏林,从来没有这样多的人聚集在一起:不下 100 万人参加或观看了送葬游行。这个世界从来没有一个权势显赫的人物有幸举行过这样的葬礼。为了护送某个国王的灵柩或者某个因残杀国内外敌人而闻名的将军的灵柩,可以命令几万名士兵列队街道两旁,但是,如果在成百万的劳动群众的心里没有热爱**自己的**领袖的感情,没有热爱他们自己反对政府和资产阶级压迫的**革命**斗争事业的感情,是不能把偌大一个城市的居民发动起来的。

    ……

    在上世纪 60 年代,德国自由派资产阶级怯懦地离开了德国正在发展的革命,同地主政府搞交易,同国王的无限权力搞调和,而这个时候,辛格尔却坚定地转向了社会主义。在 1870 年,整个资产阶级沉醉于对法国的胜利,广大人民群众迷恋于卑鄙的、仇恨人类的、"自由派的"民族主义和沙文主义的说教,而这个时候,辛格尔却在反对强占法国的阿尔萨斯和洛林的抗议书上签了名。在 1878 年,资产阶级帮助反动的地主的(德国人叫做"容克的")大臣俾斯麦执行反社会党人非常法，解散工会，封闭工人报纸，千百次疯狂地迫害觉悟的无产阶级，而这个时候，辛格尔却最终地加入了社会民主党。

选自《列宁全集》第20卷，人民出版社，2017，第145—146页。

# 英国社会民主党代表大会（节选）

## （1911 年 4 月 16 日〔29 日〕）

  为海德门辩护的是整个党中央委员会（"执行委员会"），其中也包括——这一点真是不好意思说出来——哈·奎尔奇。他提出的"修正意见"就是这样说的："代表会议现在认为最近的目的就是维持足够的（adequate）海军来进行民族自卫"！……此外，当然也重弹了反对帝国主义政策、向资本主义宣战等等一切"动听的老调"。但是，不言而喻，这一切都被**一勺焦油**<sup>[1]</sup>毁坏了，即被资产阶级转弯抹角的、同时也是纯粹资产阶级沙文主义的那种承认必须维持"足够的"海军的论调毁坏了。这是发生在 1911 年，这时，英国的海军预算最清楚不过地表明一种无限增加的趋势；这又是发生在这样一个国家里，这个国家的海军"捍卫和保护着""帝国"，就是说其中也包括印度，可是在印度，有近 3 亿居民受着英国官僚的掠夺和蹂躏，在那里，诸如自由派和"激进派"莫利（Morley）之流的"有教养的"英国国家要人，以政治罪**流放**和**鞭笞**土著居民！

  奎尔奇是怎样进行卑劣的诡辩的，只要看看他发言中的下面一段话就可以知道了（根据登在《正义报》上的为海德门辩护的报道）！……"既然我们承认民族自治，我们就应当有民族自卫，——而这种自卫应当是充分的，否则它是无济于事的。我们反对帝国主义，不论是英帝国主义还是德帝国主义我们都反对；普鲁士统治下的各弱小民族憎恨它的专制，而受它威胁的各弱小国家，则把英国海军和德国社会民主党看做是自己唯一的希望……"

　　请看，走上机会主义斜坡的人往下滑得多快啊！帮助奴役印度（并不是很"小的"民族）的英国海军居然同保卫各族人民自由的德国社会民主**党相提并论**……泽·卡恩说得对，英国社会民主党还从来没有这样丢脸出丑过。英国社会民主党的被恩格斯早就指出和指责过的宗派主义性质[2]，还从来没有暴露得这样明显，这一次甚至像奎尔奇这样的人也**轻率地转到**沙文主义者方面去了。

选自《列宁全集》第 20 卷，人民出版社，2017，第 231—232 页。

**注释：**

　[1] 一勺焦油来源于俄国俗话"一勺焦油坏了一桶蜜"，意思相当于中国俗话"一粒老鼠屎坏了一锅饭"。

　[2] 关于这个问题，可参看《马克思恩格斯全集》第 1 版第 38 卷第 106 页，第 39 卷第 54—55、236—237 页；《马克思恩格斯文集》第 10 卷第 672—675 页。

# 俄国社会民主工党
# 中央委员会议文献[1]（节选）

## （1911 年 5—6 月）

　　既然一年半以来党由于拖延召开全会而遭到损失，那么，各民族组织早就应该选出代表。一位拉脱维亚同志提出的问题与一个崩得分子完全不同。他说，虽然他也不是选出来的，但是由于召开全会的条件，他认为自己应该参加会议，然后向拉脱维亚边疆区中央委员会提出报告；决定只有在拉脱维亚边疆区中央委员会确认以后才能对拉脱维亚边疆区生效。

选自《列宁全集》第 20 卷，人民出版社，2017，第 269 页。

**注释：**

　　[1] 这是有关俄国社会民主工党中央委员会议的一组文献。

　　　　俄国社会民主工党中央委员会议（俄国社会民主工党国外中央委员会议）于 1911 年 5 月 28 日—6 月 4 日（6 月 10—17 日）在巴黎举行。这次会议是在列宁领导下而撇开中央委员会国外局筹备和召开的，因为该局的取消派多数一直在阻挠中央全会的召开。会议的筹备工作于 1911 年 4 月开始。1911 年 5 月上半月，布尔什维克根据 1910 年中央一月全会通过的中央委员会章程，由自己在中央国外局的代表尼·亚·谢马什柯再次向中央委员会国外局提出必须在国外召开中央全会，结果再次遭到拒绝。1911 年 5 月 14 日（27 日）谢马什柯退出了中央委员会国外局。同一天，以布尔什维克和波兰社会民主党方面的中央委员和候补中央委员的名义，向国外的中央委员发出了参加会议的邀请书。

会议于 1911 年 5 月 28 日（6 月 10 日）开幕。有权参加会议的 9 个人除崩得分子约诺夫外，都出席了会议，他们是布尔什维克列宁、格·叶·季诺维也夫、阿·伊·李可夫，波兰社会民主党代表扬·梯什卡、费·埃·捷尔任斯基，拉脱维亚社会民主党代表马·奥佐林，呼声派分子波·伊·哥列夫，崩得分子米·伊·李伯尔。

鉴于当时党内的状况，列宁在第 1 次会议上建议应承认这次中央委员会议不仅有权就某些问题提出意见，而且有权通过党必须执行的决议。呼声派分子哥列夫和崩得分子李伯尔则企图证明会议无权就召开中央全会和筹备全党代表会议采取任何实际措施。当会议通过关于确定会议性质的决定（会议根据这个决定把关于恢复中央的问题列入了议程）以后，哥列夫退出了会议，并指责会议的参加者"侵权"。

会议讨论了召开中央全会的问题。当讨论到有权参加全会的人选问题时，列宁声明说，孟什维克约·安·伊苏夫（米哈伊尔）、康·米·叶尔莫拉耶夫（罗曼）和彼·阿·勃朗施坦（尤里）是斯托雷平"工"党的组织者，无权参加全会。崩得分子李伯尔则为他们辩护，并退出了会议，以示对列宁声明的抗议。

会议通过了近期在国外召开中央全会的决议并为此成立了一个委员会。

会议拟出了制定党在第四届国家杜马选举运动中的策略和拟定选举纲领草案的措施。

会议议程上的主要问题是召开党的代表会议。会议就这个问题通过的决议指出，第四届杜马选举的临近，工人运动的活跃以及党内的状况，使召开党代表会议刻不容缓。鉴于不可能立即召开中央全会，会议主动承担了发起召开代表会议的责任，并成立了筹备代表会议的组织委员会。会议通过了列宁提出的关于成立俄国委员会以开展筹备代表会议的实际工作的建议（见《列宁全集》2017 年版第 20 卷第 274 页）。会议的决议规定邀请在国外的党组织一道参加组织委员会的工作。在表决时，列宁对这项决议总的表示同意，同时声明反对邀请呼声派和前进派的代表参加组织委员会（见《列宁全集》2017 年版第 20 卷第 275 页）。

会议谴责中央委员会国外局的派别政策，并决定把中央委员会国外局的存在问题提交中央全会解决。列宁在表决决议案的最后一部分时弃权，因为他坚持立即改组中央委员会国外局。会议成立了执行技术职能（为党的出版工作服务、组织运输等）的技术委员会，归参加会议的中央委员和候补中央委员领导。

为了筹备全党代表会议，列宁把富有经验的党的工作者——布尔什维克格·康·奥尔忠尼启则（谢尔戈）、波·阿·布列斯拉夫（扎哈尔）和伊·伊·施瓦尔茨（谢苗）派回国内。到 1911 年 9 月，赞同会议决议的已有基辅、叶卡捷琳诺斯拉夫、巴库和罗斯托夫委员会，俄国社会民主工党梯弗利斯选出的领导小组，俄国社会民主工党彼得堡组织市区小组代表大会以及乌拉尔许多城市的社会民主党组织等。1911 年 9 月，组成了有许多社会民主党组织的代表参加的俄国组织委员会。该委员会筹备了 1912 年 1 月召开的俄国社会民主工党第六次（布拉格）全国代表会议。

# 俄国社会民主工党第六次（布拉格）
# 全国代表会议文献[1]（节选）

## （1912 年 1 月）

## 5　关于社会党国际局的工作的报告[2]

### （1 月 7 日〔20 日〕）

……

捷克人闹分裂。[3]我们曾反对这种分裂，认为社会民主党不应当受任何沙文主义和民族主义宣传的影响。在奥地利，许多争吵不休的事都是由文件应该用哪种文字书写等类问题引起的。普列汉诺夫曾就这次分裂问题作过报告，他的决议案以大多数票通过。托洛茨基在这个问题上也曾企图进行调和，说这是阿德勒的过错，说他是最"温和的"和机会主义的社会民主党人。

……

# 8 代表会议的决议

(1月5日和17日〔18日和30日〕之间)

……

## 关于目前形势和党的任务

……

代表会议从这些事件中特别指出下列几点：

（一）沙皇制度的土地政策（无论是地主和大资产阶级的政府党或是——从实际上看——反革命的自由派，都把自己的反革命利益与这个政策联系起来），不但没有在农村建立稍许稳定的资产阶级关系，而且没有使农民摆脱严重的饥荒；这种饥荒表明了居民状况的极端恶化和全国生产力的巨大损失。

（二）在现代资本主义各国的世界竞争中仍旧软弱无力，而且在欧洲愈来愈被排挤到次要地位的沙皇政府，现在与黑帮贵族和日益强大的工业资产阶级结成联盟，企图对边疆地区、对一切被压迫民族，特别是对文化比较发达的地区（芬兰、波兰、西北边疆区）实行粗暴的"民族主义"政策，对为争取自由进行革命斗争的亚洲各国人民（波斯、中国）进行殖民占领，来满足自己的强盗利益。

选自《列宁全集》第21卷，人民出版社，2017，第136—146页。

**注释：**

[1] 这是关于俄国社会民主工党第六次全国代表会议的一组文献。有关这次代表会议的另外一些材料，收在《列宁全集》2017年版第21卷《附录》中。

俄国社会民主工党第六次全国代表会议于1912年1月5—17日（18—30

日）在布拉格举行，会址在布拉格民众文化馆捷克社会民主党报纸编辑部内。

这次代表会议共代表 20 多个党组织。出席会议的有来自彼得堡、莫斯科、中部工业地区、萨拉托夫、梯弗利斯、巴库、尼古拉耶夫、喀山、基辅、叶卡捷琳诺斯拉夫、德文斯克和维尔诺的代表。由于警察的迫害和其他方面的困难，叶卡捷琳堡、秋明、乌法、萨马拉、下诺夫哥罗德、索尔莫沃、卢甘斯克、顿河畔罗斯托夫、巴尔瑙尔等地党组织的代表未能到会，但这些组织都送来了关于参加代表会议的书面声明。出席会议的还有中央机关报《社会民主党人报》编辑部、《工人报》编辑部、国外组织委员会、俄国社会民主工党中央运输组等单位的代表。代表会议的代表中有两位孟什维克护党派分子 Д. M. 施瓦尔茨曼和雅·达·捷文，其余都是布尔什维克。这次代表会议实际上起了代表大会的作用。

出席代表会议的一批代表和俄国组织委员会的全权代表曾经写信给拉脱维亚边疆区社会民主党中央委员会、崩得中央委员会、波兰和立陶宛社会民主党总执行委员会以及国外各集团，请它们派代表出席代表会议，但被它们所拒绝。马·高尔基因病没有到会，他曾写信给代表们表示祝贺。

列入代表会议议程的问题是：报告（俄国组织委员会的报告，各地方以及中央机关报和其他单位的报告）；确定会议性质；目前形势和党的任务；第四届国家杜马选举；杜马党团；工人国家保险；罢工运动和工会；"请愿运动"；关于取消主义；社会民主党人在同饥荒作斗争中的任务；党的出版物；组织问题；党在国外的工作；选举；其他事项。

列宁代表中央机关报编辑部出席代表会议，领导了会议的工作。列宁致了开幕词，就确定代表会议的性质讲了话，作了关于目前形势和党的任务的报告和关于社会党国际局的工作的报告，并在讨论中央机关报工作、关于社会民主党在同饥荒作斗争中的任务、关于组织问题、关于党在国外的工作等问题时作了报告或发了言。他起草了议程上所有重要问题的决议案，代表会议通过的决议也都经过他仔细审定。

代表会议的一项最重要的工作是从党内清除机会主义者。当时取消派聚集在两家合法杂志——《我们的曙光》和《生活事业》——的周围。代表会议宣布"《我们的曙光》和《生活事业》集团的所作所为已使它们自己完全置身于党外"，决定把取消派开除出俄国社会民主工党。代表会议谴责了国外反党集团——孟什维克呼声派、前进派和托洛茨基分子——的活动，认为必须在国外建立一个在中央委员会监督和领导下进行协助党的工作的统一的党组织。代表会议还通过了关于党的工作的性质和组织形式的决议，批准了列宁提出的党的组织章程修改草案。

代表会议共开了23次会议，对各项决议进行了详细的讨论（《关于党的工作的性质和组织形式》这一决议，是议程上的组织问题与罢工运动和工会问题的共同决议）。会议的记录至今没有发现，只保存了某些次会议的片断的极不完善的记录。会议的决议由中央委员会于1912年以小册子的形式在巴黎出版。

布拉格代表会议恢复了党，选出了中央委员会，并由它重新建立了中央委员会俄国局。当选为中央委员的是：列宁、菲·伊·戈洛晓金、格·叶·季诺维也夫、格·康·奥尔忠尼启则、苏·斯·斯潘达良、施瓦尔茨曼、罗·瓦·马林诺夫斯基（后来发现是奸细）。在代表会议结束时召开的中央委员会全会决定增补伊·斯·别洛斯托茨基和斯大林为中央委员。过了一段时间又增补格·伊·彼得罗夫斯基和雅·米·斯维尔德洛夫为中央委员。代表会议还决定安·谢·布勃诺夫、米·伊·加里宁、亚·彼·斯米尔诺夫、叶·德·斯塔索娃和斯·格·邵武勉为候补中央委员。代表会议选出了以列宁为首的《社会民主党人报》编辑委员会，并选举列宁为俄国社会民主工党驻社会党国际局的代表。

这次代表会议规定了党在新的条件下的政治路线和策略，决定把取消派开除出党，对俄国社会民主工党这一新型政党的进一步发展和巩固党的统一具有决定性意义。

[2] 这篇报告和下面两篇在布拉格代表会议上的发言，是依据这次代表会议某几次会议的片断记录整理出来的。方括号里的文字是俄文版编者根据文意增补的。

[3] 指捷克和奥地利社会民主党人在工会统一问题上的分歧。1905年12月，在奥地利工会非常代表大会上，捷克社会民主党人提出成立其权限可及于奥地利全境的民族工会的问题。捷克人的建议被绝大多数票否决。但是捷克社会民主党代表拒绝服从代表大会的决议。奥地利社会民主党人在1910年把这个问题提交哥本哈根国际社会党代表大会解决。大会否决了捷克人的分立主义的建议，一致主张工会组织统一。

# 《前进报》上的匿名作者
## 和俄国社会民主工党的党内状况[1]（节选）

（1912 年 3 月 13 日〔26 日〕以后）

其次，作者公开声称，俄国"各民族的"社会民主党组织（波兰、拉脱维亚、崩得）和外高加索区域委员会是"我们俄国党的最老的、最强大的、实际上构成运动骨干的组织"，这不是笑话吗？外高加索区域委员会是否存在都还是个问题，这是谁都知道的，它出席 1908 年代表会议的代表的性质也证明了这一点。波兰人和拉脱维亚人在俄国社会民主工党成立以来的最初 9 年（1898—1907 年），处于与党完全隔绝的状态；这种隔绝状态在 1907—1911 年间，实际上仍继续存在着。崩得在 1903 年脱离了党，直到 1906 年（确切些说，是 1907 年）都置身于党外。直到目前它还没有同各地党组织联合起来，而这种联合是俄国社会民主工党 1908 年的代表会议正式规定了的[2]。在拉脱维亚组织和崩得内部，有时取消派占上风，有时反取消派占上风。至于波兰人，1903 年他们站在孟什维克方面，1905 年又站在布尔什维克方面，1912 年他们曾试图同取消派"和解"，但没有成功。

......

要实现党的统一，还有**一条**路可走，那就是召开**国内**组织的代表会议。由于各民族组织（波兰人、拉脱维亚人、崩得分子）完全脱离了俄国工作，他们根本不可能为这次代表会议做什么事情。

……

1912年1月，俄国组织委员会终于召开了代表会议，**所有**国内组织毫无例外都被邀请参加。取消派、"民族代表"（波兰人、拉脱维亚人、崩得分子）和所有动摇的国外小集团，都没有出席。当时代表会议确信，在党处于空前困难状况的条件下，**国内**组织具有最充分的代表性；当时代表会议确认，党在国内没有中央机关就要灭亡，国外的涣散日益加剧，即将举行的第四届杜马的选举要求立即把党恢复起来，因此，代表会议就**必须被确认为党的最高机关**，它应该选举中央委员会，宣布取消派已置身于党外。

选自《列宁全集》第21卷，人民出版社，2017，第207—212页。

**注释：**

[1] 这篇文章是列宁对列·达·托洛茨基在德国社会民主党中央机关报《前进报》上匿名发表的反对党的布拉格代表会议及其决议的诽谤性文章的答复。文章以俄国社会民主工党中央机关报《社会民主党人报》编辑部的名义用德文印成小册子，分寄给了德国社会民主党各刊物编辑部、各地方委员会、各图书馆，共600个单位。在《列宁全集》俄文各版中，这篇文章是根据《社会民主党人报》编辑部的小册子从德文译成俄文刊印的。

[2] 指俄国社会民主工党第五次全国代表会议《关于统一各地民族组织问题》的决议。决议说："代表会议建议中央委员会采取措施，把违背斯德哥尔摩代表大会决议至今尚未进行统一的各区域内的我党地方组织统一起来。"（参看《苏联共产党代表大会、代表会议和中央全会决议汇编》人民出版社版第1分册第256页）。

# 给社会党国际局书记胡斯曼的信[1]（节选）

## （1912 年 3 月 17 日和 23 日
## 〔3 月 30 日和 4 月 5 日〕之间）

5. 至于各民族组织，我应当指出，在 1906 年（或更确切地说：1907 年）以前，即在各民族组织加入我们党（崩得 1903 年退出了党，后来也是在 1907 年又重新加入）以前，俄国社会民主工党就是作为俄国社会民主工党存在的。鉴于民族组织没有出席代表会议，代表会议已委托中央委员会同各民族组织举行会谈，以便恢复同他们的正常关系。

选自《列宁全集》第 21 卷，人民出版社，2017，第 224 页。

注释：

[1] 社会党国际局于 1912 年 4 月 12 日把列宁的这封信随第 7 号通报分发给各国社会党，通报建议各国社会党在报刊上公布列宁的这封信。

# 论俄国各政党（节选）

（1912 年 5 月 10 日〔23 日〕）

当然，公开说保护地主利益是不行的。于是就说什么凡是旧东西都要保存，拼命煽动不信任异族人特别是犹太人的心理，唆使那些最不觉悟最愚昧的人去蹂躏、摧残"犹太佬"，大谈俄罗斯人受异族人的"压迫"，以此来掩盖贵族、官吏和地主的特权。

"右派"政党就是如此。它的党员普利什凯维奇，第三届杜马中最著名的右派演说家，煞费苦心而且很有成效地向人民**表明了**右派所要求的是**什么，他们怎样**活动，他们为**谁**服务。普利什凯维奇真是一个天才的鼓动员。

与在第三届杜马中占 46 席的"右派"并肩站在一起的，是占 91 席的"**民族党人**"。他们同右派的差异很小，实质上，这并不是两个政党，而是在摧残异族人、摧残"立宪民主党人"（自由派）和民主派等方面分"工"合作的一个政党。他们**干着**同样的事情，不过做法上有的粗野些有的巧妙些罢了。让那些能干出各种丑事和暴行，能杀害赫尔岑施坦、约洛斯和卡拉瓦耶夫们的"极"右派站开一点，让人们以为**他们**是从右面来"批评"政府的，这对政府是**有利的**……右派和民族党人的区别，并不能有什么重大的意义。

**十月党人**在第三届杜马中占 131 席，其中当然包括"右派十月党人"。十月党人的现行政策与右派并没有什么本质上的区别，他们与右派不同的地方，在于这个党不仅为地主服务，而且还为大资本家、守旧的商人即资产阶级服务，这个资产阶级由于工人以及跟在其后的农民觉醒过来要求独立生活而惶恐不安以至完全转到捍卫旧制度的立场上去了。俄国有不少资本家，他们完全像地主对待先前的农奴那样对待工人；他们把工人和店员看做是家奴、仆从。在维护这种旧制度方面，谁也比不上右派政党、民族党人和十月党人。还有一些资本家，他们虽然在 1904 年和 1905 年举行的地方自治和城市自治人士代表大会上要求"立宪"，但是他们为了**对付**工人，总是甘愿听凭六三宪制的肆虐。

十月党是地主和资本家的主要反革命政党。这是第三届杜马中起主导作用的党：132 个十月党人与 137 个右派分子和民族党人合在一起，就组成了第三届杜马中的相当大的多数。

1907 年的六三选举法**保证了**地主和大资本家在杜马中的多数地位：在选举杜马代表的**一切**省选举大会上，都是地主和第一城市选民团（即大资本家选民团）的复选人占多数。在 28 个省选举大会上，甚至土地占有者复选人独占多数。六三政府的全部政策都是在十月党帮助下实行的，第三届杜马的一切罪恶都应由该党负责。

在口头上，在自己的纲领中，十月党人主张"立宪"，甚至主张有……种种自由！在行动上，这个党拥护一切反对工人（例如保险法案，——请回忆一下杜马工人问题委员会**主席**季津高津男爵当时的态度吧！）、反对农民以及反对限制专横暴虐和无权状况的措施。十月党人和民族党人一样，都是政府党。这种情况并不因为十月党人有时（特别是在选举以前！）发表"反对派"言论而有丝毫改变。凡是有议会的地方，老早就看到而且现在也经常看到资产阶级政党玩弄这种**反对派把戏**，这种把戏对于它们没有害处，因为任何政府都不会认真看待它，而且有时在面对需要涂上反对派"圣油"的选民时，这种把戏还不无益处呢。

选自《列宁全集》第 21 卷，人民出版<br>社，2017，第 286—288 页。

# 中国的民主主义和民粹主义（节选）

## （1912 年 7 月 15 日〔28 日〕）

    孙中山的纲领的字里行间都充满了战斗的、真诚的民主主义。它充分认识到"种族"革命的不足，丝毫没有忽视政治问题，或者说，丝毫没有轻视政治自由或容许中国专制制度与中国"社会改革"、中国立宪改革等等并存的思想。这是带有建立共和制度要求的完整的民主主义。它直接提出群众生活状况及群众斗争问题，热烈地同情被剥削劳动者，相信他们是正义的和有力量的。

    ……

    中国愈落在欧洲和日本的后面，就愈有四分五裂和民族解体的危险。只有革命人民群众的英雄主义才能"振兴"中国，才能在政治方面建立中华民国，在土地方面实行国有化以保证资本主义最迅速的发展。

选自《列宁全集》第 21 卷，人民出版社，2017，第 427—431 页。

# 飞黄腾达之路（节选）

## （1912 年 8 月 18 日〔31 日〕）

同情英国资产阶级和英国宪制的自由派地主卡特柯夫，在俄国第一次民主高潮时期（19 世纪 60 年代初），转向了民族主义和沙文主义，参加了猖狂的黑帮活动。

自由派新闻工作者苏沃林，在俄国第二次民主高潮时期（19 世纪 70 年代末），转向了民族主义和沙文主义，堕落到向当权者卑躬屈膝的地步。靠了俄土战争，这个追求飞黄腾达的人"大显身手"，找到了一条卖身投靠的捷径——他的《有何吩咐报》[1]因此获得了大量的犒赏。

《有何吩咐报》这个雅号，苏沃林的《新时报》保持了几十年。这份报纸在俄国成了卖身求荣的报纸的典型。"新时报主义"成了背叛、变节和吹牛拍马的同义语。苏沃林的《新时报》是做"零沽零饮，均所欢迎"[2]的兴隆买卖的典型。在这里，他们什么买卖都做，从政治见解一直到色情广告。

而目前，在俄国第三次民主高潮过去以后（20 世纪初期），又有多少自由主义者沿着"路标派的"道路，转向民族主义和沙文主义，向民主派大泼污水，向反动派阿谀奉承！

卡特柯夫—苏沃林—"路标派"，这就是俄国自由派资产阶级**从民主派转向**维护反动派，转向沙文主义和反犹太主义的几个历史阶段。

觉悟的工人会愈来愈坚定自己的信念，他们懂得：资产阶级的这种转

316

变是不可避免的，——正像劳动群众转而拥护工人民主派的思想一样。

选自《列宁全集》第 22 卷，人民出版社，2017，第 45—46 页。

**注释：**

[1]《有何吩咐报》在此处是指《新时报》。"有何吩咐?"原来是沙皇俄国社会中仆人对主人讲话时的用语。俄国作家米·叶·萨尔蒂科夫-谢德林在他的特写《莫尔恰林老爷们》中首次把对专制政府奴颜婢膝的自由派报刊称为《有何吩咐报》。

[2] 零沽零饮，均所欢迎一词出自革命前俄国小酒店的招贴用语，意思是"在本店就饮或外沽均所欢迎"。俄国作家米·叶·萨尔蒂科夫-谢德林在《蒙列波避难所》里曾用它来描写俄国新兴资产者，说"他对科学毫无兴趣，对艺术珍品漠然置之，在他的旗帜上赫然写着的只有这么一句话：'零饮零沽，均所欢迎!'"。

# 致列·波·加米涅夫 （节选）

## （1912 年 12 月 8 日）

对国际局的建议我考虑这样答复：（a）我们抵制所有的德国人，因为他们把钱给了崩得和高加索；（b）**撇开**民族组织，只跟一批开除了的取消**派去**开会；（c）先决条件——由他们正式否定《光线报》上关于华沙存在奸细活动的无耻诽谤。理由是清楚的。您的意见怎样？

……

还有关于党团的事：有一封信（不是寄给我们的，不过是一封相当可靠的信）提到，与取消派+齐赫泽的意愿相反，民族文化自治**被否决**了。这是我们所知道的在 12 人中我们形成多数的唯一**事实**。我们**暂时**还不了解更多情况。一俟了解到，当随即写信给您。

选自《列宁全集》第 46 卷，人民出版社，2017，第 204—206 页。

# 工人阶级及其"议会"代表团[1]（节选）

## （1912 年 12 月）

## 第一篇文章

### （1912 年 12 月 12 日〔25 日〕）

……

当时每 500 个社会民主主义工人产生 1 名代表，结果布尔什维克有 105 名代表，孟什维克有 97 名代表，此外还有无派别分子的代表 4 名。[2]

优势显然是在布尔什维克派方面。

在"民族的"社会民主党人中，波兰人有 44 名代表，崩得分子有 57 名代表，拉脱维亚人有 29 名代表。当时在拉脱维亚人中反对机会主义即反对孟什维克和崩得的人占了极大优势，因此在"民族党员"中，各"思潮"的比例关系和社会民主党"俄国"部分各思潮的比例关系是一致的。

## 第五篇文章

### （1912 年 12 月上半月）

……

但是，决议的第 2 条更要糟糕得多。这一条说，"犹太资产阶级复选人"也选举亚格洛一事，"表明甚至在资产阶级人士中间〈!? 在**犹太**资产阶级人士中间?〉认识也提高了，他们认识到只有社会党人才能成为为被压迫民族的合理〈?!〉利益而斗争的真正战士"。

大家都知道，犹太资产者丝毫没有表现出这样的"认识"。他们**宁愿选举**波兰资产者，只是因为找不到别的拥护平等权利的人，才**不得不选举**社会党人。不是"认识提高了"，而是民族斗争在资产者内部所引起的**困难增加了**，正是这种因素使亚格洛取得了代表资格！

为了把好人选进杜马，工人复选人是可以（而且应当）**利用**相争的两贼的"困难"的。这是不容争辩的。一小部分波兰社会民主党人（即失去了**主体**——华沙——的所谓"总执行委员会"）所持的相反的观点无论如何是站不住脚的。

但是，如果一个好人由于两贼相争而被选进了杜马，于是就说其中的**一个贼**"认识提高了"，那是十分可笑和奇怪的。正是这种对犹太资产阶级复选人的赞扬，这种即使**为**亚格洛的代表资格**作辩护**也根本用不着的赞扬，证明了党团中的七个成员的**机会主义**，证明了他们对民族问题所持的**非无产阶级**态度。

本来，七人团应当**在决议中**谴责和痛斥一切民族仇恨，**特别是**谴责和痛斥波兰资产者掀起反犹太人的运动，这是理所当然的。可是硬说犹太资产者的"认识提高了"，那就正好证明自己**没有**认识。

选自《列宁全集》第 22 卷，人民出版社，2017，第 252—259 页。

注释：

[1]《工人阶级及其"议会"代表团》是列宁为《真理报》撰写的一组论述第二、三、四届杜马内社会民主党党团工作经验的文章中的第一篇。《真理报》只发表了这一篇。1954 年波兰统一工人党中央移交给苏共中央一批在克拉科夫找到的列宁文稿，其中有这组文章的第三篇和第五篇。这两篇文章随即发表于

1954 年 4 月苏联《共产党人》杂志，并编入《列宁全集》俄文第 5 版。第二篇和第四篇文章至今尚未找到。

[2] 列宁在这里说的是俄国社会民主工党第五次（伦敦）代表大会代表的组成情况。列宁依据的是代表大会统计委员会提供的 336 名代表（未区分有表决权和有发言权的代表）情况的资料，与后来发表的数字稍有出入。

# 民族党人和立宪民主党人的"调和"（节选）

## （1912 年 12 月 15 日〔28 日〕）

　　杜马辩论政府宣言的最大的政治结果，就是**民族党人**、十月党人和**立宪民主党人**的动人的联合。我们俄国的所谓"社会人士"太容易受响亮而廉价的空话的影响，因此必须特别谈谈**各个**政党就原则性政治问题发表评论的这个**实际**结果。

　　　　**民族主义的**《新时报》（第 13199 号）写道："政党消失了。马克拉柯夫代表的精彩发言（12 月 7 日会议上的发言）把整个国家杜马联合起来了，整个国家杜马都给他鼓掌，忘掉了一切政党的恩恩怨怨和思想分歧。"

　　凡是密切关心政治的人，都应该记住并且仔细想想这家**民族主义的**报纸，这家擅长阿谀奉承、专事陷害犹太人和异族人的主要机关报的上述评语。

　　十月党人和民族党人，古契柯夫派和新时报派，给马克拉柯夫鼓掌，并不是由于"忘掉了"政党的思想分歧，而是由于他们正确地认识到自由派资产阶级和民族党人地主之间深刻的**思想一致**。

　　马克拉柯夫在对内政策和对外政策的根本问题上，发现了这种思想一致。这位立宪民主党人在**民族党人**经久不息的掌声中喊道："俄国不寻求战争，它也不害怕战争。"他们怎么能不鼓掌呢？凡是稍有政治常识的人都很清楚，立宪民主党人的这些话表明了他们**赞成**战争威胁政策，**赞成**武装陆海军、压迫人民群众、盘剥人民群众的军国主义政策。

选自《列宁全集》第 22 卷，人民出版社，2017，第 261—262 页。

# 致俄国社会民主工党中央委员会俄国局 （节选）

## （1912 年 12 月 19 日）

　　亲爱的朋友们：关于取消派要把"民族文化自治"也写上的消息使我们气愤极了！不，一切都有个限度！这些破坏了党的人，现在连纲领也要彻底破坏。甚至连最大的调和主义者普列汉诺夫不干的他们也要干。这样可不行。不能忍受并……①无论如何要组织回击，提出抗议。必须发出最后通牒：我们该讲话了，［让］**他们**去宣读那个卑鄙的、民族文化自治之类的东西吧！要尽一切努力，哪怕是以 5 个人的名义去做好这件事（5 个掌握党的政策的人，要比 6 个动摇于党和取消派之间的人好）。

　　关于第十六号的卑鄙决议也好，无耻地加进民族文化自治也好，妄想"插手"报纸问题也好，都清楚地表明，不能幻想跟这样一些人"和解"。[1]他们以这些步骤挑起了斗争。必须系统地考虑这场斗争，坚决地进行这场斗争。为此，除上面已提到的外，还必须采取两个步骤：（1）就上面提到的所有问题和其他类似的问题递交由 5 个人署名的书面抗议，警告说要诉诸党的各个组织；（2）要让 5 个人或 6 个人在这里碰个头（这一点一定要做到！），最后确定做法。

　　……内容大致为："我们，在下面签名的人，提出声明：党团关于亚

---

　　①　信的手稿已部分损坏，此处及以下几处有几个词无法辨认，方括号内的文字是根据意思复原的。——俄文版编者注

格洛的决定，关于他的决议，关于加进民族文化［自治］的决定，是完全违反党的各次代表大会的**所有**决定的，因此我们对这些决定不承担责任，我们宣布这些决定是反党的，保留向党的各个组织申诉的权利并提请注意，党团作出这样一些决定，就是完全离开了党性的道路。"

很清楚，七人团还会在取消派的道路上**继续**走下去。

选自《列宁全集》第 46 卷，人民出版<br>社，2017，第 214—215 页。

**注释：**

[1] 说的是社会民主党第四届国家杜马党团宣言。这篇宣言的基础是列宁起草的提纲《关于工人代表的某些发言问题》（见《列宁全集》第 22 卷）。

在党团通过这篇宣言之前，布尔什维克代表同孟什维克七人团进行了激烈的斗争。布尔什维克终于争取到把布尔什维克的基本要求列入宣言，使宣言几乎包括了最低纲领的一切重要内容。同时，孟什维克也争取到把他们的一项关于民族文化自治的要求写进宣言。该宣言曾在 1912 年 12 月 7 日（20日）的杜马会议上宣读。

1912 年 12 月，由于取消派的坚持，在社会民主党第四届国家杜马党团内进行了关于把《真理报》和《光线报》合并成"非派别性的工人报纸"的谈判。谈判结果，第四届国家杜马布尔什维克代表阿·叶·巴达耶夫、格·伊·彼得罗夫斯基、费·尼·萨莫伊洛夫和尼·罗·沙果夫于 1912 年 12 月18 日在《光线报》第 78 号上宣布自己担任《光线报》撰稿人，而 7 名取消派代表则宣布自己担任《真理报》撰稿人。1913 年 1 月 30 日，布尔什维克代表声明自己不同意《光线报》的取消主义倾向，因而不再担任该报撰稿人。

# 致俄国社会民主工党中央委员会俄国局

## （1912 年 12 月 20 日）

转瓦西里耶夫和第三号。亲爱的朋友们：今天收到你们通报的消息说，合作社①中的多数为了讨好犹太民族主义者和其他一伙人，又一次把民族文化自治塞了进来。这算什么，不是对 6 个人的嘲弄吗？难道这些先生们就不懂得，他们解释纲领讨好这伙人，这样就能使少数可以不服从？这简直是当众出丑，因为他们占上风是利用了那个一时糊涂成了孟什维克的人的一票，或者，也可能是在这个问题上依靠了第十六号。我们不知道六人团对此采取过什么措施。

但是，在这种情况下怎么能默不作声地服从；第三号怎么能同意公开宣读这种卑鄙的东西（并因此而承担责任）；六人团（或者哪怕是第三号一个人）怎么能不赶快在《日报》上发表声明，宣布这些先生们是在嘲弄纲领，导致分裂；——我们实在不明白。要知道，如果默不作声，那些犹太马克思主义者[1]明天就会骑在我们头上。事情总是有限度的。如果这些先生们认为，即使在他们明目张胆地将纲领糟蹋得不成样子时，少数也必须服从，那他们就大错特错了。

还在你们来信之前，我们已寄出一篇一般地论述民族文化自治的文章（那里援引了普列汉诺夫的话：高加索人和崩得使社会主义迁就民族主

---

① 暗指社会民主党第四届国家杜马党团。——俄文版编者注

义）。今天我们要寄出的几篇文章已经是直接反对合作社的了。请你们协助尽快把它们刊登出来。我们认为，如果还来得及，你们应该用坚决的措施使纲领避免改动。既然那些人已经采取了这样一些步骤，那就必须斗争。关于《晚邮报》①和《日报》合并的事，你们——站在取消派立场的人除外——大概会一致作出决议的。没什么可说的，这是他们的欺骗行为，我们决不同他们搞到一起。为什么只有 4 个人来？我们十分恳切地要求 6 个人全部来。这一点非常重要。

选自《列宁全集》第 46 卷，人民出版社，2017，第 219—221 页。

**注释：**

[1] 指崩得分子。

---

① 暗指《光线报》。——编者注

# 有党的工作者参加的俄国社会民主工党中央委员会克拉科夫会议的通报和决议[1] （节选）

## （1912 年底—1913 年初）

## 决 议

（1912 年 12 月 26 日—1913 年 1 月 1 日
〔1913 年 1 月 8—14 日〕）

5. 契恒凯里同志以党团的名义，为打着"建立每一个民族的自由发展所必要的机构"旗号的民族文化自治辩护，这是公然违背党纲的行为。[2]党的第二次代表大会在批准党纲时曾专门投票否决了本质上与此相似的条文。[3]无产阶级的政党不能容许向民族主义情绪让步，即使对以这种隐蔽形式出现的民族主义情绪也一样。

选自《列宁全集》第 22 卷，人民出版社，2017，第 280 页。

**注释：**

［1］这是列宁起草和审定的俄国社会民主工党中央委员会克拉科夫会议的文件。《列宁全集》2017 年版第 22 卷《附录》还收有关于这次会议的其他一些材料。

有党的工作者参加的俄国社会民主工党中央委员会克拉科夫会议于 1912 年 12 月 26 日—1913 年 1 月 1 日（1913 年 1 月 8—14 日）在波兰的克拉科夫举行，出于保密考虑定名为二月会议。出席会议的有中央委员列宁、斯大林、格·叶·季诺维也夫、罗·瓦·马林诺夫斯基（后来发现是奸细），第四届杜马中的布尔什维克代表阿·叶·巴达耶夫、格·伊·彼得罗夫斯基、尼·罗·沙果夫，党的工作人员娜·康·克鲁普斯卡娅、列·波·加米涅夫、B.H. 洛博娃以及由彼得堡、莫斯科地区、南方、乌拉尔和高加索的秘密的党组织选派的代表。

会议的筹备工作是由列宁直接主持的。他就组织会议的问题同俄国各地党的工作者进行了大量的通信联系，并向俄国社会民主工党中央委员会俄国局发出了指示。会议也是在列宁主持下进行的。他作了《革命高潮、罢工和党的任务》和《关于对取消主义的态度和关于统一》这两个报告（报告稿没有保存下来），起草和审定了会议的全部决议，草拟了俄国社会民主工党中央委员会关于这次会议的《通报》。

会议通过了关于党在革命新高潮中和罢工运动发展中的任务、关于秘密组织的建设、关于社会民主党杜马党团的工作、关于保险运动、关于党的报刊、关于民族的社会民主党组织、关于反对取消主义的斗争和关于无产阶级政党的统一等决议。这些决议对党的巩固和统一，对扩大和加强党同广大劳动群众的联系，对创造党在工人运动不断高涨条件下新的工作方式都起了巨大的作用。

克拉科夫会议的决议获得俄国社会民主工党中央委员会的批准，并在会议之后不久胶印出版。1913 年 2 月（公历）上半月，在巴黎出版了会议决议和中央委员会关于会议的《通报》的单行本。《关于〈真理报〉编辑部的改组和工作》这一决议可能也在会议结束后在中央委员会秘密会议上讨论过，当时为保密起见没有发表。这个决议只有克鲁普斯卡娅的手抄件保存了下来，1956 年首次在苏联的《历史问题》杂志第 11 期上发表，1961 年收入《列宁全集》俄文第 5 版第 22 卷（见《列宁全集》2017 年版第 22 卷第 286—288 页）。

克拉科夫会议的记录没有保存下来。留存的只有列宁在会议讨论某些问题的过程中随手作的一些简要笔记和他关于革命高潮、罢工和党的任务的报告的简单提纲。

[2] 指社会民主党杜马党团成员孟什维克阿·伊·契恒凯里在 1912 年 12 月 10 日 （23 日）国家杜马第 10 次会议上的发言。

[3] 俄国社会民主工党第二次代表大会所否决的条文是崩得分子弗·达·麦迭姆 （戈尔德布拉特）对党纲一般政治部分的第 8 条的补充。草案中该条是：“国 内各民族都有自决权”。麦迭姆建议增加：“并建立保障它们充分自由发展文 化的机关”。这一修改意见被大会以多数票对 3 票所否决（见《俄国社会民主 工党第二次代表大会。记录》1959 年俄文版第 190—192 页）。

# 在阿捷夫之流的圈子里（节选）

## （1913 年 1 月 25 日〔2 月 7 日〕）

民族主义报刊以阿廖欣"事件"为由掀起了一场轩然大波。天呀！奥地利人侮辱了俄国，他们平白无故地逮捕了一个俄国工程师，说他有间谍嫌疑，并对这个被捕者大肆凌辱！于是反对奥地利的"爱国主义"骚动闹个没完。

可是，现在真相已经大白——这一事件并没有什么奥妙，不过是司空见惯的老一套。阿廖欣先生成了奥地利警察局的"工作人员"魏斯曼的牺牲品；魏斯曼为了每月 2000 克郎（800 卢布）而干着跟踪在奥地利的俄国间谍的勾当。

不懂德国话的——显然还是半开化的——这位俄国工程师，天真地上了这个领他去参观兵工厂的奸细的当。

选自《列宁全集》第 22 卷，人民出版社，2017，第 335 页。

# 达成协议还是分裂?（节选）

## （关于社会民主党杜马党团的意见分歧问题）
## （1913 年 3 月 15 日〔28 日〕）

宣言的例子说明了，为了避免分裂**应当怎么办**。而"民族文化自治"[1]的例子则说明，为了避免分裂**不应当怎么办**。如果像契恒凯里同志那样提出这种要求，那就是要**废除**社会民主党的纲领。以前取消派一直硬说这个要求与党纲"不抵触"，而现在甚至崩得分子自己也把他们揭穿了，崩得分子（见《时报》[2]第 9 号）正因为契恒凯里"离开了民族问题上的正式理论所持的僵化观点"才向他表示祝贺的。以 7 票对 6 票废除党纲，那**就是制造分裂**。这是每一个觉悟的工人都明白的。

总之，**达成协议还是分裂**！问题就是这样摆着的。

选自《列宁全集》第 23 卷，人民出版社，2017，第 24 页。

**注释：**

[1] 民族文化自治是奥地利社会民主党人奥·鲍威尔和卡·伦纳制定的资产阶级民族主义的解决民族问题的纲领。俄国孟什维克取消派和崩得分子都提出过民族文化自治的要求。1903 年俄国社会民主工党第二次代表大会在讨论党纲草案时否决了崩得分子提出的增补民族文化自治内容的建议。列宁对民族文

化自治的批判，见《关于民族问题的批评意见》、《论"民族文化"自治》、《论民族自决权》等著作（《列宁全集》2017年版第24卷和第25卷）。

下面说的是社会民主党杜马党团成员孟什维克阿·伊·契恒凯里1912年12月10日（23日）在国家杜马第10次会议上违背党纲、为民族文化自治辩护一事。俄国社会民主工党中央委员会克拉科夫会议的决议对此提出了批评（见《列宁全集》2017年版第22卷第280页）。

[2]《时报》（《Di Zait》）是崩得的机关报（周报），1912年12月20日（1913年1月2日）—1914年5月5日（18日）用依地文在彼得堡出版。

这里说的是1913年2月21日（3月6日）《时报》第9号刊载的《工人代表和民族问题》一文，作者是Ф. И. 利平。

# 致列·波·加米涅夫（节选）

## （1913 年 3 月 29 日以前）

……

柯巴（为三期《启蒙》杂志）写了一篇有关民族问题的长文。很好！应该反对崩得和取消派的分离主义者和机会主义者，为真理而战。

选自《列宁全集》第 46 卷，人民出版社，2017，第 275 页。

# 论国民教育部的政策问题[1]（节选）

## （对国民教育问题的补充）

## （1913 年 4 月 27 日〔5 月 10 日〕）

　　可是在文明国家里就根本没有文盲，如瑞典和丹麦；或者只有 1%—2% 的文盲，如瑞士和德国。就连落后的奥匈帝国为它的斯拉夫族的居民所创造的生活条件也要比农奴制的俄国文明**得多**：在奥地利有 39% 是文盲，在匈牙利有 50% 是文盲。如果我们的沙文主义者、右派分子、民族党人和十月党人没有把自己不去思考，也不要人民思考作为自己的"国家的"目标，那么他们就应当**思考一下**这些数字。但是如果他们自己已经不去思考了，那么俄国人民却愈来愈**学会**思考，而且还学会思考是哪个阶级以自己对国家的统治造成俄国农民物质上的贫困和精神上的贫困。

　　如果说芬兰有文化，有文明，有自由，人人识字，妇女受过教育等等，那么这**只是**因为在芬兰**没有**像俄国政府这样的"社会灾难"。而现在竟有人想把这种灾难强加给芬兰，使芬兰也成为受奴役的国家。先生们，你们绝对办不到!!你们想在芬兰强制实行政治奴役的这种尝试，只会使俄国各族人民更快地从政治奴役下觉醒过来!

选自《列宁全集》第 23 卷，人民出版社，2017，第 110—115 页。

**注释：**

[1]《论国民教育部的政策问题》是列宁为布尔什维克杜马代表起草的一篇发言稿。1913年6月4日（17日），在杜马会议讨论预算委员会关于国民教育部1913年支出预算的报告时，阿·叶·巴达耶夫就这个问题发言，几乎是逐字地宣读了列宁起草的这篇发言稿。在讲到"难道这个政府还不该被人民赶走吗？"这句话时，巴达耶夫被剥夺了发言权，因而稿子的末尾没有宣读。

# "英国社会党" 代表大会（节选）

## （1913 年 5 月 5 日〔18 日〕）

代表大会通过了一项反对旧的领导机构的决议。该决议写道：

> 代表大会向为反对在本国加强军备而进行坚决斗争的法国和德国的同志们致敬，并责成作为国际社会党的组成部分、因而必须服从斯图加特代表大会以及后来 1912 年巴塞尔代表大会通过的关于战争的两项决议的英国社会党，在英国执行同样的政策，全力反对扩充军备，力求削减目前用于军备的庞大开支。

决议是严厉的。但是必须把实际情况说清楚，哪怕实际情况非常严峻。英国社会民主党人如果不起来坚决反对自己的领导机构的种种民族主义罪孽，他们就会丧失同所谓"独立〈即独立于社会主义，但依附于自由党人的〉工党"的机会主义者进行斗争的权利。

选自《列宁全集》第 23 卷，人民出版社，2017，第 156 页。

# 致伊·埃·格尔曼

## （1913 年 5 月 6 日以前）

亲爱的同志：我们 10 月 1 日以前将去**波罗宁**（加利西亚。来信请寄：乌里扬诺夫先生收），从克拉科夫出发沿"扎科帕内"这条路线需 4—6 小时。请按新址写信。

谢谢您寄来了你们中央的传单[1]。你们是否愿意印发拉脱维亚布尔什维克（或**护党派**，或**反取消派**）的**纲领，来扩大**代表大会**前的宣传**，赶快讨论一下，并在决定后通知我。

我看还是应该印的。如果没有钱，可以用胶版印刷。

我认为在纲领中要特别强调以下三点：

（1）取消派放弃了**革命**策略。他们对时局所作的估计是（隐蔽的）自由主义的。这一点要阐明。

（2）关于取消派问题。要转载（或详细援引《光线报》第 101 号上的社论），向拉脱维亚工人说明真相。

（3）民族问题。"收买了"取消派的崩得分子的分离主义和联邦制。民族文化自治的危害。

是由你们小组就这些问题提出一份**决议草案**好呢，还是写一份**纲领**好？怎样做对大会前和大会代表候选人投票期间的宣传工作更为合适呢？

请来信谈谈您的（和朋友们的）意见。如果需要决议或纲领，我们可以帮助起草。什么时候要？代表大会什么时候开?[2]

338

握手！

您的  列宁

选自《列宁全集》第 46 卷，人民出版
社，2017，第 283—284 页。

**注释：**

[1] 这里说的拉脱维亚边疆区社会民主党中央委员会的"传单"，大概是指召开拉
脱维亚边疆区社会民主党第四次代表大会的通告。该通告于这次大会前不久
在国外出版，并在 1913 年 3 月 29 日该党中央机关报《斗争报》上发表。

　　拉脱维亚布尔什维克领导人在自己的机关报《公报》上转载了这个通告，
同时对该党取消派中央制定的代表大会议程提出了一系列批评意见，因为这
个议程有意回避最重要的原则问题。他们特别猛烈地抨击了中央决定的这样
一点，即它打算要等到为召开代表大会向中央会计处交足 3000 卢布时，才着
手准备这次代表大会。他们认为这是中央拖延召开代表大会的新尝试，而这
次代表大会是绝大多数党员坚决要求召开的。

[2] 拉脱维亚布尔什维克遵循列宁的指示，在拉脱维亚边疆区社会民主党第四次
代表大会召开前发表了自己的纲领和决议草案。纲领草案是列宁在 1913 年 5
月为代表大会写的，1913 年 8 月发表于《战友报》第 4 号，并于 1913 年 11
月作为《公报》第 8 号抽印本以《我们向拉脱维亚边疆区社会民主党第四次
代表大会提出的纲领》为题出版，随后又作为 1913 年 11 月 20 日出版的《公
报》第 9—10 号合刊的社论发表。《公报》编辑部由于受了内部调和主义分子
的影响，在发表列宁起草的这个纲领时略去了专门论述民族问题的一节，并
对其他几节作了部分删改。

　　在《列宁全集》俄文版中，《纲领草案》是按照保存下来的俄文手稿全
文刊印的（见《列宁全集》2017 年版第 23 卷第 208—217 页。

# 德国社会民主党与扩充军备（节选）

## （1913 年 5 月 17 日〔30 日〕）

德意志帝国国会预算委员会一读通过了军事法案。毫无疑问，这个法案是一定会得到批准的。容克（他们同我国的普利什凯维奇和马尔柯夫是一丘之貉）政府和德国资产阶级一起同心协力地"研究"压迫人民的新方法，同时竭力增加杀人武器制造者先生们的利润。军需品和军用装具制造者的生意很兴隆。普鲁士贵族子弟已经在垂涎"增补的"军官肥缺。所有发号施令的阶级都感到满意，要知道，现代议会不就是执行发号施令的阶级的意志的工具吗？

为了替新的扩充军备辩护，通常总是竭力描绘出一幅"祖国"安全遭受威胁的图景。德国首相就是拿斯拉夫危险来吓唬德国庸人，说什么巴尔干的胜利加强了敌视整个"德意志世界"的"斯拉夫民族"!! 首相要容克们相信，泛斯拉夫主义，即联合所有斯拉夫人反对德国人的思想，这就是危险的所在。

德国社会民主党人已经对这些伪善的、沙文主义的诡计进行了揭露，并且继续不断地在自己的报刊上、在议会的发言中和在各种会议上进行揭露。社会民主党人说，有一个国家，大部分居民是斯拉夫人，它早已享有政治自由并实行了宪制。这个国家就是奥地利。担心这个国家有军事野心简直是荒谬的。

选自《列宁全集》第 23 卷，人民出版社，2017，第 182 页。

# 一项"历史性"提案的意义（节选）

## （1913 年 5 月 27 日〔6 月 9 日〕）

第二，提案的政治思想**内容**是什么呢？已通过的十月党人的提案这样写道："我们坚决主张尽快实行**广泛的改革**。"进步党人也是这样写的。"中派"（即半十月党人、半民族党人）的提案也是这样写的，甚至写得更厉害："尽快实行**根本性的改革**"！立宪民主党人的提案也完全持这种改良主义的观点，只是措辞更激烈些，但是思想纯粹是改良主义的。

……

第四，上面提到的这三个政党都持有如下的民族主义和沙文主义观点：内务部"在削弱俄国的实力"（十月党人和进步党人的提案）或者在削弱"国家的对外实力"（更加清楚了！立宪民主党人的提案）。

自由派掩盖和歪曲的事实就是这样。第四届杜马的这项"历史性"提案就是立宪民主党人靠进步党人的帮助同十月党人达成的**协议**，其内容就是要**在**投票赞成预算和清楚地表明反动的民族主义、沙文主义观点的**条件**下指责政府，并表达实行"根本性改革"的愿望。

选自《列宁全集》第 23 卷，人民出版社，2017，第 224—225 页。

# 究竟得到谁的支持？（节选）

## （1913 年 5 月 27 日〔6 月 9 日〕）

在杜马中争论的是什么呢？民族党人说，钱可以给，但表示希望……改革警察制度和规定"法制的正常界限"。十月党人说，钱可以给，但表示希望进行根本性的或者广泛的改革，**同时补充说**，他们是无条件地抱有**反革命的**民族主义和沙文主义的观点。

选自《列宁全集》第 23 卷，人民出版社，2017，第 227 页。

# 《真理报》是否证明了
# 崩得分子的分离主义?（节选）

## （1913 年 5 月 28 日〔6 月 10 日〕）

《真理报》是用什么事实证明崩得分子的分离主义的呢？

（1）他们于 1903 年**退出了党**。科索夫斯基先生的谩骂丝毫也驳不倒这一事实。科索夫斯基先生们所以要谩骂，是因为他们**无力驳倒事实**。

（2）犹太工人**到处都撇开崩得**而加入了并正在加入党。

崩得的蹩脚的维护者对此也不能说出一句反对的话！

（3）崩得公开**破坏了**党关于**各民族**工人在各地实行统一的决定。这一决定是 1906 年通过并于 1908 年特别加以确认的。

科索夫斯基先生对此**不能说出一句反对的话**！

（4）崩得分子麦迭姆承认，崩得分子在各地从未实现统一，也就是说，他们一向是分离主义者。

科索夫斯基先生一句反驳的话也没有说！

请读者想一想，这位对《真理报》这四大论点**不能说任何一句反对话**的先生怎么能不叫骂、不发狂呢？

……

《真理报》证明了崩得分子就是分离主义者。弗拉·科索夫斯基先生是反驳不了这一点的。

弗·科索夫斯基先生和麦迭姆先生之流是一群自由派知识分子，他们用资产阶级民族主义和分离主义来腐蚀犹太工人。《真理报》为此已经同崩得分子进行过斗争，将来还要同他们进行斗争。

犹太社会民主主义工人撇开崩得和反对崩得，正在纷纷加入工人政党。

选自《列宁全集》第 23 卷，人民出版社，2017，第 231—233 页。

# 不正确的评价（节选）

## （《光线报》论马克拉柯夫）[1]
## （1913 年 6 月 4 日〔17 日〕）

俾斯麦是德国反革命地主的代表。他懂得**只有**同反革命自由派资产阶级建立巩固的联盟，才能挽救他们（数十年）。他建成了这个联盟，因为无产阶级的反抗软弱无力，而一场走运的战争又帮助完成了**当时的**任务：德国民族的统一。

我们这里有反革命的地主，有反革命的自由派资产者，瓦·马克拉柯夫就是其中的第一个。他以自己的讲话证明他准备在普利什凯维奇之流面前极尽奴颜婢膝、阿谀奉承之能事。但为了使"联姻"获得成功，这还不够。应当完成当前的历史任务，我们这里的历史任务根本不是民族统一的问题（这样的问题在我们这里太多了……），而是**土地问题**……在无产阶级更猛烈的反抗下，应当完成这个历史任务。

选自《列宁全集》第 23 卷，人民出版社，2017，第 262 页。

**注释：**

[1] 本文在《列宁全集》第 1 版第 19 卷中题为《关于立宪民主党人马克拉柯夫的演说》，这是按《列宁全集》俄文第 4 版编者加的标题译出的。1954 年，苏

共中央马克思列宁主义研究院从波兰得到列宁留在克拉科夫和波罗宁的文稿，其中有一份是列宁为《真理报》所写文章的目录。根据这份目录，列宁这篇文章的标题应当是：《不正确的评价（《光线报》论马克拉柯夫）》。

# 致扬·鲁迪斯-吉普斯利斯

## （1913 年 6 月 7 日以前）

亲爱的同志：纲领草案①昨天我已寄往柏林格尔曼处。

您寄来的别尔津那篇文章[1]的摘录表明，他是一个极其愚蠢的调和派分子。您应该把那些坚强而又理解我们事业的人团结在自己周围，至于别尔津一类人，他们**实际上**是帮助**取消派**的，是取消派的奴仆。

请把别尔津那篇文章**全文**译出（译成俄文或德文，看哪一种对您容易些）并寄来。

答复别尔津必须**详细**、**尖锐**。

敬礼！

您的　列宁

我只有您寄来的一个简短的摘录，因此目前仅能发表如下意见驳斥别尔津：

别尔津蓄意把事情说成是"布尔什维克"，更确切地说，是 1912 年俄国社会民主工党的一月代表会议破坏了斯德哥尔摩决定，造成了分裂。这就暴露出，别尔津简直**无知**。他**不知道**斯德哥尔摩决定究竟是怎么一回事。

斯德哥尔摩代表大会**没有**采纳联邦制，而是同各民族组织（即波兰

---

① 见《列宁全集》2017 年版第 23 卷第 208—217 页。——编者注

人、拉脱维亚人和崩得）达成了**协议**。[2]

这一协议要求地方上的各民族组织联合起来。别尔津为什么回避这一点？是无知还是为取消派打掩护？

1908 **年**（即斯德哥尔摩代表大会后两年半）十二月代表会议上**党的决定**就足以为证。

这一决定（见单行本《1908 年 12 月俄国社会民主工党全俄代表会议》第 46 页）说：

（第 1 条）"代表会议建议中央委员会采取措施，把至今——**违反斯德哥尔摩代表大会的决定**——尚未实现联合的**地方组织**……联合起来。"

（第 2 条）"联合应当从**统一**原则出发"。代表会议"**坚决反对**把**联邦制**原则作为联合的基础"。①

别尔津硬说，似乎斯德哥尔摩代表大会采纳了联邦制。读了上述决定，对他的无耻行径还有什么可说的呢？？

别尔津在歪曲事实！

崩得分子**没有执行代表大会和党的决定**，**没有实现统一**，却以实行联**邦制**来**反对党的决定**。

一月代表会议谴责了崩得分子，也谴责了联邦制。[3]至于说拉脱维亚中央（与**邀请**它的会议的愿望**相反**）没有出席一月代表会议，那么这是**它的过错**。

别尔津是在为取消派分裂分子和崩得分子辩护，**为反党的联邦制**辩护。

选自《列宁全集》第 46 卷，人民出版社，2017，第 292—294 页。

---

① 上面两段引文摘自俄国社会民主工党第五次代表会议《关于地方民族组织的统一问题》决议（见《苏联共产党代表大会、代表会议和中央全会决议汇编》1964 年人民出版社版第 1 分册第 256—257 页）。——编者注

**注释：**

[1] 指扬·安·别尔津写的第二篇《关于策略的札记》。该文于 1913 年 5 月刊登在拉脱维亚边疆区社会民主党国外小组执行局《公报》第 2—3 号合刊上，副标题是《党的统一的基础》。在这篇文章中，别尔津对俄国社会民主工党第四次（统一）代表大会（1906 年）关于拉脱维亚社会民主党和俄国社会民主工党实行统一的条件的决议作了不正确的阐述。

[2] 指俄国社会民主工党第四次（统一）代表大会决议：（1）《波兰和立陶宛社会民主党同俄国社会民主工党联合的条件》；（2）《拉脱维亚社会民主工党同俄国社会民主工党实行统一的条件草案》；（3）《崩得同俄国社会民主工党统一的条件草案》（参看《苏联共产党代表大会、代表会议和中央全会决议汇编》1964 年人民出版社版第 1 分册第 159—164 页）。

[3] 指俄国社会民主工党第六次（布拉格）全国代表会议的决议《关于各民族中央机关没有代表出席全党代表会议的问题》（见《列宁全集》2017 年版第 21 卷）。

# 致格·李·什克洛夫斯基

## （1913 年 6 月 8 日）

亲爱的朋友：娜嘉同意来伯尔尼，因为她又心动过速了。

能否劳您驾到科赫尔**和萨利处**给她**挂个号**（听说要预先挂号），然后给我们来封短信，告知**何时**可望就诊。

我打算陪她来。是否有必要在伯尔尼作一个专题报告，例如以《民族问题和社会民主党》为题?[1] 能有多少听众？

如能为我们在伯尔尼市**内或近郊**（就近）找到一处便宜的公寓，我将不胜感激。

您的　列宁

选自《列宁全集》第 46 卷，人民出版社，2017，第 296 页。

**注释：**

[1] 1913 年 6 月 22—24 日，列宁离开波罗宁，陪同娜·康·克鲁普斯卡娅前往伯尔尼治病，25 日到达伯尔尼，住在格·李·什克洛夫斯基家里，次日迁到盖塞尔沙夫特街 4 号。7 月 9、10、11、13 日他先后在苏黎世、日内瓦、洛桑和伯尔尼就民族问题作了专题报告。

# 资本家和扩充军备（节选）

## （1913 年 6 月 12 日〔25 日〕）

在各国议会中，**各民族**政党的领袖高喊"国家实力"和"爱国主义"（见立宪民主党人、进步党人、十月党人在第四届杜马中的程序提案[1]！）。他们通过武装法国去打德国、武装德国去打英国诸如此类的方法来实现这种爱国主义。他们都是这样一些热诚的爱国主义者。他们都在如此操心，如此为"国家实力"即为本国实力操心，当然是为了对付敌人。

但是他们却和这些"敌人"一起出席代那买特炸药托拉斯和其他托拉斯（辛迪加）的董事会和股东会议，目的是为了攫取数百万卢布的纯利润并且各自挑动"本国"人民去和别国人民作战。

选自《列宁全集》第 23 卷，人民出版社，2017，第 309 页。

**注释：**

[1] 指 1913 年 5 月在第四届国家杜马讨论内务部预算时，十月党人、进步党人和立宪民主党人所采取的民族主义的和沙文主义的立场。关于这个问题，参看《列宁全集》2017 年版第 23 卷第 223—225 页和第 226—228 页。

# 致弗·米·卡斯帕罗夫

## （1913 年 6 月 18 日和 22 日之间）

亲爱的同志：您的文章我已经收到并读过了。依我看，题目选得很好，论述也很正确，就是文字加工不够。"鼓动"得有点（怎么说好呢?）过头，和谈**理论**问题的文章不相称。我看，或是您自己再加一下工，或是由我们试改一下。

非常感谢您告诉我们关于科斯特罗夫的消息。请您转告阿韦尔常给我们写信，通消息。这点很重要，否则我们**什么也不**知道。

您是否能弄到科斯特罗夫用格鲁吉亚文写的下列内容的文章并翻译过来：（a）反对取消派的；（b）在民族问题上**主张**民族文化自治的；（c）——**最重要的**——反对普列汉诺夫为阿尔科梅德所写的序言，反对普列汉诺夫维护领导权的。

我马上要到伯尔尼去几个星期。希望待我回来后我们还可以多通信谈谈。

握手!

您的 **列宁**

附言：谢谢您寄来的一份《真理报》。[1]

选自《列宁全集》第 46 卷，人民出版社，2017，第 308 页。

**注释：**

[1] 指 1913 年 5 月 25 日（6 月 7 日）《真理报》第 119 号。这一号上载有米·斯·奥里明斯基的文章《令人不解的失策》。

# 致奥·H. 洛拉*

## （1913 年 7 月 20 日）

尊敬的同志：

您写的那篇**集中主义者**反对顿佐夫之流的文章，使我感到非常高兴。同**这一**类更狡猾的民族主义分子（以及同乌克兰社会民主党人）作战，是极端重要的！

我一定坚持让《**真理报**》编辑部刊登您的文章。不过，依我看，这篇文章 4 万俄罗斯的（而且大部分是大俄罗斯的）工人读者是看不懂的。

如果您允许的话，我劝你**再**写一篇文章**从头**谈起。写一段引言，对乌克兰社会民主党人中的"集中主义"和"分离主义"（您的用词很**成功**，很恰当）问题作个**简要的**概述。引导读者了解问题所在。谈谈各派别的情况，这些派别是怎么回事，它们的历史怎样（简短地）。

还有一个问题：巴索克是否又倒向了民族主义和分离主义？我听说是这样；这是否确实？您能否把他表示转变的"著名的"文章（1910 年或 1911 年或 1912 年）寄给我？

据说不久以前，利沃夫有些人召开会议"联合起来了"[1]：斯皮尔卡分子[2]是同乌克兰社会民主党人联合起来，还是同顿佐夫分子联合起来??利沃夫有人答应把联合决议寄给我，但是还没有寄来。您知道这些情况

---

* 目前可以推测，此信是寄给 Π. 格里先科的。——俄文版编者注

354

吗？是否需要再加几句话，说明一下在斯皮尔卡中间可惜也有人倒向民族主义和分离主义？

敬礼并致良好的祝愿！

尼·列宁

选自《列宁全集》第 46 卷，人民出版社，2017，第 319—320 页。

**注释：**

[1] 列宁在这里说的会议是指 1913 年 6 月 19—22 日（7 月 2—5 日）在利沃夫召开的全乌克兰大学生第二次代表大会。代表大会安排在伟大的乌克兰作家、学者、社会活动家、革命民主主义者伊万·弗兰科的纪念日举行。俄国的乌克兰大学生代表也参加了代表大会的工作。会上，乌克兰社会民主党人德·顿佐夫作了《乌克兰青年和民族的现状》的报告，坚持乌克兰独立的口号。代表大会不顾旅居俄罗斯的乌克兰社会民主党人的抗议，通过了顿佐夫提出的决议，这一决议形成了乌克兰分离主义者的纲领。

[2] 斯皮尔卡分子是斯皮尔卡的成员。

斯皮尔卡（乌克兰社会民主联盟）是从小资产阶级民族主义政党乌克兰革命党分裂出来的一个组织，于 1904 年底成立。斯皮尔卡曾作为自治的区域组织加入俄国社会民主工党，在俄国社会民主工党的党内斗争中追随孟什维克。在反动时期，斯皮尔卡陷于瓦解，到 1912 年还有几个不大的分散的"斯皮尔卡"小组，其大部分成员则都变成了资产阶级民族主义者。列·达·托洛茨基的《真理报》最初两号（1908 年 10 月和 12 月）是作为斯皮尔卡的机关报出版的。

# 奥古斯特·倍倍尔（节选）

## （1913 年 8 月 8 日〔21 日〕）

拉萨尔和拉萨尔派认为走无产阶级的和民主的道路成功的可能性不大，于是他们就实行了动摇的策略，迁就容克俾斯麦的领导权。他们的错误就在于使工人政党转向波拿巴的国家社会主义道路。相反，倍倍尔和李卜克内西一贯坚持民主的和无产阶级的道路，反对向普鲁士主义、俾斯麦精神和民族主义作任何微小的让步。

**虽然**德国按照俾斯麦精神统一起来了，但是历史证明倍倍尔和李卜克内西是正确的。只有倍倍尔和李卜克内西的彻底民主主义的和革命的策略，只有他们对民族主义的"不妥协精神"，只有他们对"自上而下"统一德国和革新德国问题所抱的不调和态度，才有助于为真正的社会民主工党奠定牢固的基础。而当时的问题也正在于党的**基础**。

选自《列宁全集》第 23 卷，人民出版
社，2017，第 385 页。

# 致斯·格·邵武勉

## （1913 年 8 月 24 日）

亲爱的同志：我一到家就看到了您的来信。**很遗憾**，连您也不能亲自写些有关高加索民族问题的文章。既然这样，那就请您务必多寄些有关这方面的资料来，还有**科斯特罗夫**的文章和他的那些书、代表们的报告连同俄译文（找个人把报告翻译出来，想必能够办到），高加索**各民族的统计资料**以及高加索、波斯、土耳其、俄罗斯各民族之间关系的资料，总之，把现有的和可能搜集到的资料全都寄来。同时请不要忘记在高加索人中间**物色**能够撰写有关高加索民族问题的文章的同志。

敬礼并祝成功！[1]

您的　弗·伊里奇

选自《列宁全集》第 46 卷，人民出版社，2017，第 330—331 页。

**注释：**

[1] 斯·格·邵武勉收到列宁这封信以后，于 1913 年 9 月 7 日由阿斯特拉罕写回信说，他将寄出高加索各民族的统计资料，暂且告诉一些总的数字——穆斯林 500 万，亚美尼亚人和格鲁吉亚人各 200 万。至于各民族按县、省和市

（梯弗利斯、巴库、巴统、伊丽莎白波尔等）分布的情况，他建议参阅一年出一次的《高加索历书》。他已寄出曾经答应寄的小册子和两个关于亚美尼亚问题的报告的译文。

# 自由派和民主派对语言问题的态度

(1913 年 9 月 5 日〔18 日〕)

许多报纸都不止一次地提到高加索总督的报告。这个报告的特点并不在于它的黑帮反动主张，而在于它的羞羞答答的"自由主义"。顺便提一下，总督表示反对人为的俄罗斯化，即反对非俄罗斯民族俄罗斯化。高加索非俄罗斯民族的代表**自己**就在竭力教儿童讲俄语，例如，在不一定要教俄语的亚美尼亚教会学校里就有这种情形。

俄国发行最广的自由派报纸之一《俄罗斯言论报》（第 198 号）指出了这一点，并且作了一个公正的结论：在俄国，俄语之所以遭到敌视，"完全是"由于"人为地"（应当说：强制地）推广俄语"引起的"。

该报写道："用不着为俄语的命运担心，它自己会得到全俄国的承认。"这说得很对，因为经济流转的需要总是要使居住在一个国家内的各民族（只要他们愿意居住在一起）学习多数人使用的语言。俄国的制度愈民主，资本主义的发展就会愈有力、愈迅速、愈广泛，经济流转的需要就会愈迫切地推动各个民族去学习最便于共同的贸易往来的语言。

但是自由派报纸很快就自己打自己的嘴巴，证明它的自由主义不彻底。

> 该报写道："就是反对俄罗斯化的人里面也未必会有人反对像俄国这样大的国家应当有一种全国通用的语言，而这种语言……只能是俄语。"

逻辑正好相反！瑞士没有一种全国通用的语言，而是有三种语言——德语、法语和意大利语，但是小小的瑞士并没有因此吃亏，反而得到了好处。在瑞士居民中，德意志人占70%（在俄国，大俄罗斯人占43%），法兰西人占22%（在俄国，乌克兰人占17%），意大利人占7%（在俄国，波兰人占6%，白俄罗斯人占4.5%）。在瑞士，意大利人在联邦议会经常讲法语，这并不是由于某种野蛮的警察法（在瑞士没有这种法律）强迫他们这样做，而纯粹是由于民主国家的文明公民自己愿意使用多数人都懂得的语言。法语之所以没有引起意大利人的仇视，是因为它是一个自由的、文明的民族的语言，而不是靠令人厌恶的警察措施强迫别人接受的语言。

为什么民族成分复杂得多而又极端落后的"庞大的"俄国却一定要保留一种语言的特权，从而**妨碍**自己的发展呢？自由派先生们，情况不是正好相反吗？如果俄国想赶上欧洲，它不是应当尽量迅速、彻底、坚决地取消一切特权吗？

如果取消一切特权，如果不再强迫使用一种语言，那么所有的斯拉夫人就会很快而且很容易地学会相互了解，就不用担心在联邦议会里使用不同的语言发言这一"可怕的"主张。经济流转的需要本身自然会**确定**一个国家的哪种语言使用起来对多数人的贸易往来**有好处**。由于这种确定是各民族的居民自愿接受的，因而它会更加巩固，而且民主制实行得愈彻底，资本主义因此发展得愈迅速，这种确定也就会愈加迅速、愈加广泛。

自由派对待语言问题也像对待所有的政治问题一样，活像一个虚伪的小商人，一只手（公开地）伸给民主派，另一只手（在背后）却伸给农奴主和警察。自由派分子高喊：我们反对特权；但在背后却向农奴主时而要求这种特权，时而要求那种特权。

**一切**自由派资产阶级的民族主义都是这样的，不仅大俄罗斯的民族主义（它是最坏的，因为它带有强制性，并且同普利什凯维奇之流有着血缘关系）是这样，波兰的、犹太的、乌克兰的、格鲁吉亚的以及一切其他的民族主义也是这样。无论在奥地利还是在俄国，**一切**民族的资产阶级都高喊"民族文化"这个口号，**实际上**是在分裂工人，削弱民主派，同农奴主大做出卖人民权利和人民自由的交易。

工人民主派的口号不是"民族文化",而是民主主义的和全世界工人运动各民族共同的文化。让资产阶级用各种"良好的"民族纲领去欺骗人民吧。觉悟的工人将这样回答他们:解决民族问题的办法只有一个(如果说在资本主义世界,在追逐金钱、互相争吵和人剥削人的世界,民族问题能够解决的话),那就是实行彻底的民主主义。

证据是:西欧的瑞士是一个具有古老文化的国家,东欧的芬兰是一个具有新兴文化的国家。

工人民主派的民族纲领是:绝不允许任何一个民族,任何一种语言享有任何特权;采取完全自由和民主的办法解决各民族的政治自决问题,即各民族的国家分离权问题;颁布一种全国性的法律,规定凡是赋予某一民族任何特权、破坏民族平等或侵犯少数民族权利的措施(地方自治机关的、市的、村社的等等),都是非法的和无效的,同时国家的每一个公民都有权要求取消这种违反宪法的措施,都有权要求给予采取这种措施的人以刑事处分。

各民族的资产阶级政党由于语言问题以及其他问题而争吵不休,工人民主派则反对这样争吵,要求在**一切**工人组织中,即在工会组织、合作社组织、消费合作社组织、教育组织以及其他一切组织中,**各**民族的工人无条件地统一,并且完全打成一片,以对抗各种资产阶级的民族主义。只有这样的统一,这样的打成一片,才能捍卫民主,捍卫工人的利益而反对资本(资本已经成为而且愈来愈成为国际资本),捍卫人类向不容许任何特权、任何剥削现象的新的生活制度发展的利益。

选自《列宁全集》第 23 卷,人民出版社,2017,第 447—450 页。

# 维·查苏利奇是怎样毁掉取消主义的（节选）

## （1913 年 9 月）

　　总之，原来的天才计划有两点变动：第一，不单是工人代表大会，而且是社会民主主义工人代表大会。这是一个进步。我们欢迎帕·波·阿克雪里罗得在 6 年中前进了这么一步。如果他确信与左派民粹派实行"联合"的不切实际的计划是有害的，那我们也欢迎。第二，以全俄罗斯的代表大会代替全俄国的代表大会。这就意味着拒绝同俄国境内的**非俄罗斯**民族的工人实行完全统一（阿克雪里罗得认为召开工人代表大会的思想在非俄罗斯民族工人中间已经彻底破产！）。这就后退了两步。这是在工人运动中把分离主义奉为准则！

选自《列宁全集》第 24 卷，人民出版社，2017，第 47—48 页。

# 声明[1]（节选）

## （1913 年 10 月 18 日〔31 日〕）

而你们，7 名代表却我行我素，违背了工人的意志，反对工人的意志。你们毫无顾忌地通过了违反多数觉悟工人的意志的决定。我们不妨提一下，你们根据某些似是而非的原则，把一个非社会民主党人亚格洛拉进来，直到现在波兰没有一个社会民主党人承认他[2]；你们违背多数工人的意志而采纳了所谓民族文化自治[3]这样的民族主义口号等等。我们不知道你们对取消派这个流派究竟采取什么态度，我们认为，与其说你们是取消派的衷心拥护者，不如说你们正在倒向取消派。但是，不管怎么说，你们认为不必考虑同我们携手前进的俄国多数觉悟工人的意见和要求，这个事实是否认不了的。

选自《列宁全集》第 24 卷，人民出版社，2017，第 86 页。

**注释：**

[1] 这是列宁为社会民主党国家杜马党团中的布尔什维克代表起草的声明，在俄国社会民主工党中央会议上讨论过。关于这个声明的提出和发表见《列宁全集》2017 年版第 24 卷注 45。

［2］指社会民主党第四届国家杜马党团关于接收叶·约·亚格洛为社会民主党党团成员的决议。这一决议于 1912 年 12 月 1 日（14 日）在《真理报》第 182号和《光线报》第 64 号上全文公布。决议在党团内是以 7 票对 6 票强行通过的，但对亚格洛的权利作了些限制。决议规定：亚格洛作为党团成员在杜马工作问题上有表决权，在党内问题上只有发言权。列宁在《工人阶级及其"议会"代表团》一文以及有党的工作者参加的俄国社会民主工党中央委员会克拉科夫会议《关于社会民主党杜马党团》的决议中，对上述决议作了评价（见《列宁全集》2017 年版第 22 卷第 252—253、279—281 页）。亚格洛是波兰社会党"左派"的党员，不属于社会民主党。在华沙工人选民团的选举中，波兰王国和立陶宛社会民主党本已取得初选人的多数，在选举复选人时，可以获得全胜，但由于该党处于分裂状态，支持该党总执行委员会的一个初选人拉拢两个持动摇立场的初选人对属于该党分裂派的候选人投弃权票，所以该党不得不与波兰社会党和崩得的联盟订立协议，最后选出该党两名分裂派的成员（尤·布罗诺夫斯基和扎列斯基）和一名波兰社会党的成员（亚格洛）为复选人。接着在选举杜马代表时，占华沙城市选民团复选人多数的犹太民族主义者又与波兰社会党和崩得的联盟达成协议支持亚格洛，亚格洛乃当选为华沙杜马代表。社会民主党的两名复选人反对这种做法，在投票选举杜马代表时退出会场表示抗议。

［3］民族文化自治是奥地利社会民主党人奥·鲍威尔和卡·伦纳制定的资产阶级民族主义的解决民族问题的纲领。俄国孟什维克取消派和崩得分子都提出过民族文化自治的要求。1903 年俄国社会民主工党第二次代表大会在讨论党纲草案时否决了崩得分子提出的增补民族文化自治内容的建议。列宁对民族文化自治的批判，见《列宁全集》2017 年版第 24 卷的《关于民族问题的批评意见》、《论"民族文化"自治》以及《论民族自决权》（《列宁全集》2017年版第 25 卷）等著作。

在制定社会民主党第四届国家杜马党团宣言时，孟什维克坚持把民族文化自治的要求写进宣言。第四届国家杜马代表孟什维克阿·伊·契恒凯里还曾在 1912 年 12 月 10 日（23 日）的杜马会议上以党团的名义发言为民族文化自治辩护。

# 关于俄国社会民主党杜马党团的分裂[1]（节选）

## （1913 年 11 月初）

（3）你们的通讯员写道，"在杜马党团中"，在 6 个马克思主义者代表和 7 个倒向取消主义的代表之间，只发生过一次"政治性的意见分歧"。然而事实并非如此。意见分歧经常发生，这是圣彼得堡的工人报刊无可争辩地证明了的。而且事态发展到这种地步：七人团以一票之差的多数决定废除我们党的纲领。杜马党团在杜马讲坛上宣读的第一个政治宣言，就表明这 7 个代表在全国公开背弃 1903 年党的第二次代表大会所通过的纲领。他们宣告，俄国社会民主党维护所谓"民族文化自治"，使得那些依附取消派的民族主义分子（崩得）兴高采烈。可是党拒绝了这个几乎得到俄国所有资产阶级民族主义者支持的要求。在制定党纲时，**所有的**俄国社会民主党人否定了这个要求。不久前，普列汉诺夫还说这就是要求"使社会主义迁就**民族主义**"。6 个马克思主义者代表强烈抗议这种背叛党纲的行为。但是，7 个代表仍然坚持自己的反党决定。

选自《列宁全集》第 24 卷，人民出版社，2017，第 159 页。

**注释：**

[1]《关于俄国社会民主党杜马党团的分裂》是以俄国社会民主工党中央机关报《社会民主党人报》编辑部的名义写给德国社会民主党报纸《莱比锡人民报》的一封信，信中批驳了该报 1913 年 11 月 15 日刊登的一篇关于俄国社会民主党杜马党团的分裂的歪曲事实的无署名文章。《莱比锡人民报》编辑部延至 12 月 24 日才发表了列宁的这封信。该报解释说，拖延是由于篇幅不够和"其他原因"。

# 也是"统一派"（节选）

## （1913 年 11 月 15 日〔28 日〕）

新的国际在国际代表大会上曾两次提出这样的问题。一次是 1904 年在阿姆斯特丹，提出的是关于法兰西的统一问题。[1]大会研究了盖得派（马克思主义者）和饶勒斯派（修正主义者）[2]之间争论的原则**实质**。大会**谴责了饶勒斯派的路线，谴责了**他们参加资产阶级内阁，与资产阶级勾结等等，并建议争论双方以这个**实质性的**决定为基础，求得统一。

另一次是 1910 年在哥本哈根，提出的是关于捷奥的分裂问题。[3]大会同样抓住了争论的**实质**。大会表示反对捷克分离主义者的"崩得民族主义"原则，并且认为，在一国之内，**不应该**根据民族原则来建设工人工会。大会根据对争论所作的这一**实质性的**决定，建议争论双方求得统一（但是，捷克的崩得分子没有服从国际）。

选自《列宁全集》第 24 卷，人民出版社，2017，第 179 页。

注释：

[1] 这里说的是 1904 年 8 月 14—20 日在荷兰阿姆斯特丹举行的第二国际第六次代表大会。出席这次代表大会的有各国社会党代表 476 人。大会讨论了社会党策略的国际准则、党的统一、总罢工、殖民政策等问题。在关于党的统一

的决议中，代表大会建议法国社会主义运动中的饶勒斯派和盖得派以及其他国家的不同社会主义派别联合成为统一的社会党，以便同资本主义进行胜利的斗争。决议说："必须做到，在每一国家，以统一的社会党同资产阶级各政党相抗衡，如同无产阶级本身是统一的一样。"但是这一决议没有包含承认革命的马克思主义是统一的原则基础和防止革命派受制于机会主义派的必要条件等内容。

[2] 盖得派是19世纪80年代至20世纪初法国社会主义运动中以茹·盖得为首的一个派别，基本成员是19世纪70年代末期团结在盖得创办的《平等报》周围的进步青年知识分子和先进工人。1879年组成了法国工人党。1880年11月在勒阿弗尔代表大会上制定了马克思主义纲领。在米勒兰事件上持反对加入资产阶级内阁的立场。1901年与其他反入阁派一起组成法兰西社会党。盖得派为在法国传播马克思主义作出过重要贡献，但它的一些领导人对马克思主义的认识犯有片面性和教条主义的错误。

饶勒斯派是19世纪末20世纪初法国社会主义运动中以让·饶勒斯为首的右翼改良派。饶勒斯派以要求"批评自由"为借口，修正马克思主义基本原理，宣传无产阶级同资产阶级的阶级合作。他们认为社会主义的胜利不会通过无产阶级同资产阶级的阶级斗争而取得，这一胜利将是民主主义思想繁荣的结果。他们还赞同蒲鲁东主义关于合作社的主张，认为在资本主义条件下合作社的发展有助于逐渐向社会主义过渡。在米勒兰事件上，饶勒斯派竭力为亚·埃·米勒兰参加资产阶级内阁的背叛行为辩护。

1905年，盖得派和饶勒斯派联合成为法国社会党（工人国际法国支部）。

[3] 这里说的是1910年8月28日—9月3日在丹麦哥本哈根举行的第二国际第八次代表大会。出席这次代表大会的有来自欧洲、南北美洲、南部非洲和澳洲33个国家的896名代表。大会的主要议题是反对军国主义与战争、合作社与党的关系、国际团结和工会运动的统一等问题。

代表大会讨论了捷克社会民主党脱离奥地利社会民主党的问题，通过了关于社会主义运动统一的决议。这一决议提及阿姆斯特丹代表大会的类似决议，并举法国两个社会党的统一为例来维护统一的原则。

代表大会还通过了关于工会运动的统一即每一国家的工会组织统一的决

议。这一决议主要是针对捷克代表团的分离主义的，该代表团坚持在一个国家内按民族组织工会的观点，而奥地利人以及同他们站在一起的奥地利其他民族的代表都赞成工会统一而反对按民族分裂工会。哥本哈根代表大会关于工会统一的决议未能在奥地利贯彻执行。

# 关于波罗宁会议（1913年）的
# 传达报告的要点[1]（节选）

## （1913 年 11 月 29 日〔12 月 12 日〕）

6. 会议决议主要内容概述。例如，关于民族问题：（1）同各式各样的民族主义，甚至精致的民族主义（民族文化自治）作斗争；（2）**各民族工人的统一**；（3）同**大俄罗斯的**黑帮民族主义作斗争。（关于其余的决议也作一简述。）

选自《列宁全集》第 24 卷，人民出版社，2017，第 198 页。

**注释：**

[1]《关于波罗宁会议（1913年）的传达报告的要点》是为第四届国家杜马的布尔什维克代表写的，于 1913 年 11 月 29 日（12 月 12 日）寄往彼得堡，供他们在圣诞节杜马休假期间到地方上作关于俄国社会民主工党中央委员会波罗宁会议的传达报告时使用。

# 俄国工人和国际（节选）

## （1913 年 12 月 8 日〔21 日〕）

这些条件很清楚。它们是根据工人运动的整个进程提出来的。取消派应当**在实际上**承认马克思主义者整体，承认原有的三项基本要求是在群众中进行鼓动的主要口号；他们应该收回修改纲领的意见（民族文化自治）；不再大叫"罢工狂热"；谴责崩得分子的分离主义企图并要求各地融为一体；谴责危害思想斗争的恶毒人身攻击；等等。在杜马工作方面，七人团应该无条件地承认服从马克思主义者整体并收回自己的反党决定（亚格洛，取消纲领等等）。甚至在许多问题上不赞同我们的普列汉诺夫同志，在给国际局的信中也写道："由于我们的取消派同志以 7 比 6 的多数通过了一些令人遗憾的决定，我们杜马党团发生了分裂。"

选自《列宁全集》第 24 卷，人民出版社，2017，第 214 页。

# 关于社会党国际局的决定的决议（节选）

（1913 年 12 月 17 日〔30 日〕）

首先我们声明，对任何一个觉悟的工人来说，问题不在于建立一个新的整体，只要巩固并彻底恢复原有的组织就行，如 15 年多以前成立时那样——沿用原有的组织的原有纲领和一系列十分重大的策略性决定。取消派已经从这个马克思主义组织分裂出去。在**杜马外**的工作方面，同他们恢复统一必须具备以下条件：

（1）完全并且毫无保留地（实际上）承认"地下组织"，无条件地服从地下组织支部的各项决定，并且保证任何情况下都不容许在报刊上对它进行任何攻击。

（2）完全并且毫无保留地承认俄国工人阶级提出的三项基本要求是当前的主要任务，本着这种精神从事工作，并且不再进行鼓吹放弃原有的任务的自由主义和改良主义的宣传。

（3）收回一切修改马克思主义者的纲领的企图（民族文化自治），无条件地承认 1903 年制定的纲领。

（4）在与罢工运动有关的问题上，完全服从按马克思主义精神组织起来的工人的决定，并不再反对所谓"罢工狂热"。

（5）实际上承认无产阶级**独立自主**的策略，不再为了同自由派结成联盟而贬低工人阶级的任务。

（6）承认在工会的工作问题上，应该以斯图加特国际社会党代表大会以及俄国马克思主义者伦敦代表大会的决定为指针。

（7）放弃按民族原则建立工人组织的原则。在波兰和西北边疆区分别建立**统一的**组织。崩得必须执行俄国马克思主义者作为一个整体所多次重申的关于在各地融为一体的决定。

在**杜马**工作方面，实现统一要具备以下条件：

一、承认党团是一个无条件地服从马克思主义者整体的组织意志的机构。

二、收回一切违背纲领的行为（民族文化自治，吸收亚格洛等等）。

三、谴责七人团（格·瓦·普列汉诺夫在给社会党国际局的信中也对它进行过谴责）的分裂活动。

选自《列宁全集》第 24 卷，人民出版社，2017，第 247—248 页。

# 拉脱维亚边疆区社会民主党第四次
# 代表大会文献[1]（节选）

## （1914年1月13—26日〔1月26日—2月8日〕）

## 3 关于拉脱维亚边疆区社会民主党对俄国
## 社会民主工党的态度的决议草案

......

代表大会认为，在每一个城市中都应当有一个**社会民主党的联合组织**，各民族的工人都应加入这个联合组织，这个联合组织应当用当地无产阶级使用的各种语言来进行工作。代表大会要求各民族的社会民主党人为争取由工人自己从下面实现的、真正的、巩固的、真正无产阶级的统一而积极斗争。

选自《列宁全集》第24卷，人民出版社，2017，第310页。

注释：

[1] 这是有关拉脱维亚边疆区社会民主党第四次代表大会的一组文献。

拉脱维亚边疆区社会民主党第四次代表大会于 1914 年 1 月 13—26 日（1 月 26 日—2 月 8 日）在布鲁塞尔召开。参加代表大会的共 35 人，其中有表决权的 18 人，有发言权的 11 人，来宾 6 人。在有表决权的代表中，布尔什维克和孟什维克各 8 人，调和派 2 人。列宁作为布尔什维克党中央委员会的代表应邀出席了大会。

这次代表大会是在该党内部布尔什维克和孟什维克进行尖锐斗争的形势下召开的。1913 年底前，该党所有中央机关都被孟什维克取消派和调和派所夺取。布尔什维克组成了自己的派别，其组织中心是拉脱维亚边疆区社会民主党国外小组联合会。列宁积极参加了筹备和召开代表大会的工作。大会前他曾同拉脱维亚的布尔什维克进行了频繁的通信，到柏林和巴黎去亲自会见他们，了解大会的筹备、组成以及大会上可能出现的斗争结局等等问题。在代表大会上列宁作了关于拉脱维亚边疆区社会民主党对俄国社会民主工党和对杜马党团分裂一事的态度的报告，参加了布尔什维克代表的会议，帮助他们准备决议草案。代表大会前夕，即 1914 年 1 月 12 日（25 日）晚，列宁在布鲁塞尔向大会的代表们就民族问题作了专题报告，阐述了布尔什维克在民族问题上的理论与策略。

代表大会在拉脱维亚边疆区社会民主党对俄国社会民主工党和对杜马党团分裂一事的态度问题上展开了特别尖锐的斗争，最后通过了布尔什维克的决议。这个决议的草案是列宁写的。由于列宁和拉脱维亚布尔什维克在代表大会上对调和主义倾向进行了有力的斗争，拉脱维亚社会民主党人终于退出了八月联盟。列宁认为这是对托洛茨基的联盟的"致命打击"。

在列宁直接参加下召开的这次代表大会是拉脱维亚边疆区社会民主党历史上的一个转折。代表大会选举了持布尔什维克立场的中央委员会。党的中央机关报《斗争报》也转到了布尔什维克的拥护者一边。

# 拉脱维亚工人论社会民主党党团的分裂（节选）

## （1914 年 3 月 30 日〔4 月 12 日〕）

从拉脱维亚人的决议的观点来看，造成党团分裂的那些有争议的问题到底应该怎样解决呢？

首先，拉脱维亚人要求承认纲领。这就是说，他们**谴责**在杜马讲台上提出臭名昭著的"民族文化自治"[1]。因为，纲领已经正式拒绝了这种要求，甚至连取消派分子尔·马尔托夫也承认"民族文化自治"同纲领是不大吻合的。要使统一成为可能，取消派就应当放弃民族文化自治。这就是拉脱维亚人对第一个有争议问题的答复的含义。

选自《列宁全集》第 25 卷，人民出版社，2017，第 27 页。

**注释：**

[1] 民族文化自治是奥地利社会民主党人奥·鲍威尔和卡·伦纳制定的资产阶级民族主义的解决民族问题的纲领。俄国孟什维克取消派和崩得分子都提出过民族文化自治的要求。1903 年俄国社会民主工党第二次代表大会在讨论党纲草案时否决了崩得分子提出的增补民族文化自治内容的建议。列宁对民族文化自治的批判，见《关于民族问题的批评意见》、《论"民族文化"自治》、《论民族自决权》（《列宁全集》2017 年版第 24 卷、第 25 卷）等著作。

# 致伊·费·阿尔曼德(节选)

## (1914 年 4 月 24 日)

亲爱的朋友：寄上洛拉的信[1]。看完**马上还我**。（他显然在耍滑头，可是我们通过他总算取得了一些**进展**。你要是到苏黎世，请你务必想办法去见见乌克兰的社会民主党人，弄清楚他们对单独成立乌克兰民族社会民主主义组织这个问题的态度，并设法建立一个哪怕是很小的反分离主义分子的小组。）

选自《列宁全集》第 46 卷，人民出版社，2017，第 458—459 页。

注释：

[1] 列宁把奥·洛拉（弗·斯捷潘纽克）1914 年 4 月 22 日的信寄给了伊·费·阿尔曼德。洛拉在信中表示完全同意《告乌克兰工人书》的内容，但要求以《真理报》编辑部的名义刊出，而不要署他的名字。

# 致社会党国际局

## （不早于 1914 年 7 月 4 日）

尊敬的同志：

我受中央的委托，特通知您：我们中央委员会通过的特别决定认为，如果波兰反对派不能受到邀请，享有与会议其他参加者同等的权利，则我们绝无可能参加 7 月 16—18 日的布鲁塞尔会议。[1]对我们来说，就民族成分而言是唯一实在的组织的波兰俄占区社会民主党工人的组织不参加，就不能讨论俄国的事务，更不用说讨论波兰的事了。

亲爱的同志，如果您用电报答复此信，我将非常感激。我相信邀请上述组织不存在任何障碍。

我们很想确切地知道，哪些组织与个人已受到您的邀请。

选自《列宁全集》第 46 卷，人民出版社，2017，第 488 页。

注释：

[1] 由于俄国社会民主工党中央委员会的坚决要求，波兰反对派（雅·斯·加涅茨基、亚·马·马列茨基等人）得到了社会党国际局发出的出席布鲁塞尔"统一"会议的邀请。

# 革命的社会民主党在欧洲大战中的任务[1]

（1914 年 8 月 23—24 日〔9 月 5—6 日〕）

## 俄国社会民主党对欧洲大战的态度

我们从最可靠方面获悉，俄国社会民主工党的一些领导人不久前举行了一次会议，讨论了欧洲大战问题。这次会议不是十分正式的会议，因为沙皇政府所进行的大规模逮捕和闻所未闻的迫害，使俄国社会民主工党中央委员会还无法召开会议。但是我们十分确切地知道，这次会议真正反映了俄国社会民主工党中最有影响的人们的观点。

会议通过了一项决议，现在我们把它作为文件全文引述如下：

## 一批社会民主党人通过的决议

（1）这场欧洲的和世界的大战，具有十分明显的资产阶级、帝国主义、王朝战争的性质。争夺市场和掠夺其他国家，力图扼制国内无产阶级和民主派的革命运动，力图愚弄、分裂和屠杀各国无产者，驱使一国的雇佣奴隶为了资产阶级的利益去反对另一国的雇佣奴隶——这就是这场战争唯一真实的内容和作用。

（2）第二国际（1889—1914 年）最强大和最有影响的党——德国社

379

会民主党的领袖们投票赞成军事预算[2]，重弹普鲁士容克和资产阶级的资产阶级沙文主义老调，这是直接背叛社会主义的行为。不管怎样，即使这个党确实力量过于薄弱而不得不暂时屈从本国资产阶级多数的意志，德国社会民主党领袖们的行为也是不能原谅的。实际上，这个党现在采取了民族主义自由派政策。

（3）比利时和法国社会民主党的领袖们参加了资产阶级内阁[3]，出卖了社会主义，他们的行为理应受到同样的谴责。

（4）第二国际（1889—1914年）大多数领袖背叛社会主义，意味着这个国际在思想上政治上的破产。这种破产的主要原因是，在第二国际中事实上占优势的是小资产阶级机会主义，对于它的资产阶级性和危险性，世界各国革命无产阶级的优秀代表早就指出过了。机会主义者早就在为第二国际的破产准备条件了：他们否定社会主义革命而代之以资产阶级改良主义；他们否定阶级斗争及其在一定时机转变为国内战争的必然性，而鼓吹阶级合作；他们在爱国主义和保卫祖国的幌子下鼓吹资产阶级沙文主义，而忽视或否定《共产党宣言》中早已阐明的一条社会主义的基本真理，即工人没有祖国①；他们在同军国主义的斗争中局限于感伤主义的小市民观点，而不承认所有国家的无产者必须以革命战争来反对所有国家的资产阶级；他们把必须利用资产阶级的议会制度和资产阶级所容许的合法性变成盲目崇拜这种合法性，而忘记了在危机时代必须有秘密的组织形式和鼓动形式。机会主义的国际机关刊物之一，早已站在民族主义自由派立场上的德国《社会主义月刊》[4]，现在正在为自己战胜欧洲社会主义而欢欣鼓舞，这是完全有道理的。德国社会民主党内和其他国家社会民主党内的所谓"中派"，事实上已经胆怯地向机会主义者举手投降了。未来的国际的任务，应当是坚决彻底地抛开社会主义运动中的这一资产阶级派别。

（5）在欧洲大陆上相互角逐的两个主要民族——德意志民族和法兰西民族——的资产阶级政党和政府着力用来愚弄群众，而社会主义运动中盲

---

① 见《马克思恩格斯文集》第2卷第50页。——编者注

目地追随资产阶级的公开和隐蔽的机会主义者则不断加以重复的那些资产阶级和沙文主义的诡辩中，以下几点应当特别指出并严厉地加以驳斥：

德国资产者说他们是要保卫祖国，反对沙皇政府，捍卫文化发展和民族发展的自由，这是在撒谎，因为以威廉为首的普鲁士容克和德国大资产阶级，一直是奉行维护沙皇君主政府的政策的，而且不管战争的结局如何，他们都一定会竭力支持沙皇君主政府的；他们是在撒谎，因为实际上奥地利资产阶级向塞尔维亚发动了强盗式的进攻，德国资产阶级正在压迫丹麦人、波兰人和阿尔萨斯—洛林的法国人，他们向比利时和法国发动进攻性战争以掠夺这两个较富有较自由的国家，他们发动进攻是在他们认为可以使用其经过改进的最新军事技术装备的最有利的时机，是在俄国实行所谓大军事计划的前夜。

法国资产者也说他们是要保卫祖国等等，他们也是在撒谎，因为事实上他们是在维护资本主义技术比较落后的、发展比较缓慢的国家，用亿万巨款雇用俄国沙皇政府的黑帮分子发动进攻性战争，即掠夺奥地利和德国的领土。

两个参战国集团在战争中都表现出极端残暴和野蛮，谁也丝毫不比对手逊色。

（6）俄国社会民主党的首要任务，就是无情地、全力地同大俄罗斯的和沙皇君主派的沙文主义作斗争，同俄国自由派——立宪民主党人[5]、部分民粹派[6]以及其他资产阶级政党为这种沙文主义进行诡辩的行为作斗争。从俄国各民族的工人阶级和劳动群众的观点来看，沙皇君主政府和它的军队战败为害最小，因为它们压迫波兰、乌克兰和俄国的许多民族，并且煽起民族仇恨来加强大俄罗斯人对其他民族的压迫和巩固反动的野蛮的沙皇君主政府。

（7）社会民主党现时的口号应当是：

第一，在各方面（包括在军队内、在战场上）宣传社会主义革命，宣传必须把枪口对准各国反动的资产阶级政府和政党，而不是对准自己的弟兄——其他国家的雇佣奴隶。迫切需要在各国军队中组织秘密的支部和小组，以便用各种语言进行这种宣传。要向一切国家的小市民的和资产者的沙文主义和"爱国主义"展开无情的斗争。必须依靠承受着战争全部重负、在大多数情况下敌视机会主义和沙文主义的工人群众的革命觉悟，来反对当今的国际的背叛了社会主义的领袖人物；

第二，作为当前的口号之一，宣传建立德意志、波兰、俄罗斯等共和国，并且把欧洲各个单独的国家变成共和制的欧洲联邦[7]。

第三，特别要同沙皇君主制度和大俄罗斯的、泛斯拉夫主义的沙文主义作斗争，宣传在俄国进行革命以及让俄国压迫下的各民族获得解放和自决，其当前的口号是建立民主共和国、没收地主土地、实行八小时工作制。

**一批社会民主党人（俄国社会民主工党党员）**

选自《列宁全集》第 26 卷，人民出版社，2017，第 1—7 页。

**注释：**

[1]《革命的社会民主党在欧洲大战中的任务》是确定布尔什维克党对待世界帝国主义战争的立场的第一个文件，通称关于战争的提纲。这个文件是列宁在第一次世界大战爆发后的最初几天构思而于 1914 年 9 月 5—6 日写成的；文件的引言写于 9 月 8 日以后。

1914 年 9 月 5 日，列宁从当时属于奥匈帝国的波罗宁来到了瑞士伯尔尼。次日，他根据这个提纲在侨居伯尔尼的布尔什维克的会议上作了关于对待战争态度问题的报告。参加这次会议的有伊·费·阿尔曼德、娜·康·克鲁普斯卡娅、费·尼·萨莫伊洛夫（第四届国家杜马代表）、弗·米·卡斯帕罗夫、格·李·什克洛夫斯基等人。会议经过详细讨论，将列宁的提纲作为会议的决议予以通过。

提纲通过后，曾以"一批社会民主党人（俄国社会民主工党党员）"的名义分寄给其他几个布尔什维克国外支部。为了保密起见，提纲的抄本上分别注有"在丹麦发表的宣言的抄本"和"在俄国发表的宣言的抄本"等字样。提纲由萨莫伊洛夫带回俄国,供党中央委员会国内部分、第四届国家杜马的布尔什维克党团和各地党的组织进行讨论。讨论过这一提纲的,有彼得格勒、莫斯科、伊万诺沃-沃兹涅先斯克、下诺夫哥罗德、沃洛格达、克拉斯诺亚尔斯克、基辅、叶卡捷琳诺斯拉夫、哈尔科夫、巴库、梯弗利斯等地的党组织。提纲还通过瑞士社会民主党人转给了1914年9月27日在瑞士卢加诺举行的意大利和瑞士社会党人联合代表会议。提纲的某些论点为这次会议的决议所采纳。

为了更广泛地传播提纲,起初曾打算把提纲作为布尔什维克伯尔尼会议决议以单页形式出版。为此,列宁给提纲写了引言。但是考虑到提纲不大适宜阅读,不久又决定不再出版提纲,而仍以一批俄国社会民主工党党员的名义印发一篇宣言。列宁在提纲的基础上撰写了题为《战争和俄国社会民主党》的宣言。看来仍是为了保密的缘故,宣言的一份抄件末尾有一段附言:"本宣言是俄国社会民主工党斯堪的纳维亚党员小组发表的,这些党员承认中央委员会的领导,把丹麦俄国社会民主党人会议的提纲作为基础,而且通过同在俄国的有影响的社会民主党人联系而得以确信:提纲的确表达了党的意见。"1914年10月,在宣言已经付排以后,列宁获悉,关于战争的提纲已经得到党中央委员会国内部分、国家杜马布尔什维克党团以及各地党组织的赞同,因此决定以俄国社会民主工党中央委员会的名义印发宣言。恰在这时,俄国社会民主工党的中央机关报《社会民主党人报》复刊有望,于是又决定不再以单页形式出版宣言,而在复刊后的《社会民主党人报》的头一号上以俄国社会民主工党中央委员会的名义正式发表宣言。1914年11月1日,《战争和俄国社会民主党》这篇宣言在俄国社会民主工党中央机关报《社会民主党人报》第33号第1版发表。

[2] 1914年8月4日,德国社会民主党党团在帝国国会中同资产阶级和容克的代表一起投票赞成50亿马克的军事拨款案。胡·哈阿兹代表整个社会民主党党团发表宣言,声称:"我们现在面临着战争这一铁的事实。我们正遭受敌人入侵的威胁。我们现在不应当是为赞成战争或者反对战争投票,而应当是解决为保卫国家所必需的拨款问题。"宣言最后说,社会民主党人有义务"投票赞成所需拨款"。

在帝国国会这次会议的前一天,德国社会民主党党团曾开会讨论这一问题。德国社会民主党的 110 名国会议员中有 92 名出席了这次会议，其中 78 名赞同批准军事拨款案。左派社会民主党人国会议员反对批准，但是他们服从党团中机会主义多数作出的决定，因而在帝国国会会议上对军事拨款案也投了赞成票。

[3] 比利时社会党人的机会主义领袖们还在战争爆发前就采取了社会沙文主义的立场。1914 年 8 月 2 日，比利时工人党总委员会会议讨论了战争威胁问题，通过了关于放弃街头游行示威（包括预定于 8 月 3 日举行的游行示威）的决议，并责成社会党人议员在议会中投票赞成军事拨款。8 月 3 日，比利时工人党领导人发表了号召人民支持战争的呼吁书。比利时工人党领袖、第二国际社会党国际局主席埃·王德威尔得参加了比利时政府，任司法部长。

法国社会党领袖也采取同样的立场。8 月 2 日，过去曾要求以总罢工回答资产阶级发动的战争的法国社会党领导人爱·瓦扬在巴黎召开的党员大会上发表讲话，宣称一旦战争爆发，"社会党人将对祖国、对共和国和革命尽自己的义务"。8 月 4 日，社会党人在议会中一致投票赞成军事拨款，赞成实施戒严和实行军事书报检查制度，也就是赞成禁止罢工、集会等。社会党人茹·盖得、马·桑巴于 8 月底、阿·托马稍后不久相继参加了法国帝国主义政府（国防内阁），盖得任不管部长，桑巴任公共工程部长，托马任国务秘书（后任军需部长）。在政府各部和城市自治机关中，社会党人和工会领导人也积极帮助资产阶级进行战争。

[4] 《社会主义月刊》（《Sozialistische Monatshefte》）是德国机会主义者的主要刊物，也是国际修正主义的刊物之一。1897—1933 年在柏林出版。编辑和出版者为右翼社会民主党人约·布洛赫。撰稿人有爱·伯恩施坦、康·施米特、弗·赫茨、爱·大卫、沃·海涅、麦·席佩耳等。第一次世界大战期间，该刊持社会沙文主义立场。

[5] 立宪民主党人是俄国自由主义君主派资产阶级的主要政党立宪民主党的成员。立宪民主党（正式名称为人民自由党）于 1905 年 10 月成立。中央委员中多数是资产阶级知识分子、地方自治人士和自由派地主。主要活动家有帕·尼·米留可夫、谢·安·穆罗姆采夫、瓦·阿·马克拉柯夫、安·伊·盛加略夫、彼·伯·司徒卢威、约·弗·盖森等。立宪民主党提出一条与革命道路相对抗的和平的宪政发展道路，主张俄国实行立宪君主制和资产阶级的自

由。在土地问题上，主张将国家、皇室、皇族和寺院的土地分给无地和少地的农民；私有土地部分地转让，并且按"公平"价格给予补偿；解决土地问题的土地委员会由同等数量的地主和农民组成，并由官员充当他们之间的调解人。1906 年春，曾同政府进行参加内阁的秘密谈判，后来在国家杜马中自命为"负责人的反对派"。第一次世界大战期间，支持沙皇政府的掠夺政策，曾同十月党等反动政党组成"进步同盟"，要求成立责任内阁，即为资产阶级和地主所信任的政府，力图阻止革命并把战争进行到最后胜利。二月革命后，立宪民主党在资产阶级临时政府中居于领导地位，竭力阻挠土地问题、民族问题等基本问题的解决，并奉行继续帝国主义战争的政策。七月事变后，支持科尔尼洛夫叛乱，阴谋建立军事独裁。十月革命胜利后，苏维埃政府于 1917 年 11 月 28 日（12 月 11 日）宣布立宪民主党为"人民公敌的党"。该党随之转入地下，继续进行反革命活动，并参与白卫将军的武装叛乱。国内战争结束后，该党上层分子大多数逃亡国外。1921 年 5 月，该党在巴黎召开代表大会时分裂，作为统一的党不复存在。

[6] 指社会革命党、人民社会党和劳动团。

社会革命党是俄国最大的小资产阶级政党。该党是 1901 年底—1902 年初由南方社会革命党、社会革命党人联合会、老民意党人小组、社会主义土地同盟等民粹派团体联合而成的。成立时的领导人有马·安·纳坦松、叶·康·布列什柯-布列什柯夫斯卡娅、尼·谢·鲁萨诺夫、维·米·切尔诺夫、米·拉·郭茨、格·安·格尔舒尼等。社会革命党人的理论观点是民粹主义和修正主义思想的折中混合物，否认无产阶级和农民之间的阶级差别，抹杀农民内部的矛盾，否认无产阶级在资产阶级民主革命中的领导作用。

人民社会党是 1906 年从俄国社会革命党右翼分裂出来的小资产阶级政党，领导人有尼·费·安年斯基、韦·亚·米雅柯金、阿·瓦·彼舍霍诺夫、弗·格·博哥拉兹、谢·雅·叶尔帕季耶夫斯基、瓦·伊·谢美夫斯基等。人民社会党是动摇于立宪民主党和社会革命党之间的"社会立宪民主党人"。

劳动团（劳动派）是俄国国家杜马中的农民代表和民粹派知识分子代表组成的小资产阶级民主派集团，1906 年 4 月成立。领导人有阿·费·阿拉季因、斯·瓦·阿尼金等。在国家杜马中，劳动派动摇于立宪民主党和布尔什维克之间。

第一次世界大战期间，社会革命党、人民社会党和劳动派大多采取社会沙文主义的立场。

[7] 列宁后来经过进一步分析，认为欧洲联邦口号是不正确的。参看《论欧洲联邦口号》和《为俄国社会民主工党中央的宣言〈战争和俄国社会民党〉加的注释》（《列宁全集》2017年版第26卷第364—368、369页）等文。

# 欧洲大战和国际社会主义

## （1914 年 8 月底—9 月）

对社会党人来说，最严重的灾祸不是战争，——我们始终拥护"一切被压迫者为了赢得**他们自己的**祖国而进行神圣的战争！"——而是当今的社会主义运动中领袖人物的叛变，当今的国际的破产。

我们看到，德国社会党人令人震惊地改变了立场（在德国宣战以后），伪善地宣扬反沙皇政府的解放战争，忘记了德国帝国主义，忘记了对塞尔维亚的掠夺，鼓吹为了资产阶级的利益而同英国作战，如此等等，难道这不是对社会民主党的叛变吗？爱国主义者，沙文主义者，在投票赞成军事预算！！

法国和比利时的社会党人的行为，难道不也是这种叛变吗？他们对于德国帝国主义揭露得倒很出色，但可惜的是，对于英、法帝国主义，特别是对于野蛮的俄国帝国主义，他们却熟视无睹！难道他们看不见法国资产阶级几十年来一直在用亿万巨款雇用俄国沙皇政府的黑帮分子，看不见沙皇政府镇压俄国大多数非俄罗斯民族、掠夺波兰、压迫大俄罗斯的工人和农民等等令人愤慨的事实吗？

在这样的时刻，当读到《**前进报**》[1]大胆而直率地指着**休特古姆**说出了一句辛辣的实话，指着德国社会党人说出了一句实话，说他们是帝国主义者即沙文主义者的时候，社会党人心里感到痛快。而当读到齐博尔迪的文章（9 月 2 日《前进报》）时，心里就感到更加痛快，因为这篇文章不仅揭露了德国和奥地利的沙文主义（这对意大利资产阶级是有好处的），而且也揭露了法国的沙文主义，并确认这场战争是**各**国资产阶级的战争！！

《**前进报**》的立场和**齐博尔迪**的文章—— 与一批革命的社会民主党

人（不久前在一个斯堪的纳维亚国家举行的会议上）通过的决议[2]一样

——向我们表明：人们常说的国际遭到破产这句话，哪种含义是正确的，哪种含义是不正确的。资产者和机会主义者（"右翼改良主义者"）重复这句话时抱着幸灾乐祸的态度，社会党人（例如在苏黎世出版的《民权报》[3]、《不来梅市民报》[4]重复它时则怀着痛苦的心情。这句话包含了很多真理！！当今的国际的领袖们和多数政党的破产已经是事实。（请你们把《前进报》[5]、维也纳《工人报》[6]、《汉堡回声报》[7]同《人道报》[8]比较一下，把比利时和法国社会党人的宣言同德国的执行委员会的"答复"[9]比较一下。）**群众还没有发表意见呢！！！**

但**齐博尔迪**的话说得非常正确，他说，不是"理论有误"，不是社会主义的"药剂""不对"，只是"它的剂量不够"，"某些社会党人不是'够格的社会党人'"。

**当今的欧洲**国际的破产并不是社会主义的破产，而是不够格的社会主义**即机会主义和改良主义**的破产。正是这种**在各个地方**、在各个国家存在的并由比索拉蒂之流在意大利如此鲜明地表现出来的"倾向"遭到了破产，正是这种倾向多年来一直**教导**人们忘掉阶级斗争**等等，等等**（**参看决议**)①。

**齐博尔迪**的话是正确的，他认为欧洲社会党人的主要过错在于：他们"力图事后找些理由，为他们束手无策、不能防止这场大厮杀，反而要参加这场大厮杀作辩护"；他们"喜欢装出一副样子，好像他们在完全自愿地干事业〈欧洲社会主义〉，而实际上他们是不得已才干的"；社会党人"都**竭诚拥护**自己的民族，拥护自己民族的**资产阶级**政府，以致使我们〈和所有非机会主义者的社会党人〉感到失望，而使意大利的所有非社会党人感到高兴"（也不只是意大利一国，而是所有国家，例如，请看俄国的自由派）。

---

① 见《列宁全集》2017年版第26卷第1—7页。——编者注

的确，即使欧洲社会党人完全束手无策，无能为力，他们的领袖们的行为也是背叛和无耻：工人们被赶上屠场，而领袖们呢？他们却在投**赞成票**，在参加**内阁**！！！即使他们完全无能为力，他们也应当投**反对**票，**不参加**内阁，不发表可耻的沙文主义的言论，**不**声明拥护自己的"国家"，不维护"自己的"资产阶级，而是揭露它的可耻行为。

因为**到处**都同样是资产阶级和帝国主义者，到处都同样是在卑鄙地准备大厮杀。如果说俄国沙皇制度**特别**卑鄙和野蛮（最反动），那么德国帝国主义也是君主专制的，它追求的是封建王朝的目的，它的粗鲁的资产阶级不如法国的自由。俄国社会民主党人说得对：**对他们来说**，沙皇制度战败为害较小，**他们的**直接敌人首先是大俄罗斯的沙文主义，而每个国家的社会党人（不是机会主义者）都应当把"自己的"（"本国的"）沙文主义视为自己的主要敌人。

然而，是否真的已经完全"束手无策"呢？是这样吗？只能去开枪？去英勇地死和可耻地死??去为**了并非属于自己的祖国**而战??并不总是这样!! **主动想办法**曾经是可能的，也是应当的。进行秘密宣传和国内战争，对于社会党人来说，是**更正当**的，是更应当的（**这就是**俄国社会党人现在所宣传的）。

例如，有人用这样的幻想来安慰自己：战争迟早会结束，一切都会好起来……不!! 为了使当今的国际（1889—1914年）的破产不至于成为社会主义运动的破产，为了使**群众**不离开我们，为了防止无政府主义和工团主义占统治地位（就像在法国那样丢脸），就要正视现实。不管谁取得胜利，欧洲都受到沙文主义的**加强**、"**复仇情绪**"等等的威胁。无论是德国的还是大俄罗斯的军国主义，都在激起逆反的沙文主义，等等，等等。

我们的责任就是作出结论，确认曾在意大利那样郑重地加以宣传的（并且遭到意大利的同志们[10]那样坚决拒绝的）机会主义即改良主义的彻底破产，并……①

---

① 手稿到此中断。下面两句话是写在页边的附记。——俄文版编者注

注意，补充：《**新时代**》杂志[11]对意大利社会党人和《**前进报**》的轻蔑和鄙视态度：对机会主义的小小让步！！！"中庸。"

所谓的"中派"＝机会主义者的奴仆。

选自《列宁全集》第 26 卷，人民出版社，2017，第 8—11 页。

**注释：**

[1]《前进报》（《Avanti!》）是意大利社会党中央机关报（日报），1896 年 12 月在罗马创刊。第一次世界大战期间，该报采取不彻底的国际主义立场。1926 年该报被贝·墨索里尼的法西斯政府查封，此后在国外不定期地继续出版。1943 年起重新在意大利出版。

[2] 这是假托的说法。实际上这里和下面说的决议都是指伯尔尼布尔什维克会议决议（见《列宁全集》2017 年版第 26 卷第 1—7 页）。

[3]《民权报》（《Volksrecht》）是瑞士社会民主党、苏黎世州社会民主党组织和苏黎世工人联合会的机关报（日报），1898 年在苏黎世创刊。第一次世界大战期间，该报刊登过一些有关工人运动的消息和齐美尔瓦尔德左派的文章。第一次世界大战后，该报反映瑞士社会民主党的立场，反对该党加入共产国际，不接受加入共产国际的 21 项条件。

[4]《不来梅市民报》（Bremer Bürger-Zeitung》）是德国社会民主党报纸（日报），于 1890—1919 年出版。1916 年以前是不来梅左派社会民主党人的报纸。1916 年，德国社会民主党中央施加压力，迫使当地党组织改组该报编辑部。同年该报转到了考茨基分子和谢德曼分子手里。

[5]《前进报》（《Vorwärts》）是德国社会民主党的中央机关报（日报）。1876 年 10 月在莱比锡创刊，编辑是威·李卜克内西和威·哈森克莱维尔。1878 年 10 月反社会党人非常法颁布后被查禁。1890 年 10 月反社会党人非常法废除后，德国社会民主党哈雷代表大会决定把 1884 年在柏林创办的《柏林人民报》改名为《前进报》（全称是《前进。柏林人民报》），从 1891 年 1 月起

作为中央机关报在柏林出版，由李卜克内西任主编。恩格斯曾为《前进报》撰稿，同机会主义的各种表现进行斗争。1895 年恩格斯逝世以后，《前进报》逐渐转入党的右翼手中。它支持过俄国的经济派和孟利什维克。第一次世界大战期间持社会沙文主义立场。俄国十月革命以后，进行反对苏维埃的宣传。1933 年停刊。

[ 6 ]《工人报》（《Arbeiter-Zertung》）是奥地利社会民主党的中央机关报。1889 年 7 月由维·阿德勒在维也纳创办。1893 年以前为周报，1894 年每周出版两期，从 1895 年 1 月起改为日报。第一次世界大战期间，该报采取社会沙文主义立场。1934 年被查封，1945 年复刊后是奥地利社会党中央机关报。

[ 7 ]《汉堡回声报》（《Hamburger Echo》）是德国社会民主党汉堡组织的机关报（日报）。1875 年创刊时名为《汉堡－阿尔托纳人民小报》，1887 年起改用《汉堡回声报》这一名称。第一次世界大战期间，该报采取社会沙文主义立场。1933 年该报被纳粹政府查封。1946 年 4 月复刊。

[ 8 ]《人道报》（《L' Humanité》）是法国日报，由让·饶勒斯于 1904 年创办。该报起初是法国社会党的机关报，在第一次世界大战期间为法国社会党极右翼所掌握，采取了社会沙文主义立场。1918 年该报由马·加香领导后，反对法国政府武装干涉苏维埃俄国的帝国主义政策。在法国社会党分裂和法国共产党成立后，从 1920 年 12 月起，该报成为法国共产党中央机关报。

[ 9 ] 社会党国际局内的法国代表团和比利时代表团在 1914 年 9 月 6 日的《人道报》上发表了一篇告德国人民书，谴责德国政府的侵略意图和德国士兵在占领区的暴行。德国社会民主党执行委员会对此表示抗议，于 9 月 10 日在《前进报》上发表了它的答复。法国的和德国的社会沙文主义者就此在报刊上展开了一场论战，双方都为自己国家政府参加战争辩护，而把责任推给别国。

[ 10 ] 指意大利社会党。

意大利社会党于 1892 年 8 月在热那亚代表大会上成立，最初叫意大利劳动党，1893 年改称意大利劳动社会党，1895 年开始称意大利社会党。从该党成立起，党内的革命派就同机会主义派进行着尖锐的思想斗争。1912 年在艾米利亚雷焦代表大会上，改良主义分子伊·博诺米、莱·比索拉蒂等被开除出党。从第一次世界大战爆发到 1915 年 5 月意大利参战，意大利社会党一直反对战争，提出"反对战争，赞成中立！"的口号。1914 年 12 月，拥护资产阶级帝国主义政策、主张战争的叛徒集团（贝·墨索里尼等）被开除出党。意大利社会党人曾于1914年同瑞士社会党人一起在卢加诺召开联合代表会议，并积极参加了齐美尔瓦尔德（1915年）和昆塔尔（1916年）国际社会党代表会议。但是，意大利社会党基本上采取中派立场。1916年底意大利社会党在党内改良派的影响下走上了社会和平主义的道路。俄国十月社会主义革命胜利后，意大利社会党内的左翼力量增强。1919年10月5—8日在波伦亚举行的意大利社会党第十六次代表大会通过了加入共产国际的决议，该党代表参加了共产国际第二次代表大会的工作。1921年1月15—21日在里窝那举行的第十七次代表大会上，处于多数地位的中派拒绝同改良派决裂，拒绝完全承认加入共产国际的21项条件；该党左翼代表于21日退出代表大会并建立了意大利共产党。

[11]《新时代》杂志（《Die Neue Zeit》）是德国社会民主党的理论刊物，1883—1923年在斯图加特出版。1890年10月前为月刊，后改为周刊。1917年10月以前编辑为卡·考茨基，以后为亨·库诺。1885—1895年间，杂志发表过马克思和恩格斯的一些文章。恩格斯经常关心编辑部的工作，帮助它端正办刊方向。为杂志撰过稿的还有威·李克内西、保·拉法格、格·瓦·普列汉诺夫、罗·卢森堡、弗·梅林等国际工人运动活动家。《新时代》杂志在介绍马克思主义基本理论、宣传俄国1905—1907年革命等方面做了有益的工作。随着考茨基转到机会主义立场，1910年以后，《新时代》杂志成了中派分子的刊物。第一次世界大战期间，杂志持中派立场，实际上支持社会沙文主义者。

# 战争和俄国社会民主党[1]

## （1914年9月28日〔10月11日〕以前）

各国的政府和资产阶级政党准备了几十年的欧洲大战终于爆发了。军备的扩张，在各先进国家资本主义发展的最新阶段即帝国主义阶段争夺市场斗争的极端尖锐化，以及最落后的各东欧君主国的王朝利益，都不可避免要导致而且已经导致了这场战争。强占别国领土，征服其他国家；打垮竞争的国家并掠夺其财富；转移劳动群众对俄、德、英等国国内政治危机的注意力；分裂工人，用民族主义愚弄工人，消灭他们的先锋队，以削弱无产阶级的革命运动——这就是当前这场战争唯一真实的内容、作用和意义。

社会民主党的责任，首先是揭露这场战争的这种真实意义，无情地揭穿统治阶级即地主和资产阶级为了替战争辩护而散布的谎言、诡辩和"爱国主义的"花言巧语。

一个参战国集团为首的是德国资产阶级。他们愚弄工人阶级和劳动群众，硬说它进行战争是为了保卫祖国、自由和文化，是为了解放受沙皇政府压迫的各族人民，是为了摧毁反动的沙皇制度。而实际上正是这个充当以威廉二世为首的普鲁士容克的走狗的资产阶级，一直是沙皇政府最忠实的盟友和俄国工农革命运动的敌人。实际上，不管战争的结局如何，这个资产阶级都将同容克一道去全力支持沙皇君主政府反对俄国革命。

实际上德国资产阶级向塞尔维亚发动了强盗式的进攻，企图征服塞尔维亚和扼杀南方斯拉夫人的民族革命，同时把自己的主要兵力用来进攻比利时和法国这两个较自由的国家，以便掠夺较富有的竞争者。德国资产阶级一直在散布一种神话，说他们所进行的是防御性战争，实际上他们选择了他们认为是进行战争最有利的时机来使用其经过改进的最新军事技术装备，抢在了俄法两国实现他们已经计划好、已经决定要实行的更新军备之前。

另一个参战国集团为首的是英法资产阶级。他们愚弄工人阶级和劳动群众，硬说他们进行战争是为了保卫祖国、自由和文化，反对德国的军国主义和专制制度。而实际上英法资产阶级早就在用亿万巨款雇用和训练欧洲最反动最野蛮的君主政府——俄国沙皇政府的军队去进攻德国。

实际上英法资产阶级作战的目的是夺取德国的殖民地，打垮这个经济发展更为迅速的竞争国。为了达到这个高尚的目的，这两个"先进的"、"民主的"国家正在帮助野蛮的沙皇政府进一步扼杀波兰、乌克兰等，进一步镇压俄国的革命。

两个参战国集团在战争中都在掠夺，都表现出野蛮和无限残暴，谁也丝毫不比对手逊色，但是，为了愚弄无产阶级，为了转移他们对唯一真正的解放战争，即既反对"自己"国家的也反对"别人"国家的资产阶级的国内战争的注意力——为了这个崇高的目的，各国资产阶级都在用爱国主义的虚伪言词极力地宣扬为"自己"国家进行战争的意义，硬说他们竭力战胜对方，并不是为了掠夺和侵占领土，而是为了"解放"除自己本国人民以外的所有其他各国人民。

但是，各国的政府和资产阶级愈是拼命地设法分裂工人，唆使他们自相残杀，愈是穷凶极恶地为了这个崇高的目的而实施戒严和战时书报检查（这一切即使是在目前，在战争时期，也主要是为了迫害"国内"敌人，其次才是为了对付国外敌人），觉悟的无产阶级就愈是要刻不容缓地负起责任，维护自己的阶级团结，捍卫自己的国际主义，坚持自己的社会主义信念，反对各国"爱国主义的"资产阶级集团的猖獗的沙文主义。如果觉悟的工人放弃这项任务，那就是放弃自己对自由和民主的一切追求，更不要说对社会主义的追求了。

我们不得不以极其难过的心情指出，欧洲最主要的一些国家的社会党，没有执行自己的这项任务，而这些党的领袖们的行为，特别是德国党的领袖们的行为，已经近乎对社会主义事业的直接背叛了。在这一具有重大的世界历史意义的关头，当今的第二社会主义国际（1889—1914年）的大多数领袖力图以民族主义来偷换社会主义。由于他们的这种行为，这些国家的工人政党不但没有起来反对政府的罪恶行径，反而号召工人阶级**使**自己的立场同帝国主义政府的立场**一致起来**。国际的领袖们背叛了社会主义，他们投票赞成军事拨款，重复"自己"国家的资产阶级沙文主义（"爱国主义"）口号，为战争辩护，参加交战国的资产阶级内阁，等等。当代欧洲最有影响的社会党领袖和最有影响的社会党报刊所持的观点，都是资产阶级沙文主义和自由主义的观点，而决不是社会主义的观点。对于这样玷污社会主义首先应该负责的是德国社会民主党人，因为他们是第二国际最强大和最有影响的党。但是也不能说法国的社会党人是正确的，因为他们接受了资产阶级政府的部长席位，而这个资产阶级正是当年出卖自己的祖国、同俾斯麦勾结起来镇压公社的资产阶级。

德国和奥地利的社会民主党人试图为自己支持战争的行为辩护，说他们这样做似乎是在反对俄国沙皇政府。我们俄国社会民主党人声明，我们认为这种辩护纯粹是诡辩。在我国，近几年来重新掀起了强大的反对沙皇政府的革命运动。俄国工人阶级始终走在这一运动的前列。近几年来成百万人参加的政治罢工，提出了推翻沙皇制度、建立民主共和国的口号。就在大战前夕，当法兰西共和国总统彭加勒访问尼古拉二世的时候，他在彼得堡的街头可以亲眼看到俄国工人筑起的街垒。为了使全人类摆脱沙皇君主制度这一耻辱，俄国无产阶级从来不惜作出任何牺牲。但是我们必须指出：如果说有什么东西在某种条件下可以推迟沙皇制度的灭亡，可以帮助沙皇制度反对俄国的整个民主派的话，那就是目前的战争；因为这场战争是拿英、法、俄等国资产阶级的钱袋来为沙皇制度的反动目的服务的。如果说有什么东西可以阻挠俄国工人阶级反对沙皇制度的革命斗争的话，那就是俄国沙文主义报刊不断地举出来让我们仿效的德国和奥地利社会民主党领袖们的行为。

就假定德国社会民主党的力量小到不得不放弃任何革命活动的程度，那么，即使在这种情况下，它也决不能参加沙文主义阵营，也决不能采取那些使意大利社会党人完全有理由说德国社会民主党的领袖们玷污了无产阶级国际的旗帜的步骤。

我们的党，俄国社会民主工党，已经蒙受而且还将蒙受战争所造成的巨大牺牲。我们的一切合法的工人报刊都被取缔。大多数工会被查禁，我们的许多同志被逮捕和流放。但是，我们的议会代表团——国家杜马中的俄国社会民主党工人党团——认为自己的不可推卸的社会主义职责是，不投票赞成军事拨款，甚至退出杜马会议厅以表示更强烈的抗议[2]；认为自己的职责是谴责欧洲各国政府的政策是帝国主义政策。不管沙皇政府的压迫如何变本加厉，俄国社会民主党工人党员已经印发了第一批秘密的反战号召书[3]，履行了对民主运动和国际的职责。

如果说以德国社会民主党少数派和中立国优秀的社会民主党人为代表的革命的社会民主党人，因第二国际的这种破产而感到莫大的耻辱，如果说英法两国都有一些社会党人发出了反对大多数社会民主党内的沙文主义的呼声，如果说譬如以德国《社会主义月刊》（《Sozialistische Monatshefte》）为代表的、早已站在民族主义自由派立场上的机会主义者，正在完全理所当然地为自己战胜欧洲社会主义而欢欣鼓舞，那么，最能给无产阶级帮倒忙的，莫过于那些动摇于机会主义和革命的社会民主主义之间的人（德国社会民主党内的"中派"之类），这些人极力闭口不谈第二国际的破产，或者用外交辞令来加以掩饰。

相反，应当公开承认这种破产，并了解破产的原因，以便能够建立起各国工人新的更巩固的社会主义团结。

机会主义者撕毁了斯图加特、哥本哈根和巴塞尔代表大会的决议[4]，这些决议责成各国社会党人在任何条件下都要反对沙文主义，责成社会党人要以加紧宣传国内战争和社会革命来回答资产阶级和各国政府挑起的任何战争。第二国际的破产是在那个已经过去了的（所谓"和平的"）历史时代的特点的基础上发展起来并于近几年在国际中取得了实际统治地位的机会主义的破产。机会主义者早就在为这一破产准备条件了：他们否定社会主义革命而代之以资产阶级改良主义；他们否定阶级斗争及其在一定时机转变为国内战争的必然性，而鼓吹阶级合作；他们在爱国主义和保卫祖国的幌子下鼓吹资产阶级沙文主义，而忽视或否定《共产党宣言》中早已阐明的一条社会主义的基本真理，即工人没有祖国；他们在同军国主义的斗争中局限于感伤主义的小市民观点，而不承认所有国家的无产者必须以革命战争来反对所有国家的资产阶级；他们把必须利用资产阶级的议会制度和资产阶级所容许的合法性变成盲目崇拜这种合法性，而忘记了在危机时代必须有秘密的组织形式和鼓动形式。在目前的危机时期，作为机会主义天然的"补充"的无政府工团主义思潮（同样是资产阶级的，同样与无产阶级观点即马克思主义观点相敌对的），其特征是同样恬不知耻、自鸣得意地重复沙文主义口号。

如果不坚决同机会主义决裂，如果不向群众说明机会主义彻底失败的必然性，那就不可能完成社会主义运动在现时期的各项任务，就不可能实现工人真正的国际团结。

每个国家社会民主党人的首要任务，应当是同本国的沙文主义作斗争。在俄国，这种沙文主义已经完全支配了资产阶级自由派（"立宪民主党人"）和部分民粹派直到社会革命党人和"右派"社会民主党人的思想。（特别要痛斥像叶·斯米尔诺夫、彼·马斯洛夫和格·普列汉诺夫等所发表的、得到资产阶级"爱国主义"报刊赞同和被它们广泛利用的沙文主义言论。）

在现时情况下，从国际无产阶级的观点来看，无法断定两个参战国集团哪一个集团战败对社会主义为害最小。但是，我们俄国社会民主党人坚信，从俄国各民族的工人阶级和劳动群众的观点来看，沙皇君主政府这个压迫欧亚两洲的民族和人口数量最多的、最反动最野蛮的政府战败为害最小。

欧洲社会民主党人当前的政治口号应当是建立共和制的欧洲联邦。但是，与只要能把无产阶级卷入沙文主义大潮流什么事情都可以"答应"的资产阶级不同，社会民主党人将要阐明：如果不提以革命推翻德、奥、俄三国的君主制度，这个口号便完全是欺骗性的和毫无意义的。

由于俄国最落后，由于它还没有完成资产阶级革命，这个国家的社会民主党人的任务仍然是实现彻底的民主改革所要求的三个基本条件：建立民主共和国（其中一切民族都享有充分的平等和自决权）、没收地主土地、实行八小时工作制。但是在一切先进国家，战争已把社会主义革命的口号提到日程上来。压在无产阶级肩上的战争负担愈沉重，无产阶级在当今的"爱国主义的"野蛮行为（它是在大资本主义所造成的巨大技术成就的条件下发生的）带来的灾祸过去以后重建欧洲时应当起的作用愈积极，这一口号就愈是显得迫切。资产阶级正利用战时法律来封住无产阶级的嘴，这就向无产阶级提出一项任务——必须创立秘密的鼓动形式和组织形式。让机会主义者不惜用背叛自己信念的代价去"保全"合法组织吧，革命的社会民主党人要利用工人阶级在组织方面的素养和联系，去创立适应于危机时代的为社会主义而斗争的秘密形式，使工人不是同自己国家的沙文主义资产阶级，而是同各国的工人团结起来。无产阶级的国际没有灭亡，也不会灭亡。工人群众定将冲破一切障碍创立一个新的国际。机会主义目前的胜利是不会长久的。战争造成的牺牲愈大，工人群众就会愈加看清机会主义者背叛工人事业的行为，愈加认清把枪口转向各自国家的政府和资产阶级的必要性。

变当前的帝国主义战争为国内战争，是唯一正确的无产阶级口号，这个口号是公社的经验所启示的，是巴塞尔决议（1912年）所规定的，也是在分析高度发达的资产阶级国家之间的帝国主义战争的各种条件后得出的。既然战争已经成为事实，那么，不管这种转变在某一时刻会遇到多大困难，社会党人也决不放弃在这方面进行经常不断的、坚定不移的、始终不渝的准备工作。

只有沿着这条道路，无产阶级才能摆脱依附沙文主义资产阶级的地位，才能以不同的形式比较迅速地迈出坚定的步伐，走向各民族的真正自由，走向社会主义。

工人们在反对各国资产阶级沙文主义和资产阶级爱国主义的斗争中的国际团结万岁！

清除了机会主义的无产阶级国际万岁！

**俄国社会民主工党中央委员会**

选自《列宁全集》第 26 卷，人民出版社，2017，第 12—19 页。

**注释：**

［1］《战争和俄国社会民主党》是以俄国社会民主工党中央委员会名义发表的第一个表明布尔什维克党对待已爆发的帝国主义世界大战的态度的正式宣言，刊载于 1914 年 11 月 1 日俄国社会民主工党中央机关报《社会民主党人报》第 33 号，在俄国国内和国外得到广泛传播。1915 年 2 月出版的俄国社会民主工党彼得堡委员会的报纸《无产者呼声报》创刊号全文刊载了这一宣言。宣言还曾作为阐述俄国社会民主工党对待战争的态度的正式文件寄给了社会党国际局以及英国、德国、法国、瑞典和瑞士的一些社会党报纸和中立国社会党人代表会议。1914 年 11 月 3 日，瑞士社会民主党纳沙泰尔州组织机关报《哨兵报》第 265 号摘要发表了这篇宣言。

［2］战争开始时，第四届国家杜马中的布尔什维克党团曾谋求同杜马中的孟什维克代表和劳动派代表采取共同的反战行动。同劳动派未能达成协议。同孟什维克党团则制定了共同的反对战争的宣言。1914 年 7 月 26 日（8 月 8 日），第四届国家杜马召开紧急会议讨论批准军事拨款问题。会上宣读了布尔什维克党团和孟什维克党团共同制定的宣言。在表决军事拨款问题时，布尔什维克党团拒绝投票赞成军事拨款，并退出了杜马会议厅。孟什维克党团采取了同样的行动。

［3］指俄国社会民主工党彼得堡委员会在战争爆发后不久印发的一些反对帝国主

义战争的秘密传单。

[4] 指在德国斯图加特、丹麦哥本哈根和瑞士巴塞尔召开的几次国际社会党代表大会通过的关于战争问题的决议。

斯图加特国际社会党代表大会（第二国际第七次代表大会）于 1907 年 8 月 18—24 日举行。出席代表大会的有来自 25 个国家的 886 名社会党和工会的代表。俄国社会民主工党派了 37 名代表。布尔什维克代表团由列宁、亚·亚·波格丹诺夫、约·彼·戈尔登贝格、波·米·克努尼扬茨、马·马·李维诺夫、阿·瓦·卢那察尔斯基、尼·亚·谢马什柯、米·格·茨哈卡雅等人组成。

代表大会审议了下列问题：军国主义和国际冲突；政党和工会的相互关系；殖民地问题；工人的侨居；妇女选举权。

在代表大会期间，列宁为团结国际社会民主党的左派力量做了大量工作，同机会主义者进行了坚决的斗争。代表大会的主要工作是在起草代表大会决议的各个委员会中进行的。列宁参加了军国主义和国际冲突问题委员会的工作。通过同奥·倍倍尔的直接谈判，列宁同罗·卢森堡和尔·马尔托夫对倍倍尔的决议草案作了如下具有历史意义的修改，提出："如果战争……爆发了的话，他们（指各国工人阶级及其在议会中的代表。——编者注）的责任是……竭尽全力利用战争引起的经济危机和政治危机唤醒各阶层人民的政治觉悟，加速推翻资产阶级的统治。"这一决议案作了一些文字修改后被代表大会一致通过。

哥本哈根国际社会党代表大会（第二国际第八次代表大会）于 1910 年 8 月 28 日—9 月 3 日举行。出席代表大会的有来自 33 个国家的 896 名代表。代表俄国社会民主工党出席代表大会的有列宁、格·瓦·普列汉诺夫、亚·米·柯伦泰、阿·瓦·卢那察尔斯基等。

代表大会的主要议题是：反对军国主义与战争、合作社与党的关系、国际团结和工会运动的统一等问题。代表大会选出了 5 个委员会，列宁参加了合作社问题委员会的工作。为了团结各国革命的马克思主义者，列宁倡议召开了出席大会的各国左派社会民主党人的会议。

代表大会通过的《仲裁法庭与裁军》这一决议重申了斯图加特代表大会的决议，要求各国社会党人利用战争引起的经济危机和政治危机来推翻资产阶级。决议还责成各国社会党及其议员在议会中提出下列要求：必须把各国间的一切冲突提交国际仲裁法庭解决；普遍裁军；取消秘密外交；主张各民族都有自治权并保护它们不受战争侵略和暴力镇压。决议号召各国工人反对战争的威胁。

巴塞尔国际社会党代表大会于 1912 年 11 月 24—25 日举行。这是在巴尔干战争爆发、世界大战危险日益迫近的形势下召开的国际社会党非常代表大会。出席代表大会的有来自 23 个国家的 555 名代表，俄国社会民主工党的代表有 6 名。

代表大会只讨论了一个问题，即反对军国主义与战争威胁问题。在代表大会召开的当天，来自巴登、阿尔萨斯和瑞士各地的工人及与会代表在巴塞尔明斯特教堂举行了声势浩大的反战集会。11 月 25 日，代表大会一致通过了《国际局势和反对战争的统一行动》决议，德文本称《国际关于目前形势的宣言》，即著名的巴塞尔宣言。宣言谴责了各国资产阶级政府的备战活动，揭露了即将到来的战争的帝国主义性质，号召各国人民起来反对帝国主义战争。宣言斥责了帝国主义的扩张政策，号召社会党人为反对一切压迫小民族的行为和沙文主义的表现而斗争。宣言写进了 1907 年斯图加特代表大会决议中列宁提出的基本论点：帝国主义战争一旦爆发，社会党人就应该利用战争所造成的经济危机和政治危机，来加速资本主义的崩溃，进行社会主义革命。

# 致亚·加·施略普尼柯夫（节选）

## （1914 年 10 月 17 日）

……"简单地"恢复国际这个口号不正确（因为根据考茨基—王德威尔得路线通过的糟透了的调和性决议的危害性非常非常之大！）。"和平"这个口号不正确，——我们的口号应当是变民族战争为国内战争。（这个转变可能需要很长时间，可能需要而且势必需要许多先决条件，但是必须**根据实行这种转变的方针**，本着实行这种转变的精神和方向去进行整个工作。）不是暗中破坏战争，不是本着这种精神去进行单独的个人的活动，而是进行群众性的宣传工作（不只是对"非军人"），引导人们最终把战争变为国内战争。

在俄国，沙文主义利用"法国很美好"而比利时很不幸（而乌克兰呢？等等）这样的说法或者利用对德国人（和对"凯撒制度"）的"民众普遍的"仇恨来作掩护。因此跟这些诡辩作斗争是我们义不容辞的责任。为了使斗争能以一条正确和鲜明的路线为指导，就需要一个集中反映这条路线的口号。这个口号就是：对我们**俄国人**来说，从**俄国**劳动群众和工人阶级的利益考虑，丝毫不容置疑、绝对不容置疑的一点就是，沙皇制度在这场战争中现在马上**失败**带来的损失**最小**，因为沙皇制度比凯撒制度坏百倍。不是暗中破坏战争，而是跟沙文主义作斗争，竭力宣传无产阶级的国际团结（接近、声援、协商，视情况而定）以便进行国内战争。无论是号召采取狙击军官之类的个人行动，还是认为我们不想帮助凯撒制度之

402

类论据有道理，都是错误的。前者是无政府主义倾向，后者是机会主义倾向。我们应当为在军队中采取大规模的（至少是集体性的）行动作准备，并且不只是在一个国家的军队中作这种准备，而且还应当根据这个方针来进行**全部**宣传鼓动工作。根据变民族战争为国内战争的精神来指导工作（顽强地、系统地、也许是长期地）——这就是整个实质。何时实行这种转变是另外一个问题，现在还不清楚。应当使这个时机成熟和有步骤地"促使它成熟"。

选自《列宁全集》第 47 卷，人民出版社，2017，第 15—16 页。

# 致巴索克[1]

## （1915 年 1 月 12 日）

1915 年 1 月 12 日托特里亚转交的回信的**抄件**

亲爱的公民：

特里亚已把您 1914 年 12 月 28 日的信转交给我了。

显然您是搞错了：我们所持的是国际革命社会民主党的观点，而您所持的则是资产阶级民族主义的观点。我们竭力促使各国（特别是**交战国**）的**工人**相互接近，而您，看样子，是在同"自己的"国家的资产阶级和政府接近。我们走的不是一条路。

**尼·列宁**

1915 年 1 月 12 日于伯尔尼

伯尔尼　迪斯泰乐路 11 号　乌里扬诺夫

选自《列宁全集》第 47 卷，人民出版社，2017，第 63—64 页。

**注释：**

[1] 这是列宁给资产阶级民族主义组织乌克兰解放协会领导人之一巴索克（马·伊·美列涅夫斯基）的回信。巴索克曾写信给列宁建议合作。参看《论诽谤者》（《列宁全集》2017 年版第 32 卷）一文。

# 《乌克兰与战争》一文编者按语

（1915 年 1 月 30 日〔2 月 12 日〕）

## 编者按语

上面刊载的是《钟声》杂志[1]派的一位著名支持者的文章。就在不久以前，我们曾不得不和这个派别进行激烈的论战。我们同这个派别的著作家的意见分歧依然存在。我们认为他们向民族主义作的那些让步是不正确的，我们认为"民族文化自治"的思想是资产阶级的民族主义，我们认为把无产阶级分割为一个个民族集团并不是组织无产阶级的最好方式，我们不赞成他们关于"非民族的"、民族的和跨民族的三者之间的区别的观点。作为彻底的**国际主义**的拥护者，我们期望上面这篇文章的作者和他的朋友们能够通过欧洲大战的实际情况吸取必要的教训。

正是在目前这个艰难的时刻，上述这些乌克兰活动家最清楚地认识到他们同《社会民主党人报》的接近，这无论如何是令人高兴的。他们能够同进行完全违背社会民主主义的活动的著名的"乌克兰解放协会"[2]断绝关系，这是应当受到赞扬的。

选自《列宁全集》第 26 卷，人民出版社，2017，第 133 页。

**注释:**

[1] 《钟声》杂志(《Дзвін》)是合法的资产阶级民族主义刊物(月刊),倾向孟什维克,1913 年 1 月—1914 年在基辅用乌克兰文出版,共出了 18 期。参加该杂志工作的有 В. П. 列文斯基、弗·基·温尼琴科、列·尤尔凯维奇(雷巴尔卡)、德·顿佐夫、西·瓦·佩特留拉、格·阿·阿列克辛斯基、帕·波·阿克雪里罗得、列·达·托洛茨基等人。第一次世界大战爆发后停刊。

《乌克兰与战争》一文的作者是列文斯基。

[2] 乌克兰解放协会是乌克兰资产阶级民族主义组织,于 1914 年第一次世界大战初期建立,领导人为德·顿佐夫、А. Ф. 斯科罗皮西-约尔图霍夫斯基和马·伊·美列涅夫斯基。该协会指望沙皇俄国在战争中被摧毁,力图使乌克兰从俄国分离出去,建立一个受德国保护的资产阶级和地主的乌克兰君主国。

# 致《我们的言论报》编辑部<sup>[1]</sup>（节选）

## （1915 年 2 月 9 日）

目前的战争，不仅从德国和奥匈帝国方面看，而且从（同沙皇政府采取联合行动的）英国和法国方面看，都是帝国主义战争，也就是说，是资本主义发展到最后阶段的时代，资产阶级的民族疆界内的国家已经过时的时代的战争，是专为侵占殖民地、劫掠竞争国家，为削弱无产阶级运动而唆使一国无产者反对另一国无产者的战争。

选自《列宁全集》第 47 卷，人民出版社，2017，第 75 页。

**注释：**

[1] 这封信是对《我们的言论报》编辑部 1915 年 2 月 6 日给中央委员会国外局的来信的答复。《我们的言论报》编辑部在信中建议俄国社会民主工党内的国际主义者在即将召开的协约国社会党人伦敦代表会议上采取一致行动。该编辑部还把内容相同的信寄给了帕·波·阿克雪里罗得（组织委员会）。《我们的言论报》编辑部不同意列宁在信中提出的布尔什维克的宣言草案，而制定了自己的宣言，把组织委员会和崩得的立场包庇下来。

# 五一节和战争<sup>[1]</sup>（节选）

## （不早于 1915 年 4 月 14 日〔27 日〕）

## 资产阶级民族祖国的破产

4．"保卫祖国"和战争的真正性质。实质是什么？民族主义与帝国主义对比。

5．1789—1871 年（将近 100 年）……

和 1905 年——？

6．"保卫祖国"（比利时？加利西亚？为了瓜分奴隶主的赃物）

与 "打破国界" 对比。民族祖国的破产？

活该如此！！

7．老的和新的帝国主义——**罗马**和**英国**与**德国对比**。

$$\left.\begin{array}{r}\text{掠夺领土}\\\text{殖民地}\\\text{瓜分世界}\\\text{资本输出}\end{array}\right\}$$

8．社会主义的客观条件的成熟。

9．怎样维持原状？

怎样进行争取社会主义的革命斗争？

10. 民族自由与帝国主义**对比**。压迫民族和被压迫民族的无产阶级。

11. 在对待各次战争的态度上的"国际观点"。(("什么样的资产阶级较好"? 或者是无产阶级的独立行动?))

12. 是后退(退到民族祖国)

还是前进(进到社会主义

革命)。

> 结果 =
> 民族狭隘观点的破产。

选自《列宁全集》第 26 卷,人民出版社,2017,第 187—188 页。

**注释:**

[1] 这是列宁准备作的一篇专题报告(或文章)的详细提纲,写于 1915 年 5 月 1 日以前。

# 社会沙文主义者的诡辩

（1915 年 4 月 18 日〔5 月 1 日〕）

取消派在彼得格勒出版的《我们的事业》杂志（1915 年第 1 期）上刊登了考茨基的《国际观点和战争》这本小册子的译文。[1]在同一期杂志上，亚·波特列索夫先生表示不同意考茨基的看法，他说，考茨基一会儿像个"律师"（即充当德国社会沙文主义的辩护人，同时却不承认法俄两国的社会沙文主义是有理的），一会儿又像个"法官"（即充当一个力求公正地运用马克思的方法的马克思主义者）。

而实际上，无论是亚·波特列索夫先生还是考茨基，都在明目张胆地用诡辩为民族主义自由派的工人政策辩护，从根本上背叛了马克思主义。亚·波特列索夫先生同考茨基争辩枝节问题，从而使读者不去注意根本问题。在亚·波特列索夫先生看来，英法"民主派"（作者指的是工人民主派）在对战争的态度问题上的"决断"，"一般说来"是"一个很好的决断"（第 69 页）；"他们〈这些民主派〉做得对"，——虽然，他们的决断与其说是有意识地，还不如说是"侥幸地……与民族的决断相符合"。

这些话的含义很清楚：亚·波特列索夫先生是在打着英法"民主派"的幌子为俄国的沙文主义辩护，证明三协约国社会党人的爱国主义策略是正确的。亚·波特列索夫先生同考茨基争辩，并不是作为马克思主义者同沙文主义者争辩，而是作为俄国沙文主义者同德国沙文主义者争辩。这是一种陈腐透顶的手法。我们需要指出的只有一点，就是亚·波特列索夫先生千方百计地掩饰他的话的简单明了的含义，把它弄得令人难以理解。

问题的实质在于亚·波特列索夫先生和考茨基在什么问题上**意见一致**。比如说，他们在"现代无产阶级的国际主义同保卫祖国是相容的"（卡·考茨基的话，见考茨基的小册子德文版第 34 页）这一点上，意见就是一致的。亚·波特列索夫先生谈到了一个国家"遭到攻击"这种特殊情况。考茨基则写道："人民最担心的莫过于敌国的入侵……如果老百姓发现战争起因并不在本国政府方面，而在于邻国的阴险，——有哪个政府不想通过报刊……向民众灌输这种看法呢！——那么……所有的老百姓就会同仇敌忾地奋起保卫疆土，抵御敌人……如果谁敢于阻止军队开赴边境，谁就会被愤怒的群众自己打死。"（卡·考茨基的话，引自 1911 年的一篇文章，第 33 页）

这就是对所有社会沙文主义者的基本思想的所谓马克思主义的辩护。

考茨基自己在 1911 年就已经清楚地看到，政府（和资产阶级）将**欺骗**"人民、老百姓、群众"，把一切归罪于别国的"阴险"。问题就在于，支持这种欺骗——不管是通过投票赞成军事拨款，还是通过演说、写文章都一样——同国际观点和社会主义是否相容，或者，这种支持就等于执行民族主义自由派的工人政策。考茨基真像一个无耻透顶的"律师"，一个坏到极点的诡辩家，他把这个问题偷换成了另一个问题，即某些"单个的人"违背受了自己的政府欺骗的大多数民众的意志而去"阻止军队开赴"边境是否明智。争论不在这里，实质不在这里。必须设法使受骗的小资产者改变看法，必须向他们揭穿这种欺骗；有时还必须同他们一起去作战，善于等待参战的经验来改变他们的脑筋。问题不在这里，而在于社会党人可不可以同资产阶级一道欺骗"人民"。考茨基和亚·波特列索夫是在为这种欺骗辩护。因为他们很清楚，1914 年爆发的帝国主义大战，应当归罪于所有"大"国的政府和资产阶级的"阴险"，——英国、法国、德国、俄国全都一样。这一点，1912 年的巴塞尔决议等早就说得很明白了。

至于"人民"，即广大的小资产者和一部分受骗的工人，他们会相信资产阶级捏造的所谓敌人"阴险"这种谎言，这是毫无疑问的。社会民主党人的任务则是揭穿这种欺骗，而不是加以支持。各国所有的社会民主党人在战争爆发前老早就说过，而且在巴塞尔代表大会上曾经重申：**每个**大国实际上都在竭力巩固和扩大对殖民地的统治，压迫弱小民族，等等。这场战争的目的是瓜分殖民地和掠夺别国领土；现在是强盗们在火并，所以，说什么在这时候某一个强盗遭到失败，如何如何，从而把强盗的利益说成是人民或祖国的利益，这就是无耻的资产阶级谎言。我们应当对遭受战争的苦难的"人民"讲**真话**：不推翻所有交战国的政府和资产阶级，要摆脱战争灾难是不可能的。**用**扼杀加利西亚或匈牙利的**办法**来保卫比利时，这不是什么"保卫祖国"。

可是，马克思本人尽管对战争，例如对1854—1876年间的战争加以谴责，但当战争违背社会党人的意愿而终于成为事实的时候，他却站到某一个交战大国一边。这就是考茨基的小册子的主要内容和主要"王牌"。这也是亚·波特列索夫先生的立场，他认为"国际观点"就是：不要根据民族的利益，而要根据**全世界**无产阶级的利益来判断**谁**在战争中**获胜**最为有利或者说害处最小。进行战争的是各国政府和资产阶级；无产阶级应当判断**哪一国**政府获胜对全世界的工人危险最小。

这些议论的诡辩性就在于：它们是用以往的、早已过去的历史时代来偷换今天的历史时代。考茨基所提到的以往的战争，有下面这些基本特点：（1）以往的战争解决的是资产阶级民主变革和推翻专制制度或异族压迫的问题；（2）当时社会主义革命的客观条件尚未成熟，没有哪一个社会党人能够像斯图加特决议（1907年）和巴塞尔决议（1912年）那样，**在战前**谈到利用战争"来加速资本主义的崩溃"；（3）当时在交战**双方**的国家里，都没有比较强大的、经过多次战斗考验的群众性的社会党。

简单地说，在所有交战的国家里都还谈不上无产阶级反政府反资产阶级的总运动的时候，马克思和马克思主义者只能判断**哪一国**的资产阶级获胜对全世界的无产阶级害处较小（或者益处较大），这有什么值得奇怪的呢？

所有交战国的社会党人，在战争爆发以前很久，就在世界历史上第一次聚集在一起发表声明：我们要利用战争"来加速资本主义的崩溃"（1907年斯图加特决议）。这就是说，他们认为这种"加速崩溃"的客观条件，即社会主义革命的客观条件已经成熟。这就是说，他们是在用革命来威胁各国政府。在巴塞尔代表大会（1912年）上，这一点说得更清楚，还举了公社和1905年10月至12月事件即国内战争的例子。

而当战争爆发之后，过去用革命来威胁各国政府、号召无产阶级起来革命的社会党人，却搬出半个世纪以前的东西来为他们支持政府和资产阶级的行为辩解！马克思主义者哥尔特在《帝国主义、世界大战和社会民主党》这本荷兰文的小册子里（第84页），非常恰当地把考茨基式的"激进派"比做1848年的自由派，说他们口头上是勇士，行动上是叛徒。

几十年来，在欧洲社会主义运动内部，革命的社会民主党人和机会主义分子之间的矛盾一直在发展。危机成熟了。战争割开了脓疮。大多数正式的党都被民族主义自由派工人政客所征服，这些政客捍卫的是"自己的"、"祖国的"资产阶级的特权，是**资产阶级**占有殖民地、压迫弱小民族等等的特权。无论是考茨基，还是亚·波特列索夫，都不是在无产阶级面前揭露民族主义自由派的工人政策，而是加以掩饰、维护和辩解。社会沙文主义诡辩的实质就在这里。

亚·波特列索夫先生不小心脱口说出了这样一句话："斯图加特决议的提法在原则上是站不住脚的"（第79页）。好啊！对无产阶级来说，公开的叛徒比暗藏的叛徒好。亚·波特列索夫先生，请继续说下去吧，更坦率地否定斯图加特和巴塞尔的决议吧！

外交家考茨基比亚·波特列索夫先生精明：他不否定斯图加特和巴塞尔的决议，他只是……"只是"！……在引证巴塞尔宣言时**略去了**其中一切谈到革命的地方!! 波特列索夫和考茨基大概都受了书报检查机关的阻挠吧。只要书报检查机关允许，亚·波特列索夫和考茨基大概也会同意谈论革命的……

我们认为，亚·波特列索夫、考茨基或者他们的拥护者，很可能会建议抛弃斯图加特和巴塞尔的决议，而代之以类似下面这样的话："如果不管我们怎样努力，战争还是爆发的话，那我们就应当从全世界无产阶级的观点来判断怎样对他们更有利：是让英国还是让德国掠夺印度，是让法国人还是让德国人灌醉和抢劫非洲黑人，是让德奥还是让英法俄压迫土耳其，是让德国人扼杀比利时还是让俄国人扼杀加利西亚，是让日本人还是让美国人瓜分中国"，如此等等。

选自《列宁全集》第 26 卷，人民出版社，2017，第 195—200 页。

**注释：**

[1] 卡·考茨基的《国际观点和战争》一文发表在 1914 年 11 月 27 日《新时代》杂志第 8 期上，1915 年由《前进报》编辑部出版了单行本。该文的俄译文发表在 1915 年《我们的事业》杂志的第 1 期和第 2 期上。列宁在本文中批评的亚·尼·波特列索夫的《在两个时代的交界点》一文刊登于该杂志第 1 期。

# 第二国际的破产（节选）

## （1915 年 5—6 月）

# 六

当上面这段文章写完时，5 月 28 日出版的一期《新时代》杂志（第 9 期）上发表了考茨基关于"社会民主党破产"的总结性的议论（他的一篇驳斥库诺的文章的第 7 节）。考茨基把他维护社会沙文主义的一切旧的诡辩和一个新的诡辩加在一起，并且自己作了如下的总结：

> 有一种非常荒谬的说法：似乎这场战争是纯粹帝国主义性质的，似乎在战争到来时只能作如下的选择：要么是帝国主义，要么是社会主义，似乎德国的、法国的、往往还有英国的社会党和无产阶级群众，对事情不加思考，只听到一小撮议员的一声号召，就投入了帝国主义的怀抱，背叛了社会主义，从而导致史无前例的破产。

这是一个新的诡辩和对工人的新的欺骗：这场战争——请注意！——不是"纯粹"帝国主义性质的！

在当前这场战争的性质和意义的问题上，考茨基的动摇简直令人吃惊，这位党的领袖总是小心翼翼地躲开巴塞尔和开姆尼茨代表大会的明确的正式的声明，就像小偷躲开他刚刚偷过东西的地方一样。考茨基在 1915 年 2 月写的《民族国家……》这本小册子中曾经断言，这场战争"归根到底还是帝国主义性质的"（第 64 页）。现在却作了新的保留：不是**纯粹**帝国主义性质的。请问，还有别的什么性质呢？

原来还带有民族的性质！考茨基是借助下面这种"普列汉诺夫式的"所谓辩证法得出这种令人惊奇的结论的：

> "当前这场战争不仅是帝国主义的产物，而且也是俄国革命的产物。"他，考茨基，早在 1904 年就预见到，俄国革命将使泛斯拉夫主义以新的形式复活起来，"民主的俄国必然会强烈地激起奥地利和土耳其统治下的斯拉夫人争取民族独立的愿望……那时波兰问题也将尖锐起来……那时奥地利就会崩溃，因为目前把彼此趋向分离的分子束缚起来的那个铁箍将随着沙皇制度的崩溃而断裂"（上面的最后一句话是现在考茨基自己从他 1904 年的文章中引来的）……"俄国革命……给了东方的民族要求以新的强有力的推动，使得在欧洲问题之外又加上了亚洲问题。**所有**这些问题**在当前**这场战争中都正在强烈地表现出来，对于**人民群众**（**也包括无产阶级**群众）的情绪具有决定性的意义，而在统治阶级中占优势的则是帝国主义的倾向。（第 273 页；黑体是我们用的）

这是糟蹋马克思主义的又一个范例！**因为**"民主的俄国"会激起东欧各民族追求自由的愿望（这是无可争辩的），**所以**当前这场战争，虽然不会使任何一个民族得到解放，而不管谁胜谁负都会使许多民族遭到奴役，那也不是"纯粹"帝国主义性质的战争。**因为**"沙皇制度的崩溃"将意味着奥地利由于其民族结构的不民主而瓦解，**所以**暂时巩固起来的反革命的沙皇政府掠夺奥地利，使奥地利各民族遭受**更加惨重**的压迫，就使得"当前这场战争"不具有纯粹帝国主义的性质，而在某种程度上具有民族的性质。**因为**"统治阶级"利用所谓这场帝国主义战争具有民族目的的童话来欺骗愚昧的小市民和闭塞麻木的农民，**所以**一个学者，"马克思主义"的权威，第二国际的代表，就有权用下述"提法"使群众容忍这种欺骗行为：统治阶级有帝国主义的倾向，而"人民"和无产阶级群众有"民族的"要求。

辩证法变成了最卑鄙最下贱的诡辩术！

当前这场战争的民族因素**仅仅**表现在塞尔维亚反对奥地利的战争（这一点在我们党的伯尔尼会议的决议中已经指出过①）。只有在塞尔维亚和在塞尔维亚人那里，我们才看到进行多年的、有几百万"人民群众"参加的民族解放运动，而当前塞尔维亚反对奥地利的战争就是这一运动的"继续"。假定这个战争是孤立的，就是说它同全欧的战争，同英、俄等国的自私的掠夺的目的没有关系，那么一切社会党人**都应当**希望塞尔维亚的**资产阶级**获胜——这就是从当前的战争的民族因素中得出的唯一正确的、绝对必需的结论。可是，现在为奥地利的资产者、教权派和将军们效劳的诡辩家考茨基，恰恰没有作出这个结论！

其次，马克思的辩证法，作为关于发展的科学方法的最高成就，恰恰不容许对事物作孤立的即片面的和歪曲的考察。塞奥战争这一民族因素对这场欧洲大战是没有而且也不可能有**任何**重要意义的。如果德国获胜，它就会灭亡比利时，就会再灭亡波兰的一部分，可能还有法国的一部分等等。如果俄国获胜，它就会灭亡加里西亚，就会再灭亡波兰的一部分以及亚美尼亚等等。如果"不分胜负"，那么以往的民族压迫就会继续存在。对于塞尔维亚来说，即对于当前这场战争的百分之一左右的参加者来说，战争是资产阶级解放运动的"政治的继续"。对于百分之九十九的参加者来说，战争是帝国主义资产阶级，即只能腐蚀各民族而不能解放各民族的已经衰朽的资产阶级的政治的继续。三协约国"解放"塞尔维亚，其实是在把塞尔维亚的自由**出卖给**意大利帝国主义，以换取它对掠夺奥地利的帮助。

---

① 见《列宁全集》2017 年版第 26 卷第 164 页。——编者注

这一切是众所周知的，而考茨基为了替机会主义者辩护，竟无耻地加以歪曲了。无论在自然界或社会中，"纯粹的"现象是**没有**而且也不可能有的，——马克思的辩证法就是这样教导我们的，它向我们指出，纯粹这个概念本身就是人的认识的一种狭隘性、片面性，表明人的认识不能彻底把握事物的全部复杂性。世界上没有而且也不可能有"纯粹的"资本主义，而总是有封建主义的、小市民的或其他的东西**掺杂其间**。因此，当帝国主义者分明用"民族的"词句来掩盖赤裸裸的掠夺的目的，肆无忌惮地欺骗"人民群众"的时候，有人却说战争不是"纯粹"帝国主义性质的，这种人不是愚蠢透顶的学究，就是吹毛求疵者和骗子。问题的整个实质就在于考茨基**在帮助**帝国主义者欺骗人民，他说，"对于人民群众（也包括无产阶级群众）具有决定性的意义的"是民族问题，**而**对于统治阶级来说则是"帝国主义的倾向"（第273页），同时他还援引了"极为纷繁复杂的现实"（第274页）这个似乎是辩证的论据来"充实"这一论点。毫无疑问，现实是极为纷繁复杂的，这是颠扑不破的真理！但同样毫无疑问的是，在这种极为纷繁复杂的现实中有两股主要的和根本的潮流：这场战争的客观内容是帝国主义的"政治的继续"，即"列强"的已经衰朽的资产阶级（和他们的政府）掠夺其他民族的"政治的继续"，而"主观的"占主导地位的思想则是为了愚弄群众而散布的"民族的"词句。

考茨基一再重复一种陈腐的诡辩，说什么"左派"把事情描绘成"在战争到来时"只能作如下的选择：要么是帝国主义，要么是社会主义。这种诡辩我们已经分析过了。这是无耻的故意曲解，因为考茨基很清楚，左派所提出的是**另外的**选择：要么是党参加帝国主义的掠夺和欺骗，要么是宣传和准备革命行动。而且考茨基还知道，**只是**书报检查机关保护了他，才使德国的"左派"无法揭穿他那些为了逢迎休特古姆之流而散布的无稽之谈。

至于说到"无产阶级群众"和"一小撮议员"的关系问题，考茨基在这里提出一个陈腐不堪的反驳意见：

我们不谈德国人，免得为自己辩护；可是谁会郑重地断言，像瓦扬和盖得、海德门和普列汉诺夫这样的人，在一天之内就成了帝国主义者而背叛了社会主义呢？我们先不谈议员和"领导机关"……〈这里考茨基显然是暗指罗莎·卢森堡和弗·梅林的《国际》杂志，因为这家杂志对领导机关的政策，即对德国社会民主党的正式的领导，如它的中央——"执行委员会"，它的国会党团等等的政策表现出理所当然的轻蔑〉……可是谁又敢断言，只要一小撮议员下一道命令，就能使400万觉悟的德国无产者在24小时之内一起向右转，去反对他们从前所追求的目标呢？如果确实如此，那么这件事所证明的当然就不仅是我们党的可怕的破产，而且也是**群众**〈黑体是考茨基用的〉的可怕的破产了。假如群众真是这样一群无主见的傻瓜，那我们就可以让人家来埋葬我们了。"（见274页）

政治上和学术上的最高权威卡尔·考茨基，已经用自己的行为和一整套可怜的遁词把自己埋葬了。谁不了解这一点甚至感觉不到这一点，谁在社会主义方面就毫无希望；正因为这样，梅林和罗莎·卢森堡以及他们的拥护者在《国际》杂志上把考茨基之流当作最卑鄙的人物来对待，是做得唯一正确的。

选自《列宁全集》第26卷，人民出版社，2017，第250—254页。

# 为反动派效劳和玩弄民主的把戏是
# 怎样结合起来的？

(1915 年 6 月 11 日〔24 日〕以后)

立宪民主党人的文集《俄国对战争的期望》（1915 年彼得格勒版），对于了解自由派知识界的政治观点是一本很有用的书。我国的立宪民主党人和自由派变成了什么样的沙文主义者，这一点已经是众所周知的了；我们的杂志[1]的这一期中有一篇文章专谈这个问题。但是，在上述文集中汇集了各种各样的立宪民主党人论述战争的各种各样问题的文章，这使我们不仅能特别清楚地看出立宪民主党，而且看出整个自由派知识界在当前的帝国主义政治中所起的作用。

这个知识界和这个政党所起的特殊作用，就是用各种各样民主的词句、保证、诡辩、遁词来掩盖反动势力和帝国主义。文集的主要文章《俄国获得的领土》出自立宪民主党领袖米留可夫先生的手笔。在这里，他不能不谈到俄国进行目前这场战争的**实际目的**：力图占领加利西亚，从奥地利和德国手中夺取一部分波兰领土，从土耳其手中夺取君士坦丁堡、以及两个海峡和亚美尼亚。为了用民主的词句进行掩盖，米留可夫先生大谈什么"斯拉夫民族"、"小民族的"利益和德国"对欧洲和平的威胁"。可是，米留可夫先生却完全是附带地、几乎是无意地在一句话里道出了真情：

"将加利西亚东部重新归并俄国，这是得到加利西亚某一政党即所谓'亲莫斯科派'支持的俄国的一个政党早就在追求的目标。"（第 49 页）正

421

是这样！这里所说的"俄国的一个政党"，是一个最反动的党，是普利什凯维奇之流及其一伙，是由沙皇政府领导的农奴主的党。这个"党"——沙皇政府、普利什凯维奇之流等——早就在加利西亚、亚美尼亚等等地方进行阴谋活动，不惜拿出几百万来收买"亲莫斯科派"，不惜用任何犯罪手段来实现"重新归并"这一崇高的目的。战争就是**这个**党的"政治的继续"。这次战争带来的一个好处就是，它打破了一切成规旧套，撕掉了层层面纱，让人民亲眼看到了全部真相：保持沙皇君主制度，就意味着必须牺牲几百万人的生命（和几十亿国民的钱财）以奴役其他民族。事实上，立宪民主党所支持的，所为之效劳的，正是这种政策。

这个真相对自由派知识分子来说是不愉快的，他们自认为是人道的、爱好自由的、民主的，对于有人"诽谤"他们是普利什凯维奇之流的奴仆极为恼火。但战争表明，这种"诽谤"道出了最明显不过的事实。

再来看一看文集中的其他文章：

"……只有在国际政治建立在正义的原则之上的时候，我们的未来才会是幸福和光明的。相信生活，相信生活的价值，同时就是和平的胜利"（第215页）……"俄国妇女和一切有头脑的人"……都期望"在缔结和约时，各交战国……同时能签订一项条约，根据这项条约，今后各国之间的一切误会〈真是一个最恰当不过的字眼！似乎所发生的一切只不过是各国之间的"误会"而已！〉应当通过仲裁获得解决……"（第216页）

"俄国妇女——人民的代表——将把基督教的爱和各民族兄弟友爱的思想传到人民中间"（第216页）……（书报检查机关在这里删去了一行半，想必都是些最最"人道的"字眼，诸如自由、平等、博爱之类……）……"对于那些明白根本用不着怀疑本文作者有民族主义的人，我们也就无须向他们解释，本文所发挥的思想同宣扬任何民族特殊性毫不相干"（第83页）……"只是现在我们才意识到，才切实地感受到，在当代战争中，我们受到的威胁不是丧失殖民地（虽然

它们很宝贵），也不是在解放其他民族方面受挫，而是国家本身的崩溃……"（第 147 页）

请大家阅读并且仔细想一下，**这两方面是怎样结合起来的！**请大家研究一下，这个所谓的民主党是怎样搞政治的，也就是说，它是怎样引导**群众**的！

要为普利什凯维奇之流的阶级效劳，就必须在决定性的历史关头（在用战争实现这个阶级的目的的关头）帮助它，或者"**不抵制战争**"。而同时还必须用正义、和平、民族解放、国际冲突的仲裁、各民族的兄弟友爱、自由、改革、民主、普选权等等好听的字眼来**安慰**"人民"、"群众"、"民主派"。而且在这样做的时候还必须捶胸顿足，对天发誓说："根本用不着怀疑我们有民族主义"，"我们的"思想同"宣扬任何民族特殊性毫不相干"，我们只是在防止"国家的瓦解"！

"这两方面"就是这样"结合起来的"。

自由派知识分子就是这样搞政治的……

自由派工人政治家实质上也完全是这样行事的，不过他们所处的环境不同，所用的方式也稍有改变而已。我们这里所说的自由派工人政治家，首先是《我们的曙光》杂志，它教导人民和无产阶级"不抵制战争"；再就是《我们的事业》杂志，它赞同波特列索夫之流的先生们的观点（第 2 期第 19 页）和普列汉诺夫的观点（第 2 期第 103 页），毫无保留地转载了阿克雪里罗得的具有同样观点的文章（第 2 期第 107—110 页）；再就是谢姆柯夫斯基，他在《我们的言论报》和《组织委员会通报》上撰文反对"瓦解"；最后是全力反对"分裂"（同《我们的事业》集团分裂）的齐赫泽党团、组织委员会及崩得。而且他们全都拥护各国工人的兄弟友爱，拥护和平，拥护国际主义，拥护随便什么东西，他们可以在随便什么文件上签名，可以口口声声地表示摒弃"民族主义"，——只是有一个"小小的"条件：不破坏同（整个这伙人中间）唯一实在的俄国政治集团的"统一"，这个集团一直在报刊上向工人灌输机会主义、民族主义，教导他们不抵制战争。

"这两方面"就是这样"结合起来的"。

选自《列宁全集》第 26 卷，人民出版
社，2017，第 285—288 页。

**注释：**

[1] 看来是指当时正准备付印的《共产党人》杂志。

《共产党人》杂志（《Коммунист》）是列宁创办的，由《社会民主党人报》编辑部和资助杂志的格·列·皮达可夫、叶·波·博什共同出版，尼·伊·布哈林参加了杂志编辑部。杂志于 1915 年 9 月在日内瓦出了一期合刊，刊载了列宁的三篇文章：《第二国际的破产》、《一位法裔社会党人诚实的呼声》和《意大利的帝国主义和社会主义》。列宁曾打算把《共产党人》杂志办成左派社会民主党人的国际机关刊物，为此力求吸收波兰右派社会民主党人（卡·拉狄克）和荷兰右派社会民主党人参加杂志的工作。可是在杂志筹办期间，《社会民主党人报》编辑部和布哈林、皮达可夫、博什之间很快就发生了严重的意见分歧。杂志创刊以后，分歧愈益加剧。这些分歧涉及对民主要求的作用和整个最低纲领的作用的估计。而拉狄克也与布哈林等结成联盟反对《社会民主党人报》编辑部。根据列宁的提议，《共产党人》杂志只出这一期就停刊了（参看《列宁全集》2017 年版第 27 卷第 307—309 页）。《社会民主党人报》编辑部随后出版了《〈社会民主党人报〉文集》来代替这个刊物。

关于《共产党人》杂志的创办以及处理同布哈林、皮达可夫、博什之间的分歧问题，可参看列宁 1916 年 3 月（11 日以后）、1916 年 5 月（6—13 日之间）给亚·加·施略普尼柯夫的信，1916 年 5 月 21 日给格·叶·季诺维也夫的信，1916 年 6 月（17 日以前）给施略普尼柯夫的信和 1916 年 11 月 30 日给伊·费·阿尔曼德的信（《列宁全集》2017 年版第 47 卷第 203、236、245、258、344 号文献）。

# 德国机会主义论战争的一本主要著作（节选）

## （1915 年 6—7 月）

　　爱德华·大卫的《世界大战中的社会民主党》一书（1915 年柏林前进报出版社版）集中了有关正式的德国社会民主党在目前这场战争中所采取的策略的大量事实和论据。对于一向留心机会主义的乃至整个德国社会民主党的出版物的人来说，这本书里没有任何新的东西。尽管这样，它仍然是一本很有用处的书，而不仅仅是一部参考资料。谁想认真地思考一下德国社会民主党的世界历史性的破产，谁想真正理解一个先进的社会民主党怎样和为什么会"突然"（似乎突然）变成了德国资产阶级和容克的奴仆的党，谁想探究一下为这种破产辩护或掩盖这种破产的惯用的那些诡辩的意义，谁就会发觉爱·大卫的这本枯燥的书并不枯燥。实质上，大卫的观点相当严整，而且具有一个自由派工人政治家的明确信念，这一点，例如虚伪的"看风使舵的"考茨基就一点也没有。

　　……

　　大卫转引了我们党的中央委员会宣言的很大一部分，包括其主要的口号——变帝国主义战争为国内战争，但是，他这样做只是为了宣告这种"俄国"策略是"狂妄"的，是"粗暴地歪曲了国际的决议"的（第169页和第172页）。他说，要知道，这就是爱尔威主义（第176页）。爱尔威的书中"包含有列宁、卢森堡、拉狄克、潘涅库克等人的全部理论"。最可爱的大卫，请问，巴塞尔决议和《共产党宣言》的革命论点中就没有

"爱尔威主义"吗？大卫很不喜欢提起《共产党宣言》，正像谢姆柯夫斯基不喜欢提起我们的杂志的名称，以免使人联想到《共产党宣言》一样。在大卫看来，《共产党宣言》提出的"工人没有祖国"这一原理"早已被推翻了"（第 176 页及其他各页）。关于民族问题，大卫在整个最后一章中搬出了极端庸俗的资产阶级的胡言乱语，讲起什么"生物学上的变异规律"（!!），等等。

大卫断言，国际的东西并不是反民族的，我们赞成民族自决权，我们反对对弱小民族使用暴力，但是他不了解（或者，说得更正确一点，他假装不了解），为参加这场帝国主义战争的行为辩护，在这场战争中提出"防止失败"的口号的人，恰恰不仅是反社会主义的政治家，而且是反民族的政治家。因为当前的这场帝国主义战争是大国的（＝压迫其他许多民族的）民族**为了**压迫更多的民族而进行的战争。在帝国主义战争中，谁如果不做社会主义的政治家，也就是说，谁如果不承认被压迫民族有获得解放的权利，有同压迫它们的大国分离的权利，谁就不能做一个"民族的"政治家。在帝国主义时代，如果大国民族的无产阶级不采取超出和打破民族界限的、推翻国际资产阶级的革命行动，世界上**大多数**民族就不会有**生路**。不推翻国际资产阶级，大国民族就会继续存在，**也就是说**，全世界十分之九的民族就会继续受压迫。而推翻国际资产阶级，就会大大地加速一切民族**壁垒**的消除，同时不会因此减少反而会百万倍地增加人类的"变异"，使人类的精神生活以及思想上的流派、倾向和差异更加丰富多彩。

选自《列宁全集》第 26 卷，人民出版社，2017，第 289—293 页。

# 左派社会民主党人为国际社会党第一次
# 代表会议准备的决议草案[1]

## （1915 年 7 月 9 日〔22 日〕）

当前这场战争产生于帝国主义。资本主义已经发展到这个最高阶段。社会的生产力和资本的规模业已超出单个民族国家的狭隘范围。这一切促使大国竭力去奴役其他民族，去抢夺殖民地作为原料来源和资本输出场所。整个世界正在融合为一个单一的经济机体，整个世界已被少数大国瓜分完毕。社会主义的客观条件已经完全成熟，而当前这场战争就是资本家为维护他们的特权和垄断以延缓资本主义的崩溃而进行的战争。

社会党人力求使劳动从资本的压迫下解放出来，捍卫全世界工人的兄弟般的团结，因而反对一切民族压迫和民族不平等。在资产阶级还是一个进步阶级的时代，在提上历史日程的还是推翻封建制度、专制制度和异族压迫的时代，始终是最彻底最坚决的民主派的社会党人，曾经在这个意义上而且仅仅在这个意义上赞成"保卫祖国"。即使是现在，如果在东欧或殖民地爆发了被压迫民族反对它们的压迫者即大国的战争，社会党人也会完全同情被压迫民族的。

但是目前这场战争却产生于完全不同的历史时代，现在资产阶级已经由进步阶级变为反动阶级了。从参战的大国集团双方来说，这场战争都是奴隶主之间为保持和巩固奴隶制而进行的战争，是为了重新瓜分殖民地，取得压迫其他民族的"权利"，维护大国资本的特权和垄断，用分裂和反

427

动地镇压各国工人的手段来使雇佣奴隶制永世长存。所以，所谓的"保卫祖国"，从参战国集团双方来说，都是资产阶级对人民的欺骗。不管是某一个集团取得胜利，还是恢复原状，都不能保障世界大多数民族不受少数大国的帝国主义压迫，也不能保障工人阶级享有哪怕是现有的这些微小的文明成果。资本主义比较和平地发展的时代已经一去不复返了。帝国主义给工人阶级带来的是空前尖锐的阶级斗争、贫困、失业、物价高涨、托拉斯的压迫、军国主义，带来的是政治上的反动，在一切国家中，甚至包括最自由的国家在内，反动势力都在抬头。

"保卫祖国"这个口号在当前这场战争中的真正含义，就是保卫"自己"国家的资产阶级压迫其他民族的"权利"，就是实行民族主义自由派的工人政策，就是一小部分特权工人同"自己"国家的资产阶级联合起来反对无产者和被剥削者群众。执行这种政策的社会党人，实际上就是沙文主义者，社会沙文主义者。投票赞成军事拨款、参加内阁、主张国内和平等政策，是对社会主义的背叛。在过去"和平"时代的条件下发展起来的机会主义，现在已经成熟到和社会主义完全决裂的程度，成了无产阶级解放运动的直接的敌人。工人阶级如果不对公开的机会主义和社会沙文主义（法国、德国、奥国社会民主党的多数派，英国的海德门、费边派和工联主义者，俄国的鲁巴诺维奇、普列汉诺夫和《我们的曙光》杂志，等等），同时也对向沙文主义者交出马克思主义阵地的所谓"中派"进行最坚决的斗争，就不能达到自己的具有世界历史意义的目标。

1912年全世界社会党人一致通过的巴塞尔宣言，已经准确地预见到了大国之间要发生的就是现在已经到来的这样一场战争，巴塞尔宣言毫不含糊地指出了这场战争的反动的帝国主义性质，声明它认为一国的工人向另一国的工人开枪是犯罪行为，并宣告，正是这场战争将促进**无产阶级革命**的到来。果然，战争在造成革命形势，在激起群众的革命情绪和革命风潮，在促使无产阶级优秀分子普遍认识到机会主义必然灭亡，并使反机会主义的斗争日益尖锐。劳动群众中日益增长的和平愿望，表明他们已经失望，表明资产阶级的保卫祖国的谎言已经破产，表明群众已经开始形成清醒的革命意识。社会党人要利用这种情绪进行革命鼓动，在革命鼓动中要毫不犹豫地主张"自己的"祖国失败，同时也不能欺骗人民，使他们产生一种幻想，以为不用革命来推翻现政府，也能迅速实现消除民族压迫的比较持久的民主的和平，实现裁军，等等。只有无产阶级的社会革命，才能开辟通向和平和民族自由的道路。

这场帝国主义战争正在开创一个社会革命的纪元。现时代的一切客观条件正在把无产阶级的群众革命斗争提到日程上来。社会党人的责任就是，在不放弃工人阶级的任何一种合法的斗争手段的同时，使它们服从于这项最迫切最重要的任务，提高工人的革命觉悟，使他们在国际的革命斗争中团结起来，支持和推进一切革命行动，力求把各国之间的这场帝国主义战争变为被压迫阶级反对他们的压迫者的国内战争，变为剥夺资本家阶级的战争，变为无产阶级夺取政权、实现社会主义的战争。

选自《列宁全集》第 26 卷，人民出版社，2017，第 294—296 页。

**注释：**

[1] 这个决议草案是在国际社会党第一次代表会议即齐美尔瓦尔德会议筹备期间写的。国际社会党第一次代表会议是根据意大利社会党人和瑞士社会民主党人的倡议于 1915 年夏开始筹备的。持中派立场的瑞士社会民主党领导人罗·格里姆主持筹备工作，7 月 11 日在伯尔尼召开了预备会议。参加预备会议的除了格里姆（作为《伯尔尼哨兵报》的代表）外，还有意大利社会党、波兰王国和立陶宛社会民主党、组织委员会（孟什维克）和俄国社会民主工党中央委员会的代表。这次预备会议未能就哪些人参加代表会议的问题达成一致意见，而仅仅决定于 8 月 7 日召开第二次预备会议的决定。但是第二次预备会议未能举行。

列宁预计到考茨基分子和不彻底的国际主义者将占代表会议的多数，但他认为布尔什维克党必须参加这次会议。他提出，应当先团结各国的左派社会党人，使他们能在代表会议上提出共同的决议（或宣言）草案，清楚地、充分地、准确地申明自己的原则。为此，他同各国左派社会党人就制定这个共同宣言问题多次通信，反复解释布尔什维克的立场，并于 7 月写了这里收载的决议草案。草案写好后曾寄给各国左派征求意见。经过反复协商，最后制定了一份大家都认可的草案，提交给了代表会议。《列宁全集》2017 年版第 26 卷《附录》中有决议草案的一个草稿。

# 和平问题

## （1915 年 7—8 月）

　　和平问题这一社会党人目前亟待解决的纲领问题，以及与此相关的和平条件问题，是大家都关心的事情。我们在《伯尔尼哨兵报》上看到，该报试图不从通常的小资产阶级民族主义的观点而从真正的无产阶级国际主义的观点提出这一问题，对此我们不能不向该报表示感谢。该报第 73 号登载的编辑部评论（《渴望和平》）非常精辟，它指出，德国社会民主党人既然希望和平，就应当同容克政府的政策决裂。该报第 73 号和第 75 号登载的安·潘·同志的意见也很精辟，他抨击了"软弱无能的饶舌者的狂妄自大"（Wichtigtuerei machtloser Schönredner），指出他们是妄图以小资产阶级观点解决和平问题。

　　我们看看，社会党人应当怎样提出这个问题。

　　提出和平口号可以同一定的和平条件联系起来，也可以不带任何条件，即不是争取特定的和平，而是争取一般的和平（Frieden ohne weiters）。显然，在后一种情况下，我们看到的就不仅不是社会主义的口号，甚至是毫无内容、毫无意义的口号。一般的和平无疑谁都赞成，甚至基钦纳、霞飞、兴登堡和血腥的尼古拉也不例外，因为他们**每个人**都希望结束战争。但是问题恰恰在于他们每个人都提出对"自己的"民族有利的帝国主义的（即掠夺性的、压迫其他民族的）和平条件。我们提出口号的目的，是要通过宣传鼓动向群众说明社会主义同资本主义（帝国主义）有着不可调和的区别，而不是要借助一个可以把截然不同的东西"统一起来"的用语去**调和**两个敌对的阶级和两种敌对的政策。

其次，是否可能使各国社会党人就一定的和平**条件**取得一致意见呢？如果可能，那么在这些条件中，毫无疑问必须包括承认一切民族都享有自决权，包括放弃任何"兼并"即对自决权的侵犯。但是如果认为只有**某些**民族才配享有这种权利，那么这就是维护某些民族的**特权**，也就是说，要做一个民族主义者和帝国主义者，而不是社会主义者。而如果认为**一切**民族都有这种权利，那就不能单单提出，譬如说，比利时一个国家，而必须包括欧洲的**一切**被压迫民族（英国的爱尔兰人、尼斯的意大利人、德国的丹麦人等、俄国的百分之五十七的居民，等等）**和欧洲以外的一切**被压迫民族，即一切殖民地。安·潘·同志提到这些民族，是很恰当的。英、法、德三国总共约有15000万人口，而他们却压迫着4亿以上的殖民地人民！！这场帝国主义战争即为了资本家的利益而进行的战争的实质，不仅在于战争的目的是要**压迫**更多的民族，要瓜分殖民地，而且在于进行战争的主要是那些压迫许多其他民族、压迫地球上**大部分**居民的先进民族。

为侵占比利时的行为辩护或者容忍这种行为的德国社会民主党人，实际上已经不是社会民主主义者，而是帝国主义者和民族主义者了，因为他们维护德国资产阶级（在某种程度上也包括德国工人）压迫比利时人、阿尔萨斯人、丹麦人、波兰人、非洲黑人等的"权利"。他们不是社会主义者，而是帮助德国资产阶级掠夺其他民族的**奴仆**。**仅仅**要求解放比利时和赔偿比利时损失的比利时社会党人，实际上也是在维护比利时资产阶级的要求，即希望照旧掠夺刚果的1500万居民，照旧在其他国家享有租借权和特权。比利时资产者的国外投资约有30亿法郎；用种种欺诈手段去保护从这几十亿法郎获得的利润，**实际上**这就是所谓"英勇的比利时"的"民族利益"之所在。俄、英、法、日等国也是如此，而且更厉害得多。

由此可见，民族自由的要求如果不是用来掩盖**某些个别**国家的帝国主义和民族主义的一句假话，那么这个要求就应当普遍适用于**一切**民族和**一切殖民地**。而**没有一切**先进国家的一系列革命，这个要求显然是毫无内容的。不仅如此，没有**社会主义**革命的胜利，这个要求也是不可能实现的。

这是不是说，社会党人可以对愈来愈多的群众的和平要求漠不关心呢？绝对不是。工人的有觉悟的先锋队的口号是一回事，群众的自发的要求是另一回事。资本家阶级曾经高喊这场战争具有"解放的"目的，高喊"保卫祖国"，对老百姓还进行了其他种种欺骗，而群众渴望和平的事实就是表明群众对资产阶级的这类谎言开始**感到失望**的一个极其重要的**征兆**。社会党人应当十分重视这一征兆。应当竭尽全力地去**利用**群众的这种和平愿望。但是**怎样**利用呢？认可和重复和平**口号**，那会成为对"软弱无能的〈往往更坏：**伪善**的〉饶舌者的狂妄自大"的鼓励。这样做会成为对人民的**欺骗**，使他们产生一种错觉，认为不进行一系列革命来"教训"（或者确切些说：消灭）现在的政府和现在的统治阶级，这些政府和阶级也**能够**实现多少会使民主派和工人阶级满意的和平。没有什么比这种欺骗更有害的了。没有什么比这更能蒙蔽工人的眼睛，更能向工人灌输资本主义和社会主义之间**没有深刻的**矛盾这一骗人的思想了，没有什么比这更能**粉饰**资本主义奴隶制了。不，我们必须利用群众渴望和平的愿望来向他们说明：没有一系列的革命，他们所期待于和平的那些好处都是不可能得到的。

结束战争，实现各国人民之间的和平，停止掠夺和暴力——这确实是我们的理想；但是只有资产阶级诡辩家才会用这种理想来迷惑群众，把它同立即直接鼓吹革命行动割裂开来。进行这种鼓动的基础已经具备；为了进行这种鼓动，需要的只是同资产阶级的盟友即直接地（直到采用告密手段）和间接地阻碍革命工作的机会主义者断然决裂。

提出民族自决的口号同样必须**同**资本主义发展的帝国主义时代**联系起来**。我们不赞成保持原状，也不赞同以为可以**排除**大规模战争的小市民空想。我们主张进行反对帝国主义即资本主义的革命斗争。[①] 帝国主义就是那些压迫许多其他民族的民族力图扩大和加强这种压迫，重新瓜分殖

---

① 手稿上删去了如下一句话："但是，不用**社会主义**的观点提出民族自决问题，就不可能进行这方面的宣传，进行真正革命的宣传。"—— 俄文版编者注

地。所以，在我们这个时代，民族自决问题的**关键**就在于**各压迫**民族的社会党人的行动如何。压迫民族（英、法、德、日、俄、美等国）的任何一个社会党人如果不承认和不坚持被压迫民族有自决权（即自由分离权），他实际上就不是社会主义者，而是沙文主义者。

只有具备这种观点，才会去同帝国主义进行真正的彻底的斗争，才会以无产阶级的而不是小市民的态度去对待（在我们这个时代）民族问题。只有具备这种观点，才能贯彻反对任何民族压迫的原则，才能消除压迫民族和被压迫民族的无产者之间的不信任，才能去进行团结一致的国际斗争，以实现社会主义革命（即唯一可能实现的各民族完全平等的制度），而不是实现在资本主义制度下使一切弱小国家获得自由的小市民空想。

这就是我们党即拥护中央委员会的俄国社会民主党人所持的观点。这也正是马克思的观点，他当年曾教导无产阶级说，"压迫其他民族的民族是不能获得解放的"。马克思要求爱尔兰同英国分离，正是从这种观点出发，从**英国**（不仅是爱尔兰）工人解放运动的利益出发的。

如果英国的社会党人不承认和不坚持爱尔兰有分离权，法国人不承认和不坚持意大利人聚居的尼斯有分离权，德国人不承认和不坚持阿尔萨斯—洛林、丹麦的石勒苏益格、波兰有分离权，俄国人不承认和不坚持波兰、芬兰、乌克兰等有分离权，波兰人不承认和不坚持乌克兰有分离权，如果"大"国即进行大规模掠夺的国家的所有社会党人不坚持各殖民地也有这种权利，那么这正是因为而且也只是因为他们实际上是帝国主义者，而不是社会主义者。有些人因为自己属于压迫民族，就**不坚持**被压迫民族的"自决权"，如果幻想这种人能够实行社会主义的政策，那就太可笑了。

社会党人不能听任伪善的饶舌者用可能实现民主的和平的空话和诺言去欺骗人民，而应当向群众说明，如果不进行一系列革命，不在各个国家进行反对**自己的**政府的革命斗争，任何一点儿民主的和平都是不可能的。社会党人不能容许资产阶级政客用民族自由的空话去欺骗人民，而应当向**压迫**民族的群众说明，如果他们去帮助压迫其他民族，如果他们不承认和不坚持这些民族有自决权即自由分离权，他们自己的解放也是没有希望的。这就是在和平问题和民族问题上，一切国家都应当采取的不同于帝国主义政策的社会主义政策。是的，这种政策多半是和关于叛国的法令相抵触的，但是，压迫民族中的几乎所有的社会党人都已无耻地背叛了的巴塞尔决议也是和上述的法令相抵触的。

必须作出抉择：要么赞成社会主义，要么服从霞飞先生和兴登堡先生的法令；要么进行革命斗争，要么向帝国主义卑躬屈膝。中间的道路是没有的。那些虚伪地（或愚蠢地）编造"中间路线"的政策的人，正在给无产阶级造成极大的危害。

选自《列宁全集》第 26 卷，人民出版社，2017，第 313—318 页。

# 社会主义与战争（节选）

（俄国社会民主工党对战争的态度）[1]

（1915 年 7—8 月）

## 近代战争的历史类型

法国大革命开辟了人类历史的新时代。从那时起到巴黎公社为止，从1789 年起到 1871 年为止，战争的类型之一是具有资产阶级进步性的、民族解放性质的战争。换句话说，这些战争的主要内容和历史意义在于推翻专制制度和封建制度，摧毁这些制度，推翻异族压迫。因此这些战争是进步的战争，在**这样**的战争中，一切正直的、革命的民主主义者以及一切社会党人，总是希望对推翻或摧毁封建制度、专制制度和异族压迫的极端有害的基础起了促进作用的那个国家（即那个国家的资产阶级）取得胜利。例如，在法国的历次革命战争中，有过法国人掠夺和侵占他国领土的因素，但是这丝毫没有改变这些战争的根本历史意义，因为这些战争破坏或震撼了整个旧农奴制欧洲的封建制度和专制制度。在普法战争中，德国掠夺过法国，但是这并没有改变这次战争的根本历史意义，因为这次战争使数千万德国人民摆脱了封建割据状态，摆脱了俄国沙皇和拿破仑第三这两个专制君主的压迫。

# 进攻性战争和防御性战争的区别

1789—1871 年这个时代留下了深刻的痕迹和革命的回忆。在推翻封建制度、专制制度和异族压迫以前，根本谈不上无产阶级争取社会主义的斗争的发展。社会党人就**这种**时代的战争所说的"防御性"战争的合理性，一向就是指这些目标，即对中世纪制度和农奴制度的革命。社会党人所说的"防御性"战争，向来就是指这个意义上的"**正义的**"战争（威·李卜克内西有一次就用过这个用语）[2]。社会党人过去和现在都只是在这个意义上承认"保卫祖国"或"防御性"战争是合理的、进步的和正义的。譬如说，假如明天摩洛哥向法国宣战，印度向英国宣战，波斯或中国向俄国宣战等等，这些战争就都是"正义的"、"防御性的"战争，而**不管**是谁首先发动进攻。任何一个社会党人都会希望被压迫的、附属的、主权不完整的国家战胜压迫者、奴隶主和掠夺者的"大"国。

但是假定说，一个拥有 100 个奴隶的奴隶主，为了更"公平地"重分奴隶，而和一个拥有 200 个奴隶的奴隶主开战。显然，在这种场合使用"防御性"战争或"保卫祖国"的概念，从历史上说是一种伪造，实际上不过是狡猾的奴隶主对平民百姓、小市民和愚昧无知的人的欺骗。现在的帝国主义资产阶级在当前这场奴隶主之间为巩固和加强奴隶制而进行的战争中，就是这样利用"民族"观念和保卫祖国的概念来欺骗人民的。

# 目前的战争是帝国主义战争

几乎所有的人都承认，目前这场战争是帝国主义战争；但是这一概念在大多数情况下被人们所歪曲，他们不是单方面地加以运用，就是寻找借口说这场战争还可能具有资产阶级进步的、民族解放的意义。帝国主义是资本主义发展的最高阶段，这个阶段只是在 20 世纪才达到的。过去，不建立民族国家，资本主义就不能推翻封建主义，然而现在，旧的民族国家已经束缚资本主义的发展了。资本主义使集中发展到这样的程度，以致整个整个的工业部门都掌握在辛迪加、托拉斯这些资本家亿万富翁的同盟手中，几乎整个地球已被这些"资本大王"所瓜分，他们或者采取占有殖民地的形式，或者用金融剥削的千万条绳索紧紧缠绕住其他国家。自由贸易和竞争已经被追求垄断、抢夺投资场所和原料输出地等等的意向所代替。帝国主义的资本主义，已经由原先反封建主义斗争中的民族解放者，变为最大的民族压迫者了。资本主义已经由进步变为反动，它使生产力发展到了这种程度，以致使人类面临这样的抉择：要么过渡到社会主义，要么一连几年、甚至几十年地经受"大"国之间为勉强维持资本主义（以殖民地、垄断、特权和各种各样的民族压迫作为手段）而进行的武装斗争。

# 最大的奴隶主之间为保存和巩固奴隶制而进行的战争

为了说明帝国主义的意义，我们把所谓"大"国（即在大规模的掠夺中卓有成效者）瓜分世界的一些确切数字列举如下：

**奴隶主"大"国瓜分世界的情况**

| "大国" | 1876 年 平方公里 单位百万 | 人口 单位百万 | 殖民地 1914 年 平方公里 单位百万 | 人口 单位百万 | 宗主国 1914 年 平方公里 单位百万 | 人口 单位百万 | 共计 平方公里 单位百万 | 人口 单位百万 |
|---|---|---|---|---|---|---|---|---|
| 英国……… | 22.5 | 251.9 | 33.5 | 393.5 | 0.3 | 46.5 | 33.8 | 440.0 |
| 俄国……… | 17.0 | 15.9 | 17.4 | 33.2 | 5.4 | 136.2 | 22.8 | 169.4 |
| 法国……… | 0.9 | 6.0 | 10.6 | 55.5 | 0.5 | 39.6 | 11.1 | 95.1 |
| 德国……… | — | — | 2.9 | 12.3 | 0.5 | 64.9 | 3.4 | 77.2 |
| 日本……… | — | — | 0.3 | 19.2 | 0.4 | 53.0 | 0.7 | 72.2 |
| 美国……… | | | 0.3 | 9.7 | 9.4 | 97.0 | 9.7 | 106.7 |
| 6个"大"国 | 40.4 | 273.8 | 65.0 | 523.4 | 16.5 | 437.2 | 81.5 | 960.6 |

不属于大国

（而属于比

利时、荷兰

等国）的殖

民地………           9.9    45.3          9.9    45.3

3 个 "半殖民地" 国家（土耳其、中国和波斯）    14.5   361.2

总计……  105.9  1367.1

其余国家和地区………………………………………    28.0   289.9

全球（两极地区除外）……………………………………

133.9   1657.0

从上表可以看出，在 1789—1871 年间大多曾率领其他民族为争取自由而斗争的民族，今天，在 1876 年以后，由于它们的资本主义的高度发展和 "过度成熟"，已经变为全球大多数居民和民族的压迫者和奴役者。从 1876 年起到 1914 年止，6 个 "大" 国抢占了 2500 万平方公里的土地，即抢占了比整个欧洲大一倍半的面积！6 个大国奴役着 **5 亿以上**（52300 万）的殖民地居民。这些 "大" 国平均每 4 个人奴役着 "它们的" 殖民地的 5 个居民。同时大家知道，殖民地是用火与剑抢夺来的，殖民地居民受着野蛮的虐待，他们遭受着各式各样的剥削（如资本输出、租借等、商品销售中的欺骗行径、对 "统治" 民族当局的强制服从，等等）。英法资产阶级欺骗人民说，他们是为了各民族和比利时的自由而战，实际上他们是为了保存他们抢夺来的大量殖民地而战。只要英国人和法国人肯把自己的殖民地 "公平合理地" 分给德国帝国主义者一些，德国帝国主义者就会立刻退出比利时等地。目前形势的一个特点就是，在这场战争中，殖民地的命运取决于大陆上的战争。从资产阶级的公平和民族自由（或民族生存权）的观点来看，德国反对英国和法国无疑是对的，因为它殖民地 "分得少"，它的敌人所压迫的民族比它所压迫的要多得多，而在它的盟友奥地利那里，被压迫的斯拉夫人享有的自由无疑比在沙皇俄国这个名副其实的 "各族人民的牢狱"里享有的自由多些。但是德国本身并不是在为解放其他民族，而是在为压迫其他民族而战。社会党人决不应当帮助一个较年轻较强壮的强盗（德国）去抢劫那些较老的因吃得过多而撑坏了肚子的强盗。社会党人应当利用强盗之间的斗争，去把他们统统打倒。为此，社会党人应当首先向人民说明真相，也就是说，指出这场战争从三种意义上说是奴隶主为巩固奴隶制而进行的战争。第一，这是一场要通过更"公平地"瓜分从而更"和睦地"剥削殖民地来加强对殖民地的奴役的战争；第二，这是一场要在"大"国国内巩固对异族的压迫的战争，因为**无论**奥地利**或**俄国（俄国比奥地利要厉害得多，糟糕得多）都是专靠这种压迫来维持，并且靠战争来加强这种压迫的；第三，这是一场要巩固雇佣奴隶制并延长其寿命的战争，因为无产阶级已被分裂，已被压制下去，资本家则得到各种好处：发战争财，煽起民族偏见，强化反动势力，——目前这种反动势力在一切国家里，甚至在最自由的、共和制最完善的国家里也开始抬头了。

## "战争是政治通过另一种手段〈暴力手段〉的继续"

这是论述军事问题最深刻的著作家之一克劳塞维茨的一句名言。马克思主义者一向公正地把这一论点看做考察任何一场战争的意义的理论基础。马克思和恩格斯一向就是从这个观点出发来考察各种战争的。

用这个观点来考察当前这场战争就会看到，英、法、德、意、奥、俄这些国家的政府和统治阶级几十年来，几乎半个世纪以来一直在推行掠夺殖民地、压迫其他民族、镇压工人运动的政治。当前这场战争所继续的，正是这种政治，也只能是这种政治。尤其是在奥地利和俄国，无论平时的政治还是战时的政治都是奴役其他民族，而不是解放其他民族。相反，在中国、波斯、印度和其他附属国里，近几十年来我们所看到的是一种唤起千百万人争取民族生存、摆脱反动"大"国压迫的政治。在这种历史基础上进行的战争，即使在今天也可以是具有资产阶级进步性的、民族解放的战争。

只要把目前这场战争看做各"大"国及其国内的主要阶级所推行的政

治的继续，就可以立刻看出，那种认为在这场战争中可以为"保卫祖国"的思想辩护的看法是极端反历史的、骗人的和虚伪的。

## 比利时的例子

三协约国（现在是四协约国[3]）的社会沙文主义者（在俄国是普列汉诺夫及其一伙）最爱援引比利时的例子。可是这个例子正好说明他们错了。德帝国主义者无耻地破坏了比利时的中立，这和其他交战国随时随地所做的一样，只要需要就践踏**一切**条约和义务。我们姑且假定，一切愿意遵守国际条约的国家都向德国宣战，要求德国撤出比利时并赔偿它的损失。假如是这样，社会党人当然会站在德国的敌人一边。可是问题恰恰在于"三协约国（或四协约国）"**并不是**为了比利时而进行战争的。这是人所共知的，只有伪君子才会隐瞒这一点。英国正在抢夺德国的殖民地和土耳其，俄国正在抢夺加利西亚和土耳其，法国在力争得到阿尔萨斯—洛林、甚至莱茵河左岸地区；同意大利签订了分赃条约（瓜分阿尔巴尼亚和小亚细亚）；同保加利亚和罗马尼亚正在进行一笔交易，同样是为了分赃。在各国现在的政府所进行的目前这场战争的条件下，**不帮助**扼杀奥地利或土耳其等，**就不能**帮助比利时！这跟"保卫祖国"有什么关系呢？？这正是帝国主义战争的特点，正是历史上已经过了时的反动资产阶级的政府间为压迫其他民族而进行的战争的特点。谁为参加这场战争辩护，谁就是要使帝国主义对各民族的压迫永世长存。谁宣传要利用各国政府目前的困难来为社会革命而斗争，谁就是在维护真正是一切民族的真正的自由，因为这种自由只有在社会主义制度下才能实现。

## 俄国在为什么而战？

在俄国，最新型的资本帝国主义已经在沙皇政府对波斯、满洲和蒙古的政策中充分显露了身手，但是总的说来，在俄国占优势的还是军事封建帝国主义。世界上没有一个地方像在俄国那样对国内的多数居民进行这样的压迫：大俄罗斯人只占人口的43%，即不到一半，而其余一切民族都被当做异族看待，没有任何权利。在俄国的17000万人口中，有**近1亿**的居民遭受压迫，没有权利。沙皇政府进行战争是为了夺取加里西亚并彻底扼杀乌克兰人的自由，是为了夺取亚美尼亚和君士坦丁堡等地。沙皇政府把这场战争看做是转移人们对国内日益增长的不满情绪的注意力和镇压日益高涨的革命运动的一种手段。现在，俄国平均每两个大俄罗斯人压迫着两三个无权的"异族人"。沙皇政府还力图通过这场战争增加俄国所压迫的民族的数量，巩固对他们的压迫，从而破坏大俄罗斯人本身争取自由的斗争。既然有可能对其他民族进行压迫和掠夺，经济停滞就会持续下去，因为在这种情况下往往是以对"异族人"的半封建的剥削作为收入来源，而不是靠发展生产力。因此，从俄国方面来说，这场战争就具有特别反动和反民族解放的性质。

# 什么是社会沙文主义？

社会沙文主义就是在当前这场战争中为"保卫祖国"的思想辩护。从这一思想进一步得出的结论就是，在战时放弃阶级斗争，投票赞成军事拨款，等等。实际上社会沙文主义者所推行的是反无产阶级的资产阶级政策，因为他们实际上不是在反对异族压迫这个意义上主张"保卫祖国"，而是维护这些或那些"大"国掠夺殖民地和压迫其他民族的"权利"。社会沙文主义者重复资产阶级欺骗人民的鬼话，似乎这场战争是为了保卫各民族的自由和生存而进行的，这样他们就投到资产阶级方面而反对无产阶级了。在社会沙文主义者中间，有人为**某一**参战大国集团的政府和资产阶级辩护和粉饰，也有人像考茨基那样，认为**所有**交战大国的社会党人都有同样的权利"保卫祖国"。社会沙文主义既然实际上是在维护"自己的"（或任何国家的）帝国主义资产阶级的特权、优越地位、掠夺和暴力，也就完全背叛了一切社会主义信念和巴塞尔国际社会党代表大会的决议。

# 巴塞尔宣言

1912 年在巴塞尔一致通过的关于战争的宣言，正是指 1914 年爆发的英德两国及双方现在的盟国之间进行的战争。宣言明确宣布，对于以大国的帝国主义掠夺政策为基础、"为了资本家的利润和王朝的利益"而进行的这种战争，是不能以任何人民的利益作为借口来为它辩护的。宣言明确宣布，战争"对各国政府"（毫无例外）是危险的，指出各国政府都害怕"无产阶级革命"，非常明确地举了 1871 年公社和 1905 年 10 月至 12 月事件**即革命和国内战争的例子**。因此，巴塞尔宣言正是针对当前这场战争制定了各国工人在国际范围内进行反对自己的政府的革命斗争策略，制定了无产阶级革命的策略。巴塞尔宣言重申斯图加特决议的主张，认为战争一旦爆发，社会党人就应当利用战争造成的"经济和政治危机"来"加速资本主义的崩溃"，也就是利用战争给各国政府造成的困难和群众的愤慨来进行社会主义革命。

社会沙文主义者的政策，他们用资产阶级解放的观点为这场战争辩护，他们主张"保卫祖国"，投票赞成军事拨款，参加内阁等等，等等，是对社会主义的直接背叛；正如我们在下面将要看到的，这种背叛之所以发生，完全是由于机会主义和民族主义自由派的工人政策已经在欧洲的大多数党内取得了胜利。

## 歪曲地援引马克思和恩格斯

俄国的社会沙文主义者（以普列汉诺夫为首）援引马克思在 1870 年的战争中的策略；德国的社会沙文主义者（伦施、大卫之流一类的人）援引恩格斯 1891 年的言论：一旦同俄法两国发生战争，德国社会党人有义务保卫祖国[①]；最后，那些想使国际沙文主义调和并合法化的考茨基一类的

---

[①] 参看《马克思恩格斯文集》第 4 卷第 431—436 页。——编者注

社会沙文主义者说，马克思和恩格斯虽然谴责战争，可是从 1854—1855 年到 1870—1871 年和 1876—1877 年，每当战争终于爆发的时候，他们总是站在交战的某一方。

凡此种种引证都是对马克思和恩格斯的观点的令人愤慨的歪曲，是为了讨好资产阶级和机会主义者，就像吉约姆一伙的无政府主义者的著作歪曲马克思和恩格斯的观点来为无政府主义辩护一样。1870—1871 年的战争，从德国方面来说，在战胜拿破仑第三之前，是具有进步历史意义的，因为拿破仑第三和沙皇一道，多年来一直压迫德国，使德国一直处于封建割据状态。但是战争一转变为对法国的掠夺（兼并阿尔萨斯和洛林），马克思和恩格斯就坚决地谴责了德国人。而且在这次战争一开始，马克思和恩格斯就赞同倍倍尔和李卜克内西拒绝投票赞成拨款，劝告社会民主党人不要同资产阶级同流合污，而要捍卫无产阶级的独立的阶级利益。把对这一具有资产阶级进步性和民族解放意义的战争的评价套用到当前的帝国主义战争上来，这是对真理的嘲弄。至于 1854—1855 年的战争以及 19 世纪的一切战争，情况就更是如此，因为当时**既**没有现代的帝国主义，**又**没有实现社会主义的成熟的客观条件，在**所有交战国内也**没有群众性的社会主义政党，也就是恰恰没有巴塞尔宣言**针对**大国间的战争据以制定"无产阶级革命"策略的那些条件。

谁现在只援引马克思对资产阶级**进步**时代的战争的态度，而忘记马克思的"工人没有祖国"这句**恰恰是**适用于资产阶级反动和衰亡时代、适用于社会主义革命时代的话，谁就是无耻地歪曲马克思，就是在用资产阶级的观点偷换社会主义的观点。

# 第二国际的破产

1912 年，全世界社会党人在巴塞尔庄严宣告，他们认为即将到来的欧洲大战是**各国**政府"罪恶的"和最反动的行为，它必然引起反对资本主义的革命，从而势必加速资本主义的崩溃。战争爆发了，危机到来了。可是大多数社会民主党不实行革命的策略，却实行了反动的策略，站到自己的政府和自己的资产阶级方面去了。这种背叛社会主义的行为意味着第二（1889—1914 年）国际的破产。我们应当弄清引起这种破产的原因，弄清产生社会沙文主义的原因，以及社会沙文主义的力量从何而来。

## 社会沙文主义是登峰造极的机会主义

在第二国际存在的整个时期内，每个社会民主党内都进行着革命派和机会主义派的斗争。这一斗争在许多国家里引起了分裂（英国、意大利、荷兰、保加利亚）。任何一个马克思主义者都深信不疑：机会主义代表着工人运动中的资产阶级政策，代表着小资产阶级的利益，代表着一小部分资产阶级化了的工人同"**自己的**"资产阶级结成的联盟的利益，而反对无产者群众、被压迫群众的利益。

19 世纪末的客观条件特别加强了机会主义的力量，使利用资产阶级所容许的合法性变成了崇拜这种合法性，在工人阶级中间造成了一个人数不多的官僚和贵族阶层，把许多小资产阶级"同路人"吸引到社会民主党的队伍中来。

战争加速了发展进程，使机会主义变成了社会沙文主义，使机会主义者同资产阶级的秘密联盟变成了公开的联盟。同时军事当局到处实行戒严，压制工人群众，工人群众原来的领袖几乎全部倒向资产阶级。

机会主义和社会沙文主义的经济基础是同一个，那就是人数很少的特权工人阶层和小资产阶级的利益。这些人所捍卫的是自己的特权地位，是从"自己"国家的资产阶级靠掠夺其他民族、靠它的大国优越地位等等而攫取的利润中分得一点油水的"权利"。

机会主义和社会沙文主义的思想政治内容是同一个，那就是用阶级合作代替阶级斗争，放弃革命的斗争手段，帮助"自己的"政府摆脱困境，而不是利用它的困难推进革命。如果从总体上来观察一下欧洲国家，如果不是注重个别人物（哪怕是最有威望的人物），那么就可以发现，恰恰是机会主义**派别**成了社会沙文主义的主要支柱，而从革命者的阵营中几乎到处都比较一贯地发出了对这个派别的抗议。如果以 1907 年斯图加特国际社会党代表大会上的派别划分情况为例，那么就可以发现，国际马克思主义是反对帝国主义的，而国际机会主义当时就已经是拥护帝国主义的了。

## 同机会主义者统一就是工人同"自己"国家的资产阶级结成联盟，就是分裂国际的革命工人阶级

在过去，在大战以前，机会主义虽然往往被看做是一种"偏向"和"极端"，但仍然被认为是社会民主党的一个合法的组成部分。战争表明将来不可能再是这样了。机会主义已经"成熟"，已经充分地起到了资产阶级在工人运动中的特使的作用。同机会主义者保持统一已成为十足的伪善，德国社会民主党就是一个例子。在一切重要场合（例如 8 月 4 日的投票）机会主义者都要提出自己的最后通牒，而实现这种通牒则靠他们同资产阶级的千丝万缕的联系，靠他们在工会理事会等机构里面的多数。现在同机会主义者**保持统一**，**实际**上就是让工人阶级服从"自己"国家的资产阶级，就是同资产阶级结成联盟来压迫其他民族和争夺大国特权，就是**分裂**所有国家的革命无产阶级。

不管在某些场合同在许多组织中占优势的机会主义者作斗争会多么困难，不管把机会主义者清除出工人政党的过程在各个国家里会多么不同，这个过程是不可避免的，而且必将取得成果。改良主义的社会主义正在死亡；正在复兴的社会主义，按照法裔社会党人保尔·果雷的恰当说法，"将是革命的、不调和的和敢于造反的"[4]。

## "考茨基主义"

考茨基这位第二国际最有威望的人物，是一个从口头上承认马克思

主义弄到实际上把马克思主义变成"司徒卢威主义"或"布伦坦诺主义"[5]的最典型最鲜明的例子。我们看到普列汉诺夫也是这样一个例子。他们用明显的诡辩阉割马克思主义的活生生的革命的灵魂，他们承认马克思主义中的**一切**，就是不承认革命的斗争手段，**不**承认要为采用这种斗争手段进行宣传和准备并用这种精神教育群众。考茨基把以下两者无原则地"调和"起来：一方面是社会沙文主义的基本思想——承认在这场战争中保卫祖国，另一方面是对左派作外交式的表面的让步，如在投票表决军事拨款时弃权，在口头上承认自己采取反对派立场等等。1909年考茨基写了一整本书来论述革命时代的逼近和战争同革命的联系，1912年考茨基在要求利用即将到来的战争进行革命的巴塞尔宣言上签了字，现在他却千方百计地替社会沙文主义辩护和粉饰，并像普列汉诺夫一样，与资产阶级同流合污，讥笑一切革命意图，讥笑一切直接进行革命斗争的步骤。

工人阶级不进行无情的战斗，来反对这种叛徒行径，这种没有气节、向机会主义献媚、从理论上把马克思主义空前庸俗化的行为，便不能实现它的世界革命的使命。考茨基主义不是偶然现象，而是第二国际各种矛盾的社会产物，是既要在口头上忠实于马克思主义又要在实际上屈服于机会主义的社会产物。

"考茨基主义"的这种根本的虚伪性，在不同的国家里有不同的表现形式。在荷兰，罗兰-霍尔斯特虽然拒绝保卫祖国的思想，却坚持同机会主义者的政党的统一。在俄国，托洛茨基虽然也拒绝这种思想，却同样坚持同机会主义和沙文主义的《我们的曙光》集团的统一。在罗马尼亚，拉柯夫斯基虽然把机会主义看做国际破产的祸首而向它宣战，同时却又欣然承认保卫祖国的思想是合理的。所有这一切，都是荷兰马克思主义者（哥尔特、潘涅库克）曾经称之为"消极的激进主义"的祸害的表现，这种祸害的实质就是在理论上用折中主义代替革命的马克思主义，在实践中对机会主义俯首帖耳或者说软弱无能。

# 马克思主义者的口号——革命的社会民主党的口号

战争无疑造成了最尖锐的危机，空前加剧了群众的灾难。这场战争的反动性质，**各国资产阶级**为了以"民族"观念掩饰其掠夺目的而编造出的无耻谎言，这一切在客观的革命形势下正在不可避免地激起群众的革命情绪。我们的责任，就是帮助他们充分意识到这种情绪，加深和发展这种情绪。能够正确地表达这个任务的只有一个口号：变帝国主义战争为国内战争。战时**任何**彻底的阶级斗争，任何认真执行的"群众行动"的策略，都必然引向这一步。我们无法知道，触发一场强大的革命运动的将是列强之间的第一次帝国主义战争，还是第二次帝国主义战争，它将发生在战争期间，还是发生在战后，但是不管怎样，我们义不容辞的责任，就是要朝着这个方向去一贯地和不屈不挠地进行工作。

巴塞尔宣言直接举了巴黎公社即变政府间的战争为国内战争的例子。半个世纪以前，无产阶级力量还太弱，社会主义的客观条件还没有成熟，所有交战国内的革命运动还不能相互配合和相互促进；一部分巴黎工人迷恋于"民族观念"（1792年的传统），这是马克思当时就指出的他们的小资产阶级软弱性的表现，也是公社失败的原因之一。从公社失败以来已经过去半个世纪了，能够削弱当时革命的那些条件已经消失，在今天，如果一个社会党人甘心拒绝以巴黎公社战士的精神去从事活动，那是不可宽恕的。

## 战壕联欢的例子

所有交战国的资产阶级报纸都报道了各交战国士兵甚至在战壕内联欢的事例。军事当局（德国和英国的）所颁布的严禁这种联欢的命令证明，各国政府和资产阶级认为这种联欢有重大的意义。既然在西欧各国社会民主党的上层中机会主义完全占统治地位和社会民主党的一切报刊、第二国际的所有权威都支持社会沙文主义的情况下，还能发生联欢的事例，这就向我们表明，只要朝这个方向坚持不懈地进行工作，哪怕只有所有交战国的左派社会党人进行工作，那么缩短目前这场罪恶的、反动的和奴隶主的战争，组织国际的革命运动，是非常可能的。

## 秘密组织的意义

全世界最有名的一些无政府主义者，在这场战争中都因其社会沙文主义而出了丑（同普列汉诺夫和考茨基一样），其出丑的程度并不亚于机会主义者。这场战争的一个有益的结果无疑是：它将把机会主义和无政府主义一齐打垮。

社会民主党在任何场合，在任何情况下，都不应当拒绝利用哪怕是最小的合法机会来组织群众和宣传社会主义，但是必须屏弃崇拜合法性的思想。恩格斯写道："资产者老爷们，你们先开枪吧！"在这里恩格斯正是暗示要进行国内战争，暗示**在资产阶级破坏合法性以后我们必须破坏合法性**。危机表明，在所有的国家里，甚至在最自由的国家里，资产阶级都在破坏合法性，因此不建立秘密组织来宣传、讨论、评价和准备各种革命斗争手段，就不能把群众引向革命。例如在德国，社会党人所做的一切**堂堂正正的事情**，都是违背卑鄙的机会主义和伪善的"考茨基主义"的意愿的，而且都是秘密进行的。在英国，印发号召人们不去参军的传单，就要被送去服苦役。

认为当一个社会民主党人而可以否认秘密的宣传方式，可以在合法报刊上嘲笑这些方式，那就是背叛社会主义。

## 关于"自己的"政府在帝国主义战争中的失败

主张自己的政府在这场战争中胜利的人和主张"不胜不败"口号的人，同样都是站在社会沙文主义立场上。革命的阶级在反动的战争中不能不希望自己的政府失败，不能不看到自己的政府在军事上的失利会使它更易于被推翻。资产者相信由各国政府发动的战争也必定会作为各国政府间的战争告终，并且希望能这样。只有他们才会认为，要**所有**交战国的社会党人都主张**所有**"自己的"政府失败的想法，是"可笑的"和"荒谬的"。其实，正是这种主张才符合每个觉悟工人内心的想法，符合我们为变帝国主义战争为国内战争而进行的活动的要求。

毫无疑问，一部分英国、德国和俄国的社会党人所进行的认真的反战宣传，"削弱了"这些国家的政府的"军事力量"，但这种宣传正是社会党人的一大功绩。社会党人应当向群众说明：他们没有别的生路，只有用革命推翻"自己的"政府；他们应当正是为了这个目的而利用这些政府在目前这场战争中的困难。

# 关于和平主义与和平口号

群众要求和平的情绪，往往反映他们已经开始对战争发出抗议，表示愤慨，开始认识到战争的反动性质。利用这种情绪，是一切社会民主党人的责任。他们应当最热情地参加在这个基础上产生的一切运动和一切游行示威。但是他们不能欺骗人民，不能传布这样一种思想：似乎不进行革命运动也可以实现没有兼并、没有民族压迫、没有掠夺、不含现在的各国政府和统治阶级之间的新战争萌芽的和平。这样欺骗人民，只会有利于各交战国政府的秘密外交和它们的反革命计划。谁希望得到持久的和民主的和平，谁就应该拥护反对政府和资产阶级的国内战争。

# 关于民族自决权

资产阶级在这场战争中用来欺骗人民的一个最常见的手段，就是用"民族解放"的观念来掩盖战争的掠夺目的。英国人答应给比利时自由，德国人答应给波兰自由，等等。实际上，正如我们所看到的，这是一场世界大多数民族的压迫者为巩固和扩大这种压迫而进行的战争。

社会党人不同一切民族压迫作斗争，就不能达到自己的伟大目的。因此，他们必须要求各**压迫**国家（特别是所谓"大"国）的社会民主党承认和维护各**被压迫**民族的自决权，而且是政治上的自决权，即政治分离权。大国的或拥有殖民地的民族的社会党人如果不维护这种权利，那就是沙文主义者。

维护这种权利不但不会鼓励形成小国家，相反，这会促使更自由更大胆因而更广泛更普遍地形成更有利于群众和更适合经济发展的大国家和国家联盟。

另一方面，**被压迫**民族的社会党人则应当无条件地为被压迫民族和压迫民族的**工人的**完全的（包括组织上的）统一而斗争。主张一个民族同另一民族在法律上分离的思想（鲍威尔和伦纳的所谓"民族文化自治"）是一种反动的思想。

帝国主义是少数"大"国不断加紧压迫全世界各民族的时代，因此，不承认民族自决权，就不可能为反帝的国际社会主义革命而斗争。"压迫其他民族的民族是不能获得解放的。"（马克思和恩格斯语）无产阶级如果容许"本"民族对其他民族采取一点点暴力行为，它就不成其为社会主义的无产阶级。

选自《列宁全集》第 26 卷，人民出版社，2017，第 319—341 页。

**注释：**

[1]《社会主义与战争（俄国社会民主工党对战争的态度）》这本小册子写于 1915
年 7—8 月，即国际社会党第一次代表会议（齐美尔瓦尔德会议）召开的前夕。
小册子是列宁和格·叶·季诺维也夫合写的，列宁撰写了小册子的主要部分
（第 1 章和第 3、4 章的一部分），并且审定了全书。小册子还在书末作为附录

收载了俄国社会民主工党中央委员会的宣言《战争和俄国社会民主党》、在《社会民主党人报》发表的列宁的《俄国社会民主工党国外支部代表会议》和这次代表会议的决议以及有党的工作者参加的俄国社会民主工党中央委员会波罗宁会议通过的关于民族问题的决议。列宁把这部著作称为"对我党决议的解释或通俗的说明"（见《列宁全集》2017 年版第 28 卷第 121 页）。

《社会主义与战争（俄国社会民主工党对战争的态度）》最初于 1915 年 8 月用俄文和德文出版，并且散发给了参加齐美尔瓦尔德会议的代表。齐美尔瓦尔德会议以后，小册子又在法国用法文出版，并在挪威左派社会民主党人的机关刊物上用挪威文全文发表。列宁还曾多次尝试用英文在美国出版，但未能实现。1917 年十月革命后，这本小册子由彼得格勒工人和红军代表苏维埃于 1918 年在彼得格勒出版。

[2] 指威·李卜克内西在 1891 年德国社会民主党爱尔福特代表大会上的发言。

[3] 指英国、法国、俄国和意大利四国。意大利于 1915 年退出同盟国，加入协约国。

[4] 1915 年 2 月 11 日瑞士社会党人保·果雷在瑞士洛桑作了题为《正在死亡的社会主义和必将复兴的社会主义》的专题报告。当年，他把报告印成了小册子。详见列宁的《一位法裔社会党人诚实的呼声》（《列宁全集》2017 年版第 27 卷）一文。

[5] 布伦坦诺主义是 19 世纪 70 年代德国资产阶级经济学家、讲坛社会主义学派的主要代表人物之一路·布伦坦诺所倡导的改良主义学说，是资产阶级对马克思主义进行歪曲的一个变种。它宣扬资本主义社会里的"社会和平"以及不通过阶级斗争克服资本主义社会矛盾的可能性，认为可以通过组织工会和进行工厂立法来解决工人问题，调和工人和资本家的利益，实现社会平等。列宁称布伦坦诺主义是一种承认无产阶级的非革命的"阶级"斗争的自由派资产阶级学说（参看《列宁全集》2017 年版第 35 卷第 229—230 页）。

# 感谢他的坦率(节选)

## （1915 年夏）

　　附带谈谈。弗·科索夫斯基先生在《新闻小报》第 7 号上暴露了他的亲德沙文主义，因为他在责备法国社会民主党人的同时，却为德国社会民主党人投票赞成军事拨款的行为辩护。有一个署名 W. 的人（第 8 号第 11—12 页）为弗·科索夫斯基先生开脱，反对给他加上沙文主义的"罪名"，他写道，一个在俄国活动的组织是不可能有亲德沙文主义的。弗·科索夫斯基先生是否可以向 W. 先生解释一下，为什么俄国的乌克兰或波兰资产者，法国的丹麦或阿尔萨斯资产者，英国的爱尔兰资产者，常常表现出同压迫他们的民族相敌对的沙文主义呢？

选自《列宁全集》第 27 卷，人民出版社，2017，第 29—30 页。

# 致戴·怀恩科普(节选)

## （1915 年 7 月 24 日以后）


　　附言：最近我将寄给您一份我们党关于一切民族的自决权问题的正式决议（1913 年）[①]。我们是**拥护这个决议**的。目前，在同社会沙文主义者进行斗争的时候，我们比任何时候都更要拥护这个决议。

选自《列宁全集》第 47 卷，人民出版社，2017，第 135—136 页。

---

① 　见《列宁全集》2017 年版第 24 卷第 60—62 页。——编者注

# 致亚·米·柯伦泰

（不早于 1915 年 8 月 4 日）

亲爱的亚·米·：看到挪威人的声明和您对瑞典人的关怀[1]，我们十分高兴。**左派**马克思主义者采取国际联合行动是极为重要的！（发表原则声明则是主要的、目前唯一可能的行动。）

我看，罗兰-霍尔斯特同拉柯夫斯基（看过他的法文小册子吗?）、托洛茨基一样，**都**是为害最大的"考茨基分子"，因为他们都通过各种不同的形式主张同机会主义者保持统一，通过各种不同的形式**为机会主义涂脂抹粉**，推行（采取各种不同方式）折中主义，以代替革命的马克思主义。

据我看，您对宣言草案的批评并没有表明（假如我没有弄错的话）我们之间有严重分歧。我认为**不**区别战争的类型，在理论上是错误的，在实践上是有害的。我们不可能反对民族解放战争。您以塞尔维亚为例。那么，如果塞尔维亚人**单独**抗击奥地利，难道我们就**不支持**塞尔维亚人吗？

目前，问题的实质是大国**之间**为了重新瓜分殖民地和征服小国在进行争斗。

如何看待印度、波斯、中国等国同英国或者同俄国进行的战争呢？难道我们不应该**支持**印度抗击英国等等吗？把**这种战争**称为"国内战争"是不确当的，是明显的牵强附会。过分地扩大国内战争这个概念极为有害，因为这样就**掩盖了**问题的实质：雇佣工人反对**本国**资本家的战争。

看来正是斯堪的纳维亚人笼统地否定"战争"，从而陷入了庸俗的

（偏僻地区的、小国特有的）和平主义。这不是马克思主义的态度。必须反对这一点，就像反对他们否定民兵制一样。

再一次对挪威宣言表示敬意和祝贺！

您的　列宁

选自《列宁全集》第 47 卷，人民出版社，2017，第 152—153 页。

**注释：**

[1] 指挪威左派社会民主党人关于原则上同意列宁所写的《左派社会民主党人为国际社会党第一次代表会议准备的决议草案》的声明。后来，瑞典左派社会民主党人也表示赞同挪威左派的声明。该声明由亚·米·柯伦泰寄给了列宁。

# 意大利的帝国主义和社会主义（节选）

## （短评）
## （1915 年 8 月）

　　看一下欧洲各个不同国家的情况，以便学会把总的情景中的民族变异和民族特点同根本的和本质的东西区别开来，这对于说明目前的帝国主义战争向社会主义运动提出的问题，是不无好处的。人们常说，旁观者清。所以，意大利和俄国相同的地方愈少，在某些方面把两国的帝国主义和社会主义加以比较也就愈有意思。

　　本文只打算谈谈战争爆发以后出版的资产阶级教授罗伯托·米歇尔斯的《意大利的帝国主义》和社会党人 T. 巴尔博尼的《国际主义还是阶级民族主义？（意大利无产阶级与欧洲大战）》①这两本书所提供的有关这一问题的材料。饶舌的米歇尔斯仍然像在他的其他著作中那样肤浅，对帝国主义的经济方面一掠而过，但是，他的这本书收集了有关意大利帝国主义的产生以及民族解放战争时代向反动的帝国主义掠夺战争时代转变的宝贵材料，这种转变构成目前时代的本质，并且在意大利表现得特别明显。我们亲眼看到，革命民主主义的即革命资产阶级的意大利，推翻了奥地利压

---

① 罗伯托·米歇尔斯《意大利的帝国主义》1914 年米兰版。——T. 巴尔博尼《国际主义还是阶级民族主义？（意大利无产阶级与欧洲大战）》1915 年坎皮奥内·迪·因泰尔维（科莫省）版。

迫的意大利，加里波第时代的意大利，已经彻头彻尾地变成压迫其他民族、掠夺土耳其和奥地利的意大利，变成粗野的、反动透顶的、卑鄙的资产阶级的意大利了，意大利资产阶级因为也能参加分赃而眉飞色舞，馋涎欲滴。自然，米歇尔斯同任何一个体面的教授一样，认为自己替资产阶级效劳的行为是"科学的客观态度"，把上述的分赃称之为"分配至今仍属于弱小民族的那一部分世界"（第 179 页）。米歇尔斯轻蔑地把那些反对任何殖民政策的社会党人的观点斥之为"乌托邦"观点，他重弹意大利就人口密度和移民运动的势头来看"应当成为"仅次于英国的"第二殖民大国"的滥调。至于意大利有 40% 的人是文盲，直到现在还有十分猖獗的霍乱等等，对于这种论调，米歇尔斯则用英国的例子来加以反驳。他说，当英国资产阶级在 19 世纪前半期成功地奠定了他们目前这种强大的殖民势力的基础时，英国不也是一个工人群众极端穷苦、备受凌辱和大量饿死，城市贫民区充满了酗酒、赤贫和肮脏景象的国家吗？

应当说，从资产阶级观点来看，这种说法是无可争议的。殖民政策和帝国主义根本不是资本主义的一种可以医好的病变（像包括考茨基在内的庸人们所想的那样），而是资本主义基础本身发展的必然结果。因为各个企业之间的竞争只能这样提出问题：或者是自己破产，或者是使别人破产；各个国家之间的竞争只能这样提出问题：或者是居于末等地位，永远摆脱不了比利时那样的遭遇，或者是使别的国家破产并征服它们，从而使自己跻身于"大"国之列。

人们把意大利的帝国主义谑称为"穷汉帝国主义"（l'imperialismo della povera gente），因为意大利很穷，意大利侨民也都穷得要命。意大利沙文主义者阿尔图罗·拉布里奥拉同他从前的对手格·普列汉诺夫的不同之处，只是他比普列汉诺夫略早一些暴露了他的社会沙文主义，并且是通过小资产阶级的半无政府主义而不是通过小资产阶级的机会主义走到社会沙文主义的。这位阿尔图罗·拉布里奥拉在他关于的黎波里塔尼亚战争[1]的一本书中写道（1912 年）：

"……显然，我们不仅仅在同土耳其人战斗……我们也在同财阀统治下的欧洲的阴谋、威吓、金钱和军队战斗，因为这个欧洲不容许小民族有任何冒犯它的铁的霸权的言行"（第92页）。而意大利民族主义者的领袖科拉迪尼则宣称："正像社会主义曾是无产阶级从资产阶级压迫下谋求解放的方法一样，民族主义将是我们意大利人从法国人、德国人、英国人、北美人和南美人的压迫下谋求解放的方法，这些人对于我们来说就是资产阶级。"

任何一个国家，只要它的殖民地、资本、军队比"我们的"多，就会从"我们"这里夺去一定的特权、一定数量的利润即超额利润。在资本家中间，谁的机器优于中等水平或拥有一定的垄断权，谁就会得到超额利润；在国家中也是如此，哪一国的经济状况优于别的国家，哪一国就能得到超额利润。资产阶级要做的事情，就是为自己国家的资本的特权和优越地位而斗争，欺骗（在拉布里奥拉和普列汉诺夫的帮助下）人民即老百姓，把争夺抢掠别国的"权利"的帝国主义斗争说成是民族解放战争。

意大利在的黎波里塔尼亚战争之前没有掠夺过（至少是没有大规模掠夺过）其他民族。这岂不是使民族自豪感受到不可忍受的屈辱吗？意大利人抑郁不欢，感到比其他民族低一头。在上一世纪70年代，意大利每年约有10万人移居国外，现在，每年增加到50万至100万人，他们都是被名副其实的饥饿赶出自己祖国的乞丐，他们都是工资最低的工业部门的劳动力供应者，他们都住在欧美城市的最拥挤最肮脏的贫民窟里。意大利移居国外的人数从1881年的100万增加到了1910年的550万，而且大都住在富裕的"大"国里，对于这些国家说来，意大利人是最粗野的、"只能干粗活的"、贫穷的和无权的苦力。下面是使用便宜的意大利劳动的主要国家：法国在1910年有40万意大利人（1881年是24万）；瑞士有135000人（41000人）——（括号内是1881年的人数）；奥地利有8万人（4万人）；德国有18万人（7000人）；美国有1779000人（17万人）；巴西有150万人（82000人）；阿根廷有100万人（254000人）。"光荣的"法兰西曾在125年前为自由而斗争，因此把自己目前这场为本国和英国的奴隶主的"殖民权利"而进行的战争称为"解放"战争。就是这个法兰西把几十万意大利工人圈在特划区里，这个"伟大的"民族的小资产阶级坏蛋们尽量把他们隔离起来，百般侮辱和歧视他们。人们用"通心粉"这个侮辱性绰号来称呼意大利人（请大俄罗斯的读者想一下，我国流行着多少侮辱"异族人"的绰号，他们不幸生来就没有权利享受高贵的大国特权，这些特权是普利什凯维奇们用来**既**压迫大俄罗斯人民**又**压迫俄国其他各族人民的工具）。伟大的法兰西在1896年曾经同意大利缔结一项条约，规定意大利不得在突尼斯增加意大利学校的数目！但是从那时以来，突尼斯的意大利人增加了5倍。在突尼斯，意大利人共有105000人，法国人共有35000人，但是前者中只有1167人是土地所有者，拥有土地83000公顷，而后者中则有2395人是土地所有者，他们在"自己的"殖民地掠夺了70万公顷土地。是啊，怎么能不同意拉布里奥拉和其他的意大利"普列汉诺夫派"呢？他们认为意大利有"权利"把的黎波里划为自己的殖民地、压迫达尔马提亚的斯拉夫人、瓜分小亚细亚等等。①

正像普列汉诺夫支持俄国进行"解放"战争、反对德国变俄国为其殖民地一样，改良主义政党的领袖莱奥尼达·比索拉蒂声嘶力竭地反对"外国资本侵入意大利"（第97页）：反对德国资本侵入伦巴第，英国资本侵入西西里岛，法国资本侵入皮亚琴蒂诺，比利时资本侵入电车公司，等等，等等。

---

① 指出意大利转向帝国主义和政府赞同选举改革这两者之间的联系，真令人受益匪浅。这次改革使选民人数从3219000名增加到8562000名，也就是说，"差不多"实现了普选权。同一个乔利蒂，现在实施了选举改革，而在的黎波里塔尼亚战争以前却坚决反对这种改革。米歇尔斯写道，"政府〈以及温和派政党〉对改变方针的理由的说明"本质上是爱国主义的。"尽管在理论上殖民政策一向令人嫌恶，但是完全没有料到，产业工人特别是粗工却很有纪律地很顺从地同土耳其人作战。这种奴隶般顺从政府政策的行为受到了褒奖，为的是鼓励无产阶级继续走这条新的道路。内阁总理在议会中宣布，意大利工人阶级已经用自己在利比亚战场上的爱国行动向祖国证明，他们从此在政治上达到了极其成熟的程度。一个人能够为了崇高目的而献身，也就能够作为一个选民来保卫祖国的利益，因此，他就有权使国家确认他有资格充分享受一切政治权利。"（第177页）意大利的部长们说得真妙！但是说得更妙的是"激进的"德国社会民主党人，他们现在重复这样的奴才腔调："我们"尽到了自己的职责，帮助了"你们"掠夺其他国家，但是"你们"却不愿给"我们"在普鲁士的普选权……

问题已经直截了当地提出来了，并且不能不承认，欧洲大战给人类带来了极大的好处，因为它确实向各国千千万万人民直截了当地提出了一个问题：**要么**用枪杆或笔杆，直接或间接地，不管用什么方式，保护"自己的"资产阶级的大国的乃至一般的民族特权，即优越地位，即野心，从而做资产阶级的追随者或奴才；**要么**利用各国为争夺大国特权所进行的一切斗争尤其是武装斗争，依靠团结一致的国际无产阶级的革命行动，来揭露和推翻各国政府，首先是**自己的**政府。这里没有中间道路，换句话说，试图采取中间立场，实际上就是偷偷地转到帝国主义资产阶级方面去。

巴尔博尼的整个小册子实质上就是为这种行为打掩护。巴尔博尼同我国的波特列索夫先生完全一样，硬充国际主义者，说什么须要从国际的观点来判断哪一方获胜对无产阶级益处较大，或者说害处较小。他在这个问题上的结论自然是不利于……奥地利和德国的。巴尔博尼完全按考茨基的精神，建议意大利社会党[2]庄严宣告世界各国——首先当然是交战国——的工人应当团结一致，宣布自己的国际主义信念，宣布以裁军、各民族独立和成立"相互保障不受侵犯和保持独立的国际联盟"（第126页）为基础的和平纲领。正是为了实现这些原则，巴尔博尼宣称，军国主义是资本主义的一种"寄生"现象，而"决不是必然"现象；德国和奥地利是彻头彻尾的"军国主义的帝国主义"国家，它们的侵略政策"始终是欧洲和平的威胁"；德国"始终拒绝俄国〈原文如此!!〉和英国提出的关于限制军备的建议"等等，因此，意大利社会党应当赞成意大利在适当时机出面干预，支持三协约国！

选自《列宁全集》第27卷，人民出版社，2017，第19—24页。

注释：

[1] 的黎波里塔尼亚战争也称意土战争，是意大利在1911—1912年进行的一场掠

夺战争。通过这场战争，意大利夺取了奥斯曼帝国在北非的的黎波里塔尼亚和昔兰尼加两省，把它们变成为自己的殖民地（两地后来合称为利比亚）。

[2] 意大利社会党于 1892 年 8 月在热那亚代表大会上成立，最初叫意大利劳动党，1893 年改称意大利劳动社会党，1895 年开始称意大利社会党。从该党成立起，党内的革命派就同机会主义派进行着尖锐的思想斗争。1912 年在艾米利亚雷焦代表大会上，改良主义分子伊·博诺米、莱·比索拉蒂等被开除出党。从第一次世界大战爆发到 1915 年 5 月意大利参战，意大利社会党一直反对战争，提出"反对战争，赞成中立！"的口号。1914 年 12 月，拥护资产阶级帝国主义政策、主张战争的叛徒集团（贝·墨索里尼等）被开除出党。意大利社会党人曾于 1914 年同瑞士社会党人一起在卢加诺召开联合代表会议，并积极参加齐美尔瓦尔德（1915 年）和昆塔尔（1916 年）国际社会党代表会议。但是，意大利社会党基本上采取中派立场。1916 年底意大利社会党在党内改良派的影响下走上了社会和平主义的道路。俄国十月社会主义革命胜利后，意大利社会党内的左翼力量增强。1919 年 10 月 5—8 日在波伦亚举行的意大利社会党第十六次代表大会通过了加入共产国际的决议，该党代表参加了共产国际第二次代表大会的工作。1921 年 1 月 15—21 日在里窝那举行的第十七次代表大会上，处于多数地位的中派拒绝同改良派决裂，拒绝完全承认加入共产国际的 21 项条件；该党左翼代表于 21 日退出代表大会并建立了意大利共产党。

# 致国际社会党委员会（I.S.K.）（节选）

## （不晚于 1915 年 9 月 12 日〔25 日〕）

2.9 月 25 日来信中把无产阶级的任务确定为：或者是为和平而斗争（如果战争继续下去的话），或者是"具体而详细地表述无产阶级对于各种和平建议和和平纲领的国际观点"（"den internationalen Standpunkt des Proletariats zu den verschiedenen Friedensvorschlägen und Programmen konkret und ins einzelne gehend zu umschreiben"）。这里特别着重提到民族问题（阿尔萨斯—洛林、波兰、亚美尼亚等）。

……

我们不能而且也不应当摆出一副"政界大人物"的架子去制定一些"具体的"和平纲领。相反，我们应当向群众解释，如果**不**开展革命的阶级斗争，任何想实现民主的（没有兼并、不使用暴力、不掠夺他国的）和平的愿望都是靠不住的。我们在宣言中一开始就坚决、清楚和明确地告诉了群众：战争的起因是帝国主义，帝国主义就是一小撮"大国""奴役"各民族，"奴役"全世界所有民族。这就是说，我们要帮助群众推翻帝国主义，否则就不可能实现没有兼并的和平。自然，推翻帝国主义的斗争是艰巨的，但是应当让群众知道斗争艰巨却又非进行不可这一**真理**。不应当让群众沉溺于不推翻帝国主义也可以实现和平的幻想之中。

3. 出于以上这些考虑，我们提议：

把下列问题列入扩大委员会（为拟定或综合和公布提纲或决议草案而设立的）即将召开的会议的议程和下一届国际代表会议（为最后审定通过决议而召开的）的议程；

（a）争取和平的斗争同群众的革命行动或无产阶级的革命阶级斗争的联系；

（b）民族自决；

（c）社会爱国主义和机会主义的联系。

我们要着重指出，**所有**这些问题在代表会议通过的宣言里都非常明确地**接触到了**，这些问题在原则上和在实践上都有非常重要的意义，无产阶级斗争的**任何一**个实际步骤，都**不能不**使社会党人和工会工作者碰上这些问题。

探讨这些问题之所以必要，就是为了促进群众争取和平、民族自决和社会主义的斗争，戳穿所谓进行这场战争是为了"保卫祖国"的"资本家谎言"（宣言语）。

选自《列宁全集》第 27 卷，人民出版社，2017，第 37—39 页。

# 真正的国际主义者：考茨基、阿克雪里罗得、马尔托夫（节选）

## （1915 年 9 月底）

"工人运动的国际化问题并不等同于我们的斗争形式和方法革命化的问题。"把一切都归结为机会主义而忽视"作为千百年历史过程产物的""爱国主义思想的""巨大力量"，这正是"一种意识形态上的解释……""应当力求在这个资产阶级社会范围内创造真正的**现实**〈黑体是阿克雪里罗得用的〉，创造客观的生活条件（起码为斗争中的工人群众创造），以削弱上面提到的那种依赖性"，即"群众对于历史上形成的民族的和国土的社会构成的依赖性"。阿克雪里罗得对自己的这个深奥的思想进行了解释，他说："譬如说，有关劳动保护和保险的立法，以及其他各种重要的政治要求，最后还有工人在文化教育方面的需要和愿望，都应当成为"各国无产者"**国际**〈黑体是阿克雪里罗得用的〉行动和**国际**组织的目标"。全部问题在于"使争取实现当前要求的'日常'斗争国际化……"

啊，这可真妙呀！可是有些超等怪物竟然想出要同机会主义作斗争！不满足于"意识形态上的"解释的真正国际主义——带着重标记的国际主义——和真正"马克思主义"原来是关心保险的立法的国际化!! 多么天才的思想……一切国际机会主义者，一切国际自由主义者，从劳合-乔治到弗·瑞曼，从勒鲁瓦-博利厄到米留可夫、司徒卢威、古契柯夫，都会不作任何"斗争、分裂、纷争"地举起双手赞成阿克雪里罗得、马尔托夫和考茨基的这个科学的、深刻的、客观的"国际主义"。

两种"国际主义的"妙论：考茨基说，如果我在帝国主义战争中，即在为了掠夺和奴役别国而进行的战争中保卫自己的祖国，并承认其他交战国的工人也有权利保卫他们自己的祖国，那么这就是真正的国际主义。阿克雪里罗得说，不要热衷于对机会主义作"意识形态上的"攻击，而应当同千百年来的民族主义进行实际斗争，其方法是实现保险法方面的日常工作的国际化（也是千百年的）。马尔托夫赞同阿克雪里罗得的意见！

阿克雪里罗得关于民族主义有千百年根源等论调和俄国农奴主在1861年前关于农奴制有千百年根源的论调政治意义完全相同。这些论调都是为反动派和资产阶级张目的，因为阿克雪里罗得避而不谈——很谦虚地避而不谈——几十年来特别是1871年以后的资本主义发展造成了各国无产者之间**客观上的**国际联系，而恰恰是现在，恰恰是当前应当在国际革命行动中把这种联系变成现实。阿克雪里罗得反对这样做。他主张提醒人们牢记奴役制度有千百年的根源，而反对旨在消灭奴役制度的行动！

选自《列宁全集》第27卷，人民出版社，2017，第58—60页。

# 论革命的两条路线（节选）

（1915 年 11 月 7 日〔20 日〕）

现在我们又重新走向革命。这是大家都看到的。连**赫沃斯托夫本人**也说，农民当前的情绪使人联想起 1905—1906 年。现在我们面前又有**同样的革命的两条路线，同样的**阶级关系对比，只是由于国际局势的改变而略有不同罢了。1905 年，整个欧洲资产阶级都支持沙皇政府——有的给它亿万金钱（如法国人），有的帮它训练反革命军队（如德国人）。1914 年爆发了欧洲大战；资产阶级在各个地方都暂时地战胜了无产阶级，把无产阶级卷入民族主义和沙文主义的浊流。在俄国，占人口多数的仍旧是小资产阶级群众，主要是农民。他们受到的首先是地主的压迫。在政治上，他们有的人还处于沉睡状态，有的人则动摇于沙文主义（"战胜德国"、"保卫祖国"）和革命之间。这些群众——和这种动摇——在政治上的代表，一方面是民粹主义者（劳动派和社会革命党人），另一方面是社会民主党中的机会主义者（《我们的事业》杂志、普列汉诺夫、齐赫泽党团、组织委员会），这些机会主义者从 1910 年起就下定决心沿着自由派工人政策的道路滑下去，到了 1915 年更堕落到波特列索夫、切列万宁、列维茨基、马斯洛夫等先生们的社会沙文主义的地步，或者说堕落到要求同这些人讲"统一"的地步。

……

托洛茨基的独创性理论从布尔什维克方面借用了号召无产阶级进行坚

决的革命斗争和夺取政权的口号，而从孟什维克方面借用了"否定"农民作用的思想。据他说，农民已经分化了，分化成不同的阶层了，他们能起的革命作用愈来愈小了；在俄国不可能进行"民族"革命，因为"我们是生活在帝国主义时代"，而"帝国主义不是使资产阶级民族同旧制度对立起来，而是使无产阶级同资产阶级民族对立起来"。

这真是一个"玩弄字眼"——玩弄帝国主义这个字眼的有趣的例子！如果说**在俄国**无产阶级已经同"资产阶级民族"对立起来，那就是说俄国已经直接面临**社会主义**革命！！那就是说"没收**地主**土地"这个口号（托洛茨基继 1912 年一月代表会议之后在 1915 年又加以重复的口号）是不正确的，那就是说不应该讲"革命工人"政府，而应该讲"工人**社会主义**"政府！！托洛茨基又说，无产阶级的坚决性能把"非无产阶级的〈！〉人民群众"也带动起来（第 217 号）。从这句话中可以看出，托洛茨基混乱到何等程度！！托洛茨基也不想一想：如果无产阶级能带动农村非无产阶级群众去没收地主土地，推翻君主制度，那也就是完成俄国"资产阶级民族革命"，那也就是建立无产阶级和农民的革命民主专政！

选自《列宁全集》第 27 卷，人民出版社，2017，第 96—98 页。

# 堕落到了极点(节选)

## (1915 年 11 月 7 日〔20 日〕)

激进的社会民主党人和革命的马克思主义者中的一些人蜕变为社会沙文主义者,这是所有交战国都有的一种普遍现象。沙文主义潮流如此迅猛、狂暴和强烈,以致各国都有许多没有气节或落伍的左派社会民主党人被它卷走。在俄国革命中就已表现出是个冒险家的帕尔乌斯,现在在他的小刊物《钟声》杂志[1](《Die Glocke》)中更是堕落到了……极点。他恬不知耻地、洋洋自得地为德国机会主义者辩护。他把自己过去崇拜的一切付之一炬[2];他"忘记了"革命派和机会主义派之间的斗争以及这两个派别在国际社会民主主义运动中的历史。他以那种自信会受到资产阶级赞许的小品文作者的放肆态度拍着马克思的肩膀"纠正"马克思,而丝毫未作认真的和严肃的批评。至于对那位恩格斯,他简直不屑一顾。他为英国的和平主义者和国际主义者辩护,为德国的民族主义者和狂热爱国主义者辩护。他骂英国的社会爱国主义者是沙文主义者和资产阶级的走狗,却把德国的社会爱国主义者尊称为革命的社会民主党人,同伦施、亨尼施、格龙瓦尔德拥抱接吻。他向兴登堡摇尾乞怜,要读者相信"德国总参谋部是支持俄国革命的",并下贱地颂扬这个"德国人民精神的体现者"和它的"强烈的革命情感"。他预言,德国通过保守派同一部分社会党人的联盟,通过发放"面包配给证"就可以毫无痛苦地过渡到社会主义。他是一个卑微的懦夫,以宽容的态度似赞成非赞成地对待齐美尔瓦尔德代表会议,他装模作样，似乎他没有觉察到在齐美尔瓦尔德代表会议的宣言中有很多地方是反对从帕尔乌斯和普列汉诺夫到科尔布和考茨基的形形色色的社会沙文主义的。

选自《列宁全集》第 27 卷，人民出版社，2017，第 100—101 页。

**注释：**

[1]《钟声》杂志（《Die Glocke》）是德国社会民主党党员、社会沙文主义者亚·李·帕尔乌斯办的刊物（双周刊），1915—1925 年先后在慕尼黑和柏林出版。

[2]把自己过去崇拜的一切付之一炬出自俄国作家伊·谢·屠格涅夫的长篇小说《贵族之家》，是书中人物米哈列维奇的诗句（原话是："把自己过去崇拜的东西付之一炬"），后来常被人们引用来譬喻背叛自己过去的信念。

# 机会主义与第二国际的破产[1]（节选）

## （不早于 1915 年 11 月 13 日〔26 日〕）

这些论点包含了为理解两大历史时代的根本区别所必需的全部重要思想。一个是 1789—1871 年这个时代，当时，欧洲发生的战争无疑大都关系到**重大的**"人民的利益"，即关系到强大的、涉及千百万人的、资产阶级进步的民族解放运动，关系到摧毁封建制度、专制制度和外国压迫。在这个基础上，而且也只有在这个基础上产生了"保卫祖国"、即保卫从中世纪制度下获得解放的资产阶级国家这个概念。只是在这个意义上社会党人才赞成"保卫祖国"。**在这个意义上**，即使是现在也不能不赞成例如保卫波斯或中国不受俄国或英国的侵略，保卫土耳其不受德国或俄国的侵略，保卫阿尔巴尼亚不受奥地利和意大利的侵略，等等。

1914—1915 年的战争，如巴塞尔宣言明确指出的，则属于完全不同的历史时代，具有完全不同的性质。这是一场强盗之间为了瓜分赃物和奴役别的国家而进行的战争。俄、英、法三国的胜利将置亚美尼亚、小亚细亚等于死地，——这是巴塞尔宣言**指出了的**。德国的胜利将置小亚细亚、塞尔维亚、阿尔巴尼亚等于死地。这也是巴塞尔宣言**指出了的**，这是所有社会党人都承认了的！大国（应读做：大强盗）的一切有关防御性战争或保卫祖国的言论，都是骗人的、荒谬的、虚伪的，它们进行战争是为了称霸世界，为了争夺市场和"势力范围"，为了奴役别的民族！难怪赞成保卫祖国的"社会党人"**害怕**提到和准确引述巴塞尔宣言，因为宣言**会揭穿**他

471

们的虚伪。巴塞尔宣言**证明**，在 1914—1915 年的战争中赞成"保卫祖国"的社会党人只在口头上是社会主义者，实际上是沙文主义者。他们是社会沙文主义者。

认为这场战争关系到民族解放利益，会得出社会党人的一种策略。认为这场战争是帝国主义的、侵略性的强盗战争，则会得出另一种策略。巴塞尔宣言明确地表述了这另一种策略。它说：战争将引起"经济和政治危机"。必须"利用"这种危机，来"加速资本统治的崩溃"。这些话**承认社会革命已经成熟，已有可能，它将随战争而到来**。宣言直接举了公社和 1905 年的例子，即举了革命、罢工、国内战争的例子，宣告说："统治阶级"害怕"无产阶级革命"。有人说社会党人"没有讨论过"、"没有决定过"对战争的态度问题，这是撒谎。巴塞尔宣言**决定了**这个策略：无产阶级革命行动和国内战争的策略。

......

在 1914—1915 年这场战争中"保卫祖国"的**经济**实质是什么呢？巴塞尔宣言已经作了答复。**所有**大国进行战争都是为了进行掠夺，瓜分世界，为了争夺市场，为了奴役其他民族。资产阶级会因此而增加利润。工人官僚和工人贵族以及"参加"工人运动的小资产阶级（知识分子等）这个人数不多的阶层可望从这些利润中分得**一点油水**。"社会沙文主义"（这个术语要比社会爱国主义确切，因为后者把坏事美化了）和机会主义的经济基础是一样的，都是工人运动中的"上层"这个人数极少的阶层同"自己"国家的资产阶级联合起来**反对**无产阶级群众。资产阶级的**奴仆**同资产阶级联合起来反对受资产阶级剥削的**阶级**。社会沙文主义是登峰造极的机会主义。

......

实际上现在社会民主党内两个派别的区别根本不在口头上，不在言词上。在把"保卫祖国"（即保卫资产阶级的掠夺行为）同社会主义、国际主义、民族自由等词句结合起来这一方面，王德威尔得、列诺得尔、桑巴、海德门、韩德逊、劳合-乔治等人丝毫不比列金、休特古姆、考茨基和哈阿兹逊色！真正的分界线，就在于完全否认在当前这场战争中保卫祖国，承认由于这场战争而**在战争期间和**战争**以后**采取革命行动。但是，在这个唯一严肃、唯一实际的问题上，考茨基和科尔布、海涅却是完全一致的。

选自《列宁全集》第 27 卷，人民出版社，2017，第 103—111 页。

**注释：**

[1]《机会主义与第二国际的破产》一文写于 1915 年底。保留下来的手稿不够完整，共有 10 页笔记本纸，每一页都写得满满的，但字迹清晰，并编了页码，另外还有未编页码的半张纸。文章首次发表于 1924 年《无产阶级革命》杂志第 5 期。列宁稍晚又用德文写了同一题目的另一篇文章。该文（见《列宁全集》2017 年版第 27 卷第 117—130 页）于 1916 年 1 月发表在齐美尔瓦尔德左派的理论机关刊物《先驱》杂志第 1 期上。两篇文章在文字上略有不同。

# 机会主义与第二国际的破产[1]（节选）

## （不早于 1915 年 11 月 17 日〔30 日〕）

　　资本帝国主义时代是成熟的、而且过度成熟的资本主义时代，这时的资本主义已面临崩溃的前夜，已成熟到要让位给社会主义的地步了。1789—1871 年这个时代是进步的资本主义的时代，当时摆在历史日程上的是推翻封建制度、专制制度，摆脱外国奴役。在这个基础上，而且也**只有**在这个基础上，才容许"保卫祖国"，即保卫祖国不受压迫。这个概念现在也还适用于**反对**帝国主义大国的战争，可是要把它应用于帝国主义大国**之间**的战争，应用于决定谁能更多地掠夺巴尔干国家和小亚细亚等等的战争，那是荒谬的。因此无怪乎在这次战争中赞成"保卫祖国"的"社会党人"，像小偷躲避他偷过东西的地方那样避开巴塞尔宣言。因为宣言证明，他们是社会沙文主义者，即口头上的社会主义者，实际上的沙文主义者，他们帮助"自己的"资产阶级去掠夺别的国家，奴役别的民族。"沙文主义"这个概念的实质就是：即使在"自己"祖国的行为是为了奴役别人的祖国的时候，还是要保卫"自己的"祖国。

　　认为这场战争是民族解放战争，会得出一种策略，认为这场战争是帝国主义战争，则会得出另一种策略。宣言明确地指出了这第二种策略。战争"将引起经济和政治危机"，必须"利用"这种危机——不是为了缓和危机，不是为了保卫祖国，相反，是为了"**激发**"群众，为了"加速资本家的阶级统治的崩溃"。历史条件还没有成熟的事情，是不能够加速的。

474

宣言认为：社会革命**已有可能**，它的先决条件**已经成熟**，它将正是**随战争而到来**。宣言举了**巴黎公社和俄国 1905 年革命**的例子，即举了群众罢工和国内战争的例子，宣告说，"统治阶级"害怕"无产阶级革命"。有人像考茨基那样，硬说社会党对**这次**战争的态度当时并未详细说明，这是撒谎。这个问题在巴塞尔大会上不仅讨论过，而且作出了决定，会上通过了进行革命无产阶级群众性斗争的策略。

有人竟完全避开巴塞尔宣言或避开其中最重要的部分，而援引某些领袖的言论或个别党的决议，这是令人愤慨的伪善态度，因为第一，这些是在巴塞尔大会**以前**发表的；第二，这些并不是全世界各国党共同通过的决议；第三，这些是针对**可能发生的**各种各样的战争，唯独不是针对当前这场战争说的。问题的实质在于，欧洲各大国间的民族战争时代已经被它们之间的帝国主义战争的时代所代替了，巴塞尔宣言当时必须首先正式承认这个事实。

……

资产阶级的聪明的代表人物非常明白这一点。正因为如此，他们极力称赞现在那些以"祖国保卫者"（即帝国主义掠夺的保卫者）为首的社会党。正因为如此，各国政府都对社会沙文主义领袖们给以报酬，——不是酬以阁员的职位（在法国和英国），就是让他们享有合法地不受干扰地存在的特权（在德国和俄国）。正因为如此，在社会民主党力量最强大而又最明显地变成了民族主义自由派的**反革命**工人政党的德国，检察机关竟把"少数派"与"多数派"的斗争看做"阶级仇恨的激发"！正因为如此，聪明的机会主义者极力设法使那些在 1914—1915 年间对资产阶级帮过大忙的旧党保持原先的"统一"。1915 年 4 月，德国社会民主党的一个党员用"**莫尼托尔**"的笔名在反动杂志《普鲁士年鉴》上发表了一篇文章，他以值得感谢的坦率精神表达了世界各国的这些机会主义者的观点。莫尼托尔认为，如果社会民主党**继续向右转**的话，那对资产阶级是很危险的。"它应当保持具有社会主义理想的工人政党的性质。因为它一旦放弃了这一点，就会出现一个新的政党把被摒弃的纲领接过来，而且把它表述得更加

激进。"（1915 年《普鲁士年鉴》第 4 期第 50—51 页）

……

四协约国社会沙文主义者的典型代表人物普列汉诺夫对于革命策略的评价和大卫一样，他把这种策略叫做"梦幻般的闹剧"。但是，让我们听听**科尔布**这个露骨的机会主义者的言论吧，他写道："实行李卜克内西周围那些人的策略的后果，将是德意志民族内部的斗争达到沸点。"（《处在十字路口的社会民主党》第 50 页）

但是，什么是斗争达到沸点呢？那不就是国内战争吗？

我们党中央的策略大体上是与齐美尔瓦尔德左派的策略一致的，如果这个策略真像大卫、普列汉诺夫、阿克雪里罗得、考茨基等所说的那样，是"狂妄的"，是"梦想"、"冒险"、"巴枯宁主义"，那它就根本不能引起"民族内部的斗争"，更不要说使斗争达到沸点了。无政府主义的空话在世界上任何地方都没有引起过民族内部的斗争。而事实表明，正是在1915 年，正是在战争引起的危机的基础上，群众的革命风潮日益加剧，俄国的罢工和政治示威，意大利和英国的罢工，德国的饥民游行示威和政治示威此起彼伏。这不正是群众性的革命行动的开始吗？

选自《列宁全集》第 27 卷，人民出版社，2017，第 118—129 页。

**注释：**

[1] 这一篇《机会主义与第二国际的破产》是用德文写的，发表于在伯尔尼用德文出版的齐美尔瓦尔德左派的理论机关刊物《先驱》杂志第 1 期。该杂志共出了两期（1916 年 1 月第 1 期和 1916 年 4 月第 2 期），正式出版人是罕·罗兰-霍尔斯特和安·潘涅库克。列宁参与了杂志的创办和把第 1 期译成法文的组织工作。杂志曾就民族自决权和"废除武装"口号问题展开讨论。

# 德国社会民主党和民族自决权[1]

## （1915 年）

德国社会民主党曾经是第二国际的最强大最有影响的党。因此，一方面，它对第二国际的破产负有最主要的责任，另一方面，它的例子，它的经验，对于研究国际破产的原因，对于分析同扼杀了这个党的机会主义作斗争的措施、方法和途径都**最为重要**。

扼杀了德国社会民主党并把它变为民族主义自由派工人政党的机会主义，在1914—1915 年大战期间以社会沙文主义的形式表现了出来。

选自《列宁全集》第 27 卷，人民出版<br>社，2017，第 239 页。

**注释：**

[1] 看来这是一篇未完成的文章的开头。

# 致维·阿·卡尔宾斯基

## （1916 年 2 月 24 日）

　　亲爱的维·卡·：对不起，我有件事要麻烦您。我作专题报告需要用一号巴黎《呼声报》（《我们的言论报》的前身），在这号报纸上**谢姆柯夫斯基**曾就民族自决问题反驳过我，并且在一个**注释**（我记得是一个注释）中专门谈到把民族分离权和**离婚权**作**比较**的问题。什么时候您需要，我会立即把这份报纸退给您。如果这份报纸不能寄来，能不能把这个注释抄下来寄给我（注释不长）。[1]您的图书馆里或者日内瓦的什么人那里也许有全套《呼声报》？后天星期六，我就要在这里作专题报告了。所以，如果不能在星期六早晨寄到我手里的话，那也就完全不必寄了。

　　敬礼，再见！

您的　**列宁**

选自《列宁全集》第 47 卷，人民出版
社，2017，第 247 页。

**注释：**

　　[1] 说的是 1915 年 3 月 21 日《我们的言论报》第 45 号上刊登的谢·尤·谢姆柯

夫斯基的文章《就国家建设问题纸上谈兵》。作者给文章加的一条注释说："'分离权'的拥护者们为自己辩护说，他们只是维护抽象的'权利'，而不是具体地鼓动分离，因为承认离婚权并不意味着鼓动离婚。可是在用'夫人，所有的男子都比您的丈夫强'这样的话来论证'离婚权'时，维护'权利'和直接鼓动离婚就没法区分开了。"

# 俄国社会民主工党中央委员会向社会党 第二次代表会议提出的提案[1]（节选）

## （1916 年 2—3 月）

1. 一切战争都不过是各交战国及其统治阶级战前多年内、有时是几十年内所推行的政治通过暴力手段的继续；同样，结束任何一场战争的和平，也只能是在这场战争的进程和结果中所达到的实际力量变化的记录和记载。

2. 在现存的即资产阶级的社会关系的基础没有被触动的情况下，帝国主义战争只能导致帝国主义的和平，也就是说，只能巩固、扩大和加强金融资本对弱小民族和国家的压迫。金融资本不但在这场战争以前而且在战争进行中有了特别巨大的增长。**两个**大国集团的资产阶级和政府无论在战前或在战争期间所推行的政治，其客观内容都导致经济压迫、民族奴役和政治反动的加强。因此，在保存资产阶级社会制度的条件下，不管战争结局如何，结束这场战争的和平都只会使群众的经济政治地位的这种恶化固定下来。

如果认为从帝国主义战争可以产生民主的和平，那在理论上就是用庸俗的空谈代替对在这场战争之前和在战争期间所推行的政治的历史分析，在实践上就是欺骗人民群众，模糊他们的政治意识，掩盖和粉饰统治阶级为未来的和平作准备的实际政治，向群众隐瞒一个主要的道理，即不经过一系列的革命，就不可能有民主的和平。

3. 社会党人并不放弃争取改良的斗争。例如，他们现在也应当在议会内投票赞成任何改善群众生活状况的措施——哪怕是不大的改善也好——，赞成增加遭破坏地区居民的救济金，赞成减轻民族压迫，等等。但是，如果鼓吹用改良来解决历史和实际政治形势以革命方式提出的问题，那就是资产阶级的欺骗。这场战争提到日程上来的，正是这样的问题。这是帝国主义的根本问题，即资本主义社会的存亡问题，按照各"大"国的新的力量对比重新瓜分世界以推迟资本主义崩溃的问题。这些大国最近几十年来不但发展得异常迅速，而且特别重要的是，发展得极不平衡。改变社会力量对比而不是只用空谈来欺骗群众的那种实际的政治活动，在当前只能是下列两种形式之一：或者是帮助"自己"国家的资产阶级掠夺别国（并且把这种帮助叫做"保卫祖国"或"拯救国家"），或者是帮助无产阶级的社会主义革命，支持并且加强所有交战国群众中开始掀起的风潮，支持业已开始的罢工、游行示威等等，扩大和加强这些暂时还很微弱的群众革命斗争的表现，促使它们发展成为无产阶级推翻资产阶级的总攻。

现在，一切社会沙文主义者都在欺骗人民，说什么某个资本主义强盗集团发动了"不光明正大的"进攻，而某个集团在进行"光明正大的"防卫，用这一类假话来掩饰通过这场战争所继续的资本家的实际政治，即帝国主义政治。同样，空谈所谓"民主的和平"，似乎现在资本家和外交家已在准备的未来的和平能够"轻而易举地"消除"不光明正大的"进攻，恢复"光明正大的"关系，而不是同一种政治，即帝国主义政治，即金融掠夺、殖民地抢劫、民族压迫、政治反动和百般加剧资本主义剥削这种政治的继续、发展和加强，这也完全是欺骗人民。资本家和他们的外交家目前正需要这样的"社会党人"充当资产阶级的奴仆，需要这些奴仆用"民主的和平"的空话来蒙蔽、愚弄和麻醉人民，用这种空话掩盖资产阶级的实际政治，使群众难以看出它的实质，引诱群众脱离革命斗争。

4. 现在第二国际最有名的代表人物正在制定的"民主的"和平纲领，正是这种资产阶级骗局和伪善。例如，第二国际最有威望和最有"理论修养"的正式代表胡斯曼在阿纳姆召开的代表大会上[2]、考茨基在《新时代》杂志上，都表述了这个纲领：在帝国主义政府缔结和约以前，不进行革命斗争；暂时在口头上反对兼并和赔款，主张民族自决，主张对外政策民主化，用仲裁法庭来解决各国之间的国际冲突，裁军，建立欧洲联邦[3]，等等，等等。

考茨基说伦敦代表会议（1915 年 2 月）和维也纳代表会议（1915 年 4 月）一致确认了这个纲领的主要之点，即"民族独立"，他用这个事实来证明在这个问题上"国际的意向一致"，这样，考茨基就极其明显地暴露了这个"和平纲领"的真实的政治意义。这样，考茨基就向全世界公开批准了社会沙文主义者明目张胆欺骗人民的行为。这些社会沙文主义者伪善地、毫不负责地和毫无用处地在口头上承认民族"独立"或民族自决，同时又支持"自己的"政府进行帝国主义战争，虽然**双方**进行这场战争都在不断地破坏弱小民族的"独立"，都是**为了**巩固和扩大对弱小民族的压迫。

这个极其流行的"和平纲领"的客观作用，就是使工人阶级更加听命于资产阶级，因为它要开始展开革命斗争的工人同沙文主义领袖"和解"，抹杀社会主义运动中的严重危机，以便恢复各社会党战前状况，而正是这种状况使大多数领袖都转到资产阶级方面了。这种"考茨基主义"政策之所以对无产阶级的危害更大，是因为它用漂亮的言词装潢起来，并且不仅在德国，而且在世界各国都得到了推行。例如，在英国实行这种政策的是大多数领袖；在法国有龙格、普雷斯曼等；在俄国有阿克雪里罗得、马尔托夫、齐赫泽等。齐赫泽用"拯救国家"的字眼来掩盖在这场战争中"保卫国家"的沙文主义思想，他一方面在口头上赞成齐美尔瓦尔德决议，另一方面在党团的正式声明中赞扬胡斯曼在阿纳姆大会上臭名远扬的演说，而且无论在杜马讲坛上或在报刊上，他实际上都不反对工人参加军事工业委员会，并且继续给赞成参加的报纸撰稿。在意大利实行这种政策的有特雷维斯：见 1916 年 3 月 5 日意大利社会党的中央机关报《**前进报**》[4]，该报警告说，要揭露特雷维斯及其他"改良主义的可能派"，揭露那些"不择手段地阻挠党的执行委员会和奥迪诺·莫尔加利促进齐美尔瓦尔德联盟和建立新国际的行动的人"，等等。

5. 现在"和平问题"中的主要问题就是兼并问题。正是在这个问题上最清楚不过地看出目前盛行的社会党人的伪善言论以及真正社会主义的宣传鼓动任务。

必须说明什么是兼并，社会党人为什么和应当怎样反对兼并。不能认为**凡是**把"他人的"领土归并起来就是兼并，因为一般来说，社会党人是赞成铲除民族之间的疆界和建立较大的国家的；不能认为凡是破坏现状就是兼并，因为这样看是极其反动的，是对历史科学的基本概念的嘲弄；也不能认为凡是用武力归并的就是兼并，因为社会党人不能否定对大多数人民有利的暴力和战争。只有**违背**某块领土上的居民的**意志**而归并这块领土，才应当算是兼并；换句话说，兼并的概念是和民族自决的概念不可分割地联系着的。

但是，正因为这场战争从参战的大国集团**双方**来说都是帝国主义性质的，所以在这个战争的基础上就会产生而且已经产生这样一种现象：如果正在实行兼并或者已经实行兼并的是敌国的话，资产阶级和社会沙文主义者就竭力"反对"兼并。显然，这种"反对兼并"和这种在兼并问题上的"意向一致"，完全是伪善的。显然，那些拥护为阿尔萨斯—洛林而战的法国社会党人，那些不要求阿尔萨斯—洛林、德属波兰等地有从德国分离的自由的德国社会党人，那些把沙皇政府重新奴役波兰的战争叫做"拯救国家"、在"没有兼并的和约"的名义下要求将波兰归并俄国的俄国社会党人，等等，等等，**实际上都是兼并主义者**。

为了使反对兼并的斗争不是伪善的或流于空谈，为了使这一斗争能真正用国际主义精神教育群众，就必须使这个问题的提法能够让群众看清目前在兼并问题上流行的骗局，而不是掩盖这种骗局。各国社会党人光在口头上承认民族平等，或者唱高调，赌咒发誓，说他们反对兼并，这是不够的。他们还必须立即无条件地要求给**他们自己的**"祖国"压迫的殖民地和民族以**分离的自由**。

缺少这个条件，就连齐美尔瓦尔德宣言所承认的民族自决和国际主义原则，顶多也不过是僵死的文字。

选自《列宁全集》第 27 卷，人民出版社，2017，第 296—300 页。

**注释：**

[1] 《俄国社会民主工党中央委员会向社会党第二次代表会议提出的提案》是按照国际社会党委员会《告所属各政党和团体书》的要求写的，公布于1916年2月29日国际社会党委员会《公报》第3号。

　　这个文件完稿后，列宁安排力量把它译成了德文和法文，并把它分寄给布尔什维克各国外支部以及法国、瑞典、英国等国的左派国际主义者。列宁写道："应在代表会议前的数周内使所有左派和同情者都能看到并加以讨论。"在昆塔尔会议期间举行的左派会议上也讨论了这一文件。

　　文件现存两种稿本：定稿和初稿。这里收载的是定稿。文件的要点及初稿收在《列宁全集》2017年版第27卷《附录》中。

[2] 指社会党国际局书记卡·胡斯曼1916年1月9日在荷兰社会民主工党阿纳姆非常代表大会上作的关于国际的活动的报告。他在报告中证明第二国际"没有死亡"，并提出了"民主的和平"的改良主义纲领。列宁在《有关民族问题的"和平条件"的报告提纲》（参看《列宁文稿》人民出版社第14卷第23—44页）中批评了胡斯曼的这一纲领。

[3] 欧洲联邦是资产阶级政治家在第一次世界大战以前提出并在战争期间得到广泛传播的一个口号。在各国社会民主党人中也有人宣传这一口号。列宁在第一次世界大战爆发后所写的《革命的社会民主党在欧洲大战中的任务》和《战争和俄国社会民主党》这两个文件中曾把建立共和制的欧洲联邦作为社会民主党当前口号之一（见《列宁全集》2017年版第26卷第6、17页）。后来经过进一步分析，列宁认为"欧洲联邦"的口号是不正确的。关于这个问题，见列宁的《论欧洲联邦口号》和《为俄国社会民主工党中央的宣言〈战争和俄国社会民主党〉加的注释》（《列宁全集》2017年版第26卷）。

[4] 《前进报》（《Avanti!》）是意大利社会党中央机关报（日报），1896年12月在罗马创刊。第一次世界大战期间，该报采取不彻底的国际主义立场。1926年该报被贝·墨索里尼的法西斯政府查封，此后在国外不定期地继续出版。1943年起重新在意大利出版。

# 致亚·加·施略普尼柯夫(节选)

## （1916 年 6 月 17 日以前）

今天娜·康·在信中谈到自决问题。我们**不**主张分得很小。可是，**兼并**问题呢？布哈林及其同伙（像拉狄克跟罗莎·卢森堡和潘涅库克一样）没有动脑筋想过，"反对新旧兼并"（拉狄克**在报**刊上提出的说法）是什么意思呢?? 其实，这**也就是**"民族自决"，只是说法**不同**而已。

选自《列宁全集》第 47 卷，人民出版社，2017，第 338 页。

# 无产阶级革命的军事纲领[1]（节选）

## （1916 年 8 月 9 日〔22 日〕以前）

 

有一位看到过巴黎公社的资产者，1871 年 5 月曾在一家英国报纸上写道："如果法兰西民族都是妇女，那是一个多么可怕的民族啊！"[2] 在公社时期，妇女和 13 岁以上的儿童同男子并肩战斗。在未来的推翻资产阶级的战斗中，也不可能不是这样。无产阶级的妇女决不会坐视武装精良的资产阶级去枪杀武装很差或手无寸铁的工人，她们会像 1871 年那样，再次拿起武器，而且从目前"被吓倒了的"或灰心丧气的民族中，正确些说，从目前与其说是被各国政府破坏不如说是被机会主义者破坏的工人运动中，虽然迟早不定，但无疑会产生一个革命无产阶级的"可怕的民族"的国际同盟。

……

这一切都不是什么新奇的事情。像《哨兵报》[3]、《民权报》[4]、《伯尔尼哨兵报》这几家优秀的报纸都已经在这样做，只可惜还做得不够。只有通过这样的活动，阿劳党代表大会[5]的出色的决议才不致仅仅是一个出色的决议。只要提出一个问题就够了："废除武装"的要求是不是符合社会民主党工作的**这种方针**？

显然，不符合。废除武装客观上符合工人运动中机会主义的、狭隘民族的、受小国眼界限制的路线。废除武装客观上是小国地地道道民族的、

486

特殊民族的纲领，而决不是国际革命社会民主党的国际性的纲领。

选自《列宁全集》第 28 卷，人民出版

社，2017，第 92—97 页。

**注释：**

[1] 《无产阶级革命的军事纲领》一文（列宁在通信中称之为《论废除武装》）是用德文写的。根据列宁 1916 年 8 月间给格·叶·季诺维也夫的信（见《列宁全集》2017 年版第 47 卷第 297 号文献），本文应写于 1916 年 8 月 9 日以前，原拟在瑞士、瑞典和挪威的左派社会民主党人的刊物上发表，但是当时没有刊登出来。同年 9 月，列宁用俄文加以改写，以《论"废除武装"的口号》为题发表于 1916 年 12 月出版的《〈社会民主党人报〉文集》第 2 辑（见《列宁全集》2017 年版第 28 卷第 171—181 页）。

本文最初的德文原稿到 1917 年 9 月和 10 月才在国际社会主义青年组织联盟的机关刊物《青年国际》杂志的第 9 期和第 10 期上发表出来。杂志编辑部给文章加了如下按语："现在，当列宁成为一位大家谈得最多的俄国革命活动家的时候，下面登载的这位钢铁般的老革命家的一篇阐明他的大部分政治纲领的文章，会引起人们特殊的兴味。本文是列宁 1917 年 4 月离开苏黎世前不久送交本刊编辑部的。"《无产阶级革命的军事纲领》这一标题看来是《青年国际》杂志编辑部加的。

[2] 这句话见于 1871 年 5 月英国《每日新闻报》，普·奥·利沙加勒《1871 年公社史》曾经引用过（见该书 1962 年三联书店版第 211 页）。

[3] 《哨兵报》（《La Sentinelle》）是纳沙泰尔州（瑞士法语区）瑞士社会民主党组织的机关报，1890 年创刊于绍德封。1906—1910 年曾停刊。第一次世界大战期间，该报持国际主义立场。1914 年 11 月 13 日该报第 265 号曾摘要发表了俄国社会民主党中央委员会宣言《战争和俄国社会民主党》（见《列宁全集》2017 年版第 26 卷）。

[4] 《民权报》（《Volksrecht》）是瑞士社会民主党、苏黎世州社会民主党组织和

苏黎世工人联合会的机关报（日报），1898 年在苏黎世创刊。第一次世界大战期间，该报刊登过一些有关工人运动的消息和齐美尔瓦尔德左派的文章。第一次世界大战后，该报反映瑞士社会民主党的立场，反对该党加入共产国际，不接受加入共产国际的 21 项条件。

[5] 指 1915 年 11 月 20—21 日在阿劳举行的瑞士社会民主党代表大会。这次代表大会的中心议题是瑞士社会民主党对齐美尔瓦尔德联盟的态度问题。围绕这个问题，瑞士社会民主党内的三派——反齐美尔瓦尔德派（海·格罗伊利希、保·伯·普夫吕格尔等）、齐美尔瓦尔德右派的拥护者（罗·格里姆、厄·保·格拉贝等）和齐美尔瓦尔德左派的拥护者（弗·普拉滕、恩·诺布斯等）——展开了斗争。格里姆提出了一个决议案，建议瑞士社会民主党加入齐美尔瓦尔德联盟并赞同齐美尔瓦尔德右派的政治路线。瑞士左派社会民主党人以洛桑支部名义对格里姆的决议案提出修正案，建议承认展开群众性的反战革命斗争是必要的，并声明只有胜利的无产阶级革命才能结束帝国主义战争。在格里姆的压力下，洛桑支部撤回了这个修正案，可是由瑞士社会民主党的一个组织选派参加代表大会并拥有表决权的布尔什维克莫·马·哈里东诺夫重新把它提了出来。格里姆及其拥护者从策略上考虑支持了修正案。结果，左派的修正案以 258 对 141 票的多数被通过。

# 致尼·达·基克纳泽（节选）

## （不早于 1916 年 10 月）

亲爱的同志：

您来信叙述了日内瓦的争论[1]，甚为感激，我们很需要知道读者的反应。可惜，我们很难得知道这些反应。

卢那察尔斯基、失业者及其同伙，是一群没有头脑的人。

我建议把问题直截了当地向他们提出来：让他们提出**书面**提纲（然后公布于报刊），要简单、明确（像我们的决议那样）——（1）关于自决（我们党纲的第 9 条）。他们是否同意 1913 年的决议？

如果不同意，为什么不表示意见？为什么不提出自己的决议？

（2）**为什么**他们否定在**当前**战争中保卫祖国？

（3）他们**怎样**提出"保卫祖国"这个问题？

（4）他们怎样对待民族战争

和（5）——民族起义？

让他们回答！

我敢打赌，他们一定会像小孩子一样糊里糊涂。他们对"民族"和"保卫祖国"的历史性质这个问题**一窍**不通。

选自《列宁全集》第 47 卷，人民出版社，2017，第 433—434 页。

**注释：**

［1］指《〈社会民主党人报〉文集》第 1 辑出版以后在民族问题上展开的争论。阿·瓦·卢那察尔斯基和德·扎·曼努伊尔斯基（失业者）在演说中攻击列宁关于"保卫祖国"和关于民族自决权问题的论点。尼·达·基克纳泽在争论中发言反对卢那察尔斯基和曼努伊尔斯基的观点。

# 整整十个"社会党人"部长(节选)

## (1916 年 10 月 24 日〔11 月 6 日〕)

事业确实在前进。第二国际在迅速前进,——向同民族主义自由派政策完全融合前进。德国极端的机会主义者和社会沙文主义者的战斗机关报开姆尼茨《人民呼声报》[1]引用了这个电报,并且挖苦说:"社会党国际局书记毫无保留地祝贺社会民主党人接受部长职位。但是在战前不久,各国党的代表大会和历次国际代表大会都曾激烈地反对这样做!时间在变化,人们的观点也在变化,对这个问题的观点也在变化。"

……

丹麦形成为民族国家是在 16 世纪,丹麦的人民群众早已完成了资产阶级解放运动。丹麦百分之九十六以上的人口是在本国出生的丹麦人。德国的丹麦人不到 20 万(丹麦的人口共 290 万)。因此可以断定,丹麦资产阶级谈论什么建立"独立的民族国家"是当前任务,这是多么拙劣的资产阶级欺人之谈!丹麦的资产者和君主派在 20 世纪说这样的话,他们现在**占领的殖民地**的人口几乎等于德国的丹麦人的数目,而且丹麦政府正在拿这些殖民地的人民**做交易**。

选自《列宁全集》第 28 卷,人民出版社,2017,第 201—202 页。

**注释：**

[1]《人民呼声报》（《Volksstimme》）是德国社会民主党报纸（日报），1891 年 1 月—1933 年 2 月在开姆尼茨出版。1907—1917 年担任该报主编的是右派社会民主党人恩·海尔曼。第一次世界大战期间，该报采取社会沙文主义立场。

# 瑞士社会民主党内齐美尔瓦尔德左派的任务[1]（节选）

## （1916 年 10 月底—11 月初）

第二，必须尽一切努力，在瑞士的德意志、法兰西和意大利工人中间建立一个**统一的**，在工人运动整个实践中真正统一的，同样坚决、同样有原则地跟法兰西人（瑞士罗曼语区的）、德意志人、意大利人的社会爱国主义进行斗争的**国际主义**派别。本纲领应当成为瑞士境内**所有三种**主要民族或语言的工人的共同的、统一的纲领的基础。如果不能使瑞士各民族中站在革命的社会民主党方面的工人打成一片，国际主义就是一句空话。

选自《列宁全集》第 28 卷，人民出版社，2017，第 214 页。

**注释：**

[1] 这是列宁为瑞士社会民主党内齐美尔瓦尔德左派准备的提纲，原文是俄文和德文，并译成了法文。提纲分寄给了在瑞士的各布尔什维克支部和瑞士左派社会民主党人，供他们在会议上讨论。《列宁全集》2017 年版第 28 卷《附录》中还收有列宁写的《〈瑞士社会民主党内齐美尔瓦尔德左派的任务〉提纲的要点》和《为讨论瑞士社会民主党内齐美尔瓦尔德左派的任务而准备的

提纲要点》。关于这个提纲的其他准备材料，参看《列宁文稿》人民出版社版第 14 卷第 128—133 页。

　　第一次世界大战期间，列宁住在瑞士。他在领导布尔什维克党的活动的同时，还极为关注瑞士左派社会民主党人的活动，经常参加他们的会议，提出自己的忠告。据当时和列宁时常会面的苏黎世医生、瑞士社会民主党人 F. 布罗伊巴赫尔回忆，列宁十分关心苏黎世工人组织中的情绪，如果哪次会议要讨论重要问题，他一定去参加。例如，他曾参加过木材加工业工人讨论青年节的一次会议，参加过苏黎世工人联合会关于战争问题的几次会议，还参加过在苏黎世市霍廷根区召开的青年会议，在这次会议上弗·普拉滕谈到拒绝服兵役和在军队中进行革命宣传等问题。

# 致伊·费·阿尔曼德(节选)

## (1916 年 11 月 20 日)

今天在这里举行了左派的会议。**没有**全部出席，总共有 2 名瑞士人+2 名外国人（德意志人）+3 名俄国—犹太—波兰人①……糟得很！我认为基本上将会一无所成。第二次会议拟在 10 天后举行……他们都很为难，因为全部问题恰恰在于同格里姆进行战斗，而他们的力量太薄弱。这过些时候就会见分晓。

关于妇女问题，我同意您的补充。

提纲中曾提到社会民主党人（1）在**瑞士**（2）目前绝不应当投票赞成军事拨款，您在这一点上大作文章。要知道，在提纲开头一**直**谈的是**当前的帝国主义战争**，仅仅是这一次战争。

"工人没有祖国"——这就是说：（α）他们的经济地位（雇佣劳动制）不是民族的，而是国际的；（β）他们的阶级敌人是国际的；（γ）他们解放的条件也是国际的；（δ）他们的国际团结比民族团结**更为重要**。

是不是可以由此得出结论说，**当任务是要**推翻异族的压迫**时**，也**不应当战斗**呢?? 应当还是不应当?

殖民地争取解放的战争呢？

爱尔兰反对英格兰的战争呢？

---

① 也没有作专题报告，而只是座谈。

难道起义（民族的）不是保卫祖国吗？

我把我就这个问题驳斥基辅斯基的文章[1]寄给您。

选自《列宁全集》第 47 卷，人民出版
社，2017，第 439 页。

**注释：**

[1] 指《论面目全非的马克思主义和"帝国主义经济主义"》。

# 对论最高纲领主义的文章的意见[1]（节选）

## （1916 年 12 月 7 日〔20 日〕以后）

还不要忘记被潘涅库克+拉狄克所忘记的一点，即帝国主义就是少数最富强的民族对附属民族的千百万人的剥削。因此，最富强的民族，**在保持着**对附属民族的统治的**情况下**，在其内部**可能实现**最充分的民主。奴隶制的古希腊是这样。现在的新西兰和英国也是这样。

我看，民族自决根本不能作为"最重要的东西"提出：您这是走得比我们迄今所说的远出十倍。这样做，您会迫使我和——啊，多么可怕！——和布哈林联合起来反对您！！！

选自《列宁全集》第 28 卷，人民出版社，2017，第 220—222 页。

**注释：**

[1] 这个文献是列宁对格·叶·季诺维也夫论最高纲领主义的文章所提的意见。季诺维也夫的文章原准备在《共产党人》杂志或《社会民主党人报》上发表，后来没有刊出。

# 致尼·达·基克纳泽

## （1916 年 12 月 14 日以后）

亲爱的同志：

您不同意我的关于目前的帝国主义战争**也可能**转化为民族战争的意见。

您的论据呢？"我们势必要保卫帝国主义祖国……"

难道这合乎逻辑吗？如果"**帝国**主义"祖国依然存在，那么战争又怎能成为民族战争呢??

依我看，拉狄克和国际派提纲第 5 条[1]关于"可能性"的议论在理论上是错误的。

马克思主义是以事实，而不是以可能性为依据的。

马克思主义者**只能**以经过严格证明和确凿证明的**事实**作为自己的政策的前提。

我们的（党的）决议①正是这样做的。

如果有人**否定**它而提出"不可能"，我的回答是：不对，这是非马克思主义，死公式。任何的转化都是**可能的**。

所以，我举出了历史事实（1792—1815 年的战争）。我举例子是要说明即使在目前也可能发生类似情况（如果历史**倒退**的话）。

---

① 见《列宁全集》2017 年版第 26 卷第 163—169 页。——编者注

我看，**您**是把可能的东西（关于可能，**不是我**开始谈的!!）和现实的东西混淆起来了，因为您以为承认可能性便可以改变策略。这不合逻辑到了极点。

我认为，可能一个社会民主党人会转化为一个资产者，**反之亦然**。

这是无可争辩的真理。能否由此得出结论说，我现在就认为**目前的资产者**普列汉诺夫是社会民主党人呢？不，不能。那么怎么对待可能呢？让我们等可能变为现实吧。

如此而已。就是说，应当在"方法论"（您来信谈到它）上分清可能的东西和现实的东西。

**任何**的转化都是可能的，甚至一个傻瓜也可能转化为一个聪明人，但是这种转化很少成为**现实**。所以，我不能仅仅根据这种转化的"可能性"就认为傻瓜不再是傻瓜了。

您对"双重"教育是怎么个迷惑不解，我没有弄清楚。我在《**启蒙**》**杂志**[2]和驳斥基辅斯基的文章中都**具体地**举过例子（挪威）①。

您**不回答**这一点!!您举出了一个很不清楚的有关波兰的例子。

这不是"双重"教育，而是把不同的东西**归到**同一类去。是从下诺夫哥罗德和斯摩棱斯克朝着莫斯科这**一个**方向指引。

不赞成挪威有分离**自由**的瑞典社会民主党人是恶棍。这一点您并不反对。挪威的社会民主党人可能**赞成**分离，也可能**反对**分离。对各国的一切社会民主党人来说，在这个问题上是否必须一致呢？不，这是死公式，可笑的死公式，可笑的奢望。

我们从来没有因**波兰社会民主党人**反对波兰独立而责备他们（我在《启蒙》杂志上说过这一点）。

他们没有提出一个很普通的、明显的、在理论上无可争辩的论据，即现在不能赞成**这样的**民主要求（独立的波兰），因为这个要求**实际上**会使

---

① 见《列宁全集》2017年版第25卷第256—262页和第28卷第139—146页。——编者注

我们**完全**隶属于一个帝国主义的大国或联盟。

（这是不容争辩的，这就足以说明问题了；这是必须提出的，提出这一点也就够了。）

——他们没有提出这样的论据，反而发展到胡扯什么"不能实现"。

我们在 1903 年和 1916 年 4 月曾经嘲笑过这种说法。

好心的波兰社会民主党人曾经几几乎证明了波兰新国家的建立是不能实现的，而只是……只是帝国主义者兴登堡捣乱：他一搞就实现了。[3]

那些希望（用克拉科夫的观点[4]）钻研（或者钻牛角尖？）"经济因素"的人，陷入了多么可笑的学理主义！！

波兰社会民主党人竟否定"国家建设"！！难道整个民主制不是国家建设吗？难道哥尔特所要求的荷属印度的独立**不**是国家建设吗？

我们赞成荷属印度有分离自由。而荷属印度的社会民主党人是否**必须**赞成分离呢？这又给您提供了一个所谓"双重"教育的例子！！


战争是政治的继续。比利时是个殖民国家——这是您的看法。但是，难道我们现在不能断定**当前的**战争是**什么样**的政治的继续，是比利时占有奴隶的政治的继续，还是比利时实行解放的政治的继续？？

我想，我们是能够的。

如果说有人会搞错，那是**事实**没弄清楚的问题。

不能因为担心一些没有头脑的人或骗子手**再次**拿帝国主义战争来冒充民族战争而"禁止"民族战争（拉狄克正希望这样）！！这是可笑的，而拉狄克的结论却如此。

对**民族**起义我们不是反对，而是**赞成**。这很清楚。但是不能进一步引申：我们要具体地分析每一个事件，这样也许不至于把 1863 年美国南部的起义看做是"民族起义"……

我有格律恩贝格的文库中的恩格斯的一篇文章[5]，但已寄给格里戈里。等他还回来便给您**寄去**。

紧紧握手!

您的　**列宁**

娜·康·嘱笔问好!

选自《列宁全集》第 47 卷,人民出版
社,2017,第 457—460 页。

**注释:**

[1] 指 1916 年 2 月 29 日发表在《伯尔尼国际社会党委员会。公报》第 3 号上的
德国国际派提纲的第 5 条。该条断言在帝国主义时代不可能再有民族战争。

[2] 《启蒙》杂志(《Просвещение》)是俄国布尔什维克的合法的社会政治和文
学月刊,1911 年 12 月—1914 年 6 月在彼得堡出版,共出了 27 期。第一次世
界大战前夕,《启蒙》杂志被沙皇政府查封。1917 年秋复刊后,只出了一期
(双刊号)。

这里说的是列宁的《论民族自决权》一文,该文载于 1914 年《启蒙》
杂志第 4、5、6 期。

[3] 指德国和奥匈帝国两国政府于 1916 年 11 月 5 日发表的关于建立受德国和奥
匈帝国保护的君主立宪波兰国家的宣言。

[4] 指罗·卢森堡在波兰社会民主党人杂志《社会民主党评论》上阐发的民族问
题观点,该杂志在克拉科夫出版。关于这一点,可参看列宁的《论民族自决
权》一文(《列宁全集》2017 年版第 25 卷第 266—275 页)。

[5] 指恩格斯的一组文章《工人阶级同波兰有什么关系?》(参看《马克思恩格斯
全集》第 1 版第 16 卷)。卡尔·格律恩贝格出版的《社会主义和工人运动历
史文汇》于 1916 年收载了这组文章。

# 资产阶级的和平主义与社会党人的和平主义[1]（节选）

## （1916 年 12 月 19 日〔1917 年 1 月 1 日〕）

**客观的**形势就是这样。目前帝国主义分赃之争的局面就是这样。**这种**局面首先在德国集团的资产阶级和政府中间，其次在各中立国的资产阶级和政府中间，引起了一些和平主义的愿望、言论和行动，这是非常自然的。而资产阶级及**其**政府不得不竭力愚弄人民，用关于民主的和约、关于弱小民族的自由、关于裁减军备等空话，用这些虚伪透顶的空话来掩盖帝国主义和约的丑恶面目即瓜分赃物，这也是很自然的。

……

谁要是不想粉饰帝国主义战争，不帮助资产阶级把这种战争冒称为民族战争即解放各民族的战争，不站在资产阶级改良主义的立场上，谁就不应当像考茨基和屠拉梯那样讲话，而应当像卡尔·李卜克内西那样讲话，即应当向**自己的**资产阶级指明：它讲什么民族解放，那是欺人之谈；如果无产阶级不"掉转枪口"对准**自己的**政府，这场战争之后不可能有民主的和平。

选自《列宁全集》第 28 卷，人民出版社，2017，第 226—232 页。

**注释：**

[1]《资产阶级的和平主义与社会党人的和平主义》一文，列宁曾打算在旅美俄侨社会主义者在纽约出版的《新世界报》上刊载，但未实现。该文的头两章经过改写后发表于1917年1月31日《社会民主党人报》最后一号即第58号，所用标题是：《世界政治中的转变》（见《列宁全集》2017年卷第341—349页）。

# 致伊·费·阿尔曼德

## （1916 年 12 月 23 日以后）

亲爱的朋友：

关于拉狄克问题。您来信说："我在昆塔尔对他说过，他的行为不端。"

仅仅如此吗？仅仅如此！那么政治结论呢？？也许他的行为只是偶然的？？只是个人的事情？？根本不是这么回事！这就是您的政治错误的根源。您不从政治上评价所发生的事情。而这的的确确是个政治问题，不管乍一看来显得多么奇怪。

关于保卫祖国问题。如果我们各唱各的调子，我认为这是极不愉快的事情。我们不妨再来合一合调。

下面是一些"供参考的材料"：

战争是政治的继续。

整个问题在于战前和战时的政治关系**体系**。

这些体系的主要类型是：（a）被压迫民族与压迫民族的关系，（b）两个压迫民族之间争赃和分赃等的关系，（c）不压迫其他民族的民族国家与压迫国家，与特别反动的国家的关系。

请考虑一下这个问题。

1891 年，法国的凯撒制度＋俄国的沙皇制度反对**非帝国主义的**德国——这就是 1891 年的历史情况。

504

请考虑考虑这一点！我在《文集》第 1 辑中也谈到过 **1891 年的问题**。①

您同吉尔波和莱维谈过，我真高兴！最好能经常这样做，即使偶尔谈谈也好。意大利人在撒谎，因为屠拉梯的演说是典型的**令人作呕的**考茨基腔调（他把"民族权利"硬套在**帝国主义**战争上！！）。《民权报》上发表的一篇评论这一演说的署名 BB 的文章也是一篇坏文章。

唉，我真想写信或者当面同意大利人谈谈这个问题！！

莱维竟攻击起议会制来了，愚蠢！！真愚蠢！！还是个"左派"呢！！天哪，怎么这样糊涂。

您的　列宁

选自《列宁全集》第 47 卷，人民出版社，2017，第 469—470 页。

---

① 见《关于自决问题的争论总结》（《列宁全集》2017 年版第 28 卷）。——编者注

# 告国际社会党委员会和各国社会党书的
## 提纲草稿[1]（节选）

（1916 年 12 月 25 日〔1917 年 1 月 7 日〕以前）

1. 在世界政治中，许多资产阶级政府从进行帝国主义战争转而公开主张缔结帝国主义的和约，与这种转变的同时，目前世界社会主义运动的发展也发生了一种转变。

2. 第一种转变引起了许多和平主义的、善良而伤感的言论、诺言和约许，帝国主义资产阶级和帝国主义政府正在竭力用这些东西愚弄各国人民，"和平地"使他们乖乖地为掠夺性战争付出代价，和平地解除千百万无产者的武装，用小小的让步来掩盖正在准备的关于瓜分殖民地和在金融上（如果可能也在政治上）扼杀弱小民族的交易。进行这种交易就是将来的帝国主义和约的内容，就是要公开地继续履行**两个帝国主义交战集团各**大国之间现有的，特别是在战时缔结的掠夺性的秘密条约。

3.① 第二种转变就是已背叛社会主义而转到资产阶级民族主义或帝国主义方面去的社会沙文主义者这一派，同以德国的考茨基、意大利的屠拉梯和法国的龙格—普雷斯曼—梅尔黑姆之流为代表的**齐美尔瓦尔德右派**"和解"。这两派在空空洞洞、毫不负责的和平主义言论的基础上联合起来了，这些言论实际上是在**掩盖**帝国主义政策和帝国主义和约，不是揭穿它

---

① 与第 4 条合起来。

们，而是**粉饰**它们。这两个派别正在采取坚决步骤来竭力欺骗工人，巩固用社会主义词句掩盖起来的资产阶级的工人政策在工人运动中的统治地位，即那些帮助各国政府和资产阶级进行掠夺性的帝国主义战争（美其名曰"保卫祖国"）的工人阶级领袖和特权阶层的工人政策在工人运动中的统治地位。

......

6. 资产阶级由于害怕无产阶级革命，不得不千方百计地掩盖和粉饰这种客观的政治形势，这种帝国主义的真相，转移工人对它的注意，愚弄工人，而他们的拿手好戏就是讲些不负责任的、假仁假义的、谎话连篇的外交场合中常用的空话，即空谈什么"民主的"和约、"一般"弱小民族的自由和"限制军备"等等。这样来愚弄人民，对帝国主义的资产阶级来说是比较容易的，因为，例如**每一个国家的**资产阶级在谈论"没有兼并的和约"时，都只讲自己的**对手**所兼并的土地，而对**自己已经**兼并的土地则"讳莫如深"。德国人"忘记了"，他们**实际上**兼并的地方不仅有君士坦丁堡、贝尔格莱德、布加勒斯特和布鲁塞尔，而且还有阿尔萨斯—洛林、石勒苏益格的一部分和普鲁士属波兰等等。沙皇政府和它的仆从，即俄国的帝国主义资产者（包括普列汉诺夫和波特列索夫之流，即俄国组织委员会的党中的多数派在内）"忘记了"，俄国兼并的土地不仅有埃尔泽鲁姆和加利西亚的一部分，而且还有芬兰和乌克兰等等。法国的资产者"忘记了"，他们同英国人一起夺取了德国的殖民地。意大利的资产者"忘记了"，他们正在掠夺的黎波里、达尔马提亚和阿尔巴尼亚等等，等等。

......

因为**别的**国家的社会党人不能揭露同"自己的"民族交战的国家的政府和资产阶级，这不仅是由于对该国语言、历史、特点等等不了解，而且还由于进行**这种揭露是帝国主义的**阴谋，而不是**国际主义的**义务。

......

在政治方面，帝国主义战争证明：正是从帝国主义者的观点来看，**有时**同政治上独立而金融上处于依附地位的小民族结成联盟，要比在战时去

507

冒爱尔兰或捷克"事件"（即起义或整团整团地倒向敌人一边）的危险有利得多。因此，完全可能，帝国主义除了推行它永远不会完全放弃的直接扼杀弱小民族的政策以外，在个别场合下它还推行同新的小民族国家或像波兰那样的畸形国家结成"自愿的"（即仅仅通过金融压迫造成的）联盟的政策。

选自《列宁全集》第 28 卷，人民出版社，2017，第 255—263 页。

**注释：**

[1]《告国际社会党委员会和各国社会党书的提纲草稿》写于 1917 年 1 月初（公历），手稿的标题下注明："（供寄发国际社会党委员会并供刊印）"。在这以后，1917 年 1 月 7 日，持中派立场的国际社会党委员会主席罗·格里姆，不顾瑞士左派的意见，促使瑞士社会民主党执行委员会通过了不定期推迟召开讨论战争问题的非常代表大会的决议。同一天，在柏林举行的德国社会民主党中派反对派代表会议通过了卡·考茨基起草的《德国党内反对派的和平宣言》。这一和平主义的宣言在许多德文报纸上发表，1 月 11 日的瑞士社会党人报纸《民权报》也刊载了这个宣言。这些事实表明，齐美尔瓦尔德右派已经公开转到社会沙文主义者方面去了。因此，列宁对草稿作了一些修改。后来列宁又决定暂不公布这个文件，并在上面注明："这是在 1917 年 1 月 7 日以前写的，因此有一部分已经过时。"后来，列宁根据这个草稿写了《致拥护反战斗争以及同投靠本国政府的社会党人斗争的工人》（见《列宁全集》2017 年版第 28 卷第 278—286 页）。

# 致伊·费·阿尔曼德(节选)

## (1916 年 12 月 25 日)

　　否认帝国主义战争转化为民族战争（虽然乌西耶维奇害怕这一点！）的"**可能性**"，是可笑的。世界上什么事情都是"可能的"！但是**目前**它还没有转化。马克思主义的政策是以**现实的东西**而不是以可能的东西为依据。一种现象转化为另一种现象是可能的，所以我们的策略不是一成不变的。但请对我说现实的东西，而不要说可能的东西！

　　　　　　　　　　　　选自《列宁全集》第 47 卷，人民出版社，2017，第 473 页。

# 给伯尔尼国际社会党委员会委员
## 沙尔·奈恩的公开信(节选)

(1916 年 12 月 26—27 日〔1917 年 1 月 8—9 日〕)

　　敬爱的同志：今年 1 月 7 日，国民院议员罗伯特·格里姆先生在党的执行委员会会议上，同所有社会民族主义者一道，并且在很大程度上以他为首，**主张**通过延期召开党代表大会的决议，这使人忍无可忍，同时也彻底暴露了罗·格里姆这位国民院议员先生的面目。

　　……

　　齐美尔瓦尔德和昆塔尔的所有宣言和决议多次指出：在帝国主义战争中，即在两大帝国主义集团为掠夺殖民地和扼杀弱小民族而进行的战争中，保卫祖国就是背叛社会主义；这不管对"大国"或对某些暂时保持中立的小国来说，都是一样。齐美尔瓦尔德和昆塔尔的所有正式文件几十次反复说明这个思想。瑞士社会党的所有报纸，特别是国民院议员罗·格里姆先生主编的《伯尔尼哨兵报》，发表了几百篇文章和评论来反复咀嚼这个思想。在对卡·李卜克内西、霍格伦、马克林等人表示同情的声明中，曾经几百次强调全体齐美尔瓦尔德派的共同信念：这些人**正确地**了解**群众**的处境和利益；**群众**即大多数被压迫者和被剥削者的同情在**他们**一边；各国的（无论参战的"大国"德国的，或者中立的小国瑞典的）无产者凭自己的阶级本能正在掌握在帝国主义战争中保卫祖国就是**背叛社会主义**这个真理。

　　……

510

可是，柏林的艾伯特同苏黎世的格罗伊利希、曼茨－舍皮、普夫吕格尔又有什么区别呢？同伯尔尼的古斯塔夫·弥勒、施内贝格尔、迪尔又有什么区别呢？**根本没有**。**他们统统是社会爱国主义者**。他们全都站在完全相同的原则立场上。他们所有的人向群众传播的**不是社会主义的思想，而是**"格吕特利派的"思想，也就是改良主义的、民族主义的、资产阶级的思想。

......

可是，德国的卡·李卜克内西和中立的小国瑞典的霍格伦**并没有**同外**国的而是**同本国的社会爱国主义者作斗争，他们攻击的是本国的，柏林和斯德哥尔摩的，而不是别的国家的改良主义者和民族主义者。他们无情地揭露了社会爱国主义者，因而光荣地受到**柏林的**和**斯德哥尔摩的**格罗伊利希、普夫吕格尔、施内贝格尔和迪尔之流的仇视。

法国的沙文主义者赞扬德国人李卜克内西，而德国的沙文主义者赞扬英国人马克林，他们这样做是为了骗人，是想用歌颂**别人**具有国际主义精神的"国际主义"词句来掩盖**自己的**民族主义，这难道难以理解吗？格里姆的所作所为完全一样，**除了**瑞士的**以外**，他咒骂所有国家的社会爱国主义者，他这样做正是为了掩盖自己转到瑞士社会爱国主义者方面去的行为，这难道难以理解吗？

选自《列宁全集》第 28 卷，人民出版<br>社，2017，第 268—276 页。

# 给波里斯·苏瓦林的公开信[1]（节选）

## （1916 年 12 月）

　　苏瓦林认为，那些以为"保卫祖国"同社会主义不相容的人的观点是"非爱国主义的"观点。他本人"保卫"虽然投票反对军事拨款，却又声明赞成"保卫祖国"的屠拉梯、累德堡、布里宗等人的观点，即所谓"中派"（我宁愿说它是"泥潭派"）或考茨基派（因该派在理论和著作方面的主要代表是卡尔·考茨基而得名）的观点。顺便指出，苏瓦林断言，"他们〈即谈论第二国际破产的俄国同志〉把像考茨基、龙格等等这样的人……同谢德曼和列诺得尔之类的民族主义者等同起来了"，他这样说是不正确的。无论是我或我所加入的党（俄国社会民主工党中央委员会），都从来没有把社会沙文主义者的观点同"中派"的观点等同起来。在我们党的正式声明中，即在中央委员会 1914 年 11 月 1 日发表的宣言和 1915 年 3 月通过的决议① （这两个文件已经**全文**转载在我们的小册子《社会主义与战争》里，这本小册子苏瓦林是知道的）中，我们始终把社会沙文主义者同"中派"区别开来。我们认为，前者已经转到资产阶级方面去了。对这种人，我们要求不仅进行斗争，而且实行决裂。而后者是不坚定的、动摇的，他们力图把社会主义的群众同沙文主义的领袖联合起来，因而给无产阶级带来极大的危害。

---

　　① 见《列宁全集》2017 年版第 26 卷第 12—19、163—169 页。——编者注

......

任何战争都仅仅是政治的继续。当前的战争是哪种政治的继续呢？它是 1871 年到 1914 年间法、英、德三国社会主义和民主的唯一代表——无产阶级的政治的继续呢，还是帝国主义政治，即反动的、日趋衰落的、垂死的资产阶级进行殖民地掠夺和压迫弱小民族的政治的继续呢？

......

说法国在 1914—1917 年的这场战争中是为争取自由、民族独立和民主等等而斗争，那是不正确的……法国是为了保持自己的殖民地和保持英国的殖民地而斗争，而德国是有更多的权利得到这些殖民地的，——当然，这是从资产阶级权利的观点来看。法国是为了把君士坦丁堡等地方送给俄国而斗争……因此进行这场战争的，不是民主的革命的法国，不是 1792 年的法国，不是 1848 年的法国，不是公社的法国。进行这场战争的是资产阶级的法国，反动的法国，沙皇政府的盟国和朋友，"全世界的高利贷者"（这话不是我说的，是《人道报》[2]的一位撰稿人利西斯说的），它保护的是自己的赃物，是占有殖民地的"神圣权利"，是用自己借给弱小民族或不富裕民族的数十亿款子来"自由"剥削全世界的"神圣权利"。

选自《列宁全集》第 28 卷，人民出版社，2017，第 302—304 页。

**注释：**

[1] 这篇文章是对法国社会党成员、中派分子波里斯·苏瓦林的公开信的答复。苏瓦林的信以《致我们在瑞士的朋友们》为题刊登在 1916 年 12 月 10 日的《中派的人民报》上。

　　列宁的答复寄给苏瓦林后，苏瓦林于 1918 年 1 月把它连同自己加的前言一起交给法国社会党报纸《真理报》编辑部发表。列宁的答复已排字并由编辑部拼入 1 月 24 日该报第 45 号，但被书报检查机关删去，因此这号报纸出版时开了"天窗","天窗"内只登了标题《一份未发表的文件。列宁的信》和署名"列宁"。过了三天，即 1 月 27 日，《给波里斯·苏瓦林的公开信》由编辑部加上小标题发表于《真理报》第 48 号。在报纸上对此信文字作了许多删节，可是印有列宁此信全文的该报长条校样却保存了下来。列宁的这封信曾按这份校样译成俄文发表于 1929 年《无产阶级革命》杂志第 7 期。在《列宁全集》俄文第 5 版里，这封信也是根据这份校样由法文译成俄文刊印的。

［2］《人道报》（《L'Humanité》）是法国日报，由让·饶勒斯于 1904 年创办。该报起初是法国社会党的机关报，在第一次世界大战期间为法国社会党极右翼所掌握，采取了社会沙文主义立场。1918 年该报由马·加香领导后，反对法国政府武装干涉苏维埃俄国的帝国主义政策。在法国社会党分裂和法国共产党成立后，从 1920 年 12 月起，该报成为法国共产党中央机关报。

# 保卫中立(节选)

## (1917 年 1 月)

当然没有!有人说,罗马尼亚和保加利亚资产阶级的侵略野心和兼并野心很大,但不能断定瑞士资产阶级也有这种企图。但这决不是**原则**区别。大家都知道,帝国主义的利益不仅通过领土扩张,而且通过**金融**收益来实现。不应忽视,瑞士资产阶级至少输出 30 亿法郎的资本,也就是说对落后国家进行帝国主义的剥削。这是事实。还有一个事实是:瑞士的银行资本同各大国的银行资本保持着错综复杂的紧密联系;瑞士的"旅游业"等等表明各大国和瑞士之间经常**瓜分**帝国主义财富。此外,瑞士的资本主义发展程度比罗马尼亚和保加利亚要高得多;在瑞士根本谈不上什么"民族的"人民运动,对瑞士来说,这一历史发展时代早在许多世纪以前就已结束了,而关于上述任何一个巴尔干国家则不能这样说。

选自《列宁全集》第 28 卷,人民出版社,2017,第 361—362 页。

# 远方来信[1]（节选）

（1917 年 3 月 7—12 日〔20—25 日〕）

## 第一封信
## 第一次革命的第一阶段[2]

（1917 年 3 月 7 日〔20 日〕）

……

如果没有 1905—1907 年的革命，如果没有 1907—1914 年的反革命，俄罗斯民族和俄国境内其他民族中一切阶级的"自决"，这些阶级相互间以及它们对沙皇君主制的态度的决定，就不可能像在 1917 年二、三月革命的 8 天内表现得那样明确。这 8 天的革命就像是——如果可以这样譬喻的话——经过十来次主要的及次要的预演后所作的一次"表演"；"演员们"对于彼此的面貌、自己所扮的角色、自己所站的位置以及自己所处的环境都极为熟悉，连各种政治倾向和行动手段上稍微有点意义的细微差别也都揣摩得非常透彻。

但是，如果说被古契柯夫之流和米留可夫之流先生们及其走狗斥之为"大叛乱"的 1905 年第一次大革命，在 12 年之后引起了 1917 年"灿烂的""光荣的"革命（它之所以被古契柯夫之流和米留可夫之流宣告为"光荣的"革命，是因为它（**暂时**）给了他们政权），那还必须有一个伟大的、强有力的、万能的"导演"，他一方面能大大加速世界历史的进程，另一方面则能引起空前严重的世界危机，经济的、政治的、民族的和国际的危机。这里除了需要异常加速全世界历史的进展以外，还需要全世界历史的特别急剧的转折，才能让沾满血污的罗曼诺夫王朝的车子在这样一次转折中**一下子**倾覆。

这个万能的"导演"，这个强有力的加速者，就是世界帝国主义大战。

说这次战争是全世界的战争，这在目前已经是无可争辩的了，因为合众国和中国今天已经有一半卷入了这场战争，明天就会完全卷进去。

说这次战争从**双方**来说都是帝国主义战争，这在目前也是无可争辩的了。只有资本家及其走狗，社会爱国主义者和社会沙文主义者，换句话说（如果我们不用一般批评性的形容语，而用大家熟悉的俄国政界的人名来表示），只有古契柯夫们和李沃夫们，米留可夫们和盛加略夫们，只有格沃兹杰夫们、波特列索夫们、契恒凯里们、克伦斯基们和齐赫泽们，才能否认或抹杀这个事实。**无论**德国资产阶级**或**英法两国的资产阶级，进行这次战争都是为了掠夺别的国家，为了扼杀小民族，为了确立对于世界的金融统治，为了瓜分和重新瓜分殖民地，为了用愚弄和分化各国工人的手段来挽救濒于灭亡的资本主义制度。

⋯⋯

# 第三封信
## 论无产阶级民兵
（1917 年 3 月 11 日〔24 日〕）

⋯⋯

我们所确实知道并且作为一个政党我们应当向群众说明的是，现在世界上有一部力量非常大的历史发动机，它产生空前未有的危机、饥荒和数不清的灾难。这部发动机就是战争，而这场战争是由**两个**交战的营垒的资本家为了掠夺的目的而进行的。这部"发动机"把许多最富裕、最自由和最文明的民族推到了毁灭的边缘。它**迫使**各国人民把最后一点力量都拿出来，使他们陷入不堪忍受的境地，它提上日程的不是实现某种"理论"

（这根本谈不上，马克思总是提醒社会主义者不要有这种错觉），而是实施最极端的、切实可行的措施，因为**不采取极端的措施，千百万人就定会立即活活地饿死**。

……

# 第四封信
## 如何实现和平？

（1917 年 3 月 12 日〔25 日〕）

……

沙皇政府发动和进行目前这场**帝国主义的**、掠夺性的强盗战争，其目的是为了掠夺和扼杀弱小民族。古契柯夫之流和米留可夫之流的政府是地主资本家的政府，它不得不继续进行而且愿意继续进行**这样一场**战争。建议这个政府缔结民主和约，就无异于向妓院老板宣传行善积德。

……

这就是资产阶级的关于"解放"战争、"民族"战争、"争取权利和正义的战争"的种种谎言以及诸如此类的花招所掩盖的真相，资本家总是用这些东西来愚弄普通的老百姓。

……

如果俄国政权归工兵农代表**苏维埃**，那么这些苏维埃和由它们选出的**全俄苏维埃**就能够而且一定会同意实现我们党（俄国社会民主工党）还在1915 年 10 月 13 日党中央机关报《社会民主党人报》（该报为了摆脱沙皇书报检查机关的压迫，当时在日内瓦出版）第 47 号上就已拟定的和平纲领①。

这个和平纲领大概是这样的：

（1）全俄工兵农代表苏维埃（或者暂时代替它的彼得堡苏维埃）立即

---

① 见《列宁全集》2017 年版第 27 卷第 53—56 页。——编者注

声明，它**不**受任何条约的约束，**不管是**沙皇君主政府的条约**还是**资产阶级政府的条约。

（2）它立即公布**所有**这些条约，使沙皇君主政府以及**一切**资产阶级政府的掠夺目的当众暴露。

（3）它立即公开建议**一切**交战国马上缔结**停战协定**。

（4）它立即向全体人民公布我们工人农民的**媾和条件**：

解放**一切**殖民地；

解放**一切**从属的、被压迫的和没有充分权利的民族。

选自《列宁全集》第 29 卷，人民出版社，2017，第 10—51 页。

**注释：**

[1]《远方来信》是列宁在瑞士为《真理报》写的一组文章。列宁获悉俄国发生革命的确实消息以及彼得格勒工兵代表苏维埃执行委员会和资产阶级临时政府的组成情况以后，就开始写这些文章。第一封信至第四封信写于 1917 年 3月 7—12 日（20—25 日），第五封信于 3 月 26 日（4 月 8 日）即离开瑞士回俄国的前一天动笔，没有写完。第一封信经《真理报》编辑部作了删改后，发表于 1917 年 3 月 21 日和 22 日（4 月 3 日和 4 日）该报第 14 号和第 15 号（这封信第一次全文发表于 1949 年《列宁全集》俄文第 4 版第 23 卷）。第二、第三、第四封信当时没有发表。第五封信的思想后来在《论策略书》和《无产阶级在我国革命中的任务》这两篇著作中得到了发挥。列宁回国前曾采取措施在侨居法国和瑞士的布尔什维克中间散发第一封信和第二封信。

[2]《远方来信。第一封信》在《真理报》发表时被编辑部删去了约五分之一，主要删去了列宁对妥协主义政党孟什维克和社会革命党首领们趋奉资产阶级并试图掩盖英法政府代表同立宪民主党人和十月党人一起参与推翻沙皇尼古拉·罗曼诺夫这一事实的评述，以及对临时政府继续进行侵略战争的君主主义和帝国主义意图的揭露。

# 给瑞士工人的告别信[1]（节选）

## （1917 年 3 月中旬）

　　我们决不闭眼不看摆在俄国无产阶级革命的国际主义先锋队面前的巨大困难。在我们所处的这个时期，可能发生极其迅速而急剧的转变。我们在《社会民主党人报》第 47 号上直接而明确地回答了一个自然而然产生的问题：假使革命使我们党**立即**掌握了政权，那么我们党要做哪些事情呢？我们的回答是：（1）我们将立刻向**各交战国建议媾和**；（2）我们将宣布我们的媾和条件：立刻解放**一切**殖民地和**一切**被压迫的或没有充分权利的民族；（3）我们将立刻着手解放受大俄罗斯人压迫的各民族，并把这一事业进行到底；（4）我们一秒钟也不怀疑，这些条件是德国君主派资产阶级，甚至是德国共和派资产阶级所**不能接受的，而且这**不仅对德国来说是如此，就是对英法两国的资本家政府来说也是如此。

选自《列宁全集》第 29 卷，人民出版
社，2017，第 89 页。

**注释：**

　[1]《给瑞士工人的告别信》写于 1917 年 3 月中旬，当时有关俄国政治流亡者取
　　　道德国回国的事宜还是由罗·格里姆出面同德国方面交涉。在 3 月 19 日（4

月 1 日）弄清了他在这个问题上采取模棱两可的态度以后，列宁就从信稿中删去了有关格里姆居间协助的话。告别信于 3 月 26 日（4 月 8 日）在准备回国的布尔什维克会议上讨论并通过。之后，列宁在信的开头加了"俄国社会民主工党（由中央委员会统一的）"、"全世界无产者，联合起来！"这两行字，并在信的末尾添了一段话。

　　1914 年列宁从波罗宁到伯尔尼以后，和瑞士社会民主党的许多活动家建立了联系。1914 年 8 月 24—26 日（9 月 6—8 日）布尔什维克伯尔尼会议通过的著名提纲《革命社会民主党在欧洲战争中的任务》就是通过他们转交给 1914 年 9 月 27 日在卢加诺举行的意大利—瑞士社会党人代表会议的。苏黎世布尔什维克小组的成员还根据列宁的意见加入了苏黎世的社会民主党组织。列宁先后积极参加了伯尔尼和苏黎世社会民主党组织反对以社会爱国主义者海·格罗伊利希为首的党的右翼和以罗·格里姆为首的中派的党内斗争，给了齐美尔瓦尔德左派分子（弗·普拉滕、恩·诺布斯等人）以巨大支援，帮助他们克服在同中派斗争中的犹豫不决情绪。左派同党内机会主义斗争的许多文件是在列宁参与下起草的。1917 年 2 月 11—12 日在特斯举行的瑞士社会民主党苏黎世州代表大会讨论对待战争的态度问题时，左派社会民主党人曾就代表大会通过的中派决议案提出《关于修改战争问题的决议的建议》，得到了代表大会五分之一代表的赞成，这个《建议》就是列宁起草的。代表大会后，列宁立即帮助瑞士齐美尔瓦尔德左派小组出版了《小报第 1 号》，上面刊登了《建议》全文和列宁有关兼并问题的论述。

# 在出席全俄工兵代表苏维埃会议的布尔什维克代表的会议上的报告[1]（节选）

## （1917 年 4 月 4 日〔17 日〕）

从野蛮的暴力手段极其迅速地转到最巧妙的欺骗手段，这是俄国的独特之处。基本条件应该是：**不是在口头上而是在实际上放弃兼并**。《社会民主党人报》说，把库尔兰并入俄国就是兼并，《言语报》[2]对此发出了狂叫。然而兼并就是把任何具有民族特点的国家归并进来，就是违反一个民族的愿望而把它（只要它感到自己是另一个民族，有没有不同的语言无关紧要）归并进来。《言语报》的见解是好多世纪以来形成的大俄罗斯人的偏见。

选自《列宁全集》第 29 卷，人民出版社，2017，第 103—104 页。

注释：

[ 1 ] 这是列宁回国后第二天在塔夫利达宫向出席全俄工兵代表苏维埃会议的布尔什维克和全俄党的工作者会议的参加者作的报告。报告历时两小时。文本根据记录整理，有删节号处是漏记的地方。

全俄工兵代表苏维埃会议是彼得格勒苏维埃执行委员会召开的，于 1917 年 3 月 29 日—4 月 3 日（4 月 11—16 日）在彼得格勒举行。出席会议的有

139 个苏维埃的代表以及一些在前线和后方的部队的代表，共 480 名，其中孟什维克和社会革命党人占多数。会议讨论了对战争的态度、对临时政府的态度、组织革命力量同反革命斗争、准备召开立宪会议、土地问题、粮食问题以及其他一些问题。布尔什维克就议程的主要问题提出了自己的决议案。会议就战争问题通过了彼得格勒苏维埃执行委员会提出的护国主义的决议案（327 票赞成，57 票反对，20 票弃权），同意临时政府否认战争具有侵略目的的声明。以列·波·加米涅夫为首的布尔什维克代表小组在这个问题上采取了错误立场，在孟什维克和社会革命党的决议案补充了革命民主派监督和影响临时政府及其地方机关的内容以后，撤回了自己的决议案，而投票赞成这个决议案。关于土地问题，会议通过了在立宪会议上支持全部私有土地无偿转归劳动人民的决议，但反对各地"擅自解决"土地问题。会议还通过了召开国际社会党代表会议讨论摆脱战争的出路问题的决议。会议将 10 名地方代表和 6 名陆海军代表选进彼得格勒苏维埃执行委员会，从而使它在第一次全俄工兵代表苏维埃代表大会召开以前成为全俄苏维埃的中央机关。

全俄党的工作者会议是俄国社会民主工党中央委员会俄国局召开的一次非正式会议，于 1917 年 3 月 27 日—4 月 2 日（4 月 9 日—15 日）在彼得格勒举行，又称三月会议。参加会议的有来自约 70 个党组织的 120 多名党的工作者，他们是出席全俄苏维埃会议的代表和各地方党组织的特邀代表。会议讨论了战争问题、对临时政府的态度问题以及组织革命力量同反革命斗争等问题。会议的决议反映了列宁回国以前中央委员会俄国局和各地方组织在某些重要策略问题上缺乏明确性。4 月 1 日（14 日），会议接受孟什维克提议，讨论了没有列入议程的同孟什维克统一的问题，并决定为了解情况而参加同孟什维克的联席会议。

[2]《言语报》（《Речь》）是俄国立宪民主党的中央机关报（日报），1906 年 2 月 23 日（3 月 8 日）起在彼得堡出版，实际编辑是帕·尼·米留可夫和约·弗·盖森。积极参加该报工作的有马·莫·维纳维尔、帕·德·多尔戈鲁科夫、彼·伯·司徒卢威等。1917 年二月革命后，该报积极支持资产阶级临时政府的对内对外政策，反对布尔什维克。1917 年 10 月 26 日（11 月 8 日）被查封。后曾改用《我们的言语报》、《自由言语报》、《时代报》、《新言语报》和《我们时代报》等名称继续出版，1918 年 8 月最终被查封。

# 路易·勃朗主义(节选)

## (1917 年 4 月 8 日〔21 日〕)

我们现在向《言语报》提出公开、直接的挑战:(1)请它在人民面前给"兼并"下个政治定义,这个定义应能毫无例外地适用于世界上的**一切**兼并,无论是德国的、英国的或俄国的,无论是过去的或现在的;(2)请它明确指出,在它看来,什么叫做**不是**在口头上而是在实际上**放弃兼并**。请它对"在实际上放弃兼并"下个政治定义,这个定义不仅能适用于德国人,而且能适用于英国人和曾经进行过兼并的一切民族。

选自《列宁全集》第 29 卷,人民出版社,2017,第 128—129 页。

# 无产阶级在我国革命中的任务（节选）

（无产阶级政党的行动纲领草案）[1]

（1917 年 4 月 10 日〔23 日〕）

## 新政府的对外政策

3. 由于客观条件，现在对外政策提到了首要地位；新政府在对外政策方面是继续进行帝国主义战争的政府，是为了瓜分资本主义赃物，为了扼杀弱小民族而同英法等帝国主义强国勾结起来进行战争的政府。

新政府屈从于俄国资本及其强有力的保护者和主子即世界上最富有的英法帝国主义资本的利益，违反由兵工代表苏维埃代表俄国绝大多数民族十分明确地表达出来的愿望，没有采取任何实际步骤去制止各民族为资本家的利益而互相残杀。它甚至不公布那些明明具有掠夺内容（瓜分波斯，抢劫中国，抢劫土耳其，瓜分奥地利，夺取东普鲁士，夺取德国殖民地等等）、明明把俄国和英法帝国主义强盗资本联结在一起的秘密条约。它承认沙皇政府缔结的这些条约；数百年来，沙皇政府比其他专制魔王掠夺和压迫了更多的民族，它不仅压迫大俄罗斯民族，而且玷污和腐蚀大俄罗斯民族，使它变成屠杀其他民族的刽子手。

新政府在承认这些可耻的掠夺性条约以后，违反由工兵代表苏维埃代表俄国大多数民族明白提出的要求，不向交战的各国人民建议立刻停战。

它只是用一些冠冕堂皇、有声有色、但毫无内容的宣言和词句来敷衍搪塞，这样的宣言和词句在资产阶级的外交家口里，一向是用来欺骗被压迫人民中轻信而幼稚的群众的。

4. 因此，新政府在对外政策方面不配享有丝毫信任，不仅如此，向它继续提出要求，要它表达俄国各族人民的和平意志，要它放弃兼并等等，实际上也只是欺骗人民，让人民空抱不能实现的希望，阻碍人民觉醒，间接使人民容忍战争继续打下去，而这一战争的真正社会性质，则不是由善良的愿望决定的，而是由进行战争的政府的阶级性质，由这个政府所代表的阶级同俄、英、法等等帝国主义金融资本的联系，以及由这个阶级所实行的**真正的实际政策**决定的。

……

# 革命护国主义和它的阶级意义

……

革命护国主义一方面是群众受资产阶级欺骗的结果，是农民和一部分工人轻信的不觉悟的结果，另一方面也是小业主的利益和观点的反映，因为小业主从兼并和银行利润中得到一定的好处，他们"神圣地"保卫着以残害其他民族来腐蚀大俄罗斯人的沙皇制度的传统。

资产阶级欺骗人民，利用了高尚的革命自豪感，把事情说成似乎由于革命的这一阶段，由于古契柯夫—米留可夫的准共和国代替了沙皇君主国，战争的**社会政治**性质在俄国方面就发生了变化。人民也就相信了（暂时地相信了）这种谎言，这在很大程度上是由于旧的偏见，即认为除了大俄罗斯民族以外俄国的其他民族都是大俄罗斯人的某种私有财产或世袭领地。沙皇制度卑鄙地腐蚀大俄罗斯民族，使大俄罗斯人习惯于把其他民族都看成一种下等人，"理应"受大俄罗斯支配，这种腐蚀作用是不能**一下子**就消除的。

我们要**善于**向群众说明，决定战争的社会政治性质的，不是某些个人、集团以至某些民族的"善良愿望"，而是进行战争的那个**阶级**的地位，那个阶级的**政治**（战争是这一政治的继续），资本这一在现代社会中占统治地位的经济力量的**种种联系**，国际资本的**帝国主义性质**，俄国在财政、银行、外交上对英法等国的依赖等等。要巧妙地用群众易懂的话说明这个道理，**并不是一件容易的事**，我们谁也不能不出差错地一下子就做到这一点。

但是我们宣传的方向，确切些说，我们宣传的内容，应该是这样，而且只能是这样。不管用多么漂亮的话，用怎样的"实际"理由来辩护，对革命护国主义作丝毫让步都是**背叛社会主义**，都是彻底背弃**国际主义**。

"打倒战争"的口号当然是正确的，但是它没有估计到当前任务的特点，没有估计到必须用**另一种方法去对待**广大群众。我看，这个口号就同"打倒沙皇"的口号一样，"想当年"笨拙的鼓动家带着"打倒沙皇"的口号贸然闯到农村，结果挨了一顿打。革命护国主义的广大拥护者**是真心诚意的**——不是指个人，而是指阶级来说，也就是说，他们所属的**阶级**（工人和贫苦农民），在兼并和扼杀别的民族方面**确实**得不到什么好处。这与资产者和"知识分子"先生们的情况不同，这些人明明知道不放弃资本的统治就**不能**放弃兼并，却还要用漂亮的词句、无边无际的许诺、多不胜数的担保来无耻地欺骗群众。

......

# 土地纲领和民族纲领

......

14. 在民族问题上，无产阶级政党首先应当坚持宣布并坚持立刻实行的，就是一切受沙皇制度压迫、被强迫并入或被强迫留在俄国疆界内的各大小民族，即被兼并的民族，都享有同俄国分离的充分自由。

没有真正实现分离的自由，任何放弃兼并的声明和宣言都不过是资产阶级对人民的欺骗，或是小资产阶级的天真愿望。

无产阶级政党力求建立尽可能大的国家，因为这对劳动者是有利的；它力求各民族彼此**接近以至进一步融合**，但是它不想通过暴力，而只想通过各民族工人和劳动群众的兄弟般的自由联合来达到这个目的。

俄罗斯共和国愈民主，它组建成为工农代表苏维埃共和国愈顺利，**各民族劳动群众自愿**趋向这种共和国的力量就愈大。

分离的完全自由，最广泛的地方自治（和民族自治），详尽规定保障少数民族权利的办法，——这就是革命无产阶级的纲领。

……

# 社会党国际的状况

16. 俄国工人阶级的国际义务正是在现时特别突出地提到了首要地位。

现在，只有懒汉才不拿国际主义发愿起誓，连沙文主义护国派，连普列汉诺夫先生和波特列索夫先生，连克伦斯基也都自称为国际主义者。所以无产阶级政党更有责任把真正的国际主义和口头上的国际主义作一个鲜明、确切、清晰的对照。

只向各国工人发表宣言，空口担保自己忠于国际主义，企图直接或间接地规定各交战国革命无产阶级发起行动的"顺序"，硬要在各交战国社会党人之间订立**关于**革命斗争的"协议"，忙于召开社会党代表大会**以开展**和平运动，如此等等，所有这些主张、企图或计划，无论它们的炮制者怎样真诚，但从**客观**意义来看，都只是空话，**至多**不过是天真的善良愿望，只能为沙文主义者**欺骗**群众打掩护。在玩弄议会欺诈手段方面最圆滑、最老练的**法国**社会沙文主义者早就打破了纪录，他们一方面高喊空前响亮的和平主义和国际主义的词句，**同时**又极其可耻地背叛社会主义和国际，加入进行帝国主义战争的内阁，投票赞成军事拨款**或公债**（像齐赫泽、斯柯别列夫、策列铁里、斯切克洛夫近来在俄国所做的那样），反对**本国**的革命斗争等等。

好心肠的人常常忘记世界帝国主义大战的严峻而又险恶的环境。这种环境容不得空谈，而且会嘲弄天真甜美的愿望。

真正的国际主义只有一种，就是进行忘我的工作来发展**本国的**革命运动和革命斗争，支持（用宣传、声援和物质来支持）无一例外的**所有国家的同样的斗争**、同样的路线，而且**只支持这种斗争、这种路线**。

除此以外，其他一切都是欺人之谈和马尼洛夫精神[2]。

战争爆发两年多来，国际社会主义运动和工人运动在**所有**国家都造成了三种派别；谁要是离开**现实的**基础，不承认这三种派别的存在，不对它们进行分析，不为真正的国际主义派进行彻底斗争，他一定会软弱无力，束手无策，陷入错误。

三种派别如下：

（1）社会沙文主义者，即口头上的社会主义者，实际上的沙文主义者；这些人同意在帝国主义战争中（首先是在这次帝国主义战争中）"保卫祖国"。

这些人是我们的**阶级**敌人，他们已经转到资产阶级方面去了。

**各国**正式社会民主党的正式领袖大多数都是这样。这就是俄国的普列汉诺夫先生之流，德国的谢德曼之流，法国的列诺得尔、盖得、桑巴等，意大利的比索拉蒂之流，英国的海德门、费边社分子和"拉布分子"（指"工党"的领袖们），瑞典的布兰亭之流，荷兰的特鲁尔斯特拉和他的党，丹麦的斯陶宁格和他的党，美国的维克多·伯杰及其他"保卫祖国派"等等。

（2）第二派即所谓"中派"，这些人摇摆于社会沙文主义者和真正的国际主义者之间。

所有"中派"分子都赌咒发誓，说他们是马克思主义者，是国际主义者，说他们赞成和平，赞成对政府多方施加"压力"，从多方面"要求"本国政府"表达人民的和平意志"，赞成各种各样有利于和平的运动，赞成没有兼并的和约等等，**同时也赞成同社会沙文主义者讲和平**。"中派"赞成"团结一致"，反对分裂。

"中派"是小资产阶级的善良空话的王国，口头上是国际主义，实际上是胆怯的机会主义，向社会沙文主义者讨好。

问题的关键在于"中派"不相信用革命来反对本国政府的必要性，不宣传革命，不进行忘我的革命斗争，而捏造各种最卑鄙的——听起来好像是绝顶"马克思主义的"——**借口**来躲避革命。

社会沙文主义者是我们的**阶级敌人**，是工人运动中的**资产者**。他们是那些**客观上被资产阶级收买**（用优厚的工资、荣耀的职位等等）的工人阶层和集团，他们帮助**本国**资产阶级掠夺和扼杀弱小民族，帮助他们为瓜分资本主义的赃物而进行争斗。

"中派"是一些被腐朽的合法性侵蚀了的、被议会制度的环境等等败坏了的守旧派，是习惯于待遇优厚的职位和"安稳的"工作的官吏。从历史上和经济上来讲，他们并不代表一个**特殊的**阶层，而只是代表工人运动从过去的阶段即从 1871—1914 年的阶段**向新阶段的过渡**；过去的阶段给了无产阶级许多宝贵的东西，特别是在无产阶级所必需的一门艺术方面，这门艺术就是广泛而又广泛地进行缓慢的、坚持不懈的、有系统的组织工作；从第一次世界帝国主义大战开创了**社会革命的纪元**那时起，**新阶段**的到来**在客观上**就成为必然的了。

……

（3）第三派是真正的国际主义者，表现得最明显的是"齐美尔瓦尔德左派"（我们把他们 1915 年 9 月发表的宣言作为附录转载于后，使读者能够通过原件了解这一派别的产生）。

这一派的主要特点就是他们既同社会沙文主义也同"中派"彻底决裂。他们进行忘我的革命斗争来反对**本国**的帝国主义政府和**本国的**帝国主义资产阶级。他们的原则是"主要的敌人在本国"。他们坚决反对社会和平主义者的甜言蜜语（社会和平主义者是口头上的社会主义者，实际上的资产阶级和平主义者；资产阶级和平主义者梦想**不打破资本的枷锁和统治**而获得永久的和平），反对利用种种**借口**来否认**因**这次战争而进行无产阶级革命斗争和无产阶级社会主义革命是可能的、适当的和及时的。

这派最有名的代表，在德国是"斯巴达克派"即"国际派"，卡尔·李卜克内西就是它的成员。卡尔·李卜克内西是这一派别和真正无产阶级的**新**国际的最有名望的代表。

……

# 我们党应当用什么名称，在科学上才是正确的，在政治上才是有助于启发无产阶级意识的？

19. 现在谈一谈最后一个问题，就是我们党的名称问题，我们应该像马克思和恩格斯那样称自己为**共产党**。

我们应该重复说，我们是马克思主义者，我们是以《共产党宣言》为依据的。社会民主党在下面主要两点上歪曲和背叛了这个宣言：（1）工人没有祖国，因此，在帝国主义战争中"保卫祖国"就是背叛社会主义；（2）马克思主义关于国家的学说被第二国际歪曲了。

……

现在的形势已和 1871—1914 年不同，那时马克思和恩格斯曾有意识地容忍了"社会民主"这个不正确的、机会主义的用语。因为**当时**，在巴黎公社失败之后，历史把缓慢的组织教育工作提上了日程。此外别无他法。无政府主义者当时（现在还是）不仅在理论上而且在经济上和政治上都是根本错误的。无政府主义者对时局作了错误的估计，不了解当时的世界形势：英国工人被帝国主义的利润所腐蚀，巴黎公社遭到失败，德国的资产阶级民族运动刚刚（1871 年）胜利，半农奴制的俄国仍然沉睡不醒。

选自《列宁全集》第 29 卷，人民出版社，2017，第 151—180 页。

**注释：**

［1］有关《无产阶级在我国革命中的任务（无产阶级政党的行动纲领草案）》这一著作写作和出版情况，见《后记》（《列宁全集》2017 年版第 29 卷第183—185 页）。

［2］马尼洛夫精神意为耽于幻想，无所作为。马尼洛夫是俄国作家尼·瓦·果戈理的小说《死魂灵》中的一个地主。他生性怠惰，终日想入非非，崇尚空谈，刻意讲究虚伪客套。

# 俄国的政党和无产阶级的任务<sup>[1]</sup>（节选）

## （1917 年 4 月上旬）


**问：（16）赞成还是反对兼并？**

**答：**一、（比立宪民主党更右的），二、（立宪民主党）。要是德国资本家和他们的强盗领袖威廉实行兼并，那我们反对。要是英国资本家实行兼并，那我们不反对，因为他们是"我们的"盟国。要是我们的资本家实行兼并，把沙皇奴役过的各个民族强迫留在俄国疆界内，那我们**赞成**，我们**不把这叫做兼并。**

三、（社会民主党和社会革命党）。反对兼并，但我们还是希望从资本家政府那里也能争取到放弃兼并的"诺言"。

四、（"布尔什维克"）。反对兼并。资本家政府放弃兼并的一切诺言完全是欺骗。要揭穿这种欺骗有一个方法，就是要求解放受**本国**的资本家压迫的民族。

……

**问：（23）各国人民现在需要什么样的社会党国际，以争取和实现各国工人的兄弟般的联盟？**

**答：**一、（比立宪民主党更右的），二、（立宪民主党）。一般说来，任何社会党国际对资本家和地主都是有害的和危险的，不过，要是德国的普列汉诺夫即谢德曼能够同俄国的谢德曼即普列汉诺夫意见一致，达成协议，要是他们能够互相剖白社会主义的心迹，那我们资本家也许应当欢迎站在**各自**政府方面的**这种**社会党人的**这种**国际。

三、（社会民主党和社会革命党）。需要一个把谢德曼之流、普列汉诺夫之流和"中派"（即动摇于社会沙文主义和国际主义之间的那**些人**）等等都联合在内的社会党国际。成分愈混杂，就愈"团结一致"：伟大的社会主义团结万岁！

四、（"布尔什维克"）。各国人民所需要的，只是那种把真正革命的工人（他们能够制止各民族间的可怕的和罪恶的大厮杀）联合起来的国际，这种国际才能把人类从资本的枷锁下解放出来。只有像被囚禁在苦役监狱里的德国社会党人卡尔·李卜克内西这样的人（集团、政党等等），只有这些奋不顾身地反对**本国**政府、**本国**资产阶级、**本国**社会沙文主义者、**本国**"中派"的人，才**能够**而且应当立刻组成各国人民所需要的国际。

选自《列宁全集》第 29 卷，人民出版社，2017，第 197—201 页。

**注释：**

[1]《俄国的政党和无产阶级的任务》这本小册子原来打算写成传单。当时立宪民主党人、社会革命党人和孟什维克广泛利用传单作宣传，在城市里到处张贴，所以列宁认为应当在敌视布尔什维主义的各党的传单旁边张贴布尔什维克的传单，用问答的形式使群众了解各个党的性质和主张。但是列宁的这个设想因小册子篇幅过长而未能实现。小册子最初发表在赫尔辛福斯的布尔什维克报纸《浪潮报》上。7 月 4 日，由生活和知识出版社在彼得格勒出了单行本，印数 5 万册。由于七月事变，小册子曾暂时存放在出版社仓库里，过了几天才在工人区销售。小册子很快售完，后又增印。1918 年小册子在莫斯科再版，列宁为它写了序言。

# 俄国社会民主工党（布）彼得格勒市代表会议文献[1]（节选）

## （1917 年 4 月）

## 2　关于目前形势的报告的总结发言

### （4 月 14 日〔27 日〕）

……

应当向无产阶级指出，要通过具体措施来推进革命。推进革命，就是要自动实现自治。民主的扩大并不妨碍自治，它使我们的任务能够实现。要结束战争，只有使政权转到另一个阶级手中（俄国已经最接近这一点），但无论如何不能靠各国资本家用交换被压制的民族的办法来实现停战。公社完全适合农民的情况。公社就是完全的自治，就是排除任何来自上层的监督。十分之九的农民一定会拥护这一措施。

……

## 9　关于战争的决议草案[2]

### （不晚于 4 月 14 日〔27 日〕）

### 一

目前的战争，从两个交战国集团来说，都是帝国主义战争，就是说，是资本家为了争夺世界霸权、为了分赃、为了金融资本即银行资本获得有利的市场、为了扼杀弱小民族而进行的战争。

……

现政府答应放弃兼并，即不再侵占别国或强迫任何民族留在俄国疆界以内，这也是完全不可信的。因为第一，同俄、英、法银行资本有千丝万缕联系并维护其利益的资本家，只要他们还是资本家，还没有放弃投入公债、租让企业和军工企业等等的数十亿资本的利润，他们就不会在这次战争中放弃兼并。第二，新政府为了欺骗人民而表示放弃兼并之后，却又于1917年4月9日通过米留可夫之口在莫斯科声明，它不会放弃兼并。第三，有克伦斯基部长参加的《人民事业报》揭露说，米留可夫甚至没有把他的放弃兼并的声明发往国外。

因此，为了提醒人民不要相信资本家的空洞诺言，代表会议声明必须严格区别口头上的放弃兼并和真正的放弃兼并，真正的放弃兼并，也就是立即公布一切掠夺性的秘密条约和对外政策方面的一切文件，立即使遭受资本家阶级（他们还在继续执行使我国人民蒙受耻辱的前沙皇尼古拉二世的政策）压迫的、被强行并入俄国的、不享有充分权利的各民族获得彻底解放。

# 二

现在俄国的一切民粹主义党派（人民社会党人、劳动派分子、社会革命党人）和机会主义的孟什维克社会民主党（组织委员会即齐赫泽、策列铁里等）以及大多数无党派革命者，几乎都醉心于所谓"革命护国主义"，这种"革命护国主义"，就其阶级意义来说，一方面代表着同资本家一样靠压迫弱小民族来攫取利润的小资产阶级、小业主和富裕农民的利益和观点，另一方面，它是资本家欺骗人民群众，不公布秘密条约而用许愿和花言巧语来敷衍搪塞的结果。

必须承认，"革命护国派"的广大群众是真诚的，就是说，他们**的确**不愿意兼并、掠夺和压迫弱小民族，**的确**希望**各**交战国缔结一个民主的非强制的和约。这一点是必须承认的，因为城乡无产者和半无产者（即完全靠或部分靠出卖劳动力给资本家来维持生活的那些人）的阶级地位使这些阶级从资本家的利润中得不到好处。

......

## 三

......

只有这个阶级才能**真正**放弃兼并，挣脱金融资本即银行资本的罗网，在一定条件下，不是口头上而是**实际**上把掠夺性的战争变成无产阶级革命的战争，变成不是为了扼杀弱小民族而是为了使**全世界**工农摆脱资本枷锁的战争。

......

代表会议声明，在有宣传鼓动充分自由的条件下，在人民大多数还没有理解这次战争同资本家的利益有不可分割的联系的时候，要尽快地停止各民族间的这场大厮杀，就只有一种切实可行的办法。

......

俄德两国的士兵，即两国穿军服的无产者和农民开始联欢了，这向全世界表明，这些受资本家压迫的阶级的可靠嗅觉提示了停止各民族间大厮杀的正确途径。

选自《列宁全集》第 29 卷，人民出版社，2017，第 245—262 页。

注释：

[1] 这是有关俄国社会民主工党（布）彼得格勒市代表会议的一组文献。

俄国社会民主工党（布）彼得格勒市代表会议是根据俄国社会民主工党彼得堡委员会 1917 年 4 月 6 日（19 日）的决定召开的，于同年 4 月 14—22

日（4月27日—5月5日）举行。出席会议的代表共57名，其中包括芬兰、爱沙尼亚、拉脱维亚、波兰和立陶宛的组织的代表，军事组织的代表以及两名区联派代表。列入会议议程的问题有：当前任务——目前形势；关于对工兵代表苏维埃的态度和工兵代表苏维埃的改组；党组织的建设；对其他各派社会民主党人的态度；市政选举；关于对《真理报》的攻击。列宁被选为代表会议的名誉主席，作了《关于目前形势和对临时政府的态度的报告》，参加了关于对临时政府的态度和关于战争这两个决议案的起草委员会，提出了关于市政选举的决议案和关于对社会革命党、社会民主党（孟什维克）、一批所谓"无派别"社会民主党人以及诸如此类的政治流派的态度的决议案。

在代表会议讨论对临时政府的态度问题的决议案时，列·波·加米涅夫提出修正案，坚持监督临时政府的错误主张。列宁批评了这种意见，认为它是妥协派的主张，是齐赫泽和斯切克洛夫的政策。代表会议以压倒多数通过了列宁的决议案。

由于爆发了抗议临时政府4月18日（5月1日）照会的群众运动，会议于4月19日（5月2日）休会。代表会议作出决定，号召工人和士兵支持4月20日（5月3日）俄国社会民主工党（布）中央委员会通过的关于临时政府上述照会引起的危机的决议（见《列宁全集》2017年版第29卷第290—291页）。代表们分赴工厂和兵营向群众进行解释。因此，代表会议后来的各次会议不是在全体代表出席的情况下进行的。

彼得格勒市代表会议的各项决议证明，彼得格勒的布尔什维克已经团结在列宁《四月提纲》的周围；列宁的策略得到了最大的党组织即首都党组织的赞同。彼得格勒市代表会议的大部分决议是俄国社会民主工党（布）第七次全国代表会议（四月代表会议）决议的基础。

[2] 关于战争的决议草案是列宁拟定的，先在1917年4月14日（27日）彼得格勒市代表会议第一次会议成立的委员会中进行讨论，然后由列宁在4月22日（5月5日）第四次会议上宣读。会议通过了这个草案，作为向俄国社会民主工党（布）第七次全国代表会议（四月代表会议）提出的决议案定稿的基础。

# 在彼得格勒工兵代表苏维埃士兵部
# 会议上的发言[1]（节选）

## （1917 年 4 月 17 日〔30 日〕）

## 2　对问题的回答

（1）夺回库尔兰就是一种兼并，因为这样做的话，德国就有权夺回自己的殖民地。应该让一个民族有权自己决定怎样生活。在资本主义世界中，总是按实力进行分配的，——谁强谁就多得。不应当为争夺库尔兰而战，但应当为争取让库尔兰自由决定自己的归属而战。

选自《列宁全集》第 29 卷，人民出版社，2017，第 275 页。

注释：

[1] 1917 年 4 月 16 日（29 日）各报登载了工兵代表苏维埃士兵部执行委员会谴责列宁派的宣传的决议（参看《列宁全集》2017 年版第 29 卷第 277 页），为此列宁于 1917 年 4 月 17 日（30 日）出席了彼得格勒工兵代表苏维埃士兵部会议并要求发言。根据在士兵部中占多数的孟什维克和社会革命党人的要求，

他的发言时间被限制为 30 分钟。列宁发言后回答了会上提出的问题。随后，他又在塔夫利达宫出口处的一个房间里，回答了簇拥在他周围的士兵们提出的问题。在列宁发言和孟什维克米·伊·李伯尔对列宁的发言进行辩驳以后，士兵部没有表态，决定转入原定议程。《言语报》和《统一报》登载列宁的发言时作了歪曲。在《列宁全集》俄文第 5 版中，本文是根据会议记录刊印的。

# 资本家怎样理解"耻辱"和无产者 怎样理解"耻辱"

## （1917 年 4 月 22 日〔5 月 5 日〕）

今天《统一报》在头版头条用黑体字刊出了普列汉诺夫、捷依奇和查苏利奇几位先生签署的一篇宣言。这篇宣言写道：

> ……每一个民族都有权自由支配自己的命运。德国的威廉和奥地利的查理是永远不会同意这种看法的。我们同他们作战就是为了保卫自己的自由和别人的自由。俄国不能背叛自己的同盟者。那样做会使它蒙受耻辱……

所有的资本家都是这样议论的。他们把不遵守资本家**之间**的条约看做耻辱，正如君主们把不履行君主们之间的条约看做耻辱一样。

可是工人呢？他们是否认为不履行由君主们、资本家们签订的条约是耻辱呢？

当然不这样认为！有觉悟的工人**主张废除所有**这些条约，只承认**各国工人和士兵**缔结的有利于人民，即有利于工人和贫苦农民而不利于资本家的协议。

各国工人之间**有**另外一种条约，即 1912 年的巴塞尔宣言（普列汉诺夫在宣言上也签了字，但却背弃了它）。这个工人的"条约"认为，各国

541

工人如果为了资本家的利润而互相残杀，那就是"犯罪"。

《统一报》撰稿人的看法和资本家的一样（《言语报》等也是这样看的），而和工人的不一样。

说德国的君主和奥地利的君主不会同意每个民族有自由，这是十分正确的，因为这两个君主和尼古拉二世一样，也是戴王冠的强盗。但是，第一，无论英国的君主、意大利的君主或别国的君主（尼古拉二世的"同盟者"）并不就好一些。忘记这一点就会变成君主派或君主派的拥护者。

第二，**不戴**王冠的强盗即资本家在这场战争中的表现，丝毫也不比君主好些。难道美国的"民主派"即民主派资本家没有掠夺过菲律宾，没有在掠夺墨西哥吗？

德国的古契柯夫之流和米留可夫之流如果接替了威廉二世，**同样也**会是强盗，也不会比英国和俄国的资本家好些。

第三，俄国资本家会"同意"在他们压迫下的亚美尼亚、希瓦、乌克兰和芬兰的人民获得"自由"吗？

《统一报》撰稿人对这个问题避而不谈，实际上他们已经变成"本国"资本家和别国资本家进行掠夺战争的维护者了。

全世界工人国际主义者都主张推翻**一切**资本家政府，拒绝同任何资本家妥协或协商，主张由**各国革命工人**缔结真正能够保证"每一个"民族都享有自由的**普遍的和约**。

选自《列宁全集》第 29 卷，人民出版社，2017，第 329—330 页。

# 俄国社会民主工党(布)第七次全国代表会议 (四月代表会议)文献[1](节选)

## (1917 年 4 月)

## 1　代表会议开幕词

### (4 月 24 日〔5 月 7 日〕)

……

在 19 世纪,马克思和恩格斯观察了各国的无产阶级运动,研究了社会革命的可能的前途,曾不止一次地指出,这些国家分别扮演的角色将与它们各自的民族历史特点大体相适应,相符合。马克思和恩格斯把他们的这个思想简要地表述如下:法国工人开始,德国工人完成。

……

## 2　关于目前形势的报告

### (4 月 24 日〔5 月 7 日〕)

#### (1) 记　录

……

(报告人念关于战争的决议草案。)

"目前的战争，从两个交战国集团来说，都是帝国主义战争，就是说，是资本家为了争夺世界霸权、为了分赃、为了金融资本即银行资本获得有利的市场、为了扼杀弱小民族而进行的战争。

俄国的国家政权从尼古拉二世转到古契柯夫、李沃夫等人的政府手中，转到地主和资本家的政府手中，从俄国方面来说战争的这种阶级性质和意义并没有改变而且也不可能改变。

事实非常明显，新政府进行的仍然是帝国主义战争，即侵略性的强盗战争，这表现在它不仅没有公布前沙皇尼古拉二世同英法等国资本家政府签订的秘密条约，而且正式承认了这些条约。新政府这样做，并没有征询人民的意见，显然是有意欺骗人民，因为大家知道，前沙皇签订的这些秘密条约是彻头彻尾的强盗条约，它们允许俄国资本家掠夺中国、波斯、土耳其和奥地利等等。

因此，无产阶级政党如果不彻底背弃国际主义，就是说，不彻底破坏世界各国工人在反对资本压迫的斗争中形成的兄弟团结，就决不能支持目前的战争、目前的政府和它发行的公债，不管这些公债的名称多么响亮。

现政府答应放弃兼并，即不再侵占别国或强迫任何民族留在俄国疆界以内，这也是完全不可信的。因为第一，同俄、英、法银行资本有千丝万缕联系并维护其利益的资本家，只要他们还是资本家，还没有放弃投入公债、租让企业、军工企业等等的数十亿资本的利润，他们就不会在这次战争中放弃兼并。第二，新政府为了欺骗人民而表示放弃兼并之后，却又于1917年4月9日通过米留可夫之口在莫斯科声明，它不会放弃兼并。第三，有克伦斯基部长参加的《人民事业报》揭露说，米留可夫甚至没有把他的放弃兼并的声明发往国外。

因此，为了提醒人民不要相信资本家的空洞诺言，代表会议声明必须严格区别口头上的放弃兼并和真正的放弃兼并，真正的放弃兼并，也就是立即公布一切掠夺性的秘密条约和对外政策方面的一切文件，立即使遭受资本家阶级（他们还在继续执行使我国人民蒙受耻辱的前沙皇尼古拉二世的政策）

压迫的、被强行并入俄国的、不享有充分权利的各民族获得彻底解放。"

……

（报告人继续念决议草案。）

"现在俄国的一切民粹主义党派（人民社会党人、劳动派分子、社会革命党人）和机会主义的孟什维克社会民主党（组织委员会即齐赫泽、策列铁里等）以及大多数无党派革命者，几乎都醉心于所谓'革命护国主义'，这种'革命护国主义'，就其阶级意义来说，一方面代表着同资本家一样靠压迫弱小民族来攫取利润的小资产阶级，小业主和富裕农民的利益和观点，另一方面，它是资本家欺骗人民群众，不公布秘密条约而用许愿和花言巧语来敷衍搪塞的结果。

必须承认'革命护国派'的广大群众是真诚的，就是说，他们**的确**不愿意兼并、掠夺和压迫弱小民族，**的确**希望**各**交战国缔结一个民主的非强制的和约。这一点是必须承认的，因为城乡无产者和半无产者（即完全靠或部分靠出卖劳动力给资本家来维持生活的那些人）的阶级地位使这些阶级从资本家的利润中得不到好处。

……"

……

# 9　为维护关于战争的决议而发表的讲话

（4 月 27 日〔5 月 10 日〕）

## （1）记　录

……

"目前的战争，从两个交战国集团来说，都是帝国主义战争，就是说，是资本家为了分享统治世界的利益、为了争夺金融（银行）资本的市场、为了征服弱小民族等等而进行的战争。"

……

　　总之，我再强调一下，我们提出了特别清楚地说明战争性质的证据。即使根本没有条约，战争的性质也丝毫不会改变，因为资本家集团往往不缔结任何条约也会达成协议。但是现在有条约，这些条约的意义又非常明显，我们认为，为了协调鼓动员和宣传员的工作，着重指出这一事实是十分必要的，因此我们决定把这一项特别提出来。人民很注意而且应当注意这一事实，尤其是因为我国的这些条约是被推翻了的沙皇缔结的。所以，应当使人民的注意力集中在这样一点上，即这场战争是各国政府根据旧政府所缔结的条约进行的。我认为，这里非常突出地暴露了资本家利益和人民意志之间的矛盾，而鼓动员的任务就在于揭示这些矛盾，使人民注意这些矛盾，在于启发群众的阶级意识，努力使他们觉醒。条约的内容毫无疑问是允许资本家靠掠夺其他国家而获得巨额利润，这些条约在所有的国家里向来是秘密的。世界上没有一个共和国执行对外政策是公开的。只要资本主义制度存在，就不要指望资本家会公开自己的账本。既然存在着生产资料私有制，也就存在着股票和金融业务的私有制。现在外交的主要基础就是金融业务，而金融业务归根到底就是掠夺和扼杀弱小民族。从我们的观点来看，评价战争所依据的一些基本原理就是如此。我们可以由此得出结论：

　　……

　　"现政府答应放弃兼并，即不再侵占别国或强迫任何民族留在俄国疆界以内，这是完全不可信的。"

　　"兼并"这个词是外来语，所以我们给它下一个确切的政治定义，这是立宪民主党和小资产阶级民主派（民粹主义者和孟什维克）的政党办不到的。没有比这个词用得更乱更含混不清的了。

　　……

　　因此，为了提醒人民不要相信资本家的空洞诺言，代表会议声明必须严格区别口头上的放弃兼并和真正的放弃兼并，真正的放弃兼并，也就是立即公布并废除一切掠夺性的秘密条约，立即给予各民族以权利，让他们通过自由投票决定他们愿意成为独立国家还是愿意加入某个国家的问题。"

　　……

假如我们进行斗争是为了让俄国资本家按照原来的疆界占有库尔兰和波兰，那就是说，德国资本家有权去掠夺库尔兰。他们会说：我们曾经一道掠夺波兰；在 18 世纪末我们开始瓜分波兰的时候，普鲁士是一个很弱很小的国家，而俄国是一个大国，因此俄国掠夺得多些；现在我们强大一些了，就让我们多夺得一些吧。对于资本家的这种逻辑根本无法反驳。1863年日本同俄国比起来是微不足道的，但 1905 年它却把俄国揍了一顿。在1863—1873 年，德国同英国比起来也是微不足道的，但是现在它却比英国强了。德国人会说：过去我们力量弱，你们从我们手中夺去了库尔兰，现在我们比你们强大了，因此要把它夺回来。不放弃兼并就是为侵略弱小民族的无休止的战争辩护。放弃兼并就是让每个民族自由地决定，它是愿意单独生活还是愿意同其他民族生活在一起。当然，为此就得撤兵。在兼并问题上有稍许动摇就是为无休止的战争辩护。因此，在这方面，我们不允许有丝毫的动摇。关于兼并问题，我们的回答是：各民族自由决定。要使这一政治自由也成为经济自由，究竟应该怎么办呢？要这样，就必须使政权转到无产阶级手中，挣脱资本的枷锁。

现在来谈决议的第二部分。

"现在俄国的一切民粹主义党派（人民社会党人、劳动派分子、社会革命党人）和机会主义的孟什维克社会民主党（组织委员会即齐赫泽、策列铁里等）以及大多数无党派革命者，都醉心于所谓'革命护国主义'，这种革命护国主义，就其阶级意义来说，一方面代表着同资本家一样靠压迫弱小民族来攫取利润的富裕农民和部分小业主的利益和观点，另一方面，它是资本家欺骗部分城乡无产者和半无产者的结果，城乡无产者和半无产者的阶级地位使这些阶级从资本家的利润和帝国主义战争中得不到好处。"

......

# 11    关于战争的决议[2]

（4月27日〔5月10日〕）

## 一

目前的战争，从两个交战国集团来说，都是帝国主义战争，就是说，是资本家为了分享统治世界的利益、为了争夺金融（银行）资本的市场、为了征服弱小民族等等而进行的战争。战争每天都为金融资产阶级和工业资产阶级增加财富，使所有交战国以至中立国的无产阶级和农民贫弱。而在俄国，战争拖延下去还会给革命的成果和革命的进一步发展带来极大的危险。

俄国的国家政权转到临时政府手中，转到地主和资本家的政府手中，从俄国方面来说战争的这种性质和意义并没有改变而且也不可能改变。

这一事实非常明显地表现在：新政府不仅没有公布沙皇尼古拉二世同英法等国资本家政府签订的秘密条约，而且没有征询人民的意见就正式承认了这些允许俄国资本家掠夺中国、波斯、土耳其、奥地利等国的秘密条约。由于隐瞒这些条约，俄国人民就会在战争的真正性质问题上蒙受欺骗。

因此，无产阶级政党如果不彻底背弃国际主义，就是说，不彻底破坏世界各国工人在反对资本压迫的斗争中形成的兄弟团结，就决不能支持目前的战争、目前的政府和它发行的公债。

现政府答应放弃兼并，即不再侵占别国或强迫任何民族留在俄国疆界以内，这是完全不可信的。因为第一，同银行资本有千丝万缕联系的资本家，只要还没有放弃投入公债、租让企业和军工企业等等的数十亿资本的利润，他们就不会在这次战争中放弃兼并。第二，新政府为了欺骗人民而表示放弃兼并之后，却又于1917年4月9日通过米留可夫之口在莫斯科声明，它不会放弃兼并，新政府4月18日的照会和4月22日对照会的说明也证实了它的政策的侵略性质。因此，为了提醒人民不要相信资本家的空洞诺言，代表会议声明必须严格区别口头上的放弃兼并和真正的放弃兼并，真正的放弃兼并，也就是立即公布并废除一切掠夺性的秘密条约，立即给予各民族以权利，让他们通过自由投票决定他们愿意成为独立国家还是愿意加入某个国家的问题。

## 二

现在俄国的一切民粹主义党派（人民社会党人、劳动派分子、社会革命党人）和机会主义的孟什维克社会民主党（组织委员会即齐赫泽、策列铁里等）以及大多数无党派革命者，都醉心于所谓"革命护国主义"，这种革命护国主义，就其阶级意义来说，一方面代表着同资本家一样靠压迫弱小民族来攫取利润的富裕农民和部分小业主的利益和观点，另一方面，它是资本家欺骗部分城乡无产者和半无产者的结果，城乡无产者和半无产者的阶级地位使这些阶级从资本家的利润和帝国主义战争中得不到好处。

代表会议认为，绝对不允许对"革命护国主义"作任何让步，让步在实际上意味着完全背弃国际主义和社会主义。至于广大人民群众的护国主义情绪，我们党将同这种情绪作斗争，即不断地说明这样一个真理：不觉悟地轻信资本家的政府是目前迅速结束战争的主要障碍之一。

选自《列宁全集》第 29 卷，人民出版社，2017，第 339—399 页。

**注释：**

[1] 这是有关俄国社会民主工党（布）第七次全国代表会议（四月代表会议）的一组文献。

俄国社会民主工党（布）第七次全国代表会议（四月代表会议）是布尔什维克党在合法条件下召开的第一次代表会议，1917 年 4 月 24—29 日（5 月 7—12 日）在彼得格勒举行。由于中央内部在对革命的估计、革命的前途以及党的任务问题上有分歧，根据中央的一致决定，全党在代表会议召开以前，围绕列宁的《四月提纲》，就这些问题进行了公开争论。这样，地方组织就有可能预先讨论议程中的问题，并弄清普通党员对它们的态度。出席代表会议的有 151 名代表，其中 133 名有表决权，18 名有发言权，他们代表 78 个大的党组织的约 8 万名党员。出席会议的还有前线和后方军事组织的代表，拉脱维亚、立陶宛、波兰、芬兰和爱沙尼亚等民族组织的代表。这次代表会议具有充分的代表性，因而起到了党代表大会的作用。代表会议的议程是：目前形势（战争和临时政府等）；和平会议；对工兵代表苏维埃的态度；修改党纲；国际的现状和党的任务；同国际主义的社会民主党组织的联合；土地问题；民族问题；立宪会议；组织问题；各地的报告；选举中央委员会。列宁是主席团的成员，他领导了会议的全部工作，作了目前形势、修改党纲和土地问题等主要报告，发言 20 多次，起草了代表会议的几乎全部决议草案。斯大林作了民族问题的报告。代表会议以《四月提纲》为基础，规定了党在战争和革命的一切基本问题上的路线，确定了党争取资产阶级民主革命转变为社会主义革命的方针和"全部政权归苏维埃"的口号。列·波·加米涅夫作了关于目前形势的副报告，他和阿·伊·李可夫企图证明俄国资产阶级民主革命还未结束，社会主义革命尚不成熟，认为只能由孟什维克和社会革命党人把持的苏维埃监督资产阶级临时政府。在讨论民族问题时，格·列·皮达可夫反对各民族有自决直至分离的权利的口号。他们的错误观点受到了会议的批判。在讨论国际的现状和党的任务时，会议通过了格·叶·季诺维也夫提出的继续留在齐美尔瓦尔德联盟里和参加齐美尔瓦尔德第三次代表会议的错误决议案，列宁投票反对这一决议案。代表会议以无记名投票选举了党的中央委员会，列宁、季诺维也夫、加米涅夫、弗·巴·米柳亭、维·巴·诺根、雅·米·斯维尔德洛夫、伊·捷·斯米尔加、斯大林、Г.Ф. 费多罗夫共 9 人当选为中央委员。这次会议的决议，参看《苏联共产党代表大会、代表会议和中央全会决议汇编》1964 年人民出版社版第 1 分册第 430—456 页。

[2] 关于战争的决议是以列宁在俄国社会民主工党（布）彼得格勒市代表会议上提出的决议草案（见《列宁全集》2017 年版第 29 卷第 258—263 页）为基础拟定的，在四月代表会议上以多数票（有 7 票弃权）通过，载于 1917 年 4 月 29 日（5 月 12 日）《真理报》第 44 号社论的位置。

# 战争与革命[1]（节选）

## 1917 年 5 月 14 日（27 日）的演讲
## （1917 年 5 月 14 日〔27 日〕）

　　从马克思主义即现代科学社会主义的观点来看，在社会主义者讨论应
该怎样评价战争、应该怎样对待战争的时候，基本问题在于这场战争是由
于什么引起的，是由哪些阶级准备并操纵的。我们马克思主义者并不是那
种无条件地反对一切战争的人。我们说，我们的目的是要建立社会主义社
会制度，这种社会制度在消除了人类的阶级划分之后，在消除了人剥削人
和一个民族剥削其他民族的现象之后，就必然会消除发生战争的一切可能
性。但是在争取社会主义社会制度的斗争中，我们必然会遇到一个民族内
部的阶级斗争同这种阶级斗争所引起的民族之间的战争碰在一起的情况，
因此我们不能否认革命战争的可能性，即由阶级斗争所产生、由革命阶级
所进行并具有直接革命意义的战争。我们不能否认这一点，尤其是因为近
百年来、近 125—135 年来，欧洲革命史上除占多半的反动战争以外，也还
有革命战争，例如法国的革命人民群众反对联合起来的君主的、落后的、
封建的和半封建的欧洲的战争。当今在西欧，以及最近在我们俄国，最流
行的一种欺骗群众的手法，就是援引革命战争的例子来愚弄群众。有各种
各样的战争。必须弄清楚，这场战争是由什么样的历史条件造成的，是由
哪些阶级进行的，是为了什么而进行的。不弄清楚这些，我们关于战争的
一切议论势必都是纯粹的空话，都是纯粹字面上的和没有结果的争论。因

此，既然你们要我讲战争和革命的相互关系问题，我就来详细地谈一谈这方面的问题。

……

欧洲曾是一片和平景象。这种和平所以能够维持，是因为欧洲各民族对殖民地亿万居民的统治完全是靠连绵不断的战争来实现的。我们欧洲人不认为这些战争是战争，因为它们往往不像什么战争，而是对手无寸铁的民族实行最野蛮的摧残和屠杀。正因为如此，我们要了解现代的战争，首先就必须对欧洲列强的全部政治作一个总的观察。不应该抓住个别的例子和事实，从社会现象的联系中抽出个别事例总是很容易的，但毫无价值，因为相反的例子也很容易举出来。应该从欧洲各国经济和政治的相互关系中抓住整个欧洲国家体系的全部政治，才能了解这个体系是怎样不可避免地造成这场战争的。

……

而现在我们看到的，首先是两个资本主义强国集团联盟，是世界上几个最大的资本主义强国——英国、法国、美国、德国；它们几十年来的全部政治就是不断地进行经济竞争，以求统治全世界，扼杀弱小民族，保证势力范围已囊括全世界的本国银行资本获得三倍和十倍的利润。这就是英国和德国实际的政治。这就是我要着重指出的。任何时候都必须强调这一点，因为，如果忘记了这一点，我们就根本不能理解这场战争，那时，我们就会束手无策，被一切以谎言欺骗我们的资产阶级政论家牵着鼻子走。

我们必须全面地研究和了解资本主义强国的两大集团（互相厮打的英国集团和德国集团）在战前整整几十年间的实际的政治。不然的话，我们不仅会忘记科学社会主义和一切社会科学的基本要求，而且会根本无法了解这场战争，我们会被骗子米留可夫牵着鼻子走。这个骗子现在正用各地都毫无例外地惯用的那种手法来鼓吹沙文主义和煽起民族仇恨；对这种手法，我在前面提到的克劳塞维茨早在 80 年前就评述过，早在那时他就嘲笑了这样一种观点：原来各民族和睦相处，后来互相厮杀起来了！似乎真是这样！不把战争同有关的国家、有关的国家体系、有关的阶级在战前的政治联系起来，难道能够说明战争吗？我再说一遍：这个问题是人们所经常忘记的一个基本问题，由于不理解这个问题，十分之九的关于战争的谈论都成了毫无意义的对骂和无谓的争吵。我们说，如果你们不研究两个交战国集团几十年来的政治（这种研究是为了避免偶然性，避免只抓个别例子），如果你们不揭示这场战争同战前政治的联系，你们就根本不能理解这场战争。

……

旧的瓜分是以英国在几百年内把先前的许多竞争者打垮为依据的。从前同英国竞争的有称霸世界的荷兰，有进行了将近百年的争霸战争的法国。英国仗着自己的经济力量，仗着自己商业资本的力量，通过长期战争，确立了无可争辩的世界霸权。后来出现了一个新的掠夺者，1871年产生了一个新的资本主义强国，它的发展比英国快得多。这是一个基本事实。没有一本经济史方面的书籍不承认这个无可争辩的事实：德国发展得更快。德国资本主义的迅速发展就是一个年轻力壮的强盗的发展。它跻身于欧洲的列强，它说："你们搞垮了荷兰，击溃了法国，夺得了半个世界，劳驾也给我们适当的一份吧。""适当的一份"是什么意思呢？在资本主义世界，在银行界，怎样来确定这一份呢？在那里，力量取决于银行的多少，这正像美国一家亿万富翁的报纸以纯粹美国式的直率态度、以纯粹美国式的无耻态度所讲的那样："在欧洲，现在进行着争夺世界霸权的战争。要想称霸世界需要两件东西：美元和银行。美元我们是有的，银行我们要建立，我们将称霸世界。"这是美国一家亿万富翁的指导性报纸的声明。我必须说，这个傲慢而无耻的美国亿万富翁的这句厚颜无耻的话，要比资产阶级撒谎家的千百篇文章实在一千倍；那些撒谎家把这场战争说成是由于某种民族利益，由于民族问题而引起的，他们散布诸如此类极其明显的谎言来推翻全部历史，并抓住德国强盗袭击比利时这样的个别事件[2]作为例子。当然这件事是不假的。这个强盗集团确实空前野蛮地袭击了比利时，但是它所做的，同另一个强盗集团用其他手段对其他民族在昨天所做的和今天还在继续做的并没有任何区别。

在兼并问题（这个问题我原打算把它作为引起当前这场战争的经济关

系外交关系史来简略地叙述一下）上争论时，我们总是忘记，这个问题通常就是这场战争发生的原因问题，就是瓜分侵占的土地问题，或者通俗点说，就是两伙强盗分赃的问题。我们在兼并问题上争论时，还经常遇到一些手法，这些手法从科学的观点来看是经不起任何批评的，而从社会政论的角度来看，则只能叫做拙劣的欺骗。你们问问俄国的沙文主义者或社会沙文主义者，他们一定会把什么是德国的兼并这个问题解释得头头是道，因为他们对这一点了解得非常清楚。但是，如果你们请他们给兼并下个总的定义，即既适用于德国也适用于英国和俄国的定义，那他们决不会满足你们的请求。他们永远下不出这样一个定义！《言语报》（为了从理论进到实践）嘲笑我们的《真理报》说："这些真理派分子竟把库尔兰看做被兼并的土地！同这种人有什么好谈的呢？"我们回答道："好吧，那就请你们给兼并下个定义吧，这个定义要既适用于德国人，也适用于英国人和俄国人。我们再补充一句：要么你们对此采取躲避态度，要么我们立即就把你们揭穿。"① 于是《言语报》默不作声了。我们肯定地说，任何一家报纸，无论是干脆说应该保卫祖国的一般沙文主义者的报纸，还是社会沙文主义者的报纸，从来都没有给兼并下过一个既适用于德国也适用于俄国即适用于任何一方的定义。它们不可能下这样一个定义，因为整个这场战争是兼并政策的继续，就是说，是交战双方的两个集团的掠夺政策即资本主义抢劫政策的继续。因此很清楚，这两个强盗中究竟哪一个先拔出刀来，这个问题对我们来说是没有任何意义的。请你们看看这两个集团几十年来的海军开支和陆军开支吧，请你们看看它们在大战前所进行的那些小的战争的历史吧，——所以说是"小的"，是因为在这些战争中欧洲人死得不多，而那些被他们扼杀的、在他们看来甚至不能算是民族（难道那些亚洲人和非洲人是民族吗？）的民族却死了好几十万：他们对这些民族所进行的是这样一种战争：当地的民族赤手空拳，却遭到他们机枪的扫射。难道这是战争吗？这实在说不上是战争，可以不去管它。看，他们就是这样一味欺

---

① 参看《列宁全集》2017年版第29卷第127—130页。——编者注

骗人民群众。

过去德国人和英国人在非洲、英国人和俄国人在波斯都一直在进行掠夺，屠杀整个整个民族，制造空前暴行（我不知道他们谁干得厉害些）；这场战争就是这种政治的继续。由于互相争夺，德国资本家把英国人和俄国人看成自己的敌人。怎么，你们仗着你们有钱就逞强吗？可是我们比你们更强，因此我们也有这种"神圣的"掠夺权利。这就是战前几十年英德金融资本的真正历史。这就是俄德之间、俄英之间和德英之间的关系史。这就是了解战争爆发原因的关键。这就是为什么说目前流行的那种关于战争爆发原因的说法是招摇撞骗，欺人之谈。他们忘记了金融资本的历史，忘记了这场重新瓜分世界的战争是怎样酿成的历史，却把事情说成是：两个民族原来和睦相处，后来一个进攻，一个就起来自卫。全部科学被置于脑后了，银行被置于脑后了，人民被征入伍，根本不知道什么是政治的农民被征入伍。需要自卫，这就是一切！要这样来谈论问题，那彻底的办法应当是取缔一切报纸，烧毁一切书籍，禁止在报刊上谈论兼并，只有这样，这种兼并观点才能站得住脚。他们在兼并问题上不能讲实话，因为俄、英、德三国的全部历史就是为了兼并而进行连年不断的残酷的血腥战争。自由派在波斯和非洲进行过残酷的战争；他们在印度则鞭挞过政治犯，因为政治犯竟敢提出在我们俄国有人曾经为之奋斗的那些要求。法国的殖民主义军队过去也压迫其他民族。这就是以往的历史，这就是亘古未有的掠夺的真正历史！这场战争正是这些阶级的这种政治的继续。正因为这样，他们在兼并问题上不可能作出像我们那样的答复。我们的答复是：凡是根据皇帝或政府的决定而不是根据本民族大多数人的自愿被并入另一个民族的民族，都是被兼并的民族，被掳掠的民族。放弃兼并就是使每个民族享有单独成立国家或愿意同哪个民族就同哪个民族结成联盟的权利。这样的答复，对于任何一个稍微有点觉悟的工人都是十分明了的。

选自《列宁全集》第 30 卷，人民出版社，2017，第 77—86 页。

**注释:**

[1]《战争与革命》是列宁在彼得格勒瓦西里耶夫岛海军武备学校礼堂作的演讲。这次演讲向听众收费,所得归入 1914 年为巩固布尔什维克秘密报刊而设立的《真理报》固定基金。演讲持续了两个多小时,听众 2000 多人,其中有不少是知识分子、大学生、士兵和军官。长期以来人们认为演讲稿已经丢失,后来发现了一份不知出自谁手的这次演讲的记录,由列宁的妹妹玛·伊·乌里扬诺娃交给了列宁研究院,1929 年 4 月 23 日在《真理报》发表。

[2]第一次世界大战初期,德国粗暴地破坏比利时的中立,占领了比利时,企图利用它的领土对法国进行决定性打击。由于德国的占领和掠夺,比利时的经济遭到严重破坏,工业濒于崩溃。1918 年德国战败后,比利时才获得解放。

# 是同资本家做交易，还是推翻资本家？（节选）

## （怎样结束战争）

### （1917 年 5 月 25 日〔6 月 7 日〕）

农民的决议则对侵占（兼并）下了**另一个**定义，宣称"**每一个**"民族（当然，战争**以前**被兼并的民族即被暴力并吞的民族也包括在内）都享有自由权，享有"独立决定自己的命运"的权利。

从真正彻底的民主主义者的观点看来，尤其是从社会主义者的观点看来，这是唯一正确的解决办法。任何一个社会主义者，只要他还是一个社会主义者，就决不能对兼并（侵占）问题再有别的提法，决不能否认**每一个**民族都有自决权，都有分离的自由。

选自《列宁全集》第 30 卷，人民出版社，2017，第 167—168 页。

# 克伦斯基公民，这不民主！（节选）

## （1917 年 6 月 1 日〔14 日〕）

亚·伊·赫尔岑曾经说过，只要看一看俄国统治阶级的"行径"，就会羞于承认自己是俄国人。他说这句话的时候，俄国还在农奴制的桎梏下呻吟，鞭子和棍棒还统治着我国。

现在俄国推翻了沙皇。现在是克伦斯基之流和李沃夫之流代表俄国说话。克伦斯基之流和李沃夫之流的俄国对待各个从属民族的态度，使人们今天还不由自主地想说出亚·伊·赫尔岑说过的辛酸的话来。

更不用说，克伦斯基公民的"大国"民族主义政策只会煽起和加强克伦斯基之流和李沃夫之流所要反对的"分离主义"倾向。

我们要问，对被压迫民族的这种蔑视态度，不必说同社会主义的尊严，就是同一般民主主义的尊严难道能够相容吗？我们要问，克伦斯基公民和他的伙伴们的这种"嬉戏"有没有个限度呢？

我们要问"社会革命"党，它是否同意它的荣誉党员克伦斯基公民禁止召开乌克兰代表大会？

\*　　　\*　　　\*

我们获悉，工兵代表苏维埃执行委员会昨天通过一项决定，要邀请克伦斯基公民专门去解释一下关于民族自决和一般民族政策的问题。

另外，据说"联络委员会"已经垮台了。先生们，根本没有！两个政权仍然并存着。除非全部政权归工兵代表苏维埃，否则没有摆脱现状的出路。

选自《列宁全集》第30卷，人民出版社，2017，第223—224页。

# 俄国革命的对外政策（节选）

## （1917 年 6 月 14 日〔27 日〕）

在这种斗争中有没有同盟者呢？有。那就是欧洲各被压迫阶级，首先是无产阶级；还有就是受帝国主义压迫的各个民族，首先是同我们邻近的亚洲各个民族。

孟什维克和社会革命党人自称"革命民主派"，实际上却在推行反革命反民主的对外政策。如果他们是革命者，那他们就会要俄国工人和农民站在受帝国主义压迫的各个民族和各个被压迫阶级的前头。

惊慌失措的庸人们反对说："如果那样做，其他各国资本家就会联合起来反对俄国。"这也有可能。"革命"民主派没有权利发誓不进行任何革命战争。但是进行这种战争的实际可能性并不大。英帝国主义者和德帝国主义者不会"言归于好"来反对革命的俄国。俄国革命早在 1905 年就引起了土耳其、波斯和中国的革命，现在如果能够同殖民地和半殖民地国家的工农结成真正革命的联盟来反对暴君和可汗，把德国人逐出土耳其，把英国人逐出土耳其、波斯、印度、埃及等地，那就会使德帝国主义者和英帝国主义者都陷入非常困难的境地。

法国和俄国的社会沙文主义者喜欢援引 1793 年的历史，用这种动人的引证来掩盖自己对革命的背叛。俄国**真正**"革命的"民主派能够而且应当**本着** 1793 年的**精神**来对待被压迫的落后民族，而我们这里的人恰恰不愿意考虑这一点。

560

同帝国主义者结成"联盟"，即可耻地依附他们，——这就是资本家和小资产者的对外政策。同先进国家的革命者和各被压迫民族结成联盟，反对所有的帝国主义者，——这就是无产阶级的对外政策。

选自《列宁全集》第 30 卷，人民出版社，2017，第 310—311 页。

# 执政的和负责的党（节选）

## （1917 年 6 月 17 日〔30 日〕）

全俄农民苏维埃、正在开会的全俄兵工代表苏维埃代表大会以及彼得格勒区杜马选举，最终肯定了这样一个事实：社会革命党人和孟什维克的联盟是**俄国的执政党**。

……

社会革命党人和孟什维克要对政策的基本矛盾负责，这些矛盾愈来愈尖锐，愈来愈严重，而且愈来愈明显地强加到群众的头上。

——口头上"谴责"侵略战争和"要求"缔结没有兼并的和约。实际上正是继续进行侵略战争，同明明是侵略者的英法等国帝国主义者结成联盟。实际上根据这些盟国的要求，按照尼古拉二世为了使俄国地主和资本家发财而签订的掠夺性秘密条约准备进攻。

实际上执行兼并政策，即把一些民族（阿尔巴尼亚、希腊）强制并入一个国家或一个帝国主义者集团，**在**"革命的"（但是走反革命道路的）**俄国内部**也执行兼并政策，把芬兰和乌克兰作为被兼并的民族来对待，而不是作为真正自由的、真正平等的、拥有不容置疑的自治权和分离权的民族来对待。

选自《列宁全集》第 30 卷，人民出版社，2017，第 328—330 页。

# 国家与革命（节选）

马克思主义关于国家的学说与无产阶级在革命中的任务[1]

（1917 年 8—9 月）

## 第一版序言

......

在几十年较为和平的发展中积聚起来的机会主义成分，造成了在世界各个正式的社会党内占统治地位的社会沙文主义流派。这个流派（在俄国有普列汉诺夫、波特列索夫、布列什柯夫斯卡娅、鲁巴诺维奇以及以稍加掩饰的形式出现的策列铁里先生、切尔诺夫先生之流；在德国有谢德曼、列金、大卫等；在法国和比利时有列诺得尔、盖得、王德威尔得；在英国有海德门和费边派[2]，等等）是口头上的社会主义、实际上的沙文主义，其特点就在于这些"社会主义领袖"不仅对于"自己"民族的资产阶级的利益，而且正是对于"自己"国家的利益，采取卑躬屈膝的迎合态度，因为大多数所谓大国早就在剥削和奴役很多弱小民族。而帝国主义战争正是为了瓜分和重新瓜分这种赃物而进行的战争。如果不同"国家"问题上的机会主义偏见作斗争，使劳动群众摆脱资产阶级影响、特别是摆脱帝国主义资产阶级影响的斗争就无法进行。

......

# 第一章　阶级社会和国家

## 1. 国家是阶级矛盾不可调和的产物

马克思的学说在今天的遭遇，正如历史上被压迫阶级在解放斗争中的革命思想家和领袖的学说常有的遭遇一样。当伟大的革命家在世时，压迫阶级总是不断迫害他们，以最恶毒的敌意、最疯狂的仇恨、最放肆的造谣和诽谤对待他们的学说。在他们逝世以后，便试图把他们变为无害的神像，可以说是把他们偶像化，赋予他们的**名字**某种荣誉，以便"安慰"和愚弄被压迫阶级，同时却阉割革命学说的**内容**，磨去它的革命锋芒，把它庸俗化。现在资产阶级和工人运动中的机会主义者在对马克思主义作这种"加工"的事情上正一致起来。他们忘记、抹杀和歪曲这个学说的革命方面，革命灵魂。他们把资产阶级可以接受或者觉得资产阶级可以接受的东西放在第一位来加以颂扬。现在，一切社会沙文主义者都成了"马克思主义者"，这可不是说着玩的！那些德国的资产阶级学者，昨天还是剿灭马克思主义的专家，现在却愈来愈频繁地谈论起"德意志民族的"马克思来了，似乎马克思培育出了为进行掠夺战争而组织得非常出色的工人联合会！

……

## 2. 特殊的武装队伍，监狱等等

恩格斯继续说："……国家和旧的氏族〈或克兰[3]〉组织不同的地方，第一点就是它按地区来划分它的国民。……"

我们现在觉得这种划分"很自然"，但这是同血族或氏族的旧组织进行了长期的斗争才获得的。

"……第二个不同点，是公共权力的设立，这种公共权力已经不再直接就是自己组织为武装力量的居民了。这个特殊的公共权力之所以需要，是因为自从社会分裂为阶级以后，居民的自动的武装组织已经成为不可能了。…… 这种公共权力在每一个国家里都存在。构成这种权力的，不仅有武装的人，而且还有物质的附属物，如监狱和各种强制设施，这些东西都是以前的氏族〈克兰〉社会所没有的。……"①

……

# 第三章　国家与革命。1871 年巴黎公社的经验。马克思的分析

……

## 4. 组织起民族的统一

……

"……

民族的统一不是应该破坏，相反地应该借助于公社制度组织起来，应该通过这样的办法来实现，即消灭以民族统一的体现者自居同时却脱离民族、凌驾于民族之上的国家政权，这个国家政权只不过是民族躯体上的寄生赘瘤。旧政府权力的纯属压迫性质的机关予以铲除，而旧政府权力的合理职能则从僭越和凌驾于社会之上的当局那里夺取过来，归还给社会的负责的公仆。"②

……

无产阶级和贫苦农民把国家政权掌握在自己手中，十分自由地按公社体制组织起来，把所有公社的行动**统一**起来去打击资本，粉碎资本家的反抗，把铁路、工厂、土地以及其他私有财产交给**整个**民族、整个社会，难道这不是集中制吗？难道这不是最彻底的民主集中制、而且是无产阶级的

---

① 参看《马克思恩格斯文集》第 4 卷第 189—190 页。——编者注
② 参看《马克思恩格斯文集》第 3 卷第 155—156 页。——编者注

集中制吗？

伯恩施坦根本不会想到可能有自愿的集中制，可能使各公社自愿统一为一个民族，可能使无产阶级的公社在破坏资产阶级统治和资产阶级国家机器的事业中自愿融合在一起。伯恩施坦同其他所有的庸人一样，以为集中制是只能从上面、只能由官吏和军阀强迫实行和维持的东西。

马克思似乎预料到会有人歪曲他的这些观点，所以特意着重指出，如果非难公社要破坏民族的统一、废除中央政权，那就是故意捏造。马克思特意使用"组织起民族的统一"这样的说法，以便提出自觉的、民主的、无产阶级的集中制来同资产阶级的、军阀的、官吏的集中制相对立。

选自《列宁全集》第 31 卷，人民出版社，2017，第 1—51 页。

**注释：**

［1］《国家与革命（马克思主义关于国家的学说与无产阶级在革命中的任务）》一书写于 1917 年 8—9 月，1918 年 5 月在彼得格勒出版。在此以前，1917 年 12 月 17 日（30 日），《真理报》发表了它的序言和第 1 章的头两节。

为了撰写关于马克思主义对国家态度问题的著作，列宁于 1916 年秋和 1917 年初在苏黎世精心研究了马克思和恩格斯的国家学说，并把收集到的材料汇集成了一本笔记，取名为《马克思主义论国家》（见《列宁全集》2017 年版第 31 卷第 130—222 页）。因笔记本封面为蓝色，通称"蓝皮笔记"。1917 年 4 月列宁从瑞士回到俄国后，由于忙于革命实际活动，不能立即进行国家问题的著述，但也没有把这一计划完全搁置一边。1917 年 6 月，他曾拟了一张研究马克思主义对国家态度问题的书单，并了解过彼得格勒公共图书馆的工作制度。1917 年七月事变后，列宁匿居在拉兹利夫，才得以着手写作《国家与革命》一书。为此他请人把"蓝皮笔记"送到拉兹利夫，后又请人送来了马克思和恩格斯的著作《反杜林论》、《哲学的贫困》和《共产党宣言》（德文版和俄文版）等。8 月上旬到芬兰的赫尔辛福斯后，他继续专心写作。按原定计划，本书共 7 章。列宁写完了前 6 章，拟了第 7 章《1905 年和 1917 年俄国革命的经验》的详细提纲和《结束语》的提纲（见《列宁全集》2017 年版第 31 卷第 230—231、241—242 页）。列宁曾写信告诉出版者，如果第 7 章完稿太晚，或者分量过大，那就有必要把前 6 章单独出版，作为第 1 分册。本书最初就是作为第 1 分册出版的。

在本书手稿的第 1 页上，为了应付临时政府的检查，作者署了一个从未用过的笔名：弗·弗·伊万诺夫斯基。但是这本书到 1918 年才出版，因此也就没有使用这个笔名而用了大家都知道的笔名：弗·伊林（尼·列宁）。1919 年本书再版时，列宁在第 2 章中加了《1852 年马克思对问题的提法》一节。

[2] 费边派是 1884 年成立的英国改良主义组织费边社的成员，多为资产阶级知识分子，代表人物有悉·韦伯、比·韦伯、拉·麦克唐纳、肖伯纳、赫·威尔斯等。费边·马克西姆是古罗马统帅，以在第二次布匿战争（公元前 218—前 201 年）中采取回避决战的缓进待机策略著称。费边社即以此人名字命名。费边派虽然认为社会主义是经济发展的必然结果，但只承认演进的发展道路。他们反对马克思主义的阶级斗争和无产阶级革命学说，鼓吹通过细微的改良来逐渐改造社会，宣扬所谓"地方公有社会主义"（又译"市政社会主义"）。1900 年费边社加入工党（当时称劳工代表委员会），但仍保留自己的组织。在工党中，它一直起制定纲领原则和策略原则的思想中心的作用。第一次世界大战期间，费边派采取社会沙文主义立场。关于费边派，参看列宁《社会民主党在 1905—1907 年俄国第一次革命中的土地纲领》第 4 章第 7 节和《英国的和平主义和英国的不爱理论》（《列宁全集》2017 年版第 16 卷和第 26 卷）。

[3] 克兰是凯尔特民族中对氏族的叫法，有时也用以称部落。在氏族关系瓦解时期，则指一群血缘相近且具有想象中的共同祖先的人们。克兰内部保存着土地公有制和氏族制度的古老习俗（血亲复仇、连环保等）。在苏格兰和威尔士的个别地区，克兰一直存在到 19 世纪。

# 危机成熟了<sup>[1]</sup>（节选）

（1917 年 9 月 29 日〔10 月 12 日〕）

十分明显，既然在一个农民国家里，在民主共和国建立了个 7 月之后，居然弄到发生农民起义的地步，这就无可争辩地证明，革命正面临着全国性的崩溃，革命危机达到空前尖锐的程度，反革命势力快要达到**极限**了。

这是非常明显的。在农民起义这样的事实面前，其他一切政治征兆，即使同这种全国性危机的成熟相矛盾，也完全没有任何意义。

况且情况相反，一切征兆都表明，全国性危机已经成熟。

在全俄政治生活中，除了土地问题以外，民族问题具有特别重大的意义，尤其是对居民中的小资产阶级群众更是如此。我们看到，在策列铁里先生之流所伪造的"民主"会议上，"民族"代表团就激进性来说占第二位，仅次于工会代表团，对联合投**反对**票的百分比（55 票中，反对的占 40 票）**高于**工兵代表苏维埃代表团。克伦斯基政府，即镇压农民起义的政府正在从芬兰撤出革命的部队，以加强反动的芬兰资产阶级。在乌克兰，乌克兰人特别是乌克兰军队同政府的冲突日益频繁。

选自《列宁全集》第 32 卷，人民出版社，2017，第 272—273 页。

注释：

[1]《危机成熟了》一文写于维堡，全文共6节，第6节不供发表，只"**分发给中央委员会、彼得堡委员会、莫斯科委员会以及苏维埃的委员**"。

这篇文章最初在1917年10月7日（20日）《工人之路报》第30号上发表时，只有4节，即漏掉了第4节，而把第5节改为第4节。现存手稿只有第5和第6两节，第4节手稿没有找到，《列宁全集》俄文各版第4节均付阙如。

俄国各地的布尔什维克报刊普遍地转载了列宁的这篇文章。

# 论修改党纲(节选)

## （1917 年 10 月 6—8 日〔19—21 日〕）

### 一

……

为了更清楚地说明索·同志采用的党纲结构不合逻辑、前后不连贯，我们把旧党纲的开头部分全部引在下面：

"交换的发展在文明世界各民族之间建立了密切的联系，因此伟大的无产阶级解放运动一定会成为而且早已成为国际的运动。"

……

其次，索·同志不喜欢"文明世界"这几个字，在他看来，这几个字暗示着某种和平的、协调的东西，而忘记了殖民地。

恰恰相反，党纲中写着"文明世界"，这正好说明**不**协调，说明有不文明的国家存在（这是**事实**）；而照索·同志的草案说来却**协调得多**，因为那里只是说"把各民族卷入世界经济"!! 似乎各民族**均等**地被卷入世界经济！似乎"文明"民族和不文明民族之间没有那种正是**建立在**"各民族卷入世界经济"这一**基础上**的奴役关系！

……

# 四

在帝国主义性质的战争的问题上，索·同志的草案在理论上犯了两个错误。

第一，他没有对目前这场战争作出评价。他说，帝国主义时代产生帝国主义战争。这是对的，在党纲上写上这一点当然也是必要的。但是，这还不够，还必须指出目前这场 1914—1917 年的战争就是帝国主义战争。德国"斯巴达克"派在 1915 年用德文出版的"提纲"中，提出了在帝国主义时代**不可能**有民族战争的论断[1]。这是显然不正确的论断，因为帝国主义加重了民族压迫，所以民族起义和民族战争（试图在起义和战争之间划出界限，是注定要失败的）不但非常可能而且简直是不可避免的。

马克思主义要求根据具体材料对各次战争分别作出绝对准确的评价。用空泛的议论来回避目前这场战争的问题，这在理论上是错误的，在实践上是不能容许的；因为这样，机会主义者就有了藏身之处，可以借口说：一般说来，帝国主义是帝国主义战争的时代，但是，**这场**战争**不完全**是帝国主义战争（例如，考茨基就是这样说的）。

第二，索·同志把"危机和战争"搅在**一起**，把它们当成一般资本主义的，特别是最新资本主义的两位一体的旅伴。在莫斯科出版的小册子第 20—21 页上，索·同志的草案**三次**把危机和战争相提并论。问题不仅在于党纲里出现重复不好。问题在于原则性的错误。

表现为生产过剩或"商品滞销"（如果索·同志硬要不用"生产过剩"这几个字的话）的危机，**仅仅**是资本主义所固有的现象。而战争呢，也是奴隶经济制度和农奴经济制度所固有的现象。帝国主义战争在奴隶制基础上也发生过（罗马同迦太基的战争，从双方来看都是帝国主义战争），在中世纪和商业资本主义时代也发生过。凡是交战**双方**在战争中压迫别的国家或民族，为了分赃、为了"谁该多压榨一些，或多掠夺一些"而厮杀的战争，都不能不叫做帝国主义战争。

如果我们说，只有最新的资本主义，只有帝国主义才带来帝国主义战争，这就正确了，因为在西欧，资本主义的**前一**阶段即自由竞争阶段，或者说垄断前资本主义阶段，其特征主要是**民族**战争。但是，说资本主义的前一阶段根本没有帝国主义战争，这就不对了，这样就是忘记了"殖民战争"，这种战争**也是**帝国主义战争。这是第一点。

……

# 六

……

现在已经冒出极少数最富裕的、靠掠夺殖民地和弱小民族发财的、寄生的帝国主义国家，党纲对这一点更强调一些，说得更鲜明一些，也许是恰当的。因为这是帝国主义极重要的一个特点，它在某种程度上使那些受到帝国主义掠夺、受到帝国主义巨头瓜分和扼杀的威胁的国家（俄国就是这样的国家）易于发生深刻的革命运动；反之，在某种程度上使那些对许多殖民地和其他国家进行帝国主义掠夺、从而使本国很大一部分（比较而言）居民成为帝国主义分赃的**参与者**的国家难以发生深刻的革命运动。

因此我建议再加进一段话，比如就加在我的草案分析社会沙文主义的那一部分里（小册子第 22 页①），指出最富裕的国家对其他许多国家的这种剥削。草案中相应的部分便成为这样（新增加的部分我用黑体表示）：

"这种变态一方面是社会沙文主义（口头上的社会主义，实际上的沙文主义）派别，它用'保卫祖国'的口号作掩饰，在**帝国主义战争中**保卫'本国'资产阶级的掠夺利益，**同时也保卫从殖民地和弱小民族得到大量收入的富裕国家的公民的特权地位**。另一个方面则是同样广泛而具有国际

---

① 参看《列宁全集》2017 年版第 29 卷第 484—485 页。——编者注

572

性的'中派'……"

选自《列宁全集》第 32 卷，人民出版
社，2017，第 346—363 页。

## 注释：

[1] 列宁在这里指的是斯巴达克派的纲领性文件《指导原则》的第 5 条，其中
说："在这猖狂的帝国主义的时代，不可能再有任何民族战争了。民族利益
只是欺骗的工具，驱使劳动人民群众为其死敌——帝国主义效劳。"

斯巴达克派（国际派）是德国左派社会民主党人的革命组织，第一次世
界大战初期形成，创建人和领导人有卡·李卜克内西、罗·卢森堡、弗·梅
林、克·蔡特金、尤·马尔赫列夫斯基、莱·约吉希斯（梯什卡）、威·皮
克等。1915 年 4 月，卢森堡和梅林创办了《国际》杂志，这个杂志是团结德
国左派社会民主党人的主要中心。1916 年 1 月 1 日，全德左派社会民主党人
代表会议在柏林召开，会议决定正式成立组织，取名为国际派。代表会议通
过了一个名为《指导原则》的文件，作为该派的纲领，这个文件是在卢森堡
主持和李卜克内西、梅林、蔡特金参与下制定的。1916 年至 1918 年 10 月，
该派定期出版秘密刊物《政治书信》，署名斯巴达克，因此该派也被称为斯
巴达克派。1917 年 4 月，斯巴达克派加入了德国独立社会民主党，但保持组
织上和政治上的独立。斯巴达克派在群众中进行革命宣传，组织反战活动，
领导罢工，揭露世界大战的帝国主义性质和社会民主党机会主义领袖的叛卖
行为。斯巴达克派在理论和策略问题上也犯过一些错误，列宁曾屡次给予批
评和帮助。1918 年 11 月，斯巴达克派改组为斯巴达克联盟，12 月 14 日公布
了联盟的纲领。1918 年底，联盟退出了独立社会民主党，并在 1918 年 12 月
30 日—1919 年 1 月 1 日举行的全德斯巴达克派和激进派代表会议上创建了德
国共产党。

# 全俄工兵代表苏维埃第二次代表大会文献[1]（节选）

## （1917 年 10 月下旬）

## 1    告工人、士兵和农民书

### （10 月 25 日〔11 月 7 日〕）

……

苏维埃政权将向各国人民提议立即缔结民主和约，立即在各条战线上停战。苏维埃政权将保证把地主、皇族和寺院的土地无偿地交给农民委员会处置；将使军队彻底民主化，以维护士兵的权利；将规定工人监督生产；将保证按时召开立宪会议；将设法把粮食运往城市，把生活必需品运往农村；将保证俄国境内各民族都享有真正的自决权。

……

## 2    关于和平问题的报告

### （10 月 26 日〔11 月 8 日〕）

……

本政府向一切交战国政府和人民建议，立即缔结停战协定，并认为停战时间最好不少于三个月，以便有充分的时间使所有卷入战争或被迫参战的民族的代表完成他们所参加的和约谈判，同时也使各国享有全权的人民代表会议能召开会议最终批准和约条件。

俄国工农临时政府在向一切交战国政府和人民提出以上媾和建议的同时，特别向人类三个最先进的民族，这次战争中三个最大的参战国，即英法德三国的觉悟工人呼吁。这些国家的工人对于进步和社会主义事业贡献最多，例如英国的宪章运动[2]树立了伟大的榜样，法国无产阶级进行过多次具有世界历史意义的革命，最后，德国工人进行过反对非常法[3]的英勇斗争，并为建立德国无产阶级群众组织进行过堪称全世界工人楷模的长期的坚持不懈的有纪律的工作。所有这些无产阶级英雄主义和历史性的创造的范例，都使我们坚信上述各国工人定会了解他们现在所担负的使人类摆脱战祸及其恶果的任务，定会从各方面奋力采取果敢的行动，帮助我们把和平事业以及使被剥削劳动群众摆脱一切奴役和一切剥削的事业有成效地进行到底。

选自《列宁全集》第 33 卷，人民出版社，2017，第 5—11 页。

**注释：**

[1] 这是关于全俄工兵代表苏维埃第二次代表大会的一组文献。

全俄工兵代表苏维埃第二次代表大会于 1917 年 10 月 25—27 日（11 月 7—9 日）在彼得格勒斯莫尔尼宫举行，有一些县和省的农民代表苏维埃也派代表参加了这次代表大会。根据代表大会开幕时的统计，到会代表共 649 人，按党派分，有布尔什维克 390 人，社会革命党人 160 人，孟什维克 72 人，统一国际主义者 14 人，孟什维克国际主义者 6 人，乌克兰社会党人 7 人。

根据全俄工兵代表苏维埃第一次代表大会的决议，这次代表大会本应在 9 月中旬召开。社会革命党人和孟什维克把持的第一届中央执行委员会对这个决议实行怠工。他们打算用民主会议来代替苏维埃的代表大会。只是由于布尔什维克党团的坚持,中央执行委员会才不得不于9月23日(10月6日)通过决议召开这次代表大会,日期先定在10月20日(11月2日),后来改为10月25日(11月7日)。10月21日(11月3日),布尔什维克党中央开会讨论了代表大会的议程,并委托列宁就政权、战争、土地等问题作报告。

代表大会于10月25日(11月7日)晚10时40分开幕。当时赤卫队、水兵和革命的彼得格勒卫戍部队正在冲击临时政府所在地冬宫。列宁因忙于领导起义,没有出席大会的第1次会议。被选进代表大会主席团的有列宁、弗·亚·安东诺夫-奥弗申柯、尼·瓦·克雷连柯、阿·瓦·卢那察尔斯基等14名布尔什维克,还有波·达·卡姆柯夫、弗·亚·卡列林、玛·亚·斯皮里多诺娃等7名左派社会革命党人和1名乌克兰社会党人。孟什维克和右派社会革命党人拒绝参加主席团,他们把正在进行的社会主义革命称为阴谋,要求与临时政府谈判建立联合政府。孟什维克、右派社会革命党人和崩得分子在断定代表大会的多数支持布尔什维克之后,退出了大会。10月26日(11月8日)凌晨3时许,代表大会听取了安东诺夫-奥弗申柯关于占领冬宫和逮捕临时政府成员的报告,随后通过了列宁起草的《告工人、士兵和农民书》。会议在凌晨5时15分结束。

代表大会第2次会议于10月26日(11月8日)晚9时开始。列宁在会上作了关于和平问题和土地问题的报告。大会一致通过了列宁起草的和平法令,以绝大多数票(有1票反对,8票弃权)通过了列宁起草的土地法令。代表大会组成了工农政府——以列宁为首的人民委员会。由于左派社会革命党人拒绝参加,政府名单上全是布尔什维克。代表大会选出了由101人组成的全俄中央执行委员会,其中布尔什维克62人,左派社会革命党人29人,社会民主党人国际主义者6人,乌克兰社会党人3人,社会革命党人最高纲领派1人。代表大会还决定,农民苏维埃和部队组织的代表以及退出大会的那些集团的代表可以补进全俄中央执行委员会。会议还通过了关于在前线废除死刑、在军队中成立临时革命委员会、立即逮捕前临时政府首脑亚·费·克伦斯基等决定。10月27日(11月9日)凌晨5时15分,代表大会闭幕。

[2] 宪章运动是19世纪30—50年代英国无产阶级争取实行《人民宪章》的革命运动,是世界上第一次广泛的、真正群众性的、政治性的无产阶级革命运动。

19世纪30年代，英国工人运动迅速高涨。伦敦工人协会于1836年成立，1837年起草了一份名为《人民宪章》的法案，1838年5月在伦敦公布。宪章提出六点政治要求：（一）凡年满21岁的男子皆有选举权；（二）实行无记名投票；（三）废除议员候选人的财产资格限制；（四）给当选议员支付薪俸；（五）议会每年改选一次；（六）平均分配选举区域，按选民人数产生代表。1840年7月成立了全国宪章派协会，这是工人运动史上第一个群众性的工人政党。宪章运动在1839、1842、1848年出现过三次高潮。三次请愿均被议会否决，运动也遭镇压。宪章运动终究迫使英国统治阶级作了某些让步，并对欧洲工人运动的发展产生了重大影响。马克思和恩格斯同宪章运动的左翼领袖乔·朱·哈尼、厄·琼斯保持联系，并积极支持宪章运动。

［3］指反社会党人非常法。

反社会党人非常法（反社会党人法）即《反社会民主党企图危害治安法》，是德国俾斯麦政府从1878年10月21日起实行的镇压工人运动的反动法令。这个法令规定取缔德国社会民主党和一切进步工人组织，查封工人刊物，没收社会主义书报，并可不经法律手续把革命者逮捕和驱逐出境。在反社会党人非常法实施期间，有1000多种书刊被查禁，300多个工人组织被解散，2000多人被监禁和驱逐。在工人运动的压力下，反社会党人非常法于1890年10月1日被废除。

# 关于立宪会议的提纲(节选)

## （1917 年 12 月 11 日或 12 日〔24 日或 25 日〕）

12. 最近乌克兰的事件同样也说明（芬兰、白俄罗斯和高加索的事件也部分地说明），在乌克兰拉达、芬兰议会等等的资产阶级民族主义同各该民族共和国的苏维埃政权、无产阶级和农民的革命进行斗争的过程中，阶级力量正在重新划分。

13. 最后，立宪民主党人和卡列金分子反对苏维埃政权、反对工农政府的反革命叛乱所挑起的内战，使阶级斗争达到最尖锐的程度，使历史向俄国各族人民、首先是向工人阶级和农民提出的最尖锐的问题，完全没有可能用形式上民主的方式来解决。

选自《列宁全集》第 33 卷，人民出版社，2017，第 169 页。

# 政论家札记（节选）

## （待研究的问题）[1]

## （1917 年 12 月 24—27 日〔1918 年 1 月 6—9 日〕）

10. 压迫民族中的和被压迫民族中的民族沙文主义。

**补 10**：小资产阶级的寄生性及芬兰社会民主党的叛变。

11. 如何"征服"其他民族，特别是至今还受大俄罗斯人压迫的民族，把它们争取到俄罗斯社会主义苏维埃共和国方面来？

选自《列宁全集》第 33 卷，人民出版社，2017，第 196 页。

**注释：**

[1]《政论家札记（待研究的问题）》是列宁 1917 年 12 月 24—27 日（1918 年 1 月 6—9 日）在芬兰度假期间写的。札记开列的第一个问题"现在不用怕带枪的人了"，是列宁在芬兰铁路的火车上从群众交谈中听到的一句话。列宁后来于 1918 年 1 月 11 日（24 日）在全俄苏维埃第三次代表大会上讲到过这件事（见《列宁全集》2017 年版第 33 卷第 274 页）。列宁在休假期间还写了《被旧事物的破灭吓坏了的人们和为新事物而斗争的人们》、《怎样组织竞赛？》和《关于消费公社的法令草案》（见《列宁全集》2017 年版第 33 卷第

200—203、204—215、216—217 页），对札记中提出的很大一部分问题作了研究。列宁认为上述文章尚未定稿，因此他在世时均未发表。《政论家札记》中提出的关于经济建设方面的问题，列宁在他 1918 年 3—4 月写的《苏维埃政权的当前任务》一文中作了充分研究（见《列宁全集》2017 年版第 34 卷）。

# 全俄工兵农代表苏维埃第三次代表大会文献[1]（节选）

## （1918 年 1 月中旬）

## 2　关于人民委员会工作报告的总结发言

### （1 月 12 日〔25 日〕）

……

世界上从来没有过像今天在我们俄国这样一个分成许多单独的国家而又由许多大大小小的民族组成的大国里所发生的事情：所有的县和区域都展开了巨大的组织工作，组织基层群众，开展直接的群众工作，进行创造性的建设活动，这一切都受到帝国主义形形色色的资产阶级代表的阻挠。他们，这些工人和农民，开始了按其巨大的任务来说是史无前例的工作，并且同苏维埃一起将彻底摧毁资本主义的剥削制度，资产阶级的压迫最后一定会永远被推翻。

……

## 4　　代表大会闭幕词

### （1 月 18 日〔31 日〕）

……

在我们俄国，在内政方面，社会主义苏维埃共和国即俄国境内各民族的自由共和国联邦的新的国家制度，现在已得到最终的确认。现在所有的人，我相信甚至连我们的敌人也都看出来了，苏维埃政权这一新制度并不是虚构的东西，也不是党派的手段，而是生活本身发展的结果，是自发形成的世界革命的结果。请大家回忆一下，一切伟大的革命总是力求彻底摧毁旧的资本主义制度，不仅力求获得政治权利，而且力求从统治阶级、劳动人民的一切剥削者和压迫者手中夺得国家管理权本身，以求永远消灭一切剥削和压迫。历次伟大的革命就是力图摧毁这种旧的剥削者的国家机构，但是直到现在还没有能够彻底做到。俄国由于自己的经济政治状况的特点，现在第一个做到了国家管理权转归劳动人民自己。现在我们将在已经清除了历史垃圾的道路上建设光辉灿烂的社会主义社会大厦。一种史无前例的新型的国家政权正在形成，革命的意志要求这种政权把一切剥削、暴力和奴役从地球上彻底清除。

现在我们来考察一下，管理国家的新的社会主义原则在我们的对内政策方面取得了什么成果。同志们，你们都记得，就在不久以前资产阶级报刊还不停地大喊大叫，说我们正在毁灭俄罗斯国家，说我们不会管理，因此所有民族如芬兰、乌克兰等都在脱离我们。资产阶级报刊幸灾乐祸得忘乎所以，几乎每天都报道关于这种"脱离"的消息。同志们，我们比他们了解这种现象的根本原因，其根源就在于劳动群众不信任克伦斯基之流老爷们的妥协的帝国主义政府。我们没有说什么，因为我们坚信，我们的正义原则、我们自己的管理将能比语言更好地向全体劳动人民证明我们的真正目的和愿望。

我们是正确的。我们现在看到，我们的思想在芬兰、乌克兰已经取得胜利，在顿河区也正在取得胜利，它正在激发劳动人民的阶级意识，把他们组织成一个坚强的联盟。我们没有用外交家，也没有采取帝国主义者所采用的老一套方法来进行活动，却取得了极其伟大的成绩：革命胜利了，取得了胜利的人民同我们结成了一个强大的革命联邦。我们掌握着政权，我们不是根据残酷的古罗马法来分离一切劳动人民，而是根据他们的切身利益和阶级意识紧密地把他们联合起来。我们的联盟、我们的新国家要比暴力政权巩固，因为暴力政权用欺骗和武力把全体劳动人民结合进帝国主义者所需要的人为形成的国家里。例如，芬兰的工人和农民刚一把政权夺到手中，就向我们表示他们对世界无产阶级革命的忠诚，并向我们祝贺，从他们的贺词中可以看出他们沿着"国际"指出的道路同我们一道前进的不可动摇的决心。[2]这就是我们联邦的基础，所以我深信，由自由民族组成的各种单独的联邦将会愈来愈紧密地聚集在革命的俄罗斯的周围。这种联邦既不靠欺骗又不靠武力，而将完全自愿地发展起来，因此它是不可摧毁的。这种联邦之所以不可摧毁，其最好的保证就是我们在这里创造的那些法律和国家制度。你们刚刚听取了土地社会化法令[3]。难道这个法令不是一种保证吗？它保证工农现在团结得亲密无间，保证我们能依靠这种团结克服通往社会主义的道路上的一切障碍。

不容讳言，这些障碍是很大的。资产阶级会使出一切手段，不惜孤注一掷来破坏我们的团结。会有骗子、挑拨者、叛徒，也可能会有不觉悟的人，但是今后我们什么也不用怕了，因为我们建立了自己的新的国家政权，因为我们掌握了自己管理国家的大权。我们将用我们的全部力量来打击各种反革命活动。然而巩固新制度的主要基础则是我们为了社会主义将要实行的那些组织措施。在这方面我们还有大量工作要做。同志们，请回忆一下，把各民族拖入战争的世界帝国主义者强盗彻底破坏了世界的整个经济生活。他们留给我们的沉重负担就是恢复被他们破坏了的一切。

选自《列宁全集》第 33 卷，人民出版社，2017，第 287—292 页。

**注释：**

[1] 这是关于全俄工兵农代表苏维埃第三次代表大会的一组文献。

全俄工兵农代表苏维埃第三次代表大会于 1918 年 1 月 10—18 日（23—31 日）在彼得格勒举行。大会起初是工兵代表苏维埃代表大会，有 1046 名代表。1 月 13 日（26 日），代表大会和全俄农民代表苏维埃第三次代表大会合并，加上陆续到会的其他方面的代表，大会结束时共有有表决权的代表 1647 名（其中有布尔什维克 860 多名），有发言权的代表 219 名。

在代表大会上，雅·米·斯维尔德洛夫作了关于全俄中央执行委员会工作的报告，列宁作了关于人民委员会工作的报告。在讨论这两个报告时，孟什维克、右派社会革命党人和孟什维克国际主义者发言反对苏维埃政权的内外政策。列宁在关于人民委员会工作报告的总结发言中，专门批判了他们的立场。大会所通过的决议完全赞同全俄中央执行委员会和人民委员会的政策，并对它们表示完全信任。

代表大会以多数票批准了列宁起草的《被剥削劳动人民权利宣言》，并赞同人民委员会在和平问题上的政策，授予它处理这个问题的最广泛的权力。

代表大会听取了民族事务人民委员斯大林关于苏维埃共和国的联邦制度的基础和关于苏维埃政权的民族政策的报告，通过了关于俄罗斯共和国联邦机关的决议并宣布俄国为俄罗斯社会主义联邦苏维埃共和国（俄罗斯联邦）。代表大会赞同苏维埃政权的民族政策。

代表大会批准了根据土地法令制定的土地社会化基本法。代表大会赞同解散立宪会议，并把苏维埃政府的名称由"工农临时政府"改为"俄罗斯苏维埃共和国工农政府"。

大会选出了由 322 人组成的全俄中央执行委员会，其中正式委员 305 人，候补委员 17 人。

[2] 指发表在 1918 年 1 月 17 日（30 日）《真理报》第 13 号（晚上版）上的《芬兰革命政府致俄罗斯共和国人民委员会书》。

芬兰革命于 1918 年 1 月在芬兰南部工业地区爆发。1918 年 1 月 27 日夜，芬兰赤卫队占领了芬兰首都赫尔辛福斯，资产阶级的斯温胡武德政府被推翻。1 月 28 日，工人们建立了芬兰革命政府——人民代表委员会。参加革命政府的有库·曼纳、奥·库西宁、尤·西罗拉等人。国家政权的基础是由工人选出的工人组织议会。芬兰革命政府在斗争初期还没有明确的社会主义纲领，主要着眼解决资产阶级民主革命的任务，但这一革命从性质上说是社会主义革命。革命政府的最主要的措施是：将一部分工商企业和大庄园收归国有；把芬兰银行收归政府管理，并建立对私营银行的监督；建立工人对企业的监督；将土地无偿地交给佃农。芬兰这次无产阶级革命只是在芬兰南部取得了胜利。斯温胡武德政府在芬兰北部站稳了脚跟后，集结了一切反革命力量，在德国政府的援助下向革命政权发动进攻。由于德国的武装干涉，芬兰革命经过激烈的内战以后于 1918 年 5 月初被镇压下去。

[4] 指提交全俄苏维埃第三次代表大会批准的《土地社会化基本法》。这个法令的草案是农业人民委员部部务委员会拟定的，曾交有列宁参加的代表大会特设的委员会审定。1918 年 1 月 18 日（31 日），代表大会批准了《土地社会化基本法》（第一章《总则》）。法令的进一步详细制定是在土地委员会代表大会代表和苏维埃第三次代表大会农民代表的联席会议上进行的。法令的最后文本于 1918 年 1 月 27 日（2 月 9 日）经全俄中央执行委员会批准，2 月 6 日（19 日）在报上公布。

《土地社会化基本法》规定平均分配土地（按劳动土地份额或消费土地份额），这是苏维埃政府为巩固工农联盟而对中农作出的让步。法令还提出了发展农业中的集体经济的任务，规定农业公社、农业劳动组合和农业协作社享有使用土地的优先权。

# 在全俄铁路员工非常代表大会上关于人
# 民委员会工作的报告[1]（节选）

（1918 年 1 月 13 日〔26 日〕）

## 1 报告

……

如果有人对我们说，布尔什维克虚构了一个在俄国实施社会主义的想入非非的玩意，说这是不可能的事，那我们就回答说：空想家和幻想家怎么能赢得大多数工人、农民和士兵的同情呢？大多数工人、农民和士兵之所以站在我们一边，难道不是因为他们亲身体验到了战争的后果，看到在旧社会已经没有出路，看到资本家运用一切技术和文化的奇迹来进行毁灭性的战争，看到人们都变得残暴野蛮，陷于饥饿吗？这就是资本家干的事，因此在我们面前产生了这样一个问题：或者是死亡，或者是彻底摧毁这个资产阶级旧社会。这就是我国革命的深刻根源。因此我们看到，在人人都识字的小邻邦爱斯兰，前两天举行了雇农代表大会，选出全权代表接管了一切采用先进技术的农场。这是一个有世界意义的变革。在资本主义经济中，雇农处于社会阶梯的最下层，而现在他们管理农场了。其次，看看芬兰的情况，那里议会代表全民族讲话，那里的资产阶级要求我们承认他们独立。我们不会强行把任何过去在沙皇政府羁绊下的民族继续控制在俄罗斯的手中，或留在俄国一个国家里。我们曾希望把其他的民族，如乌克兰、芬兰吸引过来，但不是通过暴力和强制手段，而是通过这些民族建立自己的社会主义世界、自己的苏维埃共和国的办法。现在我们看到，在芬兰，工人革命随时都会发生；芬兰自 1905 年以来，已有 12 年享有内部的充分的自由和民主机关选举权。自 1905 年到 1917 年，仿佛是布尔什维克有意煽起的大火迸发出来的火星，落到了这个以高度文化水平、优良的经济制度和光辉历史著称的国家里，连这种地方，我们看到，社会主义革命也即将发生。这种现象证明：我们并不是迷恋于党派斗争，也没有进行有计划的活动，仅仅是由于战后整个人类陷入了绝望的境地，才造成了这一次革命，才使社会主义革命成为不可战胜的。

选自《列宁全集》第 33 卷，人民出版社，2017，第 306—307 页。

**注释：**

[1] 这是列宁在全俄铁路员工非常代表大会上作的报告和对代表们围绕这个报告提出的问题所作的回答。

全俄铁路员工非常代表大会于 1918 年 1 月 5—30 日（1 月 18 日—2 月 12 日）在彼得格勒举行。参加代表大会的是 1917 年 12 月 19 日（1918 年 1 月 1 日）全俄铁路工会执行委员会召开的铁路员工第二次（非常）代表大会中的左派代表，他们在右派代表（右派社会革命党人、孟什维克等）于 1 月 4 日（17 日）以 12 票的多数强使代表大会通过了全国政权应归立宪会议的决议后退出了这个代表大会。

全俄铁路员工非常代表大会通过的决议说，代表大会完全站在苏维埃政权一边。代表大会制定了铁路员工的新的工资标准，通过了铁路管理条例和铁路民兵条例，听取了关于私营铁路国有化的报告并选举了全俄铁路员工执行委员会。

# 对派往地方的鼓动员的讲话(节选)

## (1918 年 1 月 23 日〔2 月 5 日〕)
## 报 道

同志们,你们都知道,无论是大俄罗斯,还是组成俄国的其他民族(过去被迫并入俄国,而现在已成为自由的俄罗斯共和国的成员)的大多数工人、士兵和农民都承认苏维埃政权。我们同反革命的卡列金残部不会有什么大的战斗了,因为看来卡列金在他自己的顿河区也不得不提防革命的哥萨克了。

反革命的最后一根支柱就要倒坍了,我们可以有把握地说:苏维埃政权正在巩固。苏维埃政权也一定会巩固。这是大家都很明白的,因为经验清楚地表明:只有这个政权,只有团结在苏维埃中的工人、士兵和农民自己才能把俄国引上全体劳动者自由地共同生活的道路。

选自《列宁全集》第 33 卷,人民出版社,2017,第 331 页。

# 当前的主要任务[1]（节选）

## （1918 年 3 月 11 日）

凡是愿意思索并善于思索的人，都可以从蒂尔西特和约（这不过是那个时代德国人被迫签订的许多苛刻而屈辱的条约之一而已）的例子中明显地看出，那种以为无论在什么条件下，签订极其苛刻的和约都是陷入灭亡的深渊，而进行战争则是英勇行为和得救之路的想法是何等幼稚可笑。各个战争时代都教导我们，和约起到获得喘息时机和聚集力量来准备新的战斗的作用，这在历史上并不罕见。蒂尔西特和约对于德国曾是莫大的屈辱，而同时它又是德国走向民族大复兴的转折。当时历史环境除了提供走向**资产阶级**国家的出路之外，没有给这个复兴提供别的出路。当时，在一百多年以前，创造历史的是一小撮贵族和资产阶级知识分子，工农群众则尚处于沉睡状态。因此，当时历史的进展也只能是极端缓慢的。

现在资本主义大大提高了整个文化，其中包括群众的文化。战争震动了群众，以空前未有的惨祸和苦难唤醒了他们。战争推动了历史，历史现在正以火车头的速度飞驰前进。现在千百万人正在独立创造历史。资本主义现在已经发展到可以实现社会主义的程度了。

因此，如果说俄国现在是在从"蒂尔西特"和约走向——它无可争辩地是在走向——民族复兴，走向伟大卫国战争的话，那么这个复兴的出路就不是走向资产阶级国家，而是走向国际社会主义革命。我们从 1917 年10 月 25 日起已经是护国派了。我们主张"保卫祖国"，不过我们准备进行的卫国战争是保卫社会主义祖国的战争，保卫作为祖国的社会主义的战争，保卫作为世界社会主义大军的一支**队伍**的苏维埃共和国的战争。

"仇恨德国人，打击德国人"——这始终是通常的爱国主义即资产阶级爱国主义的口号。而我们说，"仇恨帝国主义强盗，仇恨资本主义，消灭资本主义"，同时又说，"要向德国人学习！要始终忠实于同德国工人的兄弟联盟。他们没有来得及援助我们。我们会赢得时间，我们会等得到他们的，他们**一定会**来援助我们"。

是的，要向德国人学习！历史的发展是迂回曲折的。现在出现了这样的情况：正是德国人，除了体现残暴的帝国主义，同时又体现了纪律、组织、在现代机器工业基础上的紧密协作以及极严格的计算与监督的原则。

而这正是我们所缺少的。这正是我们要学会的。这正是我们伟大革命由胜利的开始经过许多严重考验而走向胜利的结局所缺少的东西。这正是俄罗斯苏维埃社会主义共和国不再做又贫穷又衰弱的国家，而永远成为又强大又富饶的国家所需要的东西。

选自《列宁全集》第 34 卷，人民出版社，2017，第 76—77 页。

**注释：**

[1] 本文曾同列宁的另一篇文章《论"左派"幼稚性和小资产阶级性》（见《列宁全集》2017 年版第 34 卷第 264—293 页）合编成一本小册子，在 1918 年 5 月出版，题为《当前的主要任务》。列宁为这本小册子写了一篇简短的序言（见《列宁全集》2017 年版第 34 卷第 324 页）。

# 全俄苏维埃第四次（非常）代表大会文献[1]（节选）

## （1919 年 3 月）

## 1　关于威尔逊的声明的决议草案[2]

### （3 月 14 日）

在俄罗斯苏维埃社会主义共和国经受严重考验的日子里，威尔逊总统通过苏维埃代表大会表达了他对俄国人民的同情，为此，代表大会向美国人民，首先是北美合众国的被剥削劳动者阶级表示谢意。

作为中立国，俄罗斯苏维埃共和国愿借威尔逊总统向它发表声明的机会，向遭受帝国主义战争惨祸而处于水深火热之中的各国人民表示热烈的同情，它坚信各资产阶级国家的劳动群众摆脱资本的枷锁，建立起唯一能提供持久而公正的和平、为全体劳动者提供文化和福利的社会主义社会制度的幸福日子已经为期不远了。

## 2　关于批准和约的报告

### （3 月 14 日）

接着，又一个时期开始了，我们清楚而沉重地感觉到它，这是俄国革命遭到严重失败和严重考验的时期，我们无法向革命的敌人作迅速的、正面的、公开的进攻，而只能忍受严重失败，只能在比我们强大得多的力量面前，在国际帝国主义和金融资本的力量面前，在具有现代技术和全套组织的整个资产阶级为了掠夺、压迫和扼杀弱小民族，为了对付我们而集结起来的军事力量面前实行退却；我们不得不考虑到力量的悬殊，我们面临的是极困难的任务，同我们短兵相接的不是罗曼诺夫和克伦斯基那样微不足道的敌人，我们遇到的是国际资产阶级的强大的帝国主义军事力量，面对的是世界强盗。显然，由于国际社会主义无产阶级的援助不能及时到来，我们不得不自己来抗击这些力量，不得不遭到严重失败。

......

我知道，在一些民族的历史上签订强制性厉害得多的和约是不乏其例的，这种和约使一些富有生命力的民族听凭胜利者摆布。现在拿我们的和约同蒂尔西特和约比较一下；蒂尔西特和约是胜利的征服者强加于普鲁士和德意志的。这个和约非常苛刻，当时不仅德意志各国的首都被占领，不仅普鲁士人被驱逐到蒂尔西特（这就相当于我们被驱逐到鄂木斯克或托木斯克）。不仅如此，最大的灾祸是拿破仑强迫战败的民族提供辅助军队为他卖命。然而，当形势使德意志民族只好忍受征服者的压迫时，法国的革命战争时代为帝国主义侵略战争时代所代替时，那些热衷于空谈、把签订和约说成是沦亡的人所不愿意理解的事情开始清楚地显露出来。这种心理从小贵族决斗者的观点来看是可以理解的，但决不是从工人和农民的观点。工人和农民受过战争的严峻锻炼，学会了怎样考虑问题。过去也有过更加严峻的考验，而一些更落后的民族也经受住了。过去也有过更加苛刻的和约，是德国人在没有军队，或者说，他们的军队也像我们的军队那样处于患病的情况下签订的。他们同拿破仑缔结了极其苛刻的和约。但这个和约并没有使德国沦亡，相反，它是一个转折点，使民族得到保护和复兴。我们也正处在这种转折点的前夕，情况大体相似。我们应该正视现实，抛弃空谈和高调。应当说，既然需要，就应该缔结和约。拿破仑式的战争一定要被解放战争、阶级战争、人民战争所代替。拿破仑式的战争的体系一定会改变，和平将代替战争，战争又将代替和平，每次新的极其苛刻的和约总是导致更大规模的备战。最苛刻的和约——蒂尔西特和约已经作为德国人民开始转折的一个转折点载入了史册,当时他们退到了蒂尔西特,退到了俄国,而实际上却赢得了时间,以等待使拿破仑——同现在的霍亨索伦、兴登堡不相上下的掠夺者拿破仑——一时得以取胜的国际形势发生变化,等待饱受连年的拿破仑战争灾祸和多次战败之苦的德国人民觉醒起来,重新走向新的生活。这就是历史给我们的教导,这就是为什么任何绝望和空谈都等于犯罪,这就是为什么人人都会说:的确,旧的帝国主义战争正在结束。历史的转折点来到了。

从 10 月起,我们的革命曾经是全面胜利进军,而现在,开始了漫长而困难的时期。我们不知道会有多长,但是我们知道,这是一个漫长而困难的失败和退却的时期,因为力量的对比就是这样,我们要用退却让人民得到休息。我们要让每个工人和农民都能了解真实情况,从而使他有可能了解帝国主义强盗对被压迫民族的新战争就要来到,那时工人和农民就会懂得,我们应该奋起保卫祖国,因为从 10 月起我们就是护国派了。从 10 月 25 日起,我们就公开说,我们主张保卫祖国,因为我们有了这个祖国,我们把克伦斯基之流和切尔诺夫之流从其中赶了出去,因为我们废除了秘密条约,镇压了资产阶级,这件事暂时还做得不好,然而,我们一定能学会把它做得更好。

……

# 3 关于批准和约的报告的总结发言

## (3 月 15 日)

……

同志们,我另外再举一个德国的例子,这个国家受过拿破仑蹂躏,签订过好几次耻辱的和约,经历了同这些和约相交替的战争。人们问我:我们将长期遵守条约吗?如果一个三岁孩子问我:你们是否要遵守条约?那是天真可爱的表现。但是,左派社会革命党的成年人卡姆柯夫提出这样的问题，我知道，只有少数的成年工人和农民才会相信这是天真，而大多数人一定会说："别装模作样了。"因为我举的这个历史上的例子最清楚不过地说明，有些民族的解放战争——这些民族失去了军队（这种情况发生过不止一次），丧失了全部国土，被迫向征服者提供辅助军队去进行新的侵略战争——是不能从历史上勾掉的，你们无论如何也抹不掉。但是，我在速记记录中看到，左派社会革命党人卡姆柯夫反驳我说："可是西班牙就有过革命战争"。他这样说正好证实了我的话，实在是打了自己的嘴巴。西班牙和德国恰恰证实了我所举的例子，根据"你们将来是否遵守条约，你们什么时候破坏条约，你们什么时候被人抓住……"来解决关于侵略战争的历史时期的问题，这种事确实只有小孩子才干得出。而历史表明，任何条约都是由于斗争的暂时停止和力量对比关系的变化而造成的；有几天以后就被撕毁的和约；有经过一个月就被撕毁的和约；也有长达许多年的时期，其间德国和西班牙缔结了和约，几个月以后就违反了和约，而且一再违反，因此在一系列的战争中人民懂得了进行战争是怎么一回事。当拿破仑率领德国军队去扼杀其他民族的时候，他也教会了德国军队如何进行革命战争。历史就是这样走过来的。

选自《列宁全集》第 34 卷，人民出版社，2017，第 85—112 页。

**注释：**

[1] 这是有关全俄苏维埃第四次（非常）代表大会的一组文献。

全俄苏维埃第四次（非常）代表大会于 1918 年 3 月 14—16 日在莫斯科举行。这次代表大会是为解决批准布列斯特和约问题而召开的。

在代表大会开幕的前一天，代表大会共产党党团讨论了和约问题，列宁在会上讲了话。党团会议以 453 票赞成、36 票反对、8 票弃权赞同批准布列斯特和约。由于代表还没有全部到达，党团的人数不齐。

3月14日，代表大会开幕。出席大会的有表决权的代表共1232名，其中布尔什维克795名，左派社会革命党人283名，中派社会革命党人25名，孟什维克21名，孟什维克国际主义派11名。副外交人民委员格·瓦·契切林向代表大会介绍了和约的内容后，列宁代表全俄中央执行委员会就批准和约问题作了报告。波·达·卡姆柯夫代表左派社会革命党党团作了反对批准和约的副报告。

会上，孟什维克、社会革命党和左派社会革命党、最高纲领派、无政府主义者等结成统一阵线，反对批准布列斯特和约。经过辩论，大会以784票赞成、261票反对、115票弃权通过了列宁提出的关于批准和约的决议。"左派共产主义者"不顾党的第七次（紧急）代表大会和全俄苏维埃第四次（非常）代表大会共产党党团的决定以及中央委员会在代表大会开会期间作出的党员不得反对党的决定的规定，投了弃权票。和约批准后，左派社会革命党人宣布退出人民委员会。

大会还批准了全俄中央执行委员会1918年2月底作出的关于把苏维埃共和国的首都由彼得格勒迁往莫斯科的决定，选出了由207人组成的新的全俄中央执行委员会。

[2] 这个决议草案是为答复美国总统伍·威尔逊致全俄苏维埃第四次（非常）代表大会的声明而起草的。威尔逊在声明中就德国人占领波罗的海沿岸、白俄罗斯和乌克兰向俄国人民表示"同情"，并说"合众国政府将尽一切可能保证俄国在其内部事务中重新获得完全的主权和独立，完全恢复其在欧洲和当代人类生活中的伟大作用"。威尔逊企图用这个声明对代表大会的决定施加影响，阻挠批准对德和约。决议草案由雅·米·斯维尔德洛夫在代表大会上宣读后通过。

# 《苏维埃政权的当前任务》一文初稿[1]（节选）

（1918 年 3 月 23 日和 28 日之间）

口　授

## 第十章

……

我们主张民主集中制。因此必须弄明白，民主集中制一方面同官僚主义集中制，另一方面同无政府主义有多么大的区别。反对集中制的人常常提出自治和联邦制作为消除集中制的差错的方法。实际上，民主集中制不但丝毫不排斥自治，反而以必须实行自治为前提。实际上，甚至联邦制，只要它是在合理的（从经济观点来看）范围内实行，只要它是以真正需要某种程度的国家独立性的重大的民族差别为基础，那么它同民主集中制也丝毫不抵触。在真正的民主制度下，尤其是在苏维埃国家制度下，联邦制往往只是达到真正的民主集中制的过渡性步骤。俄罗斯苏维埃共和国的例子特别清楚地表明，我们目前实行的和将要实行的联邦制，正是使俄国各民族最牢固地联合成一个统一的民主集中的苏维埃国家的最可靠的步骤。

民主集中制决不排斥自治和联邦制，同样，它也丝毫不排斥各个地区以至全国各个村社在国家生活、社会生活和经济生活方面有采取各种形式的完全自由，反而要以这种自由为前提。把民主集中制同官僚主义和公式化混为一谈，是再错误不过的了。我们目前的任务就是要在经济方面实行民主集中制，保证铁路、邮电和其他运输部门等等经济企业在发挥其职能时绝对的协调和统一；同时，真正民主意义上的集中制的前提是历史上第一次造成的这样一种可能性，就是不仅使地方的特点，而且使地方的首创性、主动精神和达到总目标的各种不同的途径、方式和方法，都能充分地顺利地发展。因此，组织竞赛的任务包括两个方面：一方面它要求实行上述的民主集中制，另一方面它意味着有可能找出改造俄国经济制度的最正确最经济的途径。总的说来，这种途径已经知道了。这就是向建立在机器工业基础上的大经济过渡，向社会主义过渡。但是，由于开始向建立社会主义前进时所处的条件不同，这种过渡的具体条件和形式必然是而且应当是多种多样的。地方差别、经济结构的特点、生活方式、居民的素质、实现这种或那种计划的尝试，——所有这些都必定会在国家这个或那个劳动公社走向社会主义的途径的特点上反映出来。这种多样性愈是丰富（当然，不是标新立异），我们就能愈可靠愈迅速地达到民主集中制和实现社会主义经济。……

选自《列宁全集》第 34 卷，人民出版社，2017，第 139—140 页。

**注释：**

[1]《〈苏维埃政权的当前任务〉一文初稿》是列宁 1918 年 3 月 23—28 日口授的速记记录稿。原稿没有标题，标题是俄文版编者加的。这篇文章的写作看来是同俄共（布）中央委员会准备讨论开展社会主义建设的计划有关。3 月 31 日，有列宁参加的党中央会议确认，夺取政权的时期已经结束，当前主要的任务是进行社会主义经济基础的建设，因此，必须吸收有知识、有经验的实干家参加建设工作。鉴于会上出现了不同意见，会议决定召开中央全会以统一看法。1918 年 4 月 4 日，在中央委员同"左派共产主义者"集团的联席会

议上，列宁针对"左派共产主义者"提出的《目前形势的提纲》，提出了自己的建设纲领和口号。4 月 7 日中央全会开幕，列宁在开幕词中再次强调，革命正处于"新的时期"。全会委托列宁起草一个关于目前形势的提纲提交中央。根据这个决定，列宁写了《关于苏维埃政权当前任务的提纲》（这是列宁的《苏维埃政权的当前任务》一文手稿中用的标题）。

《初稿》的第 1—3 章和第 4 章前面部分，据《苏共历史问题》杂志 1979 年第 5 期《列宁的〈苏维埃政权的当前任务〉的两个稿本》一文的考证，"实际上并不存在"。

# 在全俄中央执行委员会会议上关于苏维埃政权的当前任务的报告<sup>[1]</sup>（节选）

（1918 年 4 月 29 日）

## 1 报告

首先，我们在他们的提纲中看到的和我们目前在整个社会革命党中看到的是同样的东西，和我们目前在右派阵营以及从米留可夫到马尔托夫的资产阶级阵营中看到的是同样的东西，这些人对俄国目前的这种困难处境特别感到难过，他们的着眼点是：俄国去了大国地位；它从一个古老民族，一个压迫别人的国家变成了被压迫的国家；为了走社会主义道路，为了已经开始的社会主义革命，究竟值不值得让国家在它的国家地位方面，在它的民族独立方面处于最困难的境地，这个问题已经不是随便谈谈，而是要在行动上加以解决了。

这个问题把两种人截然区分开来，一种人把被整个资产阶级奉为理想和极限、奉为最神圣的东西的国家自主独立，看做是不可逾越的极限，如果它受到侵犯，那就是否定社会主义；另一种人却说，在帝国主义者为了瓜分世界而进行疯狂厮杀的时代，社会主义革命免不了会使许多原先被认为是压迫者的民族遭受惨重的失败。不管这对人类来说会多么痛苦，社会主义者，觉悟的社会主义者，决心去经受所有这些考验。

……

同时，我们说：宁可忍耐和经受民族的和国家的极大屈辱和痛苦，但要坚守自己作为一支社会主义部队的岗位，虽然这支部队由于各种事件脱离了社会主义大军的队伍而不得不等待其他各国的社会主义革命前来援助。现在它正在前来援助我们。虽然来得缓慢，但正在前来。目前正在西欧激烈进行的战争，使群众比以前更加革命化，使起义的时刻日益临近。

……

关于对外政策问题，我讲的已经比我原来想讲的要多了。我觉得，在这里我们清楚地看到，在对外政策问题方面，实际上我们面前摆着两条基本路线：一条是无产阶级的路线，它认为社会主义革命重于一切，高于一切，而且应当估计到西欧革命是否很快爆发，另一条是资产阶级的路线，它认为大国地位和民族独立重于一切，高于一切。

……

# 2　总结发言

……

抱着格耶的观点，说什么欧洲的无产阶级害了鼠疫，德国的无产阶级变了质[2]，这是可笑的。这是一种荒唐的民族偏见，我真不知道还有比这更愚蠢的见解。欧洲无产阶级害的鼠疫，一点不比俄国无产阶级害得严重，而欧洲开始革命比较困难，是因为在那里执政的，既不是像罗曼诺夫那样的白痴，也不是像克伦斯基那样的吹牛大王，而是资本主义的真正的领导者，这种情况过去在俄国是不存在的。

选自《列宁全集》第 34 卷，人民出版社，2017，第 229—249 页。

**注释：**

[1] 这次全俄中央执行委员会会议于 1918 年 4 月 29 日，即列宁的《苏维埃政权的当前任务》一文在《真理报》上发表的次日举行。列宁受俄共（布）中央的委托在会上作了关于苏维埃政权的当前任务的报告。为使莫斯科广大的工人积极分子能够听到，报告是在综合技术博物馆作的。在讨论列宁报告时发言的有：Φ. Ю. 斯韦特洛夫（代表最高纲领派）、弗·亚·卡列林（代表左派社会革命党人）、尔·马尔托夫（代表孟什维克）、加·林多夫（代表社会民主党人国际主义派）、列·谢·索斯诺夫斯基（代表布尔什维克）、亚·格耶（代表无政府主义者）和尼·伊·布哈林（以个人的名义）。列宁作了总结发言后，会议通过决议，表示赞同列宁报告的基本论点，并委托全俄中央执行委员会主席团同报告人一起用这些论点编成一个简要的提纲，作为苏维埃政权的基本任务予以公布。

[2] 无政府主义者亚·格耶在这次全俄中央执行委员会会议上就列宁的报告发言说，德国的无产阶级以及整个西欧的无产阶级"害了鼠疫"，"由于腐化了的正统的社会民主党的教育"而"昏昏欲睡"，所以"指望德国无产阶级的帮助是一种空想"。

# 在全俄中央执行委员会和莫斯科苏维埃联席会议上关于对外政策的报告[1]（节选）

## （1918 年 5 月 14 日）

　　现在我们面临着最后通牒式的威胁：要就同协约国作战，要就同德国签订条约，但是这种情况过几天可能改变。这种情况总是有可能改变的，因为美国资产阶级今天同日本勾心斗角，明天就可能同它发生冲突；日本资产阶级明天也可能就同德国资产阶级发生冲突。他们的基本利益，就是瓜分地球，就是地主和资本的利益，照他们的说法，就是保障本民族的尊严和本民族的利益。凡是阅读（我不知道这是由于不幸，还是出于习惯）像社会革命党人出版的那一类报纸的人，都很熟悉这种语言。人们时常向我们谈论民族尊严，但我们有过 1914 年的经验，十分清楚地知道，有多少帝国主义掠夺行径都假借民族尊严之名。很明显，由于这个关系，远东的局势变得不稳定。我们应该说明这样一点：应该清楚地看到资本主义利益的这些矛盾；应该知道，苏维埃共和国正在一周一周、一月一月地不断巩固起来，同时得到世界各国被剥削劳动人民愈来愈多的同情。

　　但同时，要时时刻刻作好准备，要预料到国际政治的变化可能有利于极端主战派的政策。

　　关于德国联盟的情况我们是清楚的。目前德国大多数资产阶级政党都主张遵守布列斯特和约，当然，他们很乐意"改善"和约，从俄国再兼并一些土地。使他们这样看问题的，是他们所说的从德国民族利益即帝国主义利益出发所作的政治和军事方面的考虑，就是这个原因使他们情愿在东线媾和，好腾出手来对付西线，德帝国主义已经多次许下诺言，说西线很快就能获胜，可是每周、每月的情况表明，他们获得的局部胜利愈多，离开完全的胜利就愈远，以至无穷远。另一方面，我们看到主战派在布列斯特条约方面不止一次地显过身手，这种主战派当然在所有帝国主义大国里都有，他们说：不管后果如何，都必须立刻动用武力。这是极端主战派的论调。他们自从在历史上开始获得一些令人头晕目眩的军事胜利的时候起，就在德国历史上享有盛名了；这些德国极端主战派自从例如1866年战胜奥地利，把这一胜利变成了大失败的时候起，就享有盛名了。这一切冲突和摩擦是不可避免的，并且造成了目前这种千钧一发的局势；德国国会中的帝国主义资产阶级多数，德国的有产阶级，德国的资本家情愿停留在布列斯特条约的基础上，当然，再说一遍，他们决不会拒绝"改善"条约，这是一方面。而另一方面，我们要时时刻刻作好准备，要预料到政治的变化可能有利于极端主战派。

……

问题的根源就在这里，而且你们可以再一次清楚地看到，它最终将如何解决，问题将取决于两个敌对的帝国主义国家集团间的斗争——美国在远东的冲突和德国英国在西欧的冲突的结果如何。不难了解，这些矛盾由于乌克兰被占领而尖锐化了，可是德帝国主义者，特别是德国的主要主战派，却往往把这一情况描写得非常美妙，非常轻松，而这一情况恰恰给德国的这个极端主战派带来了令人难以置信的困难。它也给欣赏斯科罗帕茨基在乌克兰的所作所为的俄国立宪民主党人、孟什维克和右派社会革命党人带来了一线希望，他们希望这种事情也在俄罗斯很容易地发生。这帮先生们想错了，他们的希望只能成为泡影，因为……（热烈鼓掌）因为，我说，连德国最惯于动用武力的主要主战派，这次也没有得到多数帝国主义者和资产阶级帝国主义集团的支持，这些帝国主义者看到，征服乌克兰，使整个民族屈服，以及强迫实行骇人听闻的政变，是十分困难的。

……

我们从1917年10月25日起就是护国派了，我们赢得了保卫祖国的权利。我们不维护秘密条约，我们废除了它们，并且向全世界公布了这些秘密条约，我们保卫祖国使它不受帝国主义者的侵犯。我们在保卫祖国，我们一定胜利。我们维护的不是大国地位（俄国遗留下来的除了大俄罗斯以外，没有任何其他东西），不是民族利益，我们肯定地说，社会主义的利益，世界社会主义的利益高于民族的利益，高于国家的利益。我们是社会主义祖国的护国派。

选自《列宁全集》第 34 卷，人民出版社，2017，第 310—319 页。

**注释：**

[1] 列宁的这个报告引起了孟什维克和社会革命党人的猛烈攻击。他们企图利用国际和国内的紧张局势来反对布尔什维克党和苏维埃政权。左派社会革命党人波·达·卡姆柯夫作了副报告，号召撕毁布列斯特和约，同德国人进行武装斗争。右派社会革命党人 Э. 科甘-伯恩施坦要求搬开"麻木不仁的革命家列宁"。孟什维克尔·马尔托夫声明：孟什维克预先对列宁的政府表示不信任。他在发言结束时高呼："打倒独裁，共和万岁！"

列宁因有急事离开了会议。根据商定，雅·米·斯维尔德洛夫代替列宁作了总结发言。他给了孟什维克和社会革命党人以坚决的回击。会议否决了孟什维克和社会革命党人提出的要求召集立宪会议、撕毁布列斯特和约、同协约国集团结盟和继续对德战争的决议，而以压倒多数票通过了斯维尔德洛夫起草的赞同苏维埃政权政策的决议。

列宁的这个报告的提纲载于《列宁文稿》人民出版社版第 14 卷第 578—579 页。

# 关于社会主义社会科学院[1]（节选）

## （1918 年 5 月 25 日和 6 月 7 日）

## 2　给委员会的指示

责成委员会：

（1）详细审查社会主义社会科学院的章程，以便呈报人民委员会，然后呈报中央执行委员会；

（2）立刻就这个问题和组成人员问题同非俄罗斯民族的马克思主义者和国外的马克思主义者交换意见；

（3）拟定、讨论适于并愿意担任创办人和教师的人选名单，以便呈报人民委员会和中央执行委员会。[2]

选自《列宁全集》第 34 卷，人民出版社，2017，第 350 页。

注释：

[1] 这是列宁起草的有关成立社会主义社会科学院的两个文件。第一个文件《人民委员会决定草案》看来是在人民委员会 1918 年 5 月 25 日会议讨论教育人

民委员部提出的关于社会主义社会科学院条例草案时起草并通过的。根据列宁指示改写过的社会科学院条例提交人民委员会 6 月 7 日会议讨论。这次会议原则上批准了条例，并成立了专门委员会来详细拟定社会科学院的章程。第二个文件是这次会议通过的给专门委员会的指示。

社会科学院章程于 6 月 15 日经人民委员会批准。全俄中央执行委员会于 6 月 25 日通过了关于社会科学院的法令，7 月 12 日公布于《全俄中央执行委员会消息报》第 145 号（参看《苏维埃政权法令汇编》1959 年俄文版第 2 卷第 468—479 页）。

社会主义社会科学院于 1918 年 10 月 1 日正式成立，其任务是：对社会主义和共产主义问题进行深入的科学研究；对社会科学、哲学以及同社会科学有关的自然科学进行科学研究；培养社会知识各个领域的专门人才；向群众介绍科学社会主义和共产主义学说。根据 1919 年 4 月 15 日全俄中央执行委员会批准的条例，社会主义社会科学院定名为社会主义科学院。从 1924 年 4 月 17 日起改称共产主义科学院。1936 年 2 月，根据联共（布）中央委员会和苏联人民委员会的决定，共产主义科学院撤销，所属各研究所和主要工作人员并入苏联科学院。

[3] 全俄中央执行委员会批准的社会主义社会科学院正式院士和教员名单发表于 1918 年 8 月 9 日《全俄中央执行委员会消息报》第 169 号。1922 年 2 月 5 日，列宁当选为社会主义科学院正式院士。收到该院主席团的通知后，列宁因病复信辞谢（见《列宁全集》2017 年版第 52 卷第 338 号文献）。

# 同《人民政治日报》记者的谈话[1]（节选）

## （1918 年 7 月 1 日）

德国人在乌克兰的处境十分困难。他们从农民那里完全得不到粮食。农民正在武装起来，并成群结队地袭击他们在任何地方遇见的德国士兵。这一运动正在日益开展。由于德国人的占领，布尔什维主义在乌克兰就好像成了一种民族运动。这一运动正在把过去连听都不愿听见布尔什维主义的人团结在自己的周围。如果德国人占领了俄国，其结果也会是同样的。德国人需要和平。值得注意的是，在乌克兰的德国人比乌克兰人自己更希望和平。土耳其的状况也是如此。尽管在乌克兰人们总是痛骂布列斯特和约，但德国人还是同乌克兰拉达签订了一个有利的协定。目前德国人正在援助反对高加索布尔什维克的斗争。

选自《列宁全集》第 34 卷，人民出版社，2017，第 452 页。

**注释：**

[1] 列宁的谈话当天用专电发往《人民政治日报》编辑部，由于技术原因未及时收到。谈话于 7 月 4 日在该报发表。7 月 6 日，《莱比锡人民报》报道了谈话内容。

　　《人民政治日报》（《Folkets Dagblad Politiken》）是瑞典左派社会民主党人的报纸，1916 年 4 月 27 日起在斯德哥尔摩出版，最初每两天出版一次，后改为日报（1917 年 11 月以前称《政治报》）。1918—1920 年该报的编辑是弗·斯特勒姆。1921 年，瑞典左派社会民主党改名为共产党后，该报成为瑞典共产党的机关报。1945 年停刊。

# 在普列斯尼亚区群众大会上的讲话[1]（节选）

## （1918 年 7 月 26 日）

……

迄今为止的所有宪法都是维护统治阶级利益的。只有苏维埃宪法现在和将来都始终不渝地有利于劳动者，是为实现社会主义而斗争的强有力的工具。列宁同志一针见血地指出了资产阶级宪法与苏维埃宪法在"出版和集会自由"的要求上的区别。在那里，出版和集会自由为资产阶级独自垄断；在那里，资产阶级在自己的沙龙里集会，发行用银行的资金出版的大型报纸，以散布谎言和诽谤，毒化人民群众的意识；在那里，扼杀工人报刊，不准工人报刊对掠夺性战争发表自己的言论和意见，迫害反对战争的人，禁止他们集会。而在这里，在苏维埃俄国，出版工人报刊，它们为劳动者服务。在俄国，我们剥夺资产阶级豪华的宅第馆所，交给工人使用，作为他们的俱乐部，这才是真正的集会自由。宗教是个人的事情。让每个人愿意信仰什么就信仰什么，或者什么也不信仰吧。苏维埃共和国团结各民族的劳动者，并且不分民族地捍卫他们的利益。苏维埃共和国对各种宗教一视同仁。它置身于一切宗教之外，力求使宗教同苏维埃国家分离。接着，列宁同志叙述了被帝国主义强盗四面包围的苏维埃政权的艰难处境。列宁同志表示坚信，红军将全力保卫我们苏维埃共和国不受国际帝国主义侵犯，并保全共和国直到我们的同盟者——国际无产阶级前来援助我们。（列宁同志讲话完毕时，大会一致报以热烈的、经久

不息的掌声，奏《国际歌》）

选自《列宁全集》第 34 卷，人民出版
社，2017，第 504—505 页。

**注释：**

[1] 普列斯尼亚区群众大会在霍登卡赛马协会大厅举行。参加大会的主要是工人
和红军战士。列宁在会上发表了讲话。

# 在华沙革命团军人大会上的讲话（节选）[1]

## （1918 年 8 月 1 日）
## 报　道

（列宁同志出现时，会场热烈鼓掌，高唱《国际歌》）列宁同志说，我想，我们波兰的和俄国的革命者，现在都热切地希望竭尽全力来保卫第一个强大的社会主义革命的胜利果实；继这一革命之后，其他许多国家必然会发生革命。我们的困难恰好在于我们进行这一革命的时间，比更文明更开化的国家的工人要早得多。

世界大战是由国际资本即两个强盗联盟的势力挑起的。为了解决这两个掠夺成性的帝国主义谁来统治全球的问题，世界被淹没在血泊里已经 4 年了。我们感觉到，这场罪恶的战争不可能以某一方的胜利而告结束。现在愈来愈清楚，能够结束这场战争的不是帝国主义者，而是胜利的工人革命。……

……

我们知道，战争就要结束；我们也知道，他们结束不了战争；我们知道，我们有可靠的同盟者，因此必须竭尽全力，作最后的努力。或者是富农、资本家和沙皇掌握政权，像西欧许多次革命失败后的情形那样，或者是无产阶级掌握政权。你们在开往前线的时候，首先应该牢牢记住，这是被压迫者和被剥削者反对压迫者和掠夺者的唯一合理的、正义的、神圣的战争。

现在，优秀人物梦寐以求的各民族革命者的联盟正在实现，这是真正

611

的工人联盟，而不是知识分子幻想家的联盟。

克服民族间的仇视和不信任，——这是胜利的保证。

你们非常光荣，能够拿起武器来捍卫神圣的思想，并与昨天战场上的敌人——德国人、奥地利人、马扎尔人并肩战斗，真正实现各民族间兄弟般的团结。

同志们，我相信，假如你们把所有的军事力量结成一支强大的跨民族的红军，并开动这支钢铁队伍高呼着"不胜利，毋宁死！"的战斗口号向全世界的剥削者、压迫者和黑帮分子大举进攻，那么，任何帝国主义势力都抵挡不住我们！（敬爱的领袖的讲话在长时间热烈的掌声中结束）

选自《列宁全集》第 35 卷，人民出版社，2017，第 20—22 页。

**注释：**

[1] 这是列宁于 1918 年 8 月 1 日在华沙革命团军人大会上发表的讲话。这次大会是在该团从莫斯科开赴前线的前夕举行的。华沙革命团由波兰志愿人员组成，共有 16000 人，曾多次参加抗击白卫军的战斗。

# 在综合技术博物馆群众大会上的讲话[1]（节选）

## （1918 年 8 月 23 日）

 为什么要进行战争呢？我们知道，大多数战争都是为了王朝的利益进行的，所以叫做王朝战争。但有时进行战争也是为了被压迫者的利益。斯巴达克掀起的战争就是为了保卫被奴役的阶级。在至今还存在的殖民压迫的时代，在奴隶制时代和其他时代，都进行过这种战争。这种战争是正义的，是不能谴责的。

 但是，我们一谈到目前这场欧洲战争就要加以谴责，那完全是因为它是由压迫阶级进行的。

 目前这场战争的目的是什么呢？如果相信各国外交家的话，那么，法国和英国进行战争是为了保护弱小民族，反对野蛮人，反对德国生番；德国进行战争是为了反对威胁文明的日耳曼民族的野蛮的哥萨克，为了保卫祖国免遭敌人进犯。

 但是我们知道，这场战争是经过准备和酝酿的，是不可避免的。这场战争的不可避免，就像美日战争的不可避免一样，为什么不可避免呢？

 因为资本主义使土地这项财富集中在某些国家手里，连最后一块土地都瓜分完了；再要瓜分，再要增加这种财富，就只能损害别人，为了一个国家的利益去损害另一个国家。这个问题只有用武力才能解决，因此，世界掠夺者之间的战争就不可避免了。

 领导这场战争的，迄今一直是两大公司——英国和德国。英国是最大的殖民强国。尽管英国本土的人口不超过 4000 万，它的殖民地的人口却在 4 亿以上。它早就依靠强权侵占了别国的殖民地，侵占了大量土地，并加以开发。但在经济方面，近 50 年来它已落后于德国，德国的工业超过了英国的工业。德国大规模的国家资本主义和官僚制度结合了起来，于是德国打破了纪录。

这两个巨头的称霸斗争只有用武力才能解决。

如果说从前，英国靠强权侵占了荷兰、葡萄牙等国的土地，那么现在，德国登台了，说该轮到我从别人那里捞一把了。

可见，问题在于两个最强的国家为瓜分世界而争斗。又因为双方都有亿万资本，它们之间的斗争就成了世界范围的斗争。

我们知道，为了发动这场战争，它们干了多少秘密的罪恶勾当。我们所公布的秘密条约证明，对战争原因的一切解释全是空话，所有国家，包括俄国在内，都是受着靠牺牲弱小民族来发财的肮脏条约约束的。结果是强者更富足，弱者遭蹂躏。

不能把战争的爆发归罪于某些个人；责怪帝王们造成这场大厮杀是错误的，这场大厮杀是资本造成的。资本主义已经走到尽头，这个尽头不是别的，就是帝国主义，是它造成了争夺全世界的战争。

说进行战争是为了解放弱小民族，这是弥天大谎。两只野兽依然虎视眈眈地对峙着，而它们身旁就有不少惨遭蹂躏的弱小民族。

所以我们说：除了国内战争，别无摆脱帝国主义大厮杀的出路。

当我们在 1914 年谈到这一点时，有人说这是空中楼阁，但是我们的分析被后来全部事态的发展证实了。现在我们看到，沙文主义的将军们已经没有兵了。不久以前，在受战争之害最深、对保卫祖国的口号最容易接受（因为敌人已经兵临巴黎城下）的法国，护国派遭到了惨败；诚然，沙文主义是因为有了龙格这样一些动摇分子而遭到惨败的，但这一点毕竟不那么重要。

我们知道，在俄国革命初期，政权落到了那些老讲空话而口袋里依然装着沙皇条约的老爷手里。如果说俄国各政党向左转得快一些，那是得助于革命前万恶的制度和我们的 1905 年革命。

而在欧洲，占统治地位的是聪明而谨慎的资本主义，它拥有强大而严整的组织，因此，摆脱民族主义狂热的过程比较缓慢。但是终究不能不看到，帝国主义战争正在缓慢而痛苦地终结。

选自《列宁全集》第 35 卷，人民出版社，2017，第 66—68 页。

**注释：**

[1] 这是列宁在莫斯科戈罗德区综合技术博物馆群众大会上发表的讲话。这一天各区群众大会的主题是："共产党人（布尔什维克）为什么而奋斗"。

# 给全俄中央执行委员会、莫斯科苏维埃联席会议（有工厂委员会代表和工会代表参加）的信[1]（节选）

## （1918年10月2日）

俄国布尔什维主义工人阶级向来都是实际上的而不是口头上的国际主义者，第二国际的英雄和领袖们则不同，这帮坏蛋不是公然叛变，同本国资产阶级勾结，就是竭力用空话搪塞，捏造出（如考茨基和奥托·鲍威尔之流那样）逃避革命的种种遁词，反对一切勇敢的、伟大的革命行动，反对为推进无产阶级革命而在狭隘的民族利益上作任何牺牲。

选自《列宁全集》第35卷，人民出版社，2017，第99页。

**注释：**

[1] 1918年10月3日全俄中央执行委员会、莫斯科苏维埃联席会议（有工厂委员会代表和工会代表参加）是由于德国发生政治危机而由列宁提议召开的。列宁的信曾在会上宣读。信的基本论点写进了会议通过的决议。

# 无产阶级革命和叛徒考茨基(节选)

## (1918 年 10 月 9 日)

对考茨基先生的"国际主义"也不能不谈一谈。考茨基无意中表露了他在这个问题上的高见,因为他以十分赞许的口气来介绍孟什维克的国际主义。甜蜜蜜的考茨基断言,孟什维克也是齐美尔瓦尔德派[1],是布尔什维克的"兄弟",这可不是说着玩的!

下面就是对孟什维克的"齐美尔瓦尔德主义"的甜蜜蜜的介绍:

"孟什维克想实现普遍媾和。他们想要各交战国接受没有兼并和赔款这个口号。依照他们的意见,在这个目的没有达到以前,俄国军队应当保持战备状态……"而糟糕的布尔什维克却"瓦解了"军队,缔结了糟糕的布列斯特和约……于是考茨基最清楚不过地指出,本来应该保留立宪会议,布尔什维克不应该夺取政权。

总之,所谓国际主义,就是应当像孟什维克和社会革命党人支持克伦斯基那样,**支持"本国的"**帝国主义政府,为它的秘密条约打掩护,用甜言蜜语欺骗人民,说我们"要求"野兽发善心,我们"要求"帝国主义政府"接受没有兼并和赔款的口号"。

在考茨基看来,这就是国际主义。

而在我们看来,这是十足的叛徒行为。

真正的国际主义是同**本国的**社会沙文主义者(即护国派)决裂,同**本国的**帝国主义政府决裂,对这个政府进行革命斗争,推翻这个政府,准备承担最大的民族牺牲（甚至接受布列斯特和约），只要这样做对**国际**工人革命的发展有利。

我们很清楚，考茨基一伙（如施特勒贝尔、伯恩施坦等）对缔结布列斯特和约是很"愤慨"的，因为他们本来希望我们作出愿把……俄国政权马上交给资产阶级的"表示"！这些愚蠢但又善良而甜蜜的德国市侩所考虑的，不是让世界上第一个用革命手段推翻了本国帝国主义的无产阶级苏维埃共和国支持到欧洲爆发革命，促使其他国家燃起烈火（市侩们**害怕**欧洲着火，**害怕**国内战争会破坏"安宁和安全"）。不是的。他们所考虑的是让所有国家都坚持**市侩**民族主义，坚持那种因为自己"温和谨慎"而自称为"国际主义"的民族主义。最好让俄罗斯共和国仍然是个资产阶级共和国……让它等待下去…… 那样的话，世界上所有的人就都会成为善良的、温和的、不侵略别人的市侩民族主义者，这也就是国际主义！

德国的考茨基派、法国的龙格派、英国的独立党人（I. L. P.）、意大利的屠拉梯和他的叛徒"兄弟们"以及其他诸如此类的人就是这样想的。

现在只有大傻瓜才会看不到，我们不仅推翻本国资产阶级（及其走狗孟什维克和社会革命党人）做得对，而且在公开呼吁普遍媾和（并继而公布和废除秘密条约）遭到协约国资产阶级拒绝**以后**就缔结布列斯特和约，也做得对。因为第一，如果我们不缔结布列斯特和约，我们就会立即把政权交给俄国资产阶级，那就会极大地损害世界社会主义革命。第二，我们以**民族**牺牲为代价，保存了**国际上的**革命影响，以致现在保加利亚就直接仿效我们，奥地利和德国在沸腾，**两个**帝国主义被削弱，而我们却巩固起来，并**开始**建立真正的无产阶级军队。

从叛徒考茨基的策略中得出的结论是：德国工人现在应该同资产阶级一起保卫祖国，应该最怕德国革命，不然英国人会强迫它接受新的布列斯特和约。这正是叛徒行为。这正是市侩民族主义。

而我们说：乌克兰被侵占是一个最大的民族牺牲，但它锻炼了乌克兰的无产者和贫苦农民，使他们**坚强起来**，成为为国际工人革命而奋斗的革命战士。乌克兰是受害了，但国际革命却因"腐蚀了"德国军队，削弱了德帝国主义，**密切了**德国、乌克兰和俄国的工人革命者的关系而受益了。

如果我们仅靠战争就能把威廉和威尔逊推翻，那当然"比较痛快"。但这是梦想。我们不可能从外部用战争推翻他们。然而我们能够促进它们在**内部**发生瓦解。我们已经通过苏维埃无产阶级革命在**广大**范围内做到了这一点。

如果德国工人**不计较**民族牺牲而起来革命（只有这样，才是国际主义），如果他们声明（并且用**行动**证明）他们把国际工人革命的利益看得**高于任何一个，特别是自己那个**民族国家的完整、安全和安宁，那他们就会在这方面获得更大的成就。

选自《列宁全集》第 35 卷，人民出版社，2017，第 108—110 页。

**注释：**

[1] 齐美尔瓦尔德派是指 1915 年 9 月 5—8 日在齐美尔瓦尔德举行的国际社会党第一次代表会议上建立的联盟的参加者。在联盟内部，以布尔什维克为首的齐美尔瓦尔德左派同占多数的考茨基中派（即齐美尔瓦尔德右派）不断进行斗争。中派力求同社会沙文主义者调和并恢复第二国际。齐美尔瓦尔德左派则要求同社会沙文主义者决裂，进行反对帝国主义战争的革命斗争，建立新的革命的无产阶级的国际。在 1906 年国际社会党第二次代表会议（昆塔尔会议）以后，齐美尔瓦尔德右派转到公开的社会沙文主义的立场。因此，列宁号召齐美尔瓦尔德左派的拥护者坚决同齐美尔瓦尔德联盟决裂，成立新的真正革命的国际主义者联盟——共产国际，并为此而采取实际的措施。

1917 年 9 月 5—12 日，在斯德哥尔摩召开了齐美尔瓦尔德第三次代表会议。瓦·瓦·沃罗夫斯基代表俄国社会民主工党（布）中央委员会、中央委员会国外局和波兰社会民主党发言，要求代表会议表明对俄国孟什维克的态度，指出孟什维克作为齐美尔瓦尔德联盟的成员，派代表参加了俄国卡芬雅克式的人物亚·费·克伦斯基的政府，应对这个政府在军队中实行死刑、在前线发动六月进攻、摧残布尔什维克报纸、镇压七月示威游行、逮捕布尔什维克党的活动家等等负完全责任。一些代表对与会的布尔什维克表示支持，但是以胡·哈阿兹为首的多数派借口对俄国情况不熟悉，拒绝就这个问题作出决定。代表会议的复杂成分决定了它的各项决议的妥协性质。齐美尔瓦尔德第三次代表会议完全证实了列宁关于齐美尔瓦尔德联盟已经破产、必须立即同它决裂并成立第三国际即共产国际的结论。

1919 年 3 月举行的共产国际第一次代表大会，根据以列宁为首的一批前齐美尔瓦尔德联盟参加者的建议，作出了认为齐美尔瓦尔德联盟已经解散的决定。

# 无产阶级革命和叛徒考茨基[1]（节选）

## （1918 年 10—11 月）

苏维埃是无产阶级专政的俄国形式。一个著书论述无产阶级专政的马克思主义理论家，如果真正研究过这个现象（而不是重复小资产阶级对专政的哀怨，像考茨基重弹孟什维克的老调那样），就会先给专政下个一般定义，然后再研究它的特殊的、民族的形式——苏维埃，把苏维埃当做无产阶级专政的形式之一加以评论。

……

总之，考茨基和孟什维克的国际主义就是：要求帝国主义的资产阶级政府实行改良，但在所有交战国没有接受没有兼并和赔款这个口号以前，继续支持这个政府，继续支持它所进行的战争。无论屠拉梯派也好，考茨基派（哈阿兹等）也好，龙格派也好，都屡次表示过这种观点，声称他们是**主张**"保卫祖国"的。

从理论上说，这完全是同社会沙文主义者划不清界限，这完全是在保卫祖国问题上的混乱观点。从政治上说，这是用市侩民族主义偷换国际主义，这是转到改良主义方面去，背弃革命。

……

德国的考茨基派、法国的龙格派、意大利的屠拉梯派都这样推论说：社会主义是以各民族的平等、自由、自决为前提的，**所以**当我们国家遭到进攻或者敌军侵入我国领土时，社会主义者有权利而且有义务保卫祖国。

从理论上看，这种推论或者完全是对社会主义的嘲弄，或者是骗人的遁词；而从政治实践上看，这种推论同那些对战争的社会性即阶级性，对革命政党在反动战争期间的任务连想也不会去想的十分无知的庄稼汉的推论是一样的。

社会主义反对对民族使用暴力。这是无可争辩的。而且社会主义一般是反对对人使用暴力的。但是，除了信基督教的无政府主义者和托尔斯泰主义者[2]以外，谁也没有由此得出结论说，社会主义反对**革命**暴力。可见，笼统地谈论"暴力"，而不分析那些区别反动暴力和革命暴力的条件，那就成了背弃革命的市侩，或者简直是用诡辩来自欺欺人。

对民族使用暴力的问题也是这样。一切战争都是对民族使用暴力，但这并不妨碍社会主义者**赞成**革命战争。战争有阶级性——这就是摆在社会主义者（如果他不是叛徒）面前的基本问题。1914—1918年的帝国主义战争，是帝国主义资产阶级的两个集团为了瓜分世界、为了分赃、为了掠夺和扼杀弱小民族而进行的战争。1912年的巴塞尔宣言就是这样估价战争的，事实也证实了这种估价。谁不这样看战争，他就不是社会主义者。

如果威廉统治下的德国人或克列孟梭统治下的法国人说，既然敌人侵入我的国家，我作为一个社会主义者，就有权利和义务保卫祖国，——如果这样说，这就不是社会主义者的推论，不是国际主义者的推论，不是革命无产者的推论，而是**市侩民族主义者**的推论。因为在这种推论中，工人反对资本的革命的阶级斗争不见了，从世界资产阶级和世界无产阶级的角度对**整个**战争的估价不见了，就是说，国际主义不见了，剩下的只是褊狭的顽固的民族主义。我的国家受欺凌了，其他我一概不管——这就是这种推论的结论，这就是它的市侩民族主义的狭隘性。这正像一个人明明看见在对个人使用暴力，却说：社会主义是反对暴力的，因此，我宁可叛变，也不坐牢。

假如一个法国人、德国人或意大利人说，社会主义是反对对民族使用暴力的，**因此**，敌人侵入我的国家，我就要起来自卫，——假如这样说，就是**背叛**社会主义和国际主义。因为这种人**只看见**自己的"国家"，把

"本国的"……**资产阶级**看得高于一切，而不考虑使战争成为帝国主义战争、使**他的**资产阶级成为帝国主义掠夺链条的一环的**国际联系**。

所有的市侩和愚昧无知的庄稼汉正是像考茨基派、龙格派、屠拉梯派等等叛徒那样推论的：敌人在我的国家，其余我一概不管。①

社会主义者、革命的无产者、国际主义者的推论则不同：战争的性质（是反动战争还是革命战争）不取决于是谁进攻，"敌人"在谁的国境内，而**取决于是哪一个阶级**进行战争，这场战争是哪一种政治的继续。如果这场战争是反动的帝国主义的战争，就是说，是由帝国主义的、强暴的、掠夺成性的反动资产阶级的两个世界集团进行的战争，那么任何一国的资产阶级（甚至小国的资产阶级）都成了掠夺的参加者，而我的任务，革命无产阶级的代表的任务，就是准备**世界无产阶级革命**，因为这是摆脱世界大厮杀惨祸的**唯一**出路。我不应该从"自己"国家的角度来推论（因为这是民族主义市侩这类可怜的笨蛋的推论，他不知道他是帝国主义资产阶级手中的玩物），而应该从**我参加**准备、宣传和促进世界无产阶级革命的角度来推论。

这才是国际主义，这才是国际主义者、革命工人、真正的社会主义者的任务。这也就是叛徒考茨基"忘记了"的**常识**。当考茨基从赞同小资产阶级民族主义者（俄国的孟什维克，法国的龙格派，意大利的屠拉梯派，德国的哈阿兹派）的策略转到批评布尔什维克的策略时，他的叛徒行径就更加明显了。请看他的批评：

> 布尔什维克的革命建筑在这种假设上面：这个革命将是全欧洲的革命的出发点；俄国的大胆创举将唤醒全欧洲的无产者起来斗争。

---

① 社会沙文主义者（谢德曼、列诺得尔、韩德逊、龚帕斯之流等等）在战争期间根本不谈"国际"。他们认为反对**"本国的"**资产阶级就是"**背叛**"……社会主义。他们**赞成本国的**资产阶级的侵略政策。社会和平主义者（即口头上的社会主义者，实际上的市侩和平主义者）表现出种种"国际主义的"情感，奋起反对兼并等等，但**实际上继续支持本国**的帝国主义资产阶级。这两类人的差别很小，正像凶言恶语的资本家和甜言蜜语的资本家的差别一样。

既然这样假设，俄国的单独媾和将采取什么形式，这种媾和将给俄国人民造成多少苦难和领土损失〈原文为 Verstümmelungen，词义是肢体残缺或残废〉，对民族自决将作出什么样的解释，当然都无所谓了。俄国能不能自卫，也是没有关系的。照这种观点看来，欧洲革命能最好地捍卫俄国革命，它一定会使旧俄境内各民族得到完全的和真正的自决。

将在欧洲实现社会主义和巩固社会主义的欧洲革命，也一定会帮助俄国消除经济落后对实行社会主义生产所造成的障碍。

只要俄国革命必然引起欧洲革命这个基本假设能够成立，所有这些都很合逻辑，很有根据。但是，如果欧洲革命不发生，又怎么办呢？

直到现在，这种假设还没有得到证实。于是人们责备欧洲无产者，说他们抛弃和出卖了俄国革命。这种责备简直是无的放矢，因为究竟是要谁来对欧洲无产阶级的行动负责呢？（第 28 页）

……

布尔什维克的策略是正确的策略，是**唯一**国际主义的策略，因为它不是建筑在害怕世界革命的怯懦心理上面，不是建筑在"不相信"世界革命的市侩心理上面，不是建筑在只顾保卫"自己"祖国（自己的资产阶级的祖国）而其余一切都"无所谓"的狭隘民族主义愿望上面，而是建筑在对欧洲革命形势的正确的（在战前，在社会沙文主义者和社会和平主义者变节以前，是一致公认的）**估计**上面。这个策略是唯一国际主义的策略，因为它尽力做到在一个国家内所能做到的一切，**以便**发展、援助和激起**世界各国**的革命。这个策略的正确已为巨大的成就所证实，因为布尔什维主义已经成为**世界的**布尔什维主义（这决不是由于俄国布尔什维克的功劳，而是由于世界各地**群众**对真正革命的策略表示最深切的同情），它提供了在具体内容、实际内容上有别于社会沙文主义和社会和平主义的思想、理论、纲领和策略。布尔什维主义**彻底粉碎**了谢德曼和考茨基之流、列诺得尔和龙格之流、韩德逊和麦克唐纳之流的陈旧腐朽的国际；这些人今后只会互相妨碍，步调不一，虽然他们梦想"统一"，使死尸复活。布尔什维主义为第三国际**建立了**思想基础和策略基础，这个国际才是真正无产阶级的和真正共产主义的国际，它既估计到和平时代的成就，也估计到**已经开始了的革命时代**的经验。

选自《列宁全集》第 35 卷，人民出版社，2017，第 258—294 页。

**注释：**

[1]《无产阶级革命和叛徒考茨基》一书是为批判卡·考茨基的小册子《无产阶级专政》而写的。

1918 年 8 月，在柏林出版的《社会主义的对外政策》杂志刊登了考茨基号召各国社会民主党同布尔什维克作斗争的文章：《是民主呢还是专政》。列宁在同年 9 月 20 日的《真理报》上看到此文的摘要后，立即给苏维埃共和国驻欧洲国家的三个使节——在柏林的阿·阿·越飞、在伯尔尼的扬·安·别尔津和在斯德哥尔摩的瓦·瓦·沃罗夫斯基——写信，提出了对考茨基从理论上把马克思主义庸俗化的行为作斗争的任务。列宁请他们在考茨基关于专政的小册子出版后立即给他寄一本来，同时寄来考茨基写的所有涉及布尔什维克的文章。

10 月初，列宁读了考茨基的小册子《无产阶级专政》后，立即动手写作《无产阶级革命和叛徒考茨基》一书。在这部著作脱稿之前，列宁为了尽快占领阵地，又于 10 月 9 日用同一题目写了一篇文章（见《列宁全集》2017 年版第 35 卷第 102—111 页），发表在 10 月 11 日《真理报》上，并指示越飞、别尔津和沃罗夫斯基尽快把这篇文章译成外文发表。列宁的这篇文章译成德文后，于 1918 年和 1919 年分别在伯尔尼和维也纳发表；1919 年译成意大利文在米兰发表。

《无产阶级革命和叛徒考茨基》一书于 1918 年 11 月 10 日写成，12 月在莫斯科出版。1919 年起用外文在德国、奥地利、意大利、英国和法国出版。

［2］托尔斯泰主义者是 19 世纪末—20 世纪初在列·尼·托尔斯泰的宗教哲学学说影响下产生的一种宗教空想主义社会派别。托尔斯泰主义者主张通过宗教道德的自我完善来改造社会，宣传"博爱"和"不用暴力抵抗邪恶"。列宁指出：托尔斯泰主义者正好是把托尔斯泰学说中最弱的一面变成一种教义（参看《列宁全集》2017 年版第 17 卷第 185 页）。

# 皮季里姆·索罗金的宝贵自供（节选）

## （1918 年 11 月 20 日）

我们来谈谈第一个原因。爱国主义是由于千百年来各自的祖国彼此隔离而形成的一种极其深厚的感情。我国无产阶级革命的一个特别巨大的、可以说是绝无仅有的困难，就是它不得不经过一个同爱国主义断然决裂的时期，即布列斯特和约时期。这个和约引起的痛苦、怨恨和愤怒是可以理解的。自然，我们马克思主义者只能期望自觉的无产阶级先锋队懂得下面这个真理：为了世界无产阶级革命的最高利益，我们承担而且应当承担最大的民族牺牲。非马克思主义的思想家以及不像无产阶级那样在长期的罢工斗争和革命斗争中经受过严格锻炼的广大劳动群众，既不可能坚信这一革命就要到来，也不可能为这一革命无条件献身。在他们看来我们的策略至多不过是幻想、狂热和冒险，是沉醉于指望其他国家也发生革命这种不切实际的、乌托邦式的、毫无根据的想法，为此而牺牲亿万人民显而易见的现实的利益。小资产阶级由于自己的经济地位，比资产阶级和无产阶级都更加爱国。

**但结果正像我们所说的那样。**

似乎是唯一的敌人的德帝国主义垮台了。似乎是"梦想"（借用普列汉诺夫的著名用语）的德国革命成了事实。在小资产阶级民主派想象中的民主的朋友和被压迫者的保护者——英法帝国主义，实际上是一只野兽，它强迫德意志共和国和奥地利人民接受比布列斯特和约更苛刻的条件，现在又利用"自由"共和的法美两国的军队来充当扼杀弱小民族的独立和自由的宪兵和刽子手。世界历史无情地、彻底地、直截了当地揭穿了这个帝国主义。世界历史用事实向那些只知道祖国眼前的（而且是旧观念中的）利益的俄国爱国者表明，把我们俄国的革命变成社会主义革命并不是冒险，而是必然，因为当时**没有别的**选择，**如果**世界社会主义革命、世界布尔什维主义不能取得胜利，英、法、美三国帝国主义就**必然**会扼杀俄国的独立和自由。

……

但是，世界历史在飞速前进，它用威力巨大的锤击和空前猛烈的危机摧毁着一切习以为常的旧东西，使得最顽固的偏见都支持不住。"一般民主主义者"天真地信赖立宪会议，天真地把"纯粹民主"和"无产阶级专政"对立起来，这是很自然的，不可避免的。但是"立宪会议派"在阿尔汉格尔斯克、萨马拉、西伯利亚和南方的经历，不可能不打垮最顽固的偏见。被理想化的威尔逊民主共和国实际上**是**实行最疯狂的帝国主义、对弱小民族进行最无耻的压迫和摧残的一种形式。处于中间状态的一般"民主主义者"孟什维克和社会革命党人这样想："我们哪能有什么最高类型的国家，什么苏维埃政权！上帝能赐给我们一个通常的民主共和国就不错了！"当然，在"通常的"比较平静的时期，这种"希望"是可以保持好几十年的。

现在，世界事变的进程和俄国一切君主派同英、法、美帝国主义结成联盟的最严酷的教训都**实际**表明：民主共和国是资产阶级的民主共和国，从帝国主义提到历史日程上的问题来看，这种共和国已经过时；现在没有任何**别的**选择：**要么是**苏维埃政权在世界上一切先进国家获得胜利，**要么是**对民主共和国这种形式已经运用自如的英美帝国主义实行反动，疯狂肆虐，摧残一切弱小民族，在全世界复活反动势力。

选自《列宁全集》第 35 卷，人民出版社，2017，第 187—189 页。

# 俄共（布）第八次代表大会文献[1]（节选）

## （1919 年 3 月）

## 2 中央委员会的总结报告

### （3 月 18 日）

......

这就是为什么我们对布列斯特和约所采取的政策是唯一正确的，尽管这个政策在当时——不言而喻——是加深了许多小资产阶级分子对我们的仇视，而这些分子决不是在任何情况下，决不是在一切国家中都是、可能是和必定是社会主义的敌人。在这里，历史给了我们一个教训，我们需要好好领会，因为毫无疑问，我们还会不止一次地用得着这个教训。这个教训就是：无产阶级政党如何对待小资产阶级民主派政党，如何对待那些在各国都有而在俄国势力特别大、人数特别多的分子、阶层、集团和阶级，这是一个极端复杂和困难的任务。小资产阶级分子动摇于新社会和旧社会之间。他们既不能成为旧社会的推动者，也不能成为新社会的推动者。同时，他们对旧事物的留恋没有达到地主和资产阶级那种程度。爱国主义，这正是小私有者的经济生活条件造成的一种情感。资产阶级比小私有者更国际化。在布列斯特和约时期，当苏维埃政权把全世界的无产阶级专政和全世界的革命看得高于一切民族牺牲（不管这种牺牲是多么惨重）的时候，我们就碰到了这种爱国主义。同时我们同小资产阶级分子发生了最尖锐最剧烈的冲突。当时很多小资产阶级分子同资产阶级、地主联合起来反对我们，后来他们又开始动摇了。

选自《列宁全集》第 36 卷，人民出版社，2017，第 120—121 页。

**注释：**

[1] 这些文献是列宁在俄共（布）第八次代表大会上的报告、讲话等。

俄共（布）第八次代表大会于 1919 年 3 月 18—23 日在莫斯科举行。参加代表大会的有 301 名有表决权的代表和 102 名有发言权的代表，共代表 313766 名党员。列入大会议程的问题是：中央委员会的总结报告；俄共（布）纲领；共产国际的建立；军事状况和军事政策；农村工作；组织工作；选举中央委员会。

列宁主持了大会，作了俄共（布）中央委员会的工作报告、关于党纲和农村工作的报告，并就军事问题发了言。

代表大会的中心问题是讨论并通过新党纲。第七次代表大会选出的纲领委员会已经通过了列宁的党纲草案，但是鉴于委员会内存在分歧，在第八次代表大会上就党纲问题作报告的除代表多数派的列宁外，还有代表少数派的尼·伊·布哈林。布哈林提议把关于资本主义和小商品生产的条文从纲领中删去，而只限于论述纯粹的帝国主义。他认为帝国主义是特殊的社会经济形态。布哈林和格·列·皮达可夫还提议把民族自决权的条文从党纲中删去。列宁反对他们的这些观点。代表大会先基本通过党纲草案，然后在纲领委员会对草案作了最后审定后于 3 月 22 日予以批准。《列宁全集》2017 年版第 36 卷《附录》中载有第八次代表大会通过的俄共（布）纲领全文。

代表大会解决的另一个重要问题是对中农的态度问题。列宁论证了党对中农的新政策，即在依靠贫苦农民、对富农斗争并保持无产阶级的领导作用的条件下从中立中农的政策转到工人阶级与中农建立牢固的联盟的政策。早在 1918 年 11 月底列宁就提出了这个口号。代表大会通过了列宁起草的《关于对中农的态度的决议》。

在代表大会的工作中，关于军事状况问题、关于党的军事政策问题、关于红军的建设问题占了相当重要的地位。在大会上，"军事反对派"维护游击主义残余，否认吸收旧的军事专家的必要性，反对在军队中建立铁的纪律。代表大会批驳了"军事反对派"的观点，批准了根据列宁的论点制定的军事问题决议。代表大会在关于组织问题的决议中反击了萨普龙诺夫—奥新斯基集团，这个集团否认党在苏维埃中的领导作用，主张把人民委员会和全俄中央执行委员会主席团合并起来。代表大会否决了联邦制建党原则，认为必须建立一个集中统一的共产党和领导党的全部工作的统一的中央委员会。代表大会规定了中央委员会的内部组织机构，包括第一次设立的政治局，以及组织局和书记处。代表大会选出了由 19 名委员和 8 名候补委员组成的中央委员会。

# 俄国共产党(布尔什维克)纲领(节选)

## 1919 年 3 月 18—23 日党的第八次代表大会通过
## (1919 年 3 月 18—23 日)

## 在一般政治方面

1. 资产阶级共和国，甚至以全民意志、全民族意志或超阶级意志等口号来标榜的最民主的资产阶级共和国，由于存在着土地和其他生产资料的私有制，实际上必然还是资产阶级专政，是一小撮资本家剥削和镇压占大多数的劳动者的机器。与此相反，无产阶级的即苏维埃的民主，把正是受资本主义压迫的阶级——无产者和半无产者贫苦农民——即居民中的大多数人的群众性组织，变成由地方到中央、由下至上的整个国家机构持久的和唯一的基础。因而，苏维埃国家也就实现了比任何地方都广泛得多的地方自治和区域自治，没有任何一个政权机关是由上级任命的。党的任务就是要不倦地切实地全部实现这种更高类型的民主制，这种民主制为了正确地行使自己的职能，要求不断地提高群众的文化水平、组织性和主动性。

......

4. 资产阶级的民主几世纪以来一直宣扬：人们不分性别、宗教、种族和民族，一律平等。但是资本主义无论在什么地方都不允许真正地实现这种平等，而在它的帝国主义阶段，则使种族压迫和民族压迫达到极其厉害的程度。苏维埃政权是劳动人民的政权，只有它才能够在一切生活领域中破天荒第一次彻底地实现这种平等，直到完全消灭妇女在婚姻和一般家庭权利上的不平等现象的最后痕迹。在目前，党的任务主要是进行思想教育工作，彻底消灭过去的不平等现象或成见的一切痕迹，在无产阶级和农民的落后阶层中尤其要进行这一工作。

……

# 民族关系方面

9. 俄共在民族问题方面以下列原则为指针：

（1）把各民族无产者和半无产者联合起来共同进行推翻地主和资产阶级的革命斗争的政策提到首要地位。

（2）为了消除被压迫国家的劳动群众对压迫国的无产阶级的不信任，必须取消任何民族集团的一切特权，实行各民族完全平等，承认殖民地和不享有平等权利的民族有国家分离的权利。

（3）为了同样的目的，党主张按照苏维埃类型组织起来的各个国家实行联邦制的联合，作为走向完全统一的一种过渡形式。

（4）对于谁是民族分离的意志的代表者这一问题，俄共持历史的和阶级的观点，考虑到该民族处于它的历史发展的哪一阶段：是从中世纪制度进到资产阶级的民主，还是从资产阶级的民主进到苏维埃的即无产阶级的民主，等等。

在任何情况下，曾经是压迫民族的那些民族的无产阶级，对待被压迫民族或没有充分权利的民族的劳动群众的民族感情残余，必须特别慎重，特别注意。只有实行这种政策，才能为国际无产阶级不同民族的成员真正稳固的、自愿的团结一致创造条件，许多民族苏维埃共和国在苏维埃俄罗斯周围团结起来的经验，正表明了这一点。

# 军事方面

10. 党在军事方面的任务可表述为下列要点：

（1）在帝国主义瓦解和国内战争扩大的时期，既不可能保持过去的旧军队，也不可能在所谓超阶级的或全民族的基础上建立新军队。红军是无产阶级专政的工具，它必然具有鲜明的阶级性质，即完全由无产阶级和接近无产阶级的半无产的农民阶层组成。只有在阶级消灭以后，这类阶级军队才能变为全民的社会主义的民兵。

……

# 国民教育方面

……

（3）完全实现统一的劳动学校的各项原则：以本族语言讲课，男女儿童同校，使学校绝对成为世俗的，即摆脱任何宗教影响的学校，使教育和社会生产劳动紧密结合，培养共产主义社会的全面发展的成员。

……

# 经济方面

……

这里必须注意扩大与其他各民族的经济合作和政治联系，同时力求同它们当中那些已经实行苏维埃制度的民族制定统一的经济计划。

选自《列宁全集》第 36 卷，人民出版社，2017，第 405—415 页。

# 在莫斯科枢纽站铁路员工代表会议上的讲话（节选）

## （1919 年 4 月 16 日）

同志们，我们是第一次在世界上进行这样的战争，在这次战争中，工人和农民知道、感觉到并且看到战争的负担无比沉重，他们在一个被帝国主义者紧紧包围的国家（像被包围的要塞）中忍饥挨饿，然而他们懂得作战是为了土地和工厂。一个民族，只要它的大多数工人和农民都知道、感觉到并看到，他们正在捍卫自己的政权，即苏维埃政权，劳动者的政权，他们正在捍卫这样一种事业，这一事业的胜利将保证他们和他们的子孙能够享用一切文化财富和人类劳动的一切成果，——只要有了这样的条件，这个民族就是永远不可战胜的。同志们，我们相信，这次动员将比以往几次进行的好得多；它会得到你们的支持；除了经常在会上讲话的鼓动员以外，你们每一个人，你们的每一个熟人，都会成为鼓动员，都会到自己的同志那里去，到工厂工人和铁路员工那里去，清清楚楚地向他们解释，为什么目前需要拿出一切力量并在几个月内消灭敌人。群众自己会挺身而起，只要人人都成为鼓动员，就能形成一支不可摧毁的力量，保证苏维埃共和国不仅在俄国而且在全世界取得胜利。

选自《列宁全集》第 36 卷，人民出版社，2017，第 302—303 页。

# 伯尔尼国际的英雄们(节选)

## (1919 年 5 月 28 日)

为了开开心，我们还把哈阿兹先生在《论阿姆斯特丹国际》一文中的论断（1919 年 5 月 4 日《自由报》）引来。哈阿兹先生夸耀他就殖民地问题提出了一个决议案，按照这个决议案，"根据国际的建议……而组织起来的民族同盟，其任务是：**在社会主义实现之前……**"（请注意这一点！）"……管理殖民地，首先照顾土著居民的利益，然后照顾参加这个民族同盟的所有民族的利益……"

这不真是妙论吗？按照这位聪明人的决议案，**在社会主义实现之前，管理殖民地**的将不是资产阶级，而是某个善良的、公正的、美妙的"民族同盟"！！实际上这同粉饰最丑恶的资本主义的伪善有什么区别呢？这还是伯尔尼国际的"左派"分子……

选自《列宁全集》第 36 卷，人民出版社，2017，第 386—387 页。

# 论第三国际的任务（节选）

（拉姆赛·麦克唐纳论第三国际）

（1919 年 7 月 14 日）

现在我们来谈谈第二个谎言（即充满在拉姆赛·麦克唐纳整篇文章中的无数谎言中的另一谎言，在这篇文章里，谎言大概比字数还要多）。这可以说是最重要的一个谎言。

詹·拉·麦克唐纳断言，似乎在 1914—1918 年的战争以前，国际只说过："如果战争具有民族防御性质，社会党人就应当和其他政党联合起来。"

这是一种令人震惊、令人愤怒的对事实的回避。

大家知道，1912 年的巴塞尔宣言[1]是各国社会党人所一致通过的，在国际的全部文件中，只有它恰好谈到了 1912 年就在公开准备的、1914 年爆发的英德帝国主义强盗集团间的战争。就是针对这次战争，巴塞尔宣言指出了三点，现在麦克唐纳对此避而不谈，这就是对社会主义犯下最大的罪行，同时也证明同麦克唐纳这一类人分裂是必要的，因为事实上他们是为资产阶级服务，而不是为无产阶级服务。

这三点就是：

决不能以民族自由的利益来为日益逼近的战争辩护；

从工人方面来说，在这次战争中互相射击就是犯罪；

战争将导致无产阶级革命。

……

1914—1918 年的战争，就双方来说，都是罪恶的、反动的、掠夺性的帝国主义战争，在这场战争期间不懂得这点的社会主义者，就是社会沙文主义者，即口头上的社会主义者、实际上的沙文主义者；他们口头上是工人阶级的朋友，实际上却是"本国"资产阶级的奴仆，帮助"本国"资产阶级欺骗人民，把英德两个帝国主义强盗集团进行的**同样**肮脏、贪婪、血腥、罪恶、反动的战争说成是"民族的"、"解放的"、"防御的"、"正义的"……战争。

……

第二个结论：第三国际即共产国际成立的目的，就是要使"社会主义者"不能像拉姆赛·麦克唐纳在他的文章里所做的那样，以**口头上**承认革命来支吾搪塞。口头上承认革命，实际上掩盖彻头彻尾机会主义的、改良主义的、民族主义的和小资产阶级的政策，这就是第二国际的基本罪恶，我们正在同这种罪恶作殊死的斗争。

……

第四，决不容许口头上谴责帝国主义，实际上却不进行革命斗争使殖民地（和附属民族）从**本国**帝国主义资产阶级手中解放出来。这是假仁假义。这是资产阶级在工人运动中的代理人（资本家阶级的工人帮办）的政策。英、法、荷、比等国的党，都是在口头上仇视帝国主义，实际上却不在"本国"殖民地内进行革命斗争来**推翻**"本国"资产阶级，不经常援助殖民地内已经普遍开始的**革命**工作，不把殖民地革命政党所需要的武器和书报送到殖民地去。这些党是恶棍和叛徒的党。

选自《列宁全集》第 37 卷，人民出版社，2017，第 89—97 页。

注释：

[1] 巴塞尔宣言即 1912 年 11 月 24—25 日在巴塞尔举行的国际社会党非常代表大

会一致通过的《国际局势和社会民主党反对战争危险的统一行动》决议，德文本称《国际关于目前形势的宣言》。宣言谴责了各国资产阶级政府的备战活动，揭露了即将到来的战争的帝国主义性质，号召各国人民起来反对帝国主义战争。宣言斥责了帝国主义的扩张政策，号召社会党人为反对一切压迫小民族的行为和沙文主义的表现而斗争。宣言写进了 1907 年斯图加特代表大会决议中列宁提出的基本论点：帝国主义战争一旦爆发，社会党人就应该利用战争所造成的经济危机和政治危机，来加速资本主义的崩溃，进行社会主义革命。

# 致民族事务人民委员部<sup>[1]</sup>

## （1919 年 10 月 25 日）


建议：把纯属波兰的财物挑出来还给波兰人。这些财物为数不多。其余可送此地军医院供病人使用。

**立即**送副民族事务人民委员征求意见。


列　宁

10 月 25 日

连同副民族事务人民委员的意见一并退我。


选自《列宁全集》第 49 卷，人民出版社，2017，第 116 页。

注释：

[1] 这个批示写在米·斯·奥里明斯基 1919 年 10 月 25 日关于沙皇政府在帝国主义战争期间从华沙王宫运走的财物的报告上。

# 给列·谢·索斯诺夫斯基和叶·阿·普列奥布拉任斯基的电报[1]

## (不早于 1919 年 11 月 8 日)

如果我们只向东方各民族"索取",而不给予他们任何东西,那么我们的**整个**国际政策,整个"争取亚洲"的斗争就会失败。

最好能让巴什基尔人和吉尔吉斯人完全安定下来,这样便于实行我们的争取亚洲的政策。否则的话,我们反对英帝国主义的斗争(在亚洲)就会毫无结果。我们面临着争取波斯、印度和中国的严峻斗争,为了这场斗争,要么不向东方弱小民族"索取"任何东西,要么有一个特别明确地约定的最低的限度。

要求巴什基尔和吉尔吉斯的每一个苏维埃工作者和党的工作者大致按照以下提纲每月报告一次:

(1) 我们给予了巴什基尔人和吉尔吉斯人以及其他民族什么东西?

(2) 整个教育工作的效果?

(3) 特别是**该**民族的党校的情况?

(4) 拿了什么东西? **要确切说明**:粮食?

牲畜?

还是其他什么?

(5) 与巴什基尔和吉尔吉斯的地方政权发生冲突的情况。要确切地说明每次冲突的情况。

（6）同各民族的可汗、富农和资产阶级进行了哪些斗争？

选自《列宁全集》第 49 卷，人民出版社，2017，第 134—135 页。

**注释：**

[1] 在 1919 年 11 月 8 日的俄共（布）中央政治局会议上，在解决接替巴什基尔共和国苏维埃代表大会筹备委员会的 H. B. 扎列茨基和季·伊·谢杰尔尼科夫的人选问题时，决定派列·谢·索斯诺夫斯基和叶·阿·普列奥布拉任斯基去该委员会工作并给他们发密码电报，"向他们说明因我们对东方穆斯林国家的政策改变而委派给他们的任务的主要内容。电报由列宁同志负责起草"（俄罗斯现代史文献保存和研究中心第 17 全宗，第 3 目录，第 37 卷宗，第 3 张）。

这份电报的日期就是根据这些资料确定的。

# 俄共（布）中央关于乌克兰政策的提纲草案[1]

## （不晚于 1919 年 11 月 21 日）

## 通过的提纲（作为修改的基础）①

1. 极其慎重地对待乌克兰的民族传统，极其精心地维护乌克兰语言和文化的平等地位，学习乌克兰语，是所有负责同志都必须做的事情，等等，等等。

2. 为组建中央②而与斗争派结成临时联盟[2]，而且是在苏维埃代表大会召开之前，同时着手

+ 注意：吸收斗争派
加入第三国际？

+ 占少数。③
其他政党也可以都
ΣΣ 占少数。

宣传与俄罗斯社会主义联邦苏维埃共和国完全融合。

含蓄地

---

① 标题为列宁作修改时所加。——俄文版编者注
② 列宁划掉了"政府"，改为"中央"。——俄文版编者注
③ 这一段被列宁划掉。——俄文版编者注

目前——独立的乌克兰社会主义苏维埃共和国与俄罗斯社会主义联邦苏维埃共和国仍为一个紧密的联邦，根据 1919 年 6 月 1 日的决议。① ‖ 乌克兰的工人和农民将自己决定自己的命运。

3. 鉴于红军已向乌克兰推进，要加紧进行农村的分化工作，把农民分成三类，吸收贫苦农民②（＋中农）参与管理工作。彻底消灭害人的富农。

4. 必须首先让一半以上当地最贫苦的农民③，其次是中农④立即进入各级革命委员会和地方苏维埃。

极其严格地要求所有外来工作人员，所有从⑤中央派去的工作人员、所有知识分子，等等，报告上述指示的执行情况。

详细制定建立这种报告制度和监督其实际执行情况的条例。

5. 收缴农村中武器的工作要坚决地、毫不动摇地进行。

6. 乌克兰的粮食工作。

第一，首先要让哈尔科夫和顿涅茨煤田有粮吃；

第二，暂缓从乌克兰向俄国征集余粮，尽量往后退（也就是说，我们俄国的余粮现在基本够用）；

第三，**不论从哪里**征集余粮，都必须让当地贫苦农民有饭吃，一定要把从富农那里征集到的粮食发给他们一部分。

第四，总之，执行粮食政策要比在俄国更为慎重，对中农要体谅一些，少征一些余粮，等等。 ‖ 当地的粮食政策**原则**

---

① 这一段被列宁划掉。——俄文版编者注
② 下面列宁划掉了"仅仅是贫苦农民"。——俄文版编者注
③ 列宁在这个词的上方写有"占多数"。——俄文版编者注
④ 列宁在此后写有"占少数"。——俄文版编者注
⑤ 下面列宁划掉了"俄国"。——俄文版编者注

\*                          \*

7①. 对乌克兰的犹太人和市民　提法要恰当：犹太小资产阶级
要严加管束，送他们上前线，不让
他们进入政权机关（除非比例很小，
且是在极特殊的情况下，并受到②阶
级监督）。

8③. 对乌克兰的教师联合会、合作社及类似的小资产阶级组织要予以
特别监督，并采取特别措施分化它们，要突出共产党员的作用，等等。

9④. 为乌克兰培养专门干部的工作现在就要开始极其努力地去做，并
且要特别加强监督和筛选。

这项培养工作要抓紧进行，既要由各人民委员部分别去做，也要通过
组织局。

选自《列宁全集》第 37 卷，人民出版
社，2017，第 316—318 页。

**注释：**

[1] 1919 年 11 月 21 日俄共（布）中央政治局会议讨论了列宁的这份提纲草案，
并作出了如下决定：

"（a）把列宁同志的提纲作为基础。

（b）对提纲进行逐条讨论的结果：第 1 条——通过，第 2 条——通过，
同时还指出，在乌克兰苏维埃代表大会召开之前，乌克兰与俄罗斯根据 1919
年 6 月 1 日全俄中央执行委员会决议和政治局决定保持联邦关系，与此同时

① 列宁把"6"改为"7"。——俄文版编者注
② 下面列宁划掉了"特别监督"。——俄文版编者注
③ 列宁把"7"改为"8"。——俄文版编者注
④ 列宁把"8"改为"9"。——俄文版编者注

通过党的途径慎重制定乌克兰与俄罗斯融合的计划。

认为可以吸收斗争派的代表和乌克兰其他参加苏维埃的政党的代表进入新组建的中央，让获准进入全乌中央的所有政党都对自己采取的一切步骤负完全责任并签署共同宣言。

第3条——通过。

第4条——通过，并作如下补充：让贫苦农民进入农村和城市的机关，在其中占多数，让中农进入上述机关，在其中占少数。

第5条——通过。

第6条——经修改后通过，并要说明，在任何情况下都不得违背我们的粮食政策的基本原则。

第7条——经修改后通过。

第8条——通过。

第9条——通过。

（c）责成由加米涅夫、托洛茨基和拉柯夫斯基同志组成的委员会对提纲进行文字加工"（俄罗斯现代史文献保存和研究中心第17全宗，第3目录，第42卷宗，第1张）。

关于全乌中央的问题（见决定第 b 条第二段）就是在俄共（布）中央政治局的这次会议上解决的。全乌中央的名称为乌克兰革命委员会，它在工作中应当"与南方面军革命委员会保持密切联系"，在乌克兰苏维埃代表大会召开之前，乌克兰的全部政权都移交给它，参加该委员会的有格·伊·彼得罗夫斯基、德·扎·曼努伊尔斯基和其他政党的两名代表（俄罗斯现代史文献保存和研究中心第17全宗，第3目录，第42卷宗，第1—2张）。

由政治局指派的委员会根据列宁的提纲起草了决议草案，该决议草案在1919 年 11 月 29 日俄共（布）中央全会上获得通过，决议在俄共（布）第八次全国代表会议（1919 年 12 月 2—4 日）上得到批准（参看《苏联共产党代表大会、代表会议和中央全会决议汇编》1964 年人民出版社版第 1 分册第587—589 页；《列宁全集》2017 年版第 37 卷第 333—335 页）。

# 在全俄东部各民族共产党组织第二次代表大会上的报告[1]（节选）

## （1919 年 11 月 22 日）

讲到军事方面，你们知道，现在我们各条战线上的情况都很顺利。我不准备详细谈这个问题，我只想说明，国际帝国主义以暴力强加给我们的国内战争，两年来使俄罗斯社会主义联邦苏维埃共和国遭受了无穷的苦难，使农民和工人担负了往往是他们担负不了的重担。但是，这次战争也创造了奇迹：早在社会主义革命开始以前就掠夺我们而现在已经成为野兽的所谓我国"盟友"的暴行和残酷进攻，使疲于作战、似乎无法再经受一次战争的人们变成了战士，使他们在两年中间不仅经受住了战争，而且即将胜利地结束这次战争。我们现在对高尔察克、尤登尼奇和邓尼金的胜利，说明世界帝国主义抗拒各国和各民族争取解放的斗争的历史已进入了新的阶段。从这方面说来，两年来我们的国内战争不仅仅完全证实了历史早已作出的结论，即战争的性质及其胜利主要取决于参战国的国内制度，战争是该国战前所推行的国内政治的反映。所有这一切必然都对战争的进行起着作用。

……

我想，红军所做的一切，它所进行的斗争和它取得胜利的历史，对东部各族人民会有巨大的世界意义。它将向东部各族人民表明：尽管这些民族非常弱小，尽管欧洲那些压迫民族在斗争中采用了种种奇迹般的技术装备和军事艺术，似乎是一支不可战胜的力量，但是被压迫民族所进行的革命战争如能真正唤醒千百万被剥削劳动者，就会显示巨大的潜力，创造奇迹，使东部各族人民现在完全可以实现解放，无论从国际革命的远景来看，从苏维埃共和国遭受了所有帝国主义强国军事侵犯以后在亚洲即在西伯利亚直接作战的经验来看，都是如此。

此外，俄国国内战争的这个经验还向我们和各国共产党人表明，在国内战争的烈火中，随着革命热情的高涨，国家内部也在大大地巩固起来。战争是对每个民族全部经济力量和组织力量的考验。战争使工人农民挨饿受冻，吃尽苦头。但是，在取得两年战争的经验后，我们终究可以根据这个经验说，我们正在胜利，并且将来还会胜利，因为我们有后方，有巩固的后方，因为农民和工人虽然饥寒交迫，但却是团结的、坚强的，每一个沉重打击都使他们更紧密地联合起来，更努力地增强经济实力。正因为如此，我们能够战胜高尔察克、尤登尼奇和他们的同盟者——世界上的头等强国。过去的两年向我们表明：一方面，革命战争能够继续发展；另一方面，苏维埃政权已经在外敌侵犯的沉重打击下巩固起来。外敌侵犯的目的是要迅速摧毁革命发源地，摧毁敢于向国际帝国主义宣战的工农共和国。但是，他们并没有能摧毁俄国的工人和农民，反而使俄国工人和农民受到了一次锻炼。

　　……

大家知道，社会革命现时在西欧不是一天一天地，而是每时每刻地成熟起来。美国和英国的情形也如此。这些国家似乎是文化和文明的代表，是德帝国主义生番的征服者，可是一看到凡尔赛和约，大家都认为，这个和约的掠夺性比德国掠夺者强迫我们接受的布列斯特和约还要厉害一百倍，但凡尔赛和约只能是对这些倒霉的战胜国的资本家和帝国主义者自己的最沉重的打击。凡尔赛和约使各战胜国民族擦亮了眼睛，并且证明英法等国并不是文化和文明的代表，而是一些号称民主实则由帝国主义强盗操纵的国家。这些强盗之间的内部斗争发展得异常迅速，这使我们十分高兴，因为我们知道凡尔赛和约不过是高唱凯歌的帝国主义者的表面胜利，实质上它意味着整个帝国主义世界的崩溃，意味着劳动群众断然离开那些在战争时期同腐朽的帝国主义者结成联盟并维护着一个参战强盗集团的社会党人。劳动人民的眼睛已经擦亮了，因为凡尔赛和约是掠夺性的和约，它表明，英法两国同德国作战，实际上是为了巩固自己对殖民地的统治和加强本国帝国主义的实力。这种内部斗争愈往后就会愈扩大。今天我看到11月21日从伦敦发出的一则无线电讯，美国记者（这些人是不可能有同情革命者的嫌疑的）在电讯中写道，法国出现空前的反美情绪，因为美国人拒绝批准凡尔赛和约。

选自《列宁全集》第 37 卷，人民出版社，2017，第 319—323 页。

**注释：**

[1] 这是列宁在全俄东部各民族共产党组织第二次代表大会上作的关于当前形势的报告。

全俄东部各民族共产党组织第二次代表大会由俄共（布）中央东部各民族共产党组织中央局召开，于 1919 年 11 月 22 日—12 月 3 日在莫斯科举行。出席代表大会的有 71 名有表决权的代表和 11 名有发言权的代表。在代表大会开幕的前一天，曾由列宁主持召开了有俄共（布）中央委员和一部分代表参加的预备会议。代表大会听取了东部各民族共产党组织中央局的工作报告，各地的报告，中央穆斯林军事委员会和民族事务人民委员部中央穆斯林委员部的报告，以及关于国家组织问题和党的问题、关于东部妇女工作、青年工作等小组的报告并讨论了鞑靼—巴什基尔问题。代表大会规定了东部党的工作和苏维埃工作的任务，选出了俄共（布）中央东部各民族共产党组织中央局。

# 在莫斯科枢纽站铁路员工代表会议上的讲话[1]（节选）

## （1920 年 2 月 5 日）
## 简要报道

在代表们热烈鼓掌后，列宁发表了长篇讲话。

列宁同志说，在国际形势方面，最突出的事情是同爱沙尼亚签订了和约。这项和约是一扇通向欧洲的窗户。它使我们有可能同西欧各国进行商品交换。我们的敌人硬说，西欧的革命还很遥远，没有西欧革命我们就坚持不下去。但是，我们不仅坚持下来了，而且胜利了。

……

被协约国任意摆布的弱小民族开始倾向于同苏维埃俄国媾和，这是因为我们用事实证明，帝国主义者欺骗了他们，而俄国无产阶级亲切地向他们伸出了和平之手。继爱沙尼亚之后，波兰也行动起来了。有消息说，波兰将讨论苏维埃俄国的媾和建议。这一不流血的胜利具有巨大的意义。

选自《列宁全集》第 38 卷，人民出版社，2017，第 126 页。

**注释：**

[1] 这是列宁在莫斯科枢纽站铁路员工代表会议上的讲话。这次会议是在运输工作成为整个国民经济的关键的时候于 1920 年 2 月 5—6 日举行的，有 1000 多人出席。会议号召全体铁路员工把自己建设成为一支"有严格纪律的红色运输劳动大军"。

# 对共产国际执行委员会关于斗争派
# 问题的决议的意见

## （1920 年 2 月 22 日）

1. 我坚决主张，应该谴责斗争派的反革命性和小资产阶级性，**而不是**它的民族主义。

2. 还必须加以谴责的是，他们对他们的乌克兰教师联合会成员并**不鄙视**（不同这些人进行无情的斗争），不像我们对**我们的**小资产阶级的"全俄教师联合会"那样。[1]

列 宁

2 月 22 日

选自《列宁全集》第 38 卷，人民出版社，2017，第 179 页。

**注释：**

[1] 乌克兰教师联合会是佩特留拉分子领导的。

全俄教师联合会即全俄教师和国民教育活动家联合会，于 1905 年 4 月成立，领导层是资产阶级和小资产阶级政党的拥护者。联合会有单纯为职业利益斗争的倾向，但是在革命事件的影响下，也赞同革命民主派的口号，表示愿意参加人民争取土地、自由和政权的斗争。联合会对第一届国家杜马的选举进行了抵制，支持通过普遍、平等、直接和无记名投票的选举召集立宪会议的要求。联合会把根本改革俄国国民教育作为自己的基本任务之一，提出了实行普遍免费的和义务的初等教育以及免费的中等和高等教育、用本民族语言授课、协调各种类型的学校等要求。1906 年 6 月 6 日（19 日），列宁化名卡尔波夫向全俄国民教师代表大会部分代表作了关于土地问题的报告。社会革命党的报纸《呼声报》（1906 年 6 月 8 日（21 日）第 15 号）对此作了报道。教师联合会于 1909 年解散。1917 年二月革命后曾恢复。十月革命时期，该会领导机构采取反苏维埃立场，参加了拯救祖国和革命委员会这一反革命组织，并企图组织教师罢工。共产党人和同情苏维埃政权的教师纷纷脱离该会，另组国际主义者教师联合会。1918 年 12 月 23 日，全俄中央执行委员会颁布法令，解散了全俄教师联合会。

# 在全俄哥萨克劳动者第一次代表
## 大会上的报告[1]（节选）

### （1920 年 3 月 1 日）

……

沙皇政府和地主、资本家过去摧残拉脱维亚、芬兰等边境上的许多民族。他们对这些地方的世世代代的压迫激起了仇恨。"大俄罗斯人"这个字眼成了所有这些浸在血泊中的民族最憎恨的字眼。因此，协约国派自己的军队进攻布尔什维克失败以后，就把赌注押在这些小国的身上：让我们试试靠他们来扼杀苏维埃俄国吧！

……

当时这好像只是一种姿态。有人认为芬兰工人一旦起义，人们就会忘记这件事。不会的，凡是一个政党的整个政策认定了的事，是不会被忘记的。连芬兰的资产阶级政府也说："让我们来推断一下，因为我们在遭受俄国沙皇压迫的 150 年中毕竟学会了一些东西。如果我们出来反对布尔什维克，那就是说，我们要帮助扶植尤登尼奇、高尔察克和邓尼金。而他们是些什么人呢？难道我们不知道吗？难道他们不就是曾经压迫芬兰、拉脱维亚、波兰和其他许多民族的沙皇将军吗？我们要帮助我们的这些敌人去反对布尔什维克吗？不，我们等一等再说。"

他们不敢公开拒绝，因为他们是依赖协约国的。他们并没有直接帮助我们，他们等待，拖延，写照会，派代表团，成立委员会，坐下来开会，一直开到尤登尼奇、高尔察克和邓尼金被击溃，于是协约国在第二局中也输掉了。我们成了胜利者。

这些小国已经得到了几亿美元，得到了精良的大炮、武器，还有富有作战经验的英国教官。假若它们都来反对我们，毫无疑问，我们是会遭到失败的。这一点每一个人都很清楚。但是它们没有这样做，因为它们承认布尔什维克是更为真诚的。布尔什维克说他们承认任何民族的独立，说沙皇俄国建筑在对其他民族的压迫上，说布尔什维克过去一向不赞成，现在和将来也不会赞成这种政策，说布尔什维克永远不会为了压迫别人而进行战争。当布尔什维克这样说的时候，人们是相信他们的。这一点我们不是从拉脱维亚或波兰的布尔什维克那里知道的，而是从波兰、拉脱维亚、乌克兰等国的资产阶级那里知道的。

……

诚然，他们还会唆使波兰来进攻我们。波兰的地主和资本家作出气势汹汹的样子，扬言要取得1772年时的领土，要管辖乌克兰。我们知道，法国在煽动波兰，把几百万金钱投到那里，反正已经是破产了，现在把最后的赌注押在波兰身上。我们对波兰的同志们说，我们珍惜波兰的自由，像珍惜其他任何一个民族的自由一样，俄国的工农受过沙皇制度的压迫，很清楚这种压迫是什么滋味。我们知道：德国、奥地利和俄国的资本当初瓜分波兰是犯了滔天罪行，那次瓜分使波兰人民遭受了多年的压迫，在那些年代使用本民族语言被认为是犯法，在那些年代全体波兰人民一直想要推翻这三重压迫。所以我们是理解波兰人的内心的仇恨的，我们对他们说，我们永不会超过我国军队现在驻防的边界，而我国军队驻防的边界离波兰居民住的地方还远得很。我们建议在这个基础上缔结和约，因为我们知道，这对于波兰将是一个很大的收获。我们不希望为疆界打仗，因为我们希望的是埋葬那可诅咒的过去，即每一个大俄罗斯人都被当做压迫者的那个时代。

选自《列宁全集》第38卷，人民出版社，2017，第192—199页。

**注释：**

[1] 这是列宁在全俄哥萨克劳动者第一次代表大会第二天会议上的报告。

全俄哥萨克劳动者第一次代表大会于 1920 年 2 月 29 日—3 月 6 日举行。出席大会的代表共 339 名，代表了几乎所有的哥萨克地区。大会讨论了哥萨克地区的苏维埃建设、粮食政策、组织国民经济等问题。大会指出，哥萨克不是一个特殊的民族，而是俄罗斯民族的一部分。大会谴责同地主、资产阶级相勾结的哥萨克上层分子企图使哥萨克脱离全体劳动人民的共同事业，指出哥萨克劳动者的主要任务是同苏维埃俄国全体工农联合起来，积极参加苏维埃政权机关的工作，为巩固工农联盟、集中全力战胜国内经济破坏而斗争。

# 给阿塞拜疆苏维埃社会主义政府的电报

## （1920 年 5 月 5 日）
### 巴　库

　　人民委员会祝贺独立的阿塞拜疆共和国劳动群众获得解放，坚信独立的阿塞拜疆共和国在它的苏维埃政府的领导下，一定能同俄罗斯联邦一道，抗击东方被压迫民族的死敌帝国主义，保卫住自由和独立。

　　独立的阿塞拜疆苏维埃共和国万岁！

　　阿塞拜疆工农万岁！

　　阿塞拜疆和俄罗斯的工农联盟万岁！

人民委员会主席　弗·乌里扬诺夫〔列宁〕

选自《列宁全集》第 39 卷，人民出版社，2017，第 110 页。

# 致俄共（布）中央书记处[1]

## （1920 年 5 月 6 日）

我建议发一个指示：凡是有关波兰和对波战争的文章都应由责任**编辑**审阅并由他们个人负责。不要说得过分，即不要陷入沙文主义，任何时候都要把波兰的地主、资本家同波兰的工人、农民加以区别。

列　宁

选自《列宁全集》第 49 卷，人民出版社，2017，第 324 页。

注释：

[1] 这段批语写在俄共（布）中央书记叶·阿·普列奥布拉任斯基给列宁的信上。普列奥布拉任斯基在信中向列宁汇报了宣传工作中的一些问题（如卡·伯·拉狄克就苏维埃俄国与地主波兰的战争发表的政治上错误的和有害的讲话，Л. E. 贝尔格曼的沙文主义的文章），请求准许对各报编辑部特别是省报编辑部发出一些相应的指示。对普列奥布拉任斯基的请求，列宁批示："完全同意"，同时写了给俄共（布）中央书记处的这一指示。

# 共产国际第二次代表大会材料（节选）

## （1920 年 6—7 月）

## 1 关于草拟民族和殖民地问题提纲

### （不晚于 6 月 5 日）

**民族问题委员会**（1920 年 6 月 1 日）。

我们的党纲

关于民族问题

（党纲的分项）。

奥地利的经验。

乌克兰的经验。

比利时的经验。

阿尔萨斯—洛林。

巴尔干的经验。

丹麦和德国的关系。

东方各民族：

巴什基尔人

鞑靼人

吉尔吉斯人

> 德国的
> 分离主义？

土耳其斯坦各民族

**同泛伊斯兰主义的斗争**

各殖民地……

美国与黑人。

**务必**征询斯大林的意见。

**第1条**——接近……接近的形式……

　　具体建议**如何**接近。

　　　　由讲几种语言的工人组成的一个共同组织（政党?)? 或者是若干民族分部?

　　　　财政? 公职人员的任命?

（2）废除特权。

　　（a）形式?

　　　　法律?

　　　　行政实践?

　　（b）宪法中的

　　　　"完全平等"?

　　　　参看俄罗斯联邦宪法

　　　　其他法律等等。

　　（c）"承认殖民地和没有平等权利的民族有分离权"

　　　　　实际保障：不但在口头上，而且**在实际上**（制定细则和具体明确——在议会等处发表声明的**形式**）。

　　　　　即：在实际上**帮助**殖民地的革命斗争和起义。

（3）联邦制式的联合——作为走向完全统一的过渡形式。

　　**俄罗斯联邦的经验**：具体考虑联邦制所包含的**内容**（铁路、邮政、军事、**国民经济**及其他）。

　　……

# 8 对保·莱维关于民族和殖民地问题提纲的建议的意见

## （7 月 25 日）

（1）阐述太一般化，它好像适用于**所有的**民族。而现代波斯怎样呢？

请原谅，由于**您**把德国看做世界上的**唯一**的民族，于是便陷入了"民族布尔什维主义"。

（2）而如果**资产阶级**（保加利亚的、德国的和另外一些国家的）对英国、法国或其他国家**发动**战争呢？

那时，工人应该怎么办？

抵制？这会是完全错误的。参加，但要保持自己的独立性，同时，**充分利用联合**斗争**去**打倒资产阶级。

总结＝要么只写反对**德国的**民族布尔什维主义，要么完全不写。

# 9 为民族和殖民地问题委员会写的意见

## （不晚于 7 月 28 日）

利用**中世纪的分立主义**？这太危险；非马克思主义的观点。

应当区别**现代**民族运动和带有中世纪特点的"运动"（所谓的**运动**）。

选自《列宁全集》第 39 卷，人民出版社，2017，第 471—504 页。

# 对格·瓦·契切林给乔·寇松的电报的补充

## （1920 年 7 月 12 日和 17 日之间）

　　……在与波兰议和的问题上，苏维埃政府认为，除了俄国劳动群众的利益和愿望外，需要注意的只能是波兰劳动群众的利益和愿望。因此它认为，只有通过同**波兰**（波兰政府）直接谈判，才能签订同波兰的和约……

　　……苏维埃政府不能不注意到如下情况：这条边界有相当一部分是最高会议在俄国反革命分子即**资产阶级和地主的**（业已垮台的旧制度的）拥护者的压力下确定的，例如在海乌姆地区，最高会议对这一问题的决定就明显地反映出这些反革命分子的影响，并且在这一问题上是步了沙皇政府和**帝国主义大俄罗斯资产阶级的反波政策**的后尘。苏维埃俄国在和约条件方面准备照顾波兰国的利益和愿望，但其程度要看波兰人民在其国内生活中在为波兰、俄罗斯、乌克兰、白俄罗斯和立陶宛各族劳动人民的真正兄弟关系奠定巩固基础**并保证波兰不再充当对苏维埃俄国和其他各民族的工农发动进攻和进行阴谋活动的工具**这条道路上走多远。[1]

选自《列宁全集》第 49 卷，人民出版社，2017，第 409—410 页。

**注释：**

［1］ 这份由格·瓦·契切林起草、经列宁修改过的对乔·纳·寇松1920年7月11日照会的复照，在俄共（布）中央1920年7月16日的全会上讨论过，7月17日用无线电报发出，7月18日发表于《全俄中央执行委员会消息报》第157号（见《苏联对外政策文件汇编》1959年俄文版第3卷第47—53页）。

# 同保·莱维互递的便条[1]

## （1920 年 7 月 25 日）

我认为，提纲中还应包括下列几点：

（1）反对民族布尔什维主义 　#

（2）反对国际联盟

（3）关于西欧的民族问题（奥地利并入德国；的里雅斯特等等）

（4）关于反犹太主义（目前在欧洲反犹太主义又在产生很大影响）


请将您的相应建议正式写出来。

我原则上同意。[2]


#不要忘记独特的任务（利用爱国主义情绪）。

选自《列宁全集》第 49 卷，人民出版
社，2017，第 421—422 页。


注释：

[1] 列宁是在共产国际第二次代表大会的民族和殖民地问题委员会讨论列宁起草
的民族和殖民地问题提纲草案时同保·莱维互递便条的。

[2] 列宁对保·莱维所提建议的评价，见《列宁全集》2017 年版第 39 卷第 503 页。

# 共产国际第二次代表大会文献[1]（节选）

## （1920 年 7—8 月）

## 1  关于国际形势和共产国际基本任务的报告

### （7 月 19 日）

……

由于世界已经瓜分完毕，由于资本主义垄断的这种统治，由于极少数大银行（每个国家最多只有两三家、四五家）的无限权力，就不可避免地爆发了 1914—1918 年第一次帝国主义大战。这场战争是为了重新瓜分世界。这场战争是为了决定：极少数大国集团（英国集团或德国集团），谁可以、谁有权来掠夺、扼杀和剥削全世界。大家知道，战争对这个问题的解决是有利于英国集团的。这场战争的结果使资本主义的一切矛盾空前尖锐化了。战争一下子就把世界上近 25000 万的人口置于同殖民地毫无差别的境地，把俄国约 13000 万的人口，奥匈帝国、德国、保加利亚不下 12000 万的人口置于这样的境地。这是包括像德国那样最先进、最文明、最有文化、具有现代技术水平的国家在内的 25000 万人口！战争的结果签订了凡尔赛条约，迫使先进的民族屈居殖民地附属地位，陷于贫困、饥饿、破产、无权的境地，今后世世代代都要受条约的束缚，这种遭遇是任何文明的民族所未曾有过的。现在你们可以看到这样一幅世界的图景：战

665

后马上使不下 **125000 万**人遭受殖民压迫，遭受野蛮的资本主义的剥削。资本主义自夸爱好和平，50 来年前，它还可以勉强这样吹嘘，因为那时候，世界还没有瓜分完毕，垄断还不占统治地位，资本主义还可以比较和平地发展，而没有引起大规模的军事冲突。

选自《列宁全集》第 39 卷，人民出版社，2017，第 209—210 页。

**注释：**

[1] 这是有关共产国际第二次代表大会的一组文献。

共产国际第二次代表大会于 1920 年 7 月 19 日—8 月 7 日举行（开幕式在彼得格勒举行，以后的会议从 7 月 23 日起在莫斯科举行）。出席大会的有来自 37 个国家的 67 个组织（其中有 27 个共产党）的 217 名代表。法国社会党和德国独立社会民主党派代表列席大会，有发言权。代表大会的全部筹备工作是在列宁的领导下进行的。他在会前写的《共产主义运动中的"左派"幼稚病》一书对规定共产国际的任务和制定共产国际的政治路线起了重要的作用。列宁以俄共（布）代表团成员身份出席大会，被选入了主席团。

代表大会的议程包括：国际形势和共产国际的基本任务；共产党在无产阶级夺取政权以前和以后的作用和结构；工会和工厂委员会；议会斗争问题；民族和殖民地问题；土地问题；对新中派的立场和加入共产国际的条件；共产国际章程；组织问题（合法与不合法组织、妇女组织等等）；青年共产主义运动；选举；其他事项。为了预先审议议程上的重大问题，在 7 月 24 日举行的大会第 3 次全体会议上成立了 6 个委员会：工会运动委员会、议会斗争委员会、土地问题委员会、国际形势和共产国际任务委员会、民族和殖民地问题委员会、制定加入共产国际的条件的委员会。列宁在代表大会上作了关于国际形势和共产国际的基本任务的报告、民族和殖民地委员会的报告，就共产党的作用、议会斗争等问题发了言，并积极参加了大多数委员会的工作。

代表大会将列宁起草的《关于共产国际第二次代表大会的基本任务的提

纲》作为大会决议予以批准。在民族和殖民地问题上，代表大会通过了以列宁的初稿为基础的《民族和殖民地问题提纲》和《民族和殖民地问题补充提纲》。在土地问题上，代表大会通过了以列宁提纲为基础的决议。代表大会非常注意共产党争取和领导劳动群众的问题，它谴责了左倾学理主义，通过了《共产党和议会斗争》、《工会运动、工厂委员会和第三国际》等决议。代表大会通过的《共产党在无产阶级革命中的作用》的决议指出：共产党是工人阶级解放的主要的和基本的武器；共产党的作用在工人阶级夺得政权以后不但没有缩小，相反还无比地增大了。代表大会通过的《加入共产国际的条件》这一文件对于在革命纲领基础上巩固共产党和防止机会主义的和中派的政党钻入共产国际具有重大的作用。代表大会还批准了共产国际的章程，通过了《共产国际第二次代表大会宣言》和一系列号召书。

共产国际第二次代表大会奠定了共产国际的纲领的、策略的和组织的基础，对发展国际共产主义运动具有重大意义。

# 共产国际第二次代表大会（节选）

## （1920 年 8—9 月）

受各强盗民族的“文明”联盟残酷地掠夺、压迫和奴役的东方各殖民地和落后国家的共产主义小组和共产党，也同样派代表出席了大会。如果反对资本的欧美工人不和受资本压迫的千百万“殖民地”奴隶在斗争中充分地最紧密地团结起来，那么，先进国家的革命运动实际上不过是一种幻影。

选自《列宁全集》第 39 卷，人民出版社，2017，第 270 页。

# 对《全俄中央执行委员会关于向波兰提出媾和建议问题的声明草案初稿》的修改和补充[1]

## （不晚于 1920 年 9 月 22 日）

## 全俄中央执行委员会声明

俄国和波兰正面临一场新的冬季战局，俄国、乌克兰和波兰的千百万劳动者将遭受新的牺牲和困苦。

由于进犯俄国和乌克兰而引起的并 ［由维护其自身利益的协约国所支持的］① **由维护其帝国主义利益的协约国所支持的**波兰对俄国的战争，仍在继续进行。全俄中央执行委员会殷切希望拯救这些国家的千百万劳动者，使他们不再遭受战争苦难，因此认为有责任采取最坚决的措施，尽快制止军事行动和签订媾和的初步协议。

全俄中央执行委员会认为，战争期间领土边界发生争议的所有地区一律实行自决原则，有了这个基础就**有**可能在最短期间内达成一项双方满意的协议。

俄罗斯联邦从充分承认自决原则的立场出发，早在 1917 年就承认了并且一直无条件地、不加任何限制地承认波兰共和国的独立和主权，早在 1918

---

① 列宁所作的修改和补充用黑体字排印，他所删去的文字加方括号用小号字排印，下同。——编者注

年就承认了并且一直无条件地、不加任何限制地承认乌克兰和白俄罗斯的独立和主权，而在 1920 年则与独立的和享有主权的立陶宛共和国签订了和约。

全俄中央执行委员会继续奉行这一政策，认为应该把以下两点作为媾和的基础：**第一**，波兰和俄国双方**立即**庄严确认乌克兰、立陶宛和白俄罗斯的独立，承认加利西亚东部的独立；［同时］**第二**，波兰和俄国双方应当**立即正式**承认，**这些国家**［每一国］中现存的国家**代表**机关（国会、议会或苏维埃代表大会）是表达各有关民族意志的形式。鉴于加利西亚东部尚未建立苏维埃制度，俄罗斯联邦方面准备同意在该地区不按苏维埃原则，即劳动者投票表决的原则，而按通常的资产阶级民主原则实行全民投票。

然而，全俄中央执行委员会不能**不**注意到，在这些问题上波兰代表团的观点与俄罗斯联邦的观点是有根本分歧的。例如，在明斯克的波兰代表团首席代表，不顾有目共睹的事实以及乌克兰和白俄罗斯农民的明确意愿，竟然拒不承认早在 1918 年就已实现了的乌克兰和白俄罗斯的自决。

［因此，全俄中央执行委员会表示担心，由于俄国和乌克兰一方同波兰一方，在民族自决原则的运用乃至在该原则本身的内容方面存在着深刻的分歧，和平谈判可能因双方对这一原则的不同理解而无限期地拖延下去，这样东欧战争状态就会长期不能结束。冬季战局也就非打不可了。因此，如果波兰方面认为不能接受上述自决条件，那么全俄中央执行委员会就建议波兰共和国政府立即达成协议］

**不言而喻，如果持这样的观点，那么关于自决的任何议论都是徒劳的。**不言而喻，如果我们不能就上述两项实际承认自决的最基本和最可行的条件立即达成协议，那么关于自决的任何议论都将是徒劳的，而且甚至是有害的，都不过是替并非认真希望媾和的政策打掩护而已。

全俄中央执行委员会在对劳动群众极其重要和生死攸关的问题，即关于冬季战局的问题上，决不采取模棱两可、久拖不决的态度，因此建议波兰政府：如果不能立即达成关于自决的协议，就立即签订以下关于媾和基本原则的**协议**，至于在解释一般原则方面所产生的那些争执和分歧则可以搁置起来，因为有争执和分歧就不可能迅速实现和平。

为此，全俄中央执行委员会声明：

1. 俄罗斯联邦考虑到，波兰代表团声明不能接受俄罗斯—乌克兰代表团提出的初步条件：裁减波兰军队的人数，恢复波兰军事工业的平时状态，交出武器，将沃尔科维斯克—格赖沃铁路完全归俄罗斯联邦所有。俄罗斯联邦政府方面现在放弃这些条件，并愿意建议盟邦乌克兰共和国作出同样的决定。

2. 俄罗斯联邦承认比协约国最高会议 1919 年 12 月 3 日确定的边界线还要偏东得多的那条线（加利西亚东部被划在这条边界线西侧）作为波俄边界线，准备以这条线为基础立即签订休战协定和媾和的初步协议。

俄罗斯联邦认为，它通过提出这一建议，为尽快实现和平以及使俄国、波兰、白俄罗斯和乌克兰的劳动群众不再遭受新的冬季战局的深重灾难做了可能做和必须做的一切。波兰如果拒绝这项建议，〔那就表明，波兰不顾一切，决心打冬季战局，从而使俄罗斯联邦有权改变这一建议。本建议的有效期为 10 天。在此期限内波兰代表团和波兰政府完全有足够时间来考虑：接受这项建议，从而清楚地表明自己希望结束俄国、乌克兰和波兰之间的战争状态；或者拒绝这项建议，从而继续进行战争，打冬季战局。〕**我们就会认为，那表明波兰大概是屈服于法国和协约国其他国家的帝国主义分子的压力，决计要打冬季战局。因此，全俄中央执行委员会不得不声明：我方此项建议有效期为 10 天，超过这一期限，我方在里加的代表团就有权改变提出的条件。全俄中央执行委员会认为，错过这个期限，打冬季战局的问题事实上就已成定局。**

选自《列宁全集》第 39 卷，人民出版社，2017，第 275—278 页。

注释：

[1] 全俄中央执行委员会关于向波兰提出媾和建议问题的声明，于 1920 年 9 月 23 日在第七届全俄中央执行委员会第 3 次全体会议上通过。9 月 24 日由苏维埃俄国代表团在里加和谈会议上宣读。1920 年 9 月 24 日的《真理报》和《全俄中央执行委员会消息报》刊登了这一声明。

# 俄共（布）第九次全国代表会议文献[1]（节选）

## （1920 年 9 月）

# 1 俄共（布）中央委员会政治报告

## （9 月 22 日）

同志们，在目前时刻作报告，重点自然应当是对波兰的战争[2]和我们在此期间所经历的波折。让我先谈几点［意见］①，先讲讲这场对波战争尚未成为事实的那个时期开头的情况。

大家知道，在对波战争爆发之前我们处理问题极其谨慎，甚至特地以中央执行委员会的名义发布声明，非常郑重地向波兰人、波兰资产阶级提议根据对我们、对许多民族、［对］从前处于波兰地主和资产阶级压迫之下的工农极为［不］利的条件媾和。[3]我们提议根据皮尔苏茨基线即波兰人在今年 4 月 26 日发动进攻之前占据的边界线媾和，按照这条边界线波兰人得到了整个白俄罗斯和很大一片乌克兰领土，因为当时他们控制着沃伦省以及现在他们夺了过去的罗夫诺的许多延伸地区。我们同意以这条边界线为基础签订和约，是因为我们认为和平的经济工作，这项我们已把军队生活和数十万工农生活纳入其中的工作，比起有可能通过军事上的胜利来

---

① 本节及下一节中方括号内的文字都是俄文版编者补上的。——编者注

解放白俄罗斯和部分乌克兰或加利西亚东部要重要得多。

在这方面，在国际政治和经济关系方面已经多次证实并将继续证实，我国的新外交完全不同寻常，在君主国家和资产阶级国家的历史上前所未有，其他国家还决不可能实行。当布尔什维克公开发表声明时，没有一个国家的哪一个人能够明白，我们确实是在公开声明和特别外交手段的基础上开展外交活动的。换言之，如果布尔什维克说："我们愿意承认皮尔苏茨基线"，——［这是国际资产阶级的见解］——就是说布尔什维克非常软弱，作了非常大的让步。我们［以自己的建议］助长了波兰资产阶级和地主最狂热的沙文主义，助长了法国和其他帝国主义国家最狂热的沙文主义，［因为在这些国家里］大家都认为在通常的外交中不会有这样的做法——"难道有这么干的吗？这是软弱的表现。"可见，决定发动进攻的不只是波兰人，而且还有法国，因为我们极不寻常地公开声明：为了避免战争，我们愿意退却。而先前在马尔赫列夫斯基作为波兰红十字会①的正式代表进行的谈判[4]中，这样的边界线作为和平的先决条件是基本线。因此我们根据过去的谈判作了很大的让步。这一让步被当做我们软弱的表现，并最终导致了战争。

大家还记得战争的初期，战争使波兰人获胜，直至占领基辅。据初步统计，他们当时控制了拥有将近 400 万人口的地区。大家记得，在［波兰人］此次获胜之后，军队的［重新］部署获得了成功，我军转入进攻并迅速推进至波兰的最主要边界线。

这时，对波战争史上的重大转折开始了，这一转折实际上是从和平［到］战争的转折。应当由此开始谈起，以弄清后来的发展过程，并进而探讨目前牵动着每个党内同志的最主要的、大家最关心的问题——这就是由于战役的整个发展我们所遭到的严重失败，灾难性失败。

7 月 12 日，当时我军在连续进攻中已穿越广大地区，正直逼波兰族聚居区的边界线，［以］寇松为代表的英国政府向我们发出照会，要求我军

---

① 原文如此。似应为"俄国红十字会"。——俄文版编者注

在离波兰族聚居区边界线 50 公里一线停止前进，条件是按照这条线签订和约。这条线的走向是比亚韦斯托克—布列斯特—里托夫斯克，将加利西亚东部划归我们。所以说这条线对我们非常有利。这条线就叫做寇松线。

……

《红旗报》和其他许多人根本想不到我们会亲手帮助波兰建立苏维埃政权。这些人自认为是共产党人，但他们中的一些人依然是民族主义者和和平主义者。当然，诸如芬兰同志之类承受苦难较多的共产党人丝毫没有这种偏见。我说丝毫没有，因为他们经历了较长的战争时期。我接见过英国工人代表团[5]，我对他们说，任何一个正派的英国工人都应当盼望英国政府失败，当时他们对我的话根本不理解。他们的那副表情我看连最好的照片也拍不出来。他们根本就没想过这样一个道理，即为了国际革命的利益英国工人应当盼望本国政府失败。

波兰的无产阶级居民非常成熟，农村无产阶级受过良好的教育，这些事实告诉我们，应当帮助他们建立苏维埃政权。

这就是事件发生时我们、我们党所处的那个阶段。这不仅是苏维埃俄国政治生活中，而且是全世界政治中一个极其重要的转折。迄今为止，我们一直是单枪匹马地面对全世界，唯一的梦想就是抓住他们之间的些许缝隙，这样敌人就不会把我们压倒了。现在我们说：我们现在成长壮大了，你们只要胆敢进攻，我们就会以反进攻来回敬，好让你们明白，你们所冒的风险不仅是输掉几百万，你们已经在尤登尼奇、高尔察克和邓尼金身上输掉一大笔，你们还要冒这样的风险：你们每出动一次，苏维埃共和国的领土就扩大一次。迄今为止，俄国不过是受人嘲弄和议论的对象，议论的是如何更好地由尤登尼奇、高尔察克和邓尼金来瓜分它。可现在俄国说：我们走着瞧吧，看看谁在战争中更厉害。这就是现在提出的问题。这就是整个政治、全世界政治的变化。日后历史学家将不得不指出，这是一个新时期的开端。

这一政策产生了哪些结果呢？当然，主要的结果就是我们现在遭到了巨大的失败。为了说明这一点，我应当把在此之前发生的事情介绍一下。

我们用刺刀对波兰在社会革命方面的准备程度试探得如何呢？我们应当说，这种准备还不够。用刺刀进行试探，就是说可以直接接触波兰雇农和波兰工业无产阶级，因为后者还留在波兰。工业无产阶级仍留在华沙、罗兹、栋布罗维察等离边境很远的城市里。另一方面，为了真正试探出波兰无产阶级的，首先是工业无产阶级的，其次是立足于强横势力基础上①的雇农无产阶级的准备程度，我们当时必须肃清波兰资产阶级军队，而且不仅占领华沙地区，还要占领有工业无产阶级的那些地区。这些地区比我们未能占领的华沙离得还要早②。因此对波兰在社会主义革命方面准备程度的试探做得非常不够。

我们遇到的是小资产阶级分子民族情绪空前高涨，随着我军向华沙推进，这些人为自己民族的生存而惶惶不可终日。我们未能试探到波兰雇农和工业无产阶级队伍中无产阶级群众的真正情绪。

......

德国的民族愿望由两个因素组成，不从政治上分清这两个因素就要犯大错误。一个因素是推翻压制他们的凡尔赛条约。另一方面，拥护这样做的德国帝国主义分子说：我们岂止是想推翻凡尔赛条约，实际上他们是想恢复帝国主义的德国③。

......

# 4 关于乌兰诺夫斯基报告的决议草案[6]

## （9月22日）

俄共全国代表会议在听取了直接从华沙来的波兰共产党员代表乌兰诺夫斯基同志的报告后，高兴地注意到波兰的先进工人完全赞同俄罗斯社会主义联邦苏维埃共和国的做法，他们对近几个月来发生的事件的评价与俄

---

① 原文如此。——俄文版编者注
② 原文如此。看来照意思应为"远"。——俄文版编者注
③ 原文如此。——俄文版编者注

国共产党员的评价是一致的。波兰的工人共产党员完全承认，俄罗斯社会主义联邦苏维埃共和国进行革命战争是为了帮助波兰建立苏维埃政权①，他们对民族主义和和平主义没有作丝毫的让步。

选自《列宁全集》第 39 卷，人民出版社，2017，第 279—315 页。

**注释：**

[1] 这是有关俄共（布）第九次全国代表会议的一组文献。

俄共（布）第九次全国代表会议于 1920 年 9 月 22—25 日在莫斯科举行。出席会议的代表共 241 名，其中有表决权的 116 名，有发言权的 125 名，共代表 70 万党员。会议议程是：波兰共产党人代表的报告；中央委员会的政治报告；中央委员会的组织报告；关于党的建设的当前任务；党史研究委员会的报告；关于共产国际第二次代表大会的报告。

列宁在会上作了中央委员会政治报告。根据列宁的报告，会议一致通过了苏维埃俄国同波兰缔结和约的条件的决议。会议同意在列宁直接领导下拟定的并经他审阅过的全俄中央执行委员会关于同波兰媾和的具体条件的声明。

关于党的建设的当前任务的讨论，在这次代表会议上占有很重要的位置。会议批评了民主集中派反对党的纪律和否定共产党在苏维埃和工会工作中的领导作用的错误意见，通过了由列宁起草的《关于党的建设的当前任务的决议》。决议在发扬党内民主、巩固党的团结和纪律、加强苏维埃机关和经济机关中的反官僚主义斗争、加强对青年党员进行共产主义教育工作等方面规定了一系列实际措施。代表会议指出，必须广泛吸收普通党员积极参加省代表会议和俄共（布）省委全体会议。为了同各种舞弊行为作斗争和审理党员提出的申诉，代表会议认为必须成立监察委员会，在省委员会下面则成立党的专门委员会。

会议根据中央委员会的组织报告通过决议，建议加强中央委员会书记处

---

① "战争是为了帮助波兰建立苏维埃政权" 这句话是列宁加进格·叶·季诺维也夫的草案中的，划掉了"苏维埃政权进行进攻性的革命战争"。——俄文版编者注

在了解地方工作情况和总结地方工作经验方面的活动，改善中央委员会对红军和红海军部队中党的组织工作的直接领导，不要使这些组织的工作同社会生活脱节。

[2] 指 1920 年苏维埃俄国同波兰的战争。从 1918 年波兰国家重建起，波兰的统治集团就实行敌视苏维埃俄国的政策。1919 年波军占领了乌克兰和白俄罗斯的一些地区，包括明斯克在内。协约国帝国主义者在准备对苏维埃俄国发动新的军事进攻时把地主资产阶级的波兰和彼·尼·弗兰格尔纠集的邓尼金残部作为主要突击力量。在他们的唆使和大力援助下，波兰政府拒绝了苏维埃政府一再提出的媾和建议，并于 1920 年 4 月 25 日不宣而战，对苏维埃俄国发动了大规模进攻。这场苏波战争进程曲折。先是波军进攻，占领了日托米尔、科罗斯坚、基辅等地。5 月底红军展开反攻，6 月 12 日解放基辅，8 月中旬逼近华沙和利沃夫。但红军由于指挥上的失误等原因，在波军反扑下又被迫撤退。9 月 19 日，波军在白俄罗斯重新发动进攻，进展不大。至此波兰已疲惫不堪，不得不同意缔结和约。1920 年 10 月 12 日双方签订了初步和约。1921 年 3 月 18 日签订了正式和约。

[3] 1919—1920 年，苏维埃俄国政府为了同波兰建立睦邻关系，曾不止一次向波兰政府提出缔结和约的建议。1920 年 1 月 28 日，苏俄人民委员会向波兰政府和波兰人民发表声明，重申它承认波兰国家的独立和主权，并表示它愿意在领土方面对波兰作出重大让步：同意两国边界沿明斯克以东一线划定。苏维埃俄国建议的这条边界线比同年 10 月 12 日苏波双方缔结的初步和约所规定的边界线靠东一些。

[4] 指俄国红十字会代表团和波兰红十字会代表团于 1919 年 10—11 月在白俄罗斯米卡舍维奇车站举行的谈判，双方经过谈判签订了《关于彻底解决俄罗斯联邦扣押的波兰人质的问题的协议》和《关于交换被俘平民的协议》。尤·约·马尔赫列夫斯基是作为俄国红十字会的代表参加谈判的。

[5] 参看《列宁全集》2017 年版第 39 卷注 72。

指根据 1919 年 12 月英国工联代表大会决定派赴俄国了解苏维埃俄国政治经济情况的英国工人代表团。代表团由工党和工联成员组成，以工党的本·特纳为团长。英国独立工党也派代表作为非正式成员随同前往访问。列宁认为该代表团的来访意义重大，要求全俄工会中央理事会对代表团热情接待，向他们广泛介绍苏俄人民的生活，以便他们回国后能向英国人民报告苏俄的真实情况。1920 年 5 月 12 日英国工人代表团抵达彼得格勒，17 日到达莫斯科，以后又参观了伏尔加河流域一些城市。他们到处受到苏俄劳动人民的隆重欢迎。代表团还到了前线，参加了星期六义务劳动。5 月 26 日列宁接见代表团，和代表们谈了关于英国革命运动的前景、协约国反对苏俄的活动以及苏波战争等问题。代表团访问后表示要为加强英国和苏俄劳动人民的团结而努力，并对英国政府支持波兰政府发动对苏战争表示强烈抗议。代表团共访问 6 周，回国后发表了关于苏俄情况的报告。

[6] 在 1920 年 9 月 22 日第 1 次（上午）会议上，波兰共产主义工人党的代表弗·乌兰诺夫斯基作了关于波兰局势的报告（见《俄共（布）第九次代表会议（1920 年 9 月）。记录》1972 年俄文版第 4—9 页）。关于乌兰诺夫斯基报告的决议是格·叶·季诺维也夫起草的，经列宁修改并由代表会议在报告后立即通过。决议发表时，并未说明列宁作过修改（同上书，第 9—10 页）。

# 在制革业职工代表大会上的讲话[1]（节选）

## （1920 年 10 月 2 日）

　　你们大概还记得，7 月 12 日我们突然接到国际联盟秘书的来电，声称波兰政府同意进行和谈，条件是按民族划分边界线并且把整个加利西亚划归波兰。各国报刊都发出了空前未有的叫嚣。这一回大家都赞成和平了。我们在今年 4 月或更早一些在今年春天建议媾和时，所有这些报刊都一言不发或者怂恿波兰发动战争。但是，后来我们战胜了波兰，波兰就建议媾和，而我们就这个建议直截了当地说出了我们的观点，认为国际联盟并不代表任何力量，我们不能相信国际联盟的话，这时它们就都大喊大叫起来，要我们停止前进。现在战争局势起了变化，昨天我们声明，我们向波兰建议以比国际联盟提出的对它更有利的条件缔结和约，并且希望在 10 月 5 日以前签字，这时所有资产阶级的报刊又一言不发了。在波兰人进攻布尔什维克的时候，它们闭口不谈和平，而在布尔什维克转入进攻的时候，它们却喊着要和平。它们这样做竟还要想让人们相信资产阶级报刊是希望和平的。……

选自《列宁全集》第 39 卷，人民出版社，2017，第 357—358 页。

**注释：**

[1] 这是列宁在全俄制革业职工第三次代表大会第 1 次会议上的讲话。这次制革
业职工代表大会于 1920 年 10 月 2—6 日在莫斯科举行。参加大会的约 300
人。大会听取了制革业工会中央委员会的工作报告，讨论了工会的任务、生
产管理、工资政策、劳动保护等问题。

# 在俄共(布)莫斯科省代表会议上的 讲话[1](节选)

（1920 年 11 月 21 日）

## 1 我国的国内外形势和党的任务

（鼓掌）同志们！谈到苏维埃共和国所处的国际形势问题，自然主要应当谈对波战争[2]和弗兰格尔的覆灭。党的工作人员当然都很注意党报，而且不止一次地听过关于这个问题的重要报告，因此我认为在党的工作人员的会议上，我没有必要详细说明这整个事件的各个细节、对波战争过程中的每一个转折、我们进攻的性质以及华沙城下失败的意义等，这样做也是不合适的。我想，大多数同志对这方面的情况已经十分熟悉，我要讲也只能是重复，只会使同志们感到不满。因此，关于我们对波战争某些情节和转折的经过，我就不谈了。我只谈谈现在的结局。

……

过去三年内，在早先属于前俄罗斯帝国的各个小国中，波兰是最敌视大俄罗斯民族并且最想占领非波兰人居住的大片土地的国家之一。我们同芬兰、爱沙尼亚、拉脱维亚缔结和约[3]也是违反帝国主义协约国的愿望的，但是我们所以比较容易做到这一点，是因为芬兰、爱沙尼亚和拉脱维亚的资产阶级没有他们自己的帝国主义目的，非要同苏维埃共和国作战不可，而波兰资产阶级共和国不仅垂涎立陶宛和白俄罗斯，而且还垂涎乌克兰。此外，波兰过去几百年来的斗争也驱使波兰资产阶级共和国走这条路。波兰当初是一个强国，现在则同强国俄罗斯相对峙。波兰即使在现在也不会放弃这几百年来的斗争。因此波兰在推行它的反对我们共和国的军事计划时表现得更为好战、更为顽固。因此现在我们违反协约国的意愿缔结和约这一成就就显得更为巨大。在与俄国接壤的保留资产阶级制度的各国中，如果说有哪个国家是协约国在推行其蓄谋已久的军事干涉时可以依靠的话，那就只有波兰，所以在目前资产阶级国家普遍仇视苏维埃政权的时候，各国都把波兰地主占领加利西亚东部①看做与切身利益有关。

……

选自《列宁全集》第 40 卷，人民出版社，2017，第 19—21 页。

**注释：**

[1] 这是列宁 1920 年 11 月 21 日下午在俄共（布）莫斯科省代表会议上的两个讲话。其中第一个讲话是就会议第 2 项议程作的报告，当年用俄文、德文和法文印成了小册子。列宁还在 11 月 19 日代表会议预备会议上讲了话，这个讲话的记录没有保存下来。

俄共（布）莫斯科省代表会议于 1920 年 11 月 20—22 日在克里姆林宫举行。出席会议的有 289 名有表决权的代表和 89 名有发言权的代表。会议议程是：关于俄共（布）莫斯科委员会的工作报告，关于国内外形势和党的任务的报告，关于国家经济状况的报告，关于生产宣传的报告，选举莫斯科委员会。代表会议是在工会问题争论已经开始时举行的。出席会议的民主集中派、工人反对派和伊格纳托夫派的代表激烈反对党的政策。他们从会议筹备时起就企图在莫斯科的党组织中取得优势。工人反对派力图把自己的人更多地安

---

① 加利西亚东部即今乌克兰西部一带。——编者注

插进莫斯科委员会，竟撇开在斯维尔德洛夫大厅开会的其他代表，而在米特罗范大厅另外召开工人代表的会议，从而形成了"两个房间开会"的局面。代表会议在列宁领导下对反对派进行了回击，就莫斯科委员会的工作报告通过了体现党中央观点的决议。代表会议否决了反对派在非正式会议上拟的莫斯科委员会名单，通过了中央政治局提出的名单。

[2] 指 1920 年苏维埃俄国抗击地主资产阶级的波兰的战争。从 1918 年波兰国家重建起，波兰的统治集团就实行敌视苏维埃俄国的政策。1919 年波军占领了乌克兰和白俄罗斯的一些地区，包括明斯克在内。协约国帝国主义者在准备对苏维埃俄国发动新的军事进攻时把地主资产阶级的波兰和彼·尼·弗兰格尔纠集的邓尼金残部作为主要突击力量。在他们的唆使和大力援助下，波兰政府拒绝了苏维埃政府一再提出的媾和建议，并于 1920 年 4 月 25 日不宣而战，对苏维埃俄国发动了大规模进攻。已经开始转入和平建设的苏维埃俄国不得不重新动员起来，抗击波兰武装干涉者。这场苏波战争进程曲折。先是波军进攻，占领了日托米尔、科罗斯坚、基辅等地。5 月底红军展开反攻，6 月 12 日解放基辅，8 月中旬逼近华沙和利沃夫。但红军由于指挥上的失误等原因，在波军反扑下又被迫撤退。9 月 19 日，波军在白俄罗斯重新发动进攻，进展不大。至此波兰已疲惫不堪，不得不同意缔结和约。1920 年 10 月 12 日双方签订了初步和约。1921 年 3 月 18 日签订了正式和约。

[3] 苏维埃俄国同芬兰的和约于 1920 年 10 月 14 日在尤里耶夫（现称塔尔图）签订。根据和约，两国停止战争，苏维埃俄国再次确认芬兰的独立和主权，两国建立了外交关系。和约还划定了两国间的边界。

苏维埃俄国同爱沙尼亚的和约于 1920 年 2 月 2 日在尤里耶夫签订。根据和约，苏维埃俄国承认爱沙尼亚的独立，双方建立外交关系，并互相承担义务不允许外国的或敌视对方的武装集团在本国领土上驻扎。这个和约是苏维埃俄国同资本主义国家建立和平关系的第一步。它使苏维埃俄国开始有了同欧美进行商品交换的可能。列宁形象地称它是"一扇通向欧洲的窗户"（见《列宁全集》2017 年版第 38 卷第 126 页）。

苏维埃俄国同拉脱维亚的和平谈判于 1920 年 4 月 16 日在莫斯科开始举行。8 月 11 日，和约在里加签订。

# 致格·瓦·契切林

## （1920 年 12 月 14 日）

契切林同志：昨天捷尔-加布里耶良来我这里，他也说有发生大暴行的严重危险。

（1）说是有 60 万亚美尼亚难民濒临死亡。

（2）说卡尔斯失守后巴库已处在危险中。[1]

依我看，应当把第一个问题同第二个问题区分开来，并**想一切办法**帮助解决第一个问题。

您的意见呢？就第一个问题，您采取哪些措施？

致共产主义的敬礼！

列　宁

选自《列宁全集》第 50 卷，人民出版社，2017，第 52 页。

**注释：**

[1] 1920 年 12 月 13 日列宁接见了萨·米·捷尔-加布里耶良，他是受亚美尼亚革命委员会的派遣到莫斯科向列宁汇报亚美尼亚的政治和经济形势的。

由于达什纳克党人实行冒险主义政策，在协约国的挑唆下于 1920 年 9 月 24 日对土耳其开战，9 月 29 日土耳其军队转入进攻，先后占领了萨勒卡默什、卡尔斯、亚历山德罗波尔等地。土耳其军队在占领区制造了血腥的大暴行，大批亚美尼亚人遭屠杀，还有许多人死于饥饿和瘟疫。成千上万个亚美尼亚家庭离乡背井，成了难民，逃往亚美尼亚的非占领区寻求生路。

亚美尼亚的达什纳克党政府拒绝俄罗斯联邦从中调解，在 1920 年 12 月 2 日缔结了丧权辱国的亚历山德罗波尔条约。根据这个条约，亚美尼亚被宣布为土耳其的保护国。但是，这个条约没有生效，因为在这个条约签订之前，1920 年 11 月 29 日，达什纳克党政府被推翻。亚美尼亚苏维埃政府宣告成立。1921 年 3 月 16 日俄罗斯联邦和土耳其签订条约，实质上废除了亚历山德罗波尔条约。1921 年 10 月 13 日签订的卡尔斯条约最终解决了高加索的苏土边界问题。

# 全俄苏维埃第八次代表大会文献[1]（节选）

## （1920 年 12 月）

## 2　在俄共（布）党团会议上关于租让问题的报告的总结发言

### （12 月 21 日）

在土耳其，位于上层的是立宪民主党人、十月党人、民族主义者，他们打算把我们出卖给协约国。然而要做到这一点极端困难，因为土耳其人民对协约国的疯狂压迫十分愤恨，所以我们愈是帮助独立的阿塞拜疆共和国真正地解放穆斯林农民，对苏维埃俄国的同情就愈加强烈。这些穆斯林农民赶走了地主，但是还不敢夺取土地，过一个时期他们就不会再害怕了；只要他们夺取了土地，土耳其地主就待不长了。

选自《列宁全集》第 40 卷，人民出版社，2017，第 129 页。

注释：

[1] 这是有关全俄苏维埃第八次代表大会的一组文献。

全俄苏维埃第八次代表大会于 1920 年 12 月 22—29 日在莫斯科举行。出席大会的代表有 2537 名，其中有表决权的代表 1728 名，有发言权的代表 809 名。按党派区分，代表中有共产党员 2284 名，党的同情者 67 名，无党派人士 98 名，孟什维克 8 名，崩得分子 8 名，左派社会革命党人 2 名，另外还有一些其他党派的成员。

这次代表大会是在国内战争胜利结束、经济战线成为主要战线的时候召开的。大会议程是：全俄中央执行委员会和人民委员会关于对外对内政策的报告；俄罗斯电气化；恢复工业和运输业；发展农业生产和帮助农民经济；改善苏维埃机关工作和同官僚主义作斗争；选举全俄中央执行委员会。议程上的主要问题预先在俄共（布）党团会议上进行讨论。

大会的工作是在列宁的直接领导下进行的。代表大会根据列宁所作的全俄中央执行委员会和人民委员会关于对外对内政策的报告，以压倒多数票通过了完全赞同政府工作的决议。大会通过了在列宁倡议下制定的国家电气化计划和列宁起草的关于电气化报告的决议（见《列宁全集》2017 年版第 40 卷第 195—196 页）。大会审议了人民委员会 1920 年 12 月 14 日通过的关于加强和发展农民农业经济的措施的法案，并一致通过了这一法案。大会通过了一个关于苏维埃建设的详尽决定。这个决定对中央和地方政权机关和经济管理机关的相互关系作了调整。大会还批准了劳动国防委员会的新条例，选举了由 300 名委员和 100 名候补委员组成的新的全俄中央执行委员会。

[2] 这是列宁在全俄苏维埃第八次代表大会俄共（布）党团会议上作的关于租让问题的报告。这次党团会议是在 1920 年 12 月 21 日晚，即代表大会开幕前一天，在工会大厦圆柱大厅举行的。会议讨论了代表大会的议程和工作程序。会议还决定，全俄中央执行委员会和人民委员会关于对外对内政策的报告以及关于发展农业生产和帮助农民经济、关于改善中央与地方苏维埃机关的工作和同官僚主义作斗争等报告都要预先在党团会议上进行讨论。

# 教育人民委员部条例（节选）

## （1921 年 2 月 11 日）

9. 教育人民委员部部务委员会下设少数民族教育事务委员会，该事务委员会组织上与各总局和业务指导中心保持联系。

选自《列宁全集》第 40 卷，人民出版社，2017，第 467 页。

# 在莫斯科工农代表苏维埃全体
# 会议上的讲话[1]（节选）

## （1921 年 2 月 28 日）

（长时间鼓掌）大家自然都很关心也很担忧国内形势，但请允许我在谈国内形势以前先简单地谈谈最近国际方面的几件大事。为了简短起见，我只谈其中的三件大事。第一件是我们已经开始在这里，在莫斯科同土耳其的代表们举行会谈[2]。这件事是特别值得庆贺的，因为过去我们同土耳其政府代表团之间直接进行谈判有很多障碍。而现在既然有可能在这里达成协议，我们相信，两国之间的接近和友好将会有一个十分良好的开端。当然，我们两国之间的接近和友好不是由于施展外交手腕（在这方面我们的敌人比我们高明得多，我们不怕承认这一点），而是由于两国人民这些年来都遭到过帝国主义列强极多的欺凌。前面有一位发言人说，同帝国主义国家断绝关系（分离）是有害处的。[3]可是当狼袭击羊的时候，总不该对羊说别同狼断绝关系。（笑声，鼓掌）到目前为止东方各民族在帝国主义豺狼面前还只是一群羊羔，而苏维埃俄国第一个表明，尽管它的军事力量极其薄弱，但帝国主义豺狼把爪牙伸向它也并不是那么容易的。苏维埃俄国这一范例影响了很多民族，不管他们是否同情这些"造谣生事的布尔什维克"。关于这些"造谣生事者"全世界讲得很多，有人甚至说我们对于土耳其是阴险的造谣生事者。其实到目前为止我们在这方面确实什么也没有做到。尽管如此，土耳其的工人和农民还是表明了：现代各民族对掠夺行为的反抗已是一个不容忽视的事实，各帝国主义政府对土耳其的掠夺引起了土耳其的反抗，以致最强大的帝国主义国家也不得不缩回自己的魔掌。这一事实使我们不能不认为同土耳其政府的谈判是一个很大的成就。我们决不玩弄任何手腕。我们知道，这次谈判很有限，但很重要，因为尽管存在着严重的障碍，各民族工农劳动群众还是愈来愈接近。在估计我们所遇到的困难时，我们不应忘记这一点。

在谈国际形势时必须提到的第二件事情就是在里加举行和谈的情况。[4]你们知道，为了同从前属于俄罗斯帝国的一切国家缔结稍微可靠一点的和约，我们正对这些国家作最大的让步。这是可以理解的，因为民族压迫是激起各民族对帝国主义者的仇恨和团结各民族对帝国主义者作斗争的主要力量之一，何况旧俄罗斯帝国以及同资产阶级结成联盟的克伦斯基、孟什维克、社会革命党人的资产阶级共和国在这方面的胡作非为是世界上少见的。正因为如此，我们要对这些国家表现出最大的忍让，接受某些媾和条件，为此某些社会革命党人就责骂我们，差一点把我们说成是托尔斯泰主义者。对于这种责难我们很泰然，因为对这些国家我们必须表现最大的忍让，以消除过去的压迫在它们中间造成的长期不信任，并为各民族的工农结成联盟打下基础。这些民族过去曾共同遭受过沙皇政府和俄国地主的蹂躏，现在又在遭受帝国主义的蹂躏。我们对波兰采取的这种政策，遭到俄国白卫分子、社会革命党人和孟什维克极严重的破坏，因为他们享有"出版自由"、"言论自由"和诸如此类冠冕堂皇的"自由"，此外法国和其他国家的资本家也非常自由，他们自由地收买了波兰的大部分，极其自由地在那里进行鼓动，使波兰卷入反对我们的战争。现在资本家用尽一切力量来破坏已经缔结的和约。我们所以不能按照我们所设想的那样大批复员我们的军队，其原因之一就是我们必须估计到有可能爆发某些人所想象不到的大规模的战争。有人说，我们不必把太多的力量放在军事方面，这种说法是错误的。其所以错误，是因为我们的敌人现在正施展一切阴谋诡计来阻挠我们同波兰签订正式和约（我们同波兰已签订了初步和约）。最近谈判拖延下来了。尽管在几星期以前谈判曾有破裂的严重危险，最近我们决定再作一些让步，这并不是因为我们认为这样做是公平合理的，而是因为我们认为重要的是要粉碎盘踞在华沙的那些俄国白卫分子、社会革命党人和孟什维克以及协约国帝国主义者的阴谋，这些人正竭尽全力来破坏和约的缔结。现在和约尚未签订，但是我可以说，我们完全有权利表示乐观：和约不久就会签订，反对签订和约的阴谋一定会被我们粉碎。我想我们大家都将为这种情况的出现而感到高兴，尽管这还只是一种预测。不过，今夜尚未来临，且慢赞美明晨。所以我们一刻也不会丝毫缩减和削弱我们的军事力量，同时我们也不怕对资产阶级波兰多作一点让步，只要能使波兰的工人和农民摆脱协约国，使他们相信工农政权决不制造民族纠纷。我们甚至将不惜作出重大牺牲来争取缔结这个和约。

第三个国际问题就是高加索事件。那里最近发生了一些大事，详细情形我们现在还不清楚，但这些事件的实质在于，我们正处于大战的边缘。亚美尼亚和格鲁吉亚的冲突不能不使我们十分关切，而这些事件使亚美尼亚和格鲁吉亚的战争转变为起义，参加起义的还有一部分俄国军队。结果，亚美尼亚资产阶级反对我们的阴谋至少到目前为止已经转过来反对他们自己，根据最近得到的尚未证实的消息，在梯弗利斯甚至出现了苏维埃政权。（鼓掌）我们知道，亚美尼亚的起义正好发生在格鲁吉亚和亚美尼亚之间的中立地带，而这个地带是格鲁吉亚经协约国帝国主义者同意后占领的。孟什维克，特别是格鲁吉亚的孟什维克，谈论同西欧国家断绝关系的害处，言下之意是应该信赖协约国帝国主义者，因为他们最强大。可是先进的资本家是最会骗人的，这一点某些白卫分子却忘记了，他们认为：与全世界所有联合起来的帝国主义列强相比，亚美尼亚算得什么呢，亚美尼亚的农民等等算得什么呢，遭到经济破坏的苏维埃共和国算得什么呢；先进的资本家是全世界的文明力量，因此我们要倒向他们。格鲁吉亚的孟什维克就是这样为他们庇护资本家这一丑行作辩护的。此外，格鲁吉亚的孟什维克还握有一把取得亚美尼亚农民的粮食的钥匙，那就是唯一的一条铁路。

谁也不会有耐心去读完我们同格鲁吉亚之间在这方面交换的电报、声明和抗议。如果我们同格鲁吉亚缔结了和约的话，我们一定会尽量维持下去。但是你们要知道，亚美尼亚的农民不是这样看待和约的，结果，2月初爆发了声势浩大的起义，它以惊人的速度扩展开来，不仅亚美尼亚人，而且格鲁吉亚人都投入了这场起义中。现在要得到那里的消息是很困难的。我们最近得到的消息证实了我们的预料。我们很清楚，格鲁吉亚的资产阶级和格鲁吉亚的孟什维克所依靠的不是劳动群众，而是本国的资本家，不过这些资本家正在寻找借口挑起军事冲突，但我们三年来所指望的则是劳动群众，而且至死都要指望他们，虽然他们是落后的和受压迫的国家的劳动群众。不管我们怎样谨慎小心，怎样竭尽全力去巩固红军，但我们还是要尽一切努力去扑灭已经在高加索燃起的大火。哪里有苏维埃政权，哪里就没有民族压迫，这一点我们在西方已经表明了，现在在东方也要表明。整个斗争最终取决于这一点，而不管怎样，工人和农民的力量终究要超过和大于资本家的力量，因为工人和农民要比资本家多得多。

选自《列宁全集》第 40 卷，人民出版社，2017，第 364—368 页。

**注释：**

[1] 这是列宁在莫斯科工农代表苏维埃全会会议（莫斯科工农代表苏维埃全会同莫斯科各区苏维埃全会以及各工厂委员会代表联席会议）上作的关于国内外形势的讲话。这次会议是由俄共（布）莫斯科委员会根据 1921 年 2 月 24 日举行的党的积极分子会议的决定召开的。会议听取了列宁的讲话和粮食人民委员尼·巴·布留哈诺夫关于粮食状况的报告后，一致通过了告莫斯科市和莫斯科省工人、农民和红军战士书。这个文件向人民群众解释了粮食危机的原因，号召他们起来同那些利用粮食的暂时困难进行反革命活动的敌人作斗争（见 1921 年 3 月 1 日《真理报》第 45 号）。

[2] 指俄罗斯联邦政府和土耳其大国民议会政府之间的谈判。谈判于 1921 年 2 月 26 日在莫斯科开始。3 月 16 日，两国签订了友好亲善条约。10 月 13 日，土耳其和外高加索的几个苏维埃共和国（亚美尼亚、格鲁吉亚、阿塞拜疆）也

在卡尔斯签订了友好条约。

[3] 这里说的是孟什维克 B. Г. 叶皮法诺夫在讨论尼·巴·布留哈诺夫的报告时的发言。他说："我认为，祸根不在于要废除强制性的余粮收集制，祸根在于俄国在经济上同国际经济生活断绝了关系。这个问题很尖锐，应当提上日程。"

[4] 以俄罗斯社会主义联邦苏维埃共和国和乌克兰社会主义苏维埃共和国为一方，以波兰为另一方于 1920 年 10 月 12 日在里加签订了关于休战和媾和初步条件的条约之后，双方即在里加开始关于最终缔结和约的谈判。这个谈判持续了 5 个月，直到 1921 年 3 月 18 日双方才在里加签订了正式和约。和约规定，乌克兰西部和白俄罗斯西部划归波兰。1939 年 9 月 17 日，苏联政府废除了里加和约，乌克兰西部和白俄罗斯西部并入苏联。

# 致格·叶·季诺维也夫(节选)

## (1921 年 4 月 24 日)

### 致季诺维也夫同志

鉴于《**俄罗斯地图集**》的"试印本"根本不合乎要求（虽然搞了好几个月），请把以前和现在领导这项工作的**所有**负责人的名单告诉我。现将缺点简单列举如下。

……

3. 各共和国（如乌克兰）和自治州的界线都要特别标明。大部分都没有这样做。无论是乌克兰，还是白俄罗斯。（德意志人公社？马里州？高加索各共和国？）

4. 铁路线审定到哪一日期为止（比如截至 1921 年 1 月 1 日止）。标得不准确。没有标明已建成的。没画出正在兴建的。要改正。

5. 所有的地图都应附上（在背面或用小的附页）一小段说明文字：国界是根据什么什么条约（在什么时间被核准或批准的）绘制的。自治州是**什么时间**确定的。各省和主要城市的人口是根据 1920 年 8 月的调查，**等等**。

6. 各图的编号疏忽得令人可笑，竟采用了即保留了旧的编号：No X 是莫斯科，No XII 是克里木等等!! 应采用新的编号。

7. 在 No XIV 图中无论是**鞑靼**共和国，还是**巴什基尔**共和国都绘得不完整。应该绘得完整。**所有的**自治州也是一样。各自治州的**民族**构成应根据

694

最新的资料加以说明（放在说明文字中）。

8. 漏掉了旧图中的下列各图：

萨拉托夫及其周围各省

辛比尔斯克、奔萨及其周围各省

顿河畔罗斯托夫及其周围各省

斯摩棱斯克及其周围各省（白俄罗斯）

第聂伯河右岸乌克兰地区

高加索（必须标明新成立的各共和国的边界线）

地图集应当是完整的。包括**所有的**省份。不完整的地图集毫无用处，而试印本极不完整，简直太不像话了。

......

13. 历史地图（最后的两幅新图）不适用。不完整。有错误。需要的不是这两幅，而是：

（1）一幅**同样**大小的**苏俄历史地图**。

**各条战线**按日期绘制（例如：1918 年 5 月；1918 年 12 月；1919 年 5 月或 6 月；1919 年 11 月或 12 月；1920 年 1 月和 11 月），注明：当时的哪些战线。

整个俄罗斯联邦和**所有**毗邻共和国（原帝国版图内的）的国界。

（2）一幅包括西伯利亚在内的**整个**俄罗斯联邦地图，画在一张图上，小幅的也行。

列 宁

1921 年 4 月 24 日

选自《列宁全集》第 50 卷，人民出版社，2017，第 265—267 页。

# 给叶·萨·瓦尔加的便条并附关于建立国际工人运动问题情报所的提纲[1]（节选）

## （1921 年 8 月 31 日）

11. 情报所的规模一开始要小。对操德语的国家以及斯堪的纳维亚和各斯拉夫国家——只用德语。

对盎格鲁-撒克逊语族和罗曼语族这两组国家，只有在分别同它们的代表达成专门协议后才能把活动扩展到这些国家去。协议只能在莫斯科这里达成。

……

应当补充：全世界的无政府主义在爱国主义和国际主义问题上发生了分裂；**拥护苏维埃制度，反对苏维埃制度**。

（第 2 条）。第二国际和第二半国际各党——应**详尽**得多。

+在**实际**政策上对**本国**的殖民地——和对**帝国主义**的态度，——应非常非常详尽。

选自《列宁全集》第 42 卷，人民出版社，2017，第 130—131 页。

注释：

[1] 关于在国外建立合法的情报机构的设想，是列宁在 1921 年 8 月 13 日给格·

叶·季诺维也夫的信中提出的。按照列宁的意见，这个机构应当系统地科学地收集图书和报刊资料，并按国际帝国主义和国际工人运动这两个根本的和主要的问题对资料进行整理（见《列宁全集》2017年版第51卷第226号文献）。共产国际执行委员会主席团于8月17日对此问题进行了讨论，并委托叶·萨·瓦尔加负责此项工作。不久，瓦尔加将他拟定的《在共产国际执行委员会内建立情报组织》的草案送给列宁。草案规定建立情报所，以便为共产国际执行委员会提供必要的材料。草案谈到了对情报所工作方法的一些设想，拟定了编写社会经济报告和编写政治形势报告的两个工作细则。这里收载的是列宁对瓦尔加的草案提出的修改意见（修改意见和给瓦尔加的便条都是用德文写的）。列宁在1921年9月1日给瓦尔加的信（见《列宁全集》2017年版第51卷第291号文献）也谈到了这个问题。设立情报所的计划没有实现。

# 俄共（布）中央政治局关于处理巴库
# 和阿塞拜疆的派别斗争的决定草案[1]

## （1921 年 10 月 15 日）

（1）**立即**把古谢伊诺夫和阿洪多夫召来。

（2）严厉要求完全停止在巴库和阿塞拜疆的派别斗争。

（3）重申从事派别斗争的人要开除出党。

（4）委托由俄罗斯联邦派往阿塞拜疆的同志们检查执行情况。

（5）委托斯大林于星期一以前拟好关于在阿塞拜疆贯彻执行共产党的民族政策的指示草案。

（6）立即毫不含糊地重申关于波斯问题的决定。

选自《列宁全集》第 42 卷，人民出版社，2017，第 190 页。

**注释：**

[1] 列宁的建议写进了俄共（布）中央政治局 1921 年 10 月 15 日通过的决定。

由于巴库党组织的工作人员和阿塞拜疆中央机关的工作人员之间在执行民族政策方面出现了某些分歧，俄共（布）中央委员会指示阿塞拜疆和巴库党的工作人员要极其慎重地对待穆斯林居民的日常生活和精神生活的特点，并建议阿塞拜疆以及格鲁吉亚和亚美尼亚共产党的全体工作人员在他们的一切活动中考虑到这一点，力求在工作中齐心协力，不要在党组织内形成任何派别。

斯大林根据政治局的决定拟定的关于在阿塞拜疆贯彻执行共产党的民族政策的指示草案，由俄共（布）中央政治局于 10 月 17 日批准。

第 6 条指的是俄共（布）中央政治局 1921 年 10 月 3 日关于巴库工作人员不得违反苏维埃政府对波斯（伊朗）的政策的决定。

# 给波兰共产党人的信

## （1921 年 10 月 19 日）

亲爱的同志们：

从我们报纸上关于波兰共产主义运动发展情况的一些片断的消息来看，（尤其是）从某些极有名望的波兰同志提供的消息来看，波兰的革命正在成熟。

工人革命正在成熟，因为波兰社会党[1]（在俄国称为社会革命党和孟什维克；在欧洲称为第二国际和第二半国际）在全面崩溃。工会一个接一个地转向共产党人方面。游行示威等活动在增强。财政崩溃即将到来，它已经不可避免了。波兰资产阶级（和小资产阶级）民主派的土地改革的彻底失败，这个已成定局的、不可避免的失败，必然会把大多数农村居民——所有的贫苦农民——推到共产党人方面来。

由于财政崩溃和协约国（法国及其他国家）资本对波兰的无耻掠夺，对大国的幻想和民族幻想正在实际地破灭。这对于**群众**，对于普通工人和普通农民，是既看得见又感觉得出的。

如果这一切属实，那么波兰的（苏维埃）革命就一定胜利，而且会很快胜利。既然这样，就不要让政府和资产阶级用血腥镇压**为时过早的**起义的办法来扼杀革命。不要受人挑动。要等待高潮的到来，它会涤荡一切，给共产党人带来胜利。

如果资产阶级杀害 100—300 人，这无损大局。但是，如果资产阶级能借机制造大屠杀，杀害 1 万—3 **万**工人，那就**可能**使革命推迟，**甚至推迟若干年**。

如果政府需要进行议会选举，那就要尽力使工人革命和农民不满的浪**潮把议会夺取过来**。

不要上挑衅的当。

无论如何要使革命**孕育**到**完全**成熟。波兰**国内**苏维埃政权的胜利将是一次巨大的**国际性**胜利。我认为，如果说现在苏维埃政权赢得的国际性胜利已经达到 20%—30%，那么随着波兰**国内**苏维埃政权的胜利，共产主义革命的**国际性**胜利就将是 40%—50%，甚至可能是 51%。因为波兰与德国、捷克斯洛伐克、匈牙利毗邻，一个苏维埃的波兰将打破建立在凡尔赛和约基础上的**整个秩序**。

正因为如此，波兰共产党人肩负着具有世界意义的责任。要紧紧把住自己航船的舵；不要受人挑动。

对达申斯基之流毒打东巴尔是否值得回击？如果要回击，那就把达申斯基狠揍一顿，不开枪，不打伤，只揍一顿。这样做也许是值得的，因为工人能成功地教训这个坏蛋，振奋自己的精神，自己只牺牲 5—10 人（坐牢或被枪杀）。但是这样做也可能不值得，**我们的**东巴尔遭到了毒打，这件事对于在**农民**中间进行鼓动是不是**更有利**呢？也许，这要比给达申斯基几巴掌**更能使落后的**农民转而同情我们？要仔细地权衡一下。

致共产主义的敬礼！

列　宁

选自《列宁全集》第 42 卷，人民出版社，2017，第 217—218 页。

**注释：**

[1] 波兰社会党是以波兰社会党人巴黎代表大会（1892 年 11 月）确定的纲领方

针为基础于 1893 年成立的。这次代表大会提出了建立独立民主共和国、为争取人民群众的民主权利而斗争的口号，但是没有把这一斗争同俄国、德国和奥匈帝国的革命力量的斗争结合起来。该党右翼领导人约·皮尔苏茨基等认为恢复波兰国家的唯一道路是民族起义，而不是以无产阶级为领导的全俄反对沙皇的革命。从 1905 年 2 月起，以马·亨·瓦列茨基、费·雅·柯恩等为首的左派逐步在党内占了优势。1906 年 11 月在维也纳召开的波兰社会党第九次代表大会把皮尔苏茨基及其拥护者开除出党，该党遂分裂为两个党：波兰社会党"左派"和波兰社会党"革命派"（"右派"，亦称弗腊克派）。

波兰社会党"左派"反对皮尔苏茨基分子的民族主义及其恐怖主义和密谋策略，主张同全俄工人运动密切合作，认为只有在全俄革命运动胜利的基础上才能解决波兰劳动人民的民族解放和社会解放问题。在 1908—1910 年期间，主要通过工会、文教团体等合法组织进行活动。该党不同意孟什维克关于在反对专制制度斗争中的领导权属于资产阶级的论点，可是支持孟什维克反对第四届国家杜马中的布尔什维克代表。第一次世界大战爆发后，该党持国际主义立场，参加了 1915 年的齐美尔瓦尔德会议和 1916 年的昆塔尔会议。该党欢迎俄国十月革命。1918 年 12 月，该党同波兰王国和立陶宛社会民主党一起建立了波兰共产主义工人党（1925 年改称波兰共产党，1938 年解散）。

波兰社会党"革命派"于 1909 年重新使用波兰社会党的名称，强调通过武装斗争争取波兰独立，但把这一斗争同无产阶级的阶级斗争割裂开来。从第一次世界大战开始起，该党的骨干分子参加了皮尔苏茨基站在奥德帝国主义一边搞的军事政治活动（成立波兰军团）。1917 年俄国二月革命后，该党转而对德奥占领者采取反对立场，开展争取建立独立的民主共和国和进行社会改革的斗争。1918 年该党参加创建独立的资产阶级波兰国家，1919 年同原普鲁士占领区的波兰社会党和原奥地利占领区的加利西亚和西里西亚波兰社会民主党合并。该党不反对地主资产阶级波兰对苏维埃俄国的武装干涉，并于 1920 年 7 月参加了所谓国防联合政府。1926 年该党支持皮尔苏茨基发动的政变，同年 11 月由于拒绝同推行"健全化"的当局合作而成为反对党。1939 年该党解散。

# 给东方各民族宣传及行动委员会的信[1]

## （不早于 1921 年 12 月 17 日）

亲爱的同志们：

　　衷心祝贺你们的报纸即将出版。非常遗憾，由于健康不佳，我不能亲自撰文。希望你们报纸的出版将有助于更迅速和更广泛地吸引东方劳动者中的优秀代表。现在整个西方文明的命运在很大程度上取决于能否吸引东方劳动群众参加政治生活。

　　致良好的祝愿和敬礼！

俄罗斯联邦人民委员会主席　　**列宁**

选自《列宁全集》第 42 卷，人民出版
社，2017，第 324 页。

**注释：**

　　[ 1 ] 这是列宁给东方各民族宣传及行动委员会的回信。该委员会在来信中请列宁
　　　　为即将出版的《红色东方》周报撰写文章。

　　　　　东方各民族宣传及行动委员会是 1920 年 9 月在巴库举行的东方各民族第一次
　　　　代表大会选举产生的。该委员会的任务是支持和联合东方各民族的解放运动。

# 就全俄苏维埃第九次代表大会关于国际形势的决议问题给政治局的信[1]

## （1921 年 12 月 22 日）

请讨论一下，苏维埃代表大会是否应该通过一项反对波兰、芬兰和罗马尼亚冒险政策的专门决议（至于日本，由于种种原因，最好不提）。决议要详细说明，除苏维埃政府外，任何一个俄国政府都没有承认也不可能承认，沙皇政府或得到孟什维克和社会革命党人支持的临时政府对前俄罗斯帝国边疆地区所实行的帝国主义政策是罪恶的。决议要详细说明，我们曾用很多事实表明，我们既珍重各民族的自决，也珍重同曾经是俄罗斯帝国版图内的各个国家保持和平关系。要详细说明，我们不仅殷切期望这些国家的工人和农民采取和平态度，而且期望资产阶级和政府中很大一部分开明人士采取和平态度。决议最后应对冒险分子提出最严厉的警告：如果他们继续同一帮帮匪徒如从前的萨文柯夫之流一起玩冒险游戏，如果今后继续妨碍我们的和平建设，我们就将奋起进行全民战争，彻底消灭一切参加冒险活动和盗匪活动的人。

委托托洛茨基和契切林拟定决议草案。

有了这种内容的大会决议就方便了，我们可以印成各种文字大量散发了。

列　宁

选自《列宁全集》第 42 卷，人民出版社，2017，第 329—330 页。

注释：

[1] 列宁信中的建议由俄共（布）中央政治局于 1921 年 12 月 22 日通过。

# 关于英国工党的政策

## （1921 年 12 月 27 日）

（致契切林同志

抄送：拉狄克同志和全体政治局委员）


关于英国工党的那份电报表明克拉辛过于天真。我认为现在应该同时采取两个措施：（1）在报刊上发表几篇不同署名的文章，嘲笑所谓的欧洲民主派在格鲁吉亚问题上的观点；（2）立刻委托一位擅长辛辣讽刺的记者代契切林起草一份异常客气的照会答复英国工党。在这份照会里应极其透彻地说明，关于要我军撤出格鲁吉亚并在该地进行全民投票的建议，如果能普遍施行于世界各民族，那是完全合理的，而且可以认为提出这种建议的人不是疯子，也没有被协约国收买。为了使英国工党的领袖们想一想国际政治中的现代帝国主义关系意味着什么，我们特请英国工党关注如下问题：第一，把英军撤出爱尔兰并在该地进行全民投票；第二，在印度照此办理；第三，日军也撤出朝鲜；第四，在一切驻有任何帝国主义大国军队的国家都照此办理。照会要非常客气地表达这么一个意思：凡是愿意考虑我们这些建议和研究国际政治中帝国主义关系体系的人，都能理解我们向英国工党提出的这些建议是"很有意思的"。总之，照会草案应该用特别客气而又非常通俗（10 岁小孩也能懂）的语言把英国工党那些愚蠢的领袖讥讽一番。

建议政治局讨论一下，要不要把这封信抄一份给克拉辛。我个人赞成这样做。

列　宁

选自《列宁全集》第 42 卷，人民出版社，2017，第 374—375 页。

# 俄共（布）第十一次代表大会文献[1]（节选）

## （1922 年 3—4 月）

## 3　关于俄共（布）中央政治报告的总结发言

### （3 月 28 日）

……

要做到这一点非常困难，因为没有人！普列奥布拉任斯基在这里轻率地指责说：斯大林身兼两个人民委员部的工作[2]。可是，我们谁没有这种罪过呢？谁不是身兼数职呢？不这样，又有什么办法呢？试问，为了保持民族事务人民委员部目前的局面，为了处理土耳其斯坦、高加索等等问题，我们此刻能够做些什么呢？要知道，这一切都是政治问题！而这些问题都必须解决。这类问题欧洲各国已经研究好几百年了，只有在一些民主共和国才解决了极小一部分。我们正在解决这些问题，我们需要有一个各族人民的代表都能找他深谈的人。哪里能找到这样的人呢？我想，除了斯大林同志以外，普列奥布拉任斯基也提不出第二个人选来。

选自《列宁全集》第 43 卷，人民出版社，2017，第 122—123 页。

**注释：**

[ 1 ] 这是有关俄共（布）第十一次代表大会的一组文献。《列宁全集》2017 年版第 43 卷《附录》里还收有关于这次代表大会的一组材料。

俄共（布）第十一次代表大会于 1922 年 33 月 27 日—4 月 2 日在莫斯科举行。这是列宁参加的最后一次党代表大会。

代表大会是在俄国国内战争结束和苏维埃国家转入和平建设一年之后召开的。大会的任务是对实行新经济政策的第一年进行总结并制定继续进行社会主义建设的计划。俄共（布）中央在列宁领导下为代表大会做了大量的准备工作，大会的主要文件是由列宁或在他的参与下拟定的。

出席代表大会的有 522 名有表决权的代表和 165 名有发言权的代表，代表 532000 多名党员。大会议程如下：中央委员会的政治报告；中央委员会的组织工作报告；检查委员会的工作报告；中央监察委员会的工作报告；俄共（布）驻共产国际代表团的工作报告；工会；关于红军；财政政策；清党的总结和巩固党的队伍（包括关于青年工作、关于报刊和宣传的副报告）；选举中央委员会、中央监察委员会和检查委员会。大会还成立一个委员会，为大会土地问题小组讨论党的农村工作和制定相应的决议作准备。

列宁致开幕词并作了中央委员会的政治报告和报告的总结发言。代表大会在通过的决议中表示赞同中央的政治路线和组织路线，认为向私人资本主义让步的退却已经完成，党的基本任务是重新部署党的力量以保证贯彻党的政策。代表大会指出，必须更明确地划分党和苏维埃机关的职责，以便党在实现对苏维埃国家的政治领导的同时，保证提高苏维埃在经济建设中的作用。代表大会赞同俄共（布）驻共产国际代表团的活动以及共产国际执行委员会的政治路线和它采取的统一战线策略。大会批准了中央委员会以列宁拟的《工会在新经济政策条件下的作用和任务》提纲草案为基础的决定。决定指出，工会应是国家政权在其全部政治经济活动中的最亲密的合作者。代表大会制定了整顿预算、扩大国家收入的措施，并强调指出必须鼓励农民从消费经济向商品经济过渡，认为这是提高农业的唯一保证。代表大会在《关于农村工作的决议》里指出必须仔细收集和研究地方经验，谴责以行政命令手段对待农业合作社的做法。代表大会在《关于巩固党和党的新任务的决议》里规定了巩固党和群众的联系、加强党的领导作用以及改善党的机关的工作和提高党的纪律的任务和具体措施。为防止异己分子侵入党内，决议规定了新的入党条件。代表大会批准了党的第十一次全国代表会议《关于根据审查党员的经验巩固党的问题的决议》，通过了《关于党的建设的组织问题的实际建议（对关于在清党以后巩固党的决议的补充）》。此外，代表大会还通过了《关于监察委员会的任务和目的》、《关于俄国共产主义青年团的问题》、《关于报刊和宣传》、《关于对女工和农妇工作的问题》、《关于加强红军问题的决定》和《关于前"工人反对派"的几个成员》等项决议以及《监察委员会条例》和《中央检查委员会条例》。大会选出由 27 名委员和 19 名候补委员组成的中央委员会和由 5 名委员和 2 名候补委员组成的中央监察委员会。

［2］斯大林从 1917 年 10 月 26 日（11 月 8 日）民族事务人民委员部成立起至 1923 年 7 月该部撤销止，一直任民族事务人民委员。从 1919 年 3 月起，斯大林兼任国家监察人民委员，1920 年 2 月该人民委员部改组后任工农检查人民委员，至 1922 年 4 月 25 日止。

# 答《观察家报》和《曼彻斯特卫报》
# 记者 M. 法尔布曼问[1]（节选）

## （1922 年 10 月 27 日）

**答**：我们当然是反对国际联盟[2]的，我认为不但我们的政治经济制度及其特点使我们对国际联盟持否定态度，而且从现代整个国际政治的具体条件来看的和平利益，也证明这种否定态度是完全正确的。国际联盟鲜明地带有它来源于世界大战的一切特点，同凡尔赛条约有非常紧密的联系，连实际建立民族平等、为各民族和平共居创造实际可能的影子都没有，因此，我觉得我们对国际联盟持否定态度是不难理解的，无须再作解释了。

选自《列宁全集》第 43 卷，人民出版社，2017，第 244 页。

**注释：**

[1] 这是列宁对《观察家报》和《曼彻斯特卫报》记者 M. 法尔布曼所提问题的书面答复。

《观察家报》（《Observer》）是英国保守派报纸，英国第一家星期日报纸，1791 年起在伦敦出版。

《曼彻斯特卫报》（《The Manchester Guardian》）是英国的一家资产阶级报纸，1821 年在曼彻斯特创刊。19 世纪中叶起为自由党的机关报。起初是周报，从 1855 年起改为日报。俄国十月革命后的最初几年，该报较为客观地报道了苏俄的情况。

[2] 国际联盟（国际联合会）是根据 1919 年在巴黎和会上通过的《国际联盟章程》于 1920 年 1 月成立的，总部设在日内瓦，先后参加的国家有 60 多个。美国本是国际联盟的倡议者之一，但因没有批准《国际联盟章程》，所以不是会员国。国际联盟自成立起就为英、法帝国主义所操纵。它表面上标榜"促进国际合作，维持国际和平与安全"，实际上是帝国主义国家推行侵略政策、重新瓜分殖民地的工具。1920—1921 年，国际联盟是策划武装干涉苏维埃俄国的中心之一。第二次世界大战爆发后，国际联盟无形中瓦解，1946 年 4 月正式宣告解散。

# 致阿·伊·斯维杰尔斯基(节选)

## (1922 年 12 月 5 日)

### 工农检查人民委员部
### 斯维杰尔斯基同志

……

1. 我获悉，北冰洋岛屿经济管理局用烧酒同新地群岛移民做买卖，因而使那些异族人学会了喝酒。

据说，管理局规定的价格极其苛刻，结果当地移民就尽量设法把捕获的东西卖给到那里去的挪威猎人，因为后者出的价不那么苛刻。

……

对这些胡作非为的人，不应只是吓唬一下，还应认真查办和清洗。

人民委员会主席

弗·乌里扬诺夫（列宁）

选自《列宁全集》第 52 卷，人民出版社，2017，第 538—539 页。

# 宁肯少些，但要好些（节选）

## （1923 年 3 月 2 日）

　　斗争的结局归根到底取决于如下这一点：俄国、印度、中国等等构成世界人口的绝大多数。正是这个人口的大多数，最近几年来非常迅速地卷入了争取自身解放的斗争，所以在这个意义上说，世界斗争的最终解决将会如何，是不可能有丝毫怀疑的。在这个意义上说，社会主义的最终胜利是完全和绝对有保证的。

　　但是我们关心的并不是社会主义最终胜利的这种必然性。我们关心的是我们俄国共产党，我们俄国苏维埃政权为阻止西欧反革命国家扼杀我们所应采取的策略。为了保证我们能存在到反革命的帝国主义的西方同革命的和民族主义的东方，世界上最文明的国家同东方那样落后的但是占人口大多数的国家发生下一次军事冲突的时候，这个大多数必须能赶得上建立文明。我们的文明程度也还够不上直接向社会主义过渡，虽然我们已经具有这样做的政治前提。我们必须坚持这样的策略，或者说，为了自救必须采取下面的政策。

选自《列宁全集》第 43 卷，人民出版社，2017，第 395 页。

# 致列·达·托洛茨基<sup>[1]</sup>

## （1923 年 3 月 5 日）

**绝密**

**亲收**

尊敬的托洛茨基同志：

我请您务必在党中央为格鲁吉亚那件事进行辩护。此事现在正由斯大林和捷尔任斯基进行"调查"，而我不能指望他们会不偏不倚。甚至会完全相反。如果您同意出面为这件事辩护，那我就可以放心了。如果您由于某种原因不同意，那就请把全部案卷退还给我。我将认为这是您表示不同意。<sup>[2]</sup>

致最崇高的、同志的敬礼！

列　宁①

选自《列宁全集》第 52 卷，人民出版社，2017，第 533 页。

---

① 这封信有一张附页，上面是秘书写的附言："托洛茨基同志：除电话向您转述的信件外，弗拉基米尔·伊里奇还要求补充通知您，加米涅夫同志星期三去格鲁吉亚，他要了解您自己是否想往那里捎什么东西？1923 年 3 月 5 日。"———俄文版编者注

**注释：**

[1] 列宁的这封信是就所谓格鲁吉亚问题写的。

1922年俄共（布）中央十月全会通过了包括俄罗斯联邦在内的各民族共和国根据平等原则联合成苏维埃社会主义共和国联盟的决议。该决议规定，格鲁吉亚、阿塞拜疆和亚美尼亚三国通过外高加索联邦而不是直接加入即将成立的苏联。这一点受到以波·古·姆季瓦尼为首的格鲁吉亚共产党中央领导人的坚决反对，他们要求直接加入苏联。然而以格·康·奥尔忠尼启则为首的俄共（布）外高加索边疆区委员会对这一要求采取了高压政策。10月20日，外高加索边疆区委员会召开全会，给格共中央领导人奥库查瓦、科·马·钦察泽和菲·耶·马哈拉泽以党内警告，解除奥库查瓦的格共中央书记和主席团委员职务。在10月22日召开的格共中央全会上，奥尔忠尼启则又指责格共领导人有"孟什维主义倾向"，搞"沙文主义"，表示对格共中央委员会"不信任"。22日格共中央委员会提出辞职。外高加索边疆区委员会接受了格共中央委员会的辞职，成立了以维·维·罗米那兹为首的新的中央委员会，接着又在政府部门撤换大批干部，马哈拉泽被撤去格鲁吉亚共和国中央执行委员会主席职务，谢·伊·卡夫塔拉泽被撤去人民委员会主席职务，钦察泽被撤去肃反委员会主席职务，等等。1922年11月25日俄共（布）中央政治局决定派以费·埃·捷尔任斯基为首的委员会前往格鲁吉亚，紧急审议已辞职的格鲁吉亚共产党（布）中央委员提出的申诉，并为在格鲁吉亚共产党内实现持久的和解制定必要的措施。

列宁对格鲁吉亚问题感到十分不安。12月12日捷尔任斯基向列宁汇报了格鲁吉亚之行的结果。列宁对委员会的工作不满意，认为委员会在调查格鲁吉亚冲突时偏袒一方，没有指出奥尔忠尼启则所犯的严重错误。特别使列宁感到愤慨的是，奥尔忠尼启则作为中央苏维埃政权和俄共（布）中央在高加索的代表，竟然动手打了格鲁吉亚的一位领导人卡巴希泽。列宁把格鲁吉亚问题同建立苏维埃社会主义共和国联盟这一总的问题联系起来，对各共和国联合时能否彻底贯彻无产阶级国际主义原则感到担心。在《关于民族或"自治化"问题》这封信中，列宁批评了奥尔忠尼启则的行为，并指出应使斯大林和捷尔任斯基对这一真正大俄罗斯民族主义的运动负政治上的责任。

列宁在已经病重的时候获悉，1923 年 1 月 25 日俄共（布）中央政治局批准了捷尔任斯基委员会的结论。尽管医生禁止列宁处理事务，他仍然要求把捷尔任斯基委员会的材料给他送来。收到这些材料以后，列宁委托尼·彼·哥尔布诺夫、莉·亚·福季耶娃和玛·伊·格利亚谢尔仔细研究这些材料，并将得出的结论告诉他。列宁说，在即将召开的党代表大会上他要用，他打算就这个问题写一封信。研究捷尔任斯基委员会的材料时要注意什么问题，列宁对福季耶娃作了详尽的指示。

姆季瓦尼及其追随者在外高加索联邦和建立苏维埃社会主义共和国联盟问题上的立场原则上是错误的，列宁不仅不予以支持，而且给予了批评（见《列宁全集》2017 年版第 52 卷第 555 号文献）。但是列宁看到当时的主要危险是大国沙文主义，认为反对大国沙文主义的任务首先落在过去的统治民族的共产党员身上，因此，列宁把注意力集中在斯大林、捷尔任斯基和奥尔忠尼启则在格鲁吉亚问题中所犯的错误上。列宁指出，在这个问题上，特别在当时，由于各共和国正在联合，必须采取"非常谨慎、非常客气和让步的态度"，"在这种情况下，在对少数民族让步和宽容这方面做得过些比做得不够要好"（见《列宁全集》2017 年版第 43 卷第 357 页）。

列宁给列·达·托洛茨基写这封信，是因为俄共（布）中央全会即将讨论格鲁吉亚问题。

[2] 劳动国防委员会和人民委员会的助理秘书玛·阿·沃洛季切娃当天用电话向列·达·托洛茨基传达了这封信。托洛茨基推说他有病，不能承担这个义务。

# 致波·古·姆季瓦尼、菲·耶·马哈拉泽等同志

## （1923 年 3 月 6 日）

绝密

## 致姆季瓦尼、马哈拉泽等同志

抄送：托洛茨基同志和加米涅夫同志

尊敬的同志们：

我专心致志地关注着你们的事。我对奥尔忠尼启则的粗暴，对斯大林和捷尔任斯基的纵容感到愤慨。我正为你们准备信件和发言稿[1]。

致以敬意！

列　宁
1923 年 3 月 6 日

选自《列宁全集》第 52 卷，人民出版<br>社，2017，第 535 页。

**注释：**

[1] 关于"格鲁吉亚问题"的信件和发言稿列宁未能准备好。1923 年 3 月 10 日
列宁的健康状况急剧恶化。

这封信是列宁口授的最后一个文献。

斯大林篇

# 告公民书。红旗万岁！

## （1905 年 2 月 15 日）

大希望变成了大失望！不是民族敌视，而是互相友爱，互相信任！不是兄弟间的自相残杀，而是反对沙皇制度、反对这个制造蹂躏行为的祸首的大规模的游行示威！沙皇政府的希望破灭了：它毕竟没有挑起梯弗里斯各民族的互相残杀！……

沙皇政府早已在竭力唆使无产者自相残杀，早已在竭力分裂总的无产阶级运动。所以它在哥美里、基什涅夫及其他地方组织了蹂躏少数民族的暴行。为了同一目的，它又在巴库挑起了兄弟自相残杀的战争。现在，沙皇政府又把视线投向梯弗里斯来了。它想在这里，在高加索的中心演出一出流血的惨剧，然后再搬到各地去重演！它唆使高加索各民族互相残杀，使高加索无产阶级淹没在自己的血泊里。多妙呵！沙皇政府洋洋得意了。它甚至散发传单，号召屠杀阿尔明尼亚人！它满以为成功在望。谁知在二月十三日那天，成千上万的阿尔明尼亚人、格鲁吉亚人、鞑靼人和俄罗斯人，好像偏要和沙皇政府作对，集合在万克教堂院子里发誓要"在反对离间我们的魔鬼的斗争中"互相支持，充分表现了万众一心的气概。有些人发表演说，号召"团结"，群众报以掌声。我们的传单散发了三千份。群众争先恐后地抢着阅读。群众的情绪高昂起来了。他们简直有意和政府为难，决定次日还在这个教堂院子里集合，以便再次"宣誓互相亲爱"。

二月十四日。教堂的整个院子和附近的大街小巷都挤满了人。散发和阅读我们的传单，都是完全公开的。民众成群结队地讨论着传单的内容。有些人发表演说。群情高昂，当即决定：举行游行示威，从锡安教堂和回教寺院近旁经过，在途中"宣誓互相亲爱"，直到波斯墓场停下，再作一次宣誓，然后解散。群众立刻实行自己的决议。在途中，在回教寺院附近和波斯墓场上，都有人发表演说并散发我们的传单（这天总共散发了一万二千份）。群众情绪越来越高。蓄积的革命精力正在奔放。群众又决定通过总督府大街及戈洛文大街继续游行示威，然后解散。我们委员会利用机会立刻组织了一个小小的领导核心。这个核心由一个先进工人率领，位置在队伍的中心，于是一面临时制成的红旗就在总督府前飘扬起来了。由示威者抬起来的旗手发表了富有鲜明政治色彩的演说。他首先请同志们不要因旗帜上没有社会民主党的口号而惶惑。示威者回答说："没有关系，没有关系，这个口号已经牢记在我们心里了！"然后旗手说明红旗的意义，用社会民主党的观点批评先前发言的人，揭露他们言论的不彻底，指出消灭沙皇制度和资本主义的必要并号召示威群众在社会民主党红旗下进行斗争。"红旗万岁！"群众回答说。示威群众向万克教堂行进，途中停留三次并听旗手演说。旗手再次号召示威群众和沙皇制度作斗争，并请大家宣誓：要像现在参加游行示威一样，万众一心地举行起义。"我们宣誓！"群众回答说。以后，示威群众到达万克教堂近旁，同哥萨克发生了小小的冲突，然后就解散了。

"梯弗里斯八千公民大示威"的情形就是如此。

梯弗里斯公民就这样回答了沙皇政府的伪善政策。他们为了讨还巴库公民的血债，就这样对万恶的政府实行了报复。光荣和荣誉归于梯弗里斯公民！

梯弗里斯数千公民集合在红旗下，几次宣判沙皇政府的死刑；面临着这种情形，万恶的沙皇政府的那帮万恶的奴才不得不实行退却，放弃了这次蹂躏少数民族的暴行。

可是，公民们，这是不是说沙皇政府今后再不设法组织这种暴行呢？绝对不是！只要沙皇政府存在一天，它愈失去立足之地，它就要愈频繁地对少数民族采取蹂躏行为。根绝这种暴行的唯一方法就是消灭沙皇专制制度。

公民们，你们珍重你们自己和你们亲人的生命吗？你们爱护你们的亲戚朋友，而不愿遭受蹂躏吗？如果这样，那你们就要知道，只有消灭沙皇制度，才能消灭一切蹂躏行为和随之而来的流血惨剧！

推翻沙皇专制制度，——这就是你们首先应该达到的目的！

公民们，你们想消灭任何民族敌视吗？你们想求得各族人民的完全团结一致吗？如果这样，那你们就要知道，只有消灭不平等现象，只有铲除资本主义制度才能消灭一切民族纠纷！

社会主义的胜利，——这就是你们最后应该达到的目的！

可是，有谁能把卑鄙龌龊的沙皇制度连根铲除，有谁能使你们永不遭受蹂躏呢？只有社会民主党所领导的无产阶级。

有谁能摧毁资本主义制度，有谁能使地球上的各民族团结一致呢？也只有社会民主党所领导的无产阶级。

无产阶级，也只有无产阶级，才能为你们争得自由与和平。

那末，你们就团结在无产阶级的周围，站到社会民主党旗帜下面来吧！

公民们，站到红旗下面来吧！

打倒沙皇专制制度！

民主共和国万岁！

打倒资本主义！

社会主义万岁！

红旗万岁！

选自《斯大林全集》第1卷，人民出版社，1953，第75—78页。

# 公民们！

## （1905 年）

雄伟的巨人——全俄国的无产阶级又活动起来了……声势浩大的罢工运动席卷了整个俄国。全俄国辽阔国土上的生活，好像听从魔杖的一挥，都立刻停止了。仅仅在彼得堡和它的各条铁路上就有一百多万工人罢工。莫斯科这个静谧的、死气沉沉的、忠于罗曼诺夫皇朝的古都，到处弥漫着革命的火焰。哈尔科夫、基辅、叶加特林诺斯拉夫及其他文化中心和工业中心、整个俄国中部和南部、整个波兰和整个高加索都停止了脚步，正颜厉色地盯着专制制度。

将要发生什么事情呢？全俄国都战战兢兢、提心吊胆地等待着这个问题的回答。无产阶级正在向那万恶的双头妖怪①挑战。真正的搏斗是否就会跟着发生呢？罢工是会变成公开的武装起义，还是像从前的罢工一样"和平"结束并"沉寂下去"呢？

公民们！不管这个问题的回答怎样，不管目前罢工的结局怎样，有一点却是大家应该明白而无庸怀疑的，就是我们正处在整个俄国全民起义的前夜，而且这个起义的时刻已经迫近了。目前已爆发的政治总罢工，其规模之大，不仅在俄国史上，就是在世界史上也是空前的；这次总罢工也许今天就结束，不致酿成全民起义，但这只是为了明天又重新爆发起来，并

---

① 双头妖怪指以双头鹰为国徽的沙皇俄国而言。——译者注

以更大的力量震撼全国而变成声势浩大的武装起义；其结果必定会解决俄国人民和沙皇专制制度历来的争端，必定会打碎这个万恶妖怪的脑袋。

全民武装起义，——这就是我国最近政治生活和社会生活中一切事变的总和在历史上必然要引起的、无可避免的结局！全民武装起义，——这就是现时摆在俄国无产阶级面前急待解决的一个伟大任务！

公民们！为了你们本身的利益（除一小撮财政贵族和土地贵族而外），大家都必须响应无产阶级的战斗号召，和无产阶级一起奔向这一挽救大家的全民起义。

罪恶滔天的沙皇专制制度把我国引到了毁灭的边缘。亿万的俄国农民贫穷破产，工人阶级受尽压迫，贫困不堪，国债累累，捐税重重，全体居民毫无权利可言，层出不穷的专横暴虐笼罩着生活的各方面，公民的生命财产完全没有保障，——这就是目前在俄国呈现出的一幅可怕的图画。长此下去是不行的！必须消灭造成这种惊人惨象的专制制度！它一定要被消灭！专制制度也意识到这一点，并且它愈是意识到这一点，这种惨象也就显得愈加凄惨，而专制制度在自己周围散布的妖氛也就变得愈加阴森可怕。专制制度除了在城市街头屠杀了成百成千的和平公民——工人以外，除了把数万工人和知识分子这些人民的优秀子弟囚禁在监狱和流放地受折磨以外，除了利用沙皇的暴徒在农村中、在农民中间、在整个俄国的疆土上不断屠杀和不断逞凶以外，最后又想出了一套新的残酷手段。它开始煽动人民互相仇恨，挑拨各个居民阶层以至各个民族互相攻击。它武装俄罗斯的地痞流氓并嗾使他们去反对俄罗斯的工人和知识分子，它武装贝萨拉比亚那批饥饿而落后的俄罗斯人和莫尔达维亚人并嗾使他们去反对犹太人，它武装一群无知狂信的鞑靼人并嗾使他们去反对阿尔明尼亚人。它利用鞑靼人击破了俄国革命中心之一、高加索最革命的中心——巴库，并使整个阿尔明尼亚地区吓得离开了革命。它把整个多民族的高加索变成了军营，高加索的居民不仅会随时遭受专制制度的攻击，而且会随时遭受邻族——这些专制制度的不幸的牺牲品的攻击。这样下去是不行的！只有革命才能完全消灭这种情形！

　　如果指望那造成这一切惊人惨象的专制制度自己愿意消灭并能够消灭这些惨象，那就未免太奇怪太可笑了。自由党所能采取的任何改良办法，任何补救专制制度的办法，如国家杜马、地方自治局之类，都不能消灭这种惨象。恰恰相反，在这方面的任何企图和对无产阶级革命怒潮的抵御都会使这种惨象变得愈加严重。

　　公民们！无产阶级是我国社会中最革命的阶级，这个至今担负着反专制制度斗争的全部重任的阶级，这个最坚决、最勇敢、最彻底反对专制制度的阶级，目前正在准备举行公开的武装发动。它号召你们，号召社会上一切阶级来帮助它，支援它。武装起来吧！帮助它武装起来并准备作决死的战斗吧！

　　公民们！起义的时刻迫近了！我们必须有充分准备地来迎接起义！只有在这种情况下，只有在全国各地同时发动武装总起义的时候，我们才能战胜我们的卑鄙的敌人——万恶的沙皇专制制度，并在它的废墟上建立起我们迫切需要的自由民主共和国。

　　打倒专制制度！

　　武装总起义万岁！

　　民主共和国万岁！

　　战斗的俄国无产阶级万岁！

选自《斯大林全集》第 1 卷，人民出版社，1953，第 167—170 页。

# 无政府主义还是社会主义？（节选）

## （1906 年）

这个党应当是阶级的党，应当完全不依赖其他政党，——这因为它是无产阶级的党，无产者只有靠自己的手才能获得解放。

这个党应当是革命的党，——这是因为工人的解放只有用革命手段、用社会主义革命才能实现。

这个党应当是国际主义的党，党的大门应向每个觉悟的无产者敞开，——这是因为工人的解放不是一个民族问题，而是一个社会问题，这个问题无论对格鲁吉亚无产者，或是对俄罗斯无产者和其他民族的无产者，都是同样重要的。

因此很明显，各民族的无产者团结得愈紧密，横亘在他们中间的民族壁垒破坏得愈彻底，则无产阶级政党就愈强大，无产阶级组成一个不可分的阶级就愈容易。

因此，必须尽可能在无产阶级的各种组织中实行集中制原则，反对联邦主义的散漫性，无论党、工会或合作社都必须这样。

选自《斯大林全集》第 1 卷，人民出版社，1953，第 316—317 页。

# 俄国社会民主工党伦敦代表大会
## （一个代表的札记）[1]（节选）

### （1907 年）

伦敦代表大会结束了。和那些自由派的无聊文人、形形色色的维尔格什斯基[2]之流及库斯柯娃[3]之流的希望相反，代表大会所给予我们的不是党的分裂，而是进一步的团结，是全俄国先进工人的进一步统一为一个不可分割的党。这是真正的全俄国的统一代表大会，因为我们的波兰同志、崩得同志和拉脱维亚同志第一次最广泛最全面地派出代表参加了这次代表大会，他们第一次积极地参加了党代表大会的工作，从而他们也就第一次把自己组织的命运和全党的命运最直接地联系起来了。在这个意义上说，伦敦代表大会大大地向前推进了俄国社会民主工党的团结和巩固的事业。

这就是伦敦代表大会第一个重要的成果。

但是伦敦代表大会的意义还不止于此。同样和那些自由派的无聊文人的愿望相反，代表大会是以"布尔什维主义"对"孟什维主义"的胜利、以革命的社会民主主义派对我们党内机会主义派的胜利而结束的。当然关于各阶级和各政党在我国革命中的作用和我们对它们的态度问题，在我们之间的意见分歧是人所共知的。党的正式中央（按成分来说是孟什维克的中央）在一系列的行动中和整个党抵触，这也是人所共知的。不妨回忆一下在第一届杜马时期中央委员会提出立宪民主党责任内阁的口号被党拒绝的事实，在第一届杜马解散后同一个中央提出的"恢复杜马常会"的口号也被党拒绝的事实，中央因第一届杜马被解散而发出的著名的总罢工的号召又被党拒绝的事实……这种不正常的状态是必须结束的。为此必须总结党对机会主义的中央所取得的实际胜利，即过去一年来我党发展历史中的种种胜利。于是伦敦代表大会把革命的社会民主主义派的所有这些胜利作了一番总结，巩固了这些胜利，并采纳了革命的社会民主主义派的策略。

因此，今后党将奉行社会主义无产阶级的严格的阶级政策。无产阶级的红旗再不会倒向自由主义的狡辩家了。那种为无产阶级所不容的知识分子的动摇性受到了致命的打击。

这就是我党伦敦代表大会第二个同等重要的成果。

在革命的社会民主主义的旗帜下把全俄国的先进工人事实上联合成一个全俄国的统一的党，——这就是伦敦代表大会的意义，这就是它的一般性质。

现在我们就来比较详细地谈谈这次代表大会。

# 一　代表大会的成分

到会代表共约三百三十人，其中三百零二人有表决权，代表十五万以上的党员；其余代表只有发言权。按派别来分，情形大致如下：（只指有表决权的）布尔什维克九十二人，孟什维克八十五人，崩得代表五十四人，波兰代表四十五人，拉脱维亚代表二十六人。

从代表大会成员的社会地位（工人和非工人）来看，代表大会的情形如下：体力劳动的工人共有一百一十六人，办事员和店员二十四人；其余代表都不是工人。而体力劳动的工人按派别来分，其情形如下：布尔什维克派三十八人（百分之三十六），孟什维克派三十人（百分之三十一），波兰代表二十七人（百分之六十一），拉脱维亚代表十二人（百分之四十），崩得代表九人（百分之十五）。职业革命家按派别来分，其情形如下：布尔什维克派十八人（百分之十七），孟什维克派二十二人（百分之二十二），波兰代表五人（百分之十一），拉脱维亚代表二人（百分之六），崩得代表九人（百分之十五）。

我们大家对这个统计数字都感到"惊讶"。怎么回事呢？孟什维克老是叫喊我们党的成分是知识分子占大多数，他们日夜谩骂布尔什维克是知识分子，他们以驱逐一切知识分子出党相威胁，他们一贯蔑视职业革命家；可是他们这个派别的工人竟比"知识分子"布尔什维克少得多！他们的职业革命家竟比布尔什维克多得多！不过我们认为孟什维克的这种叫喊就是："谁害什么病，谁就老谈什么病。"……

从代表的"地区分布"来看，代表大会成分的数字更加有趣。原来大批的孟什维克代表主要是农业区和手工业区派来的：古里亚（九个代表），梯弗里斯（十个代表），小俄罗斯农民组织"斯皮尔卡"（似乎是十二个代表），崩得（极大多数是孟什维克）；只有一个例外，就是顿巴斯（七个人）。但大批的布尔什维克代表却完全是大工业区派来的：彼得堡（十二个代表），莫斯科（十三个或十四个代表），乌拉尔（二十一个代表），伊万诺沃—沃兹涅先斯克（十一个代表），波兰（四十五个代表）。

很明显，布尔什维克的策略是大工业无产者的策略，是阶级矛盾特别明显和阶级斗争特别激烈的地区的策略。布尔什维主义是真正无产者的策略。

另一方面，同样很明显，孟什维克的策略主要是手工业工人和农村半无产者的策略，是阶级矛盾不很明显和阶级斗争还隐蔽着的地区的策略。孟什维主义是无产阶级中半资产阶级分子的策略。

数字就是这样说明的。

不难了解，在洛兹、莫斯科或伊万诺沃—沃兹涅先斯克的工人中是不能认真地谈论和自由资产阶级结成联盟这一事情的，因为这些地方的自由资产阶级分子正和工人进行残酷的斗争，时常以部分解雇和纷纷歇业来"惩罚"工人，——在那里，孟什维主义是不得人心的，那里需要布尔什维主义，需要不调和的无产阶级的阶级斗争策略。反之，给古里亚的农民或什克洛夫的某些手工业者灌输阶级斗争的思想却是极困难的；他们没有感觉到阶级斗争的剧烈的、经常的打击，所以他们乐意作任何妥协以反对

"共同的敌人"，——在那里，暂时还不需要布尔什维主义，那里需要孟什维主义，因为那里充满着妥协和调和的气氛。

从民族观点来看，代表大会的成分也是很值得注意的。统计数字表明孟什维克派大多数是犹太人（当然不算崩得代表），其次是格鲁吉亚人，再次是俄罗斯人。布尔什维克派绝大多数却是俄罗斯人，其次是犹太人（当然不算波兰代表和拉脱维亚代表），再次是格鲁吉亚人等等。关于这一点，布尔什维克中曾有人（好像是阿列克辛斯基同志[4]）开玩笑说，孟什维克是犹太人的派别，布尔什维克是真正俄罗斯人的派别，所以我们布尔什维克不妨在党内来一次蹂躏犹太人的暴行。

两个派别的成分如此，是不难解释的，因为布尔什维主义的策源地主要是大工业区，除波兰外，都是纯粹俄罗斯人的区域；孟什维克的区域却是小生产的区域，同时是犹太人、格鲁吉亚人等等的区域。

至于说到出现在代表大会上的派别，那就应当指出代表大会之在形式上分为五派（布尔什维克、孟什维克、波兰代表等等），只在讨论原则性的问题（关于非无产阶级的政党，关于工人代表大会等等问题）以前才保有一定的作用，固然，并不是很大的作用。从讨论原则问题时起，实际就不分什么形式上的派别了，而在表决时，代表大会通常分为两部分：布尔什维克和孟什维克。所谓中派或泥潭派在代表大会上是没有的。托洛茨基成了"漂亮的废物"。而且全体波兰代表都明确地站到了布尔什维克方面。大多数拉脱维亚代表也明确地支持了布尔什维克。大多数的崩得代表事实上总是支持孟什维克，而形式上却十足地奉行了两面政策，这种政策使一方面喜欢，另一方面恼怒。卢森堡同志非常艺术地描述了崩得的这种政策。她说崩得的政策不是能影响群众的成熟的政治组织的政策，而是小商人的政策；这种小商人永远在观望，永远在等待明天糖也许会跌价。崩得代表中只有八个到十个支持布尔什维克，而且不是经常的。

一般说来，优势，相当大的优势，是在布尔什维克方面。

可见这次代表大会是布尔什维克的，虽然并不很突出地是布尔什维克的。孟什维克提出的决议，只通过了有关游击活动的决议，并且是完全偶然通过的，因为布尔什维克这一次没有应战，确切些说，布尔什维克不想把战斗进行到底，纯粹出于一种愿望："就让孟什维克同志们高兴一次吧"……

选自《斯大林全集》第 2 卷，人民出版社，1953，第 49—54 页。

**注释：**

[1]"俄国社会民主工党伦敦代表大会（一个代表的札记）"一文没有写完；这是一九〇七年下半年警察监视加紧和后来斯大林被捕的缘故。

[2]维尔格什斯基是立宪民主党"言论报"撰稿人梯尔柯娃的笔名。

[3]库斯柯娃是"经济派"纲领《Credo》（"信条"）的起草人之一，于一九〇六年至一九〇七年为半立宪民主党—半孟什维克的杂志和报纸撰稿。

[4]阿列克辛斯基是第二届国家杜马的代表，加入社会民主党党团的布尔什维克方面，在俄国社会民主工党伦敦代表大会以后曾坚持抵制第三届国家杜马的策略，后来脱离布尔什维克党，十月社会主义革命后亡命国外。

# 德国工人领袖奥古斯特·倍倍尔（节选）

## （发表于 1910 年 3 月 23 日）

谁不知道年高望重的德国工人领袖倍倍尔呢？他过去是一个"普通的"镟工，而现在是一个著名的政治活动家。在他的批评之下，就像在铁锤的打击之下一样，"戴皇冠的人物"、第一流的学者都不止一次地退却了，德国千百万无产者听他的话就像听先知的话一样。

今年二月二十二日是他的七十寿辰。

在这一天，全德国的战斗的无产阶级、社会主义者国际局和世界各国有组织的工人都隆重地庆祝了这位高龄的倍倍尔的七十寿辰。

倍倍尔怎么会受到这样的尊敬？他为无产阶级做了些什么？

倍倍尔是怎样从工人下层中奋斗出来的？他是怎样从一个"普通的"镟工变成全世界无产阶级的战士的？

……

从那时起，倍倍尔的生活就和党的生活融合在一起了，他的忧乐就和党的忧乐融合在一起了。倍倍尔自己则成了德国工人所爱戴的人和鼓舞者，同志们，因为这样一个人不能不叫人敬爱：他为了使工人能够自己站立起来，为了把他们从资产阶级自由派的监护下解放出来，并为他们建立自己的政党而做了这样多的工作。

一八七〇年，年轻的党受到了第一次考验。对法战争爆发了，德国政府向国会要求战费，倍倍尔是国会议员，对战争不能不明确地表示赞成或反对。倍倍尔当然知道战争仅仅对于无产阶级的敌人有利，可是德国社会的各阶层，从资产者到工人，都充满了错误的爱国热情，把拒绝给政府拨款叫做背叛祖国。但是倍倍尔不顾这种"爱国"偏见，不怕逆流而进，他在国会讲坛上大声地宣称：我是社会主义者和共和主义者，我不赞成战争而赞成各民族友爱；我不赞成与法国工人为敌而赞成我们德国工人和他们团结起来。甚至工人方面对倍倍尔的大胆发言也报之以责骂、嘲笑和蔑视。但是忠于科学社会主义原则的倍倍尔一分钟也不垂下旗帜去迁就自己的弟兄们的偏见，相反地，他用各种办法努力提高他们，使他们能够清楚地认识战争的危害性。后来，工人们明白了自己的错误，于是更加爱戴他们自己的刚毅坚强的倍倍尔。政府却因此赏了他两年徒刑，然而他在监狱里也没有虚度光阴，写成了"妇女和社会主义"这一名著。

选自《斯大林全集》第 2 卷，人民出版社，1953，第 191—194 页。

# 关于鞑靼—巴什基里亚苏维埃共和国

## （发表于 1918 年 3 月 23 日）

自从苏维埃第三次代表大会宣布俄罗斯共和国实行联邦制度以来，已经有两个月了。而还在忙于建立地方苏维埃政权的各边疆地区，到今天还没有对联邦的具体形式明确地表示意见。如果不算现在正受着"文明"暴徒残酷蹂躏的乌克兰以及已经表示赞成同俄罗斯建立联邦关系的克里木和顿河区域，那末鞑靼—巴什基里亚要算是赞成同苏维埃俄罗斯建立联邦关系的唯一的区域，因为该地革命组织已经明确拟定了此项计划。我们指的是那个拟定得清楚明白的鞑靼—巴什基里亚苏维埃共和国的组织大纲，目前大家都在谈论这个大纲，它是鞑靼人和巴什基里亚人的最有威望的苏维埃组织拟定的。

为了满足鞑靼—巴什基里亚革命群众的愿望，并根据苏维埃第三次代表大会宣布俄罗斯为苏维埃共和国联邦的决定，民族事务人民委员部遵照人民委员会的指示拟定了如下的关于俄罗斯苏维埃联邦鞑靼—巴什基里亚苏维埃共和国的条例。不久就要召开的鞑靼—巴什基里亚苏维埃共和国成立大会将定出这一条例的具体形式和细则。中央执行委员会和人民委员会将批准这次大会的工作成果，这一点我们是没有理由怀疑的。

人民委员　约·斯大林

选自《斯大林全集》第 4 卷，人民出版社，1956，第 45—46 页。

# 又一个谣言

## （发表于 1918 年 5 月 19 日）

　　"我们的时代报"[1]（晚刊）第九十七号根据该报记者的报道发表了德国从君士坦丁堡发出的无线电报，电报原文如下："布尔什维克从土尔克斯坦和阿斯特拉罕得到有力增援之后，已转入进攻；伊斯兰教徒虽英勇抵抗，但布尔什维克仍占领了巴库城。"

　　现在我公开声明：这个挑拨性的无线电报与事实根本不符。

　　巴库从革命一开始就承认而且现在还承认苏维埃政权。布尔什维克没有而且也不会向巴库举行任何进攻。只是有过一小撮鞑靼和俄罗斯的地主和将军的冒险进攻，由于伊斯兰教的和俄罗斯的工人和农民十分憎恨他们，这一进攻遭到了惨败。布尔什维克没有而且也不会同伊斯兰教徒进行任何斗争。巴库苏维埃政权过去是现在还是巴库和巴库区各民族工人和农民的政权，首先是伊斯兰教民族的政权。

人民委员　约·斯大林

选自《斯大林全集》第 4 卷，人民出版社，1956，第 85 页。

注释：

　　[1] "我们的时代报"是社会革命党人派的晚报，于一九一七年十二月至一九一八年七月在莫斯科出版。

# 障 壁

（发表于 1918 年 11 月 17 日）

在社会主义的俄国和革命的西方之间，沦陷区形成了一道障壁。

在俄国，红旗已经飘扬了一年多，在西方，在德国和奥匈帝国，无产阶级的起义不是与日俱增，而是与时俱增；可是在沦陷区，在芬兰、爱斯兰、拉脱维亚、立陶宛、白俄罗斯、波兰、贝萨拉比亚、乌克兰和克里木，资产阶级民族主义"政府"仍然依靠日趋没落的西方帝国主义者的恩惠苟且偷生。

在东方和西方，"伟大的"国王和"强大的"帝国主义者已经被投入地狱；可是在沦陷区，小国王和小强盗依旧主宰一切，横行霸道，压迫工人和农民，逮捕和枪杀他们。

不仅如此，他们这些衰朽的"政府"还狂热地建立自己的"民族"白卫"部队"，准备"发动"，同暂时还没有被消灭的帝国主义政府勾勾搭搭，拟定"扩大""自己"地域的计划。

他们，这些已经被打倒的"伟大的"国王的活活腐烂着的化身，这些由于命运的支配而处在东方和西方两处革命的熊熊大火之间的渺小的"民族""政府"，现在竟梦想扑灭燃遍欧洲的革命火焰，维持自己可笑的生存，扭转历史的车轮！……

"伟大的"德国和奥匈帝国的"强大的"国王所没有能做到的事情，这些"小国王"竟梦想依靠两个支离破碎的白卫"部队""一举"告成。

我们毫不怀疑，俄国和西方的汹涌的革命浪潮一定会无情地卷走沦陷区的反革命梦想家。我们毫不怀疑，这些地区的"小国王"和他们旧日的俄国和德国"强大的"庇护者落得同样下场的时刻已经不远了。

我们没有理由不相信，革命的西方和社会主义的俄国之间的反革命障壁终究会被推倒。

在沦陷区已经呈现革命的最初征象。爱斯兰的罢工，拉脱维亚的游行示威，乌克兰的总罢工，芬兰、波兰和拉脱维亚的普遍的革命酝酿，——这一切都是革命先声。不用说，这些地区的革命和苏维埃政府已经指日可待。

无产阶级革命凛然可畏地、气势雄伟地横扫大地。东方和西方旧日的世界"统治者"惶恐战栗地在它面前低下头来，旧的皇冠纷纷落地。沦陷区及其"小国王"也不能例外。

选自《斯大林全集》第 4 卷，人民出版社，1956，第 150—151 页。

# 光明来自东方[1]

（发表于 1918 年 12 月 15 日）

解放运动的浪潮慢慢地然而是不可遏止地从东方向西方沦陷区奔流。爱斯兰、拉脱维亚、立陶宛、白俄罗斯的"新的"资产阶级共和国"政府"慢慢地然而同样是不可遏止地垮下去，让位给工农政权。俄国和德国之间的障壁正在倒塌、消失。"全部政权归民族资产阶级"的资产阶级民族主义口号正在被"全部政权归被压迫民族劳动群众"的无产阶级社会主义口号所代替。

一年前，在十月革命以后，解放运动就是朝着同一方向，在同一口号下进行的。当时在各边疆地区成立的资产阶级民族"政府"想阻挡来自俄国的社会主义运动的浪潮，就向苏维埃政权宣战。他们要在各边疆地区建立单独的资产阶级国家，以便使政权和特权掌握在各民族的资产阶级手中。读者都记得，这个反革命计谋失败了，这些"政府"由于内部受到"自己的"工人和农民的攻击而不得不退却了。后来德帝国主义的侵占中断了边疆地区的解放过程，造成了资产阶级民族"政府"的优势。现在，在击溃了德帝国主义并把占领军逐出各边疆地区以后，解放斗争的过程又以新的力量和新的更加鲜明的形式恢复起来了。

爱斯兰工人最先举起了起义的大旗。爱斯兰劳动公社[2]正在胜利地前进，摧毁着爱斯兰资产阶级共和国"政府"的基础，发动爱斯兰城乡劳动群众起来斗争。俄国苏维埃政府根据爱斯兰苏维埃政府的请求庄严地承认了爱斯兰社会主义共和国的独立。这样做是俄国苏维埃政府的责任和义务，难道还用得着证明吗？苏维埃俄国从来没有把西方各地区看做自己的领地。它一向认为，这些地区是居住在那里的各民族劳动群众的不可侵占的领地，这些劳动群众享有自由决定自己政治命运的充分权利。自然，这并不排斥，而是预计到苏维埃俄国对我们爱斯兰同志争取劳动人民的爱斯兰摆脱资产阶级压迫的解放斗争会给予全力帮助。

拉脱维亚的工人也开始解放自己的受尽苦难的祖国了。拉脱维亚的维罗、瓦尔克、里加、里巴瓦及其他地方的工兵农代表苏维埃已经恢复，里加工人正试图用革命手段取得必需的政治自由，拉脱维亚射击队正向里加方面迅速推进，——这一切都说明拉脱维亚资产阶级共和国"政府"将遭到和爱斯兰资产阶级共和国"政府"同样的命运。据我们得到的消息，拉脱维亚临时苏维埃政府不日将正式宣告成立[3]。不用说，这件事如果真的实现，那一定会加速并完成拉脱维亚摆脱帝国主义压迫的解放事业。

跟在拉脱维亚工人后面的是立陶宛的工人和农民。立陶宛的维尔纳、沙弗里、柯夫诺及其他地方的工兵农代表苏维埃的成立（固然还是半合法的），立陶宛农业工人在保护大田庄不被地主窃夺的斗争中所表现的无比的革命积极性，立陶宛射击队向立陶宛内地的迅速推进，以及据我们所得到的消息，立陶宛临时苏维埃政府的正在筹划宣告成立，——这一切都说明臭名远扬的立陶宛塔利巴[4]逃不了它在拉脱维亚和爱斯兰的同类的命运。

各沦陷区的民族"政府"所以短命，不仅因为它们具有违反工人和农民利益的资产阶级性质，而且首先因为它们是占领当局简单的附属品，这不能不使它们在广大居民阶层心目中威信扫地。在这个意义上说，在边疆地区的发展中，沦陷时期无疑地起了它的积极作用，彻底揭露了民族资产阶级的腐朽性和叛卖行为。

看来，事情的趋势是，至今一直是帝国主义者施行诡计的对象的西方各地区及其劳动群众，不是今天就是明天将要冲向自由，终究会自己站立起来……

在北方，在芬兰，目前还"平静"。但是这种平静无疑是隐藏着深刻的内部活动：一方面工人和托尔帕利力求解放，另一方面斯文胡伏德政府有些形迹可疑地常常更换部长，总是和英帝国主义的代理人勾勾搭搭。占领军退出芬兰，无疑会加速消灭斯文胡伏德匪帮，这个匪帮是完全应该受到芬兰广大居民阶层极端鄙视的。

在南方，在乌克兰，并不像芬兰那样平静，远不是那样平静！起义的军队日益壮大和团结，正向南方推进。哈尔科夫经过组织得极好的三天罢工[5]，已经转入工农代表苏维埃的手中。佩特留拉徒、德国占领者和斯柯罗帕茨基的走狗们不得不重视工人的意志。在叶加特林诺斯拉夫，工农代表苏维埃公开进行工作。乌克兰临时工农政府的著名宣言公开印发，并张贴在叶加特林诺斯拉夫的街道上。"当局"已经无力干涉这种"无礼行动"。至于把乌克兰苏维埃政府的宣言当做福音书的乌克兰农民的声势浩大的起义运动，就更不用说了。

而在遥远的南方，在北高加索，连英谷什人和彻岑人、沃舍梯人和卡巴尔达人都整批整批地转到苏维埃政权方面来，他们手持武器肃清祖国境内的英帝国主义的雇佣匪帮。

这一切对于西方各被压迫民族，首先对于目前尚处于资产阶级民族解放运动时期，但是由于事物的发展已经进入反对帝国主义斗争阶段的奥匈帝国各民族是不会没有影响的，这难道还用得着说吗？

世界革命的旗手——苏维埃俄国站在所有这些极伟大的事变的中心，它鼓舞各被压迫民族的工人和农民对胜利的信心，支持他们为世界社会主义利益而进行的解放斗争。

当然，另一个阵营即帝国主义阵营也没有打瞌睡。它的走狗们奔走各地，从芬兰到高加索，从西伯利亚到土尔克斯坦，供应反革命分子，制造强盗阴谋，组织对苏维埃俄国的进犯，给西方各民族铸造镣铐。可是，帝国主义者匪帮在被压迫民族心目中已经威信扫地，他们永远失掉了旧日的"文明"和"人道"旗手的声望，而依靠收买手段和雇佣匪帮，利用非洲的所谓"有色人种的"奴隶地位和愚昧无知来维持自己的强盗生活，这难道还不明显吗？……

　　光明来自东方！

　　帝国主义吃人者所盘踞的西方变成了蒙昧和奴役的策源地。任务就在于摧毁这个策源地，使世界各国劳动人民欣慰欢腾。

选自《斯大林全集》第 4 卷，人民出版

社，1956，第 158—162 页。

**注释：**

[1] "光明来自东方"一文同时作为社论刊载在一九一八年十二月十五日"真理报"第二七三号上，没有署名。

[2] 爱斯兰劳动公社即爱斯兰苏维埃共和国，是在红军从德国占领者手中解放纳尔瓦后于一九一八年十一月二十九日成立的。一九一八年十二月七日，人民委员会批准了约·维·斯大林起草的关于承认爱斯兰苏维埃共和国独立的法令。

[3] 拉脱维亚苏维埃政权于一九一八年十二月中旬宣告成立。拉脱维亚临时苏维埃政府于一九一八年十二月十七日发布告拉脱维亚劳动人民书，宣布国家政权已经归苏维埃所有。其中说道："我们知道，在这困难的道路上，在这艰苦的斗争中，我们不是孤立的。我们后面有俄罗斯苏维埃联邦社会主义共和国，今后我们仍旧要和它保持紧密联系，而且不仅仅是外部的联系。"

[4] 立陶宛塔利巴（资产阶级的民族委员会）是一九一七年九月在德国占领当局操纵下成立的。

[5] 哈尔科夫的三天罢工发生在一九一八年十二月初。罢工是因佩特留拉分子逮捕哈尔科夫苏维埃主席团而引起的。参加罢工的有各企业、电车公司和发电站的工人。佩特留拉当局被迫释放被捕者。之后，根据苏维埃的决定罢工停止了。

# 关于南方的军事情况（节选）

（1919 年 12 月 26 日）

## 二　反革命失败的原因

......

（乙）反革命处在边疆地区。还在十月革命开始的时候，革命和反革命之间的某种地理界限就已经显现出来了。而在内战进一步发展的进程中，革命地区和反革命地区就完全确定了。俄国内地成了革命的根据地，这里有工业和文化政治的中心——莫斯科和彼得格勒，居民的民族成分是单一的，主要是俄罗斯人。而俄国的各边疆地区，主要是南部和东部边疆地区，则成了反革命的根据地，那里没有工业和文化政治的重要中心，居民的民族成分非常复杂，一方面包括享有特权的哥萨克殖民者，另一方面包括没有充分权利的鞑靼人、巴什基里亚人、柯尔克兹人（在东部）、乌克兰人、彻岑人、英谷什人以及其他伊斯兰教民族。

不难理解，俄国的相互斗争的两种力量形成这样的地理区划是完全自然的。事实上，除了彼得格勒和莫斯科的无产阶级，谁又能成为苏维埃政府的基础呢？除了本来就是俄国帝国主义的工具——享有特权并形成军人阶层、早就在边疆地区剥削非俄罗斯民族的哥萨克，还有谁能成为邓尼金一高尔察克反革命势力的支柱呢？

不会有任何其他“地理区划”，这难道还不明显吗？

然而这种情况所引起（而且将继续引起）的结果是：必然给反革命造

成一系列致命的不利条件，也必然给革命造成一系列有利条件。

在残酷的内战时期作战的军队，要获得胜利，就绝对需要它所赖以取得人力补充和物力支援的当地居民的团结一致，而这种团结可能是民族的（特别是在内战开始的时候），也可能是阶级的（特别是在内战展开的时候）。没有这种团结就不可能有长期的军事胜利。而问题也正是在这里，俄国各边疆地区（东部的和南部的）不论在民族方面或在阶级方面都没有而且也不可能给邓尼金和高尔察克的军队提供哪怕是当地居民的最起码的团结，没有这种团结（正如我在前面说过的），要获得重大胜利是不可能的。

事实上，在鞑靼人、巴什基里亚人、柯尔克兹人（在东部）、卡尔梅克人、彻岑人、英谷什人、乌克兰人（在南部）的民族愿望和邓尼金—高尔察克的纯俄罗斯的专制统治之间能有什么民族团结呢？

其次，在乌拉尔、奥连堡、顿河、库班的享有特权的哥萨克和边疆地区其余一切居民（包括一向备受邻近哥萨克压迫和剥削的俄罗斯"外乡人"）之间能有什么阶级团结呢？

由这样一些不同民族的分子组成的军队一受到苏维埃军队的严重打击就必然瓦解，而每一个这样的打击就必然会加强俄国边疆地区的非哥萨克人对根本没有大国野心而且愿意满足他们的民族愿望的苏维埃政府的向往，这难道还不明显吗？

和边疆地区相反，俄国内地完全是另一种情况。第一、它在民族方面是单一的和团结的，因为这里十分之九的居民是大俄罗斯人。第二、由于在当地居民中有彼得格勒和莫斯科的无产阶级，他们在农民中享有威信并把农民紧密地团结在苏维埃政府周围，因而使支援苏维埃军队前线和直接后方的居民易于达到阶级团结。

这也就说明为什么苏维埃俄国的后方和前线会有这种惊人的联系：只要苏维埃政府一发出支援前线的号召，俄国转瞬间就会出现整批整批的新部队。而高尔察克—邓尼金政府是永远也不能以此来炫耀的。

选自《斯大林全集》第 4 卷，人民出版社，1956，第 254—256 页。

# 共产国际执行委员会第七次扩大全会<sup>[1]</sup>（节选）

（1926 年 11 月 22 日至 12 月 16 日）


（三）托洛茨基在发言时说："在民族问题上斯大林犯了很大的错误。"什么错误，在什么情况下犯的，托洛茨基始终没有说出来。

同志们，这是不真实的。这是诽谤。在民族问题上，我和党或者和列宁从来没有过任何意见分歧。托洛茨基在这里所说的大概是一件小事，即列宁同志在我们党的第十二次代表大会以前责备过我，说我对于穆吉万尼（不久前做过驻法国的商务代表）这一类格鲁吉亚的半民族主义者、半共产主义者采取了过严的组织政策，说我"迫害"他们。可是后来的事实表明，对待所谓"倾向分子"如穆吉万尼这一类人的态度，实际上应比作为我们党中央的书记之一的我所采取的态度更严厉些。后来的一些事件证明这些"倾向分子"是最露骨的机会主义的腐化的派别。让托洛茨基证明不是这样的吧。列宁当时不知道而且不能知道这些事实，因为他卧病在床，不可能注意这些事件。但是这件小事和斯大林的原则立场能有什么关系呢？分明是托洛茨基调挑拨是非地暗示我和党之间有什么"意见分歧"。可是，整个中央委员会，连托洛茨基也在内，一致投票赞成斯大林的民族问题提纲，这难道不是事实吗？这次投票是在穆吉万尼事件以后，在我们党的第十二次代表大会以前举行的，这难道不是事实吗？在第十二次代表大会上做民族问题报告的正是斯大林而不是别人，这难道不是事实吗？民族问题上的"意见分歧"到底在哪里呢？

托洛茨基究竟为什么要提起这件小事呢？

选自《斯大林全集》第9卷，人民出版
社，1954，第60—61页。

**注释：**

[1] 共产国际执行委员会第七次扩大全会于一九二六年十一月二十二日至十二月
十六日在莫斯科举行。全会讨论了下列几个报告：关于国际形势和共产国际
的任务的报告，关于中国问题和英国问题的报告，关于托拉斯化、合理化和
由此而产生的共产党员在工会中的任务的报告，关于联共（布）党内问题的
报告，关于德国问题和荷兰问题的报告。全会又审查了马斯洛夫—路特·费
舍案件、布农德勒和塔尔盖麦案件、苏瓦林案件。会上成立了下列几个委员
会：政治委员会、中国委员会、英国委员会、德国委员会和其他委员会。斯
大林被选为全会政治委员会、中国委员会和德国委员会的委员。全会在讨论
斯大林"关于联共（布）党内问题"的报告以后，斥责联共（布）党内的托
洛茨基—季诺维也夫反对派联盟是一个在政纲上滚到孟什维克立场上去的分
裂主义者的联盟。全会责成共产国际各个支部进行坚决的斗争，以反对联共
（布）党内的反对派及其在各国共产党内的门徒破坏共产国际和全世界第一
个无产阶级国家的领导者——列宁党队伍的思想统一和组织统一的一切企图。
全会批准了联共（布）第十五次代表会议"关于联共（布）党内的反对派联
盟"的决议，并决定把它作为自己的决议附在全会决议的后面。斯大林"关
于联共（布）党内问题"的报告和关于这个报告的结论于一九二六年十二月
印成单行本，题为"再论我们党内的社会民主主义倾向"。

# 和中山大学学生的谈话（节选）

## （1927 年 5 月 13 日）

## 第六个问题

"基马尔式的革命在中国是否可能呢？"

我认为基马尔式的革命在中国是不可思议的，因而也是不可能的。

基马尔式的革命，只有在像土耳其、波斯、阿富汗这些没有或几乎没有工业无产阶级、也没有强大的农民土地革命的国家内，才有可能。基马尔式的革命是民族商业资产阶级的上层革命，它是在反外国帝国主义者的斗争中产生的，在其继续发展中实质上是反对农民和工人、阻碍土地革命发生的。

在中国不可能有基马尔式的革命，因为：

（甲）在中国有一定数量的战斗的和积极的工业无产阶级，它在农民中间享有很高的威信；

（乙）在中国有展开了的土地革命，它正在扫除自己道路上的封建残余。

千百万的农民在许多省份里已经夺取了土地，并在中国革命的无产阶级的领导下进行斗争，——这就是防止所谓基马尔式革命的可能性的解毒剂。

不能把基马尔党和武汉左派国民党相提并论，正像不能把土耳其和中国相提并论一样。土耳其并没有像上海、武汉、南京、天津那样的中心。安哥拉远不如武汉，正像基马尔党远不如左派国民党一样。

从国际地位来看，也应该注意到中国和土耳其之间的差别。在土耳其方面，帝国主义已经达到了自己一系列的基本要求，夺取了土耳其的叙利亚、巴勒斯坦、美索不达米亚和其他对帝国主义者说来是重要的据点。土耳其现在已经降为一个只有一千万到一千二百万人口的地域不大的国家。它对于帝国主义既不是重要的市场，也不是有决定意义的投资场所。这种情形所以会发生，就中是①由于旧土耳其是各种民族的混合体，只在安那托里亚才有稠密的土耳其族居民。

中国就不是这样。中国是有几亿人口的民族密集的国家，是全世界极重要的销售市场和资本输出市场。在那里，在土耳其，帝国主义利用旧土耳其内部土耳其人和阿拉伯人之间的民族对抗，能以割取东部一些极重要的地区而满足；而在这里，在中国，帝国主义必须在民族中国的活的躯体上开刀，把它割成碎片，夺取它整个的省份，以保持自己的旧有阵地，或者至少维持住这些阵地的一部分。

因此，在那里，在土耳其，反帝国主义的斗争能以基马尔派的夭折了的反帝国主义的革命而告终；而在这里，在中国，反帝国主义的斗争一定会具有深刻的人民性和鲜明的民族性，一定会步步深入，直到同帝国主义作殊死的决斗，震撼帝国主义在全世界的基础。

反对派（季诺维也夫、拉狄克、托洛茨基）的最大的错误就在于他们没有看到土耳其和中国之间的这一切差别，把基马尔式的革命和土地革命混为一谈，不加区别地把一切东西搅成一团。

我知道在中国民族主义者中间有些人抱着基马尔主义的思想。现在妄想扮演基马尔角色的人在中国是不少的。其中第一个就是蒋介石。我知道某些日本新闻记者有意把蒋介石算做中国的基马尔。但这一切是张皇失措

---

① 明显有误，但原文如此。——选编者注

的资产者的梦想和幻觉。在中国，要就是张作霖和张宗昌之流的中国的墨索里尼们胜利，然后又被土地革命的浪潮推翻，要就是武汉胜利。

力图使自己保持在这两个营垒之间的蒋介石及其帮手们一定要垮台，遭到和张作霖、张宗昌同样的命运。

选自《斯大林全集》第 9 卷，人民出版社，1954，第 231—233 页。

# 致杰米杨·别德内依同志(节选)

（摘自原信）

（1930 年 12 月 12 日）

现在全世界都承认，革命运动的中心已经从西欧移到俄国来了。世界各国的革命者都满怀希望地注视着苏联，把它看做全世界劳动人民解放斗争的策源地，承认它是自己唯一的祖国。世界各国的革命工人都一致向苏联工人阶级，首先向苏联工人的先锋队——俄罗斯工人阶级欢呼，把它当做自己公认的领袖，因为它实行着其他各国无产者曾经梦想实行的最革命最积极的政策。世界各国革命工人的领导者都如饥似渴的研究俄罗斯工人阶级的最有教益的历史，研究这个阶级的过去，研究俄罗斯的过去，他们知道除了反动的俄罗斯以外，还有过革命的俄罗斯，有过拉吉舍夫和车尔尼雪夫斯基、热里雅鲍夫和乌里杨诺夫、哈尔土林和阿列克谢也夫这样一些人的俄罗斯。这一切都使俄罗斯工人心里产生（不能不产生！）革命的民族自豪感，这种自豪感能够移山倒海，能够创造奇迹。

而你呢？你不去理解革命历史上这个最伟大的过程，不把自己提高到能够担负起先进无产阶级的歌手的任务，反而跑到什么洼地里，在摘自卡拉姆津著作的非常乏味的引文和引自"家训"的同样乏味的格言之间纠缠不清，并向全世界宣布：过去的俄罗斯是装满了丑恶和颓废的瓶子；现在的俄罗斯是十足的"比里尔瓦"；"懒惰"和渴望"坐在热炕上"几乎是一切俄罗斯人的民族特点，因此也是完成过十月革命的、当然仍旧是俄罗斯人的俄罗斯工人的民族特点。这就是你的所谓布尔什维克的批评！不是的，可敬的杰米杨同志，这不是布尔什维克的批评，而是对我国人民的诽谤，是对苏联的侮辱，对苏联无产阶级的侮辱，对俄罗斯无产阶级的侮辱。

既然如此，你还想叫中央默不作声！你把我们的中央看成什么了？

你还想叫我因为你原来对我有"历史上的好感"而默不作声！你是多么幼稚，多么不了解布尔什维克……

也许你这位"有学问的人"不会拒绝听听下面这段列宁的话吧：

我们大俄罗斯的觉悟的无产者是不是丝毫没有民族自豪感呢？当然不是的！我们酷爱自己的语言和自己的祖国，我们在尽最大的努力，以便把祖国的劳动群众（即占祖国人口十分之九的劳动群众）提高到民主主义者和社会主义者的自觉生活的程度。我们因目睹沙皇刽子手、贵族和资本家对我们美丽的祖国肆行横暴、压迫和侮辱而感到无限的痛心。我们因这些暴行在我们人民中间，在大俄罗斯人民中间引起了反抗，因这些人民中间产生了拉吉舍夫、十二月党人、七十年代平民知识分子革命家，因大俄罗斯工人阶级在一九〇五年创造了一个强大的群众性的革命政党，因大俄罗斯农夫当时已开始成为民主主义者，开始推翻神甫和地主而感到自豪。我们记得献身于革命事业大俄罗斯民主主义者车尔尼雪夫斯基在半世纪以前说过："可怜的民族，奴隶的民族，上上下下都是奴隶。"公开的和不公开的奴隶——大俄罗斯人（沙皇专制制度的奴隶）是不喜欢回忆这些话的。然而我们却认为这是真正热爱祖国的话，是感叹大俄罗斯人民群众缺乏革命性而吐露的热爱祖国的话。当时这种革命性是没有的，现在这种革命性虽然还少，但是已经有了。我们满怀民族自豪感，因为大俄罗斯民族也产生了革命阶级，也证明了它能够给人类做出为自由和社会主义而斗争的伟大榜样，而不只是大规模的蹂躏，大批的绞架和拷问室，普遍的饥荒以及向神甫、沙皇、地主和资本主义逢迎献媚的极端奴才相。

（见列宁"论大俄罗斯人的民族自豪心"）

请看列宁这位世界上最伟大的国际主义者关于大俄罗斯人的民族自豪心是说得多么好。

他所以这样说，是因为他知道：

> 大俄罗斯人的民族自豪心（不是奴隶心目中的那种自豪心）的利益是同大俄罗斯（以及其他一切民族）无产者的社会主义利益一致的。

这就是列宁的明白而大胆的"纲领"。

选自《斯大林全集》第 13 卷，人民出版社，1956，第 24—27 页。

# 在党的第十七次代表大会上关于联共(布)中央工作的总结报告(节选)

## (1934 年 1 月 26 日)

大家知道，在十九世纪初叶，人们对意大利和德国的看法正像现在对中国的看法一样，就是说，他们认为意大利和德国是"无组织的地区"，而不是国家，并对它们进行了奴役。可是由此得到了什么结果呢？大家知道，结果是德国和意大利都进行了争取独立的战争，都统一成了独立的国家。结果是这两国人民对奴役者的仇恨心理加强了，其后果直到现在还没有消除，而且大概也不会很快就消除。试问，有什么可以保证帝国主义者对中国发动战争不会得到同样的结果呢？

……

大家知道，古罗马帝国对现在的德国人和法国人的祖先的看法正像现在"优等种族"的代表人物对斯拉夫种族的看法一样。大家知道，古罗马帝国把德国人和法国人鄙视为"劣等种族"，"野蛮人"，认为他们应该永远服从"优等种族"，服从"大罗马帝国"。在我们内部可以说说，古罗马帝国这样做还有一些理由，而现在的"优等种族"的代表人物就不然了。（掌声如雷）结果怎样呢？结果是非罗马人，即所有的"野蛮人"都联合起来反对共同的敌人，以雷霆万钧之势把罗马帝国推翻了。试问，有什么可以保证现在的"优等种族"的代表人物的野心不会遭到同样悲惨的结局呢？有什么可以保证柏林的那些舞弄文墨的法西斯政治家会比罗马帝国的老练的征服者更幸运呢？做相反的推断不是更正确吗？

最后，还有人认为应当对苏联发动战争。他们想击溃苏联，瓜分它的领土，靠掠夺它来发财致富。如果以为只是某些日本军人有这种想法，那就错了。我们知道，欧洲某些国家的政治领导人物也在制定这样的计划。假定说，这些先生们由言论转入了行动。由此会得到什么结果呢？

几乎用不着怀疑，这种战争对资产阶级将是最危险的战争。所以将是最危险的战争，不仅因为苏联各族人民将为保卫革命果实进行殊死战斗，还因为战争不仅将在前线进行，而且将在敌人的后方进行。资产阶级用不着怀疑，苏联工人阶级在欧洲和亚洲的无数朋友一定会从后方竭力打击本国的压迫者，因为他们向世界工人阶级的祖国挑起了罪恶的战争。如果资产阶级先生们在这场战争的第二天便失去了几个和他们亲近的、现在"靠上帝保佑"得以平安统治着国家的政府，那就请他们不要埋怨我们。（掌声如雷）

选自《斯大林全集》第 13 卷，人民出版社，1956，第 262—263 页。

# 在克里姆林宫招待红军将领时的讲话

## （1945 年 5 月 24 日）

同志们，请允许我最后再一次举杯。

我想举杯祝我们苏联人民，首先是俄罗斯人民健康。

我喝这杯酒，首先祝俄罗斯人民健康，因为他们是加入苏联的所有民族中最杰出的民族。

我举杯祝俄罗斯人民健康，因为他们在这次战争中被公认为我们苏联各族人民的领导力量。

我举杯祝俄罗斯人民健康，不仅因为他们是起领导作用的人民，而且因为他们有清晰的头脑和坚忍不拔的性格和耐性。

我国政府犯过不少错误，我们在 1941—1942 年曾经历过危急万分的关头，那时我军实行退却，离开了我们亲爱的乌克兰、白俄罗斯、摩尔达维亚、列宁格勒州、波罗的海沿岸、卡累利阿－芬兰共和国的乡村和城市，那时离开这些地方，是因为没有别的出路。如果是旁的人民，他们也许会对政府说：你们辜负了我们的期望，请走开吧，我们要另立一个能同德国媾和并保障我们的安宁的政府。但是俄罗斯人民没有这样做，因为他们相信自己政府的政策正确，而甘愿承受牺牲，以保证把德国击溃。俄罗斯人民对苏联政府的这种信任，成了我们打败人类公敌法西斯主义而取得历史性的胜利的决定性力量。

感谢俄罗斯人民的这种信任！

祝俄罗斯人民健康！

选自《斯大林文集（1934—1952）》，

人民出版社，1985，第 459—460 页。

# 在莫斯科市斯大林选区选举前的
# 选民大会上的演说（节选）

## （1946 年 2 月 9 日）

第二，我们的胜利说明：获得胜利的是我们的苏维埃**国家**制度，我们多民族的苏维埃国家经住了战争的一切考验，证明它是富有生命力的。

大家知道，外国报界的著名人士不止一次地声称，说苏维埃多民族国家是一个"人工造成而不合实际的建筑物"，说一旦发生某种麻烦，苏维埃联盟的崩溃就是不可避免的，说苏维埃联盟一定会遭到奥匈帝国那样的命运。

现在我们可以说，这次战争驳倒了外国报刊上这些毫无根据的议论。战争表明，苏维埃多民族国家制度胜利地经住了考验，它在战争时期更加巩固了，证明它是具有充分生命力的国家制度。这些先生不懂得，拿我们的国家和奥匈帝国相提并论，是毫无根据的，因为我们的多民族国家并不是在挑起民族间的猜忌和敌视的那种资产阶级制度基础上生长起来的，而是在苏维埃制度基础上生长起来的。苏维埃制度和资产阶级制度相反，它培植着我国各族人民相互友爱和兄弟般合作的感情。

不过，经过这次战争的教训以后，这些先生再也不敢否认苏维埃国家制度的生命力了。现在所讲的已经不是苏维埃国家制度有没有生命力的问题，因为它的生命力是不容置疑的。现在所讲的是，苏维埃国家制度是多民族国家的模范，苏维埃国家制度是把民族问题和各民族合作的问题解决得比其他任何一个多民族国家都好的国家组织体系。

选自《斯大林文集（1934—1952）》，

人民出版社，1985，第 476 页。

## 图书在版编目（CIP）数据

马克思主义经典作家民族问题文选：增补卷／王希
恩主编 . --北京：社会科学文献出版社，2023.3（2025.6重印）
ISBN 978-7-5228-1632-6

Ⅰ.①马…　Ⅱ.①王…　Ⅲ.①马列著作-民族问题-
研究　Ⅳ.①A564

中国国家版本馆 CIP 数据核字（2023）第 054344 号

## 马克思主义经典作家民族问题文选·增补卷

主　　　编／王希恩

出 版 人／冀祥德
组稿编辑／宋月华
责任编辑／周志静
责任印制／岳　阳

出　　版／社会科学文献出版社·人文分社（010）59367215
　　　　　　地址：北京市北三环中路甲 29 号院华龙大厦　邮编：100029
　　　　　　网址：www.ssap.com.cn
发　　行／社会科学文献出版社（010）59367028
印　　装／河北虎彩印刷有限公司

规　　格／开　本：787mm×1092mm　1/16
　　　　　　印　张：49.25　字　数：726千字
版　　次／2023 年 3 月第 1 版　2025 年 6 月第 2 次印刷
书　　号／ISBN 978-7-5228-1632-6
定　　价／398.00 元

读者服务电话：4008918866